唐代禪宗懺悔思想研究

白 金 銑 著

文 史 哲 學 集 成
文史哲出版社印行

國家圖書館出版品預行編目資料

唐代禪宗懺悔思想研究 / 白金銑著. -- 初
版 -- 臺北市：文史哲，民 98.1:
　　頁：公分. --（文史哲學集成；560）
參考書目：頁
ISBN 978-957-549-829-0 (平裝)

1.禪宗 2. 懺悔 3. 唐代

226.64　　　　　　　　　97025232

文史哲學集成　560

唐代禪宗懺悔思想研究

著　　者：白　　　　金　　　　銑
出 版 者：文　史　哲　出　版　社
　　　　　http://www.lapen.com.tw
　　　　　e-mail：lapen@ms74.hinet.net
登記證字號：行政院新聞局版臺業字五三三七號
發 行 人：彭　　　　正　　　　雄
發 行 所：文　史　哲　出　版　社
印 刷 者：文　史　哲　出　版　社
　　　　　臺北市羅斯福路一段七十二巷四號
　　　　　郵政劃撥帳號：一六一八〇一七五
　　　　　電話 886-2-23511028 ・傳真 886-2-23965656

實價新臺幣六八〇元

中華民國九十八年（2009）元月初版

自 序

　　《唐代禪宗懺悔思想研究》是匯集諸多因緣完成的。

　　論文創作過程中，關於禪宗思想的契入、佛教思想的發展、論文題目的擬定與章節的安排等，悉令王師開府折煞精神，耗費苦心；每章每節的細心批改與指正、禪宗懺悔概念的理解、冗篇贅句的取捨、圖表的安排到最後初稿的完成等，尤為王師不厭其煩的疏通導正所促成。在王師嚴謹治學精神之薰染下，讓筆者能開展視野，聯絡關節，如期完成論文；在王師寬容慈悲之勉勵下，讓筆者如沐春風，時時像是契印了佛陀的慈光、達摩的佛心與惠能的頓悟思想。王師精純至真之心力，是筆者首當感謝者。

　　論文發表時，國立臺北教育大學語文與創作學系涂豔秋教授除了提供詳贍的審查意見外，更細膩的從懺儀、懺悔、禪宗思想與論文用語等角度給予建議，使初稿的缺失獲得改正的機會，增益了部分不足之處。在論文口試時，國立臺灣大學中文系蕭麗華教授再細膩的從懺儀、懺悔、實踐性思想、注腳缺失與參考書目等角度提供建議，使筆者忽略的地方變得更為周全。清雲科技大學通識教育中心胡其德教授專從第四章惠能與神會的懺悔思想部分提供更專業的思考，讓筆者能對惠能的懺悔看法及惠能、神秀與神會間的懺悔思想進行深入的剖析與論述。玄奘大學宗教系熊琬教授更從戒體與懺悔、罪性本空與禪宗頓悟的角度上提供深入的意見，讓論文的內容得以更為深邃。以上諸位師長前輩的指導與湜正，是筆者次須感謝者。

　　其他尚須感謝者甚多。較重要者，父母的生養與照顧，是讓筆者能在世間聽聞佛法、學習佛法、撰寫論文的殊勝因緣。妻子的條理持家、四位子女的支持鼓勵、南崁高中的全體師生，是筆

者精進的旁側因緣。碩士論文指導老師汪娟教授，是筆者進入佛學殿堂的亦師亦友因緣。國立臺灣師大國文所賴貴三教授、林安梧教授、陳滿銘教授、陳麗桂教授、陳廖安教授、季旭昇教授、邱德修教授等的思想引導，是筆者在師大的善知識因緣。臺大哲研所楊惠南教授、蔡耀明教授、釋恆清法師、政治大學中文所陳良吉教授、法光佛研所藍吉富教授、高明道教授、法鼓佛研院陳一標教授、鍾文秀老師、臺大哲研所博士班陳平坤同學、中央大學哲研所博士班譚宇權同學、國立臺灣師大國文所劉念慈小姐……等等，悉是筆者創作過程中不可多得的菩薩因緣。

　　要言之，《唐代禪宗懺悔思想研究》之完成，是諸多善緣匯聚所成，亦是與十方三世諸佛菩薩摩訶薩精神相契相印之作。緣於技癢，隨拈〈懺緣〉七古一首：

禪 悟 見 性 因 聚 因，
宗 要 心 法 緣 非 緣，
懺 除 三 障 當 下 露，
悔 往 修 來 不 拖 延。

2008/06/20　果承金銑作於滬尾自性軒

凡 例

1. 《大正新修大藏經》，簡稱：「《大正》」，台北：新文豐，1998年12月修訂版。

2. 《新編卍新續藏經》，簡稱：「《卍新續》」，中華電子佛典協會，CBETA 電子佛典集成，Feb.2007。

3. 《漢譯南傳大藏經》，簡稱「《南傳》」，高雄：元亨寺，1998年11月

4. 凡引用佛教藏經出處，皆以簡略方式標示之，如：《大正》25，頁 108 上。此即表示該段文字引自「《大正新修大藏經》」「第二五冊」，「第一〇八頁」「上欄」。若是引文見於「中欄」，則以「中」標示之；見於「下欄」，則以「下」標示之。餘類推。

5. 本書重要禮懺法簡稱，如《慈悲水懺法》，簡稱「《水懺》」；《圓覺經道場修證儀》，簡稱「《圓覺懺》」；《慈悲道場懺法》，簡稱「《梁皇懺》」；《法華三昧懺法》，簡稱「《法華懺》」；《華嚴經海印道場十重行願常徧禮懺儀》，簡稱「《華嚴懺》」等。

6. 文句詞語間的符號「－」，表示諸多概念的一體如如而又各自獨立的意涵，如「戒－懺－禪－淨」表示「戒律」、「懺悔」、「禪悟」與「清淨」四種概念間一體如如又各自獨立的細密緣依關係。

7. 文中的「⇆」符號，除了表示禪宗祖師們的禪法乃溶融地涵用「順、逆觀照緣起」、「順、逆觀照身語意」、「順、逆觀照如來藏自性清淨心」等多層方法的意思外，亦在表示禪宗懺悔思想並不是單一向度或平行向度的思維，而是順逆緣起的融合一切內、外、古、今、上、下、左、右、主、客、是、非……等多元範疇向度的對襯蘊涵、貫穿契入與互依關係而又超越一

　　般心量的禪行。至於「……」符號是表示左右兩者密契交融的如如關係，與「⌒」符號所表示的含攝與消融關係。

8. 文句詞語間的符號「→」，表示前後概念的因果、順序、流動、前進之作用。

9. 文中凡遇到電腦無法輸入的俗體字、異體字、古體字，能用今體字者一律以今體字代之；不能用今體字代之者，一律用兩個可以找到的偏旁（某＋某）組合之。如：（川＋頁），即代表「順」字。

10. 文章或注腳中若標示「《大正》25，頁 108 上行 9~頁 109 中行 18」者，表示引文內容出自：《大正新修大藏經》第二五冊，第一○八頁上欄第九行至第一○九頁中欄第十八行。餘類推。

11. 敦煌寫本略符及其書目簡稱，如北京圖書館所藏敦煌寫本，略符爲「B.」、英國所藏敦煌寫本，略符爲「S.」、法國所藏敦煌寫本，略符爲「P.」。

唐代禪宗懺悔思想研究

目　　次

第一章　緒　論

第一節　研究動機、學者研究成果與本書研究方法

一、研究動機

（一）問題意識的提出

　　強調不立文字、以心傳心的禪宗，一向被認爲是跳脫一切形式主義、打破傳統經教束縛、直契本心以見性成佛的中國大乘佛教代表，禪宗大師們獨立自覺式的特殊禪風照理說應不需要任何外在形式意義的宗教禮懺儀軌之實踐才是，何以需要踐行懺悔思想？

　　筆者檢視現存禪宗文獻與近世發現的敦煌卷子，發現達摩（？~535，A.D.，以下皆略「A.D.」）至唐代的重要祖師們，如慧可（487~593）、僧璨（？~606）、道信（580~651）、弘忍（602~675）、傅大士（497~569）、法融（？~652）、神秀（605~706）、惠能（638~713）、神會（684~758）等大師，下引至南宗的永嘉玄覺（665~713）、馬祖道一（709~788）、大珠慧海（生卒不詳）、百丈懷海（720~814）、臨濟義玄（787~867）、睦州道明（780~877）、石頭希遷（700~790）、玄沙師備（835~908）、雲門文偃（864~949）、法眼文益（885~958）等，他們雖然都以見性成佛爲修行宗旨，仍有不少關於菩薩戒、懺悔、罪性本空、因緣果報、六道輪迴與滅罪清淨的思想言論。筆者就《佛光電子大藏經》「禪藏」部分進

行搜索,「懺」字就出現一百八十九筆九百一十八處資料,「罪」字亦出現四百一十六筆一千七百三十六處資料,[1]雖然不見得每一筆都是在講懺悔滅罪思想,但可看出禪宗大師們在觀照修行時並沒有忽略懺悔思想之實踐。再就最具代表性的《壇經》而言,不論哪一版本,幾乎徹頭徹尾都載述了「無相戒」、「無相懺悔」、「發四弘誓願」、「滅罪頌」等大篇幅之懺悔滅罪之思想,在敦博本 077號《壇經》中,出現過十次「懺」字,十二次「罪」字;[2]到了宗寶本《壇經》時,「懺」字已增加爲二十五次,「罪」字亦增益爲二十二次;[3]後起的版本甚至都專門設置「懺悔」一門,[4]這都表示了禪宗自達摩－唐代惠能－至今日爲止,上下一千五百年來,世世代代都重視懺悔滅罪思想的實踐。上上等慧根的六祖惠能都在明心見性禪法中如此重視懺悔滅罪思想的實踐,其他非上上等的禪師們又怎會忽視?

　　學界對於唐代禪宗思想的研究,大多集中在南北宗異同、心性思想、頓漸差異、歷史發展、語言分析、詩歌文學、禪淨合一、

---

1 《禪藏》,《佛光大藏經》電子版,台北:佛光文化,2005 年。
2 鄧文寬校注,敦博本 077 號《六祖壇經》,(瀋陽:遼寧教育出版社,2005 年 1月 1 版),頁 24、51、52、71、72、77、85、97 等處。
3 元・宗寶《六祖大師法寶壇經》,《大正》48,No.2008,頁 349 上、349 下、352中、353 中、353 下、354 上、354 下、355 中、356 上、359 上、360 中、364 中等處。
4 綜觀諸《壇經》版本,本本皆有「無相懺悔」的內容,如興盛寺本、金山天寧寺本、大乘寺本明確的分出「五傳香懺悔發願門」一節,高麗傳本、明版正統本則稱爲「傳香懺悔第五」,宗寶本則編爲「懺悔品第六」一節,此皆可證明惠能及其弟子們都極爲重視「無相懺悔」的。敦博本《壇經》雖未標出品目,但「無相懺悔」的部分均明白清楚,貫串著全經大小細微思維。參:柳田聖山編,《六祖壇經諸本集成》,京都:中文出版社,1976 年 7 月出版。其「無相懺悔」部分見:楊曾文校寫,《敦煌新本六祖壇經》,(上海:上海古籍出版社,1993 年10 月 1 版,1995 年 6 月 2 刷),頁 24~25。又見:鄧文寬校注,《六祖壇經》,(瀋陽:遼寧教育出版社,2005 年 1 月 1 版 1 刷),頁 53~54。筆者案:鄧文寬校注《六祖壇經》即「敦博本《壇經》」,鄧教授係以甘肅省敦煌市博物館藏 077 號的方冊式鈔本爲底本,再參校倫敦英國圖書館的 S.5475 號、北京圖書館藏岡字四十八號(膠卷號 8024)、旅順關東廳博物館舊藏本(959 年)、北京圖書館藏有字七十九號等鈔本,再從時代、地域、聲韻與訓詁等角度上重新校注的新本,其於校刊、斷句、通同字上皆有更新、更流暢的判斷,故本書引用《壇經》之內容,基本上即以鄧注本爲主。

公案參就、美學藝術或碑傳文物……等方面之研究，[5]專就懺悔思想進行探究的可謂少之又少。隨著敦煌研究之興盛，椎名宏雄、川崎、湛如、企愚、林妙貞、汪師娟、釋聖凱、高毓婷等亦見關於唐代禪宗懺悔思想的研究（詳後），但前輩們的作品多從一般禮懺法的形式儀軌角度切入，未能針對禪宗大師們特殊的實踐方式與懺悔的內涵義蘊進行探論與研究；縱使偶從大乘菩薩戒、因果罪業、頓悟見性等角度進行探討，亦多侷促一隅，未能從進行全面而深層的觀察與探討。

杜繼文嘗云：「（禪宗大師們）即使表現最樂觀的禪語，也充塞著一些莫名其狀的哀愁；某些滿含睿智的機鋒，往往蘊藏著極深沉的悲痛。」[6]講究朗現自性、豁達頓悟的禪宗大師們，何以會充塞著莫名其狀的哀愁？何以會蘊藏著深沉的悲痛？這哀愁與悲痛的背後，當有甚多討論的空間，就本書而言，既然他們強調跳脫傳統經教、打破一切形式主義，那他們何以有著這麼多關於懺悔滅罪、菩薩戒、罪性本空、因緣果報的觀點？在禪宗見性成佛思想裡頭何以需要懺悔滅罪？尤其在大唐盛世之中，禪宗大師們不但要超越天台、華嚴、淨土、法相、密宗等大宗，又要對抗中國傳統儒家、道家、道教的諸多辯難，同時又要引領風騷，讓佛法深植中國社會與人心，他們的懺悔滅罪觀點在唐代禪宗心性思想上有何特殊的價值與意義？

（二）相關問題的追問

從上面的主題質疑出發，筆者又連帶追問出下列諸多問題。

如他們在看心看淨或頓悟見性思想中所提及的懺悔思想，與魏晉南北朝的佛教教義之傳入及懺悔滅罪思想之關係如何？他們既然屢屢在看心看淨或頓悟見性思想中提及懺悔思想，又是如何

---

5 國內外學者專家們對禪宗諸多問題的探討與研究已多如汗牛，難以計數，這已是眾所皆知之事，為了不要占據篇幅，筆者此處從略；至於後文的論述中，凡與筆者所論相關之研究作品，筆者仍會臚列說明之。

6 杜繼文〈中國禪宗通史導言〉，杜繼文、魏道儒《中國禪宗通史》，（南京：江蘇古籍出版社，1995年2月），頁5。

去踐行懺悔滅罪思想的？他們在踐行懺悔思想時是如何與看心看淨或頓悟見性思想進行協調的？他們是如何與戒律清淨思想合一實踐的？他們與同時代天台、華嚴、三論、淨土、法相各宗的橫向思想間是否有交涉互用的地方？在懺悔實踐的過程中，他們是否有先後的順序？若有順序，那又代表著什麼意義？他們是運用何種儀式來實踐懺悔滅罪思想的？他們的懺悔思想之實質內容是什麼？北宗、南宗對懺悔思想的實踐態度有何不同？特色有何差異？傅大士的禪法，有否懺悔思想存在？牛頭宗系統與蜀地禪學系統，對懺悔思想的實踐態度又如何？他們的實踐方式與天台智顗（538~597）《法華三昧懺法》（《法華懺》）、《方等三昧懺法》、《金光明懺法》、《請觀音懺法》、華嚴宗一行慧覺（531~620）錄、讀徹（1587~1656）參閱的《大方廣佛華嚴經海印道場十重行願常徧禮懺儀》（《華嚴懺》）、宗密（780~841）的《圓覺經道場修證儀》（《圓覺懺》）、淨土宗的念佛懺悔、《佛名經》的禮佛懺悔、《慈悲道場懺法》（《梁皇懺》）、《慈悲水懺法》（《水懺》）……等懺法那種嚴格規定嚴淨道場、淨身、三業供養、修三寶、請三寶、讚嘆三寶、禮佛、懺悔、勸請、隨喜、發願、回向、行道、誦經、坐禪、無常偈……等懺悔儀軌的進行有何異同？他們的懺悔思想之實踐具有什麼樣的思想義蘊？他們的懺悔思想存有哪些思維型態？這些思維型態的發展可以分成幾個時期？這些型態又顯現出什麼樣的實踐特色？他們在實踐懺悔思想之時，禪者本有的如來藏自性清淨心中是否顯現出什麼樣的原則？他們所懺所滅所除的又是怎樣的罪業？他們的懺悔思想之實踐在中國佛教懺悔思想史上或是禪宗思想史上代表了什麼樣的意義與價值？

　　基於此，筆者擬以碩士論文既有的研究為基礎，[7]繼續從關於

7　筆者從事碩士論文《慈悲水懺法》（簡稱「《水懺》」）研究時，因緣觸及中國大乘佛教懺悔思想的發展與演變，無意中發現唐代禪宗除了重視不立文字、以心傳心的頓悟見性宗旨外，其實亦重視懺悔思想的實踐。文中大致處理《慈悲水懺法》的作者、形成、內容、結構、懺悔思想義蘊等問題。參拙著，《慈悲水懺法研究》，台北：國立臺灣師範大學國文研究所碩士論文，2003 年 1 月。《慈悲水懺法》一書，見《大正》45，No.1910，頁 967 下~978 中。

唐代禪宗的相關文獻資料與近世發現的敦煌寫本卷子中，兼顧縱貫的禪宗思想史與橫向的各大宗派思想及政治社會文化層面，對南北宗各大禪師們所提關於戒律意涵、因果業報、六道輪迴、罪性本空、懺悔滅罪思想等方面的問題進行縱橫交涉的探索。希望透過諸多問題的一一解決，完整的建構出唐代禪宗懺悔思想的總體內涵。

二、學者研究成果

　　學界首先對唐代禪宗懺悔思想進行專題研究的，是日本學者椎名宏雄的〈唐代禪宗の礼忏について〉一文，[8]此文發表於 1972 年，文中大致論述了唐代禪宗的懺悔思想，然其重點放在宗密《圓覺經道場修證儀》與天台智顗《法華三昧懺儀》之比較研究，未能全面體現禪宗懺悔思想之體系與精神。

　　1980 年，川崎ミチユ發表〈礼贊文・塔文〉一文，[9]對敦煌文獻中關於《金剛五禮》、《大通和尚七禮文》進行謄錄與研究，為唐代禪宗懺悔思想開拓了新的園地，讓後人易於掌握晚唐五代北宗禮懺思想的概況。

　　1992 年，企愚發表了〈「不昧因果」與「無相懺悔」〉一文，[10]對《壇經》「無相懺悔」與南禪「不昧因果」公案進行聯繫與研究，然全文乃就「不昧因果」一點而發，未能及於唐代禪宗大師們懺悔思想之全面研究。

　　1997 年，湛如撰〈簡論六祖壇經的無相懺悔 —— 兼談唐代禪宗懺法體系的形成〉一文，[11]將禪宗系統的授菩薩戒儀三本關于授戒儀的內容列表進行對照，認為《壇經》的無相懺悔思想所揭

8　《印度學佛教學研究》v.20　n.2（=n.40），（東京：日本印度學佛教學會，1971 年 12 月），頁 269~274。

9　日・篠原壽雄、田中良昭主編，《講座敦煌 8・敦煌佛典と禪》，（東京：大東出版社，1980 年 11 月），頁 307~316。

10　見《上海佛教》，1992 年 2 月。

11　《法音》v.1997 n.3，（北京：中國佛教協會，1997 年 3 月），頁 13~20。

示的是般若空觀與涅槃佛性及大乘律儀的結合，並簡要敍述唐代
禪宗的懺法體系。此文以無相戒出發，兼及唐代禪宗懺悔思想的
概況，將無相懺悔與佛教經、律合一並論，可補椎名宏雄〈唐代
禪宗の禮懺について〉一文之不足。然全文既重視無相戒，混淆
了無相戒與無相懺悔，又兼談宗密的《圓覺經道場修證儀》，實無
法呈現惠能的無相懺悔，亦未能及於各大禪師的懺悔思想，更遑
論唐代禪宗懺悔思想之全貌。

1998 年，汪師娟〈金剛五禮〉一文，[12]從敦煌文獻與校錄考
證兩方面著手，整理了敦煌傳行的十八件《金剛五禮》寫本，對
晚唐五代敦煌地區佛教徒弘揚金剛般若的禮懺方式做出了珍貴的
成果，成為後人研究敦煌佛教的殊勝貢獻。汪師並針對《秀禪師
七禮》進行校錄，[13]功夫仔細，內容斟酌，是研究神秀系統懺悔
思想的重要參考文獻。尤其 2008 年 2 月，汪師又提出〈「秀禪師
七禮」與禪宗禮懺〉一文，[14]重新再就《秀禪師七禮》進行校錄、
結構分析、禮懺儀式、內容考釋與思想內涵及與禪宗禮懺的關係
進行深入的探討與論述，對筆者的論文有極大的引導作用。

2002 年，林妙貞將天台智顗《摩訶止觀・十乘觀法》中之「四
誓願」與《壇經・懺悔品》中「四弘誓願」進行比較，[15]對研究
惠能懺悔思想亦有助益，惟其重點放在智顗與惠能「四弘誓願」
上的異同之比較與論述，對唐代禪宗懺悔思想的核心問題亦未見
深入之處。

2004 年，釋聖凱〈唐代禪宗懺法新探〉一文，[16]縱觀初期禪
宗懺悔思想之基本立場，兼觀北宗懺悔思想與菩薩戒之關係，再
論及惠能之無相懺悔與宗密之圓覺懺悔，然後論述唐代禪宗懺法

---

12 《敦煌禮懺文研究》，（台北：法鼓文化，1998 年 9 月初版），頁 201~233。
13 《敦煌禮懺文研究》，頁 374~376。
14 汪師娟〈「秀禪師七禮」與禪宗禮懺〉，氏著《唐宋古逸佛教懺儀研究》，（台北：
　　文津，2008 年 2 月），頁 61~112。
15 見〈試略「摩訶止觀・十乘觀法」中之「四誓願」與「六祖壇經・懺悔品」中
　　「四弘誓願」之比較〉，《海潮音》v.83n.2 期，（台北：海潮音，2002 年 2 月），
　　頁 8~13。
16 見氏著《中國佛教懺法研究》，（北京：宗教文化，2004 年 9 月），頁 307~329。

實踐之形態，最後，論及中國南北文化對唐代禪宗懺法的影響，是繼 1972 年椎名宏雄〈唐代禪宗の禮懺について〉一文所做的新一層面之探索，文中所含蘊之範圍已極爲廣闊，爲後人研究唐代禪宗懺悔思想奠下全面的向度與基礎。然限於篇幅與內容，該文所論述之層面亦僅止於範圍之含蘊，尤其云：「在懺法實踐上，南宗則完全沒有」，[17]不但未能具體的對不同禪師與語錄作實際之探究，在禪宗懺悔思想的義蘊與實踐上存在著一定的局限。

　　2006 年，高毓婷《禪宗心識思想研究－以唐代爲中心》的第四章「禪宗之無心與業報罪福思想」部分亦大略提及唐代禪宗懺悔思想之內容，[18]然其重點側重於「心識思想」與「業報罪福思想」交互關係之討論上，不是針對唐代禪宗懺悔思想多做發揮。

　　綜觀前輩們的研究，已將唐代禪宗懺悔儀軌與思想內涵做好初步的勾勒，但因學者的研究各有不同的重心，多未能全面從實踐意義的「唐代禪宗懺悔思想」進行探論。當然，學者們的作品對本書實有極大之助益，如本書對唐代禪宗懺悔思想章節的安排，即是在各學者的基礎上續作開展的。又，北宗《金剛五禮》、《秀禪師七禮》的部分，筆者即參酌椎名宏雄、川崎、汪師娟等人的成果去續作發揮的。又，惠能無相懺悔的部分，筆者即以聖凱等學者的成果續作深入研討的。又，各大禪師懺悔思想與禪宗不立文字、以心傳心的融合關係，各大禪師們懺悔思想的上下承繼關係，各大禪師們懺悔思想的不同開展與內涵之差異，各大禪師們糅合禪觀與懺悔而應用在日常生活的禪修實踐實況，及這樣的糅合實踐與天台、華嚴、淨土、法相間的懺悔思想的不同等等，凡此，皆可在學者的作品上尋得若干蹤跡。

17　《中國佛教懺法研究》，頁 327。筆者按：聖凱另有〈論禪宗無相戒之源流〉一文，從《梵網經》出發，參考《法身禮》、《七種禮法》，言無相懺悔於菩薩戒上的關係，亦未針對懺悔思想的實質實踐義而論。見：妙峰主編《曹溪禪研究》，（北京：中國社科社，2002 年 9 月），頁 422~442。

18　該文是國立臺灣師範大學國文所博士論文，2006 年 6 月，頁 173~213。

三、本書研究方法

筆者探究唐代禪師們的懺悔思想，將會綜合運用到「戒律詮釋學」、「經典詮釋法」、「思想比較法」、「懺儀比較法」、「禪宗史研究法」、「佛教史研究法」、「文獻研究法」七種方法，筆者以「禪師」為基本單位，依禪宗史的發展為順序，借前四種方法切入各大禪師們的實踐性懺悔義蘊中進行探討與詮釋，兼顧我國佛教發展之縱貫思想的承繼與橫向思想的差異面，這是本書之主要研究路徑，屬於內涵性義理脈絡的呈現；至於後三者，係欲詮釋全文時必然旁及的輔助方法，屬於外在事相性的鋪設，然亦不可缺廢。

（一）戒律詮釋法

佛教懺悔思想理論與方法的建構與實踐，第一關要者即是戒律學內涵義理的交互關係之呈現，能令佛教懺悔滅罪思想如實呈現之詮釋方法謂之「戒律詮釋法」（The Method of Interpretations of pātimokṣaṃvaras）。

不論是初期佛教、部派佛教、大乘佛教乃至我國禪師們的禪觀修行，無不重視授戒、誦戒、持戒、守戒的戒體清淨精神之發揮。唐代禪宗大師們雖以明心見性為其修行宗旨，但大乘菩薩戒之認識與如來藏自性清淨心的實踐，悉是關涉乎懺悔滅罪之有效與否的至要關卡。

欲深入認識禪宗懺悔思想的深層義蘊與其實踐之方式，不得不認識大乘菩薩戒之內涵義理，既涉及大乘菩薩戒之內涵義理，又不得不遠溯至佛陀制戒之本義、小乘戒律之精神及其與大乘菩薩戒之探討與論究。為了正確把握大小乘的戒律精神與禪宗懺悔思想間之交互關係，筆者將從《阿含經》、《摩訶僧祇律》、《四分律》、《曇無德律部雜羯磨》、《十誦律》、《十誦比丘波羅提木叉戒本》、《根本說一切毗奈耶》、《薩婆多毗尼毗婆沙》、《梵網經盧舍那佛說菩薩心地戒品》、《菩薩瓔珞本業經》、《受十善戒經》……

等大小乘經律的內容中，汲取與懺悔滅罪及清淨無漏思想之成分，參考我國重要律師禪師們注疏之觀點，對照到唐代禪宗大師們的懺悔言論，鳌出大小乘戒律的不同切入點與差異之處，並由其前後發展變化論戒體清淨導引至唐代禪宗懺悔滅罪思想之研究。

（二）經典詮釋法

對於佛教經律論的認識、理解、詮釋與說明，筆者採用的是「經典詮釋法」（The Method of Interpretations of Classics）。

筆者必須說明的是，中國傳統儒道經典乃以象形文字的漢字書寫而成，其中原本就涵蘊著中國人特有的「天－地－人」一體如如的交互體證精神。故傳統中國哲學家在詮釋古代聖哲之經典時，他們或者是溫故以知新，或者是自陳編而推出新解，或者是求「一貫」於「多識」，或者是寓「判教」於「分疏」，多能述「事」以昭「理」，言「理」以範「事」，將中國學術之道器不二、理事圓融、主客合一之特質展現無遺。[19]

當中國高僧與印度高僧透過聲韻原理將印度經典「轉梵為漢」之後，即使他們儘量契應於佛教原來的語言、句法與名相，但與象形文字的漢字精神合一亦是不可否認之事實。本書雖在研究唐代禪宗懺悔思想，但凡關涉於懺悔思想的一切思想源頭，如懺悔、說罪、自恣、發露、緣起、性空、無常、無我、業論、因果、自性、佛性、如來藏……等等，無不皆須立基於高僧大德們依漢字所譯出的大小乘經律論三藏，故筆者在面對漢譯大藏經、漢譯南傳大藏經或中國高僧自撰自述的禮懺法時，無不皆須兼顧印度佛教的原本義理與中國高僧們用漢字所呈現出來的內涵精神與深層義蘊之認識與詮說。在論及儒道思想時，筆者亦須從儒、道經史典籍中尋找根據，將中國經典思維與歷史現象安置於唐代禪宗禪師的懺悔思想脈絡中進行銜接的認識與詮說。

---

19 黃俊傑〈儒家論述中的歷史敘述與普通理則〉，收入：黃俊傑《東亞儒學史的新視野》，（台北：台大出版中心，2004年），頁73~104。

在進行認識活動與詮說活動時,筆者盡個人之力,期能兼顧中國與印度,兼顧二邊的文化與社會,兼視聲韻與文字,兼觀教義與實踐,兼言色法與空法,兼用訓詁與考據,兼含本義與引申,兼融主觀與客觀,使經典中原本蘊涵於眾生生命內涵中的深層意義與價值能臻於理事圓融、體用相貫、不一不二的微妙之境,此即讓佛教義理思想呈現出機體-交互-涵融之效用。

(三) 思想比較法

前面二種方法是兼顧縱向發展史與內涵式的深層義理之詮釋法,此處之思想比較法是更側重於橫向而深入的研究法,筆者是借重於上述二種方法、學者的研究成果乃至於西方哲學的思想方法,進行一定程度的比較析論。

論及唐代禪宗的懺悔思想,不得不先認識唐代禪宗的心性思想,而唐代禪宗心性思想之確立,則是對隋唐三論、天台、華嚴、淨土、法相、密宗等各大宗派思想的回應、脫卸、創新與實用,故筆者雖論及唐代各大禪師的懺悔思想,不得不先釐清漢魏六朝至五祖弘忍禪師之間各大宗派各大禪師們的在思想義理與懺悔思想方面的言論與實踐之實況,觀察過彼等禪師的懺悔思想與儀式,方能尋得一定的發展脈絡,進入唐代北宗、南宗、蜀地等不同區域、不同禪師不同懺悔思想的特殊內涵義蘊與懺悔儀式,比較出前後的承繼與差異。

在論述唐代禪宗大師們的懺悔思想時,筆者是對照同時代相關宗派禪師的懺悔思想與禮懺儀式進行比較區別,如天台與禪宗的差異,華嚴與禪宗的差異,淨土與禪宗的差異,達摩與慧可的差異,慧可與道信的差異,道信與弘忍的差異,弘忍與神秀的差異,神秀與惠能的差異,惠能與神會的差異,禪宗與儒家的差異,禪宗與道家的差異……等等。除了不同宗派或禪師們的對照比較之外,懺悔文字、懺悔思想、禮懺儀軌、禮佛名號、禮懺方式與其他相關議題上,亦必須前後縱橫予以觀察,根據該禪師的作品中涉及懺悔法門、戒律清淨、甚深緣起、三法印、四聖諦、四正

勤、八正道、因緣果報、罪性本空或六道輪迴等相關命題，於其思想淵源上，其功夫著力點，其實踐方式上，其影響層面上，或優或劣，或古或今，進行比較與論述。

當然，筆者運用思想比較法進行析論，重心仍焦聚在禪宗懺悔思想的義蘊之主題上，故禪宗懺悔思想的論述會有較大的篇幅，他宗他派或西方哲學的內涵意蘊自然會較為省略。

（四）懺儀比較法

中國佛教禮懺法是中國高僧大獨整合佛教經律論藏中的懺悔滅罪理論與方法再創造而來的，故筆者在論述唐代禪宗懺悔思想之懺儀或思想義蘊時，必然要隨時掌握到縱貫史的脈絡與橫向的禮懺思維與懺悔儀軌之形式意義的比較研究。

縱貫的懺悔儀式，筆者係先從初期佛教僧團月半時定期舉行的布薩發露與結夏安居最終日的說罪自恣之儀式說起，中間銜接小乘戒律及大乘菩薩戒思想下各經律論中關於懺悔理論與儀式的比較，下貫至中國高僧大德編製的禮懺法之發展。橫向方面，針對唐代禪宗的禪師與禪師之間，或禪宗禪師與同時代他宗派的禪師之間，彼此關於懺悔內容、儀式與側重點進行比較與析論。

諸多方面的比較論述，筆者是同時配合上面的「戒律詮釋法」、「經典詮釋法」、「思想比較法」及下面的「禪宗史研究法」、「佛教史研究法」、「文獻研究法」進行的，各大禪師的懺悔儀軌之建立與實踐，必有基本的文獻，該文獻之出現，又必有一定的佛教史或禪宗史的特殊因緣問題，在諸多因緣的和合之中，各自又表現出自家的特殊見解，筆者每論及一位禪師之懺悔儀式與思想義蘊時，多會溯源追流，瞻衡他法，以此進行比較與析論。

學者在這方面的研究，如前日本椎名宏雄〈唐代禪宗の礼忏について〉、川崎ミチユ發表〈礼贊文・塔文〉、汪師娟《敦煌禮懺文研究》《唐宋古逸佛教懺儀研究》聖凱《中國佛教懺法研究》、釋大睿《天台懺法研究》等作品，曾有一定程度之可觀成果，筆者根據禪師們的禮懺法、禮懺儀式或關涉於懺悔滅罪之言論，再

參考學者之說法，兼行形式意義與內涵義蘊之比較與探究。

（五）禪宗史研究法

筆者雖以「唐代禪宗懺悔思想」為題，但漢魏六朝至晚唐五代間禪師的主要思想、社會政治層面及懺悔思想的發展史上悉為不可忽略之重要層面。

關於禪宗思想史的研究，學界已有甚多成果，筆者將先考察《寶林傳》、《祖堂集》、《楞伽師資記》、《曆代法寶記》、《景德傳燈錄》、《佛祖本紀》等僧傳中對禪宗發展史禪宗與社會政治層面及懺悔思想的發展概況，再參考學者們的既有成果，在論文中對各大禪師安排一個適切的歷史時空位置，配合其實際踐履的狀態與相關的理論言說，在該時空位置上釐析出適切的懺悔思想。學者的禪史研究，如楊惠南《禪史與禪思》、杜繼文、魏道儒《中國禪宗通史》、楊曾文《唐五代禪宗史》、印順《中國禪宗史》、洪修平《禪宗思想的形成與發展》、洪修平《禪宗思想的形成與發展》、葛兆光《中國禪思想史 —— 從 6 世紀到 9 世紀》、日本鈴木哲雄《唐五代禪宗史》、柳田聖山《中國禪思想史》、阿部肇一《中國禪宗史》、忽滑谷快天《禪學思想史》等作品，悉是筆者進行研究時難能可貴的明燈。

不論是在各章節的安排、內容思想之分派開展，筆者都是站在上列高僧大德與學者對禪宗思想史的豐碩研究成果之臂膀上，再以自己閱讀相關文獻的認識與判斷為基礎，登上唐代禪宗懺悔思想之無上寶殿中。

（六）佛教史研究法

本書既關涉到漢魏六朝至晚唐五代間各大禪師的主要思想、社會政治層面及懺悔思想的發展史，亦必然要運用到佛教史研究法。

佛教史研究法自然要涉及初期佛教、部派佛教、大乘佛教及中國佛教在思想發展、社會經文化與時代局勢等層面的問題。筆

者的論述之路，將先從各期佛教史的相關資料，對照《大正》中《弘明集》、《廣弘明集》、《出三藏記集》、《歷代三寶紀》、《佛祖統紀》、《佛祖歷代通載》等史籍及學者的相關著作，如方東美《華嚴宗哲學》、李世傑《印度大乘佛教哲學史》、趙雅博《印度哲學思想史》、印順《印度佛教思想史》、楊惠南《印度哲學史》、印順《佛教史地考論》、湯用彤《漢魏兩晉南北朝佛教史》、蔣維喬《中國佛教史》、日本中村元《中國佛教發展史》、平川彰《印度佛教史》等著作。

筆者在進行佛教歷史發展與其間思想脈絡的承繼上，先考察高僧大德們的說法與重視的問題，再對照學者的們前後相續的研究成果，從而織入唐代禪宗懺悔思想的脈絡裡。

（七）文獻研究法

只要能掌握到第一手的文獻資料，筆者必以該資料進行理解、閱讀、分析、探究與論述。如果不一定能掌握到第一手的文獻資料時，筆者儘量參考學界已公認的第二手資料進行研究與論述，但筆者的態度會趨於保守，可說者說之，疑者疑之，不可說者不妄說。

最基本的經傳語錄等文獻資料，如《高僧傳》、《續高僧傳》、《宋高僧傳》、《楞伽師資記》、《景德傳燈錄》、《傳法正宗記》、《佛祖統紀》、《五燈會元》、《指月錄》、四卷《楞伽經》、《大乘起信論》等，都是筆者要去掌握的。敦煌文獻方面，如唐・杜朏《傳法寶記》、唐・智炬《雙峯曹侯溪寶林傳》、晚唐五代靜、筠二禪師的《祖堂集》、甘肅敦博本 077 號《壇經》、《神會和尚禪話錄》、敦煌本《壇經》、宗寶本《壇經》、達摩《二入四行觀》、達摩弟子《二入四行論》、弘忍《修心要論》、弘忍《最上乘論》、神秀《大乘無生方便論》等是。

此外，日本椎名宏雄、田中良昭、柳田聖山……等學者在敦煌文獻研究上的豐碩成果，汪師娟、聖凱法師、楊曾文、藍吉富、方廣錩……等教授及各佛教團體編輯的各種禪宗文獻，都是筆者

論文賴以開展的重要憑據。筆者是站在他們的肩膀上，再加深入觀察與認識，專注於甚深緣起、戒律思想、因果罪業、六道輪迴與懺悔滅罪的思想，為唐代禪宗懺悔思想作一全面性的論述。當然《新唐書》、《舊唐書》等正史及《全唐文》中的碑傳銘文等資料，都是論述禪師時代、禪史發展時不可或缺的佐助資料。

　　由於禪宗文獻資料所載錄之重點多在呈現不立文字、以心傳心與頓悟見性等思想，故能夠自其中汲取出懺悔思想或懺悔儀軌的成分，原本就微乎其微；縱使能從文獻資料中汲取出懺悔思想或懺悔儀軌的成分，與天台、華嚴、淨土、法相等宗的懺悔思想或懺悔儀軌又有重複或重疊的現象，如果沒有對照禪宗史、佛教史與禪師們的禪悟思想作一適當的歸納與分類，便容易造成文旨的渙散失焦。為了避免此種缺失，筆者於必要時會製作圖表作涵括式的呈現，透過不同類別性質的彙整與歸納，彌補筆者文字所無法清楚詮釋的部分。這樣的處理，除了利於本書對禪宗懺悔思想的實踐特色、原則與義蘊等做深入的理解與解說外，亦利於讀者的閱讀與認識。

　　要言之，筆者至少會運用「戒律詮釋法」、「經典詮釋法」、「思想比較法」、「懺儀比較法」、「禪宗史研究法」、「佛教史研究法」、「文獻研究法」等六種方法，前二者為最根本之方法，三四為次要基本法，最後三者為輔助法。透過文獻資料的認識、理解、分析與探論，以禪師為單位，從印度到中國，從中國再聚焦於禪宗；從佛教的甚深緣起、戒體清淨、罪性本空、眾生有佛性、如來藏自性清淨心等的重要命題出發，傾注心力於唐代禪宗禪師們懺悔思想的實踐性義蘊的發展變化，並隨時與同時代其他宗派懺悔思想的實踐狀況進行橫向對比式的說明與論述，俾使唐代禪宗懺悔思想的實質與踐履情形獲得較為客觀的呈現，並藉此呈現出禪宗懺悔思想的實踐與他宗他派禮懺法的殊勝之處。

第二節　研究範圍、使用文獻與章節安排

一、研究範圍

　　本論文擬就「唐代禪宗懺悔思想」的實踐儀式與懺悔義蘊為主題做一系統化的探索與認知，故理應以唐高祖武德元年（618）至唐哀帝天佑三年（906）「二八九年間」的禪宗懺悔思想為研究範圍。

　　但本論題所說的「唐代」（618~906），只能視為「時間距離」上的範圍，真正討論到禪宗懺悔思想時，便不能以時間距離來限制實質思想層面的發展與變化。因為，論及禪宗的懺悔思想，除了須聚焦於達摩的楞伽心法外，更須牽涉到南北朝的禪學發展；惠能、神會後的臨濟、溈仰、曹洞、雲門、法眼等五宗的陸續發展與衍化，亦跨越到晚唐五代，故本書所謂的「唐代」，並不執著於表面上 618~907 約三百年數字化的時間距離，而是從思想脈絡的蘊釀、形成、建立、透發、衍繹與發展及其間之交互影響過程而論的。

　　是故，本書題目雖是「唐代」，論述之時雖然會聚焦在唐代惠能神會與南禪禪師的懺悔思想，但事實上仍會銜接六朝至晚唐五代約「四百五十年間」各大禪師所說懺悔內容，透過前輩研究成果的指引，先對各大禪師的懺悔內容進行一個輪廓式的整理與認識，作為全文開展之基礎。依此基礎，筆者再漸次切入禪宗的懺悔思想的蘊釀與發展，依序析論禪宗前五祖的懺悔思想，然後再接續北宗神秀一系《大乘無生方便》、《金剛五禮》、《秀禪師七禮》等懺法的懺悔義蘊，論其與楞伽禪法間的承繼關係。隨而，深入六祖惠能《壇經》中的無相懺悔思想內容，懺悔儀節，及配合其頓教禪法後表現出來的內在義蘊，明示禪宗懺悔思想之基本精

神。最後，針對中晚唐至五代間五家禪師的相關著作與語錄，從
各禪師所說關於甚深緣起、戒體清淨、因緣果報、六道輪迴與懺
悔滅罪的內容，論其於懺悔思想的特色與義蘊，並隨時銜接到菩
提達摩與六祖惠能間的承繼關係與特殊意義。

二、使用文獻

　　除了上述所說的《出三藏記集》、《高僧傳》、《續高僧傳》、《宋
高僧傳》、《楞伽師資記》、《景德傳燈錄》、《傳法正宗記》、《佛祖
統紀》、《五燈會元》、《指月錄》、《傳法寶記》、《雙峯曹侯溪寶林
傳》、《祖堂集》……等主要禪宗經史傳記燈錄外，近世敦煌發現
的禪師著作或碑撰銘文等資料，略列如下：

達摩祖師（？~535）：《菩提達摩大乘入道四行觀》[20]
神光慧可（487~593）等：《菩提達摩二入四行論》[21]
　　　　　　　　　　《天竺國菩提達摩禪師論》[22]
　　　　　　　　　　《菩提達摩四行論》[23]
　　　　　　　　　　《法王經》一卷[24]
傅大士（497~569）：《善慧大士錄》[25]
　　　　　　　　《心王銘》[26]
鑑智僧璨（？~606）：《鏡智禪師碑銘》[27]

---

20 宋・道原《景德傳燈錄》卷三十，《大正》51，No.2076，頁 458 中~下。另參
　　唐・道宣《續高僧傳卷十六・習禪篇》，《大正》50，No.2060，頁 551 中~下。
　　《菩提達磨大師略辨大乘入道四行觀》，《卍新續》63，No.1217，頁 1 上~下。
21 日・柳田聖山編《達摩の語錄：二入四行論》，（東京：筑摩書房，昭和 44 年），
　　頁 1~384。
22 方廣錩主編《藏外佛教文獻》第一輯，（北京：宗教文化，1995 年 12 月），頁
　　34。又見氏編《藏外佛教文獻》第二輯，（北京：宗教文化，1996 年 8 月），頁
　　166。
23 藍吉富編《禪宗全書・語錄部（一）》，（台北：文殊文化，1988 年 8 月），
　　頁 27~39。
24 《大正》85，No2883，頁 1384 下~1390 上。
25 唐・樓穎錄《善慧大士錄》，《卍新續》69，No.1335，頁 104 上~130 下。
26 《景德傳燈錄卷三十・銘記箴歌》，《大正》51，No.2076，頁 456 下~457 上。
27 唐・獨孤及〈舒州山谷寺覺寂塔隋故鏡智禪師碑銘〉，周紹良主編《全唐文新

雙峰道信（580~651）：《楞伽師資記》[28]

　　　　　　　　　　《入道安心要法門》[29]

牛頭法融（594~657）：《心銘》[30]

　　　　　　　　　　《信心銘》[31]

　　　　　　　　　　《絕觀論》[32]

　　　　　　　　　　《無心論》[33]

　　　　　　　　　　唐・李華〈潤州鶴林寺故徑山大師碑銘〉

　　　　　　　　　　唐・劉禹錫〈牛頭山第一祖融大師心塔記〉[34]

五祖弘忍（602~675）：《最上乘論》[35]

　　　　　　　　　　《金剛五禮》[36]

　　　　　　　　　　《心王經》[37]

　　　　　　　　　　《蘄州忍和尚導凡趣聖悟解脫宗修心要論》[38]

神秀大通（605~706）等：《觀心論》[39]

　　　　　　　　　　　《大乘無生方便門》[40]

編卷三九〇・獨孤及》，（長春：吉林文史出版社，2000 年 12 月），頁 4481。

28　《楞伽師資記・第五唐朝蘄州雙峯山道信禪師》，《大正》85，No.2837，頁 1286 下~1289 中。

29　詳印順《中國禪宗史》，頁 61~71。

30　《景德傳燈錄卷三十・銘記箴歌》，《大正》51，No.2076，頁 457 中~458 上。

31　《楞伽師資記・第四隋朝舒州思空山粲禪師》，《大正》85，No.2837，頁 1286 中~下。《歷代法寶記・隋朝第三祖璨禪師》，《大正》51，No.2075，頁 181 中~下。《景德傳燈錄卷三十・銘記箴歌》，《大正》51，No.2076，頁 457 上~中。

32　《絕觀論》，見藍吉富主編《禪宗全書・語錄部（一）》，（台北：文殊文化，1988 年 8 月），頁 2~18。《無心論》，見藍吉富主編《禪宗全書・語錄部（一）》，頁 40~60。

33　《絕觀論》，見藍吉富編《禪宗全書》36，頁 87~102。《無心論》，見鈴木大拙《鈴木大拙全集》卷二，（東京：岩波書店，昭和 43~46 年），頁 216~219。

34　分見《全唐文》卷三二〇、卷六〇六，引見：《禪宗全書・全唐文禪師傳記集》，頁 399、402~403。

35　《最上乘論》，《大正》48，No. 2011，頁 377 上~下。

36　汪師娟《敦煌禮懺文研究》，（台北：法鼓文化，1998 年 9 月），頁 201~233。

37　《佛為心王菩薩說投陀經卷上》，《大正》85，No.2886，頁 1401 下~1403 中。

38　敦煌還發現有記述其禪法的《蘄州忍和尚導凡趣聖悟解脫宗修心要論》（北字 04 號、S.2669、S.3558、S.4064、P.3434、P.3559、P.3777），為弘忍禪法及其生平事迹的研究提供了豐富而珍貴的資料。詳：楊富學〈敦煌本「歷代法寶記・弘忍傳」考論〉，《佛學研究中心學報》v.6，頁 139~149。

39　《觀心論》，見鈴木大拙《鈴木大拙全集》別卷一，頁 615~616。又《觀心論》，《大正》85，No.2833，頁 1270 下~1273 中。

40　《大乘無生方便門》，《大正》85，No.2834，頁 1273 中~1278 上。

　　　　　　　　　《大乘北宗論》[41]

　　　　　　　　　《秀禪師七禮文》[42]

　　　　　　　　　《北宗五方便》[43]

　　　　　　　　　唐‧張說〈唐玉泉寺大通禪師碑銘〉

　　　　　　　　　唐‧李邕〈大照禪師塔銘〉[44]

六祖惠能（638~713）：敦博本 077 號《六祖壇經》[45]

　　　　　　　　　唐‧王維〈六祖能禪師碑銘〉

　　　　　　　　　唐‧法才〈光孝寺瘞髮塔記〉

　　　　　　　　　唐‧劉禹錫〈曹溪六祖大鑒禪師第二碑〉

　　　　　　　　　唐‧柳宗元〈曹溪第六祖賜謚大鑒禪師碑〉[46]

荷澤神會（684~758）：《神會和尚禪話錄》[47]

　　　　　　　　　《南陽和上頓教解脫禪門直了性壇語》[48]

　　　　　　　　　《荷澤大師顯宗記》[49]

　　　　　　　　　《菩提達摩南宗定是非論》[50]

　　　　　　　　　《南陽和尚問答雜徵義》[51]

　　　　　　　　　《大乘開心顯性頓悟真宗論》[52]

永嘉玄覺（665~713）：《永嘉集》[53]

　　　　　　　　　《證道歌》[54]

---

41 《大乘北宗論》，《大正》85，No.2836，頁 1281 下~1282 上。

42 汪師娟《敦煌禮懺文研究》，頁 374~376。

43 《北宗五方便》，見鈴木大拙著，《鈴木大拙全集》卷三，（東京：岩波書店，昭和 43~46 年），頁 141~235。

44 《全唐文》卷二三一、卷二六二，引見《禪宗全書‧史傳部（一）‧全唐文禪師傳記集》，頁 380、385。

45 鄧文寬校注，敦博本 077 號《六祖壇經》，瀋陽：遼寧教育出版社，2005 年 1 月 1 版。

46 藍吉富主編《禪宗全書‧史傳部（一）‧全唐文禪師傳記集》，（台北：文殊出版社，1988 年 4 月），頁 352~356。

47 《神會和尚禪話錄》，（北京：中華書局，2004 年 11 月）。

48 收入《神會和尚禪話錄》，頁 3~14。

49 《景德傳燈錄卷三十‧銘記箴歌》，《大正》51，No.2076，頁 458 下~459 中。

50 《神會和尚禪話錄》，頁 15~48。

51 收入《神會和尚禪話錄》，頁 54~123。

52 唐‧慧光集釋《大乘開心顯性頓悟真宗論》（《大乘開心顯解脫論》），《大正》85，No.2835，頁 1278 上~1281 下。

53 《永嘉集》，《大正》48，No.2013，頁 387 中~395 下。

　　彼等關於懺悔方面的思想，或緣於引導弟子入道，或起於試驗道境之機鋒，或依於禪修方式，或爲菩薩戒而說，或爲剃度而說，雖非專爲懺悔而說，然亦在頓悟見性禪法中呈現出懺悔思想，不一而足。此外，《古尊宿語錄》[55]、《天聖廣燈錄》[56]、《五家語錄》[57]、《頓悟入道要門論》、《諸方門人參問語錄》[58]、《宗門十規論》[59]、《百丈清規》[60]、《宗鏡錄》[61]……等禪宗祖師大德之著作、史傳、語錄，只要是關涉於唐代禪宗大師們對於甚深緣起、戒體清淨、因緣果報、六道輪迴與懺悔滅罪之實踐，都會對之進行綜合之認識、理解與探究。

三、章節安排

　　本書依據前面第一節所提出之問題，分成七章依序進行探究與討論。第一章爲「緒論」，第二章論「漢魏六朝至弘忍間禪師的懺悔思想」，第三章論「弘忍與神秀的懺悔思想」，第四章論「惠能與神會的懺悔思想」，第五章論「南宗頓教禪法中的懺悔思想」，第六章論「唐代禪宗懺悔思想之類型原則與特色」，第七章爲「結論」。

　　第一章「緒論」部分，先分「研究動機、學者研究成果與本書研究方法」、「研究範圍、使用文獻與章節安排」及「佛教懺悔與禪宗懺悔思想之義界」三節，爲本書拉開序幕。

　　第二章「漢魏六朝至弘忍間禪師的懺悔思想」部分，再分「漢

54　《證道歌》，《大正》48，No.2014，頁395下~396下。

55　宋・賾藏主集，靈谷寺淨戒重校，《古尊宿語錄》，《卍新續》68，No.1315，頁2上~346下。

56　宋・李遵勗編《天聖廣燈錄》，《卍新續》78，No.1553，頁420上~574中。

57　明・圓信、郭凝之編《五家語錄》，《佛光大藏經・禪藏・語錄》23，（台北：佛光，1994年初版）

58　唐・慧海《頓悟入道要門論》，《卍新續》63，No.1223，頁17下~24上。唐・慧海《諸方門人參問語錄》，No.1224，頁24中~30下。

59　五代・文益《宗門十規論》，《卍新續》63，No.1226，頁36中~39上。

60　元・德輝重編《敕修百丈清規》，《大正》48，No.2025，頁1109下~1160中。

61　宋・永明延壽《宗鏡錄》，《大正》48，No.2016，頁415上~957中。

魏六朝禪師懺悔思想概述」、「達摩祖師的報怨行懺悔」、「神光慧可與鑑智僧璨的懺悔思想」及「傅大士、雙峰道信與牛頭法融的懺悔思想」四節，依序介紹五祖弘忍以前禪師懺悔思想之發展概況。

　　第三章「弘忍與神秀的懺悔思想」部分，再分「弘忍的懺悔思想」、「大通神秀的懺悔思想」、「淨眾無相等的懺悔思想」三節，以明八世紀前後北宗與四川蜀地禪宗懺悔思想的實踐概況。

　　第四章「惠能與神會的懺悔思想」部分，再分三節開展之，第一節先概述中國大乘佛教禮懺法與禪宗無相懺悔之交互影響，分「禪宗與中國禮懺的關係」、「禪宗的明心見性與無相懺悔」二小節呈現之；第二節為「惠能無相懺悔的思想義蘊」，以第一節的論述為基礎，聯結達摩至弘忍間禪宗懺悔思想的發展脈絡，分「無相懺悔的內容」、「無相懺悔的儀節」、「無相懺悔的思想義蘊」三小節開展之，「無相懺悔的思想義蘊」部分又分「神秀與惠能的無相禪觀」、「以三無功夫永斷三世罪障」、「以七儀一心融般若禪行」、「以活潑心戒智慧禪定滅罪」、「萬法念念不住的正念懺悔」五點開展之；第三節為「神會無念懺悔的思想義蘊」，在惠能無相懺悔的基礎上，配合神會本身的無念禪法，分「無念懺悔之內容」、「無念懺悔之儀節」、「無念懺悔之思想義蘊」三小節開展之；神會「無念懺悔之思想義蘊」又分「不執罪福的願罪除滅」、「三無漏學的清淨無念」、「實相無相的般若懺悔」、「無住立知的正見無念」四層義蘊開展之；第四節為「圭峰宗密的《圓覺經道場修證儀》」，分「加入宗密《圓覺懺》的原因」、「《圓覺懺》的內容、結構與懺儀」「《圓覺懺》與惠能、神會懺悔思想之差異」三小節開展之。

　　第五章「南宗頓教禪法中的懺悔思想」部分，再分三節開展之，第一節先論永嘉玄覺「絕相離名」禪法的懺悔義蘊，此節又分三小節，一、永嘉禪法與懺悔的關係，二、「淨修三業」的懺悔義蘊，三、「發願文」中的慈悲願力。第二節再論馬祖道一禪系的懺悔思想，此節又分五小節，一、馬祖道一「平常心是道」禪法

的懺悔思想，二、大珠慧海「頓悟入道」禪法的懺悔思想，三、百丈懷海「不作不食」禪法的懺悔思想，四、臨濟義玄「無位真人」禪法的懺悔思想，五、睦州道明「峻烈機鋒」禪法的懺悔思想。第三節再論石頭希遷禪系的懺悔思想，此節又分四小節，一、石頭希遷「即心即佛」禪法的懺悔思想，二、玄沙師備「昭昭靈靈真實人」禪法的懺悔思想，三、雲門文偃「截斷眾流」禪法的懺悔思想，四、法眼文益「調機順物」中的懺悔思想。

　　第六章「唐代禪宗懺悔思想之類型、發展分期、實踐原則與實踐特色」，分四節歸納闡說之，第一節爲「唐代禪宗懺悔思想之類型」，將整理出各大禪師們所踐行的懺悔思想之類型，配合圖表，就「報怨行懺悔」、「心王懺悔」、「無相念佛懺悔」、「金剛懺悔」、「無生懺悔」、「金剛五禮」、「七禮懺悔」、「無相懺悔」、「無念懺悔」、「三業懺悔」、「清規懺悔」、「禪機懺悔」十二小節進行說明。第二節爲「唐代禪宗懺悔思想的發展分期」，將前面各章所論述過的禪師大德之時代、懺悔思想及其特色，依其時代先後加以歸類，分「蘊釀期－自達摩至弘忍」、「成立期－自神秀至神會」、「衍變期－自永嘉至文益」三小節加以論述，呈現出它的發展過程。第三節爲「唐代禪宗懺悔思想的實踐原則」，就上節所論之十二種思維型態加以觀察，分析出「堅信懺悔可以滅罪以行禪－信的實踐」、「正確理解因果業報說－解的實踐」、「依如來藏緣起以至心發露－行的實踐」、「超越內外中間的滅罪證道－證的實踐」四大實踐原則。第四節爲「唐代禪宗懺悔思想的實踐特色」，全面觀察各大禪師懺悔思想的實踐情況，分析出「非佛菩薩力量的自力懺罪」、「非禮懺儀軌化的自性懺悔」、「非罪相鋪陳化的直覺自悟」、「非形上建構化的慧見自過患」四種特色開展之。

　　第七章爲「結論」，筆者最後以七段文字總結全文：其一，唐代禪宗沒有因爲不拘執形式戒條而忽略懺悔實踐；其二，禪宗禪師的戒懺禪淨與見性成佛理論之內在關聯性；其三，唐代禪宗大師們積極的展現著多元樣態的懺悔思想；其四，活用當時懺法的禮懺儀節又不執著懺儀以滅罪清淨；其五，由教義的三世罪障落

實到照見現實人的當下諸罪業；其六，唐代禪宗各禪師懺悔思想
的外顯儀式與內涵義蘊表。

第三節　佛教「懺悔」與「禪宗懺悔思想」之義界

一、佛教「懺悔」義蘊之釐定

（一）從義淨對「懺悔」的質疑說起

「懺悔」是佛教思想的重要環節，若不能正確掌握懺悔的實
質義蘊，對禪宗思想的認識與實踐勢必造成「天下惑於報應」的
嚴重偏差。[62]因此，如欲對唐代禪宗懺悔思想進行全面的探討與
認識，須先就佛教「懺悔」與「唐代禪宗懺悔思想」的義蘊作正
確的掌握。以下先釋「懺悔」一詞。

佛教「懺悔」一詞，是懺者至誠的發露罪過以請求諒解。是
梵「懺」漢「悔」二字的音義合譯。「懺」字，是梵語 kṣama（懺
摩）之略譯，乃「忍」之義，即請求他人忍罪；「悔」，為追悔、
悔過之義，即追悔過去之罪，而於佛、菩薩、師長、大眾面前告
白道歉，期達滅罪之目的。「懺摩」是由初期佛教（原始佛教）[63]

---

62 因為，基督教、回教、天主教、儒家、道教、世俗倫理等均講究「懺悔」，但
　各家各教皆有不同的理論背景、思想內涵與風格特色，若單從梵語說說，或隨
　便依附於任何他教他說，或簡單的從懺悔滅罪而說，忽略緣起法、三法印、四
　聖諦、八正道與修行實踐，便易形成邊見，不能正確理解佛教懺悔的實質內蘊。
　如唐‧獨孤及（725~777）嘗云：自漢明帝至梁武帝間，「天下惑於報應，而
　人未知禪」，可見當時人對禪宗及因緣果報有著一定程度的誤解。見〈舒州山
　谷寺覺寂塔隋故鏡智禪師碑銘并序〉，見周紹良主編《全唐文新編卷三九〇‧
　獨孤及》，（長春：吉林文史出版社，2000 年 12 月），頁 4481。又見藍吉富主
　編《禪宗全書‧史傳部（一）‧全唐文禪師傳記集‧四、舒州山谷寺覺寂塔隋
　故鏡智禪師碑銘并序》，（台北：文殊出版社，1988 年 4 月），頁 350。
63 關於「初期佛教」或「原始佛教」二詞的使用問題，王師開府有詳細的研究，

佛陀令弟子們在半月（月中，十五日左右）進行的「褒灑陀」
（posadha，布薩）說戒、羯磨（karma）等儀程，或於每年結夏
安居、歲終說罪（āpatti-prati-daśanā）除愆時的「隨意」（pravāraṇa）、
「自恣」（Pravāranā）等儀式漸次發展而來的。[64]

　　筆者大致瀏覽戰後學界對懺悔的語義及其相關問題的成果，[65]發現佛教所說的「懺悔」一詞並不是簡單的用「滅惡興善」一詞就可以整全涵括。[66]如日本平川彰曾說，kṣama 作為懺悔的原語是不切當的；[67]日本多田孝正云：「懺」與「悔」是不應該在一起的；[68]釋聖凱則說：「daśanā作為懺悔真正的原語是比較恰當的」，但他同時又說「kṣama 譯成懺悔也是理所當然的。」[69]同樣依於梵語，同樣在詮解「懺悔」義蘊，何以會出現多種不同說法？「懺」與「悔」，「kṣama」與「daśanā」，彼此間究竟存在什麼關係？這是實踐大乘禮懺法時必須予以釐清的。

　　早在七世紀末，唐代律宗大師義淨（635~713）就對漢梵合譯的「懺悔」提出質疑與詮釋。義淨在二十五年的印度留學生涯中，特別注意到僧團戒律、禪修與懺悔之關係。[70]他對當時印度佛教的懺悔實踐有深刻之觀察與見解，其云：

　　他認為，不論從翻譯角度、客觀的學術用語、佛陀教說、佛教分期、文獻證據等方面來言，「初期佛教」一詞皆較「原始佛教」來得恰當。詳見：王師開府撰，〈原始佛教、根本佛教、初期與最初期佛教〉，載：汪師娟編，《冉雲華先生八秩華誕壽慶論文集》，（台北：法光出版社，2003 年 7 月），頁 21~56。

64 詳參：印順《原始佛教聖典之集成》，（台北：正聞出版社，1994 年 1 月），頁 105~131。筆者按：在論文口試時，考試委員胡其德教授曾從漢梵翻譯的角度提出建議，他認為佛教經典上的「半月」，不必執著於「每半月」上，應從「月中」或「月半」理解為宜，即在十五日前後。筆者採納胡教授之建議，故以「（月中，十五日左右）」標示於「半月」後。

65 日本學者自 1950 年以來已有甚多研究成果，詳見本書後面「參考書目」部分所列之論文。

66 此語是釋自容之觀點，見氏著《中國佛教懺悔思想之研究－以慈悲道場水懺法為中心》，（台北：中國文化大學哲學研究所碩士論文，2005 年 6 月），頁 34。

67 平川彰《淨土思想と大乘戒》，（東京：春秋社，1990 年 1 月），頁 450。

68 參日‧多田孝正〈懺悔に關する中國的な考察〉，收入《佛教學》n.11，（東京：佛教學研究會，1981 年 4 月），頁 42。

69 《中國佛教懺法研究》，頁 27~28。

70 詳見：宋‧贊寧等《宋高僧傳卷一‧譯經篇第一之一‧唐京兆大薦福寺義淨傳》，《大正》50，No.2061，頁 710 中~711 上、唐‧智昇《開元釋教錄卷九‧總括群經錄上之九‧沙門釋義淨》，《大正》55，No.2154，頁 568 中~570 上。

　　凡夏罷、歲終之時，此日應名「隨意」，即是隨他於三事之中，任意舉發，說罪除愆之義。舊云「自恣」者，是義翻也。必須於十四日夜，請一經師，昇高座，誦佛經。于時，俗士雲奔，法徒雲集。燃燈續明，香花供養。明朝，總出旋繞村城。各並虔心，禮諸制底，棚車、輿像，鼓樂張天，幡蓋縈羅，飄揚蔽日，名為三摩近離，譯為「和集」。凡大齋日，悉皆如是，即是神州行城法也。禺中，始還入寺；日午，方為大齋；過午咸集，各取鮮茅，可一把許，手執足蹈，作隨意事：先乃苾芻，後方尼眾，次下三眾。若其眾大，恐延時者，應差多人，分受隨意。被他舉罪，則准法說除。當此時也，或俗人行施，或眾僧自為，所有施物，將至眾前。其五德應問上坐云：「此物得與眾僧為隨意物不？」上坐答云：「得所有衣服、刀子、針錐之流，受已均分」，斯其教也。此日所以奉刀、針者，意求聰明利智也。

　　『隨意』既訖，任各東西，即是坐夏已周，無勞更經一宿。[71]

這段文字，義淨至少交代了八點意涵：其一，佛教僧眾於每年結夏安居或歲終懺悔之時，均有隨意（pravāraṇa，隨意事、自恣）舉罪以除過愆之禮儀行程，即隨由他人對於某人在日常修行之罪行進行任意舉發，行者藉此機會自己至誠「說罪」（āpatti-pratidaśanā）以消除過愆。其二，活動的起始時間是「十四日夜」，[72]當夜的基本禮儀是「請一經師，昇高座，誦佛經」，這說明了七世紀末的印度佛教仍維持著初期佛教講經說法的活動。其三，進行隨意舉罪除愆的對象有三種，且有其先後順序，即「先乃苾芻，後

71　《南海寄歸內法傳卷二・十五、隨意成規》，《大正》54，No.2125，頁217中~下。關於「布薩」、「安居」、「隨意」與「自恣」的相關資料，亦見宋・法雲編，《翻譯名義集》卷四「布薩」、「安居」、「鉢剌婆剌拏」條，文繁不具，《大正》54，No.2125，頁1122上~1123下。

72　布薩日，《大智度論》以一日、八日、十四日、十六日、二十三日、二十九日等六齋日為布薩日。見姚秦・鳩摩羅什譯《大智度論釋初品中戒相義第二十二之一（卷十三）》，《大正》25，No.1509，頁159中。大致說來，半月中三度說戒，稍嫌過繁，後乃產生半月一回之制。至於自恣日，《四分律》則以一日、十四日、十五日為布薩日。見《四分律卷三十五・說戒犍度》、《四分律卷三十七・自恣犍度》，《大正》22，No.1428，頁816下、837中。

方尼眾，次下三眾」，可見當時存有清楚的倫理次序，僧團與民間
的紀律都維持得很有規律。其四，隔天十五日時的禮儀活動，由
僧尼大眾準備整個和集儀程，即「燃燈續明，香花供養。明朝，
總出旋繞村城。各並虔心，禮諸制底，棚車、輿像，鼓樂張天，
幡蓋縈羅，飄揚蔽日，名爲三摩近離，譯爲『和集』」。其五，和
集繞城後，接近中午時刻，「始還入寺」；正午時分，「方爲大齋」。
其六，大齋之後，「過午咸集，各取鮮茅，可一把許，手執足蹈，
作『隨意』事」，即任由他人舉發罪行，進行實質的隨意自恣，行
者在此時向佛陀或上座比丘發露說罪以消除罪愆。其七，如果隨
意舉罪說罪的人數過多，則有權變的處理方式，即「應差多人，
分受隨意。被他舉罪，則准法說除」，此可見印度佛教在七世紀初
的隨意自恣說罪除愆的禮儀仍然普受眾民接受而甚爲盛行。其
八，隨意舉罪的過程中，僧尼或大眾會準備象徵聰明利智的衣服、
刀子、針錐之物，做布施供養之用，由德高望重者供呈，而由上
座德僧表示「受已均分」，如是，隨意舉罪除愆之過程才算結束。

　　至於「說罪除愆」的「說罪」（āpatti-prati-daśanā），義淨亦
有特殊的見解，其云：

> 言「說罪」者，意欲陳罪，說己先愆，改往修來，至誠懇
> 責。半月、半月為褒灑陀（布薩），朝暮朝暮，憶所犯罪。
> 初篇若犯，事不可治；第二有違，人須二十。若作輕過，
> 對不同者而除悔之。梵云「痾鉢底鉢喇底提舍那」；「痾鉢
> 底」者，罪過也；「鉢喇底提舍那」，即對他說也。說己之
> 非，冀令清淨，自須各依局分，則罪滅可期。若總相談愆，
> 非律所許。[73]

這段文字，義淨又說出了五點意涵：其一，所謂「說罪」，是指隨
意說罪中，行者須自己「意欲陳罪，說己先愆，改往修來，至誠
懇責」，亦即自己將此刻之前曾違犯的錯誤言行欲念在德高望重的
上座比丘之前加以發露出來，表示要改正錯誤並期許未來能端正

73 《南海寄歸內法傳卷二‧十五、隨意成規》，《大正》54，No.2125，頁217下。

精進，最重要的是態度要真心誠懇。[74]其二，每半月（月中）所舉行的褒灑陀（布薩），說罪者自身必須是「朝暮朝暮，憶所犯罪」，亦即是清楚的認識自己的違犯罪業並時時刻刻記得不可再犯。其三，說罪除愆的原則與方式，是「初篇若犯，事不可治；第二有違，人須二十。若作輕過，對不同者而除悔之」，這說明了罪過有輕、重、大、小的區別與不同的對治方法。其四，說罪的梵語原是「痾鉢底鉢喇底提舍那」（āpatti-prati-daśanā）；其中的「痾鉢底」（āpatti），是「罪過」之意；「鉢喇底提舍那」（prati-daśanā），是「對他說罪」之意，所謂「對他說罪」，是行者真誠發自內心的主動性的「說己之非，冀令清淨」。其五，犯過者對他人發露罪行，必須是事事清楚，件件明白，不可籠統言之，即「若總相談愆，非律所許」，這站在戒律清淨、僧團清淨的角度而說的，它反映出當時佛教徒極重視戒律精神。

據義淨的理解，印度佛教徒所說的「kṣama」，不但與「說罪」（āpatti-prati-daśanā）不同，與中國人的「悔」字實不相干，其云：

> 舊云「懺悔」，非關「說罪」。何者？「懺摩」，乃是西音，自當「忍」義。悔，乃東夏之字；追悔為自悔之，與「忍」迥不相干。若的依梵本，諸除罪時，應云「至心說罪」，以斯詳察。翻「懺摩」為「追悔」，似罕由來。西國之人，但有觸誤及身，錯相觸著，無問大小。大者，垂手相向；小者，合掌虔恭。或可撫身，或時執膊，口云「懺摩」，意是「請恕」、「願勿瞋責」，律中云「提舍那」矣。恐懷後滯，就他致謝，即說懺摩之言，必若「自己陳罪」，乃云「提舍那」矣。恐懷後滯，用啟先迷。雖可習俗久成，而事須依

---

74 所謂「真心誠懇」，在懺法中又稱「至誠懺悔」、「至心懺悔」、「真心懺悔」等，若對照於初期佛教的真實情形，當時比丘所表現出來的五種懺悔法的行儀是：「袒右肩」、「右膝著地」、「恭敬合掌」、「禮足」及「說罪名」。參：宋·法賢譯《佛說人仙經》，《大正》1，No.9，頁 214 上~214 中。姚秦·佛陀耶舍共竺佛念等譯《四分律卷五十九·毗尼增一之三》，《大正》22，No.1428，頁 1007 上。

本。[75]

這段文字，義淨至少闡明了六點意涵：其一，「懺摩」（kṣama）的本意是「忍」義，印度佛教的「忍」義，有「請恕，願勿瞋責」、「乞容恕」、「容忍」、「首謝」、「容恕我罪」等多層意含，[76]這是僧團中僧伽對於戒律之遵行、不當行為的發露與罪愆的消除問題，並不是世俗人們所誤解的隱忍情緒之「容忍」、「忍耐」、「忍辱」之表面意思。[77]其二，中國人所說的「悔」字，有「追悔」之意，此是世俗生活狀況下的「自悔」意，與戒律上的「請恕」、「願勿瞋責」、「乞容恕」、「容忍」、「首謝」、「容恕我罪」等意是毫不相干的。其三，中國人將懺摩翻譯成「追悔」意的「懺悔」，這與佛教義理是不能相符的。其四，如果依照梵本戒律的說罪除愆，不得已而非得將「懺悔」與「懺摩」、「請恕」、「願勿瞋責」、「說罪」、「乞容恕」、「容忍」、「首謝」、「容恕我罪」等詞的語義聯合成一體，則應取義於「至心說罪」，即「至心告白」、「至心發露說罪」為是，這與大乘佛教加入諸佛如來菩薩的弘誓大願之懺悔是不能完全等同的。[78]其五，僧團戒律生活中的「懺摩」，是「但

75 《南海寄歸內法傳卷二・十五、隨意成規》，《大正》54，No.2125，頁 217 中 ~218 上。

76 義淨在《根本說一切毗奈耶卷十五・污家學處第十二》「說芯芻所有行法・懺摩」注云：「言懺摩者，此方正譯，當『乞容恕』、『容忍』、『首謝』義也。若觸誤前人，欲乞歡喜者，皆云『懺摩』。無問大小，咸同此說。若『悔罪』者，本云『阿鉢底提舍那』，『阿鉢底』是『罪』；『提舍那』是『說』，應云『說罪』。云『懺悔』者，懺是西音，悔是東語，不當請恕，復非說罪，誠無由致。」《大正》23，No.1442，頁 706 上。

77 釋大睿云：「kṣama，一般將此字漢譯為「懺摩」。應譯為 enduring、bearing、suffering 等，即容忍、忍耐之意，可引伸為『請求他人寬容自己所犯過錯』。」氏著，《天台懺法之研究》，（台北：法鼓山，2000 年 9 月初版），頁 35。日・山口益認為，kṣama 與忍辱波羅蜜的「忍辱」（kṣqnti）是同系統的單詞，因為 kṣama 是√kṣam ＋a，而 kṣqnti 是√kṣam＋ti 變化而來。山口益〈懺悔について〉，《佛教學セミナー》v.9，（京都：大谷大學佛教會，1969 年 5 月），頁 10。

78 關於「懺摩」、「乞容恕」、「懺悔」與「說罪」間之關係，聖凱法師從《根本說一切毗奈耶卷八・斷人命學處第三之三》目連的十六位弟子「至其所，俱共懺摩。其年少者，即便禮足；若老大者，手撫其肩，告言：具壽！汝可容恕。」（《大正》23，No.1442，頁 665 下）及《華嚴經・普賢行願品》「我昔所造諸惡業，皆由無始貪瞋癡，從身語意之所生，一切我今皆懺悔」（《大正》10，No.293，頁 847 上）的梵語（yac ca kṛtaṃmayi pāpu bhaveyyā rāgatu dveśatu mohavaśena/ kāyatu vāca manena tathaiva taṃpratidelayamī ahu sarvam）相對

有觸誤及身，錯相觸著，無問大小。大者，垂手相向；小者，合
掌虔恭。或可撫身，或時執膊」時的「請恕，願勿瞋責」，這相當
於日常生活中的基本禮節，近於「對不起」、「是我的疏忽」、「請
見諒」、「我會即刻修正」、「我會多注意自己的粗疏行為」等多層
含意與自我修正之行舉，故懺摩既是僧團戒律生活，亦是印度人
於日常生活中的基本禮節，兼及於僧尼與大眾，這在律本中多簡
譯之為「提舍那」（daśanā）。其六，至於僧團戒律中「提舍那」
的遵行，必須是行者自己對佛教義理能正確的理解與認識，體會
到戒律精神的展現與僧團紀律的維持，即是「恐懷後滯，就他致
謝，即說懺摩之言」，真誠的「發露陳罪」，「對人說悔」，「自責精
進」。[79]

　　如是，佛教所說的「懺悔」，並不僅僅是初期佛教僧團的布薩
或自恣而已，它除了關涉乎戒律、說戒儀式、結夏安居、歲終自
恣與僧團的清淨生活，密切的銜接於一切佛陀的身教言說，乃至
於修行者自身的生命實踐與社會生活的投入都必須考慮進去。

　　事實上，五世紀末的僧祐（445~518）早就注意到梵語「一
音不得成語」的問題，[80]但當時尚未注意到「懺摩」（kṣama）、「說
罪」（āpatti-prati-daśanā）與「悔」字的問題。從上面的引文與解
說可以發現，義淨（635~713）站在律宗的立場上看「懺悔」，雖
為我們提供了更為寬闊的視野，但並未全面解決佛教懺悔之實質
義蘊。後來慧琳（737~820）亦云：「懺悔，此言訛略也。書無懺

照，認為漢譯的「懺悔」與梵語的「prati-daśanā」相當，即是「向……告白」
的意思，譯為「說罪」。平常所說懺悔的「罪」（āpatti），並不是《普賢行願品》
句子中的「諸惡業」，梵文「惡」（pāpu）即是懺悔貪、瞋、癡等煩惱及身、語、
意三業所作諸惡業，這一點與律藏中「懺悔破戒的罪」是不同的。見聖凱《中
國佛教懺法研究》，（北京：宗教文化，2004年9月），頁19~21。

79　《根本說一切毗奈耶卷十五・污家學處第十二》：「禮佛足已，詣諸苾芻所。隨
　　其所犯，應合說悔者，對人說悔。應合責心悔者，皆自責心。既除罪已，共諸
　　清淨苾芻，一處而住，眾僧所有，如法制令，皆隨護之。」《大正》23，No.1442，
　　頁706上。

80　梁・僧祐（445~518）即云：「胡字一音不得成語，必餘言足句，然後義成」，《出
　　三藏記集卷一・胡漢譯經音譯同異記第四》，《大正》55，No.2145，頁4中。

字，應言叉磨，此云忍，謂容恕我罪也。」[81]慧琳對古人將「kṣama」
譯爲「懺」表示了否定的看法，而用「叉磨」取代之。從漢語結
構而言，以「磨」字取代「摩」字較無問題，但以「叉」字取代
「懺」字，問題就大了，因爲「叉」、「懺」二字，平聲、去聲互
異，意義亦殊，兩字的聲韻不同，本義自亦懸殊。[82]依漢字聲韻
原理，兩字既不能通假互用，更遑論其他深層義理的實踐。「懺」
與「悔」若不應該在一起，我們應如何理解漢代以降早已約定俗
成的「懺悔」之實質義蘊？關於這個問題，釋聖嚴曾有如下之體
會與說明，其云：

> 照原意來說，懺摩（乞容恕）與阿鉢底提舍那（說罪），不
> 可混合解釋，也不可混合應用的；但在中國，已把他們兩
> 者的界限混合在一塊了。所以說到懺罪，也含有懺悔，說
> 到悔罪，也含有懺罪。比如作法懺、取相懺、無生懺，既
> 可稱為三種悔法，也可稱為三種懺法。但在律中，多用悔
> 罪法來代表懺悔二字。[83]

於此，聖嚴道出五點意涵：其一，印度僧團戒律的精神中，懺摩
的「乞容恕」與阿鉢底提舍那的「說罪」是本來不可混合解釋應
用的。其二，中國人翻「懺摩」爲「懺悔」，是把「懺摩」、「懺罪」
和「說罪」的意涵融混在一塊的。其三，「懺悔」、「戒律」與「僧
伽修持」的關係是密不可分的。其四，印度大乘佛教的懺法，大
致整理，略分爲作法懺、取相懺、無生懺三種。作法懺依戒律而
立，在懺除出家眾的遮罪；取相懺依禪定而立，兼懺遮、性二罪；
無生懺，依智慧而立，對象及於眾生，依緣可懺除一切罪業；前
二者屬於事懺，後者屬於理懺。（詳後）[84]其五，在律本中，多用

---

81 唐・慧琳《一切經音義卷五十九・四分律第一卷・懺悔》，《大正》54，No.2128，
　頁700下。又見：宋・法雲《翻譯名義集》卷四，《大正》54，No.2131，頁1121
　中。
82 《廣韻》：「上平聲：十三佳：叉，兩枝也，《說文》曰：『手指相錯也』，楚佳
　切。」去聲：五十九鑑：懺，自陳悔也，楚鑑切。」宋・陳彭年等重修，林
　尹校訂，新校正切宋本廣韻》，（台北：黎明文化，1976年9月），頁93、445。
83 聖嚴《戒律學綱要》，（台北：法鼓文化，1999年5月），頁272。
84 關於這方面的內容，參見：《金光明經文句卷三・釋懺悔品》，《大正》39，

「悔罪法」來代表「懺悔」二字,這有用後來語詞取代先前語詞的作用。

不過,聖嚴與義淨一樣,都是站在「戒律」立場上看問題,不是站在整全的「懺悔」立場言其義蘊。從初期佛教羯磨中對首懺與戒律立場看來,聖嚴這種說法是正確的;但從大乘佛教言之,懺悔罪業已進一步變爲禪者「日常修持的方便」;[85]再審視中國佛教在南北朝期間大量製造懺法的內容,「戒律」中的「懺悔」與中國大乘佛教「單獨製立」的「懺悔法門」之「懺悔」亦不完全等同,即戒律中之懺悔,旨在戒行清淨,僧團清淨;但中國大乘佛教懺法中所言之「懺悔」,實已將「懺摩」、「說罪」、「懺罪」、「追悔」、「悔罪」等「字」、「詞」、「音」、「義」加上日常的禪觀修持以錯綜兼融而成新義。釋大睿亦云,用從「心」的「懺」字比慧琳所說的「叉」字達意。可知中國人所造的「懺」字乃源於佛教戒律,由於此字之漢化創造,使得佛教之懺悔思想有了新的發展。[86]

據日本多田孝正之研究,中國佛教界在創造「懺」字之時,除了梵漢合音之外,實又加上「細長狀態的心」、「細微的心」、「將心變得細微」等意思,且與中國原本的「齋戒沐浴」、「咎謝皇天,轉禍爲福」等觀念合一,形成了帶有中國特色的新字。[87]這說法切入到中國人造字之原理與傳統宗教文化的問題。再從中國文字孳乳角度視之,「懺」字以「忄」爲其字根,做爲「懺」字之中國新生義的主體。[88]又從羅振玉《殷虛書契前編》、[89]李孝定《甲骨文集釋》[90]對甲骨文「韱」字的研究來看,皆有「纖細」、「斷絕」、

No.1785,頁60下~61上。《摩訶止觀》卷二上,見:《大正》46,No.1911,頁13下。慧廣《懺悔的理論與方法》,(高雄:法喜出版社,1989年6月),頁24~31。

85 《方便之道》,《華雨集》(二),(台北:正聞,1998年12月),頁165。

86 釋大睿〈中國佛教早期懺罪思想之形成與發展〉,《中華佛學研究》n.2,(台北:中華佛研所,1998年3月),頁313~337。另見氏著《天台懺法之研究》,(台北:法鼓山,2000年9月初版),頁35~36。

87 〈懺悔に關する中國的考察〉,頁44~57。

88 周何等編,《中文字根孳乳表稿》,(台北:國立中央圖書館,未標出版年月),頁464~465。

89 徐中舒主編,《漢語古文字形表》,(台北:文史哲,1988年4月),頁481。

90 于省吾主編,《甲骨文字詁林》第三冊,(北京:中華書局,1996年5月一版一

「滅盡」等義。以是言之，從中國造字原理來看，「懺」字是一「从心鐵聲」的形聲兼會意字，[91]而「從鐵得聲之字」又多有「細」義，[92]故中國人依於漢字構字原則所製造出的「懺」字，實有「自本心之中細細斷絕罪業」、「自本心之中細細滅盡罪業」而令身心清淨的精進修行義。釋自容認爲，懺悔可通於「已作惡，令斷；未作惡，令止；已作善，令增長；未作善，令發生」的四正勤（catvāri prahāṇāni）意，[93]此說是正確的。

　　據印順之研究，佛陀所說的懺悔，並未局限在傳統吠陀（veda）、婆羅門教或外道那種「齋戒禁欲」儀式或僧團定期集會之「說波羅提木叉」（deśana-prātimoksa）（說戒）儀式上，[94]而是要求僧伽能夠清楚的認識到自己所犯的過失、因緣果報、戒律意涵、僧團的護持、持戒修行與社會倫理的責任等多層面關係進行實修精進。當然，弟子們仍應自我負責的在佛陀面前或德高望重之上座比丘前如法誦讀戒條，真心發露自己的罪行，懺悔過失，表示改過修正之意願，讓身心回復清淨，從而進行精進向上之禪修實踐；至於佛陀或德高望重之上座比丘，則對犯錯者進行嚴格的訓誡、呵責、授戒與引導。若有嚴重違犯者，須逐出僧團；一

刷），頁 2347。

91 林尹《訓詁學概要》，（台北：正中書局，1984 年 11 月），頁 158~164。

92 錢繹《方言箋疏》卷二，引見黃永武著，《形聲多兼會意考》，（台北：文史哲，1984 年 4 月），頁 95。

93 釋自容《中國佛教懺悔思想之研究－以慈悲道場水懺法爲中心》，頁 34。「四正勤」見：宋・法賢譯《佛說信佛功德經》，《大正》1，No.18，頁 256 上。

94 據印順之說法，「布薩」一制，係佛陀爲適應時代，依據印度古吠陀（veda）以來之新月祭（darśa-masā）、滿月祭（Paurna-masā）時祭主須「齋戒禁欲」之儀式權宜改制而成。「布薩」制度於初始運行之時，因隨佛陀出家之弟子率皆道心真切之徒，故佛陀亦隨俗擇定期之日，但憑口說，而弟子多能心領神受，如法踐行，當時尚無所謂「波羅提木叉」（prātimoksa）（戒）之制立；其後，出家弟子日多，不免有雜濫邪妄之徒，遂制立「學處」（śiksāpada）（即一條一條之戒條），由佛陀本身或德養隆盛之僧伽，於定期集會之時誦讀說解，藉教團 ── 集體之約束力量引導弟子增上向善。如是，則「說波羅提木叉」（deśana-prātimoksa）（說戒）之制，即爲佛陀因隨當時一般宗教活動而權宜調整以適於教團生活之新制，稱爲「僧伽布薩」（samgha posadha），此與吠陀當時一般之「布薩」於性質、作用、作法上早已分道揚鑣。待制行之既久，爲使正法久住長傳，遂亦有說波羅提木叉儀軌之形成。詳參：印順《原始佛教聖典之集成》，（台北：正聞出版社，1994 年 1 月），頁 105~131。

般犯錯，亦須在羯磨會議後，宣布寬恕除罪，方能真正出罪，身心清淨。[95]這樣說來，懺悔其實是修行者對緣起法、諸行無常（anityāḥ sarva-saṃskārāḥ）、諸法無我（nirātmānaḥ sarva-dharmāḥ）、寂靜涅槃（śantaṃ nirvāṇam）、苦集滅道四聖諦等教義都有正確之認識，讓自己以正知、正覺、正念、正智、正業、正精進、正念等去止息心中的一切貪欲、瞋恚、愚癡等行為，令身心回復原本清淨、自在的狀態，繼續修行到「自作證成就遊」之境。[96]如佛云：「若自知有犯者，即應自懺悔」，「若彼比丘憶念有罪，欲求清淨者，應（自）懺悔，懺悔得安樂。」[97]佛陀之意，不外在教導僧伽懂得自我省察，以「不諂曲、不幻偽、不欺誑、信心、慚、愧、精勤、正念、正定、智慧、不慢緩、心存遠離，深敬戒律，顧沙門行，志崇涅槃，為法出家」的態度，專志梵行，能自建立。[98]這種專志梵行，並不是消極而悲觀的，而是針對一切擾人的心理情緒並使人陷入於混亂而不安的狀態進行病因的正確認識與積極處置的生命態度。[99]

　　從義淨的觀察、學者的研究、經律的記載及禮懺法諸角度觀之，懺悔是與佛陀所說的緣起法、三法印、三學、四聖諦、四正勤、八正道、戒律修持、僧團紀律和社會生活規範等都緊密結合的一種清淨無漏、不受後有的精進法。[100]

95　這不僅在漢譯律藏經典中隨處可見，在南傳《律藏》中亦多所論述，較接近的內容可見《漢譯南傳大藏經》4，頁1~25。

96　東晉·僧伽提婆譯《中阿含經卷三·（15）業相應品》，《大正》1，No.26，頁437中~438中。

97　姚秦·佛陀耶舍、竺佛念等譯《四分律》卷三十五，《大正》22，No.1428，頁817下。

98　參《雜阿含經論會編（下）》，（台北：正聞，1994年2月），頁387~391。

99　Jean-Francois Revel & Maattien Richard 著，陸元昶譯，Le Moine Et Le Philosophe（《和尚與哲學家》），（南京：江蘇人民出版社，2000年1月），頁28。

100　據楊郁文之整理，佛陀教人（眾生）當斷五陰無常法以精勤修習「四念住」、「四正勤」、「四如意足」、「四聖諦」、「五根」、「五力」、「七覺分」、「八正道」等義以迄於「增上慧」的成就而「不受後有」的法數，最少有362880種之多。這362880種法數，固為形式上之數據資料，然它一方面可說明佛陀緣起教法的精深細微，另一方面實亦告訴世人，生命之意義應是對無常、苦、空、無我、無我所諸義理的認知與持續不懈的精進踐履。楊郁文著，《阿含要略》，（台北：法鼓文化，1999年9月修訂版二刷），頁285。

以下再進一步考察懺悔、戒律、業論、因果與修行者實地禪修之密切關係。

（二）佛教懺悔、戒律與修行之關係

世界各大宗教裡的懺悔與戒律都是密不可分的，但佛教緣起法中的懺悔、戒律與僧伽修行更具特殊意義。

佛陀制定波羅提木叉（prātimoksa，戒），是讓弟子們如法持戒以為「正順解脫之本」，臻於「第一安隱功德之所住處」，[101]亦即懺悔、戒律、禪定與清淨解脫是密不可分的。據佛所說，制立波羅提木叉（戒）有「一大理想」與「十大義利（功德）」，一大理想是「梵行久住」，即正法久住人間；十大義利是「攝僧、極攝僧、令僧安樂、折伏無羞人、有慚愧人得安隱住、不信者令得信、已信者增益信、於現法中得漏盡、未生諸漏令不生、正法得久住，為諸天人開甘露施門。」[102]佛入滅之時特別囑咐弟子：「（戒）是汝大師，是汝依處，若我住世無有異」，[103]並教導弟子們要秉持「依法不依人、依了義不依不了義、依義不依語、依智不依識」四依原則，[104]自發自律的誦戒持戒，自知自覺的面對自己違犯之罪業，進行自懺自淨之精進修行。

小乘佛教應在家、出家、男女之別，制定五戒、八戒、十戒、具足戒，以斂攝僧行或家中戒行；但大乘佛教指稱小乘的「五、八、十、具」只是現世一身的聲聞戒，認為誦而不說，說而不解，解而不行，均易流於形式，或太過拘執，遂另制利益六道眾生的大乘菩薩戒。後世佛教徒們將諸多戒法加以歸納分類，依罪業的性質區別行為的輕重大小與分別對治之法，類別為「五篇七聚」：

---

101 姚秦・鳩摩羅什譯《佛垂般涅槃略說教誡經》，《大正》12，No. 389，頁1111上。

102 東晉・佛陀跋陀羅共法顯譯《摩訶僧祇律》卷一，《大正》22，No. 1425，頁228下。

103 唐・義淨譯《根本說一切有部毗奈耶雜事卷三十八・第八門第十子攝頌說涅槃之餘》，《大正》24，No. 1451，頁398下~399上。

104 北涼・曇無讖譯《大般涅槃經卷六・如來性品第四之三》，《大正》12，No.374，頁401中~下。

即波羅夷（pārājika）、僧殘（saṃghāvaśeṣa，僧伽婆尸沙）、波逸提（pāyattika）、波羅提提舍尼（pratideśanīya）、突吉羅（duṣkṛta），以上為「五篇」；[105]再加上偷蘭遮（sthūlātyaya）與惡作（duṣkṛta，「惡說」），則稱為「七聚」。[106]道宣云：不知受持禁戒者，自招六聚之辜，報入二八之獄，故「五篇」明犯，違犯持行，自成「七聚」。[107]這五篇七聚總括了比丘之二百五十戒及比丘尼之三百四十八戒，五百餘條戒法實包含了經律上常說的貪、瞋、癡、殺、盜、淫、惡、口、兩舌、妄言、綺語等輕重大小諸罪業。[108]

　　依於戒法，其本質若為罪惡者（即性罪）之戒，稱為性戒；反之，本質若非罪惡（遮罪），易令世人誹謗，或誘發其他之性罪，而特別制定者，稱為遮戒。其中，性重戒為性戒中罪業特別重者，如殺生、偷盜、邪淫、妄語等即所謂四重禁戒。另如息世譏嫌戒，簡稱譏嫌戒，屬佛陀為制止世間誹謗而制之輕罪戒，一般泛指四重禁戒以外之戒。但到大乘《梵網經菩薩心地戒品》（《梵網經》）則認為，凡違犯殺、盜、淫、妄語、酤酒、說四眾過、自讚毀他、慳惜加毀、瞋心不受悔、謗三寶諸戒者為「十波羅夷罪」（十重禁罪），大乘菩薩犯十重禁罪，則構成破門罪；若違犯不敬師友等四十八輕戒者乃屬輕垢罪。[109]據《四分律刪繁補闕行事鈔》載，戒

---

105 關於「七聚」的詳細規定與內容，參失譯《薩婆多毗尼毗婆沙》卷二，《大正》23，No.1440，頁 510 中~516 下。

106 關於「七聚」的詳細規定與內容，參唐・義淨譯《有部毗奈耶》，《大正》23，No.1442，頁 627 上~905 上。

107 《四分律刪繁補闕行事鈔卷中・篇聚名報篇第十三》，《大正》40，No.1804，頁 46 中。

108 波羅夷罪，即淫、盜、殺、妄等四重禁；僧殘罪，即故出精等十三事；波逸提罪，包括三十捨墮與九十單提；提舍尼罪，如於蘭若受食等四事；突吉羅罪，分為百眾學與七滅諍兩類。偷蘭遮，乃觸犯將構成波羅夷、僧殘而未遂之諸罪；不屬於波羅夷等五篇之罪，除突吉羅罪外，其餘一切或輕或重的因罪、果罪皆屬之；惡作，指身體之微細惡行，有時亦包括口舌之微細惡行，參《薩婆多毗尼毗婆沙》卷二，《大正》23，No.1440，頁 510 中~516 下。

109 諸經論中對違犯性戒之性罪的範圍有異說。如北本《涅槃經》卷十一、《正法念處經》卷五十九、《薩婆多毗尼毗婆沙》卷一、《大毗婆沙論》卷一二三、《俱舍論》卷十四等，以殺、盜、淫、妄等四波羅夷為性罪。《成實論卷九・十善道品》，以殺、盜、淫、妄、惡口、兩舌、綺語、貪、瞋、邪見等十惡為性罪，《大正》32，No.1646，頁 306 中。《大乘義章》卷十，以十惡中之前七項為性罪，《大正》44，No.1851，頁 663 下。《摩訶止觀》卷四上，以十惡中之前

分爲戒法、戒體、戒行、戒相。戒法爲佛陀所制戒之法則，戒體爲戒之體性，即有「防非止惡」作用之無表，戒行指持戒（實踐），戒相意謂持戒之相貌。四者並爲「出道之本依」，而「領納在心，名爲戒體。」[110]《薩婆多毗尼毗婆沙》云：「若懺時，但懺戒體，餘二罪同滅，以戒體是根本故。」[111]

但從實際修行而言，大乘佛教已討論到小乘戒、大乘菩薩戒在本質上的差異，一般多以「小乘檢形」、「大乘重心」區別二者之不同。[112]《大乘義章》亦云：「小乘戒中，單防身口；大乘戒中，通防三業。」因爲小乘戒只求在現世一身能修成正果，不通於異世，故習道難久，無形的心過難以兼裁，細微的邊罪難以盡除，故戒不防心，易失戒體；大乘菩薩戒中，無但多身求果，融通三世，又盡於未來際，故能習道無盡而徹底滅除未來際諸罪，戒體可以畢竟清淨，得戒即能不失。[113]據學者研究，小乘戒特重於邪淫罪，殺生、偷盜、妄語次之；顯教大乘菩薩戒特重於殺生罪，偷盜、邪淫、妄語次之；密教《彌勒菩薩戒本》特重於俱生我慢的「見取見」，其他次之；[114]即小乘戒律側重現世色身戒體的清淨無漏，顯教戒律側重「菩提薩埵」（覺悟有情）那種「眾生度盡方成佛」之大士大慈大悲大喜大捨及菩提心精神，密教戒律側重謙德與無我的內裡修行。

一般大乘菩薩戒普遍皆含（1）「攝律儀戒」，作爲法身之因；（2）「攝善法戒」，作爲報身之因；及（3）「饒益有情戒」，作爲

七項，再加飲酒一項，稱爲性罪，《大正》46，No.1911，頁 36 上。筆者按：本書強調禪宗懺悔滅罪，故舉禪宗所重視之《梵網經》說之，詳《大正》24，No.1484，頁 997 上~1010 上。

110 《四分律刪繁補闕行事鈔卷上・標宗顯德篇第一》，《大正》40，No.1804，頁 4 中~下。
111 《薩婆多毗尼毗婆沙》卷二，《大正》23，No.1440，頁 515 下。
112 如佚名《分別功德論》卷二：「小乘撿形，動則越儀；大士領心，不拘外軌也。大、小範異故，以形、心爲殊。」《大正》25，No.1507，頁 36 中。
113 詳隋・慧遠《大乘義章卷十・三聚戒七門分別》《大正》44，No.1851，頁 661 下~662 上。
114 勞政武《佛律與國法－戒律學原理》，（台北：老古文化，1999 年 1 月），頁 8~11。

應身之因；[115]六道眾生，若欲求淨戒者，只要以大精進心、大勇猛心與大菩提心發露懺悔，自能懺除三世罪業，圓成「三聚淨戒」。[116]唐・法藏賢首（643~712）把這三聚淨戒被認為是「道場直路，種覺圓因」，是「菩薩萬行之宗」。[117]《大般涅槃經》中，即在眾生本有的自性清淨心與三世諸佛如來菩薩的弘大誓願精神上，打破遮戒與性戒的藩籬，認為二者「等無差別」，[118]故禪者隨時可以懺罪清淨令其戒體恆通三世而不失的。法相高僧慧沼（651~714）亦云：「懺悔是戒學攝修學之始」，[119]更強調了懺悔滅罪在戒學清淨與禪修精進中的必要性、決定性與先在性作用。

尤其《梵網經》之十重禁罪與四十八輕罪，兼攝了大、小乘戒律之懺罪與精進精神，強調「孝順之道」、「以孝心為戒」，[120]既同時適用出家、在家眾，又涵蘊儒家的倫理道德思想，故普受中國人接納。經中要義，是盧舍那佛超越三界之上依序以「十發趣心」、「十長養心」、「十金剛心」、「十金剛地」等不可思議的「四十心地」教導千百億釋迦在堅信忍中成就清淨戒體、般若智慧、入一切法界不染一切法界而成就佛果。[121]盧舍那佛象徵了大乘華嚴的法界思想，千百億釋迦象徵了小乘禪觀的無漏境地，僧肇

---

115 唐・道宣《釋門歸敬儀・濟時護法篇第二》，《大正》45，No.1896，頁856中~下。

116 唐・般若譯《大乘本生心地觀經・報恩品第二之下》，《大正》3，No.159，頁303下~304上。

117 唐・法藏《梵網經菩薩戒本疏》，《大正》40，No. 1813，頁602中、604中。

118 《大般涅槃經卷十一・聖行品第七之一》，《大正》12，No.374，頁432下~433上。

119 唐・慧沼《金光明最勝王經疏卷三・夢見懺悔品第四》，《大正》39，No.1788，頁234中。

120 該經中出現過十五次的「孝」、十一次「孝順」、三次「孝順父母」、六次「孝順心」、二次「孝道」、一次「孝名為戒」，且多與慈悲心銜接，極合傳統儒家的孝道倫理。詳《梵網經》，《大正》24，No. 1484，頁997上~1010上。

121 「四十心地」是：「十發趣心向果：一捨心、二戒心、三忍心、四進心、五定心、六慧心、七願心、八護心、九喜心、十頂心。十長養心向果：一慈心、二悲心、三喜心、四捨心、五施心、六好語心、七益心、八同心、九定心、十慧心。十金剛心向果：一信心、二念心、三迴向心、四達心、五直心、六不退心、七大乘心、八無相心、九慧心、十不壞心。十金剛地：一體性平等地、二體性善慧地、三體性光明地、四體性爾焰地、五體性慧照地、六體性華光地、七體性滿足地、八體性佛吼地、九體性華嚴地、十體性入佛界地。」《大正》24，No.1484，頁997下~998上。

（384~414）即認爲《梵網經》是萬法之玄宗、禪者階道之正路、如來教法之指南；[122]法藏賢首（643~712）亦認爲梵網菩薩戒如「因陀羅網」、「薩婆若海」、「等摩尼之雨寶」、「譬瓔珞以嚴身」，[123]聖嚴亦亦云：「梵網菩薩戒在思想方面跟華嚴同源，……是大小乘自利利他的一切佛法。」[124]《瓔珞經》亦云：

> 一切菩薩、凡、聖戒，盡心爲體，是故心亦盡，戒亦盡，心無盡故，戒亦無盡。六道眾生受得戒，但解語得戒不失。[125]

在大乘菩薩戒思想中，已不斷出現此種「盡心爲體」、「以心爲戒」、「即心爲戒」、「不作惡是名持戒」、「心爲戒體」爲菩薩行的概念。[126]如是說來，大乘佛教視極重視將懺悔滅罪與超越三界而不可思議的自性清淨心及禪觀精進結合爲一的。

隋・天台智顗《菩薩戒義疏》並進一步由自性清淨心的概念發展爲身、口、意「三重玄義」的哲思，[127]他在「三重玄義」中，以「出體」來說明無作戒體，所謂無作戒體，就是無漏色法，非本心本有，而是由師師相承傳授而得。未受戒者無戒體，已受戒者有戒體，強調「受之則得，不受則無；持之則堅，毀之則失」，這是側重於禪者的持戒而受用於一心三觀、三諦圓融之止觀心法。

但禪宗大師的看法迥異，如明・蕅益智旭（1599~1655）在《梵網經玄義》中改以「顯體」明之，他配合天台的五時判教而說「五重玄義」，以「諸佛的本源心地爲戒體」，乃以實相無相的如來藏自性清淨心爲戒體，此「本源心地」的戒體又等同於佛性、

---

122 《大正》24，No. 1484，頁 997 上。
123 唐・法藏《梵網經菩薩戒本疏》，《大正》40，No.1813，頁 602 上~中。
124 《菩薩戒指要》，頁 126。
125 姚秦・竺佛念譯《菩薩瓔珞本業經卷下・大眾受學品七》，《大正》24，No.1485，頁 1021 中。
126 隋・智顗《菩薩戒義疏》卷上，《大正》40，No.1811，頁 566 上~中。另：唐・道宣《四分律刪繁補闕行事鈔卷中・隨戒釋相篇第十四》，《大正》40，No.1804，頁 52 上~中。
127 其云：「（菩薩戒）遍防三業，心、意、識，體一異名。三業之中，意業爲主，身、口居次。據勝爲論，故言心地也；釋此戒經，三重玄義。」《大正》40，No. 1811，頁 563 上~中。

法住、法位、一切種智、一實境界、實相、中道第一義諦等義。128
他重視《梵網經》「心地」二字的涵義，雖然沒有明言跟禪宗的關
係，其實暗與禪宗的觀念相應。129明‧雲棲袾宏（1535~1615）亦
云：「遡流及源，全歸此戒；緣名覓體，惟是一心。心攝也，遊念
斂而湛寂生；心寂也，定力深而慧光發。三學既備，六度自修，
無量法門，皆舉之矣」，130把「戒體」等同於如來藏自性清淨心，
戒定慧「三學」與布施、持戒、忍辱、精進、禪定、般若「六度」
等無量法門皆由此「心地」而顯。明末曹洞宗弘贊禪師
（1611~1685）亦特別重視戒－懺－禪－淨與自性清淨心地的融
合運用，其云：

> 戒體離諸障蔽，無作重明，如雲消月朗，故見光；菩薩心
> 地，復得開敷，故見華；諸罪消滅，而當體即空，轉為河
> 沙性德，故見種種異相。空即真空實相，實相無有別相，
> 即此罪相是。達此相本空，則無罪不滅，無德不顯，還同
> 大覺。131

身處明末清初狂禪迂儒妄說心性的堅固鬥諍時代的弘贊禪師，對
於當時禪門行儀之偏失感受特深，故將戒體等同於「菩薩心地」、
「般若性空」、「實相無相」與「真如佛性」，認為禪者只要能夠「離
諸障蔽」，戒體自能發放慧光，心地（佛性）自能開花，諸罪自能
消滅；故曰「達此相本空，則無罪不滅，無德不顯，還同大覺」，
亦即禪觀修行須是懺悔滅罪、實相無相的自性清淨心、清淨戒體
與華嚴一心法界的密契互印，這與《梵網經》中盧舍那佛以心地
清淨慧光與常住法身三昧示諸大眾的說法是相同的，132清‧孫廷
鐸作序云：「經是佛語，律是佛行，禪是佛心，又何禪律之分？」

---

128 明‧智旭《佛說梵網經菩薩心地品玄義》（《梵網經玄義》），《卍新續》38，No.
　　693，頁606下~617中。
129 聖嚴《菩薩戒指要》，（台北：法鼓文化，1998年12月），頁130。
130 明‧袾宏〈梵網經心地品菩薩戒義疏發隱序〉，《梵網菩薩戒經義疏發隱》，《卍
　　新續》38，No. 679，頁134上。
131 《梵網經菩薩戒略疏卷七‧第四十一為利作師戒》，《卍新續》38，No. 695，
　　頁755上。
132 《梵網經》，《大正》24，No.1484，頁997下。

¹³³符合明代禪師重視禪戒合一之精神。¹³⁴

　　事實上，鳩摩羅什（344~413）在《梵網經菩薩戒‧序》中早就提出「戒－懺－禪－淨」一體如如的戒體精神，其云：

　　　自知有罪當懺悔，懺悔即安樂；不懺悔，罪益深。¹³⁵

鳩摩羅什雖然翻譯了《梵網經菩薩戒》，但他特別強調了「心地為戒體」並不能單純視為菩薩戒的實踐，應用更徹底的、核心性的、實踐性的「知罪－發露－懺罪－滅罪－清淨－安樂」的懺悔義蘊來實踐菩薩戒；若不能懺悔滅罪，罪業將日益深重，持戒、誦戒、守戒、說戒亦無效用。做為會攝百宗思想於一宗的禪宗，表面上雖說不立文字、以心傳心，實際上都涵攝著大乘菩薩心戒，契應於佛陀的懺悔思想，而與三學六度靈活運用。敦煌寫本中的「達摩本」《菩薩戒》，即以「心戒」為菩薩行；¹³⁶道信亦曾撰寫《菩薩戒法》；¹³⁷惠能即將《梵網菩薩戒經》與《維摩詰經》結合並用；¹³⁸北宗神秀的《大乘無生方便門》即以大乘菩薩戒及懺悔滅罪開

133 明‧弘贊《梵網經菩薩戒略疏‧序》，《卍新續》38，No. 695，頁 695 上。

134 此處必須附加說明的是，《梵網經》中強調心地的清淨與廣用，並未特別說到懺悔滅罪之法；弘贊認為心地清淨必須「如法懺悔」，這可視為梵網心戒的創造性詮釋。可惜的是，他的如法懺悔其實是初期佛教僧團戒律中的懺罪實踐，且他所說的懺悔滅罪之法完全搬用了天台智顗的作法懺、取相懺與無生懺，自己並未提出什麼新的懺悔滅罪方式，故云：「如是懺法，甚為微細，須咨明師，學懺悔處及懺悔法，方可入於道場，行其事儀。此三種懺法，經論疏記廣陳，斯不繁述。」（《卍新續》38，No. 695，頁 755 中。）他知道經論疏記中記載了很多懺悔滅罪之法，且懺悔是「甚為微細」的修行實踐，不是三言兩語所可言之其萬一的。但他所說的「明師」，究竟是指天台熟稔懺法之禪師？還是禪宗自家的心地禪師？還是指他自己？已無從可考。不過，從「入於道場，行其事儀」二句而言，他應是支持天台智顗所說的作法懺、取相懺與無生懺，這三種懺悔法，卻是唐代禪宗大師們所不願意使用的方法。

135 姚秦‧鳩摩羅什譯《梵網經盧舍那佛說菩薩心地戒品》，《大正》24，No.1484，頁 1003 上。

136 該本之作者至今尚無定論，日人關口真大發現安然在論述菩薩戒小乘律時有一句「達摩說八勝法」，這與南嶽慧思《授菩薩戒儀》中「菩薩戒有八種殊勝」相近，而斷為南嶽本。參見〈授菩薩戒儀「達摩本」について〉，《印度學佛教學研究》v.9n.2（=n.18），1961 年 3 月，頁 465~470。佐藤達玄則認為「到底是禪宗教團或是屬於天台宗系的菩薩戒本，就是今後要研究的問題。」見氏著，《戒律在中國佛教的發展》（下），（嘉義：香光書鄉，1997 年），頁 554。

137 《大正》85，No. 2837，頁 1286 中~下。

138 敦煌本《六祖壇經》，頁 43。

篇；[139]《永嘉集》中的三業懺悔；[140]及《百丈清規》[141]、《宗門十規論》[142]等的出現，都離不了「戒體清淨」、「菩薩心地」、「般若性空」、「實相無相」與「真如佛性」的自知自覺與懺悔滅罪。

修行者戒體的清淨，須靠「知罪－發露－懺悔－滅罪」的實踐；此「知罪－發露－懺悔－滅罪」的實踐，即是讓戒體作深層而徹底的處理，其實踐的形態可以藉莊嚴肅穆的宗教儀軌之進行，亦可以是懺者自知自覺的自懺自淨；前者即一般宗教之所以稱爲宗教的必要條件之一，但他們不必然用緣起法立教；後者是佛陀之所以創立佛教的必要條件之一，設若自心不知罪過，自己不願真誠發露，自己不能自發自律，縱使運用一套完密無缺的戒律條規、禮懺儀式、高僧大德的指陳或交付諸佛菩薩的大願力，亦無實際的懺悔滅罪實效，故一般佛教懺悔經典多用「至心洗心」、「至心滌除」等語言之。[143]

（三）佛教懺悔、業論與因果之關係

139 《大乘無生方便門》，《大正》85，No.2834，頁1273中。
140 唐・玄覺《永嘉集》，《大正》48，No.2013，頁388中~389中。
141 元・德輝重編《敕修百丈清規》，《大正》48，No.2025，頁1109下~1160中。
142 五代・文益《宗門十規論》，《卍新續》63，No.1226，頁36中~39上。
143 筆者按：此處並不是在否定初期佛教說戒持戒誦戒的說罪出罪過程中那些發露儀節之進行，亦不是在否定大乘佛教禮懺法以歸依三世諸佛菩薩的誓願力所製作的懺悔儀軌之莊嚴作用。在初期佛教佛陀自身的證悟過程與鹿野苑中爲憍陳如等五比丘初轉法輪時，他們都是自知自覺自發自律的在心戒中自懺自淨的，故他們固然偶有對首懺、作法懺、取相懺之懺悔，但真正實在有效的懺悔還是自心之懺悔，這不須透過懺悔發露的說罪儀節即可懺悔滅罪的。但僧團成立後，那些來自三教九流、四面八方、婆羅門教或原本就是山林神通高僧們，參差不齊的修行作爲與言行規矩，在在都可能造成僧團紀律的毀損與僧團形象的敗壞。故作爲一種宗教，透過說戒持戒誦戒中懺悔發露的說罪儀節之進行，在儀節中運用法器的敲打或梵唄聲音的唱誦，或者依於三世諸佛菩薩的誓願力所製作的懺悔儀進行唱誦發露禮拜，這對於收斂僧徒言行、維持僧團紀律與教法的弘傳、實踐及體證等都有一定程度的禮教作用，從此點而言，懺悔發露的說罪儀節不但有其需要性，亦有其必要性，這不論是初期佛教、部派佛教、大乘佛教、中國佛教、日本佛教、韓國佛教、南傳佛教、還是歐美佛教等等，甚至於儒家、道家、儒教、道教、婆羅門教、耆那教，乃至於西方的基督教、天主教、回教等，都是不可變易的真理。不過，佛教如果只是強調說罪發露的懺悔儀軌，固然它有莊嚴肅穆的必要性、需要性，但亦很容易讓佛教徒迷陷於一般宗教的儀軌禮教形式意義上，忽略了佛陀自知自覺自懺自淨的懺悔滅罪思想。

　　戒律精神之外，論及佛教的懺悔滅罪，更不能忽略印度傳統婆羅門教等所說的業論、因果與六道輪迴理論。[144]唐・道宣云：「業隨心結，報逐心成；必先張因果，廣明相貌，使持戒佛子觀果知因」，[145]說出了心行、業論與因果間之密切關係。

　　事實上，佛陀以前的外道，早就有因果業報的說法，但他們大多將業（karma）[146]視爲習慣性的餘勢力，保留在色身的肉體中，作爲物質性的存在。耆那教（Jaina）亦有身、語、意三業與因果輪迴的討論，但他們認爲身業重於語業、意業，屬於結果論者，佛陀則認爲意業重於身業、語業，屬於動機論者。[147]

　　佛陀認爲，「若不善業，已作、今作，終不得脫，亦無避處。」[148]眾生身、口、意三不善業，不斷累積，宿對所牽，大、小地獄的果報忽爲頓至，輾轉輪迴，苦無出期。[149]佛陀不斷強調「非空非海內，亦非山石間，無有地方所，不被業所害」及「假令經百劫，所作業不亡，因緣會遇時，果報還自受」，即因果業報不失與業力不可思議的概念。[150]爲了讓眾生不再沉淪因果業海，佛陀主張「人作極惡行，悔過轉微薄；日悔無懈息，罪根永已拔」；[151]又

---

144 關於這方面的問題，詳參日・福原亮嚴《業論》，（京都：永田文昌堂，1982年 4 月）。Zeuschner，Robert B.，"The Understanding of Karma in Early Ch'an Buddhism"，*Journal of Chinese Philophy*，v.8，1981，PP.399~425。Surendranath Dasgupta 著，林煌洲譯，*A History of Indian Philosophy*（《印度哲學史》），（台北：國立編譯館，1996 年 3 月初版），頁 45~頁 46。印度大哲 Raimon Panikkar（雷蒙・潘尼卡，1918~）亦有相關的論說，參氏著，王志成、思竹譯，*Invisible Harmony —Essays on Contemplation & Responsibility*（《看不見的和諧－默觀與責任文集》），（北京：宗教文化，2005 年 8 月），頁 40~45。

145 《四分律刪繁補闕行事鈔卷中・篇聚名報篇第十三》，《大正》40，No.1804，頁 46 中。

146 水野弘元著，釋惠敏譯，《佛教教理之研究》，（台北：法鼓文化，2000 年 7 月），頁 205~207。

147 《佛教教理之研究》，頁 238。

148 東晉・僧伽提婆譯《中阿含經卷三・業相應品第二・（14）羅云經第四》，《大正》1，No.26，頁 436 下。

149 有情眾生所作之不善業與其五道之業報輪迴，詳《長阿含經卷十九・（三〇）世記經・地獄品第四》，《大正》1，No.1，頁 121~129 上。

150 《有部毗奈耶》卷四十五、四十六，《大正》23，No.1442，頁 877 中、879 上。又云：「不思議業力，雖遠必相牽。果報成熟時，求避終難脫。」《大正》23，No.1442，頁 879 上。

151 《增壹阿含經卷三十九・馬血天子品四十三之二》，《大正》2，No. 125，頁

云：「若人造眾罪，作已深自責，悔更不造，能拔根本業。」[152]亦即，行者的禪觀修行必須自知自覺，自懺自進，自能滅罪清淨，故佛陀最後為阿難所說的法即是「以自己為島」、「以法為島」的自覺自淨精神。[153]

佛滅後，上座部與經量部都認為行者罪業的本質是「思」（catanā），即「造出心的力量」，一般稱為「造作」，身業、語業（口業）皆隨思而起。說一切有部不認為身業、語業的本質為思，而是形色、聲音上，意業不現於外部，故沒有表業、無表業的區別，但身業、語業都有可見、不可見的表業、無表業，表業是剎那滅即消失的，故認為果報是由看不見而持續存在的「無表業」（Avijñapti-karma）產生而來的。經量部不承認表業、無表業的區別，但認為思的種子是結合業與果的媒介，種子以剎那相續、轉變，漸漸成熟而生差別的果報。[154]

問題是，如果說業力不失、因果必然，則一切輕重罪業又如何可能？懺悔又如何能夠除罪？戒體又如何保證必然清淨不失？既然業力不失，則眾生必然的罪性又如何本空？關於此點，筆者在前面已大略論及大小乘戒律的不同，即小乘重色身清淨，大乘重覺悟有情解救六道眾生之大士精神，皆此處再進一步配合佛教業力理論以闡明之。若依於小乘戒，因為其精神重在色身之護持，透過懺悔、持戒與禪觀的修行，得戒的阿羅漢可以在現世的修行中讓色身維護得清淨，不染罪業，但在色身捨報之後，戒體隨之亦亡，便不可能有機會再為此色身持戒與懺悔罪業。若依業力不失與因果必然之理，戒體清不清淨、業力存續、三世相續與主主

---

764 上。

152 隋・法智譯，《佛為首迦長者說業報差別經》，《大正》1，No.80，頁 893 下。

153 日・竹村牧男著，蔡伯郎譯《覺與空－印度佛交的展開》，（台北：東大，2003年5月），頁 14~42。

154 巴利上座部的業論，總結於佛音的《殊勝義注》（《法集論義疏》）（《Atthasālinī》III，92~136）。說一切有部的業論，則詳於《俱舍論》的「業品」，詳世親造，唐・玄奘譯《阿毗達磨俱舍論卷十三~十八・分別業品》，《大正》29，No. 1558，頁 67 中~98 中。平川彰著，莊崑木譯《インド仏教史》（《印度佛教史》），頁169。

體我的存續與否便成為修行的重大問題，若皆是存續的，則造作罪業而墮入輪迴果報便成修行者無法滅除的遺憾，但與佛陀的無我論便有矛盾；若皆不存續，則與業力不失與因果必然之理衝突。

大乘菩薩戒正是在解決這種內在理路的矛盾與衝突，他們跳脫了現世修身的思想模式，涵納更為圓融的修行思路，即依於超越三界時空之外又入於三界時空之內而不執著於三界時空內外的如來藏自性清淨心地，既承認了業力不失與因果必然之理，又保存了無常、無我、性空之法印，且貫通過去現在未來三世，同意六道眾生所造的一切業會隨緣起而生，但在清淨心地與罪性本空之理下又不執於一切業，故剔除了小乘戒在現世「色身」上的困難，多生多世皆可修行持戒，多生多世皆可懺悔除罪，多生多世皆可護戒持戒，菩薩持戒的理體是自性清淨心的，懺除的是覆障於自性清淨心上的罪業。因為自性清淨心是本自清淨的，它是無生無滅、無染無汙的，常住不變的，罪業是無常緣起的，有生有滅的，是罪性本空的，故禪者只要證悟清淨無染的自性清淨心，即證佛性，即無罪業，亦無業障果報，所謂得戒不失與懺悔滅罪諸思路便因此而為可能。因此，大乘菩薩戒既不會受到業力不失與因果不爽之影響，亦可避免無法滅除果報的遺憾。[155]

在大乘菩薩戒的發展與實踐之同時，般若中觀、瑜伽唯識與涅槃佛性三系其實都各自依於佛陀所說的無我業論開展出不同的懺悔滅罪思想。般若中觀的龍樹（Nāgārjuna，約 150~250）以「不生亦不滅，不常亦不斷，不一亦不異，不來亦不出」之「八不緣起」（「八不中道」）來遮遣世俗之各種假形假相之邪執，[156]認為執

---

155 關於大小乘戒律的精神與差異，勞政武有詳細的比較與研究，詳參《佛律與國法 — 戒律學原理》，台北：老古文化，1999 年 1 月。

156 龍樹造，鳩摩羅什譯《中論卷一・觀因緣品第一》，《大正》30，No.1564，頁1 中。學界關於龍樹的出生年代有很多說法，如日本宇井博士則推定為「西元150~250 左右」，見〈三論解題〉，《國譯大藏經》論部第五冊，1922 年。É. Lamotte 推定為「西元 243~300 年」，*L'Enseignement de Vimalakīrti*，Louvain，1962，P.70~77。R.H.Robinson 認為是「活躍於三世紀的人」，*Early Mādhyamika in India and China*，Milwaukee & London，1967，P.25。K. Venkata Ramanan 則認為是「西元 50~120 年」，*Nāgārjuna' Philosophy as presented in the Mahāprajñāpāramitāśāstra*，Varnasi，1971，P.30。

著分別於有罪福報應，必生種種過，[157]故修行者「須捨一切智，下意懺悔」，[158]他們並不否定戒律教相，亦不失卻因緣果報，但不執著於一切戒律教相與因緣果報，卻極肯定「戒雖細微，懺則清淨。」[159]依般若經義，般若智慧即可通達於一切法，不論有罪、無罪，皆空無形相，畢竟不可得，[160]這是罪性本空的無相般若之懺罪觀。《金剛經》認為，凡體證「無我相、無人相、無眾生相、無壽者相」四無相境界者，「先世罪業，則為消滅，得阿耨多羅三藐三菩提。」[161]《維摩詰經》認為，「若達罪性，則與福無異。以金剛慧決了此相，無縛無解者，是為入不二法門。」[162]故云：「罪性不在內，不在外，不在中間。如佛所說，心垢故眾生垢，心淨故眾生淨。」[163]

瑜伽唯識學派的思考路徑不同於般若之遮詮方式，他們在懺悔罪業與因緣果報的問題上極重視主體「我」的存在與否之討論。安慧（475~555）早就說過：「矯設方便，隱己過惡，心曲為性，謂於名利，有所計著，是貪癡分，障正教誨為業。復由有罪，不自如實發露歸懺。」[164]但禪者若執著於有一輪迴轉生的主體「我」存在，就容易與婆羅門教的業報輪迴理論混淆不清，如《成唯識論》卷一云：「若無實我，誰能造業？誰受果耶？……我若實無，誰于生死輪迴諸趣？誰復厭苦求趣涅槃？」[165]事實上，部派佛教為了處理這樣的矛盾，曾以「補特伽羅」（pudgala）概念作為「我」的異名，認為依補特伽羅可作為前世我與後世我的移轉。[166]《俱

157　《中論‧觀因緣品第一》，《大正》30，No.1564，頁1。
158　《大智度論卷七十七‧釋同學品第六十二》，《大正》25，No.1509，頁604中。
159　《大正》25，No.1509，頁395下。
160　《大般若波羅蜜多經卷二十九‧初分教誡教授品七之十九》，《大正》5，No.220，頁160上。
161　姚秦‧鳩摩羅什譯《金剛般若波羅蜜經》，《大正》8，No.235，頁750中~752中。
162　鳩摩羅什譯《維摩詰所問經卷中‧入不二法門品第九》，《大正》14，No.475，頁550下。
163　《維摩詰所問經卷上‧弟子品第三》，《大正》14，No.475，頁541中。
164　唐‧地婆訶羅譯《大乘廣五蘊論》，《大正》31，No.1613，頁853中~下。
165　護法造，玄奘譯《成唯識論》卷一，《大正》31，No.1585，頁2中。
166　世友造，唐‧玄奘譯《異部宗輪論》：「犢子部本宗同義：謂補特伽羅非即蘊

舍論》亦懷疑：「若定無有補特伽羅（我），爲說阿誰流轉生死？」[167]《解深密經》云：「阿陀那識」緣依於五蘊、十二處、十八界，施設一個永恆連續的、主體的微細「我」（pudgala，補特伽羅）的假名，主體我自前世轉至後世的解脫輪迴理論便可權說。[168]《阿毗達磨順正理論》亦云：「以心所等隨從心故，染淨法中心爲主故，雖無有我，而可于心假說縛者、脫者等。」[169]《成實論》認爲：

> 無我故，應心起業；以心是一，能起諸業，還自受報。心
> 死、心生，心縛、心解，本所更用，心能憶念。[170]

心因緣起之造作而「能起諸業」，亦因緣起而「還自受報」，故「有我心者，則業煩惱集；無我心故，則不復集」，[171]這只是將「心識」之「心」假說爲因果業報與輪迴解脫的主體，還不是中國大乘佛教所說的「真常心」。至玄奘結合「思種子說」，側重於以「受所引色」爲戒體，[172]提出「種子熏習說」，認爲阿賴耶識（ālayavijñāna）是真妄和合的，[173]透過種子熏習，可以轉惡業以成善業，即轉有漏之八識爲清淨無漏之大圓鏡智，此圓鏡智可以離諸分別，所緣

　　離蘊，依蘊、處、界，假施設名。諸行有暫住，亦有刹那滅。諸法若離補特伽羅，無從前世轉至後世；依補特伽羅，可說有移轉。」《大正》49，No. 2031，頁 16 下～17 上。

167　《阿毗達磨俱舍論卷三十・破執我品第九之二》，《大正》29，No. 1558，頁 156 中。

168　筆者此處所說之「權說」，是權就說一切有部主張「實有」而說的，發展至大乘佛教，尚關涉於業論、因果、心、心所、阿賴耶識、如來藏佛性等諸多問題，這些問題將在第二章第二節「達摩祖師的報怨懺悔」部分再配合其楞伽「自覺聖智境」心法再作論說。

169　眾賢造，唐・玄奘譯《阿毗達磨順正理論卷七十二・辯賢聖品第六之十六》，《大正》29，No.1562，頁 731 下。

170　姚秦・鳩摩羅什譯《成實論卷五・一心品第六十九》、《成實論卷十二・滅盡品第一百五十二》，《大正》32，No.1646，頁 278 下。

171　《成實論卷十二・滅盡品第一百五十二》，《大正》32，No.1646，頁 278 下。

172　關於「思種子說」爲「受所引色」爲戒體之見解，可參：唐・玄奘譯，窺基注《大乘百法明門論解》卷下，《大正》44，No.1836，頁 51 上。清・德基輯《毗尼關要卷一・釋戒體》，《卍新續》40，No.720，頁 495 中。清・武林蓮居紹覺音義，新伊大師合響，法嗣智述補遺《成唯識論音響補遺・合響・明思》，《卍新續》51，No. 826，頁 536 下。

173　詳無著造，陳・真諦譯，《攝大乘論》卷上，《大正》31，No.1593，頁 115 上。關於業論、根身、種子與阿賴耶識的問題，筆者留待第二章「達摩的懺悔思想」部分再作論述。

行相微細難知，性相清淨，離諸雜染。[174]

　　涅槃佛性系統更重視甚深緣起、戒體清淨、常住不變的如來藏自性清淨心、一切眾生皆有佛性與懺悔滅罪的結合。他們首先結合部派佛教大眾部所說的「心性本淨，客塵隨煩惱之所雜染」說，提出「一切眾生如來之藏，常住不變，但彼眾生煩惱覆故」的說法，[175]點出眾生本有如來藏（tathāgata-garbha）性，而得眾生皆可成佛的結論。[176]《大般涅槃經》云：「我者，即是如來藏義，一切眾生悉有佛性。」[177]又云：「佛性無我，如來說我，以是常故。如來是我，而說無我，得自在故。」[178]但一切眾生雖然悉有佛性，凡是「有犯罪者，教令發露，懺悔滅除」，「本所受戒，如本不失。設有所犯，即應懺悔，悔已清淨。」[179]《妙法蓮華經》云：「但以因緣有，從顛倒生故。」[180]《金光明經》云：「以此金光，懺悔因緣，使我惡海，及以業海，煩惱大海，悉竭無餘。以此金光，懺悔力故，菩提功德，光明無礙；慧光無垢，照徹清淨。」[181]《大方廣佛華嚴經》主張「心、佛及眾生，是三無差別」。[182]《大寶積經》視「一切諸法，自性無性。若空無性，彼則一相，所謂無相；以無相故，彼得清淨。」[183]若諸菩薩成就五無間罪，犯諸罪

---

174 阿賴耶識三義：（1）能藏，謂第八識善於自體中含藏一切萬法之種子。（2）所藏，指現行熏種子義而說，亦即此識為七轉識熏習諸法種子之場所。（3）執藏，謂第八識恆被第七末那識妄執為實我、實法，故又稱我愛執藏。《成唯識論卷二・論曰》，《大正》31，No.1585，頁7下~8上。又，《成唯識論卷十・四智相應心品》，《大正》31，No.1585，頁56上~中。

175 唐・玄奘譯《異部宗輪論》，《大正》49，No.2030，頁15中~下。一切眾生皆有如來藏說，見東晉・佛陀跋陀羅譯《大方等如來藏經》，《大正》16，No.666，頁457中~下。

176 印順《如來藏之研究》，（台北：正聞，1992年5月），頁115。

177 宋・慧嚴等譯《大般涅槃經卷七・邪正品第九》，《大正》12，No.375，頁646上。

178 北涼・曇無讖譯《大般涅槃經卷二十七・師子吼菩薩品第十一之一》，《大正》12，No.374，頁525中。

179 《大正》12，No.374，頁396下、525中。

180 姚秦・鳩摩羅什譯《妙法蓮華經卷五・安樂行品第十四》，《大正》9，No.262，頁37中。

181 北涼・曇無讖譯《金光明經卷一・讚嘆品第四》，《大正》16，No.663，頁339下~340上。

182 《大方廣佛華嚴經卷十・自在品第十五》，《大正》9，No.278，頁465下。

183 唐・菩提流志譯《大寶積經》卷五，《大正》11，No.310，頁29上。

業，「應當於三十五佛前，晝夜獨處，殷重懺悔。」[184]《大般涅槃經》中，認為若能修習身戒心慧，發露懺悔，是人能令地獄果報現世輕受；反之，若不修三無漏學，不知懺悔，不能修善，覆藏瑕疵，雖有過去一切善業，悉為是罪之所垢污，是人所有現受輕報，轉為地獄極重惡果。[185]被禪宗所重視的四卷《楞伽經》亦云：「如來藏自性清淨，轉三十二相入於一切眾生身中，如大價寶垢衣所纏，如來之藏，常住不變。」[186]但此常住不變之如來藏，並不同於外道所說之輪迴主體的我，更不是外道的梵我或神我，而是為了六道眾生或愚癡凡夫能藉經教，「聞說無我，生於驚怖，是故我說有如來藏。而如來藏無所分別，寂靜無相，說名如來藏。」[187]此經之菩薩行主張將「心、意、意識，自心所現，自性境界，虛妄之想，生死有海，業愛無知，如是等因，悉以超度」，[188]亦即為一種超越唯心的無相實相之自覺聖智境，[189]經中雖未明言懺

---

184 「三十五佛」是「南無釋迦牟尼佛，南無金剛不壞佛，南無寶光佛，南無龍尊王佛，南無精進軍佛，南無精進喜佛，南無寶火佛，南無寶月光佛，南無現無愚佛，南無寶月佛，南無無垢佛　南無離垢佛，南無勇施佛，南無清淨佛，南無清淨施佛，南無娑留那佛，南無水天佛，南無堅德佛，南無栴檀功德佛，南無無量掬光佛，南無光德佛，南無無憂德佛，南無那羅延佛，南無功德花佛，南無蓮花光遊戲神通佛，南無財功德佛，南無德念佛，南無善名稱功德佛，南無紅炎帝幢王佛，南無善遊步功德佛，南無鬥戰勝佛，南無善遊步佛，南無周匝莊嚴功德佛，南無寶花遊步佛，南無寶蓮花善住娑羅樹王佛。」《大寶積經卷九十・優波離會第二十四》，《大正》11，No.310，頁551下。

185 其云：「一切眾生，若具五事，令現輕報轉地獄受。何等為五？一者，愚癡故。二者，善根微少故。三者，惡業深重故。四者，不懺悔故。五者，不修本善業故。復有五事：一者，修習惡業故。二者，無戒財故。三者，遠離諸善根故。四者，不修身戒心慧故。五者，親近惡知識。」《大般涅槃經卷三十一・獅子吼菩薩品第十一之五》，《大正》12，No.374，頁553上~中。

186 劉宋・求那跋陀羅所譯《楞伽阿跋多羅寶經卷二・一切佛語心品第二》（簡稱「四卷《楞伽經》」），《大正》16，No.670，頁489上~中。四卷《楞伽經》與瑜伽唯識的「二無我」、「唯識無境」思想間有其異同處，筆者皆在第二章第二節「達摩祖師的報怨懺悔」部分再配合其楞伽「自覺聖智境」心法再作論說。

187 元魏・菩提流支譯《入楞伽經卷三・集一切佛法品第三之二》，《大正》16，No.671，頁529下。

188 佛云：「諸善知識佛子眷屬，彼心、意、意識，自心所現，自性境界，虛妄之想，生死有海，業愛無知，如是等因，悉以超度。」《楞伽經》卷一，《大正》16，No.670，頁484上~中。

189 日・菅沼英〈「楞伽經」における唯心〉云：《楞伽經》中的「自心所現」（svacittadṛśyamātra），約可分三類：一為與《華嚴經》的「三界唯心」義相

悔，卻是透過「離我、我所攝受，離貪瞋癡愛等，為餘作無間罪者，除疑悔過」，[190]這可說是繼承印度大乘佛教《大方等如來藏經》、《佛說無上依經》、《大法鼓經》、《不增不減經》、《大方廣佛華嚴經》等思路而契於自覺聖智境的懺悔觀。[191]《大乘起信論》「一心開二門」中的「真如門」亦認為真如自性是「非有相非無相」的，[192]強調離言離相，並云：「從先世以來，多有惡業障故，應當勇猛精勤，誠心懺悔，勸請、隨喜、迴向菩提，常不休廢，得免諸障，善根增長。」[193]

基於甚深緣起、如來藏自性清淨心、罪性本空與無我論的思想，唐末五代法眼宗大師延壽（904~975）遂有「罪從心起將心懺」的心懺禪觀，其云：

> 罪從心起將心識（懺），識（懺）罪何如勿起心，罪亡心滅兩俱空，是則名為真懺悔。[194]

這裡的「心」即《梵網經》中盧舍那佛教導千百億釋迦的「十發趣心」→「十長養心」→「十金剛心」→「十金剛地」等不可思議的「四十心地」，即眾生本具的如來藏自性清淨心地。明·無異元來禪師（1575~1630）再縱觀古今經論說法，認為禪師們都應在日常禪觀修行中踐行「洗心懺悔」，其云：

> 洗心懺悔者，有二種義：一者，理懺；二者，事懺。理懺者，如云「罪從 心起將心懺，心若滅時罪亦亡，罪亡心

同，在論述之時，多與分別、無境、幻、迷亂等語合成；二即自證而得的「自覺聖智境」，可以趣入如來藏地，這是自世親《唯識二十論》處啟發而來的；三是由分別進入無分別的轉換，在論述之時，多與真如、空性、無心、中道、超越心量等語同義，《印度學佛教學研究》n.29v.1，頁283~285。

190 《大正》16，No.670，頁498上~中。
191 《楞伽經》的如來藏佛性思想，在許多大乘經典中皆可找到相同的證據，如東晉·佛陀跋陀羅譯《大方等如來藏經》，《大正》16，No.666，頁457中~下。梁·真諦譯《佛說無上依經卷上·如來界品第二》，《大正》16，No.669，頁469中~下。劉宋·求那跋陀羅譯《大法鼓經》卷下，《大正》9，No.270，頁297中。《不增不減經》，《大正》16，No.668，頁467中。《大般涅槃經卷七·如來性品第四之四》，《大正》12，No.374，頁407中。《大方廣佛華嚴經卷三十五·寶王如來性起品》，《大正》9，No.278，頁624上。
192 馬鳴造，真諦譯《大乘起信論》，《大正》32，No.1666，頁576上-中。
193 《大乘起信論》，《大正》32，No.1666，頁582上。
194 宋·延壽《中峯三時繫念儀範》，《卍新續》74，No.1465，頁66下。

滅兩俱空，是則名為真懺悔。」又云：「若欲懺悔者，端坐念實相，眾罪如霜露，慧日能消除。」如云「罪從業起，業從心起，心既無生，罪將安寄？」良以眾生業累深厚，剎那靜念，倏忽萬端，若不深達實相之理，難以去除！不究緣生之法，何能滅罪？[195]

亦即，禪者深觀於實相無相而無生無滅的自性清淨心，超越三界之外，入一切法又不受一切法所染汙，故覆障於眾生自性清淨心中之罪業實亦無生無滅，無生無滅則罪性本空，罪性本空則戒體畢竟清淨，此之謂「罪從心起將心懺」的真實懺悔。

不過，無異元來禪師所說的「不究緣生之法，何能滅罪？」即指「罪從心起將心懺」的真實懺悔，仍須回歸到佛陀所說的甚深緣起。[196]印順亦云：「大乘極唱的本性空寂，也從緣起極無自性中深悟得來。依緣起而現為無生，明事相與事行；依緣起而體見寂滅，即顯實相與理證。」[197]故進一步言，佛教的懺悔之所以異於婆羅門教或其他外道，最根本的實質即落在緣起性空與諸行無常、諸法無我、寂靜涅槃三法印上，[198]生命中沒有任何事物可以天長地久，沒有一件事是獨立存在的，故有無常、無我、涅槃等

---

195 明・無異元來《無異元來禪師廣錄卷二十二・懺悔品第七》，《卍新續》72，No.1435，頁 322 上~323 上。

196 阿難曾懷疑所觀所見是至淺之理，故去請益佛陀。佛陀告曰：「阿難，汝莫作是念，此緣起淺至淺。所以者何？此緣起極甚深，明亦甚深。阿難，（眾生）於此緣起不知如真，不見如實，不覺不達故。念彼眾生如織機相鎖，如蘊蔓草，多有調亂，忽忽喧鬧，從此世至彼世，從彼世至此世，往來不能出過生死。阿難，是故知此緣起極甚深，明亦甚深。」《中阿含經卷二十四・因品第四・（九七）大因經第一》，《大正》1，No.26，頁 578 中。《法華經》亦云：「諸佛兩足尊，知法常無性，佛種從緣起，是故說一乘。……隨宜方便事，無復諸疑惑，心生大歡喜，自知當作佛。」見《妙法蓮華經卷一・方便品第二》，《大正》9，No.262，頁 9 中~10 中。

197 印順《無諍之辯》，《妙雲集》下篇之七，（台北：正聞，1998 年 1 月），頁 3。

198 小乘經典認為，若有此「無常、無我、涅槃」三法印定其說，即是佛說，否則即是魔說。此語未見於巴利語系經典。漢譯《雜阿含經》卷十則有類似之說法，詳見：宋・求那跋陀羅譯《雜阿含經卷十・（261）~（262）》，《大正》2，No.99，頁 66 上~中。《增壹阿含經》卷十八，以四法次第稱為四法本末，即：（一）一切諸行無常，稱為初法本末。（二）一切諸行苦，稱為第二法本末。（三）一切諸行無我，稱為第三法本末。（四）涅槃永寂，稱為第四法本末。東晉・僧伽提婆譯《增壹阿含經卷十八・四意斷品第二十六之一・（八）》，《大正》2，No.125，頁 639。

思想的教論，佛陀與弟子們討論懺罪、出罪的那顆染淨之心，並不執著在精神實體的輪迴與否上，而是落實在現前身心無漏淨業與不受後有境界的修行實踐上。[199]

（四）依於甚深緣起而持律懺悔

　　因此，佛教懺悔之所以可能，固須兼顧戒律、業力與因果法則，但不必執著於輪迴主體我之預設，更不是執迷於外道之邊見或常見，修行者滅罪除苦報的核心理論即是佛陀親口所宣說的「離於兩邊」、「正觀」、「正見」、「此有故彼有，此生故彼生」、「此無故彼無，此滅故彼滅」的甚深緣起法。

　　因為，眾生之所以有罪業，是因「世人顛倒，依於二邊。若有若無，世人取諸境界，心便計著」，依於「此有故彼有，此生故彼生」的因緣法，此心遂起「愁、歎、苦、憂、惱等純大苦蘊集」；計著執迷，加上不明所以，遂又反復輪迴，無有終止。眾生若能「不疑、不惑」，「不受、不取、不住、不計於我」，則「此無故彼無，此滅故彼滅，無明滅則行滅，乃至生、老、病、死、憂、悲、惱、苦滅」。[200]佛陀所說的「此有故彼有，此生故彼生」，明示了萬事萬象的生死相續之理，亦即是憂、悲、苦、惱的相續不絕，但這只說出了緣起法的表面意義；因為，它不是執著於「三世兩重因果」而產生「本體化」或「梵我化」的迷思基因（myth gene），而是緣依於「此無故彼無，此滅故彼滅」之正確認知，在日常生活的當下不受邪見、我見、常見、斷見等所左右，自身以正知正見斷除無明煩惱而契涅槃之境，這才是緣起中道的背後勝義諦（paramārtha-satya），它不是主體我在三世輪迴的思想。[201]小乘戒

199　除了漢譯四阿含外，《南傳大藏經》的《律藏》部分，處處都是在講說「身語意」三業、「貪瞋癡」三毒乃至百八煩惱的面對與處理，令身心無漏，不受後有。參：《律藏》1~4，《漢譯南傳大藏經》，高雄：元亨寺，1998 年 11 月。

200　關於「離於兩邊」、「正觀」、「正見」的中道緣起，見劉宋·求那跋陀羅譯《雜阿含經卷十·262 經》，《大正》2，No.99，頁 66 下~67 上。唐·玄奘譯《緣起經》，《大正》2，No. 124，頁 547 中。

201　佛使比丘（Buddhadasa Bhikkhu，1906~1993）對於五世紀以來一直主導上座部佛教思想的覺音（Boddhaghosa）論師之「三世兩重因果」緣起說提出質疑

律的精神，雖傾向於色身清淨，而與業力不失、因果法則有些矛
盾，但佛陀的緣起法雖可視爲有爲法，生滅法，無常法，雖可歸
納出三世兩重因果，但從一緣起、二緣起、三緣起、四緣起，乃
至十一緣起、十二緣起等數種之說，及「此無故彼無，此滅故彼
滅」而言，其甚深之處實已隱含了大乘佛教超越三界的如來藏自
性清淨心之可能，故甚深緣起的當下，眾生實亦不執著於「此生
故彼生，此有故彼有」的生住異滅。呂凱文云：「佛法的目的是要
知苦、滅苦因，要讓煩惱在緣起當下徹底止息」，[202]所說即是甚深
緣起法。大乘佛教懺悔思想之可能，亦在此一甚深緣起，故云：「罪
無自性，從因緣生，顛倒而有。既從因緣而生，則可從因緣而滅。
從因緣而生者，狎近惡友，造作無端。從因緣而滅者，即是今日
洗心懺悔。」[203]是故，修行者在日常生活中，依於甚深緣起，善
業自能生起；善業生起，惡業自能滅去；滅去惡業，身心自能清
淨；身心清淨，法身自能清淨；法身清淨，成佛之路自然可期。
隨順緣起，不執於善、惡，懺悔思想便爲可能。

　　六道眾生「觸向多迷，自非資以懺悔，無由出離」，[204]故初期
佛教至大乘佛教，自始至終一貫不變的立場，即是特重甚深緣起、
懺悔滅罪、罪性本空、因果罪業與僧團紀律的配合。唐・道宣
（596~667）認爲，「律海冲深，律通萬象」，[205]日常戒律修持中，

與批判。認爲若承認其學說正統性，則將迫使佛教「去本體論」（de-ontology）
的「緣起無我」思想種下「本體化」或「梵我化」的迷思基因（myth gene）。
爲此，佛使比丘提出「緣起不是三世輪迴」的詮釋進路，徹底將日益爲人所
迷思化與形上思維化的佛教緣起無我思想，拉到日常生活當下「念」茲「在」
茲的滅苦經驗。他在書中認爲，佛陀以「日常用語」教導爲常見所惑的人，
讓他們釋除根深蒂固地存在心中的「我」、「我所有」之感覺，並以「法的語
言」來教導那些眼睛只覆蓋著微塵的人（指利根之人），令他們能理解勝義諦
（paramārtha-satya），而拋棄長久執持且珍愛的常見。尤其重要的觀點是，
緣起並沒有貫通三世，它是在日常生活中實踐的。詳佛使比丘《生活中的緣起》，
嘉義：書鄉出版社，1995 年 8 月
202　呂凱文〈佛使比丘對於緣起思想的反省及其意義〉，《法光雜誌》v.109，1998
　　年 10 月。
203　《慈悲水懺法》，《大正》45，No. 1910，頁 969 下。
204　以上參《慈悲道場懺法》（《梁皇懺》）《大正》45，No. 1909，頁 926 下。
205　《四分律刪繁補闕行事鈔卷上・標宗顯德篇第一》，《大正》40，No.1804，頁
　　4 上。

舉凡受戒緣集、說戒正儀、安居策修、自恣宗要、懺六聚法、頭陀行儀、瞻病送終、沙彌別行、尼眾別行、諸部別行……等等，一切僧團中所有的生活矩度，細微的身心行為，無不是一圓融整體的生命實踐。[206]他強調行者必須「領納為趣」、「善淨身心」、「稱緣而受」、「專志攝慮」，[207]即懺悔精進雖與戒體清淨密切相關，但與緣起甚深、三法印、四聖諦、四正勤、八正道等皆更須渾融為一的。

　　戒律、業論與因果之大小輕重深淺次第與細微分別，是佛陀欲令眾生開智發慧的細膩詮說；但禪者的禪觀發慧與證驗清淨自性，是進一步將大乘菩薩戒結合甚深緣起所進行的一整全圓融之生命實踐哲思；方便詮說是差別相的，整體生命實踐是實相無相的；差別相是無量無邊如恆河沙數乃至算數所不能道盡的，實相是無所住而生其心的緣起當下之實踐。

（五）印度佛教懺悔理論與方法

　　初期佛教的懺悔是依於戒律清淨精神而進行的，當時懺者大柢遵行（1）「袒右肩」→（2）「右膝著地」→（3）「恭敬合掌」→（4）「禮足」→（5）「說罪名」等五個基本懺悔儀法，[208]懺者時時憶念戒律精神，反省身心行為，配合禪觀，如實認識因緣來由，令身心清淨無漏。[209]唐・道宣（596~667）歸納為「制教懺」與「化教懺」二種，制教懺又細分為（1）對四人以上之僧眾行懺悔之「眾法懺」、（2）對師家一人行懺悔之「對首懺」、（3）直對本尊行懺悔之「心念懺」等三種，此專對出家眾而設；化教懺係針對違犯業道之罪而行之懺悔，此共通於所有對象。[210]

206　此為道宣《四分律刪繁補闕行事鈔》十二卷的詳細內容，《大正》40，No.1804，頁1上~157下。元照《四分律行事資持記》十六卷的內容亦大同小異，至於其說明則更為詳細，《大正》40，No.1805，頁157上~428上。
207　《大正》40，No.1804，頁4中。
208　《四分律卷五十九・毗尼增一之三》，《大正》22，No.1428，頁1007上。
209　關於這方面的精神，參《四分律》卷四十八，《大正》22，No.1428，頁920上~926下。
210　詳：道宣《四分律刪繁補闕行事鈔卷上・通辨羯磨篇第五》，《大正》40，No.

　　據印順之研究，大乘佛教的懺法，又增加了「向十方佛懺悔」、
「懺悔今生與過去生中之惡業」、「眾生皆有佛性」、「適應通俗義
的擴大」等思想與特色。[211]初期大乘佛教的懺悔法，從《三品經》、
《法鏡經》、《郁伽長者經》等經典可見其端倪，即虔誠的進行著
（1）晝夜六時的禮拜佛塔→（2）禮拜諸佛菩薩→（3）於佛前懺
悔→（4）勸請→（5）隨喜→（6）回向等懺悔儀程。[212]晝夜六時
的懺悔，象徵的其實是懺者無時無刻的精進不懈，即持戒修行並
不僅僅是自己清淨或僧團清淨目標的達成而已，更重要的是自身
罪業必須正確的認識並予懺除。

　　在《觀佛三昧海經》及梁譯《菩薩五法懺悔文》中，將懺悔
儀式約攝為：（1）「懺悔」→（2）「請佛」→（3）「隨喜」→（4）
「回向」→（5）「發願」五法。[213]《四分律羯磨疏》亦載有五種
基本的懺悔儀法：（1）「請十方佛菩薩」→（2）「誦經咒」→（3）
「說己罪名」→（4）「立誓不犯」→（5）「如教明證」。[214]懺悔儀
式大致是從初期佛教發展而來，順序方法雖不盡相同，但懺者自
知自覺的「至心發露罪業」是不可缺少的心路歷程。

　　在《大乘本生心地觀經》中，印度佛教徒將三聚淨戒、罪性
本空與懺悔滅罪結合為一，認為如法懺悔者，當依二種觀門修，
一者，「觀事滅罪門」，此與事懺同；二者，「觀理滅罪門」，此與
理懺同。事懺的「觀事滅罪門」，即在十方三寶及六道眾生前，至
誠發露無始來罪業，分上→中→下「三品」依序依事漸深漸密予
以懺除，其云：

　　　　若有上根求淨戒，發大精進心無退。悲淚泣血常精懇，哀

1804，頁 11 上~14 上。

211　印順《華雨集（二）‧方便之道》，（台北：正聞，1998 年 12 月），頁 177~200。

212　平川彰著，莊崑木譯《印度佛教史》，頁 233、253。東漢‧安玄譯《法鏡經》，
　　　《大正》12，No. 322，頁 15 上~23 上。《郁伽長者經》，《中阿含經》，《大正》
　　　1，No. 26，頁 479 下~482 下。

213　東晉‧佛陀跋陀羅所譯《觀佛三昧海經卷九‧本行品第八》，《大正》15，No.643，
　　　頁 690 下~691 上。《菩薩五法懺悔文》，《大正》24，No.1504，頁 1121 中~下。

214　唐‧道宣疏，宋‧元照述《四分律刪補隨機羯磨疏濟緣記卷四之五‧懺六聚
　　　法篇第九》，《卍新續》41，No. 728，頁 333 中~下。

感徧身皆血現。繫念十方三寶所，并餘六道諸眾生。長跪
合掌心不亂，發露洗心求懺悔。……若有中根求戒者，一
心勇猛懺諸罪。涕淚交橫不覺知，徧身流汗哀求佛。發露
無始生死業，願大悲水洗塵勞。滌除罪障淨六根，施我菩
薩三聚戒。……若有下根求淨戒，發起無上菩提心。涕淚
悲泣身毛豎，於所造罪深慚愧。對於十方三寶所，及以六
道眾生前。至誠發露無始來，所有惱亂諸眾生。起於無礙
大悲心，不惜身命悔三業。已作之罪皆發露，未作之惡更
不造。如是三品懺諸罪，皆名第一清淨戒。[215]

至於理懺的「觀理滅罪門」，重在觀罪性空，一切都由顛倒因緣妄
起，其云：

常觀諸佛妙法身，體性如空不可得。一切諸罪性皆如，顛
倒因緣妄心起。如是罪相本來空，三世之中無所得。非內
非外非中間，性相如如俱不動。真如妙理絕名言，唯有聖
智能通達。非有非無非有無，非不有無離名相。周徧法界
無生滅，諸佛本來同一體。……若有清信善男子，日夜能
觀妙理空。一切罪障自消除，是名最上持淨戒。若人觀知
實相空，能滅一切諸重罪。[216]

道宣曾對事懺、理懺作如下說明：「理懺空行，達理為先。下解斷
上惑，上解斷下惑也。……事懺，如世常行，或依堂塔，或依繕
造，佛名經教，禮誦諸業，皆緣事起。」[217]宋‧贊寧（919~1001）
亦認為，理懺即「淡慮觀心，心無所生，生無所住。當爾之時，
違順無相，則滅罪福生之地也。至於「事懺」，是「心憑勝境，境
引心增，念念相資，綿綿不斷。禮則五輪投地，悔則七聚首心。」
[218]依於大乘教理，懺者多是事懺不廢理懺，理懺不失事懺，理中

---

215 唐‧般若譯《大乘本生心地觀經‧報恩品第二之下》，《大正》3，No.159，頁
　　303下~304上。
216 《大正》3，No.159，頁304上~中。
217 唐‧道宣疏，宋‧元照述《四分律刪補隨機羯磨疏濟緣記卷四之五‧懺六聚
　　法篇第九》，《卍新續》41，No. 728，頁333中~下。
218 見宋‧贊寧《宋高僧傳卷二十八‧興福篇第九‧總論》，《大正》50，No.2061，
　　頁888中。

兼事，事中含理，理事如如，務求盡滅諸罪，且二者都是不脫離大乘菩薩戒、甚深緣起、罪性本空與因緣果報之整合進行的。

　　佛陀於說《法華經》後，再說《觀普賢菩薩行法經》（《普賢觀經》），其懺理即依於「十方三世諸佛菩薩」的慈悲救世精神，運用「端坐念實相」、「誦讀大乘經」、「諸佛前發露先罪」、「無量勝方便」、「證得三昧」等大乘教法，針對十惡業、六根罪業等進行懺悔滅罪，其云：

> 身為機關主，如塵隨風轉。六賊遊戲中，自在無罣礙。若欲滅此惡，永離諸塵勞，當誦大乘經，念諸菩薩母，無量勝方便，從思實相得。如此等六法，名為六情根。一切業障海，皆從妄想生，若欲懺悔者，端坐念實相，眾罪如霜露，慧日能消除，是故應至心懺悔六情根。[219]

這都是事懺、理懺兼融並行的。但懺悔並不是僵固不變的，故在《大智度論》中，亦有依「般若波羅蜜是諸佛母」懺罪的說法，凡修念佛三昧者，能除婬欲、瞋恚、愚癡諸罪，不受地獄輪迴苦報。[220]《大智度論》又認為，不論僧伽、白衣，若能發慈悲心，歸依三寶，發大誓願，於六齋日中，時時精勤，受行八戒，布薩學法，誠心懺悔過去、現在、未來三世所造諸身、口、意罪業，罪業自能清淨，成就佛道。[221]反之，破戒造罪之人，雖似善人，內無善法，又不知懺悔，則禍敗常臨，而如吞燒鐵丸、飲熱洋銅、坐熱鐵床等地獄果報必隨時應至。[222]這樣的理論，不論顯教、密教，皆是依於諸佛菩薩大悲心與大菩提心的發用。[223]此外，《普賢

219　《大正》9，No.277，頁393中。

220　《大智度論》，《大正》25，No.1509，頁314上、333中。

221　姚秦・鳩摩羅什譯《大智度論卷十三・釋初品中・戒相義第二十二之一》，《大正》25，No.1509，頁159中~160上。

222　《大智度論卷十三・釋初品中・尸羅波羅蜜義第二十二之一》，《大正》25，No.1509，頁153中~154下。

223　依於緣起，懺悔滅罪，令身清淨，拔一切有情生死諸苦，所依之法即是大悲心的發動；大悲心發起，令身心益為精進，法力益為廣大，能夠自利利他的，即是大菩提心。宗喀巴亦云：「大乘之根本即是大悲」、「慈悲門中，見於利他，須大菩提。」見：宗喀巴著，法尊譯，《菩提道次第廣論卷八・上士道・菩提心次第》，（台北：福智之聲，1988年3月），頁209~224。

觀經》對在家眾亦立出五種懺悔法：（1）不謗三寶，乃至修六念
→（2）孝養父母，恭敬師長→（3）以正法治國，端正人心→（4）
六齋日不殺生→（5）信因果，信一實道，信佛不滅。[224]五法是在
日常生活之中即可踐行的。

　　在普賢菩薩的十大願行、大悲心、大菩提心的發起與運用下，
[225]《華嚴經》的懺理乃以清淨自性「遍於法界，極微塵剎，一切
諸佛、菩薩眾前，誠心懺悔。後不復造，恒住淨戒。一切功德，
如是虛空界盡，眾生界盡，眾生業盡，眾生煩惱盡，我懺乃盡。
而虛空界，乃至眾生煩惱不可盡故，我此懺悔，無有窮盡，念念
相續，無有間斷。」[226]於是，「我昔所造諸惡業，皆由無始貪瞋癡，
從身語意之所生，一切我今皆懺悔」的偈語，乃成大乘佛教懺悔
思想最普遍通用的誓願詞。[227]

　　佛教後來亦發展出一心專念「阿彌陀佛」或禮拜諷誦「諸佛
菩薩名稱聖號」懺悔經典，由於三世諸佛如來菩薩具有不可思議
的功德及無量無邊的大誓願力，[228]眾生不但能得一切諸佛之所護

224　《觀普賢菩薩行法經》，《大正》9，No.277，頁 394 上~中。
225　《華嚴經》云：「諸佛如來，以大悲心而為體故，因於眾生，而起大悲；因於
　　　大悲，生菩提心；因菩提心，成等正覺。」唐・般若譯《大方廣佛華嚴經卷
　　　四十・入不思議解脫境界菩薩行願品》，《大正》10，No.293，頁 846 上。
226　普賢菩薩十種廣大之行願，即：禮敬諸佛、稱讚如來、廣修供養、懺悔業障、
　　　隨喜功德、請轉法輪、請佛住世、常隨佛學、恆順眾生、普皆迴向。經中一
　　　一述此十大願，明其功德無量，臨命終時，得此願王引導，往生阿彌陀佛極
　　　樂世界。然此十大願為一切菩薩行願之標幟，故亦稱普賢之願海。以此菩薩
　　　之廣大行願，一般稱為大行普賢菩薩。《大方廣佛華嚴經卷四十・入不思議解
　　　脫境界菩薩行願品》，《大正》10，No.293，頁 844 中~848 下。
227　《大方廣佛華嚴經卷四十・入不思議解脫境界菩薩行願品》，《大正》10，
　　　No.293，頁 847 上。據李世傑之研究，初期大乘佛教的「成佛道（大乘菩薩
　　　道）」教說，是自上座部流傳而出，其內容約有「菩薩思想」、「波羅蜜思想」、
　　　「菩提心思想」、「十地思想」、「佛陀思想」五大部分，其中「菩提心思想」，
　　　後來即發展為「誓願思想」，這都是導向正覺成佛的目的。氏著《印度大乘佛
　　　教哲學史》，（台北：新文豐，1982 年 4 月）頁 14~15。
228　阿彌陀佛為菩薩時，常奉行二十四願，珍寶愛重，保持恭慎，精禪行之，與
　　　眾超絕，卓然有異。參：吳・支謙譯《佛說阿彌陀三耶三佛薩樓佛檀過度人
　　　道經》，《大正》12，No.362，頁 301 上~302 中。曹魏・康僧鎧譯《無量壽經》
　　　卷上載阿彌陀佛立有四十八願，《大正》12，No.360，頁 267 下~269 中。又諸
　　　佛如來後代承眾生諸苦，常發「四大願」、「八大願」、「十二大願」之舉。參：
　　　唐・義淨譯《藥師琉璃光七佛本願功德經》，《大正》14，No.451，頁 409 上
　　　~412 中。又如：北涼・曇無讖譯《悲華經卷七・諸菩薩本授記品第四之五》

念，亦能滅盡三世一切罪障，證得阿耨多羅三藐三菩提等妙境，[229]
能速登極樂淨土世界，親見佛陀，頓了生死，[230]可依懺儀進行，
亦可隨處誦念，方法極為簡便。如《阿彌陀經》、《無量壽經》、《大
方等大集經》、《地藏菩薩本願經》、《菩薩念佛三昧經》、《般舟三
昧經》、《賢劫經》、《千佛因緣經》、《佛說佛名經》、《十方千五百
佛名經》、《五千五百佛名神咒除障滅罪經》、《佛說百佛名經》、《過
去莊嚴劫千佛名經》、《現在賢劫千佛名經》、《未來星宿劫千佛名
經》等，[231]皆是這種懺理下的經典，但其中亦穿插事懺經文。事
懺、理懺之中，再依序增加（1）慚愧心→（2）恐怖心→（3）厭
離心→（4）發菩提心→（5）怨親平等心→（6）念佛報恩心→（7）
觀罪性空心等七種方便，擴充大乘懺悔的內涵與方法。[232]

　　我國佛教界在懺悔思想上成就最大者的當屬天台宗智顗，他
創造性的詮釋「懺悔」為：「懺，名懺謝三寶及一切眾生；悔，名
慚愧，改過哀求」、「懺，名外不覆藏，悔，則內心克責」、「懺，
名知罪為惡，悔，則恐受其報」；[233]更進一步以十義廣釋懺悔與大
乘修行云：（1）「懺者，首也；悔者，伏也」、（2）「懺，名白法；
悔，名黑法」、（3）「懺，名修來；悔，名改往」、（4）「懺，名披
陳眾失，發露過咎，不敢隱諱；悔，名斷相續心，厭悔捨離」、（5）
「懺者，名慚；悔者，名愧」、（6）「人是賢人，天是聖人。不逮
賢聖之流，是故懺悔」、（7）「賢聖俱是人天，是第一義天。第一
義天是理，賢聖是事，不逮事理，俱皆懺悔」、（8）「慚三乘之聖
天，愧三乘之賢人，不逮此天人，故名慚愧，慚愧名懺悔」、（9）
「三乘賢聖皆是人，第一義理為天，約此人天，慚愧，故名懺悔」、
（10）「三乘賢聖尚非菩薩之賢，況菩薩之聖。今慚愧三十心之賢，
十地之聖，故名慚愧懺悔。總此賢聖皆是人，第一義理名為天，

　　載釋迦佛立有「五百大願」，《大正》3，No.157，頁209上~215下。
229　姚秦‧鳩摩羅什譯《佛說阿彌陀經》，《大正》12，No.366，頁348。
230　宋‧王日休校輯《佛說大阿彌陀經》，《大正》12，No.364，頁327中。
231　這些經典，但舉幾部代表名稱而已，不列詳文，具見《大正》12、《大正》13、
　　《大正》14三冊中。
232　佚名《佛名經》，《大正》14，No.441，頁188中~下、248下~249上。
233　智顗《釋禪波羅蜜次第法門》卷二，《大正》46，No.1916，頁485中。

約此人天論慚愧，故名懺悔。」[234]

　　智顗將印度佛教的懺悔理論與方法歸納為「作法懺」、「取相懺」、「無生懺」三大類，前二者屬事懺，對應於遮戒；第三者屬理懺，對應於性戒。他認為：「作法懺，在滅除違戒上罪；取相懺，在滅除犯定上罪；無生懺，在滅除犯慧上罪。又，作法懺，在滅除三惡道報障；取相懺，在滅除人道報障；無生懺，滅三界有漏報障。又，作法懺，在滅除三惡道業障；取相懺，在滅除人道業障；無生懺，在滅除三界有漏業障。又，作法懺，在滅除怖畏憂愁之煩惱，亦是破煩惱；取相懺，在滅除四住之煩惱；無生懺，在滅除無明之煩惱。又，三種懺共除報障；取相懺，在滅除業障；無生懺，在滅除煩惱障。又，作法懺，如服薑桂，差病而已，不能肥身，譬罪滅不能生善；取相懺，如服五石，病差身充，不能得道；無生懺，如服五芝，病除身飛，升仙得道。」[235]從懺悔對

---

234 詳隋・智顗說，灌頂錄，《金光明文句卷三・釋懺悔品》，《大正》39，No.1785，頁59上~中。
235 其云：「懺悔有三：一、作法。二、取相。三、無生。此三種通大、小。一、小乘作法者，如《毗尼》中發露與學二十僧行摩那埵，或半月作法，或對首作法，或責心，但令作法成就，不障僧事，即清淨也。《阿含》中亦作『相懺』，犯欲人作毒蛇口想，此觀成時，婬罪即滅。亦有觀空懺，祇是真空。大乘中亦有作法者，或八百日，《虛空藏》塗廁是也；或九十日，《般舟》是也；或四十九日，《大悲懺》是也；或二十一日，《法華》是也；或七日，《方等》是也。灰湯澡豆淨身，辛酒禁口，慚愧勤心，旋誦各有遍數等，皆作法懺攝也。二、取相懺者。如《方等》求十二夢王、《菩薩戒》見華光摩頂、《虛空藏》中唱聲印臂相起罪滅，雖不正明作法，兼得事用也。三、無生懺者，如《普賢觀》云：『端坐念實相，如日照霜露』，觀空緣理，無相最上，雖不正作事相，兼上兩懺也。作法懺，成違無作罪滅，而性罪不除，如犯殺生；作法懺，成違無作罪去，而償命猶在，即其義也。取相懺，能滅性罪，性罪去，違無作罪亦去，如伐樹枝葉萎；根本未去，續生如故也。觀無生懺，能滅無明，如覆大地，根枝葉等悉盡無餘。又，作法，滅違戒上罪；取相，滅犯定上罪；無生，滅犯慧上罪。又，作法，滅三惡道報障；取相，滅人道報障；無生，滅三界有漏業障。又，作法，滅怖畏憂愁之煩惱，亦是破煩惱；取相，滅四住之煩惱；無生，滅無明之煩惱。又，三種懺共除報障；取相，除業障；無生，除煩惱障。又，作法懺，如服薑桂，差病而已，不能肥身，譬罪滅不能生善；取相懺，如服五石，病差身充，不能得道；無生懺，如服五芝，病除身飛，升仙得道。如是等種種分別，行者須知。今文具有大乘三懺，著淨潔衣，專聽是經。又，七日七夜、朝暮淨心等，即作法也；於其坐處，得見彌勒、文殊、普賢，即取相也。五陰舍宅，觀悉空寂，本無有生，亦無和合，即無生也。三意宛然，故能滅諸惡，蕩五障，顯經力用也。」隋・智顗《金光明經文

象而言，三種懺悔是由事而理，由理而慧，層層深入；從懺悔範
圍而言，是由小而中，由中而大，大至無限；從作用而言，皆在
滅除懺者身心所造作的所有罪障，讓身心清淨。整全言之，智顗
綜匯融通了初期佛教、部派佛教與大乘佛教的懺悔滅罪理論，作
了創造性之詮釋，[236]可謂爲精煉而出的一種醍醐，對中國大乘佛
教懺法的發展與影響是深厚的。不過，智顗似乎偏重於「觀空緣
理」的「無生懺」，[237]筆者認爲，就佛教教理與現實的禪觀修行而
言，三者皆是重要的懺悔滅罪法，且三者應是隨緣應生、隨緣懺
滅，不同因緣對象與不同因緣業障，應隨因緣作不同權變而平等
無別的懺悔發露，正觀罪業，方得佛陀甚深緣起與懺悔除罪之意。

　　華嚴宗清涼澄觀（738~839），亦綜會《善戒經》、《十住婆沙
論》、《大智論》、《方等經》、《佛名經》、《維摩詰經》、《普閑觀經》
等大小乘懺悔經論，詮釋懺悔爲：「懺，名陳露先罪；悔，名改往
修來」，即將懺悔清淨、戒律精神、罪性本空、清淨自性、七處九
會與一心法界結合並觀。[238]法藏賢首則結合《楞伽》、《密嚴》、《梵
網》、《起信》等經論，講華嚴「十玄緣起」與「一心法界」之深
義，亦認爲「一障一切障，一斷一切斷」，是「大緣起法，法爾具
足，必須心中（自）證」的懺悔，[239]這是依於無盡緣起觀而內心

句卷三・釋懺悔品》，《大正》39，No.1785，頁 60 中~61 上。另見：隋・智顗
《維摩經略疏卷十五・弟子品之六》，《大正》38，No.1778，頁 628 中~629 上。
236 關於天台智顗對印度禪學之吸收與再創造，參冉雲華〈從智顗的「摩訶止觀」
看中華佛教對印度禪學的吸收與改造模式〉，收入氏著《中華禪學研究論集》，
（台北：東初出版社，1991 年 7 月），頁 108~137。
237 《大正》39，No.1785，頁 60 下。
238 唐・澄觀《大方廣佛華嚴經疏卷二十七・十迴向品第二十五》：「依離垢慧所
問禮佛法經，總有八重：一、供養佛。二、讚佛德。三、禮佛。餘即五悔。
或合禮讚，或略供養，或但爲五，以發願迴向，但總別之異，如《十住婆沙》。
今文依此迴向，在於下文，故此有四，或但爲三故。《智論》云：菩薩晝夜三
時，各行三事，謂懺悔、勸請、隨喜。行此三事，功德無量。轉近得佛。若
依《善戒經》，但有二事，謂懺悔、迴向，皆隨時廣略。然除惡業障，故須懺
也。然懺有二種：若犯遮罪，先當教作法悔之。若犯性罪，應須起行。此
復二種：一、事行，如《方等經》及《禮佛名》等；二、依理觀，謂觀諸法
空，如《淨名》說，當直除滅，勿擾其心等。若依《普賢觀》及下《隨好品》，
皆具事理無礙之觀。」，《大正》35，No. 1735，頁 706 上~709 中。
239 唐・法藏《華嚴遊心法界記》，《大正》45，No. 1877，頁 650 上~中。

自證的無相懺悔。淨土宗善導（613~681）則專倡「念佛懺悔」，認為懺悔在於至誠「發露所造之罪，極生慚愧，悲泣流淚」，配合專念佛號於十六禪觀，頓捨身命，仰屬彌陀，以契西方莊嚴淨土。[240]大柢皆事懺理懺兼融並重，取相懺無相懺涵融並包。諸宗的懺悔理論、滅罪方法修與最終目標雖然不同，然依於甚深緣起而「發露無始以來所造諸惡業」[241]以令身心清淨的懺意是最能契應於佛陀出家、持戒、禪觀、證道、成佛以濟世之本懷的。

　　釋惠空據印度懺悔經論與天台智顗等的說法，將作法懺、取相懺、無生懺的差異整理如下：[242]

表一：印度佛教三種懺悔之差異表

	作法懺	取相懺	無生懺
主要依乘	小乘	大乘	大乘
正行助行	助行	助行	正行
滅罪對象	遮罪	遮罪性罪	遮罪性罪
滅罪因緣	散心	定心	慧力
滅罪成就　小乘 　　　　　大乘	依律羯磨 方等諸懺	想相成就 見好相	諸法無我 證空性
滅罪除障	三惡道報障 三惡道業障 怖畏憂愁煩惱	人道報障 人道業障 四住煩惱	三界有漏報障 三界有漏業障 無明煩惱

　　依於此表，作法懺適於小乘戒，懺除的是三惡道的怖畏憂愁煩惱、業障與報障；取相懺適於大乘戒，懺除的是人道的四住煩惱、業障與報障；無生懺適於大乘戒，懺除的是三界的無明煩惱、業障與報障。粗略而言是可通的，但細微說之則未當。因為不論是佛陀的甚深緣起，還是大乘佛教的如來藏自性清淨心，都不是

240　詳：唐・善導《觀無量壽佛經疏卷三・正宗分定善義》，《大正》37，No. 1753，頁 266 中。

241　此據明・蕅益智旭（1599~1655）之觀點而說，其云：「說罪而不觀心，猶能決罪之流；倘談理而不發露，決難清罪之源。……世人正造罪時，隱忍覆藏，不以為恥；向人發露，善中之善，反以為羞。甘於惡而苦於善，遂成惡中之惡，永無出期。顛倒愚癡，莫此為甚！準是以觀，宜依律制，向僧眾前發露，罪乃可滅。」引見：李圓淨《梵網經菩薩戒本彙解・懺悔行法表記》，（台北：總持寺，1977 年 6 月），頁 245。

242　釋惠空〈懺悔析義〉，《佛學與人生學術研討會論文集》，台中：逢甲大學人文社會學院佛學與人生學術研討會，1999 年 1 月，頁 25~36。

如此「科學化」、「僵直化」的一一對號入座而懺悔滅罪、觀相與證無生的。既是緣起甚深，則三懺都會交互含攝的；既依於如來藏自性清淨心，則六道三界皆可互通互往無障無礙，並不是只有無生懺才可通三界。

釋惠空另從佛教經律論上的內容進行觀察，將懺悔理論分為（一）「轉變業緣」→（二）「摧破業果」→（三）「觀法無生」→（四）「因果法則的相應」四層義蘊。第一層中，修行者之所以能「轉變業緣」，可由增加善法、時空的延展、諸佛菩薩的廣大願力、強而有力的外力制伏，使業果不能成熟或消除。第二層的「摧破業果」部分，可用佛說的善法或方便心等予以摧破；亦可用從心性主體由惡轉善的能力來轉變。第三層的「觀法無生」部分，是透過觀法如幻、觀法緣生與唯心所現的道理達到畢竟滅罪生善的目的。第四層的「因果法則的相應」部分，他舉禪宗百丈老人與野狐的故事，說明因果法則是世、出世間都必須遵守的原則，懺悔滅罪亦不例外。[243] 凡此皆可見，大乘佛教的懺悔不僅僅是簡單的「滅惡興善」而已，它與甚深緣起、因緣果報、罪性本空及戒定慧三學是密不可分的。

釋大睿曾經整理印度佛教的懺悔方式，認為阿含經典中所說的發露懺悔、不敢覆藏等方法，多為「對首懺」，懺悔對象限於佛陀或有德比丘；大乘懺悔經典的懺悔對象，則擴及十方佛、三十五佛、三世千佛及一切菩薩摩訶薩等。甚至《虛空藏菩薩經》等有依夢相決定懺罪是否清淨的「取相懺」。至於各經典共通的思想，即是正觀法性平等、罪性本空、窮究諸法實相的理懺－「無生懺」；事懺方面，有燒香、散花、酥油、燈塗等供養，莊嚴靜室、澡浴清淨、二六時中至心懺悔等道場嚴淨事宜。此外，稱名、禮拜、歸依、供養、持誦書寫大乘經典、持咒、懺悔、隨喜、勸請、回向、發願、繫念數息、思惟空義、懺悔六根、觀佛念佛」等事相懺悔，皆為常用之方法。[244] 頗為精要的說出初期佛教至大乘佛

---

243 同上。
244 《天台懺法之研究》，（台北：法鼓文化，2000 年 9 月初版），頁 30~32。

教懺悔理論與方法之發展變化。

在大乘懺悔經典中，已漸漸不再強調初期佛教那種具體請求原諒及說罪對象的懺悔儀式，除了少部分經典提到陳說罪過以外，多數採取「理懺」一切罪。因此，大乘經典談懺悔思想，基本上是重在對佛法根本義的透達，目的在破除對有法、有相的執取。但此種意義的懺悔，並非執著於理懺而廢棄事懺，因爲只要迷在幻有中，仍不免感招苦果，解脫無由。基於大乘佛教站在諸法究竟的立場，則即使是聲聞戒中，認爲不通懺悔之五逆四重等罪，在大乘懺悔經典中透過諸法實相之通達，則仍有懺淨的可能。故大乘懺悔法，則呈顯更寬廣的慈悲精神，爲無明犯過之眾生開啓一線生機。[245]

游祥洲曾將大乘佛教的懺悔義蘊總結爲十觀：一、以業報爲中心的靈魂觀；二、唯心因果觀；三、業性本空觀；四、十方神與多神包容觀；五、一往平等慈悲觀；六、回向增上觀；七、多元淨土觀；八、佛性自足觀；九、空有一如觀；十、無相解脫觀。[246]這十觀闡釋了中國大乘佛教懺悔思想的無盡緣起的多元圓融義，此是懺悔思想理論在中國發展的必然趨向。

筆者認爲，釋惠空所說的「轉變業緣」→「摧破業果」→「觀法無生」→「因果法則的相應」四層懺悔理論與天台智顗的懺悔思路是可以相應相契的，但二者相應相契之理，最終仍歸於「此生故彼生」、「此滅故彼滅」的甚深緣起與如來藏自性清淨心。此中必須注意的是，懺悔若是靈魂觀，便與婆羅門教外道等沒有差別，佛法便沒什麼特勝之處；若言之爲一種唯心因果，亦難以契應緣起法，易成爲一種邊見；若是一種多神包容觀，便有可能誤解大乘佛教諸佛菩薩們的弘大誓願，忘卻眾生皆有佛性的決定原

245　《天台懺法之研究》，頁 36~37。

246　然游教授亦提出了現代中國佛教「懺儀」的四大流弊：（1）形式化。（2）商業化。（3）教條化。（4）迷信化。他認爲補救的方式有四：（1）回歸原始的懺儀修持。（2）消弭商業色彩的懺儀。（3）重視前行觀行等懺悔方便。（4）提供更多適應現代人的方便之道。這頗值得我們參考。參游祥洲〈論中國佛教懺悔理論的形成其理念蘊涵〉，載傅偉勳主編，《從傳統到現代——佛教倫理與現代社會》，（台北：東大圖書，1980 年 10 月），頁 128~頁 133。

則（principle of determinate）。[247]在大乘佛教《勝鬘經》、《涅槃經》中「自性清淨心」、「眾生皆有佛性」的說法，雖因經中因果說法無定，致南北朝時產生了多達三類十一家的佛性學說，[248]但當眾生皆有佛性的決定原則與甚深緣起、三學、三法印、四聖諦、四正勤、八正道、罪性本空、因果業論、六道輪迴等思想緣合後，內在義蘊便必然因人因時因地因事而變得更為多元而具圓融性。

　　佛教這種多元圓融性的懺悔滅罪思想傳入中國後，其實是與中國傳統社會下的各種自省思想或宗教儀式進行了交互攝受涵融的緣合過程。如，殷商古人的趨吉避凶思想，[249]周代人道、天道與鬼神之道駁雜的人鬼思想，[250]先秦儒家「不貳過」、「自省吾身」、「改過」、「困心衡慮」的「生於憂患，死於安樂」思想，[251]及東漢道教齋戒身心、禳災除禍的懺罪改過思想等，[252]佛教的懺悔滅罪的思想或儀軌形式都與它們進行了某種對立與矛盾之「對襯蘊涵」（symmetrication）、「互依關係」（relation of releverance）、「貫

---

247 牟宗三云：「佛教可以講不定原則（principle of indeterminate），但佛教也有決定原則（principle of determinate），一切眾生皆有佛性，這是決定的；人皆可以成佛，這是決定的。」《中國哲學十九講》，（台北：學生書局，1999 年 9 月），頁 442。

248 文長不具，詳廖明活〈南北朝時代的佛性學說〉，《中華佛學學報》n.20，2007年 7 月，頁 105~137。

249 現今出土的殷商甲骨文估計在十萬片以上，在龐大數字的甲骨文中，絕大部分是占卜禍福吉凶的文辭，少量是記事及其他方面的文辭。見劉翔、陳抗、陳初生、董琨編著，《商周古文字讀本》，（北京：語文出版社，1991 年 8 月初版 2 刷），頁 210~213。

250 《左傳》記史嚚曰：「國將興，聽于民；國將亡，聽於神。神，聰明正直而壹者也，依人而行。虢，多涼德，其何土之能得？」清·阮元編《十三經注疏 6·春秋左傳正義卷十·莊公三十二年》，（台北：藝文，1997 年 8 月初版 13 刷），頁 181。

251 哀公問孔子：「弟子孰為好學？」孔子對曰：「有顏回者好學，不遷怒，不貳過，不幸短命死矣！今也則亡，未聞好學者也。」《十三經注疏 8·論語注疏卷六·雍也》，頁 51。又，曾子曰：「吾日三省吾身：為人謀而不忠乎？與朋友交而不信乎？傳不習乎？」《十三經注疏 8·論語注疏卷一·學而》，頁 5。又，孟子曰：「萬物皆備於我矣，反身而誠，樂莫大焉。強恕而行，求仁莫近焉。」《十三經注疏 8·孟子注疏卷十三·盡心上》，頁 229。又云：「人恆過，然後能改；困於心，衡於慮，而後作；徵於色，發於聲，而後喻。」《十三經注疏 8·孟子注疏卷十二·告子下》，頁 223。

252 釋大睿《天台懺法研究》，頁 16~20。

穿透入」（enter penetration）的機體融和。[253]只是，儒家「不貳過」、「三省吾身」等思想，多趨向於「仁人」的內聖功夫與外王「德政」理想的完成，仍然維持了人倫禮樂道德而繼續發展；道教的齋戒、禳災、祈福儀式，不但有道家的逍遙無為思想，亦吸取佛教思想而有宗教式的飛仙觀、靈魂觀或多神論；佛教則在緣起、無常、無我、性空等教理上漸漸發展出屬於中國大乘佛教所特有的禮懺法門。佛教所說的「懺悔」，一貫維持著懺悔者自己認識到自身所造作的罪業與因緣果報的必然之理，依於「此有故彼有」、「此滅故彼滅」的緣起緣滅理論，與無常、無我、空寂性、平等性等根本義的透達，進行細膩心行之發露、斷絕、滅除，懺除一切的無明妄想與執著；亦可以依於禪定的觀照實相、戒律的護持與罪性本空之理，觀身清淨、洗滌心垢，迄於頓悟見性目標之完成。

（六）大乘佛教懺悔的八種義蘊

透過上面的探究與討論，筆者認為大乘佛教所說的懺悔，至少涵攝著八種思想義蘊：

其一，懺悔是修行者自身進行「知罪－發露－懺罪－滅罪」的認識與實踐，它與甚深緣起、戒律、禪定、智慧、菩提、佛性等命題是一體無二的，它不是脫離初期佛教的「三法印」、「四聖諦」、「八正道」而另立之新範疇，亦不僅僅是靜坐觀心而已，「罪雖從心生，必因事而成業；則罪雖從心滅，豈離事而取空」，故是修行者自己在正知、正覺下事理兼行的發露罪業、懺除罪業之修行與證會。[254]

253　此本為方東美詮釋華嚴初祖杜順三重觀門哲學的術語，由於華嚴哲學強調的是無盡緣起的圓融思想，故藉其語以用之，詳參《華嚴宗哲學》（下），（台北：黎明文化，1981 年 7 月），頁 406~407、423~424。另參拙文：〈杜順三重觀門哲學的創化意涵與反省〉，（台北：輔仁大學、東海大學主辦，2007 年「創化與歷程：中西對話」國際學術研討會，2007 年 3 月 28 日）。

254　明・智旭云：「夫罪從緣起，緣起無性，故對治道生，罪種則滅，名為罪性本空，非撥相以求性也。而無慚之輩，往往藉口觀心實相，不思作法除愆。嗟！嗟！罪相尚自不知，何況通達實相？夫罪雖從心生，必因事而成業，則罪雖從心滅，豈離事而取空？況事有挾理之功，理無隻立之能，故說悔而不觀心，猶能決罪之流，倘談理而不發露倘，決難清罪之源。所願：各懷深信，勿致猶豫，

其二，懺悔是眾生在甚深緣起及十方三世諸佛菩薩的「四無量心」、「菩提心」、「慚愧心」、「智慧心」、「大願行」的基礎下，自然進行著細密不絕的自知、自覺、自懺、自淨的「精進心行」，[255]它不是自私自利的行為、名言或概念，而是兼及六道眾生的自利利他之願力修行。

其三，懺悔之踐履方式，或為事懺、或為理懺，或為作法懺，或為取相懺，或為無生懺，或為無相懺，皆是隨順緣起的多元開展，它不一定要用嚴格的時間、空間予以限制，亦不必用絕對不移的禮懺儀式，不一定要嚴格區分懺主與對象，亦非一般宗教的神秘禮拜儀式，更非盲目無知、不知所以的進行懺悔儀軌。

其四，懺悔是權用他力與自力以進行的心力倫理，[256]它可以依於諸佛菩薩的大誓願力（他力），自力仍是最關鍵性的；[257]相信他力，絕不失於自力，自力與他力皆依於緣起；故不執著於某一經典，不是完全依賴至高無上的神祇來護佑。

其五，懺悔須是一種正確認識因果業論下進行積極精進的自我教育，在因果業論下，一切行為罪業的後果，均由自己面對之、承擔之、處理之與化除之；一切罪福，任何人都無法代替，更不

各秉直心，莫隨放逸，本從理而立事，還因事以合理，庶得戒珠與慧日咸輝，三輪與七支同淨，紹隆佛種，光顯僧輪，永遮惡趣之門，速導菩提之路。」《重治毗尼事義集要卷十七‧治罪法》，《卍新續》40，No. 719，頁447中。

255 詳：西晉‧竺法護譯《佛說須真天子經卷三‧菩薩行品第七》，《大正》15，No. 588，頁106下～107上。

256 佛教最崇高的目的在獲得成佛的果位，其方法可分為自力道與他力道，二者各有嚴密的組織與教理，特別在中國和日本佛教中，此二力有不同的對立。因二者的主張皆很徹底，在各自高唱教義最極致的立場上，依於他力道能夠成佛可能令人懷疑，依於自力道卻是佛教真實正統法門之主張。當然，此二者在教理史上都佔有重要的地位，對一般教化之普及悉有重大之影響。詳參：日‧佐藤泰順撰，印海譯，〈自力道與他力道〉，載《中國佛教思想論》，（美：法印寺，1996年11月），頁251~300。

257 印順云：「佛法重於自力，但並不是說到自力，便完全否定他力，因為他力也是確實存在的。……如佛的兒子，佛的兄弟，若不自己努力修學，佛也不能代他們了生死。但這並非沒有他力，不過任何事情的成辦，一切他力，都要透過與自力的合理關係。諸佛、菩薩、羅漢，以及師長道友，固能給予我們的助力，但這種助力，必經我們自力的接受和運用，才能顯出它的功能。所以外來的力量並非無用，而是要看我們自己有沒有能力去接受它，運用它。假如自己毫不努力，一切都依賴他力，那是絕不可能的。」印順《淨土與禪》，（台北：正聞，2000年10月），頁87~88。

可能任由他人所左右；懺悔與罪業的化除，不是法律意義上對於
犯罪行為的認定、判斷與刑罰，[258]更非宗教上的懺悔與贖罪。

其六，懺悔是緣起式因果業理的如實認識與實踐，但不是世
俗道德意義下的善惡倫理，更不是一般宗教的戒律教條；[259]一切
懺悔，悉為不放逸的精進心力，均導向於行為的淨化、身心的安
穩與迷障的超越與成佛。[260]

其七，懺悔是化解眾生無常生死、憂悲苦惱時所進行的生命
提昇，它不是形而上邏輯思維所推理分析出的哲理，不是宗教信
仰上的盲信與奉養，而是滌除邊見、邪見，讓生命回復本然如如
狀態的生命哲學。

其八，懺悔是向內在生命本質進行自我證驗的佛教修行功
夫，是如人飲水、冷暖自知的內化功夫，不是外在物質生命、形軀
身心的暫時滿足、享受與快樂，而是內涵生命的充實、活潑與自在。

大乘佛教這八種懺悔義蘊，正可與佛陀的甚深緣起、三法印、
四聖諦、八正道作有機的融攝契應，既是緣起而有機，又是無常
與無我，則二者不必執泥於形式的懺悔儀軌，而為修行者自身正
知正行的精進，筆者強稱之為「懺悔八正道」，它是熟知因緣果報
下懺者獨立自主之自懺自進，[261]它是內涵充實的，是生命的真實

---

258 關於現實人類的行為動機、結果及行為倫理之判斷與認定，王師開府有精闢
之研究，參：王師開府〈對動機、結果及行為倫理判斷之分析〉，收入高明等
《文史哲的時代使命》，（台北：國立臺灣師大研究室，1987 年 4 月），頁
245~264。

259 關於世俗倫理與宗教倫理間的問題，可參：梁漱溟《中國宗教倫理與現代化》，
（台北：臺灣商務，1992 年 7 月）、董群《禪宗倫理》第一章「倫理衝突」，（杭
州：浙江人民出版社，2000 年 5 月），頁 1~39。

260 佛語阿那律云：「阿那律，當建是意，思惟八大人念。云何為八？此法精進者
之所行，非懈怠者之所行。所以然者，彌勒菩薩應三十劫當成無上正真等正
覺，我以精進之力，超越成佛。於過去、當來諸佛世尊，精進者，吾最為勝。
是故，阿那律，此第八大人之念，此（精進）為最為上，為尊為貴，為無有
喻。猶如由乳有酪，由酪有酥，由酥有醍醐。然復醍醐於中最上，為無有比，
此亦如是。精進之念，於八大人念中最上，實無有比。」東晉・僧伽提婆譯
《增壹阿含經卷三十七・八難品第四十二之二・（六）》，《大正》2，No.125，
頁 754 中~下。

261 筆者這一觀點，與印順相同，其云：「懺悔要自己懺，內心真切的懺，才合乎
佛教的意思。……主要還是要從心裡發出真切的悔改心。……如不明佛法本
意，為了舖排門面，為了民間風俗，只是費幾個錢，請幾位出家人來禮懺做

智慧，是隨緣可取的，隨處可用的，毫無時空對象的限制。如果一定要有儀度，它的儀度就是由緣起式的慧見無明煩惱罪業並以至誠真心豁露出來，我國禮懺法中以「至心發露」、「至誠懺悔」呈現之是正確的；至心發露的當下，依於甚緣起而生懺悔力，再依於懺悔力而將三世罪障的徹底滅除，罪業除滅之後，身心回復清淨，繼續精進不懈的修行下去。

二、「禪宗懺悔思想」義蘊之釐定

禪宗在如來藏自性清淨心的宗旨基礎上，活用大乘佛教八種懺悔義蘊的踐行之道，又開出不同的功夫與思路。以下再就「禪宗懺悔思想」下一義界。

（一）自知自覺自懺自淨的「禪宗懺悔」

若說「全體佛教，自一面觀之，皆為禪宗」，[262]則禪宗沒有理由不重視懺悔滅罪清淨之認識與實踐。

筆者在上一小節已說過，中國佛教各高僧大德們多將大乘菩薩戒戒體、懺悔滅罪、自性清淨心、罪性本空、般若實相與真如佛性等思想融合為一，以為弟子們懺悔清淨之依循。但那是從廣義角度而說的，若從禪宗立場而論，必須再考察六祖惠能的說法。從敦博本 077 號《壇經》的「經名」視之，「南宗頓教最上大乘摩訶般若波羅蜜經」是主題，惠能弟子們以較大的字體呈現，至於「兼受無相戒」五字，《壇經》用細小的字體標示在經名之後，這表示了他所傳授的「無相戒」，是一種與自性清淨心相合的實相戒，但其地位只是惠能「頓教」禪法的附屬枝節過程而已。[263]且

功德，而自己或不信佛法，或者自己毫無懺悔懇切的誠意，那是失掉禮懺的意義了。……懺悔主要是自己，如果自己真真切切的懺悔，甚至是一小時的懺悔，也是超過請了許多人，作幾天佛事的功德。」印順《佛法是救世之光》「二八、切莫誤解佛教‧（三）由於佛教儀式而來的誤解」，《妙雲集》下編之十一，（台北：正聞，1998 年 1 月），頁 297~298。
262 蔣維喬《中國佛教史》，（北京：團結出版社，2005 年 3 月），頁 204。
263 《六祖壇經》，頁 11。

從前後經文視之，他所傳授的無相戒是指「無相三歸依戒」，不同於一般大乘佛教的各種菩薩戒。但這種無相三歸依戒雖與一般菩薩戒不同，卻同是「一切戒之根本」。[264]尤為特殊的是，惠能在「無相三歸依戒」之前仍有更重要的修持功夫，即是進行著「無相懺悔」的認識與實踐，且此種「無相懺悔」並不等於印度《普賢菩薩行法經》中依於普賢大願的「實相懺悔」，亦不等於天台智顗依於摩訶止觀所說的「無生懺悔」，而是依於如來藏緣起的自性清淨心的「心地無非是自性戒，心地無亂是自性定，心地無癡是自性惠（慧）」，惠能稱之為「第一義不動」的「自性懺悔」或「大乘真懺悔」，[265]這樣的「第一義不動」的「大乘真懺悔」，在惠能而言，戒不離懺，懺不離禪，禪不離淨，「持戒－懺悔－禪觀－清淨」四者一體互成，惠能活用四者而不是執著於四者，即「戒－懺－禪－淨」四者是一種「對襯蘊涵」、「互依互成」、「貫穿透入」的機體融和的關係，但惠能又同時讓無相戒與懺悔二者可以分道揚鑣，齊頭併進，但在齊頭併進的過程中，惠能的無相懺悔又講在無相戒之先；以是觀之，惠能的無相懺悔既涵攝在無相戒之中，又可超越於無相戒之外，專成一實踐法門以與定慧不二的頓悟見性禪法相映相成。[266]

　　是故，本書所謂的「禪宗懺悔」，乃指禪者依於如來藏緣起（此由「甚深緣起」而來），以超越的如來藏自性清淨心為核心，在「戒－懺－禪－淨」四者一體如如及互依互成的基礎上，以初期佛教甚深緣起、諸行無常、諸法無我、涅槃寂靜與諸法平等義為禪修之導引，並與大乘佛教菩薩戒精神及十方三世諸佛菩薩摩訶薩的大慈心、大悲心、大喜心、大捨心、大菩提心、大願行圓融合一，契接中國大乘佛教所開展出的多元圓融之懺悔義，禪者本身是清楚的認知十法界眾生自無始以來所造諸宿世惡業及此業力對眾生

---

264 參聖嚴之說法，見《戒律學綱要》，頁 65。
265 《六祖壇經》，頁 39、53、72、90 等處。
266 關於惠能「無相懺悔」的思想義蘊，請詳參本書第四章第二節「六祖惠能的懺悔思想」部分之論述。

所可能產生之各種業力與障礙，在日常生活的行、住、坐、臥四威儀中細微的觀照雜染於藏識中的無量罪業，以「斷煩惱為根本」，[267]以般若智慧進行念而不念、住而不住的細密懺除、細密滅盡的「直接觸證」，[268]隨順於現前的每個因緣事件中，禪者皆「超度諸心量」[269]去進行自知、自覺、自懺、自淨的懺悔滅罪之踐履，這樣的踐履，兼含著頓、漸功夫及「無念為宗，無相為體，無住為用」的全體大用，既活潑地用於一切禪修之精勤勵進，又無執於現前因緣的萬事萬法，事法不離懺悔，懺悔不離事法；懺悔即禪悟，禪悟即懺悔；[270]一切懺悔的實踐，皆與如來藏自性清淨心的佛性思想密契不二。

　　宋・智覺禪師云：「懺悔是大道理」，[271]佛眼山竺徹定云：「懺悔者，療三毒之良方也」，[272]這都是禪師們對自性生命進行親自證驗過後所說出的真實語。印順認為，在佛法中，懺悔是進修的方

267　在敦煌寫本《南陽和尚問答雜徵義》中，作本法師問神會關於佛性有無的疑問，神會答以「自佛法東流已來，所有大德皆斷煩惱為本，所以生疑」，並據《涅槃經・菩薩品》純陀質疑佛性非常住法而不問煩惱，及眾生之所以「無佛性者，為被煩惱蓋覆，不復見，所以言無」的經義回答他。詳唐・劉澄集，倫敦本 S.6557、石井本、巴黎本 P.3047《南陽和尚問答雜徵義》（學界多稱之為「神會語錄」或「神會錄」），《神會和尚禪話錄》，（北京：中華書局，2004年 11 月北京 2 刷），頁 58、60、120。

268　筆者所說的「直接觸證」功夫，是參印順的開悟說法而說的。其云：「觸證」——觸是直接的接觸到，證是證實。法性不是名言，不是聽到、理解，而是般若的直接的觸證。例如一杯蜜，要真的嘗到杯中的蜜味，才是觸證了。印順《辨法法性論講記》，載《華雨集》第一冊，（台北：正聞，1998 年 12 月），頁 248。

269　劉宋・求那跋陀羅所譯之四卷《楞伽阿跋多羅寶經》（簡稱「四卷《楞伽經》」）中，將如來藏自性清淨心與心、意、識等作雜染薰習（業相）統合與超越，稱之為「藏識」，有時又稱「真識」、「真相」、「真相識」，經中云「略說有三種識，廣說有八相。何等為三？謂真識、現識，及分別事識」，「藏識海常住，境界風所動；種種諸識浪，騰躍而轉生。……七識亦如是，心俱和合生。」《大正》16，No.670，頁 483 上~484 中。「超度諸心量」見《楞伽阿跋多羅寶經卷三・一切佛語心品之三》，《大正》16，No.670，頁 501 上、505 中等處。

270　黃連忠云：禪師在開悟後會出現「悔謝前非」或「踴躍歡喜」的情形，如異見王、永明道潛之「踴躍禮謝」、漸源仲興的「設齋懺悔」、亮座主的「禮拜」、蒙山道明的「泣禮拜數」。其中，「悔」是懺悔前非，由迷轉悟，始悟昨非而今是；「謝」是感恩戴受，感戴傳佛心印的再造之恩。氏著《禪宗公案體相用思想之研究》，（台北：學生書局，2002 年 9 月），頁 269。

271　宋・智覺《心性因緣罪福集》，《卍新續》88，No. 1640，頁 10 中。

272　P.1349、S. 1847《大通方廣懺悔滅罪莊嚴成佛經》，《大正》85，No. 2871，頁 1355 下。

便,與戒學有關;到了大乘佛法,懺悔罪業爲日常修持的方便,[273]
而達摩楞伽禪法之所以具有創意,正因爲他是不重經教、不重律
制、不重法教之禪法,[274]所謂「不重經教、不重律制、不重法教」,
即是正確的認識之、肯定之,但不執著它們之意,這與「戒－懺
－禪－淨」四者一體如如、互依互成的觀點是相通的。

（二）「禪宗懺悔思想」的十層義蘊

　　若就禪宗實踐性意義的懺悔思想而言,上面的義界至少涵攝
了十層義蘊:其一,禪宗懺悔思想是基於甚深緣起、無常、無我、
涅槃三大法印、四諦、八正道、菩薩戒、因果罪業、罪性本空而
契應於真如佛性的方便法門;其二,禪宗懺悔思想是與諸佛菩薩
的大慈心、大悲心、大喜心、大捨心、大菩提心、大願行合一的
無執增上能量與慈悲能量;其三,禪宗懺悔思想仍然依於大乘十
方諸佛菩薩的大願大行,讓自己隨時維持著清淨法身,從事大乘
菩薩道覺有情以利眾生的修行;其四,禪宗懺悔思想是與不立文
字、以心傳心的頓悟見性禪法相互契應融融的;其五,禪宗所說
的懺悔,是禪者以慧觀照見雜染於藏識而覆障心性的無量罪業,
當下真誠地進行發露,即而不即、住而不住的精密懺除、細密滅
盡的「直接觸證」功夫;其六,禪宗懺悔思想是一種細密不絕而
不執著的自知、自覺、自懺、自淨、自證、自悟等多元而圓融的
心力發用與禪修踐履;其七,禪宗懺悔思想雖以頓悟爲主,但實
質上並不執著於頓、漸,一切懺悔皆與「無念爲宗,無相爲體,
無住爲用」的全體大用之相融並用。其八,禪宗懺悔思想是依於
甚深的如來藏緣起而自力自證的禪觀與應用,它不同於天台、華
嚴、淨土、法相等宗及三階、道教、基督、天主、回教等教之懺
悔,不同於外道、宗教、心理與哲思的解悟之直覺證悟。其九,
禪宗懺悔思想雖不脫離大乘菩薩戒,但它雖是一種修行方便,終
極目標仍是身心清淨、頓悟見性與當下生活的無礙自在,而不是

---

273 印順《方便之道》,《華雨集》(二),(台北:正聞出版社,1998 年 12 月),頁 165。
274 印順《中國禪宗史》,(台北:正聞,1998 年 1 月),頁 36。

執著在戒律條規、罪業滅不滅的現象意義上。其十，禪宗懺悔思
想所強調的是一種依於佛法根本義的透達，懺除一切的妄想執著
之自力懺悔，故教法上的一切語言、文字、符號、聲音、動作、
圖像、儀軌等皆爲輔助之器，皆是緣機而權用，但未曾執用之。

　　權以「體相用」而說，禪宗懺悔思想是「體」，十層義蘊是「相」，
日常生活事法的當下懺除是「用」。[275]故十層義蘊的關係，基本上
是一即十，十即一；一不離於十，十不離於一；一中有十，十中
有一，一十具足，理事不礙的全體大用，既依於《楞伽》，[276]又契
應於《金剛》、《般若》，明心以見性；體、相、用雖相融相貫，而
無所執著，在日常生活中簡樸以應世，用而無所用。是故，這十
層義蘊間，彼此是互融互攝於各一義蘊，每一層義蘊亦是一與
十層義蘊作「對襯蘊涵」、「互依互成」、「貫穿透入」的機體式融
和。一一融攝於萬事萬象，一一含攝於無盡緣起，一一融通於宇
宙萬有，一一俱是不立文字、以心傳心的懺悔滌罪、身心清淨、
慈悲濟世與喜捨無礙。

　　禪宗此「一」、「十」相融相用的懺悔思想，若與禪宗心性思
想的實踐相契相用，又可開展成二條實踐路徑：一是禪宗明心見
性的實踐之路，二是懺悔滅罪理論的完成之路。實踐之路即是「藉
教悟宗」，懺理的完成即是「懺悔思想的具體實踐」。從「藉教悟
宗」而言，上述十層懺悔義蘊的論述即是詮說的「教」（相），「一」
者即是「宗」；宗即是體，教相即是用；用是日常生活的行住坐臥
之用，體是眾生本具的如來藏自性清淨心；依於禪法，眾生皆可
即體即用，即用即體；體相兼融，相用互攝；踐教以成禪，藉教
以通宗。從「懺悔思想的具體實踐」而言，又可分爲五個角度去
實踐：其一，自緣起性空而言，十層懺悔義蘊即無常、無我、與
涅槃寂靜三法印；其二，自修行道境以言，十層懺悔義蘊須兼合

275　此處「體——相——用」之權說，依於《大乘起信論》之「三大」，即指體、
　　相、用三者。傳爲馬鳴造，梁代・真諦（499~569）譯《大乘起信論》，見《大
　　正》32，No.1666，頁 575 中~591 下。
276　關於《楞伽經》、達摩與懺悔思想間之關係，詳見本書第二章第二節達摩「報
　　怨行」的懺悔義蘊之論述。

於阿羅漢道、大乘菩薩願行與行為責任倫理的自證實踐；其三，
自佛教發展與發用而言，十層懺悔義蘊綜貫了初期佛教、部派佛
教與大乘三系所開展之教義；其四，自思想的普遍性而言，十層
懺悔義蘊兼融於佛教的緣起法、世界的宗教與哲學的思索，不僅
僅是適用於禪者或佛教徒而已。其五，自禮懺本身而言，十層懺
悔義蘊即是心中之懺儀，頓悟見性即含攝著懺悔清淨。亦即，不
論如何契應於其他思路，十層懺悔義蘊要為禪宗自家依於如來藏
緣起之開悟方便。

（三）唐代「禪宗懺悔思想」義蘊圖說

要言之，此種禪宗自家依於如來藏緣起之開悟方便，固然不
能不重視一般禮懺法中的懺悔儀軌，但就實踐意義而言，他們攝
取了戒律清淨的思想，再由心戒實相無相的思想本質深入自性清
淨心中，與「因果罪業」、「六道輪迴」、「罪性本空」及「真如佛
性」等思想密契一如，以禪宗特有的「見過 ⇆ 發露 ⇆ 懺罪 ⇆
滅罪」的實踐性義蘊在日常生活的四大威儀中禪觀精進，隨機證
成頓悟見性之佛果。為了補充文字表達之不足，再以圖呈現如下：

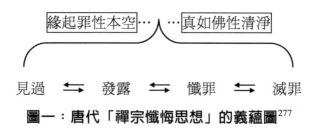

圖一：唐代「禪宗懺悔思想」的義蘊圖[277]

以下再略作說明。圖中上層左邊的「緣起罪性本空」部分，
指的是大乘佛教懺悔思想之所以可能的基本前提，依於緣起法，
而能懺罪；依於罪性本空，而能滅罪、清淨；上層右邊的「真如

---

277 筆者必須說明的是，禪宗大師們講究的見性成佛，不論是頓悟見性還是漸悟
見性，都是在自性清淨心中完成的，他們不會去執著於世間法的一切語言文
字、知識概念、聲音線條、符號圖表……等等的外在形式意義的東西，故本
書所使用的一切符號圖表或思維結構，都只是為了自己凝聚文章意旨與說明
之方便，讀者只要意會即可，切不可執之為標準答案。

佛性清淨」，指的是禪宗肯定眾生皆有佛性的根本立場，亦是眾生
見性成佛的必然境地。前者是有為法、次第性的、方便法的、可
說的、可理解的、可思議的、非玄奧哲思的，罪業之有、苦集之
有、罪性之空、苦集之滅除悉是依緣而生，亦是依緣而滅的；但
從緣起甚深或如來藏緣起而說，它仍具無常、無我的、非有為的、
非次第的、非時間的、非空間的、非方便的、不可說的、不可思
議的特色，故眾生的罪業仍是「罪性本空」的，李志夫亦云：在
緣起性空中，雖然未另外標出一無限之空或無限之理，但無限之
空或無限之理仍包括在緣起性空之中。[278]至於後者，本就是無為
法、真常法，是不可說、不可以常識理解、不可思議、自在現前
而非神秘性的，眾生本來就與如來一樣具有獨妙真常的清淨自
性，只是客塵煩惱所覆，暫時未顯而已。在禪宗立場，前者是藉
教悟宗的「教」，後者是「宗」，故在甚深緣起的懺悔滅罪的實踐
之當下，禪者一樣會和如來一樣見性成佛。就一位隨緣精進不放
逸的禪者而言，懺悔與見性成佛二者是一體如如、密契不分、平等
無別的，故圖中筆者是將二者擺在同一高位上，並以虛線的「……」
符號聯繫之，表示禪者以懺悔法懺悔滅罪的同時，其實已與真如佛
性相契，以清淨身心見性成佛。這是禪宗懺悔思想之所以異於其
他宗教、宗派、哲學之一大特徵，亦是筆者立論成文的基本前提。

　　圖中下方的「見過 ⇆ 發露 ⇆ 懺罪 ⇆ 滅罪」四項，是上層
「緣起罪性本空」部分的落實，亦是禪宗實踐性懺悔滅罪之實質
義蘊所在，筆者以交互雙向的箭頭「⇆」符號表示禪師們的禪
觀是溶融地涵用「順、逆觀照緣起」、「順、逆觀照身語意」、
「順、逆觀照如來藏自性清淨心」等多層方法在進行交互涵融懺
悔滅罪功夫的，其中的「見過」部分，即懺者在日常生活的禪觀
中能照見無明煩惱諸罪業，此部分可以（1）經由他人的指正、糾
正而照見，（2）亦可透過誦讀經文、戒律條文而照見，（3）亦可
透過讀誦禮懺法的罪相而照見，（4）亦可是自己智慧所親自照見，

---

278 李志夫〈泛論佛陀及中論緣起理事觀與邏輯理事觀〉，《華岡佛學學報》n.4，
　　1980 年 10 月，頁 200~223。

而以自己的慧見最爲根本，最具真實效用。「發露」部分，是自己的親見無明煩惱諸罪業後的自心至心誠心的豁露出來，（1）或在德高望重的比丘比丘尼前發露，（2）或在諸佛菩薩前發露，（3）或依禮懺法的罪相一一發露（4）或在如來藏自性清淨心前發露，禪者當然是依如來藏自性清淨心以當下發露。「懺罪」部分，即懺者依於緣起、無常、無我或懺儀等就豁露出來的無明煩惱諸罪業加以懺除，這（1）可藉由持守戒律以除罪，（2）亦可藉由稱念諸佛菩薩名號以除罪，（3）亦可藉由禮懺法中懺悔儀軌的進行、禪定觀慧以除罪，（4）亦可以直接用罪性本空、真如佛性加以徹底的滌除，而以最後的方法最爲有效；有效的滌除自身的無明煩惱諸罪業後，身心便得清淨自在，可以無掛無礙的從事一切修行與生活事務。這時，禪者的身心實際上已經脫卸了戒律條文、守戒破戒的規範性意義，亦不執著在形式意義的禮懺儀軌節度的宗教意義上。是故，「見過」、「發露」、「懺罪」、「滅罪」雖可分爲四項，雖有前後的次第性，但四者事實上又是一體如如的在「順、逆觀照緣起」與「罪性本空」中，一切的無明罪業或惑業苦皆依甚深緣起而進行，依甚深緣起而滅除，緣滅之際，當體皆空，無罪無業，「懺－戒－禪－淨」一體如如，四者同時含攝在上層左邊的「緣起罪性本空」部分，又同時消融無蹤，無懺亦無罪，無罪而清淨，時時刻刻都活在「最尊、最上、第一，無住、無去、無來」的朗朗自性中，[279]故筆者在圖中乃以「⌒⌒」符號表示四者的同時含攝與消融關係。[280]

　　本書論述唐代禪宗大師們的懺悔思想，即以此種懺悔義蘊去開展的。

279　敦煌本《六祖壇經》，頁 59。

280　本圖所使用的「⇄」符號，除了表示禪宗祖師們的禪法乃溶融地涵用「順、逆觀照緣起」、「順、逆觀照身語意」、「順、逆觀照如來藏自性清淨心」等多層方法的意思外，亦在表示禪宗懺悔思想並不是單一向度或平行向度的思維，而是順逆緣起的融合一切內、外、古、今、上、下、左、右、主、客、是、非……等多元範疇向度的對襯蘊涵、貫穿契入與互依關係而又超越一般心量的禪行。至於「……」符號是表示左右兩者密契交融的如如關係，與「⌒⌒」符號所表示的含攝與消融關係，文後所用皆同，不再作注。

第二章　漢魏六朝至弘忍間
禪師的懺悔思想

引　言

　　印度佛教懺悔思想傳入中國，最早可追溯至東漢初年。《後漢書》載，楚王英在漢明帝永平八年（65）依佛教懺儀，齋戒祭祀，立誓發願，供養僧伽。[1]唐・智昇（730前後）《續古今佛道論衡》載，東漢明帝永平十四年（71）正月初一至三十日，迦葉摩騰在宮中爲大衆「說人、天、地獄因緣法，或說小乘阿毗曇法，或說大乘摩訶衍法，或說懺悔滅罪法，或說出家功德法」，遂有皇帝與文武百官一齊出家之盛況。[2]

　　1973年，日・常盤大定整理東漢至東晉孝武帝寧康二年（373年）四百餘年間所譯出的經典，確定具有懺悔思想者至少有十部：《阿闍世王經》、《文殊師利五體悔過經》、《悔過經》、《賢劫經》、《海龍王經》、《舍利弗悔過經》、《菩薩悔過經》、《三品悔過經》、《拔陀悔過經》、《佛悔過經》。[3]這裡所說的「十部」，是指可以確定以懺悔爲內容的數量，其他不以懺悔爲主而包含懺悔的經典，

1　詳宋・范曄著，唐・李賢等注，《後漢書卷四十二・光武十王列傳第三十二・楚王英》，（北京：中華書局，1999年3月），頁964。南宋・志磐《佛祖統紀卷三十五・法運通塞志第十七之二・後漢明帝》，《大正》49，No.2035，頁330上。
2　詳唐・智昇《續古今佛道論衡・漢法本內傳第三・道士度脫品》，《大正》52，No.2105，頁397中~401中。
3　常盤大定《後漢とり宋齊に至る譯經總錄》，（東京：國書刊行會，1973年），頁162。經名後面小型字體所示之譯出時間與異名，參梁・僧祐（445~518）《出三藏記集卷二・新集經律論錄第一》，《大正》55，No.2145，頁5下~13下。這十部懺悔經典，皆見東晉・道安（312~385or314~389）《綜理眾經目錄》（《安錄》）所載。詳《出三藏記集卷二》「序文」，《大正》55，No.2145，頁5中~下。

如《阿含》經類，處處可見佛陀的懺悔思想。[4]這些經典來源，或
初期佛教，或部派佛教，或大乘佛教，不一而足；這些懺悔經典，
日後對中國社會產生了極大的影響作用。

釋大睿曾自《大正》中整理這段時間中土所譯出的懺悔思想
經典，有《阿闍世王經》、《舍利佛悔過經》、《八吉祥神咒經》、《決
定毘尼經》、《文殊悔過經》、《寶網經》、《大寶積經》……等六十
一部。[5]他歸納諸部經典的四大懺悔特質是：（1）從對首懺轉向無
生懺；（2）事懺理懺方法兼備；（3）懺悔與三昧思想結合；（4）
原始到大乘懺悔思想之轉型。[6]仔細審視這六十一部懺悔經典，時
間上跨越了初期佛教、部派佛教與大乘佛教；空間上含概了印度、
藏傳與北傳；內容上顯密兼存，唯識般若，涅槃佛性，兼而有之；
形式上或長篇或短篇，或偈誦或咒語；方法上止觀兼用，禪教併
行；其內涵義蘊無疑是豐富多元的。

從佛教譯經史上看，曹魏‧康僧鎧於 252 年譯的《曇無德律

---

4 漢譯《阿含經》中佛陀所說的懺悔思想，多與無常、無我、性空、苦等思想結
 合，筆者將會在往後篇章的相關論點中提及。將來有時間的話，筆者當另外撰
 述其他論文。
5 六十一部分別是：《阿闍世王經》、《舍利佛悔過經》、《八吉祥神咒經》、《決定毘
 尼經》、《文殊悔過經》、《寶網經》、《大寶積經（卷 170）‧淨居天子會 38-3》、《三
 曼陀跋陀羅菩薩經》、《海龍王經》、《賢劫經千佛名號品》、《灌頂拔除過罪生死
 得度經》、《花聚陀羅尼經》、《七佛八菩薩所說大陀羅尼神咒經》、《淨業障經》、
 《別譯雜阿含經（卷 4）（No.76.77.78）》、《別譯雜阿含經（卷 6）（No.113）》、《別
 譯雜阿含經（卷 7）（No.129）》、《增壹阿含經（卷 9）（No.7）》、《增壹阿含經（卷
 11）（No.2）》、《增壹阿含經（卷 14）（No.2）》、《增壹阿含經（卷 40）（No.7）》、
 《大方廣十輪經（卷 6）》、《觀佛三昧海經（卷 9）》、《出生無量門持經》、《坐禪
 三昧經》、《禪秘要法經（卷上）》、《思惟略要法》、《千佛因緣經》、《十住毘婆沙
 論‧除業品》、《大方等陀羅尼經》、《虛空藏菩薩經》、《大方等大集經（卷 18）》、
 《大方等大集經（卷 27）》、《金光明經》、《大般涅槃經（北本）》、《請觀音消除
 毒害陀羅尼咒經》、《大寶積經（卷 170）‧大乘方便會 38-3》、《大般涅槃經（南
 本）》、《觀虛空藏菩薩經》、《虛空藏菩薩神咒經》、《觀藥王藥上二菩薩經》、《觀
 普賢菩薩行法經》、《無盡意菩薩經》、《優婆塞五戒威儀經》、《雜阿含（卷 21）
 （No.564）》、《央掘摩羅經（卷 4）》、《彌勒菩薩上升兜率天經》、《稱揚諸佛功德
 經》、《無量義經》、《牟梨曼陀羅經》、《佛名經（三十卷）》、《菩薩五法懺悔文》、
 《過去莊嚴劫千佛名經》、《現在賢劫千佛名經》、《未來星宿劫千佛名經》、《陀
 羅尼雜集（十卷）》、《虛空菩薩問七佛陀羅尼咒經》、《大乘寶雲經（卷 2）》、《佛
 名經（十二卷）》、《大寶積經（卷 28）‧大乘十法會》、《十一面觀世音神咒經》。
 見《天台懺法之研究》，頁 25~30。
6 詳釋大睿《天台懺法之研究》，頁 30~37。

部雜羯磨》、曹魏・曇諦於 254 年譯的《羯磨》，說戒、受戒、安
居、自恣、懺悔、出罪等印度懺法漸次傳入，至晉世之際，與懺
悔相關的戒律經典更紛紛出籠，[7]至若其他經律或後世聖賢所出之
論疏，涉及懺悔滅罪思想者更不在少數。[8]問題是，這麼豐富的懺
悔經律與思想，中國高僧們是如何去消化吸收？如何去實地踐
行？有何闡述？禪宗祖師們又如何加以運用？這都值得我們加以
注意。以下即分「漢魏六朝禪師懺悔思想概述」、「達摩祖師的報
怨行懺悔」、「慧可與僧璨的懺悔思想」、「傅大士、道信與法融的
懺悔思想」四節，大略介紹弘忍以前中國佛教懺悔思想之發展概
況。

第一節　漢魏六朝禪師懺悔思想概說

　　漢、魏至陳、隋（65~618）近六百年間，我國民族社會在融
和問題上面臨著空前的困境，巧妙的是，人心在陷入徬徨無助的
苦迫窘狀下，佛教界亦出現了近六百位得道高僧，[9]其風格各異，
禪境殊絕，各顯一片天地，解決人心苦迫的方法不一。據學者之
研究，當時流行過數息觀、不淨觀、慈悲觀、因緣觀、界分別觀、
念佛觀、四禪八定觀等七種禪觀法，[10]這些觀法與懺悔實踐是如

7　曹魏・康僧鎧譯《曇無德律部雜羯磨》，《大正》22，No. 1432，頁 1041 上~1051
　　中。曹魏・曇諦譯《羯磨》，《大正》22，No. 1433，頁 1051 下~1065 上。其他
　　如《大正》22、23、24 中之《摩訶僧祇律》、《摩訶僧祇律大比丘戒本》、《摩訶
　　僧祇律比丘尼戒本》、《四分律》、《四分律比丘戒本》、《四分僧戒本》、《四分比
　　丘尼戒本》、《十誦律》、《十誦》、《十誦比丘波羅提木叉戒本》等律典，其內容
　　幾乎都離不開懺悔滅罪、清淨修行之思想，這些都在晉世之際已傳入中土。
8　如後漢譯出的《受十善戒經》載，佛陀以慈梵音為舍利弗說「十惡、不善業報」，
　　及不能持戒守善者必墮六道輪迴果報，其中又以八萬四千地獄之罪報最為苦痛
　　難出，故教舍利弗弘傳「十善道」、「八戒」等法，經中已具足懺悔、三歸依、
　　念佛、發露說罪、行布薩等法。詳後漢譯失譯《受十善戒經》，文長不具，《大正》
　　24，No. 1486，頁 1023 上~1028 中。
9　此處之「六百人」，係指《高僧傳》之「二百五十七人」加上《續高僧傳》之
　　「三百四十人」。見梁・慧皎《高僧傳卷十四・序錄》，《大正》50，No.2059，
　　頁 418 下。唐・道宣《續高僧傳》，《大正》50，No. 2060，頁 425 中。
10　詳楊曾文《唐五代禪宗史》，（北京：中國社科社，1995 年 5 月），頁 16~30。

何結合的呢？本節先就梁・慧皎（497~554）《高僧傳》、梁・僧祐（445~518）《弘明集》、唐・道宣（596~667）《續高僧傳》、《廣弘明集》等書中特別載有懺悔事蹟之高僧大師，以縱向的時代為順序，概要論述橫向的懺悔思想。

一、漢魏禪師的懺悔思想

東漢（65）至魏（265）二百餘年間，安世高（約二世紀）、牟子博（約二世紀末）、曇柯迦羅（約三世紀中）、康僧會（？~280）等人曾有懺悔思想。

先言安世高。據道安《綜理眾經目錄》載，東漢桓帝建和二年（148）至靈帝建寧中（168~170）二十餘年間，安世高曾譯出三十餘部經，[11]其中的《佛說犯戒罪報輕重經》、《大比丘三千威儀》與《佛說舍利弗悔過經》等即與戒律及懺悔相關，[12]既然與戒律及懺悔相關，則安世高本身是正確的知道佛教戒律清淨、因果罪業與懺悔滅罪思想的。

梁・慧皎《高僧傳》載安世高有兩則三世相連的因果業報事蹟：其一，他洞悉宿世業緣，在廣州值遇前世債主，面無懼色地引頸受刃，了結一段因緣果報。不久還識，即為安息王太子。其二，前世債主好行布施，卻生性瞋恚，墮入神道報，轉世為廬山[共阝]亭湖廟神，形甚醜異，化為一巨蟒，雖具神力，但形壽將盡，有墮地獄之可能。安世高對之進行「梵語數番，讚唄數契」，蟒神旋離惡形，化為人身。然安世高亦知「猶有餘報，當往會稽畢對。」遂至會稽，入市中，「值市中有亂相打者，誤著高頭，應時隕命」，

---

11 引見梁・慧皎《高僧傳卷一・譯經上・安清三》，《大正》50，No. 2059，頁324上。至於所譯「三十餘部經」，大致是「《安般守意》、《陰持入》、大、小《十二門》及《百六十品》、《道地經》」等，《大正》50，No. 2059，頁323中。

12 安世高所譯三本，具自後漢桓帝建和二年至建寧三年，即148~170年間譯出。《佛說犯戒罪報輕重經》一卷、《大比丘三千威儀》二卷、《佛說舍利弗悔過經》一卷，分見《大正》24，No.1467，頁910中~911中。No.1470，頁912下~926上。No.1492，頁1090上~1091中。

自我了結第二段未盡宿緣。[13]當時有一廣州客，悟見安世高為神異高僧，豁然意解，追悔前愆，厚相資供，跟隨安世高到會稽，親自驗證二件因果業報事蹟，於是「精懃佛法，具說事緣，遠近聞知，莫不悲慟，明三世之有徵也。」[14]

　　安世高的兩則因果業報故事或許近於神異，然文字背後實具有六點懺悔思想義蘊：其一，主要事件是安世高清楚的了知「宿世業障」與同學的「生性瞋恚」，兩人共承業力，各有因緣果報；其二，懺悔滅罪之對象同時適用於該位同學、廣州客（普通人）、安世高（得道高僧）、巨蟒（畜生類兼阿修羅）及廟神（天神）五者，若加上地獄苦報，則為六道輪迴的思想；其三，安世高無懼於果報的現前，勇敢引頸受刃，化解宿世因果，此顯現安世高深知懺悔原理，不同於中土的道教神仙；其四，布施必得善報，瞋恚必得惡報，墮於地獄受苦，此乃因果業報之基本定律，亦為懺悔之所依；其五，所謂「梵語數番，讚唄數契」，是在說經唄誦咒等懺悔儀軌的作用；其六，追悔前愆、厚資供養、厚相資供、具說事緣、正對因果、正信真言……等，皆為契應佛陀以自知自覺自身的因果罪業而自懺自淨的懺悔滅罪方法。但不可否認的，佛教初傳中國時，高僧們為了要達到弘法傳教之目的，往往雜糅漢初社會上普遍的黃老宗教信仰而使印度止觀禪悟的傳授變了質，[15]故安世高的自知果因並主動尋找前世債主以償債之事蹟，不免帶有「冤有頭，債有主」的世俗宗教意味，閱讀者在理解這些資料之時，切不可誤持民間黃老宗教信仰而誤解佛教的甚深緣起與

---

13 文長不具，詳《高僧傳卷一‧譯經上‧安清一》，《大正》50，No. 2059，頁323中~324上。
14 《高僧傳卷一‧譯經上‧安清三》，《大正》50，No. 2059，頁323下~324上。
15 這並不是一般外道神教所強調的冤有頭債有主，亦不是要找到對象之後進行「梵語數番，讚唄數契」即可消業，而是強調因緣果報的必然性、真諦性，故此故事的懺悔滅罪之所以可能，亦即在「此有故彼有，此無故彼無」的緣起法之認識與實踐。不過，陳榮捷認為，早期佛教雜糅了黃老的宗教信仰，不從印度佛教的止觀角度來理解沉思（禪），而是從道家養氣、調息、寡欲或全身的角度來了解。……安世高、鳩摩羅什、道安和慧遠等，所傳授的即是已變質了的禪法。見：陳榮捷《中國哲學文獻選編》第二十六章「禪宗之頓門」，（台北：巨流，1993年6月），頁545。

因果法則。

　　其次，傳爲漢末牟子博所撰之《牟子理惑論》[16]亦云：

> （佛滅後），其經、戒續存，履能行之，亦得無爲，福流後
> 世。持五戒者，一月六齋，齋之日，專心一意，悔過自新。
> 沙門持二百五十戒，日日齋，其戒非優婆塞所得聞也。威
> 儀進止，與古之典禮無異，終日竟夜，講道、誦經，不預
> 世事。[17]

牟子的「持五戒者，一月六齋，齋之日，專心一意，悔過自新」，
明顯是戒律與懺悔思想的結合實踐，他雖以老子的無爲思想與儒
家的禮樂思想爲對比以詮釋佛陀教理，基本上仍保持著佛教的一
定獨特性，抨擊道教的神仙長生術，[18]尤其齋懺持戒、悔過自新、
禮拜、講道、誦經等，無不屬於佛教懺悔滅罪思想之儀程。

　　有關曇柯迦羅事，在曹魏嘉平年間（249~252），社會上「雖
有佛法，而道風訛替；亦有眾僧，未稟歸戒，正以剪落殊俗耳。
設復齋懺，事法祠祀。」[19]當時佛教界縱有齋戒懺悔儀式之進行，
仍不脫中國社會傳統宗教之意味。於是，曇柯迦羅初至洛陽，便
大行佛法，導正僧俗，並於嘉平二年（250年）譯出《僧祇戒心》，
以供僧徒朝、夕課誦之用；設立「羯磨法」，傳受戒律。[20]既有《僧
祇戒心》（即《僧祇戒本》），又有「羯磨法」，加上康僧鎧於 252

---

16 關於《牟子理惑論》的作者及著述年代，據《弘明集》係〈蒼梧太守牟子博〉
　所傳，明本題爲漢章帝時儒者牟融所撰。至於成書時代，一般主張是後漢末年，
　如胡適、周叔迦、余嘉錫等人是；亦有主張晉宋間之僞作，如梁啓超、常盤大
　定是。湯用彤認爲，「疑爲僞書者，所持理由，多不確實。而《牟子理惑論》
　序文所載史事，不但與史書符合，且可補正史之闕」，對此書表示了肯定之意
　見。見胡適〈與周叔迦論牟子書〉、〈四十二章經考〉,《胡適集》，（北京：中國
　社會科學，1995 年 12 月），頁 109~111、143~159。湯用彤《漢魏兩晉南北朝
　佛教史》，（台北：臺灣商務，1998 年 7 月），頁 76。筆者認爲，《牟子理惑論》
　的內容多藉儒、道思想以釋佛法，這與漢末思潮契近，故此處置於三國孫皓之
　前論之。
17 《弘明集》，《大正》52，No.2102，頁 1 下~2 上。
18 《大正》52，No.2102，頁 2 中~3 上。任繼愈、杜繼文編著《佛教史》亦云：「《理
　惑論》同《老子》的五千言站在一起，依附儒典七經，重點轉向抨擊道教的神
　仙長生術。」見《佛教史》，（台北：曉園，1995 年 1 月），頁 108。
19 《高僧傳卷一‧譯經上‧曇柯迦羅五》，《大正》50，No. 2059，頁 325 上。
20 《大正》50，No. 2059，頁 325 上。

年譯出《曇無德律部雜羯磨》、曇諦於 254 年譯出《羯磨》，[21]可見曹魏之際，說戒、傳律、受戒、懺悔、羯磨、自恣、出罪等思想，已在佛教界播下懺悔思想之種子。

最後，是康僧會（？~280）。康僧會初至吳地，就營立茅屋，設像行道，希望在東吳弘揚佛法。他以「塔寺之興，以表遺化」之意勸孫權（182~252）建寺，但孫權認為是虛無誇誕之事，故要求康僧會「若能得舍利，當為造塔；如其虛妄，國有常刑」，賞罰並施，欲見靈驗。於是，其云：

> 會請期「七日」。乃謂其屬曰：「法之興廢，在此一舉。今不至誠，後將何及？」乃共潔齋靖室，以銅瓶加凡，燒香禮請。[22]

從「七日」、「至誠」、「潔齋靖室」、「燒香禮請」等詞語觀之，康僧會當是進行「七日齋懺」之事，欲藉至誠的齋戒懺儀以求舍利。康僧會經孫權的同意並進行一七日的齋懺之後，卻寂然無應；再延至二七日，亦復如之；又延請至三七日，皆無所見。遲至當夜五更天後，「忽聞瓶中，鎗然有聲」，康僧會近觀銅瓶，果真感獲舍利。隔天早上呈現給孫權，令舉朝集觀，舍利發出「五色光炎，照耀瓶上。」孫權「自手執瓶，瀉于銅盤。舍利所衝，盤即破碎。」孫權令大力士以鐵砧磓之舍利不但毫髮無損，砧磓亦因舍利的金剛質地而鈍陷。孫權大為歎服，即為建塔，這就是「建初寺」的由來。[23]此處康僧會所進行的「一七日」、「二七日」、「三七日」，當是後世三七日懺悔滅罪儀的前身。[24]

---

21 曹魏・康僧鎧譯《曇無德律部雜羯磨》，《大正》22，No. 1432，頁 1041 上~1051 中。曹魏・曇諦譯《羯磨》，《大正》22，No. 1433，頁 1051 下~1065 上。以上「252 年」、「254 年」二個年代，見《大正新修大藏經勘同目錄》，《法寶總目錄》第一冊，頁 388 下~389 中。
22 《大正》50，No. 2059，頁 325 中。
23 《大正》50，No. 2059，頁 325 下。
24 如《高僧傳卷七・義解四・釋僧苞九》亦載僧苞「建三七普賢齋懺，至第七日，有白鵠飛來，集普賢座前。至中行香畢，乃去。至二十一日，將暮，又有黃衣四人，繞塔數匝，忽然不見。苞少有志節，加復祥感，故匪懈之情，因之彌厲，日誦萬餘言經，常禮數百拜佛。」《高僧傳卷八・義解五・釋慧基十三》亦載慧基夢見普賢，造普賢并六牙白象之形，「於寶林設三七齋懺，士庶鱗集獻奉

　　吳末帝孫皓（264~280）初即位時，不信佛法，除法令苛虐外，還大肆毀佛壞寺，故意派人將佛像置於廁所，並以穢溺汙物灌灑佛像。不久，孫皓招感果報，全身浮腫，陰處尤痛，醫藥難癒。幸因虔誠的婇女婉言相勸，孫皓才信佛懺悔，其云：

> 婇女先有奉法者，因問訊云：「陛下就佛寺中求福不？」皓舉頭問曰：「佛神大耶？」婇女云：「佛為大神。」皓心遂悟，具語意故。婇女即迎像，置殿上，香湯洗數十過，燒香懺悔。皓叩頭于枕，自陳罪狀。[25]

　　這裡孫皓所悟解的「具語意」，即認識到因緣果報必然呈現之理；婇女的「迎像，置殿上」、「香湯洗佛」、「燒香」，則是誠心供佛的事相懺悔；孫皓的「叩頭于枕，自陳罪狀」，發「本業百三十五願，分作二百五十事；行、住、坐、臥，皆願眾生」等，更是至心發露、懺悔說罪的具體實踐。在真誠懺悔與戒律的修持下，孫皓果真旬日病癒，乃「於會所住，更加修飾，宣示宗室，莫不必奉。」[26]明成祖於永樂十四（1416）年七月初一日〈御製水懺序〉云：「孫皓穢犯金像，陰遭譴罰；懺悔自陳，禍即消釋」，[27]所說即指此事。

　　安世高的深知宿世因緣果報，是懺悔思想之所以成立的基本前提；牟子博的「專心一意，悔過自新」，是禪定與懺悔的結合修行；曇柯迦羅的設羯磨，傳戒律，悉與懺悔說罪相關；康僧會的至誠進行的「三七日齋懺」與婇女、孫皓的燒香、禮佛、陳罪、懺悔、發願等事，皆為實際進行懺悔滅罪儀程之具體事證。

二、兩晉禪師的懺悔思想

　　兩晉具有懺悔思想的人物，有竺法護（？~316）、帛遠、佛

相仍。」《大正》50，No. 2059，頁 369 中、379 上。
25　《大正》50，No. 2059，頁 325 下~326 上。
26　《大正》50，No. 2059，頁 325 下~326 上。
27　佚名《慈悲水懺法》，《大正》45，No. 1910，頁 968 上。

圖澄（232~348）、道安（312~385）、支遁（314~366）、郗超（336~377）、慧遠（334~416）、鳩摩羅什（344~413）、曇摩耶舍、竺僧輔、竺法曠、釋慧達、帛法橋等人，依序概述如下：

竺法護（？~316），在晉武帝泰始年間（265~274）至懷帝永嘉二年（308）間，共譯出《法華經》、《光讚般若經》等一百六十五部經典，其中《首楞嚴經》二卷、《賢劫經》七卷、《維摩詰經》一卷、《無量壽經》二卷、《海龍王經》四卷、《菩薩悔過經》一卷、《文殊師利悔五體悔過經》一卷、《佛悔過經》一卷、《三品悔過經》一卷等經典，[28]皆與懺悔思想相關，對當時敦煌佛教之弘通與人心之影響甚大，慧皎載：

> （竺法護）以弘通為業，終身寫譯，勞不告勌。經法所以廣流中華者，（竺法）護之力也。……化道周給，時人咸謂「燉煌菩薩」也。[29]

可知，竺法護的譯經與弘法範圍，是普及於北方敦煌地區的。亦即，他對懺悔思想的弘傳是肯定的，至於是否曾經配合懺悔經典進行懺悔滅罪的儀節？目前的資料尚無法看出。

又，晉惠帝時（302~306）的帛遠（字法祖），亦有懺悔思想的實踐。帛遠因事觸忤秦州刺史張輔，生性殘酷的張輔欲殺之，[30]帛遠云：「我來此畢對，此宿命久結，非今事也。」乃大聲禮呼「十方佛」，這是深知宿世因緣業報與禮佛懺悔的具體實踐，又云：

> 祖前身罪緣，歡喜畢對，願從此以後，與輔為善知識，無

---

28 此據《高僧傳卷一・譯經上・竺曇摩羅剎（竺法護）八》，《大正》50，No.2059，頁 326 下~327 上。另，僧祐說竺法護在晉武帝泰始年間（265~274）至懷帝永嘉二年（308，或謂愍帝建興元年，313）間，共譯有一五四部，三〇九卷，《出三藏記集卷二・新集經律論第一・竺法護》，《大正》55，No.2145，頁 7 中~9 下。

29 《高僧傳卷一・譯經上・竺曇摩羅剎（竺法護）》，《大正》50，No.2059，頁 326 下。

30 據《資治通鑑》載，張輔生性殘酷，但自己亦兵敗於朴勒而死。其云：「張輔至奉州，殺天水太守封尚，欲以立威；又召隴西太守韓稚，稚子朴勒兵擊輔，輔軍敗，死。」見：宋・司馬光撰，元・胡三省注，《資治通鑑・晉紀卷八十六・晉紀八・孝惠皇帝下・永興二年（305 年）》，（台北：明倫出版社，1977 年），頁 2708。

令受殺人之罪。[31]

其後，帛遠被張輔鞭刑五十，奄然命終。但帛遠這種歡喜面對「前身罪緣」、不懼酷刑並普願張輔不再造殺業的精神，並不是世俗宗教欠債還債的因果迷信，而是佛陀緣起、因果、罪業、懺悔與慈悲濟世思想的總體實踐，它不是懺悔儀軌的形式，而是生命倫理的自我負責與生命智慧的圓滿完成。帛遠被張輔殺死的消息傳入關隴崤函，引起百姓的群情激憤，還險些帶來一場漢胡民族大戰，[32]此可見帛遠在關隴崤函地區的影響力與教史地位。慧皎另載：

> 後少時，有一人，姓李，名通，死而更蘇云：見祖法師（帛遠）在閻羅王處，為王講《首楞嚴經》云，講竟，應往忉利天。又見祭酒王浮，一云道士基公，次被鎖械，求祖（帛遠）懺悔。昔，祖平素之日，與浮每爭邪正，浮屢屈，既瞋，不自忍，乃作《老子化胡經》以誣謗佛法，殊有所歸，故死方思悔。[33]

慧皎藉李通死入閻羅王處親見帛遠為王講《首楞嚴經》及道士王浮因作《老子化胡經》在地獄道遭受鎖械果報而向帛遠懺悔之事，二事均涉乎神怪，但反映出晉惠帝時王浮與帛遠論爭論道、佛二教誰高誰下的問題，讀者切不可以道教神仙思想或鬼神迷信思想誤解慧皎之意。細觀其文，慧遠至少寄寓了五點佛教教義：（1）慧皎藉李通親眼所見之具體事例，表示二事並不是他隨意捏造而出的，又表示了六道輪迴與因果法則乃必然之至理；（2）《首楞嚴經》是佛教修行者用來遠離魔境的正信經典，值得中國禪僧深入去體會與驗證；（3）帛遠曉以《首楞嚴經》，使閻羅王立刻往生忉利天，表示其禪境之高，可以媲美地藏王菩薩之大誓大願；（4）

31　《高僧傳卷一‧譯經上‧帛遠九》，《大正》50，No. 2059，頁 327 上~中。

32　慧皎載：輔後具聞其事，方大惋恨。初，祖道化之聲，被於關隴，崤函之右，奉之若神。戎晉嗟慟，行路流涕。隴上羌胡，率精騎五千，將欲迎祖西歸。中路聞其遇害，悲恨不及，眾咸憤激，欲復帕之讎。輔遣軍上隴，羌胡率輕騎逆戰。時，天水故漲下督富整，遂因忿斬輔。《高僧傳卷一‧譯經上‧帛遠九》，《大正》50，No. 2059，頁 327 上~中。

33　《高僧傳卷一‧譯經上‧帛遠九》，《大正》50，No. 2059，頁 327 上~中。

道士王浮因瞋恚、不自忍，又作《老子化胡經》誣謗佛法，依於緣起與因果法則，必然墮入地獄道中遭受鎖械苦痛之報；（5）在地獄道受鎖械苦痛之報並非不可挽救，只要能真誠懺悔，必能滅罪清淨。

東晉之初，佛圖澄（232~348）以綜用咒語、發願、燒香、禮佛、神通、佛教教義與北方政教合一而聞名。據《高僧傳》載，由於佛圖澄「妙解深經，傍通世論；講說之日，止標宗致；使始末文言，昭然可了」，「非戒不履，無欲無求」，故「佛調、須菩提等數十名僧，皆出自天竺康居，不遠數萬之路，足涉流沙，詣澄受訓。樊沔釋道安、中山竺法雅，並跨越關河，聽澄講說。」[34]值得注意的是，他權用神通、咒願諸法，令好殺易瞋的石勒懺悔信佛；對於暴虐的石虎「怨謗三寶，夜興毒念」，佛圖澄亦諫云：

> 帝王事佛，當在體恭心順，顯暢三寶，不為暴虐，不害無辜。至於凶愚無賴，非化所遷。有罪，不得不殺；有惡，不得不刑；但當殺可殺、刑可刑耳。若暴虐恣意，殺害非罪，雖復傾財事法，無解殃禍。願陛下省欲興慈，廣及一切，則佛教永隆，福祚方遠。……事佛在於清靖無欲，慈矜為心。檀越雖儀，奉大法而貪悋未已，遊獵無度，積聚不窮，方受現世之罪，何福報之可悕耶？[35]

用神通、咒願作為方便以弘傳佛教，讓石虎能夠「迺信悟，跪而謝焉」，只是一種權便善巧，然因緣果報、慈悲戒殺、懺悔思想的植入人心，並使廣大的北方人民免遭殘殺，其功績堪謂超絕古今。[36]

佛圖澄之後，道安（312~385）繼續在北方弘傳佛教，但不再使用佛圖澄的神通、咒願，而是著手組織僧團，改用嚴格的戒規及懺悔儀軌來維繫僧眾紀律，提昇佛教實質形象。[37]梁‧慧皎

34　《高僧傳卷九‧神異上‧竺佛圖澄一》，《大正》50，No. 2059，頁 387 上。
35　《大正》50，No. 2059，頁 383 中~387 上。
36　蔡日新《漢魏六朝佛教概觀》，（台北：文津，2001 年 8 月），頁 61。
37　道安被認為是中國第一個制定懺悔儀軌的人物，參林子青〈懺法〉，載呂澂等著《中國佛教人物與制度》，（台北：彙文堂，1987 年 6 月），頁 455~461。蔡

《高僧傳》云：

> 安既德為物宗，學兼三藏，所制《僧尼軌範》、《佛法憲章》，
> 條為三例：一曰「行香、定座、上經、上講之法」，二曰「常
> 日六時，行道、飲食、唱時法」，三曰「佈薩、差使、悔過
> 等法」。天下寺舍，遂則而從之。[38]

慧皎肯定了道安在制定僧尼軌範上的貢獻，又說他「篤性精進，
齋戒無闕」，[39]「外國重律，每寺立持律，月月相率說戒。說戒之
日，終夜達曉，諷乎切教，以相維攝，犯律必彈，如鷹隼之逐鳥
雀也。……若精進持戒，同亦當歸死，不精進持戒，同亦當歸死。
寧持戒而死，不犯戒而生。」[40]唐・道世（？~683）《法苑珠林・
唄讚篇》亦云：

> 昔晉時，有道安法師，集製三科，上經、上講、布薩等，
> 先賢立制，不墜於地，天下法則，人皆習行。[41]

據慧皎的說法，所謂「上經」，當是別請宿德比丘上高座轉讀；
「上講」，則爲宿德比丘雜序因緣，或旁引譬喻；「布薩」，即誦戒、
說罪、懺悔、自恣之儀。[42]可見，道安日月謹依懺悔之禮，依教
持戒、奉律、說戒、說罪、治罪，此即兼用發露懺悔、滅罪出罪
的對首懺悔；且事事必依戒律，此乃以身作則，藉以引領僧眾確
實遵之。這種精進精神，明顯是結合嚴格戒律修持以行懺悔的。[43]
又，《出三藏記集・經唄導師集》亦載：

> 《導師緣記》第二十

日新《漢魏六朝佛教概觀》，頁 73。

38 《高僧傳卷一・義解二・釋道安一》，《大正》50，No. 2059，頁 353 中。

39 《大正》50，No. 2059，頁 351 下。

40 《出三藏記集卷十一・比丘大戒序》，《大正》55 ，No.2145，頁 80 上~下。

41 唐・道世《法苑珠林卷三十六・唄讚篇第三十・讚歎部》，《大正》53，No.2122，頁 575 下。

42 《高僧傳卷十三・唱導第十・論》：「昔法初傳，于時，齊集止，宣唱佛名，依文致禮。至中宵疲極，事資啓悟，乃別請宿德，昇座說法；或雜序因緣，或傍引譬喻。……如爲出家五眾，則須切語無常，苦陳懺悔；若爲君王長者，則須兼引俗典，綺綜成辭；若爲悠悠凡庶，則須指事造形，直談聞見；若爲山民野處，則須近局言辭，陳斥罪目。」《大正》50，No. 2059，頁頁 417 下。

43 劉貴傑〈東晉道安思想析論〉，《中華佛學學報》4 期，（台北：中華佛研所，1991年 7 月），頁 235~285。關於道安「布薩差使悔過法」部分，見頁 274~276。

《安法師法集舊製三科》第二十一[44]

　　道安嚴格推行精進懺悔的事實，僧祐安置於「經唄導師篇」，道世則編置於「唄讚篇」，見二人除了肯定道安法師所集製的三科懺儀外，亦說明了當時已具備佛教的經唄唱導儀軌。

　　據學界之研究，道安結合經唄唱導的三科儀軌大致如下：其一，爲上首僧施香給眾僧，眾僧接納其香後，再遵照勸請佛之規定，依戒臘順序入座，各自坐於一己之位，然後依儀軌讀經、講說。其二，在每日六時（晨朝、日中、日沒、初夜、中夜、後夜）依法進行禮拜儀軌，同時進行飲食「唱時」等規矩。其三，每月兩次（月中與月底）的「布薩」儀軌，僧侶們各自反省自己的過失，在佛前發露懺悔，表示永不重犯。[45]想必是直承佛教禮懺，故致「天下效法，人皆習行」。又，宋·淨源（1011~1088）《圓覺經道場略本修證儀》說道安（312~385）著有「《四時禮文》」及「嚴供五悔（懺悔、勸請、隨喜、回向、發願）」，[46]高麗·義天（1055~1101）《新編諸宗教藏總錄》亦載道安有「《四時禮文》一卷」，[47]二人所說之「《四時禮文》」與「嚴供五悔」，是否與經唄唱導的三科儀軌之內容相符，今已無從可考，然道安對中國佛教僧團所制定的《僧尼軌範》、《佛法憲章》與懺悔儀軌，對後世懺悔思想之發展無疑是鉅大的。

　　與道安相近的支遁（道林，314~366），早年投迹浙江剡山，後於沃州小嶺立寺行道，學者若有怠墮者，即以銘文勉之曰：

　　　　寂寥清舉，濯累禪池；謹守明禁，雅翫玄規；綏心神道，
　　　　抗志無爲；寥朗三蔽，融冶六疵；空同五陰，豁虛四支；
　　　　非指喻指，絕而莫離；妙覺既陳，又玄其知；婉轉平任，

44　《出三藏記集卷十二·法苑雜緣原始集目錄序第七·經唄導師集卷第六》，《大正》55，No.2145，頁 92 中。另參：道昱〈經導對中國佛教禮懺的影響—以梁《高僧傳》爲中心的探討〉，《圓光佛學學報》n.3， 1999 年 2 月，頁 73~100。
45　《漢魏六朝佛教概觀》，頁 70~71。
46　宋·淨源《圓覺經道場略本修證儀第一·總敘緣起》，《卍新續》129，頁 1 上~下。
47　高麗·義天《新編諸宗教藏總錄》卷二，《大正》55，No.2184，頁 1174 下。

　　與物推移；過此以往，勿思勿議。[48]

　　「濯累禪池」，是藉禪法以濯洗罪愆也；「謹守明禁」，即爲專志持戒之精神；「寥朗三蔽，融冶六疵」，是觀照業蔽過疵的懺悔方便；「空同五陰，豁虛四支」，則爲攝心禪坐，防止墮過的一種罪性本空之般若思維。孫綽（301~380）《道賢論》將他和向子期（227~272）相比云：「支遁、向秀，雅尙莊、老；二子異時，風好玄同。」[49]所創般若學即色義，主張「即色本空」思想，爲般若學六家七宗之一，[50]其〈八關齋詩〉云：「三悔啓前朝，雙懺既中夕；鳴禽戒朗旦，備禮寢玄役。」[51]可見支遁雖然專攻般若玄義，自己亦精進履行著懺悔、禪觀、戒律、禮佛之儀。支遁的「三悔」、「雙懺」、「誦戒」、「備禮」是否有其儀軌？詳細內容爲何？今已不可得知。但從詩意以觀，當時他的確是依於教理，在六時中三省吾身、發露懺悔而精進修行的。

　　對於當時桓玄（369~404）「沙門還俗」、「禮敬王者」等的疑難，王謐（？）曾駁難云：「沙門之敬，豈皆略形存心？懺悔禮拜，亦篤於事」[52]，認爲懺悔思想並不僅是一般宗教上的怪力亂神之儀式，有其深層的思想意義。與支遁、竺法汰等高僧交遊甚篤的郗超（336~377）亦綜引經論成《奉法要》一書，成爲在家居士進行懺悔的修行方便。[53]其云：

---

48 《高僧傳卷卷卷四・義解一・支道林八》，《大正》50，No. 2059，頁 348 中~349 下。

49 《大正》50，No. 2059，頁 348 中~349 下。

50 據劉宋・莊嚴寺曇濟之《六家七宗論》（原書佚，今據唐・元康「肇論疏」所引）、隋・吉藏之《中論疏》等所載，一般主張六家及其代表爲：（一）本無宗，包括道安、僧叡、慧遠等之說。（二）即色宗，關內之「即色義」與支道林之「即色遊玄論」。（三）識含宗，爲于法蘭弟子于法開之說。（四）幻化宗，爲竺法汰之弟子道壹之主張。（五）心無宗，包括竺法溫、道恆、支愍度等之說。（六）緣會宗，有于道邃之「緣會二諦論」。（七）本無異宗，爲本無宗之支派，有竺法琛、竺法汰之說。七宗之中，就基本觀點而言，一般以本無宗、即色宗、心無宗三家爲當時般若學說主流之所在。詳湯用彤《漢魏兩晉南北朝佛教史》卷上「第九章釋道安時代之般若學」，頁 229~277。隋・吉藏《中論疏》，《大正》42，No.1824，頁 1 上~169 中。

51 唐・道宣《廣弘明集卷三十・統歸篇第十・晉沙門支道林》，《大正》52，No.2103，頁 350。

52 《弘明集卷十二・難王中令桓玄》，《大正》52，No. 2102，頁 81 上。

53 《奉法要》之內容，詳《弘明集》卷十三，《大正》52，No. 2102，頁 86 上~89

三自歸者，歸佛，歸十二部經，歸比丘僧。過去、現在、當來三世十方佛，三世十方經法，三世十方僧。每禮拜懺悔，皆當至心歸命，并慈念一切眾生，願令悉得度脫。……洗心念道，歸命三尊；悔過自責，行四等心。……一切眾生，皆當因此，至誠各相發心。心既感發，則終免罪苦。[54]

　　從三自歸、禮佛、懺悔、發願等來看，這已是一種承自初期佛教與大乘佛教懺悔義蘊的洗心懺悔，尤其是《奉法要》書中將「五戒」配對「五道」輪迴的說明，「十惡」配合「十善」的發露，五陰、六情與六思念的對應，皆合於大乘懺悔思想的基本模式，後來隋・智顗（538-579）的修禪「二十五方便」，亦是在這些義理上去開展的。[55]至於世俗對「罪福錯受，善惡無章（彰）」的誤解，其云：

父作不善，子不代受；子作不善，父亦不受；善自獲福，惡自受殃。至矣哉，斯言！允心應理。[56]

　　郗超引用的是《般泥洹經》的懺悔業論，這是正確認識自作自受的因緣果報業理才能說出的進步思想。

　　慧遠（334~416）卓錫廬山，曾師事道安，但風格與乃師不同。般若禪觀之外，又內通佛理，外善群書；容儀端整，風彩灑落；兼化道俗，時眾同霑；自卜居廬阜，三十餘年，影不出山，迹不入俗；每送客遊履，常以虎溪為界。[57]由於戒行精純，嚴謹

中。
54 《弘明集卷十三・郗嘉賓奉法要》，《大正》52，No. 2102，頁 86 中。
55 「二十五方便」，是天台智顗觀心修行之法，分「方便」與「正修」二種，方便有二十五種，正修有十乘觀法。二十五方便行分為五科，即：(一) 具五緣：持戒清淨、衣食具足、閒居靜處、息諸緣務、近善知識。(二) 訶五欲：訶色、聲、香、味、觸五者。(三) 棄五蓋：棄貪欲、瞋恚、睡眠、掉悔、疑等五法。以五法蓋覆心神，使不能發定慧，故稱為蓋。(四) 調五事：調心不沈不浮、身不緩不急、息不澀不滑、眠不節不恣、食不飢不飽。(五) 行五法：行欲、精進、念、巧慧、一心等五法。《摩訶止觀》卷四下云：「此二十五法通為一切禪慧方便。諸觀不同，故方便亦轉」，《大正》46，No.1911，頁 43 中~48 下。
56 《弘明集卷十三・郗嘉賓奉法要》，《大正》52，No. 2102，頁 87 中。失譯《般泥洹經》卷上：「父作不善，子不代受；子作不善，父亦不受；善自獲福，惡自受殃。今佛為天上天下所尊敬者，皆志所為，是故當以正心行法。」《大正》1，No. 6，頁 181 中。
57 以上詳《高僧傳卷六・義解三・釋慧遠一》，《大正》50，No. 2059，頁 357 下

辦道，又「不事王侯，高尙其事」，東晉之僧綱，佛教徒之形象，於斯大振，整個廬山僧團儼然成爲江南叢林之中流砥柱。[58]慧遠曾撰寫《沙門不敬王者論》、《沙門袒服論》、《明報應論》、《三報論》、《答桓玄勸罷道書》、《答桓玄書沙門不敬王者事》、《與桓玄論料簡沙門書》諸文，[59]積極維護僧侶的合法社會地位，對抗當時政權假借儒家禮教威逼沙門禮敬王者的企圖，而其理論基礎，多少與佛教因果業報、罪福必然的懺悔思想相關。《明報應論》云：

> 佛教本其所由，而訓必有漸；知久習不可頓廢，故先示之以罪福；罪福不可都忘，故使權其輕、重；輕、重權於罪福，則銓善惡以宅心；善惡滯於私戀，則推我以通物。二理兼弘，情無所係，故能尊賢容眾，恕己施安；遠尋影響之報，以釋往復之迷。迷情既釋，然後大方之言可曉，保生之累可絕。[60]

慧遠既否定了道家老莊的「保生之累」，[61]又闡明「自報以觀事，而事可變；舉事以責心，而心可反」的懺罪精進之理。這「罪、福不可都忘，故使權其輕、重；輕、重權於罪、福，則銓善、惡以宅心；善、惡滯於私戀，則推我以通物」、「尊賢容眾，恕己施安」與「舉事以責心，而心可反」，既是一種認識因果罪業的懺悔滅罪思想，亦是他建立彌陀淨土的理論基礎。《高僧傳》載，慧遠創寺後，「率眾行道，昏曉不絕」、「於精舍無量壽像前，建齋立誓，共期西方。」乃命劉遺民撰寫誓願文，文曰：

~361 中。

58 參《漢魏六朝佛教概觀》，頁 111。

59 諸文詳《弘明集》卷五，《大正》52，No.2102，頁 27 中~85 下。慧遠在《沙門不敬王者論》的前序云：「晉成、康之世，車騎將軍庾氷，疑諸沙門抗禮，萬乘所明理何？驃騎有答。至元興中，太尉桓公亦同此義，謂庾言之未盡，與八座書。」相關史事亦見：梁‧沈約《宋書卷九十七‧列傳第五十七‧夷蠻‧西南夷‧天竺》，（北京：中華書局，1997 年 11 月），頁 2387。

60 《弘明集》卷五，《大正》52，No.2102，頁 33 中~34 下。

61 莊子云：「緣督以爲經，可以保身，可以全生，可以養親，可以盡年。」清‧郭慶藩編，王孝魚整理《莊子集釋卷二上‧內篇‧養生主第三》，（台北：萬卷樓，1993 年 3 月），頁 115。另據王俊傑之研究，老子早就有異於儒家養民的保生思想，見氏撰〈老子保生思想研究〉，《興大中文研究生論文集》n.8，2003 年 5 月，頁 149~163。

> 惟歲在攝提（402 年）秋七月戊辰朔二十八日乙未，法師
> 釋慧遠，貞感幽奧，宿懷特發。乃延命同志，息心貞信之
> 士，百有二十三人，集於廬山之陰，般若雲臺精舍阿彌陀
> 像前，率以香華，敬薦而誓焉。惟斯一會之眾，夫緣化之
> 理既明，則三世之傳顯矣。遷感之數既符，則善惡之報必
> 矣。推交臂之潛淪，悟無常之期切；審三報之相催，知險
> 趣之難拔。此其同志諸賢，所以夕惕宵勤，仰思攸濟者也。
> 62

從「昏曉不絕」、「夕惕宵勤」以觀，慧遠致力於禪觀、彌陀淨土
與懺悔的結合，[63]再由此處「無量壽像」、「共期西方」觀之，慧
遠極信仰西方彌陀淨土；其〈與隱士劉遺民等書〉云：「六齋日，
宜簡絕常務，專心空門；然後津寄之情篤，來生之計深矣」；[64]其
〈念佛三昧詩集序〉亦云：「奉法諸賢，咸思一揆之契，感寸陰之
頹影，懼來儲之未積。於是，洗心法堂，整襟清向；夜分忘寢，
夙宵惟勤」；[65]這種感知生死無常迅速與晝夜洗心懺罪的實踐，與
郗超《奉法要》的懺悔精神是可契應的。是則，慧遠之教法，有
將戒律、懺悔、禪觀、淨土、般若性空融合之迹，這對後世天台、
華嚴與淨土宗懺法的製作皆有引導作用，亦當為後世禪宗調和「禪
淨」思想的重要源頭之一。[66]慧遠之弟慧持（337~412），至蜀地

---

62 《高僧傳卷六・義解三・釋慧遠一》，《大正》50，No. 2059，頁 358 下~359 上。
　宋・洪興祖曾云：「太歲在寅曰攝提」，見氏著《楚辭章句補注》，（台北：天工
　書局，1989 年 9 月），頁 3。筆者按，對應於慧遠之年代（334~416），此處之
　「攝提」當是「壬寅年」，即晉安帝元興元年（402 年）。至於「秋七月」之「秋」，
　湯用彤改為「格」，見氏校注《高僧傳》，（北京：中華書局，1992 年 10 月），
　頁 225。筆者按：古人行文，常將季節與月份連寫，故此處實不必拘泥地改「秋」
　為「格」。
63 《高僧傳》亦載：「慧遠創造精舍，洞盡山美；却負香爐之，傍帶瀑布之壑；
　仍石壘基，即松栽構；清泉環階，白雲滿室。復於寺內別置禪林，森樹烟凝，
　石筵苔合，凡在瞻履，皆神清而氣肅。」《大正》50，No. 2059，頁 358 中。
64 《廣弘明集卷二十七・與隱士劉遺民等書》，《大正》52，No. 2103，頁 304 中。
65 《廣弘明集卷三十・統歸篇第十》，《大正》52，No. 2103，頁 351 下。
66 禪宗從達摩、東山法門、北宗至南宗，整體而言都對念佛法門與西方淨土世界
　思想有所接觸與涵攝，但禪宗大師們對念佛淨土的見解，一貫是自力的，作為
　即心即佛之方便的。詳參印順《淨土與禪》，《妙雲集》下篇之四，（台北：正
　聞，1998 年 1 月），頁 165~214。

龍淵精舍大弘佛法，亦是「講說齋懺，老而愈篤」，臨終之際，體會生死無常迅速，特別遺命弟子要務專律儀，「行住坐臥，宜其謹哉」，[67]可見亦將戒律與懺悔合併實踐。兄弟二人之懺悔精神，足堪後人表率。後來，道宣和志磐都把慧遠和道安的貢獻一起並論，道宣云：

> 諸佛大慈，善權方便，啟疎往咎，導引精靈，因立悔罪之儀，布以自新之道。既往難復，覆水之喻可知；來過易救，捕浣之方須列；遂有普賢、藥上之侶，分衢而廣斯塵；道安、慧遠之儔，命駕而行茲術。[68]

南宋・志磐《佛祖統紀》「講懺儀」條云：

> 晉朝安法師，始依經律，作赴請、禮讚等儀，立為三例：一，行香、定座、上講。二，六時禮懺。三，布薩等法。其後，遠法師復立法社節度。[69]

道宣和志磐皆從「悔罪儀軌」與「布以自新之道」上肯定二人在戒律與懺悔實踐上之地位，這與慧皎、僧祐、道世的說法前後相應。不過，道宣將道安、慧遠二人在懺悔思想上的貢獻比擬為大乘佛教中重視懺悔的普賢菩薩與藥王藥上菩薩，此於中國佛教懺悔思想的發展上之意義極為重大。因為《普賢菩薩行法經》即以普賢大願而立六根懺悔、端坐念實相、證觀三昧等懺悔義，[70]《藥王藥上二菩薩經》則集寶積、涅槃思想、禮拜佛名與敬誦神咒而除滅五逆十惡、四重禁罪、無根謗法重罪之懺悔，[71]這都是印度

67　《高僧傳卷六・義解三・釋慧持二》，《大正》50，No.2059，頁362上。
68　〈廣弘明集悔罪篇序〉，《廣弘明集卷二十八・悔罪篇第九》：「西晉彌天法師（道安），嘗著《四時禮文》，觀其嚴供五悔（懺悔、勸請、隨喜、回向、發願）之辭，尊經尚文，多撮其要，故天下學者悅而習焉。」《大正》52，No.2103，頁330中。
69　南宋・志磐《佛祖統紀卷三十三・法門光顯志第十六》，《大正》49，No.2035，頁319上。
70　普賢菩薩的懺悔思想，見劉宋・曇無蜜多譯《觀普賢菩薩行法經》，《大正》9，No.277，頁393中。
71　全經以敬禮上十方佛、過去七佛、五十三佛、賢劫千佛、三十五佛、十方無量一切諸佛，晝夜六時，心想明利，猶如流水，行懺悔法，然後繫念念藥王藥上二菩薩清淨色身，勤誦上藥王藥上二菩薩咒，除滅五逆十惡、四重禁罪、無根謗法極重之罪，與東南西北四維上下諸佛同入普現色身三昧。詳劉宋・畺良耶

大乘超越初期佛教布薩自恣後專攝於淨身淨心以精進的懺悔思想，道安、慧遠二人正確的將它提點出來以爲中國比丘修行之用，其功大矣哉！

弘傳印度龍樹、提婆般若無相思想的翻譯大師鳩摩羅什（344~413），在長安譯出三百餘卷經典，兼顧信、達，「暢顯神源，揮發幽致」，[72]與佛馱跋陀羅（覺賢，394~468）分顯大、小乘的空、有禪法，[73]重新開展魏、晉以來的般若思潮。其中的《禪祕要法經》，雖以禪坐爲主，亦重視六時禮拜、懺悔發露、端坐念佛、慇懃不懈等懺悔法。[74]《坐禪三昧經》亦云：「若持戒不淨，應即精懃誦經，勸化作福，如法懺悔。」[75]他曾注《維摩詰經》「說悔先罪而不說入於過去」一句云：

> 今日之病，必由先罪，故教令悔先罪也。既言有先罪，則似罪有常性入於過去，故爲說不入過去，去其常想也。[76]

由「令悔先罪」一句視之，羅什亦強調懺悔滅罪；由「爲說不入過去」一句視之，他主張罪性本空；由「去其常想」一句視之，懺悔須是去除一切妄想造作的。《高僧傳》載，羅什神情開朗，秉性坦率，然後遭呂光逼迫破戒，又被姚興逼迫接受妓女十人，故「每至講說，常先自說：譬如臭泥中生蓮花，但採蓮花，勿取臭泥」，向其師卑摩羅叉所說之「累業障深，故不受師教」，及臨

舍譯《觀藥王藥上二菩薩經》，《大正》20，No.1161，頁660下~666中。

72 詳《高僧傳卷二・譯經中・鳩摩羅什一》，《大正》50，No. 2059，頁 332 上~中。

73 筆者按：當時羅什所傳之禪法，側重大乘空義說，佛馱跋多羅側重《達摩多羅禪經》（《修行道地》、《瑜伽師地》）及《華嚴》之有宗禪法不同。慧皎載：秦太子泓，欲聞賢說法。乃要命群僧，集論東宮。羅什與賢，數番往復。什問曰：「法云何空？」答曰：「眾微成色，色無自性，故雖色常空。」又問：「既以極微破色空，復云何破微？」答曰：「群師或破析一微。我意謂不爾！」又問：「微是常耶？」答曰：「以一微故，眾微空；以眾微故，一微空。」時寶雲譯出此語，不解其意；道俗咸謂賢之所計微塵是「常」。餘日，長安學僧復請更釋，賢曰：「夫法不自生，緣會故生；緣一微故，有眾微。微無自性；則爲空矣。寧可言不破一微常而不空乎？」此是問答之大意也。《高僧傳卷二・譯經二・佛馱跋陀羅六》，《大正》50，No. 2059，頁335上。

74 姚秦・鳩摩羅什譯《禪祕要法經》，《大正》15，No. 613，頁 242 下~269 下。

75 《大正》15，No. 614，頁 271 上。

76 《大正》38，No.1775，頁 375 中。

終前所立之「若所傳無謬者，使焚身之後，舌不燋爛」誓願，凡此，皆爲深知因緣業理，至眞至誠之懺悔。[77]

東晉之世，尚有甚多高僧精於懺悔的實踐。如江陵辛寺的曇摩耶舍，嘗於樹下，每自剋責，累日不寢不食，專精苦到，以悔先罪。其弟子法度，更獨矯異俗，以嚴格戒律策勵修行，教人專學小乘，禁讀大乘《方等》，專禮「釋迦本尊」，不禮「十方諸佛」；每在悔罪之日，伏地相向，專志懺悔，教法遺傳至梁代仍不歇息。[78]荊州上明寺的竺僧輔，「單蔬自節，禮懺翹懃，誓生兜率，仰瞻慈氏。」[79]荊州長沙寺的釋曇翼，丹誠立誓，遙請山神，爲其禮懺。[80]吳興潛青山的竺法曠，專研《法華》與《無量壽》，曾七日七夜，祈誠禮懺，見五色光明，覺佛手按之，所苦遂愈。[81]并州的釋慧達，年三十一，忽如暫死，經日還蘇，備見地獄苦報；乃禮拜悔過，以懺先罪。後出家學道，皆以精勤福業，禮懺爲先。[82]中山帛法橋，每以誦聲不暢爲慨，於是絕粒懺悔，七日七夕；稽首觀音，以祈現報；至第七日，覺喉內豁然；後誦經數十萬言，晝夜諷詠，哀婉通神，至年九十，聲猶不變。[83]

要言之，兩晉間經律論三藏的大量傳入與高僧們的懺悔思想實踐是成正比的，如佛圖澄以綜用咒語、發願、燒香、禮佛、神通、佛教教義與北方政教合一；道安制《僧尼軌範》與《佛法憲章》，兼顧戒律、禪修、講經、誦經、布薩、差使與悔過，爲中國禮懺儀確立了標準模式。支遁的〈八關齋詩〉，是般若禪觀、懺悔、戒律、禮佛的結合實踐。郗超綜引經論所撰的《奉法要》一書，已是在家居士進行懺悔的修行方便。慧遠的《明報應論》與「誓

77　《高僧傳卷二‧譯經中‧鳩摩羅什一》，《大正》50，No. 2059，頁330上~333上。
78　《高僧傳卷一‧譯經上‧曇摩耶舍十五》，《大正》50，No. 2059，頁329中~330上。
79　《高僧傳卷五‧義解二‧竺僧輔六》，《大正》50，No. 2059，頁355中。
80　《高僧傳卷五‧義解二‧釋曇翼八》，《大正》50，No. 2059，頁355下。
81　《高僧傳卷五‧義解二‧竺法曠十三》，《大正》50，No. 2059，頁356下。
82　《高僧傳卷十三‧興福第八‧釋慧達一》，《大正》50，No. 2059，頁409中。
83　《高僧傳卷十四‧經師第九‧帛法橋一》，《大正》50，No. 2059，頁413中~下。

願文」，是一種結合彌陀淨土與大乘菩薩願行的懺悔思想；鳩摩羅
什的現業誓願，亦是般若禪觀與懺悔的具體實踐。

三、南北朝禪師的懺悔思想

　　晉世道安、支遁、郗超、慧遠、羅什等的成就外，《摩訶僧祇
律》、《摩訶僧祇律大比丘戒本》、《摩訶僧祇律比丘尼戒本》、《四
分律》、《四分律比丘戒本》、《四分僧戒本》、《四分比丘尼戒本》、
《十誦律》、《十誦比丘波羅提木叉戒本》等律典又陸續譯入中土，
[84]這些律典多兼含初期懺悔、部派懺悔、大乘懺悔、淨土懺悔等
思想，在高僧大德的踐行下，這對中國佛教懺悔思想之影響是不
可小覷的。

　　晉、宋之際，道教勢力已具規模，與儒教的禮樂倫理立場一
樣，開始與佛教爭衡，佛教界亦相對的興起護法之潮。[85]慧通〈駁
顧道士夷夏論〉云：「禮拜懺悔，祈請無輟，上逮歷劫親屬，下至

---

84 東晉・佛馱跋陀羅共法顯（義熙三年，416 年）譯《摩訶僧祇律》四十卷，《大
正》22，No. 1425，頁 227 上~549 上。東晉・佛陀跋陀羅（隆安二年至永初二
年，398~421 年）譯《摩訶僧祇律大比丘戒本》，《大正》22，No. 1426，頁 549
上~556 上。東晉・法顯共覺賢（義熙元年，405 年）譯《摩訶僧祇律比丘尼戒
本》，《大正》22，No. 1427，頁 556 上~566 下。姚秦・佛陀耶舍共竺佛念等（弘
始十年，408 年）譯《四分律》，《大正》22，No. 1428，頁 567 上~1014 中。後
秦・佛陀耶舍（弘始十年，408 年）譯《四分律比丘戒本》，《大正》22，No. 1429，
頁 1015 上~1023 上。後秦・佛陀耶舍（弘始十年至十五年，408~413 年）譯《四
分僧戒本》，《大正》22，No. 1430，頁 1023 上~1030 下。後秦・佛陀耶舍（弘
始十年，408 年）譯《四分比丘尼戒本》，《大正》22，No. 1431，頁 1030 下~1041
上。後秦・佛若多羅共羅什（弘始六年，404 年）譯《十誦律》，《大正》23，
No. 1435，頁 1 上~470 中。姚秦・鳩摩羅什（弘始四年至十四年，402~412 年）
譯《十誦比丘波羅提木叉戒本》，《大正》23，No. 1436，頁 470 中~479 上。
85 道教作品如慧琳〈白黑論〉、顧歡（420~483）〈夷夏論〉、張融（444~497）之
〈門律〉等，大力宣揚「道主佛從」之論；梁・范縝（？）更撰〈神滅論〉，
否定佛教之「識不滅論」。佛教的對應作品甚多，重要代表作如孫綽〈喻道論〉、
宗炳（375~443）〈答何承天書難白黑論〉、何承天（370~447）〈達性論〉、鄭道
子（？）〈神不滅論〉、周剡〈張融門律〉、謝鎮之〈與顧道士析夷夏論〉、朱昭
之〈難顧道士夷夏論〉、慧通〈駁顧道士夷夏論〉、梁武帝〈大梁皇帝立神明成
佛義記〉、〈大梁皇帝敕答臣下神滅論〉、劉勰〈滅惑論〉、蕭琛〈難神滅論〉、
曹思文〈難神滅論〉……等，諸多作品皆在因果業論與涅槃成佛上提出一定的
看法。詳《弘明集》，《大正》52　，No. 2102，頁 1 上~96 中。

一切蒼生。若斯孝慈之弘大，非愚瞽之所測也。」[86]僧佑的《弘
明集》，就是「為法禦侮」而編撰的，對於當時儒道界對佛教的「六
大疑難」，一一提出反駁，並認為世俗多「以己所不知，而誣仙覺
之遍知；以其所不見，而罔至人之明見」，而結以「緣感理奧，因
果義微。」[87]

北方河西的曇無讖（385~433），本學小乘與五明，後遇白頭
禪師後，集眾悔過，深參樹皮本《涅槃經》的佛性之學；居敦煌
之時，曾以「咒願」及「且禪、且懺」之法為張掖沙門道進傳授
《菩薩戒本》，故慧皎讚云：「博通多識，如羅什之流；祕咒神驗，
乃澄公之匹」，[88]這可看出曇無讖將大乘菩薩戒、懺悔與密教咒語
合用之迹。[89]

鳩摩羅什弟子僧肇（384or374~414），號為「解通第一」，雖
主張「不真空論」、「物不遷論」、「涅槃無名論」，其《維摩詰經注》
亦云：

> 教有疾菩薩悔既往之罪。往罪雖繫人，不言罪有常性，從
> 未來至現在，從現在入過去也。[90]

這是肯定《維摩詰經》罪性本空的不二無垢之無相懺悔。

集鳩摩羅什般若學、僧伽提婆毗曇學、曇無讖涅槃學三者之
大成者的竺道生（355~434），[91]強調「佛性常有」、「法身無色」
與「闡提成佛」，著有「佛無淨土論」、「善不受報論」等，[92]他認

86　《弘明集卷七・駁顧道士夷夏論》，《大正》52，No. 2102，頁 46 上。
87　道俗的「六大疑難」是：「一，疑經說迂誕，大而無徵。二，疑人死神滅，無
　　有三世。三，疑莫見真佛，無益國治。四，疑古無法教，近出漢世。五，疑教
　　在戎方，化非華俗。六，疑漢魏法微，晉代始盛。以此六疑，信心不樹，將溺
　　宜拯。」《弘明集卷十四・後序》，《大正》52，No. 2102，頁 95 上~96 中。
88　《高僧傳卷二・譯經中・曇無讖七》，《大正》50，No. 2059，頁 336 上~下。
89　密教確實亦有至心發露而兼誦咒的懺悔法，如《蘇婆呼童子請問經卷下・分別
　　八法分第十二》云：「却就舊業，而尅其心。心不休廢，數當漸滿。忽覺少驗，
　　心生歡喜。歡喜已，即發露。已首諸過，其罪即滅，離五欲障，還具戒體清淨
　　之身，還入靜室，更誦真言，滿十萬遍。」唐・輸婆迦羅譯《蘇婆呼童子請問經》，
　　《大正》18，No.895，頁 732 下。
90　《大正》38，No.1775，頁 375 中。
91　湯用彤《漢魏兩晉南北朝佛教史・第十六章竺道生》，頁 601。
92　《高僧傳卷七・義解四・竺道生一》，《大正》50，No. 2059，頁 366 上~367 上。
　　宋・志磐《佛祖統紀卷三十六・法運通塞志第十七之三・簡安帝元興二年》，《大

爲「身爲受病之本，心爲覺病之主」，[93]若是「貪報行禪，則有味於行矣。既於行有味，報必惑焉。夫惑報者，縛在生矣。」[94]修行者不應執戀於無常身心、西方淨土與功福利益之報，應以般若空慧、罪性本空解脫結縛。[95]其《維摩詰經注》云：

> 夫戀生畏死者，恐有罪故也。若能改而悔之，則出其境矣，復何畏哉？是以教悔前罪，以除其畏也。此則據緣故耳，不言有實也。[96]

若說有罪、有業，都是依據緣起而說的；「改而悔之」、「教悔前罪」，即是懺悔滅罪的思想；「不言有實」，即罪性本空也；亦即，竺道生在「佛性常有」的認識過程中仍必須進行懺悔滅罪的實踐。故云：「因病致懈，懈乃愈生其憂，勤與命競，恒患不至，豈復容惱哉？」[97]這種理解罪性本空、直觀身心過患的精進懺罪觀，可說是後來禪宗懺悔思想的重要源頭。

另外，京師中興寺的求那跋陀羅（394~468），教導僧眾「同心并力，念十方佛，稱觀世音」，密誦咒經，懇倒禮懺。感知宿緣，即燒香咒願，禮拜懺悔。[98]他所譯出的《勝鬘經》、《楞伽經》、《相續解脫經》等，對後來禪宗之興起具有一定之影響。[99]剡溪法華臺的釋法宗，蔬苦六時，以悔先罪，誦《法華》、《維摩》，士庶歸戒者三千餘人。[100]臨淄的釋普明，「稟性清純，蔬食布衣，以懺誦爲業。誦《法華》、《維摩》二經。及誦之時，有別衣別座，未嘗穢雜。每誦至〈勸發品〉，輒見普賢乘象立在其前；誦《維摩

正》49，No. 2035，頁342 上~中。
93　引見僧肇《維摩詰經注》，《大正》38，No.1775，頁374 中。
94　《大正》38，No.1775，頁378 下。
95　《大正》38，No.1775，頁375 上。
96　《大正》38，No.1775，頁375 中。
97　《大正》38，No.1775，頁375 下。
98　《高僧傳卷三・譯經下・求那跋陀羅十二》，《大正》50，No. 2059，頁344 上
　　~345 中。
99　印順〈宋譯《楞伽》與達摩禪〉，《現代佛教學術叢刊》n.12，（台北：大乘文
　　化，1980 年10 月），頁17~28。
100　《高僧傳卷十二・誦經第七・釋法宗五》，《大正》50，No. 2059，頁407 上。

經》，亦聞空中唱樂。又善神咒，所救皆愈。」[101]齊上定林寺的釋
僧遠，蔬食懺誦，曉夜不輟，道心精進。[102]京師延賢寺釋法意，
依杯度之言，竭誠禮懺，懇惻彌至，乞得西方池水。[103]靈昧寺的
釋曇宗，唱說之功，獨步當世。嘗為孝武唱導，行菩薩五法，禮
懺竟，帝大悅。後殷淑儀薨，三七設會，悉請曇宗為之。[104]靈昧
寺的釋曇光，迴心習唱，製造懺文；每執爐處眾，輒道俗傾仰。[105]
他們的禮懺文、懺悔文或懺悔儀軌，雖待更多資料的驗證，但在
禪修過程中踐履懺悔思想是無庸置疑的。

　　南齊之世，懺悔思想益趨成熟，遍及宮廷與僧門。如司徒竟
陵王蕭子良（460~494），曾撰寫過《在家布薩儀》，與道安
（312~385）《出家布薩儀》「並行於世」。[106]二者雖「意解不同，
心相各別」，但懺悔思想已然深存。永明（483~493）年間，蕭子
良數度在邸園營辦齋戒，躬親為僧奉食送水。或自昇座講經，勉
人為善；或造經唄新聲，身自執爐詠唱；著有《淨住子淨行法門》，
[107]共分三十一門：從「皇覺辨德門第一→開物歸信門第二」到「迴
向佛道門第三十→發願莊嚴門第三十一」，[108]他依序綜引佛教經典
義理、戒律懺悔觀念及儒家人倫禮樂思想，對無始以來的三業苦
禍進行反省觀照、發露懺悔，門言義理，附頌結之；事懺理懺並

---

101 《高僧傳卷十二‧誦經第七‧釋普明八》，《大正》50，No. 2059，頁 407 中。
102 《高僧傳卷八‧義解五‧釋僧遠八》，《大正》50，No. 2059，頁 377 下。
103 《高僧傳卷十三‧興福第八‧釋法意九》，《大正》50，No. 2059，頁 411 中。
104 《高僧傳卷十四‧唱導地十‧釋曇宗四》，《大正》50，No. 2059，頁 416 上。
105 《高僧傳卷十四‧唱導地十‧釋曇光五》，《大正》50，No. 2059，頁 416 中。
106 道宣《四分律刪繁補闕行事鈔卷上之四‧說戒正儀篇第十》，《大正》40，
　　No.1804，頁 34 中。筆者按：其《出家布薩儀》應是指「《僧尼軌範》、《佛法
　　憲章》」之布薩悔過法等。
107 唐‧慧琳《辯正論卷三‧十代奉佛上篇第三》，《大正》52，No. 2110，頁 504
　　中。
108 蕭子良何以稱「淨住子」？據〈統略淨住子淨行法門序〉云：「齊永明八年，
　　（蕭子良）感夢東方普光世界天王如來，樹立淨住，淨行法門，因其開衍。
　　言淨住者，即『布薩』之翻名。布薩，天言；淨住，人語，或云『增進』，亦
　　稱『長養』，通道及俗，俱稟修行，所謂淨身、口、意，如戒而住，故曰『淨
　　住』也。子者，紹繼為義，以三歸七眾，制御情塵，善根增長，紹續佛種，
　　故曰『淨住子』。」筆者按：以今日口語言之，即依於佛說所立之懺悔清淨與
　　精進向上之禪法。《廣弘明集卷二十七‧誡功篇第七》，《大正》52，No. 2103，
　　頁 306 上~321 中。

陳，小乘大乘均涵，出家在家道俗兼顧；他不是運用形式化的懺悔儀軌，但《淨行法門》卻可看成是一部深邃而徹底的懺悔滅罪法門。[109]至於缺失，是與《牟子理惑論》一樣，雜混了不少儒道思想，但這又是時代風氣使然。

　　此外，《高僧傳》載，蜀靈建寺的釋法琳，專好戒品，研心《十誦》，常祈心安養，誦《無量壽》及《觀經》，晚年「注念西方，禮懺不息，見諸賢聖，皆集目前」，淨土與觀相懺悔兼得證驗。[110]齊京師高座寺釋慧進，願造《法華》百部，以悔先障，經成之後，病即小差。後勤誦《法華》，厲操愈堅，迴諸福業，不久果聞空中聲曰：「汝所願已足，必得生西方。」[111]齊永興柏林寺的釋弘明，貞苦有戒節，諷誦《法華》，專習禪定，精勤禮懺，六時不輟。[112]齊上定林寺的釋道嵩，具戒之後，專好律學，誦經三十萬言；交接上下，未有喜慍之色；性好檀捨，隨獲利養，皆以施人；後專守靖閑房，懺誦無輟；人有造者，輒爲說法，請戒者甚衆。[113]齊上定林寺的釋超辯，閑居養素，畢命山門；諷誦《法華》，日限一遍；心敏口從，恒有餘力，禮千佛凡一百五十餘萬拜，足不出門三十餘載。[114]齊京師後岡釋僧侯，年十八便蔬食禮懺，及具戒之後，諷誦《法華》、《維摩》、《金光明》，常二日一遍，如此六十餘年，精進不輟。[115]齊上定林寺的釋慧彌，少誦《大品》，精修三昧；戒範精明，獎化忘劬；足不出戶，三十餘年；曉夜習定，常誦《波若》；六時禮懺，必爲衆先。[116]北魏方面，太延五年，崔皓因憎恨釋教，妒太子晃，讒於太武帝，帝疑之，令幽死。太子晃求哀於沙門玄高，爲作《金光明懺》。[117]

109　關於《淨行法門》的懺悔義蘊，待他日再以專文論之。
110　《高僧傳卷十一・明律第五・釋法琳十一》，《大正》50，No. 2059，頁 402 上。
111　《大正》50，No. 2059，頁 407 下~408 上。
112　《大正》50，No. 2059，頁 408 上。
113　《大正》50，No. 2059，頁 408 中。
114　《大正》50，No. 2059，頁 408 中。
115　《大正》50，No. 2059，頁 408 下。
116　《大正》50，No. 2059，頁 408 下。
117　元・念常集《佛祖歷代通載卷八・北魏》，《大正》49，No.2036，頁 537 上。
　　又，《佛祖統紀卷三十八・法運通塞志第十七之五・北魏》，《大正》49，No.2035，

梁代之世，懺悔思想已臻成熟，君臣上下，全朝盛行。據南懷瑾之研究，梁武帝本身就酷好佛、道二教，故與寶誌禪師（又作寶志、保志、保誌、志公、寶公、誌公，418~514）、傅翕（又稱傅大士、善慧大士，497~569）等禪師及句容茅山的道教大師陶宏景（456~563）等經常往來，有著深厚的師友之情。[118]陶宏景有「山中宰相」之稱，被稱爲「南天師道」，與「北天師道」的北魏寇謙之（365~448）一樣，都重視「以齋戒禮懺」來實踐老莊思想。[119]道宣（596~667）《廣弘明集》亦載，梁武帝「舊事老子，宗尚符圖」，理解佛經的「發菩提心者，即是佛心」後，便詔告天下，捨道事佛，專力於布施與禮懺。[120]

隋・費長房《歷代三寶記》載，梁武帝（464~549）認爲八部般若俱是十方三世諸佛之母，能消除災障，蕩滌煩勞，故博採眾經，窮述注解。又親自講讀，期藉此殊勝之舉，布展佛法福德。除大量建造佛寺外，並於寺中捨身事佛，恭敬禮懺。[121]天監三年（504），梁武帝曾「披覽藏經，殫精竭慮」，爲「六道四生，受苦無量」而創製禮懺儀文。[122]又，今日寺院民間仍盛行不絕的《慈悲道場懺法》（《梁皇懺》），舊傳是梁武帝爲消郗后業障所撰，但宋・錢易（968~1026）《南部新書》認爲是梁武帝思懺六根罪業，召真觀慧式法師據竟陵王的《懺悔》篇推演而成，[123]學者則認爲

頁 354 上。

118 南懷瑾《中國道教發展史略》，（上海：復旦大學出版社，1996 年 8 月），頁 46~52。關於傅大士的懺悔思想，詳見本章第四節部分之論述。

119 《廣弘明集卷二・歸正篇第一之二・魏書釋老志》，《大正》52，No. 2103，頁 105 下~106 中。《佛祖歷代通載卷九・梁朝》，《大正》49，No. 2036，頁 550 下。

120 《廣弘明集卷四・歸正篇第一之四・捨事李老道法詔十三》，《大正》52，No. 2103 頁 112 上。明・如巹《緇門警訓卷十・梁皇捨道事佛詔》，《大正》48，No.2023，頁 1097 中。

121 隋・費長房《歷代三寶記卷十一・釋寶唱》，《大正》49，No.2034，頁 99 下。亦見《續高僧傳卷一・譯經篇初・梁楊都金陵寺沙門釋寶唱傳二》，《大正》50，No.2060，頁 427 上~中。

122 《佛祖統紀卷三十七・法運通塞志第十七之四・梁武帝》，《大正》49，No.2035，頁 348 下。

123 其文是：懺之始，本自南齊竟陵王。因夜夢往東方普光王如來所，聽彼如來說法，後因述懺悔之言，覺後即賓席梁武。王融、謝朓、沈約共言其事，王

是武帝召集京邑大德法師合作編撰而成的。[124]天監四年（505），武帝亦命寶唱（生卒不詳）總撰集錄，撰成將近「百卷」的禮懺法與三卷佛名經，其用途是「或建福禳災，或禮懺除障，或饗接神鬼，或祭祀龍王」，不一而足，道宣認為武帝在位「五十許年，江表無事，兆民荷賴，即緣禮懺之力。」[125]此外，《廣弘明集》載梁武帝製有《金剛般若懺文》、《摩訶般若懺文》等，[126]凡此皆可看出梁武帝對懺悔思想的推行與實踐是不遺餘力的。

　　在梁武帝親自踐履懺悔思想的影響下，京師內外遂收上行下效之功，如梁簡文帝製即製有《謝敕為建涅槃懺啟》、《六根懺文》、《悔高慢文》等，文士沈約（441~513）亦有《懺悔文》等懺法的建立。[127]上定林寺的釋法通，「晦迹鍾阜，三十餘載；坐禪誦念，禮懺精苦」，毅力驚人。[128]京師正覺寺的釋法悅，在天監八年（509）造一無量壽佛像，像素既成，比丘道昭常夜中禮懺，忽見素所，晃然洞明，多所感應。[129]楊都宣武寺的法寵（451~524），

因茲乃述成《竟陵集》二十篇、《懺悔》一篇。後梁武得位，思懺六根罪業，即將《懺悔》一篇，乃召真觀法師慧式，遂廣演其文，述引諸經而為之。故第二卷中《發菩提心文》云：「慧式不惟凡品，輕摽心志；實由渴仰大乘，貪求佛法。依倚諸經，取譬世事。」即非是為郅后所作。今之序文，不知何人所作，與本述不同。近南人新開印本，去其「慧式」二字，蓋不知本末也。宋・錢易《南部新書》2847＋2848，《叢書集成初編》，（北京：中華書局，1998年11月），頁68。

124　周叔迦認為《慈悲道場懺法》乃梁武帝命「寶唱」等撰集而成之「《眾經懺悔滅罪方法》三卷」，見《周叔迦佛學論著集》，（北京：中華書局，1991年1月），頁1106。然周叔迦於《法苑談叢》又認為《慈悲道場懺法》是「當時（519~523）僧侶食肉，梁武帝召集京邑大德法師，進行辯論，根據《涅槃經》、《楞伽經》等，制斷食肉，並令諸僧七日懺悔，所以這懺法叫作《慈悲道場懺法》。」見《法苑談叢》，（台北：文津，1980年6月），頁43。筆者按：由於《慈悲道場懺法》的內容有「浩浩十卷」之多，項目多與《淨住子法門》相近，故應是梁武帝召集京邑大德法師所作。參：徐立強〈「梁皇懺」初探〉，收入《中華佛學研究》第二期，（台北：中華佛學研究所，1998年3月），頁178~206。

125　《續高僧傳卷一・譯經篇初・梁揚都金陵寺沙門釋寶唱傳二》，《大正》50，No.2060，頁426中~下。另見《大唐內典錄卷四・梁朝傳譯佛經錄第十二》，《大正》55，頁266下。

126　《廣弘明集卷二十八・啟福篇第八・悔罪篇》，《大正》52，No.2103，頁330中~332下。

127　《大正》52，No.2103，頁330中~332下。

128　《高僧傳卷八・義解五・釋法通二十五》，《大正》50，No.2059，頁382中。

129　《高僧傳卷十三・興福第八・釋法悅十四》，《大正》50，No.2059，頁412下。

因至誠禮懺誦經而宿世除業障。[130]鍾山開善寺的釋智藏（458~522），在天監末年，捨身大懺，招集道俗，並自講《金剛》《般若》，以為極悔，唯留衣鉢，餘者傾盡，一無遺餘。[131]楊都建初寺的釋明徹，自知業盡，普通三年十二月七日，梁武帝為他設置三百僧會，令徹懺悔，自運神筆，製懺願文。事竟後，安然卒於寺房之內。[132]

　　陳、隋之際，禮懺益興，如北周蒲州仁壽寺的釋僧妙，遍覽群籍，尤通講論；深知宿業，戒律敬持；每講下座，必合掌懺悔云：「佛意難知，豈凡夫所測？」其誠殷若是。[133]陳南岳衡山的釋慧思（515~577），解行高明，根識清淨；相同初依，能知密藏。將臨終時，從山頂下半山道場，大集門學，連日說法；苦切呵責，聞者寒心。曾告眾人曰：「若有十人，不惜身命，常修《法華》、《般舟》、《念佛三昧》、《方等懺悔》，常坐苦行者，隨有所須，吾自供給，必相利益。」陳太建九年（577）六月二十二日，專攝心諦，禪坐至盡。咸聞異香，滿於室內。頂煖身軟，顏色如常。[134]他留下《立誓願文》一卷，闡揚《摩訶般若波羅蜜經》義理，懺文與偈頌併具，無常與般若合一，事懺與理懺兼行。[135]

　　《佛祖統紀》載，元嘉四年（563），陳文帝自稱「菩薩戒弟子皇帝」，於太極殿設無礙大會，行捨身法，復集僧行《方等陀羅尼法》、《法華懺》、《金光明懺》，並別製「願辭」。[136]《廣弘明集》則載陳江總有《群臣請陳武帝懺文》，陳宣帝有《勝天王般若懺文》，陳文帝有《妙法蓮華經懺文》、《金光明懺文》、《大通方廣懺

130　《續高僧傳卷五‧梁楊都宣武寺沙門釋法寵傳六》，《大正》50，No.2060，頁461中。
131　《續高僧傳卷五‧釋智藏傳十二》，《大正》50，No.2060，頁466下。
132　《續高僧傳卷六‧釋明徹傳十三》，《大正》50，No.2060，頁473下。
133　《續高僧傳卷八‧釋僧妙傳八》，《大正》50，No.2060，頁486上~中。
134　《續高僧傳卷十七‧釋慧思傳二》，《大正》50，No.2060，頁562下~564上。《景德傳燈錄卷二十七‧南嶽慧思禪師》，《大正》51，No.2076，頁431上~下。明‧瞿汝稷集《指月錄卷二‧應化聖賢‧南嶽慧思禪師》，《卍新續》，83，No.1578，頁419下。
135　慧思《立誓願文》，《大正》46，No.1933，頁786中~792中。
136　《佛祖統紀卷三十七‧法運通塞志第十七之四‧陳文帝》，《大正》49，No.2035，頁352下。

文》、《虛空藏菩薩懺文》、《方等陀羅尼齋懺文》、《藥師齋懺文》、《娑羅齋懺文》、《無礙會捨身懺文》等大量懺悔文之建立，[137]內容大多精簡扼要，上承小乘戒律精神，中接大乘菩薩思想，重視懺悔精神的體證，開出嶄新的懺悔意含。

當然，在中國佛教懺悔發展史上，成就最高的自屬隋天台智顗（538~597）。智顗年輕之時，即入光州大蘇山詣慧思禪師，受業一心三觀之旨；當時慧思即示以普賢道場，爲說《四安樂行》，智顗則於山中行《法華三昧》。其後，又爲永陽王伯智建七夜《方等懺法》。[138]今《大正》中智顗所述之《方等三昧行法》、《法華三昧懺儀》、《金光明懺法》、《釋迦如來涅槃禮讚文》、《請觀音菩薩消伏毒害陀羅尼三昧儀》等懺法，多由天台弟子記述傳下來的，[139]其旨不外「勤行五悔方便，助開觀門；一心三觀，豁爾開明；如臨淨鏡，遍了諸色；於一念中，圓解成就。」[140]故云：

> 若欲懺悔二世重障，行四種三昧者，當識順流十心，明知過失；當運逆流十心，以爲對治。此二十心，通爲諸懺之本。[141]

事實上，智顗的懺法多在陳文帝時代即已制行，就其內容觀之，又多依方等陀羅尼經典製懺，這可能受到陳文帝王室重視懺文與

137　《廣弘明集卷二十八・啓福篇第八・悔罪篇》，《大正》52，No.2103，頁331下~335上。

138　《續高僧傳卷十七・習禪篇之二・隋國師智者天台山國清寺智顗傳三》，《大正》50，No.2060，頁564上~568上。《佛祖統紀卷六・東土九祖第三之一・四祖天台智者法空寶覺靈慧大禪師》，《大正》49，No.2035，頁180下~184上。《四安樂行》是指：正慧離著安樂行、無輕讚毀安樂行、無惱平等安樂行、慈悲接引安樂行。詳見慧思《法華經安樂行義》，《大正》46，No.1926，頁697下~702下。

139　智顗說，灌頂記《方等三昧行法》，《大正》46，No.1940，頁943上~949上。智顗《法華三昧懺儀》，《大正》46，No.1941，頁949上~955下。宋・遵式集《金光明懺法補助儀》，《大正》46，No.1945，頁957中~961下。宋・知禮集《金光明最勝儀》，《大正》46，No.1946，頁961下~963下。《釋迦如來涅槃禮讚文》，《大正》46，No.1947，頁963下~965下。宋・遵式述《請觀音菩薩消伏毒害陀羅尼三昧儀》，《大正》46，No.1949，頁968上~972上。

140　智顗《摩訶止觀》卷七，《大正》46，No.1911，頁98下。

141　《摩訶止觀》卷四上，《大正》46，No.1911，頁39下~40上。

當時流行陀羅尼經典之影響。[142]行方等三昧，兼行六根懺悔，這是大乘佛教的懺悔思想；順、逆觀二十心，又是初期佛教懺悔觀照禪法的踐履。不過，當時普賢道場的開法，不是一般的說法，而是與懺悔、歸依、受戒、坐禪等相結合的傳授，[143]壇場的布置，人數的控制，準備的器物，會場的維持，都有嚴格的要求。[144]自道生以降，涅槃師多以真常佛性解《法華》的「佛之知見」；智者承續其說，兼重《法華》、《涅槃》，綜攝《法華》、《涅槃》爲第五時，配上醍醐味，以《涅槃》爲追說追泯之圓教。最終，《涅槃》佛性之學，全納入天台之哲學範疇中。因此，智者雖然多稱《般若》、《中論》、《智論》，卻於空假之外別存中道，不止於即空即假爲中，且進而即空即假即中；既觀百界千如於一心，闡說理具事造之思；又從空入中，集真空妙有之大成。[145]這樣的真空妙有，太虛稱之爲「中道實相禪」，[146]故智顗透過順逆十心以踐行四種三昧，契證天台的一心三觀教義，已是一種超越道安、慧遠、道生、蕭子良及乃師慧思後所重新開創的法華式的中道實相禪的懺悔，對後世禪宗不無影響。

另外，魏晉六朝敦煌地區佛教懺文之發展亦不可忽視。

據方廣錩之研究，英國圖書館斯坦因特藏的「斯 4494 號」寫本，有《方廣經典懺悔文》、《普賢菩薩咒》、《劉師禮文》、《受八關齋文》、《施食咒願文》等文獻，這是平南寺僧人道養個人所持有，寫本卷尾題記爲「西魏大統十一年乙丑歲（545）五月廿九日」所記。[147]其中的《方廣經典懺悔文》，當是據《大通方廣懺悔滅罪莊嚴成佛經》所撰成。[148]至於《劉師禮文》，懺罪方式甚爲特殊，

---

142 釋大睿《天台懺法之研究》，（台北：法鼓文化，2000 年 9 月），頁 244。
143 印順《中國禪宗史》，（台北：正聞，1998 年 1 月），頁 246。
144 詳《方等三昧行法》，《大正》46，No.1940，頁 945 上。
145 印順《佛教史地考論》，《妙雲集》下篇之九，（台北：正聞，1998 年 1 月），頁 28。
146 太虛〈中國佛學特質在禪〉，載：張曼濤主編《現代佛教學術叢刊 2．禪學論文集》，（台北：大乘文化，1976 年 10 月），頁 1~111。
147 詳方廣錩〈試論佛教發展中的文化匯流 —— 從《劉師禮文》談起〉，《法音論壇》，2007 年第 3 期（總第 271 期），頁 8~20。
148 《大通方廣懺悔滅罪莊嚴成佛經》三卷，又作《方廣滅罪成佛經》、《大通方

即要求修持者在特定月份、特定日子、特定時辰中，向特定方向禮拜特定次數，可以滅除特定罪障。[149]這種透過時辰、方位禮拜懺罪的方式，雖與初期佛教六方禮拜懺悔的思想相應，卻傾向於中國傳統文化天人感應的思想氛圍。故方廣錩認為，這並非印度文化單向傳入中國的直線演化，而是與中國文化、西亞文化等廣大亞洲文化共同匯流的結果。[150]

又據汪師《敦煌禮懺文》之研究，自西魏至北宋，敦煌地區流傳著甚多禮懺文寫本，最早有年代題記的是上博 3318（大統十七年，551），最晚的是太平興國七年（982）。[151]從形製而言，可分為「法身禮」、「十二光禮」、「七階禮」、「金剛五禮」、「上生禮」、「十方佛名禮」、「寅朝禮」、「黃昏禮」、「初夜禮」、「地藏禮」等十類。[152]十類之中，禮佛、稱名幾乎是共通之懺悔儀程。據梁・僧佑《出三藏記集》載，當時可見之佛名懺悔經典有近百部之多；隋・法經《眾經目錄卷二・眾經別生四》亦舉出《佛名經》、《賢劫千佛名經》、《佛名經》、《十方佛名經》、《百七十佛名》……等

廣經》。今收於《大正》85，No.2871，頁 1338 下。上卷敘述佛向娑羅涅槃之途中，為十方菩薩宣說三乘一乘義，諸鬼神王等立誓護持此經，又為信相菩薩廣說三世諸佛、十二部經及諸大菩薩之名號及其功德；中卷講說無憍慢等種種四法，並敘述付此法予虛空藏菩薩，並為之授記之情形；下卷秉上卷之說，為師子吼菩薩宣講三寶一相之意，並為文殊師利舉示滅罪之法、墮阿鼻地獄之果報。本書傳譯事實不詳，隋代法經《眾經目錄卷二・眾經疑惑五》，見《大正》55，No.2146，頁 126 中。唐・智昇《開元釋教錄卷十八・別錄中偽妄亂真錄第七》，見《大正》55，No.2154，頁 677 上。歷代之經錄多疑其真偽，或係曇無讖以後，隋以前之偽作。如唐・明佺等於 695 年撰《大周刊定眾經目錄卷十五・偽經目錄》，《大正》55，No.2153，頁 472 下。隋・費長房《歷代三寶紀卷十三・大乘修多羅失譯錄第二》，見《大正》49，No.2034，頁 112 中。日・矢吹慶輝《鳴沙餘韻解說》第 I 部，（東京：岩波書店，1933年 4 月），頁 178~204。又《鳴沙餘韻解說》第 II 部，頁 230~237。

149 詳方廣錩〈試論佛教發展中的文化匯流 —— 從《劉師禮文》談起〉，《法音論壇》，2007 年第 3 期（總第 271 期），頁 10。關於「劉薩訶」的事蹟，參《高僧傳卷十三・興福第八・釋慧達一》，《大正》50，No. 2059，頁 409 中。《續高僧傳卷二十五・感通上・魏文成沙門釋慧達傳三》，《大正》50，No. 2060，頁 644 下。

150 方廣錩〈試論佛教發展中的文化匯流 —— 從《劉師禮文》談起〉，《法音論壇》，2007 年第 3 期（總第 271 期），頁 11。

151 汪師娟《敦煌禮懺文研究》，頁 18~19。

152 《敦煌禮懺文研究》，頁 353~354。

近三十餘部佛名懺悔經典；[153]這些經典目前仍保存在《大正》14
中。[154]其中，北魏·菩提流支在 520~524 間所譯出的十二卷本《佛
名經》，已列舉出「一一〇九三」位之諸佛菩薩名號，[155]可見禮拜
三世十方諸佛菩薩摩訶薩名號以進行懺悔滅罪及獲得功德福報之
思想，當時已甚盛行。這些佛名懺悔經典流傳到長安、洛陽、敦
煌、吐魯番等地，又漸被繁衍集成二十卷本《佛名經》、十六卷本
《佛名經》、十八卷《佛名經》、三十卷本《佛名經》、《大佛名經》……
等異本，[156]可見懺悔思想的內容與組織結構是不斷被擴充增益中。

　　要言之，南北朝的懺悔法門漸次大盛，竺道生、求那跋陀羅
等，首將頓悟思想、闡提成佛、禪觀、罪性本空、戒律、涅槃佛
性與懺悔思想作了會合；蕭子良的《淨住子淨行法門》，浩浩三十
一門，為後世懺悔法門確立宏規；梁武帝大製作懺悔文，加上自
己的親身實踐，留下《慈悲道場懺法》等，君臣上下皆響應奉行；
陳文帝君臣亦大量製造懺文，然篇幅短小，屬於個人懺悔情志之
展現；天台智顗則製作四大懺法，整合初期佛教、部派佛教、唯
識、中觀、涅槃、密教之懺悔思想，聚焦於法華與一心三觀上，
為我國佛教懺悔思想之集大成者；此間，敦煌地區亦傳行過大量
「方廣懺悔」、「普賢懺悔」、「劉師禮文」、「法身禮」、「十二光禮」、
「七階禮」、「金剛五禮」、「上生禮」、「十方佛名禮」、「寅朝禮」、
「黃昏禮」、「初夜禮」、「地藏禮」等懺悔文。五百餘年間，緣聚

---

153 《大正》55，No.2146，頁 123 中~125 下。
154 《大正》14 中載有甚多印度大乘佛名經典，從 No. 425~No.460 等三十餘部，
　　內容涉及唯識般若、涅槃佛性、西方淨土、禪觀、密教等思想，頁 001 上~451
　　下。
155 北魏·菩提流支《佛名經》十二卷，《大正》14，No.440，頁 114~上 184 上。
156 詳見：釋禪叡《敦煌寶藏遺書索引》，(台北：法鼓文化，1996 年 9 月)，頁
　　133。關於敦煌遺書的《佛說佛名經》種類，方廣錩說：「陳垣先生曾在《敦
　　煌劫餘錄》中將北圖藏《佛說佛名經》分類整理為元魏·菩提留支譯十二卷
　　本、佚本十六卷本、佚本二十卷本、佚本三十卷本四種。經我重新整理，發
　　現只有十二卷本、二十卷本、十六卷本等三種。《敦煌劫餘錄》所謂之三十卷
　　本，實際就是十六卷本。就目前公布與整理而言，英、法等國所藏，亦均分
　　屬這三種卷本。」見：《中國敦煌學百年文庫·宗教卷二》，頁 203。另參季羨
　　林主編，《敦煌學大辭典》方廣錩「十二卷《佛說佛名經》」條，(上海：上海
　　辭書出版社，1998 年 12 月一版一刷)，頁 730。

了無數高僧大德的精誠努力，由神道性懺悔走向戒律儀軌，再由戒律儀軌結合禪觀修行，後由禪觀懺悔結合大小乘思想轉變成十足中國化的大乘佛教懺悔思想。

第二節　達摩祖師的懺悔思想[157]

　　1930 年以來，學者鈴木大拙、水野弘元、關口真大、柳田聖山、田中良昭、中川孝、須山長治、忽滑谷快天、Swain 等前輩已對菩提達摩（？~535）[158]其人其事及其禪法問題取得甚多成就，我國學者如胡適、印順、呂澄、湯用彤、吳汝鈞、楊曾文、楊惠南、洪修平、張國一等先後又提出豐碩的成績。[159]不過，學者們幾乎忽略了達摩懺悔思想之成分，這無疑是研究佛法的一大憾事。本節站在前輩們的臂膀上，以「報怨行」為論述基礎，分「《楞伽經》與達摩」、「報怨行的懺悔內容」、「報怨行的懺悔思想」、「禪宗懺悔的形成」四小節來探討達摩的「報怨行」的懺悔義蘊；尤其「報怨行的懺悔義蘊」部分，筆者又分「棄末返本」、「宿業果熟」、「甘心忍受」、「體怨進道」四層來闡述其中的懺悔義蘊，這四層義蘊不僅異於一般禮懺儀，亦間接影響了後代禪宗大師們懺悔思想之實踐。

---

157 關於達摩「報怨行」的懺悔思想，筆者曾撰〈達摩「報怨行」的懺悔義蘊〉一文，載《大專學生佛學論文集》（十八），（台北：華嚴蓮社，2008 年 8 月），頁 102~169。然該文限於字數，較為簡略，本書已再作增添與潤飾。

158 菩提達摩，簡稱「達摩」。神會（684~758）的《菩提達摩南宗定是非論》稱「菩提達摩」。但神會在論說菩提達摩的傳承時，曾引《禪經序》的「達摩多羅」為「菩提達摩」，西元 774 年頃作的《曆代法寶記》逐糅混為「菩提達摩多羅」。「達摩多羅」又被譯為「達磨多羅」，「菩提達摩」就被寫成「菩提達磨」了。另外，430 年前後曇摩多羅譯出《雜阿毗曇心論》，「曇摩」或被譯成「達磨」。其後，781 年的《曹溪別傳》、801 年的《雙峯山曹侯溪寶林傳》皆寫成「菩提達磨」了。本書於撰文之時，悉用「達摩」；至於古籍原書或後人撰寫的原文中若作「達磨」者，依原字列出。詳參印順《中國禪宗史》，頁 2~3。

159 學者之研究成果甚多，詳參本書最後所列之參考書目。

一、達摩與《楞伽經》

在論述達摩「報怨行」的懺悔義蘊之前，須先交代達摩與《楞伽經》之關係。

《楞伽師資記》（約撰於 712~716 年間）與《續高僧傳》載，南天竺菩提達摩（？~535）曾下豪語云：「我觀漢地，惟有此經，仁者依行，自得度世」；[160]「此經」，即是四卷《楞伽經》；「仁者」，指二祖慧可禪師（487~593），亦可泛指一切修行人。

四卷本《楞伽經》，全稱《楞伽阿跋多羅寶經》（Laṅkāvatāra-sūtra），是元嘉二十年（443）求那跋陀羅（394~468）於丹陽郡譯出的；[161]求那跋陀羅之後還譯出《過去現在因果經》、《無量壽經》、《央掘魔羅經》、《相續解脫波羅蜜了義》、《現在佛名經》、《八吉祥經》等經典，這都兼含小乘與大乘、戒律禪觀、真常唯心、佛名懺悔與西方淨土之思想。[162]

達摩傳大乘禪法，何以獨重四卷《楞伽》？道宣云：

> （《楞伽經》四卷）文理克諧，行質相貫；專唯念慧，不在話言。……後行中原，慧可禪師創得綱紐，魏境文學，多不齒之。領宗得意者，時能啟悟。[163]

慧可之所以自《楞伽》創得綱紐，除自己的精進修行外，應還指「專唯念慧，不在話言」的功夫，這與菩提流支於延昌二年（513）

---

160 此句出自《續高僧傳卷十六・齊鄴中釋僧可傳六》，《大正》50，No.2060 頁 551 中~552 下。

161 劉宋・求那跋陀羅所譯之四卷《楞伽阿跋多羅寶經》（簡稱「四卷《楞伽經》」），《大正》16，No.670，頁 479 上~514 中。

162 元嘉十二年，求那跋陀羅（394~468）自廣州入中土，隨而上入中原，於祇洹寺譯出《雜阿含經》；於東安寺出《法鼓經》；元嘉二十年（443）於丹陽郡譯出《勝鬘經》、《楞伽經》；後又於辛寺譯出《過去現在因果經》、《無量壽經》、《央掘魔羅經》、《相續解脫波羅蜜了義》、《現在佛名經》、《八吉祥經》等經典。詳《高僧傳卷三・譯經下・求那跋陀羅十二》，《大正》50，No. 2059，頁 344 上~345 中。

163 《續高僧傳卷二十五・感通篇中・兗州法集寺釋法沖傳三十九》，《大正》50，No. 2060，頁 666 上~中。句中「慧」字，原作「惠」，筆者認為，依前後文意視之，應以「慧」為佳。

所譯出的十卷《入楞伽經》不同。[164]達摩專主四卷《楞伽》，短約四萬九千字，且認為「言語」是「三苦之本」，教人「離於言語」、「無有所說」、「超度諸心量」；[165]而十卷本《入楞伽》，贅譯至八萬九千字，其「義多舛」，[166]言「入自心見諸法」的「能入唯是心」，[167]與四卷《楞伽》在清淨心義上存在著明顯的「隔礙」，[168]故「魏境文學，多不齒之」，乃至「多生譏謗」，[169]這應與達摩活用《楞伽》經義而真實踐履禪觀的「行質相貫」精神相關。

此四卷《楞伽》本與唯識思想相關，然與唯識亦有不同之處。其顯著者有二：其一，四卷《楞伽》的常住如來藏自性清淨心具有真妄和合的意義；[170]其二，其自性清淨心具有超越唯心的義蘊。

先說第一點。從四卷《楞伽》的內容加以觀察，它確實是處處在說五法、三自性、八識、二無我等唯識宗義，然楞伽法門所說的阿賴耶識，有著真妄和合的意義，如：

> 如來之藏，是善、不善因，能遍興造一切趣生。……為無始虛偽、惡習所薰，名為「識藏」。生無明住地，與七識俱，如海浪身，常生不斷。離無常過，離於我論；自性無垢，畢竟清淨。[171]

這裡的「識藏」，雖近於唯識所說的阿賴耶識，但不是二無我與唯識無境，亦非說一切有部那種具有恆續不絕的自體（ātma-

164 菩提流支的十卷《入楞伽經》，是在延昌二年（513）譯出，見《大正新修大藏經勘同目錄》，《法寶總目錄》第一冊，頁 286 下。
165 四卷《楞伽經》卷三，《大正》16，No.670，頁 501 上、505 中。太虛〈中國佛學的特質在禪〉，《現代佛教學術叢刊 2・禪學論文集》，（台北：大乘文化，1976 年 10 月），頁 13。印順《中國禪宗史》，頁 7~20。
166 武則天〈御製新譯大乘入楞伽經序〉，《大正》16，No.672，頁 587 上。
167 《入楞伽經卷四・集一切佛法品第三之三》，《大正》16，No.671，頁 536 上、544 中。
168 印順〈宋譯《楞伽》與達摩禪〉，《現代佛教學術叢刊》n.12，（台北：大乘文化，1980 年 10 月），頁 17~28。
169 《續高僧傳卷十六・齊鄴下南天竺僧菩提達摩傳五》，《大正》50，No.2060，頁 551 中。
170 關於如來藏思想之研究，參 E. Obermiller： "The Sublime Science of the Great Vehicle to Salvation Being a Manual of Buddhist Monism"，*Acta Orientalia* IX，Copenhogen：Denmark，1931。
171 《楞伽經》卷四，《大正》16，No.670，頁 510 中。

bhāva）、自相（svalakṣaṇa）的極微（paramāṇu）自性（svabhāva），[172]而是將如來藏（tathāgata-garbha）與雜染薰習（業相）[173]進一步統一起來的「真識」。由於雜染種習，根塵器界隨因緣而現起，如海浪般因境界風動而現起七轉識，然其表面似乎是虛妄雜染，自性仍是本淨的。[174]在《楞伽》中，「藏識」又作「真識」、「真相」、「真相識」，「略說有三種識，廣說有八相。何等為三？謂真識、現識，及分別事識」，「藏識海常住，境界風所動；種種諸識浪，騰躍而轉生。……七識亦如是，心俱和合生。」[175]又云：「轉識、藏識，真相若異者，藏識非因；若不異者，轉識滅，藏識亦應滅，而自真相實不滅，非自真相識滅。」[176]此種真實的本淨自性，是

---

172 五百大阿羅漢造，唐・玄奘譯《說一切有部發智阿毗達磨大毗婆沙論卷三十四・雜蘊第一中・無慚愧納息第五之一》：「自體、自相，即彼自性。如說諸法自性，即是諸法自相」，《大正》27，No. 1545，頁 179 中。筆者按：部派佛教對細微心識存有與否的問題，各有不同看法，如大眾部學者，在常識的六識之外，還未承認有個恆時相續的心識存在；上座部方面，則參酌初期大乘之說，承認有個恆時相續的心識存在；犢子部、法上部、賢冑部、正量部、密林部等，共同承認有一非即蘊非離蘊我的存在，化地部、法藏部，則承認有一窮生死蘊的存在；但名稱雖不同，其實與上座部學者所承認的那個永久存續的不可知的精神存在體是似的。參演培《唯識法相及其思想演變》，（台北：天華出版事業，1980 年 2 月），頁 234~246。

173 薰習（vāsanā，或 pravṛti，abhyāsa），指染、淨、迷、悟諸法（身、語、意三業；業，即行為）之勢力薰附殘留在吾人心識上之作用，即稱為薰習。小乘佛教經量部主張色（物質）與心能互相薰習，故有「色心互薰」說；但薰習說之完成，則屬大乘唯識宗無疑。依其說，薰附之能薰法（其身語意所現者）為「現行」，受薰附之所薰法為「心」，薰附作用能在所薰之心上留下殘氣、習慣、餘習（習氣）等諸種子。唯識宗以七轉識之現行為能薰之法，而以第八阿賴耶識為貯藏種子之所薰處。此所薰、能薰之關係，即為阿賴耶識因果相續之理。據《成唯識論》載，所薰、能薰各有四義，即所謂所薰四義與能薰四義。（一）所薰四義，即：（1）堅住性；（2）無記性；（3）可薰性；（4）能、所和合。上記四義，唯阿賴耶識所具有。（二）能薰四義，即：（1）有生滅；（2）有勝用；（3）有增減；（4）能、所和合。詳唐・窺基《成唯識論述記》卷三，《大正》43，No.1830，頁 309 中~314 中。

174 佛云：水流處藏識、轉識浪生，如眼識一切諸根、微塵、毛孔俱生，隨次境界生亦復如是。譬如明鏡，現眾色像。猶如猛風吹大海水，外境界風飄蕩，心海識浪不斷。因所作相異、不異，合業生相，深入計著，不能了知色等自性，故五識身轉。……以習氣種子不滅故不滅，以境界轉攝受不具故滅。」又，「阿梨耶識者名如來藏，而與無明七識共俱。」《大正》16，No.670，頁 484 上~中、556 下。

175 《大正》16，No.670，頁 483 上~484 中。

176 《楞伽經》卷一，《大正》16，No.670，頁 483 中。

十卷《楞伽》所不說的，[177]且直與如來藏系《勝鬘經》「如來法身不離煩惱藏，名如來藏」、「此自性清淨如來藏，而客塵煩惱上煩惱所染」可以互為闡發。[178]故若從在纏而本性清淨說，名為「如來藏」（或云「如來性」、「佛性」、「如來界」、「自性清淨心」）；[179]從自性清淨而現為不淨來說，就是「識藏」；《楞伽經》處處說「如來藏藏識心」，理由即在於此。是故，楞伽的如來藏藏識說，與瑜伽唯識學，彼此間的距離不能不說是很遠的。[180]它是「能遍造一切趣生」、「離無常過，離於我論；自性無垢，畢竟清淨」的，[181]為故生死流轉與涅槃還滅的根本依。[182]

　　再論第二點。從四卷《楞伽》的內容加以觀察，它確實是處處在說「自心所現」、「唯心直進」、「三界唯心」、「一切唯心量」

---

177 鑑安云：四卷《楞伽》依於《勝鬘》而說佛性，將佛性和人心看成是一事，以為不過說起來的名目有些區別而已（說佛性用「如來藏」，說人心用「識藏」，經文結合兩者說成「名為如來藏的識藏」）。十卷本則將它看成兩事，特別說「如來藏識不在阿黎耶識」，又一再說他們是「二法」。故四卷本只是一心，即自性清淨心；十卷本說成二心，淨心和染心，其他有關的理論也都依此而立說，見氏撰〈禪宗的思想與風範〉，《現代佛教學術叢刊2·禪學論文集》，（台北：大乘文化，1976年10月），頁157~178。

178 求那跋陀羅譯《勝鬘師子吼一乘大方便方廣經》，《大正》12，No. 353，頁221下、222中。

179 《楞伽經》的這種如來藏佛性思想，在許多大乘經典中皆可找到相同的證據，如東晉·佛陀跋陀羅譯《大方等如來藏經》：「一切眾生雖在諸趣煩惱身中，有如來藏，常無染汙，德相備足，如我無異。」《大正》16，No.666，頁457中~下。梁·真諦譯《佛說無上依經卷上·如來界品第二》：「何者是如來界？……是如來界，無量無邊，諸煩惱殼之所隱蔽，隨生死流，漂沒六道，無始輪轉，我說名眾生界。」《大正》16，No.669，頁469中~下。劉宋·求那跋陀羅譯《大法鼓經》卷下：「一切眾生悉有佛性，……諸煩惱藏覆如來性，性不明淨。若離一切煩惱雲覆，如來之性，淨如滿月。」《大正》9，No.270，頁297中。元魏·菩提流支譯《佛說不增不減經》：「即此法身（如來藏別名），過於恆沙煩惱所纏，從無始世來，順世間，波浪漂流，往來生死，名為眾生。」《大正》16，No.668，頁467中。北涼·曇無讖譯《大般涅槃經卷七·如來品第四之四》：「我者，即是如來藏義。一切眾生悉有佛性，即是我義。如是我義，從本以來，常為無量煩惱所覆，是故眾生不能得見。」《大正》12，No.374，頁407中。東晉·佛馱跋陀羅譯《大方廣佛華嚴經卷三十五·寶王如來性起品》：「如來智慧，無相智慧，無礙智慧，具足在於眾生身中。但愚癡眾生，顛倒想覆，不知不見。」《大正》9，No.278，頁624上。

180 參：印順〈宋譯《楞伽》與達摩禪〉，《現代佛教學術叢刊》n.12，頁21。

181 《楞伽經》卷四，《大正》16，No.670，頁510中。

182 印順《中國禪宗史》，頁23。

等概念，[183]然楞伽法門所說的「自心」、「唯心」，並不是無著
（395~476）、世親（400~480）瑜伽唯識依於《華嚴》、《十地》
以破小乘所安立的「唯心所現」，[184]亦非玄奘（602？~664）、窺基
（632~682）等唯識系所說的「三界唯心之言，即顯三界唯識」，
[185]而是著重於將「心、意、意識，自心所現，自性境界，虛妄之
想，生死有海，業愛無知，如是等因，悉以超度」，[186]亦即為一種
超越唯心的自覺聖智境，[187]《楞伽》云：

> 言說別施行，真實離名字；分別應初業，修行示真實；真
> 實自悟處，覺想所覺離；此為佛子說，愚者廣分別；種種
> 皆如幻，雖現無真實。……哀愍者所說，自覺之境界。[188]

這種超越自心量的自覺之境界，又稱作「不思議自覺聖趣境界及
第一義境界」，[189]即使是運用語言文字以說明因緣業報之說，亦是
為了顯示真實以令佛子自覺自悟，「採集業說心」，為的是「開悟
諸凡夫」，令凡夫撥雲以見日，故「若說真實者，心即無真實」，[190]
連「說真實」都不必去妄想計著，故云：

> 三世如來有二種法通：謂說通及自宗通。說通者，謂隨眾

---

183 分見《大正》16，No.670，頁 483 中、483 下、489 下、509 上。
184 無著偈云：「菩薩於定位，觀彼唯是心」、「若知諸義唯是言，即住似彼唯心理」，
　　玄奘譯《攝大乘論本卷中・入所知相分第四》，《大正》31，No.1594，頁 143
　　下。無著云：「唯心染故眾生染，唯心淨故眾生淨」，玄奘譯，《顯揚聖教論卷
　　三・攝事品第一之三》，《大正》31，No.1602，頁 493 中。世親云：「安立大
　　乘三界唯識，以契經說三界唯心」，玄奘譯《唯識二十論》，《大正》31，No.1590，
　　頁 74 中。
185 如《成唯識論述記卷七・如契經說至唯識所現》，《大正》43，No.1830，頁 488
　　上~中。
186 佛云：「諸善知識佛子眷屬，彼心、意、意識，自心所現，自性境界，虛妄之
　　想，生死有海，業愛無知，如是等因，悉以超度。」《楞伽經》卷一，《大正》
　　16，No.670，頁 484 上~中。
187 日・菅尚英〈「楞伽經」における唯心〉云：《楞伽經》中的「自心所現」
　　（svacittadṛśyamātra），約可分三類：一為與《華嚴經》的「三界唯心」義相
　　同，在論述之時，多與分別、無境、幻、迷亂等語合成；二即自證而得的「自
　　覺聖智境」，可以趣入如來藏地，這是自世親《唯識二十論》處啟發而來的；
　　三是由分別進入無分別的轉換，在論述之時，多與真如、空性、無心、中道、
　　超越心量等語同義，《印度學佛教學研究》n.29v.1，頁 283~285。
188 《楞伽經》卷一，《大正》16，No.670，頁 484 下~485 上。
189 《大正》16，No.670，頁 486 中。
190 《大正》16，No.670，頁 484 下。

> 生心之所應，為說種種眾具契經，是名說通。自宗通者，
> 謂修行者離自心現種種妄想，謂不墮一、異、俱、不俱品，
> 超度一切心、意、意識，自覺聖境，離因成見相，一切外
> 道、聲聞、緣覺、墮二邊者所不能知，我說是名自宗通法。[191]

禪者這種遠離自心（citta）所現種種妄想而不墮於一、異、俱、不俱諸差別現象而超越一切心、意、意識的自覺境界，是緣起而成的，它是非一，非二，非時間，非空間的，它超越於一切二元對立的事物之外，亦不是如亞里斯多德（Aristotle，384~322A.C.）所說萬事萬物皆是「四因說」的哲思組合，[192]更不是依於「靈魂·夢·真」結合為一的寧靜禪定，[193]而是依於如來藏緣起而超越於「一切心、意、意識」的殊勝智慧。禪者若是靠著教說而通達教義，那只是一般的「說通」而已；若能自知自覺自懺自行，則是「宗通」的修行者。[194]達摩「報怨行」懺悔之所以可能，即是以《楞伽》這種超越於「一切心、意、意識」的宗通自覺為其重要理據。

達摩的「藉教悟宗」之理，與上述「宗（通者），為修行」意相通。據杜朏《傳法寶紀》載，道育、慧可「宿心潛會，精竭求之。師事六年，志取通悟。」達摩從容謂曰：「尒（爾）能為法捨身命不？」慧可「因斷其臂，以驗誠懇」。[195]《楞伽師資記》

191　《楞伽經》卷三，《大正》16，No.670，頁503上。
192　亞里斯多德認為一個事物的完成皆靠四個原因：「形式因」（formal cause）、「質料因」（material cause）、「動力因」（efficient cause）、「目的因」（final cause）。四因之中最重要的是「形式因」與「質料因」，「形式」加在「質料」之上就能成為一個東西；若再加上「動力因」、「目的因」就成為一個發展。牟宗三《四因說演講錄》，（台北：鵝湖出版社，1997年3月），頁7~13。
193　西班牙哲學家雷蒙·潘尼卡（R.Panikkar）嘗藉印度教、佛教與禪宗的觀點，企圖超越康德的純理性批判而將「靈魂·夢·真」結合為一，並說「禪定試圖幫助我們把我們的靈魂引向寧靜。」這是誤解了佛教所說的無我、無常、性空諸法印之理。R.Panikkar, *A Dwelling Place for Wisdom*, Westminster：John Knox, 1993。引見，王志成、思竹譯《智慧的居所》，（南京：江蘇人民出版社，2000年9月），頁66。
194　《大正》16，No.670，頁503上~中。
195　此二句引自唐 杜朏《傳法寶紀并序》(約於713年所撰)柳田聖山核對P.2634、P.3559組成，見氏著《初期禪宗史書の研究》，（京都：法藏館，2001年1月），頁559~593。

載：二人「事之數載，虔恭諮啓，善蒙師意。法師感其精誠，誨以真道」，此真道即「二入四行觀」。[196]其「理入」云：

> 理入者，謂藉教悟宗。深信含生，同一真性，但爲客塵妄想所覆，不能顯了。若也捨妄歸真，凝心壁觀，無自無他，凡、聖等一，堅住不移，更不隨於言教，此即與理冥扶（符），無有分別，寂然無爲，名之理入。[197]

此處之「教」，是經教、教法；「宗」，即「自宗通」，是離文字言說的自證、自覺。[198]即使是「藉教悟宗」，仍然須理解到一切有情衆生與聖賢才智之「真性」是等同爲一的，當計執於妄識之時，即是「爲客塵妄想所覆」，故不能顯了如來藏自性清淨心；修行者若能捨妄以歸真，自然「與理冥符，無有分別」。這顯然是如來藏系自性清淨心的思想，承印度部派佛教「心性本淨，客塵所染」說而來，特別是與《楞伽經》「雖自性淨，客塵所覆故，猶不見淨」的心性說相近。再從「無自無他，凡聖等一」來看，達摩是把「心性本淨」與「般若掃相」結合起來作爲其禪法的理論基礎，這既與他所傳的「南天竺一乘宗」的理論淵源有關，更是受到中國佛教學風影響之結果。[199]

另外，達摩這種不隨於言教的歸真入道，與北涼譯出的《金剛三昧經》之「二入」是相爲契應的，[200]只是《金剛三昧經》較

---

196 淨覺《楞伽師資記》，《大正》85，No. 2837，頁 1285 上。又見《少室六門》，《大正》48，No.2009，頁 369 下~370 上。

197 此據《菩提達摩四行論》，《禪宗全書‧語錄部（一）》，（台北：文殊文化，1988 年 8 月），頁 28。淨覺《楞伽師資記》作「理入者，謂藉教悟宗。深信含生、凡、聖，同一真性，但爲客塵妄覆，不能顯了。若也捨妄歸真，凝住辟觀，自、他、凡、聖等一，堅住不移，更不隨於言教，此即與真理冥狀，無有分別，寂然無爲，名之理入。」《大正》85，No. 2837，頁 1285 上。

198 洪修平《禪宗思想的形成與發展》，（南京：江西古籍出版社，2000 年 1 月），頁 78。

199 《禪宗思想的形成與發展》，頁 80。

200 北涼佚名《金剛三昧經‧入實際品第五》，《大正》9，No. 273，頁 369 中~下。據日‧水野弘元的研究，依據作者對《金剛三昧經》的推測，達摩的「二入四行說」最遲在 600 年頃已成立，而《金剛三昧經》則成立於達摩後（約 648~665 年間），作者認爲其可能是唐初通達佛教學者整理製作的僞經。如此，則二入說是否採自《金剛三昧經》便值得懷疑。基於此，則二入四行說是否爲達摩的真說，抑或是出自其弟子慧可、曇林，仍有待進一步的考察。筆者的立場，

重視「心無出入，無出入心，入而不入」的無著入理與禪行，而
達摩則強調「外止諸緣，內心無喘」的「凝住壁觀」[201]與「寂然
無為」的功夫，又以更為具體的「報怨行」立於首，再用「隨緣
行」、「無所求行」縱貫於後，最後以「稱法行」契證真性之理的
特殊修持法。道宣說，齊、梁之世，北方僧稠（480~560）的「五
停四念」禪法，「寶重之冠，方駕（佛圖）澄、（道）安」，清範可
崇，情事易顯；[202]達摩則是「神化居宗，闡導江洛」，「摩法虛宗，
玄旨幽賾」，卻又說他「理性難通」，[203]其實正是達摩綜攝了《楞
伽》「一切佛語心」與《金剛三昧經》的二入後，以「不隨於言教」
的頭陀禪行去體幻以即真，與理冥符，直成「忘言、忘念、無得、
正觀為宗」的禪修特色。[204]當然，達摩繼承竺道生會通般若實相
與涅槃佛性之後，又將般若實相與心性本淨結合起來，這對晉、
宋之際由般若真空轉向涅槃佛性妙有而始終未完全離却般若實相
空的發展，無疑造成相當程度的震撼作用。[205]

　　再回到懺悔思想的脈絡來說。據史傳載，求那跋陀羅能感知
宿緣，常教導僧眾念十方佛，稱觀世音，誦咒讀經，親自燒香咒
願，踐行著禮拜懺悔。[206]經籍目錄亦載，求那跋陀羅自宋文帝元
嘉年二十年（443）至孝武帝（454~464）間在中土所譯出的「五

　　傾向於「二入四行」係達摩前後禪者修禪實踐的共法，只是隨不同功夫與不同經據而有不同的開展。水野弘元〈菩提達摩の二入四行說と金剛三昧經〉，《印度学仏教学研究》v.3 n.2（=n.6），1955年3月，頁239~244。

201　宗密云：「達摩以壁觀教人安心，外止諸緣，內心無喘；心如牆壁，可以入道，豈不正是坐禪之法？」見氏著《禪源諸詮集都序》卷上之二，《大正》48，No.2015，頁403下。

202　關於齊梁間僧稠的「五停四念」與達摩禪法的比較，見《續高僧傳卷十六‧習禪初‧齊鄴西龍山雲門寺釋僧稠傳八》、《續高僧傳卷十九‧習禪四‧唐京師化度寺釋僧邕傳九》、《續高僧傳卷二十‧習禪五‧論曰》，《大正》50，No.2060，頁553中~555中、頁583下、頁596下。

203　《續高僧傳卷二十‧習禪五‧論曰》，《大正》50，No.2060頁596下。

204　《續高僧傳卷二十五‧感通篇中‧兗州法集寺釋法沖傳三十九》，《大正》50，No. 2060，頁666上~中。

205　《禪宗思想的形成與發展》，頁84。

206　《高僧傳卷三‧譯經下‧求那跋陀羅十二》，《大正》50，No.2059，頁344上~345中。

十二部一百三十四卷經論集」中，[207]《新阿鋡經》、《八吉祥經》、《過去現在因果經》、《無量壽經》、《現在佛名經》、《十二品生死經》、《十報法三統略經》、《罪福報應經》、《六齋八戒經》、《舍利弗等比丘得身作證經》、《阿彌陀經》、《虛空藏菩薩經》、《阿難陀目佉尼呵離陀經》、《拔一切業障根本得生淨土神咒》、《佛說輪轉五道罪福報應經》等，無不與懺悔思想相關。[208]即使是禪路迥異的菩提流支，除十卷《入楞伽經》外，亦譯有《佛名》、《法集》、《深密》、《勝思惟》、《大寶積》、《法華》、《涅槃》等經典，[209]凡此皆與唯識、涅槃佛性、佛名懺悔、淨土懺悔等思想相關。

　　雖說達摩的禪法「褰裳導迷，息其言語，離其經論，旨微而徹，進捷而明。……證歸一體，功由自覺，無一微塵法能為出入，無一剎那法能為離間，湛然無際，空然無物」，[210]但在同時代求那跋陀羅、菩提流支等禪師這麼重視懺悔滅罪思想的氛圍下，他那「證歸一體」、「功由自覺」、「湛然無際」的頭陀禪法，若忽略了「報怨行」懺悔義蘊之認識與實踐，達摩證與理冥符的楞伽心法便容易變成虛無之物。

---

207 此據唐・智昇《開元釋教錄卷五・總括群經錄上之五・宋劉氏都建業・沙門求那跋陀羅》，《大正》55，No.2149，頁523中、528上~530上。僧祐《出三藏記集》是「十三部七十三卷」，《大正》55，No. 2145，頁12下~13上、頁105中~106中。道宣《大唐內典錄》則稱有「七十八部一百六十一卷」，《大正》55，No.2149，頁257中、258下~259下。

208 前四部經典，見僧祐《出三藏記集》，《大正》55，No. 2145，頁12下~13上、頁105中~106中。中間九部經典，見道宣《大唐內典錄卷四・宋朝傳譯佛經錄第十・沙門求那跋陀羅》，《大正》55，No.2149，頁258下~259下。後世部分見《大正》12，No. 0368，頁351下~352上。《大正》17，No. 747b，頁563中~564下。

209 道宣引李廓《眾經錄》云：「三藏流支，自洛及鄴。爰至天平，二十餘年，凡所出經，三十九部，一百二十七卷，即《佛名》、《楞伽》、《法集》、《深密》等經。《勝思惟》、《大寶積》、《法華》、《涅槃》等論。」不過，道宣又云：「當時有沙門菩提流支與般若流支，前後出經，而眾錄傳寫，率多輕略，各去上字，但云流支，而不知是何流支？迄今群錄譯目相涉，難得詳定。」《續高僧傳卷一・譯經篇初・魏南臺永寧寺北天竺沙門菩提流支傳四》，《大正》50，No. 2060，頁428下~429上。

210 杜朏《傳法寶紀并序》，日・柳田聖山考定P.2634、P.3559而綴成，《初期禪宗史書の研究》，（京都：法藏館，2001年1月），頁570。楊曾文《敦煌新本六祖壇經・附編（一）傳法寶紀》，（上海：古籍出版社，1995年6月），頁169。

二、「報怨行」的懺悔內容

　　若欲詳說達摩禪師的懺悔思想，最具體的文獻可從「二入四行」的「報怨行」切入。先列出其內容：

> 報怨行者，修道行人，若受苦時，當自念言：我從往昔無
> 數劫中，棄本從末，流浪諸有，多報怨憎，違害無限。今
> 雖無犯，是我宿殃惡業果熟，非天非人所能見與。甘心忍
> 受，都無怨讎。經云：「逢苦不憂」也，何以故？識達（本）
> 故。此心生時，與理相應，體怨進道。是故，說言「報怨
> 行」。[211]

大意是說：進行禪修的人，如果感受到苦迫煩惱時，應當用正念這樣發露：我在從前無數劫的時期中，因為棄置了如來藏自性清淨心，妄從世俗的錯誤身心言動，以致於長久陷溺於有我、我所的計度執著之瀑流中，不但自己恆感業報，世世迭生怨憎，同時對六道眾生造成無限的違害。現世之我雖然沒有犯錯，其實是累劫以來的宿積業殃隨因緣條件成熟而顯現的，這不是天仙或常人讓它顯現出來的。應該甘心忍受這種業報，不必去怨責或讎懟他人。佛經上常說：「逢苦不憂」，為何如此說？是因為他能透達如來藏自性清淨心的緣故。此顆如來藏自性清淨心既緣生而起，又能時常與佛說的教理相互照應，勇敢的去面對宿殃果報而精進不懈，必能體證佛道的境界。這就是所謂的「報怨行」的功夫。

　　要言之，「報怨行」即是認識到自己曾經錯誤的身心言動諸罪行，依於緣起業理，以二入四行對之進行發露懺悔的實踐與超越。

211　此據《菩提達摩四行論》，《禪宗全書‧語錄部（一）》，（台北：文殊文化，1988
　　年8月），頁28。文中「棄本從末」之「從」字，《楞伽師資記》作「逐」；「多
　　報怨憎」之「報」字，「識達本故」之「本」字，據《楞伽師資記》及前後文
　　字之四句法所增，見淨覺《楞伽師資記》，《大正》85，No. 2837，頁1285上。

三、「報怨行」的懺悔義蘊

　　上述只是「報怨行」懺悔內容的表面意義，以下再參酌「理入」、另外「三行」、《楞伽》與《金剛三昧經》，分別就「棄末返本」、「宿業果熟」、「甘心忍受」、「體怨進道」四層懺悔義蘊作深入之詮釋。

（一）棄末返本

　　達摩「報怨行」首先提及「捨本從末」，是直指眾生苦迫煩惱的根本癥結而說，目的是要懺悔者「棄末返本」。

　　在達摩來說，「本」者，理也，道也，即以如來藏自性清淨心為生死流轉之根本，是無為法、真常法，是不可說、不可以常識理解、不可思議、近神秘而非神秘性的，是眾生本來就與如來一樣具有獨妙真常的清淨自性，只是未顯而已。所謂「末」者，泛指引起怨憎違害的妄心言動，是暫時覆蓋遮蔽清淨自性的真常心之客塵煩惱，是不脫離緣起、無常與罪業的事實，即是有為法的罪業之有、苦集之有、罪性之空、苦集之滅，一切悉是依緣而生，亦是依緣而滅的。前者是達摩懺悔之極旨，故教眾生體悟清淨自性以返回本真常自性，所謂「智者悟真，理將俗反」是也；後者是凡愚貪求而自致之苦迫煩惱，所謂「世人長迷，處處貪著」是也。[212]

　　自懺悔而言，處處貪著即是妄心言動，妄心言動是一切苦受之源，故禪者須以懺悔滅罪法懺除之使身清淨而「返」回真常自性。佛陀對眾生苦迫煩惱進行觀照，總結為「十二緣起」的複雜作用。依緣起之理，眾生因種種執取（upādāna）的動力，引發身、語、意的一切行為，無論貪戀或厭離，必招感未來三有果報。[213]達

212　此據「無所求行」之內容而詮之，《大正》85，No. 2837，頁 1285 上。
213　印順《唯識學探源》，《妙雲集》中篇之三，（台北：正聞，1998 年 1 月），頁 13~14。

摩「報怨行」所用之「怨」字，可遙應於阿含中的十惡業（kamman），此處則兼有讎怨、怨懟之意；累世的讎怨、怨懟，不是他人加諸於我的，而是自己的業力招感而來，不懺悔滅除，它就能縛有情在生死牢獄中，[214]佛云：「一切眾生，繫屬於業，依止於業，隨自業轉。以是因緣，有上、中、下差別不同；或有業能令眾生得短命報，或有業能令眾生得長命報。」[215]就現世而言，眾生既知讎怨、怨懟是無始累劫感引而來，便應懺悔滅除，精進不懈，《梁皇懺》亦云：「怨對相尋，皆由三業，莊嚴行人，嬰諸苦報。相與既知是眾苦之本，宜應勇猛，挫而滅之。滅苦之要，唯有懺悔。」[216]行者若不知懺悔，復隨內外因緣條件而興起新的讎怨、怨懟之心，將會繼續輾轉發業並增益潤生，造成恆續不絕的「惑－業－苦」之「三輪罪業」。[217]此即眾生生死相續不絕的根本原因，亦為修行者必須直接面對、當下承擔的根本問題；相對的，眾生若未建立正確的認識，不知造成一己「惑－業－苦」之源頭，執著於錯誤的知識名言概念而繼續妄造三業，則必繼續沉淪於生死苦海而無出期之日。故《金剛三昧經》在最後「總持品」中亦載：

> 佛云：若失本心，當即懺悔。懺悔之法，是為清涼。
>
> 阿難言：懺悔先罪，不入於過去也。
>
> 佛言：如是，猶如暗室，若遇明燈，暗即滅矣。……
>
> 阿難言：「云何名為懺悔？」
>
> 佛言：依此經教，入真實觀。一入觀時，諸罪悉滅，離諸

---

214 佛陀欲使眾生了解煩惱所致之業報苦果，遂以各種立場表示之。自其作用而言，佛曾說過隨眠（anuśaya）、纏（paryavasthāna）、蓋（nivaraṇa）、結（saṃyojana）、縛（bandhana）、漏（āsrava）、取（upādāna）、繫（grantha）、使、垢、暴流、軛、塵垢、客塵等各種名稱，一般以「煩惱」（kleśa）概括之。詳參：五百大阿羅漢造，唐・玄奘譯《說一切有部發智阿毗達磨大毗婆沙論卷四十六~九十二・結蘊》，《大正》27，No. 1545，頁 236 中~478 下。

215 隋・法智譯《佛為首迦長者說業報差別經》，《大正》1，No.79，頁 891 上

216 《慈悲道場懺法》，《大正》45，No. 1909，頁 945 下。

217 此「三輪罪業」係借世親對施者、受者與施物「攝伏在三輪，於相心除遣；後後諸疑惑，隨生皆悉除」的「三輪體空」，不住於相施之相對詮釋。無著造，世親釋，《能斷金剛般若波羅蜜多經論釋》卷上，《大正》25，No.1513，頁 875 下。

　　惡趣，當生淨土，速成阿耨多羅三藐三菩提。[218]

行者欲脫離相續不絕的生死苦海，須安定本心，讓本心清淨常在，
生命始具有意義,而其最基本的功夫是「懺悔先罪,不入於過去」,
亦即是斷結過去宿業，令身心清涼，在入真實禪觀時，自能令諸
罪悉滅，離諸惡趣，頓生淨土，速成阿耨多羅三藐三菩提智慧。
就「報怨行」而言，即是行者真誠發露雜染於如來藏藏識中的三
輪罪業，以無常、無我、無我所、性空為思想基礎而細密周遍的
斷絕、滅盡之，[219]故「報怨行」云：

　　若受苦時，當自念言：我從往昔無數劫中，棄本從末，流
　　浪諸有，多報怨憎，違害無限。[220]

自念往昔的棄本逐末的錯誤，實即是行者自身對「惑－業－苦」
三輪罪業的真誠發露與自恣懺悔。為了避免「惑－業－苦」三輪
罪業長陷諸有之中造成無限違害，達摩佐以「稱法行」：

　　法體無慳，於身命財，行檀捨施；心無恡惜，達解三空，
　　不倚不著；但為去垢，攝化眾生，而無取相。[221]

如是，由「身」之無相布施，銜接「心」之空無倚著，交互攝受
踐行，受諸受而無所受，依於業而不執著於業，便能在業中繼續
生活下去，達到攝化眾生的目的。

　　達摩雖不隨言教，其實是活用了《楞伽》的超越精神而與《金
剛三昧經》的二入與懺悔思想相近；雖然寂然無為，卻又隨說隨
行，精進不放逸，顯現出叢林禪風之本色。道宣說他「淺、蕩之
志存焉」與「罪、福之宗兩捨」，只說出他的外在行為；又說他是
「褊淺之識，墮惰之流」，[222]實是以嚴格的戒律標準的過度批評

218　北涼佚名《金剛三昧經》，《大正》9，No. 273，頁 374 中。
219　見本書第一章第一節「二論題界說（三）禪宗懺悔思想界說」部分之論述。
220　《楞伽師資記》，《大正》85，No. 2837，1285 上。
221　《楞伽師資記》，《大正》85，No. 2837，1285 中。句中「財」字原作「則」；
　　「不倚不著」原作「不倚著」，據《大正》85《楞伽師資記》下校注及《菩提
　　達摩大師略辨大乘入道四行觀》略作刪改。《菩提達摩大師略辨大乘入道四行
　　觀》，見藏經書院版《卍新續選輯・禪宗部》第一冊，《卍新續》110，（台北：
　　新文豐，1984 年 3 月），頁 807~808。
222　《續高僧傳卷二十・習禪五・論曰》，《大正》50，No.2060，頁 596 中~下。

之。[223]達摩來自南印度，既志在弘揚大乘佛教，自會依於緣起來看待罪、福，故對眾生長迷於苦海提出「捨妄歸真」的呼籲，這即是教導眾生「深信含生、凡、聖，同一真性，但為客塵妄覆，不能顯了」，只要「棄末（妄）返本（真）」，勇敢的面對罪業，懺悔即清淨，清淨即易入理，本心安定，自能體證本有的如來藏自性清淨心。

（二）宿業果熟

就懺悔而言，上面的「捨本逐末」是行者必須「棄末返本」，勇敢面對往昔罪業；「報怨行」再提及「宿殃惡業果熟，非天非人所能見」[224]，則是對甚深緣起、因果業理的深入認識與不思議境的肯定。

果熟之「宿殃惡業」是如何形成的？是禪者懺悔滅罪身心清淨必須深入認清的問題。本書在第一章「懺悔釋義」部分已就懺悔、戒律與因果業報之關係略作說明，此處再對照西洋哲學家之說法，然後以如來藏思想為核心作進一步說明。

據南傳《增支部・三集・135 經》載，佛陀對印度《吠陀》、《奧義書》哲學以來的傳統業說有不同的看法，被稱作是「業論者」（kammavāda）、「行為論者」（kiriyavāda）、「努力論者」（viriyavāda），[225]明顯可見的是，佛陀的懺除意業與不放逸精進是更重於身業、語業的。如外道以「十四無記」（或「十四難」）

223 達摩後世弟子們，經常「聚結山門，持犯蒙然，動掛刑網，運斤運刃，炊爨飲噉」等的道家化山林風格頗多譏評。印順認為，道宣是律宗大師，自然不能接受近於叢林制度的雛形。《中國禪宗史》，頁 33~37。唐・宗密亦云：「一類道士、儒生、閑僧，泛參禪理者，皆說此（泯絕無寄）言，便為宗極。不知此宗，不但以此言為法。」《禪源諸詮集都序》卷上之二，《大正》48，No.2015，頁 402 下。

224 《楞伽師資記》，《大正》85，No. 2837，頁 1285 上。

225 其云：「過去一切的阿羅漢、正等覺者、世尊，都是業論者、有作用論者、努力論者。」Anguttara-Nikāya（巴利藏《增支部》），Vol.I，頁 287。又，「沙門瞿曇是業論者、有作用論者，對婆羅門族，會使他們生起無缺點之尊敬。」Digha-Nikāya（巴利藏《長部》），Vol. I，頁 115。

質問佛陀，佛陀皆緘默以對，[226]其意不在靈魂說、一元論、二元
對立或形而上的範疇上，[227]而在修行者對於甚深緣起與因果業論
之盲點是否能夠正確認識與實踐上，此一甚深緣起與因果業論雖
然可以順逆觀照而為權說，但順逆的觀照與權說並不是一般的語
言、文字、概念、符號、邏輯哲理或一般戲論（prapañca）可以
詮辯清楚的。現代學者如德哲馬丁‧布伯（Martin Buber，
1878~1965）亦曾肯定佛陀的緘默「並不是在灌輸思想，而只在
指點路徑。他拒斥一種見解，一種愚人之妄見」，但布伯又用超越
而全知全能的「上帝」來調和主體「我」與客體「它」（I-It）之
間的概念化與客體化（conceptualization-and-objectification）關係
與「我」與「你」（I-Thou）間全人積極投入（wholistic-
active-engagement）的相會關係（encounter relation），且批評佛陀
的緘默不語是「背棄人生之實在」、「佛陀的路子屬於鄙棄世界之
說」，[228]這除了讓禪者的精進與不放逸精神失焦外，亦偏離了佛陀
所說的甚深緣起、因果法則與業力之必然關係。印度大哲 Raimon
Panikkar（雷蒙‧潘尼卡，1918~）亦講究禪修者須兼重「默觀與
責任」，[229]但他以「宇宙 ── 神 ── 人」三位一體的共融
（cosmotheandric）原則闡說實在世界的創化之道，[230]亦偏離了佛
陀所說的甚深緣起、因果業論與楞伽常住不變的如來藏自性清淨

---

226 「十四無記」，《大智度論》中作「十四難」：即「世界及我常？世界及我無常？
世界及我亦有常亦無常？世界及我亦非有常亦非無常？世界及我有邊？無
邊？亦有邊亦無邊？亦非有邊亦非無邊？死後有神去後世？無神去後世？亦
有神去亦無神去？死後亦非有神去亦非無神去後世？是身是神？身異神
異？」，龍樹造，後秦‧鳩摩羅什譯《大智度論卷二‧初品總說如是我聞釋論
第三》，《大正》25，No.1509，頁 74 下。詳：劉宋‧求那跋陀羅譯《雜阿含
經卷三十四‧（957~969）》，《大正》2，No.99，頁 244 上~250 上。
227 Raimon Panikkar，"The Myth of Pluralism: The Tower Babel- A Medition on
Non- violence"，Cross Current，29，（summer，1979），P.206。
228 以上參 Martin Buber（馬丁‧布伯）著，陳維剛譯，I and Thou（《我與你》），
（台北：桂冠，2002 年 6 月），頁 72~73。
229 詳參 Raimon Panikkar 著，王志成、思竹譯，Invisible Harmony -Essays on
Contemplation & Responsibility（《看不見的和諧-默觀與責任文集》），北京：
宗教文化，2005 年 8 月），頁 58~76。
230 相關內容參 Raimon Panikkar，The Trinity and World Religious（《三位一體與世
界諸宗教》），（Madras，India：Christian Literature Society，1970），PP.17~26。

心之思路。

　　直接對禪者發生影響的是，佛教經典隨處皆見「宿殃惡業」或「宿殃惡業果熟」的話語，如何去進行正確的認識與實踐是禪者必然要面對的大問題，因爲「宿殃惡業」或「宿殃惡業果熟」等話語極近似於外道的宿命論或婆羅門教的因果輪迴論，稍一偏失，都容易讓禪者陷於矛盾之中。達摩之所以被肯定爲大乘佛教的「南宗一佛乘」，其思想前提仍必以甚深緣起爲基礎，故此「宿殃惡業果熟」當然不能視爲外道或婆羅門教之業論。既非外道等所說之業論，[231] 又焉有「宿作之因」的可能？既無「宿作之因」的可能，焉有果熟的「宿殃惡業」可說？既無宿殃惡業可說，又何須爲自己的行爲負起責任？既無責任可言，則焉須懺罪？如此種種，一位禪者便經常陷在無常、業果與懺悔除罪間的矛盾裡，[232] 累劫禪修亦難頓悟。事實上，《中阿含經》中佛曾云：

> 人犯一法，謂妄言是。不畏後世，無惡不作？寧噉鐵丸，
> 其熱如火！不以犯戒，受世信施；若畏於苦，不愛念者，

---

231 佛陀對「業」的看法，承自古印度《吠陀》或《奧義書》的業論，但又有所創新。如南傳巴利《增支部・三集・61 經》載，佛陀曾否定當時耆那教尼乾子的「宿作因」（pubbe-kata-hetu）、婆羅門教的「大自在天化作」（issara-nimmāna-hetu，又稱「尊祐說」、「神意說」）及六師外道如瞿薩羅（Gosāla）、阿氏多（Ajita）、富樓那（Pūrana）或唯物論順世派（Lokāyata）等的「無因無緣」（ahetu-appaccaya），而主無常無我的緣起中道說。見：Anguttara-Nikāya.I，頁 173。《相應部・十二集・18 經》亦有相近的說法。又見日・舟橋一哉著，余萬居譯，《業的研究》，（台北：法爾出版社，1999 年 6 月），頁 3~7。漢譯經典則見東晉・僧伽提婆譯《中阿含卷三・業相應品・(13) 度經第三》，《大正》1，No.26，頁 435 上~436 上。《雜阿含經卷十二・(288)》則說苦、樂皆「非自作（sayam-kata）、非他作（param-kata）、非自他作（sayam-katañ ca param-kata ca）、非非自他作無因作（asayam-kāram aparam-kāram adhicca samuppannam）」，《大正》2，No.99，頁 81 上~下。

232 霍韜晦認爲，初期佛教之無常觀與業論須予正常的觀察與認識，方知涅槃系如來藏自性清淨心產生的必然之理。其云：若單純從經驗立場進行考察，觀看生命活動之各種表現，包括情緒上、感覺上、認知上與實踐上者，再聯繫到自身存在形態（界、繫）上觀察，就易形成巴利佛教中所說八十九心、五十二心所、和二十二根等概念。分類愈多，表示初期佛教對生命活動了解愈細，此方面確實是初期佛教之極大成就。然如是之進路畢竟是出於經驗之記述，將所有之生命活動皆擺置於一平面上，而未能深入生命活動之內部結構上來。霍韜晦〈如來藏與阿賴耶識（上）—— 從思想史上考察〉，《鵝湖月刊》n.44，1979 年 2 月，頁 20~25。

於隱顯處，莫作惡業。若不善業，已作今作，終不得脫，
亦無避處。[233]

　　這裡的「已作」之惡業，即指過去所做過的不善業；後世的
「寧噉鐵丸，其熱如火」，即指未來的地獄果報，不論「已作今作，
終不得脫，亦無避處」，說明了因緣果報之必然與可能；故《雜阿
含經》卷十九的（508）經至（536）經之間，大目犍連尊者等人
於虛空之間覷見許多眾生「舉體膿壞，臭穢不淨，身纏熾鐵，吞
食鐵丸，火燒其體，痛徹骨髓，乘虛而行，哀泣悲號，苦不堪言」
諸現象，問佛是何因？佛即云：彼等於過去世時，曾做過屠牛、
屠羊、屠豬、墮胎、調象、調牛、調馬、纏人、切人、好戰、殺
人、獵物、淫欲、鍛銅、斗秤欺人、捕魚、瞋恚、以油火傷人、
憎恨、嫉妒、慳吝、偷盜、盜僧物、惡口、好諍訟、好鬥亂……
等，緣於斯罪，故入地獄中，受無量苦；地獄餘罪，今得此身，
續受斯苦。[234]這樣看來，佛陀肯定的是「自作自受」的「宿世因
果」說，[235]但此種宿世因果並非耆那教尼乾陀若提子（Nigantha
Nataputta）、末伽梨瞿舍羅（Makkhali Gosāla）等幾近於宿命的「宿
作因」（pubbe-kata-hetu）說或「無因無緣」（ahetu-appaccaya）說，
而是必須立基在「離於兩邊」、「正觀」、「正見」、「此有故彼有，
此生故彼生」、「此無故彼無，此滅故彼滅」的緣起中道法，[236]即
諸行無常、諸法無我與寂靜涅槃三法印上作護持戒律、懺悔精進，
懺悔者的身心是覺知於「自作自受」的「宿世因果」，戒體自能清
淨安樂，達到「自作證成就遊」。[237]所謂「自作證成就遊」，即是「一

233　《中阿含卷三・業相應品・（14）羅云經第四》，《大正》1，No.26，頁436中
　　～下。
234　《雜阿含經》卷十九（508）~（536），《大正》2，No.99，頁135上~139下。
　　《相應部》一九・一~二一亦有相似之記錄。筆者按：這些內容，其理其事，
　　幾乎等於《佛名經》、《地藏王菩薩本願經》、《法華懺》、《圓覺懺》、《慈悲道
　　場懺法》、《慈悲水懺法》之基本懺悔內容。
235　詳東晉・僧伽提婆譯《增壹阿含經卷二十四・善聚品第三十二》，《大正》2，
　　No.125，頁673下~675下。
236　關於「離於兩邊」、「正觀」、「正見」的緣起中道，見《雜阿含經卷十・262經》，
　　《大正》2，No.99，頁66下~67上。
237　詳《中阿含經卷三・（15）業相應品・思經第五》，《大正》1，No.26，頁437

切具足,清淨自然,非人所造」的不可思議之無漏境界。[238]

但是,說一切有部雖知道「假令經百劫,所作業不亡,因緣會遇時,果報還自受」的道理,[239]卻強調「士用果」的論述。[240]所謂「士用果」,乃指「作者假諸作具所辦事業」,[241]即指三百六十行的專職人員各憑自己的專業知識、技能、工具以從事工作,這樣的士用果實指「俱有因、同類因」所引起之果。他們又將身、語、意三業擴充為四業:(1)欲界之不善業,其性質不善,異熟果不佳,故稱「黑黑異熟業」;(2)色界、無色界之善業,其性質為善,異熟果佳,故稱「白白異熟業」;(3)至於欲界之善業,其性質與異熟果悉皆黑白相雜,故稱「黑白黑白異熟業」;(4)但永斷煩惱之無漏業,其性質已超越相對性之黑白,且異熟不招果報,故稱「非黑非白無異熟業」;前三者屬有漏業,須至最後之無漏業方能完全斷除。[242]說一切有部的四業說,雖針對教內其他部派與數論、勝論、順世論、耆那教等之觀點進行批駁,但側重於「三世實有,法體恆存」之辨析,故其業論與佛陀無常、無我、緣起、涅槃與宿業果熟結合下的深自懺悔顯有「扭曲」之現象。[243]

此外,業感緣起下的「宿世殃業」亦牽涉到第八識阿賴耶識(ālayavijñāna)究竟與根身(indriya)是否會敗壞的問題。[244]《中阿含經》載:「比丘入滅盡定者,壽不滅訖,暖亦不去,諸根不敗

中~438中。

238 詳《中阿含卷十五・業相應品・(70)轉輪王經第六》,《大正》1,No.26,頁520中~525上。

239 《有部毗奈耶》四十六,《大正》23,No.1442,頁879上。

240 玄奘譯《阿毗達磨大毗婆沙論卷一百九十八・見蘊第八中見納息第五之一》,《大正》27,No.1545,頁993上。

241 《成唯識論》卷八,《大正》31,No.1585,頁42中。

242 詳《大毗婆沙論卷一百一十四・業蘊第四中惡行納息第一之三》,《大正》27,No.1545,頁589下~590上。

243 舟橋一哉說:「《婆沙論》的業論,是先把佛陀之根本思想－緣起說－加以嚴重扭曲後,再以其為立足點而建立起來的。」氏著《業的研究》,頁9~10。

244 有關阿賴耶識最初形成的要因,以及其內在性質的變遷,參 Lambert Schmithausen:*On the Origin and the Early Development of a Central Concept of Yogaacaara Philosophy*,Tokyo: The International Institute for Buddhist Studies,1987, pp.3~6。

壞」，[245]即佛與俱解脫之阿羅漢遠離定障以現法涅槃之勝解力而修入之「滅盡定」（nirodha-samāpatti），與根身都不會敗壞消失。問題是，心與心法既已滅盡，爲何根身不會敗壞消失？《瑜伽師地論》認爲「有能執持轉識種子，阿賴耶識不滅盡」，[246]則阿賴耶識似是一種貼著根身的不滅識。然此尚無法解決無常、無我教法與輪迴說的對立，《攝大乘論》遂以能執取根身或種子的「阿陀那識」（ādānavijñāna）化解之，[247]此時阿賴耶識已漸漸脫離根身間的關係，轉而傾向從它與一切雜染諸法的關係，引出「一切唯識」的道理。[248]在經量部對於種子薰習的討論基礎上，[249]唯識學者將阿賴耶識分爲自相、因相、果相三種，自相指初阿賴耶，果相指異熟，因相指一切種；並提出迷、悟二種境界，皆由薰習於阿賴耶識中之種子所生起，此即「種子薰習說」，亦即主張阿賴耶識爲真妄和合之說。[250]玄奘繼續加以推闡，說此一阿賴耶識具有能藏、所藏、執藏三義，是萬法之根本，宇宙萬有皆有之本源，透過種子薰習，可以轉惡業以成善業，即轉有漏之八識爲無漏之大圓鏡智，此智離諸分別，所緣行相微細難知，性相清淨，離諸雜染。[251]

245　《中阿含經卷五十八・(210)晡利多品法樂比丘尼經第九》，《大正》1，No.26，頁789上。

246　彌勒講述，無著記，唐・玄奘譯《瑜伽師地論卷十二・本地分中三摩呬多地第六之二》，《大正》30，No.1579，頁340下~341上。

247　如云：「(阿陀那識)依一切色相故，及取一切依身事故，如是，彼依諸色等根不壞者，乃至命不盡、隨順故。未來取身，彼能生取身」，後魏・佛陀扇多譯《攝大乘論》，《大正》31，No.1592，頁97下。

248　參：陳一標〈關於阿賴耶識語義的變遷〉，《圓光佛學學報》n.4，(中壢：圓光佛學研究所，1999年12月)，頁75~106。

249　經量部對種子薰習的討論，約分四種：一，本經部許內六根是所薰性，如《瑜伽論》五十一末，言色持種隨彼言也，如前引矣。又《順正理》第十八云：此舊隨界體不可說，但可說言是業煩惱所薰六處，感餘生果。《釋》曰：隨界即是種子異名，新、舊師別名，舊隨界。二，六識展轉而互相薰。三，前念薰後。四，類受薰。故無性攝論第二云：『且有爾所薰習異計，或說六識展轉相薰，或說前念薰於後念，或說薰識刹那種類。』唐・智周《成唯識論演祕》，《大正》43，No.1833，頁880中。

250　詳無著著，陳・真諦譯，《攝大乘論》卷上，《大正》31，No.1593，頁115上。

251　阿賴耶識三義：(1)能藏，謂第八識善於自體中含藏一切萬法之種子。(2)所藏，指現行薰種子義而說，亦即此識爲七轉識薰習諸法種子之場所。(3)執藏，謂第八識恆被第七末那識妄執爲實我、實法，故又稱我愛執藏。《成唯識論卷二・論曰》，《大正》31，No.1585，頁7下~8上。又，《成唯識論卷十・

　　中觀學者不認同說一切有部的士用果說，並以「八不」分別
斥破闡提、聲聞、外道、獨覺與初發心菩薩之執，以彰顯般若中
道實義。[252]《大智度論》亦認爲，不知懺悔發露，恆續「心懷恨
故」，罪業便無法滅除。[253]反之，能發露懺悔者，可滅罪業，身心
受樂，廓然自悟。[254]

　　但如來藏系的《楞伽》，在唯識的種子薰習說與中觀的般若性
空之智說之後繼續立說，如唯識講善、惡等宿世業行依因待緣而
果熟，[255]依於業感緣起的因果論，眾生隨其業力之輕重差別各自
趣入天上、阿修羅、人間、畜生、餓鬼、地獄六種異熟報障
（vipākavaraṇa），[256]《楞伽》在眾生皆有佛性的超越性意義上，
罪性本空，隨順緣起，離於二邊，入一切法而不執於一切法，既
可懺悔此「宿殃惡業果熟」之業力障礙，又可證驗超度心量的「自
覺聖智境」。《楞伽》亦云：

　　四智相應心品》，《大正》31，No.1585，頁 56 上~中。

252　《中觀論疏》卷二末載，「八不」依次是用來斥破闡提、聲聞、外道、獨覺與
　　初發心菩薩之執。即不生破嬰兒闡提諸法決定有而生之執；不滅破邪見闡提
　　一切法皆滅之執；不斷破斷見聲聞斷滅生死之執；不常破常見聲聞身常住無
　　爲涅槃之執；不一破外道計我與五陰爲一之執；不異破外道計我與五陰爲異
　　之執；不來不出破獨覺及初發心菩薩之乘因至果，出三界，來有所從，去有
　　所至之執。然此僅以八不配闡提等四種，以明其義。蓋八不之說，在於否定
　　生滅等之八計，以彰顯無得正觀，行聖中道之意。隋・吉藏《中觀論疏》卷
　　二，《大正》42，No.1824，頁 32 上~下。

253　詳《大智度論卷七十七・釋同學品第六十二》，《大正》25，No.1509，頁 604
　　中。

254　詳《大正》25，No.1509，頁 68 上~71 上。

255　《成唯識論》卷二：「此（阿賴耶識）是能引諸界，趣生善、不善業異熟果故，
　　說名異熟」。《大正》31，No. 1585，頁 7 下。「異」爲不同，「熟」是成熟；此
　　義舊譯爲「果報」，指第八識所藏之「業識」可因不同時、不同類而成熟果報
　　之體。此中之「異熟」可有三種情況：由因至果時間不同，稱「異時而熟」；
　　由因至果必有變易，稱「變易而熟」；由因至果性質不同，稱「異類而熟」。
　　這相當於窺基所說的「真異熟具三義：一、業果；二、不斷；三、徧三界。」
　　《成唯識論掌中樞要》卷上，《大正》43，No.1831，頁 629 下。不過，「時」、
　　「變」、「類」這三類範疇只是唯識學者用來說明因果報應的遍在性和涵攝性，
　　在現象世界中，果報之相狀極其複雜，當是依於因緣法而「此有故彼有，此
　　無故彼無」的，其複雜性迥非此三大範疇即可涵攝的。參：楊維中〈論中國
　　佛教心性本體論的特質〉，《普門學報》n.6，（台北：佛光山文教基金會，2001
　　年 11 月），頁 47~82。

256　詳《阿毗曇毗婆沙論卷二十五・使揵度不善品第一之一》，《大正》28，No. 1546，
　　頁 188 中。

> 彼不知常不思議自因之相，去得自覺聖智境界相遠……凡
> 愚說有三乘，說心量趣無所有，彼不知過去、未來、現在
> 諸如來自心現境界，計著外心現境界，生死輪常轉。[257]

達摩所說的「宿殃惡業果熟」，並不是無因生，亦不是他因生，
亦不是偶然生，尤不是一因生或二因生，而是「此有故彼有」的
因緣法而果熟的。印順曾云：在「一切惡業皆可轉故，乃至無間
業亦可令轉」的啓發下，就會想到過去惡業的怎樣消解淨除，這
應該是懺悔宿生惡業的思想來源。[258]其理論根據，就是甚深緣起
與因果業報說。眾生不知此因緣法而生的宿殃惡業，往往就呼天
搶地，怨天尤人，瞋怒親疏，結果是在行爲中再造惡業。故《景
德傳燈錄》載鳩摩羅多語：「善惡之報，有三時焉。凡人恆見仁夭
暴壽，逆吉義凶，便謂亡因果，虛罪福，殊不知影響相隨，毫釐
靡忒，縱經百千萬劫，亦不磨滅。」[259]因緣法是可以「此無故彼
無」、「此滅故彼滅」的，達摩教授道育、慧可、曇林等依於四卷
《楞伽》修行，故其「報怨行」懺悔必依於此超越的「自覺聖智
境」去進行的。「隨緣行」亦云：

> 眾生無我，並緣業所傳；苦樂齊受，皆從緣生。若得勝報、
> 榮譽等事，是我過去宿因所感，今方得之。緣盡還無，何
> 喜之有？[260]

懺悔之所以成立，若勉強說爲有罪可懺，有障可除，[261]容易被誤
解爲有一輪迴主體「我」及「我所」的矛盾中；達摩言懺悔業障，
是基於無常、無我、緣起而有的「宿業果熟」，故曰「並緣業所傳」、
「皆從緣生」，即現實「我」之所以有果熟之宿業、苦樂齊受、勝

---

257 《楞伽經》卷一，《大正》16，No.670，頁 486 下。另：佛云：「自心現妄
　　想八種分別，謂識藏、意、意識及五識身相者，不實相妄想故，我、我所二
　　攝受滅，二無我生。……聲聞、緣覺、菩薩、如來，自覺聖智諸地相續次第，
　　一切佛法悉入其中。」《楞伽經卷四・一切佛語心品第四》，《大正》16，
　　No.670，頁 511 中。
258 《華雨集》（二），頁 188。
259 《景德傳燈錄卷二・第十九祖鳩摩羅多傳》，《大正》51，No.2076，頁 212 下
　　~213 上。
260 《楞伽師資記》，《大正》85，No. 2837，1285 上。
261 《天台懺法之研究》，頁 36~37。

報、榮譽等事,並不是無因生、他因生或偶然生的,而是此有故彼有此無故彼無的因緣和合而生而滅的,因此,懺者的懺悔滅罪,不是從「有我」或「無我」的矛盾中尋找存在,而是「隨緣」滅盡業障,令身心清淨。

在《占察善惡業報經》中,亦有相近之觀點,其云:「宿習惡心猛利故,於今現在必多造惡,毀犯重禁。以犯重禁故,若不懺悔令其清淨,而修禪定、智慧者,則多有障礙,不能剋獲。」[262]直至中晚唐的南禪,大達無業國師仍有「了即業障本來空,未了仍須償宿債」的懺罪思想,[263]所謂「了」,即是要頓悟因緣和合之道。持戒禪定,思惟善惡諸法,滅除無明煩惱諸罪障,本是諸佛如來所共同用力之處。[264]達摩深知佛教業力不失之理,契於《楞伽》「無罪即涅槃」的精神,[265]超越「自、他、凡、聖」的區別,不會在主體我上設限自縛,依於無常、無我與緣起,故能超越感於宿因所現起之一切苦、樂、勝報、榮譽諸因,同時超越一般宗教所說的宿命論、大自在天神,或哲學家所執持的一元論、無因論等說法。

---

262 隋・菩提燈譯《占察善惡業報經》卷上,《大正》17,No. 839,頁 903 下。筆者按:《占察善惡業報經》又稱《地藏菩薩業報經》、《地藏菩薩經》、《占察經》、《大乘實義經》、《漸剎經》等,係地藏菩薩為生於末世之求善法者,應佛命而說之法。然本經係以民俗宗教之占卜法以察罪惡,再依佛教理論以懺除之,終證於淨土。自隋代以來,依據本經而行滅罪之法者甚多,足知我國民俗與佛教思想相結合之一斑。歷來此經雖被視為出處不明之偽經,但唐代《大周刊定眾經目錄》與《開元釋教錄》始視為真經而收錄之。明代禪宗大師釋智旭亦極予肯定,並著有《占察經玄義》一卷、《占察義疏》二卷、《占察行法》一卷等注疏,可見它與禪宗確有可通之處。當然,筆者此處僅作「宿殃惡業」與「懺悔滅罪」之銜接,立場仍在達摩的凝住壁觀與二入四行,並不執著於該經的占卜法與淨土理想。

263 《景德傳燈錄卷二十八・汾州大達無業國師語》,《大正》51,No.2076,頁 445 上。

264 「(佛陀)降伏魔已,放大光明,即便入定,思惟真諦。於諸法中,禪定自在,悉知過去所造善惡,從此生彼,父母眷屬,貧富貴賤,壽夭長短,及名姓字,皆悉明了。」詳見:劉宋・求那跋陀羅譯,《過去現在因果經》卷三,《大正》3,No.189,頁 641 中~645 上。

265 《楞伽經》卷三云:「非有真實性,如愚夫妄想;云何起欲想,非性為解脫」,視一般佛教徒常說的「真實性」是「愚夫妄想」。《大正》16,No.670,頁 499 下。

（三）甘心忍受

　　既依於無常、緣起以體認「宿殃惡業果熟，非天非人所能見」之理，更深一層的懺悔修行便是「甘心忍受」。「報怨行」云：

> 甘心忍受，都無怨訴。經云：「逢苦不憂」，何以故？識達故。[266]

　　「甘心忍受」是相對於讎怨、怨懟之心（citta）而說的，它本是向內自省自覺而說的，亦是以超越心量的如來藏藏識而說的。依因果業理，現前的讎怨、怨懟，不是他人加諸於我的，皆是自己先前既有的宿世業力所感而成的；依緣起之理，是「無明緣行，行緣識，識緣名色，名色緣六入，六入緣觸，觸緣受，受緣愛」而來的，此一「受緣愛」是修持之關鍵，眾生逢此「受」的關鍵時刻，若未以八正道止息之，此「受」必因「愛結所繫」的逐物流轉與「觸境繫心」的認識過程繼續迷失不明，[267]迷失不明，必然不能甘心忍受。既不能甘心忍受，則必繼續「愛緣取，取緣有，有緣生，生緣老死」，形成恆續不絕的十二支緣起，對生命主體造成新的「作用」，此一作用之心復與結業立即相應而招聚（samudaya）來世與逼迫身心的後有（punar-bhava）苦惱。因此，禪者面對這種身心狀態，並不是向外發瞋，向他人動怒，乃至到處抱怨訴苦而可解脫自在的。因為，不明業理的抱怨訴苦如向空中直擲石頭，石頭終究還落己地。是故，佛陀教導弟子無常、無我、無我所之理，其意不在逃避現實，亦非懈怠墮志，而是須正確的認識因緣果報；對達摩而說，即是清楚通達於如來藏自性清淨心，因為此心具有含藏萬有與三世因緣業果之可能，故曰「識達」，或曰「識心達本」。[268]禪者「但得其本，不愁其末」，[269]故曰：

266　此據淨覺《楞伽師資記》，《大正》85，No. 2837，1285 上。又杜朏之「六年」說，見《傳法寶記》，《大正》85，No.2838，頁 1291 下。

267　據印順之研究，十二緣起中的愛、取二支，可以含攝有支之業；但行支之身口意、罪福不動，亦可以含攝、愛取二支，故論及愛取，必兼及於「觸境繫心」的認識過程與「愛結所繫」的逐物流轉始能圓滿，見印順《唯識學探源》，（台北：正聞，1998 年 1 月），頁 9~29。

268　「識達」，或作「識達本」、「識心達本」。筆者按，達摩這段話之語意，與《四

「逢苦不憂」。

　　依於三世因緣果報之理，苦、樂、榮、辱等皆我過去宿因所感，其業果是「終不得脫，亦無避處」的，[270]如《佛說四不可得經》載：四位梵志預知無常逼近，命終之前，一人躍入「空」中，一人隱入「市」中，一人遁入大「海」，一人走避深「山」，然無常終究來襲，無一人避脫。佛云：「經常年少」、「長年健康無病」、「長生不老」、「永生不死」等四境皆不可得。[271]這「生、老、病、死」四相不可得，若與無常、緣起結合看待，則成「生、住、異、滅」四相剎那無常、相續無常。五蘊只是幻身，四相遷流變化，一切不可得。[272]眾生如是，世界如是，諸念如是，宇宙間一切事物和思維概念皆在無常與緣起的生滅變化之中；即使是佛教本身，亦在無常幻滅之中。[273]因此，「應喪之物，欲使不喪者，此不可得；滅盡之法，欲使不盡者，此不可得。」[274]一切不可脫，不論是未作、當作、已作的行為，都不免於因緣苦報，逃避是毫無助益的，故云「非空、非海中，莫能於此處，避免宿惡殃。」[275]凡是妄證求賂，行己不正，怨譖良人，以枉治士，都是罪縛斯人、自投獄坑的累贅之舉，其解決之法，「唯有懺悔力，乃能得除滅」。[276]《梁皇懺》亦云：「怨對相尋，皆由三業，莊嚴行人，嬰諸苦報……

十二章經》、《大莊嚴經論》所載相近。後漢‧迦葉摩騰共竺法蘭譯《四十二章經》，《大正》17，No. 784，頁772上。後秦‧鳩摩羅什譯《大莊嚴論經卷二‧（八）身口業不能自在》，《大正》4，No. 201，頁266上~267上。

269　引用仰山慧寂語，見《景德傳燈錄卷十一‧潭州溈山靈祐禪師法嗣‧袁州仰山慧寂禪師》，《大正》51，No. 2076，頁283上。

270　《中阿含經卷三‧業相應品‧（14）羅云經第四》，《大正》1，No.26，頁436中~下。

271　西晉‧竺法護譯《佛說四不可得經》，《大正》17，No.770，頁706中~707下。

272　法天譯《毗婆尸佛經》卷上，《大正》1，No. 03，頁154下。

273　高明道《算沙夢影》，（台北：三慧講堂印經會，2006年12月），頁198。

274　《增壹阿含經卷第二十六‧等見品第三十四‧（七）》，《大正》2，No.125，頁697上。

275　《增壹阿含經卷二十三‧增上品第三十一》：「非空非海中，非入山石間；無有地方所，脫之不受死」《大正》2，No.125，頁668中。姚秦‧竺佛念譯《出曜經卷二‧無常品之二》，《大正》4，No. 212，頁619上~中。吳‧維祇難等譯《法句經卷上‧無常品第一》：「非空非海中，非入山石間；無有地方所，脫之不受死」，《大正》4，No.210，頁559中。

276　又《佛說佛名經》卷十一云：「業報至時，非空、非海中，非入山石間，無有

滅苦之要，唯有懺悔。」[277]故達摩復於「無所求行」云：

> 功德黑闇，常相隨逐；三界久居，猶如火宅；有身皆苦，
> 誰得而安？了達此處，故於諸有息想無求。經云：「有求
> 皆苦，無求乃樂」；判如無求，真為道行。[278]

《勝鬘寶窟》曰：「惡盡曰功，善滿稱德」，[279]是同時針對惡盡、善滿二業而說的，惡業必致惡果，善業則可致、可不致。[280]但後世多將功德引申為行善所獲之果報，如《景德傳燈錄》載，梁武帝問達摩其造寺、寫經、度僧等事之功德多少？達摩應之以「無」。[281]蓋布施須立基於緣起、無心、無相與無求，超越思維概念，乃淨智妙圓，體自空寂，不求於世。設在私情上多所奢求，期得善報，已陷入苦海之中，故曰「功德黑闇，常相隨逐」；假若執著於功德福業，不知無常無我之理，自然會「久居三界」，猶如「火宅」。故達摩以超越的聖智境之諸佛語心教人「如是安心，如是發行，如是順物，如是方便，此是大乘安心之法。」[282]修行人知道要「於諸有息想無求」，有求皆苦，無求乃樂；因為，執持於累世的讎憎、怨懟與八苦交煎，是不能解脫自在的。

　　業，可以說是無始以來最公正的法官，[283]無一眾生可以避脫。佛陀並不是教人認命，向命運低頭，乃至妄作胡為；相反的，佛

他方所，脫之不受報。唯有懺悔力，乃能得除滅。何以知然？釋提桓因，五衰相現，恐懼切心，歸誠三寶，死相即滅，得延天年。如是等比，經教所明，其事非一，故知懺悔實能滅禍。」《大正》14，No.441，頁228中。

277 佚名《慈悲道場懺法》（《梁皇懺》），《大正》45，No. 1909，頁945下。
278 《楞伽師資記》，《大正》85，No.2837，頁1285中。
279 隋‧吉藏《勝鬘寶窟卷上‧本》《大正》37，No.1744，頁11中。
280 世友造，玄奘譯《異部宗輪論》：「預流者（一禪果位）有退義，阿羅漢（四禪果位）無退義，無世間正見，無世間信根，無無記法，入正性離生時，可說斷一切結。諸豫流者，造一切惡，唯除無間。」《大正》49，No. 2031，頁15下。然南傳「大眾部執阿羅漢有退義，此與犢子、正量、一切有同執」，與本論所說不合。見：演培《諦觀全集論釋五‧異部宗輪論語體釋》，（台北：天華出版，1996年1月），頁84。
281 《景德傳燈錄卷三‧第二十八祖菩提達磨》，《大正》51，No.2076，頁219上。
282 《楞伽師資記》，《大正》85，No. 2837，頁1285上。
283 日‧佐佐木現順著，周柔含譯，《業の思想》，（台北：東大圖書，2003年2月），首頁「譯序」。關於佛教的業論思想，詳日‧福原亮嚴《業論》，京都：永田文昌堂，1982年4月。

陀教人認識業理、無常與緣起，不執於我，精進而不放逸。[284]《法句經》亦云：

> 精進除苦，慧到彼岸。
>
> 人有信戒，定意精進，受道慧成，便滅眾苦。[285]

一個人若是長命百歲而懈怠不精進，「不如生一日，勉力行精進」，深知業報果熟之必然，自能「甘心爲之，福應自然」。[286]故云：

> 大人體無欲，在所照然明；雖或遭苦樂，不高現其智。[287]

禪者欲懺悔滅罪，必然無爲無欲，自覺自照，洞見宿世怨業，故雖遭苦樂，不會刻意用有爲的知識概念來攪亂因果業理，而是修福進道，提昇自己的生命智慧。

　　其實，一切佛教經律論、古師大德所說的經教義理與中國佛教強調的如來藏清淨心或佛性思想，悉脫離不了因果業論與精進不放逸的修行。是故，達摩所說的「逢苦不憂」，即是認識業理與緣起下的「甘心忍受」；甘心忍受，是以無生法忍之心去面對與處置；無奢無求，則無有苦受，身心安樂自在，從戒律精神、因果業論與生命倫理而言，[288]這樣的認識與實踐，可說是正知正覺智慧之超越與體證；對達摩而言，這是一種如如不動的「淳樸心」之呈現。[289]

（四）體怨進道

　　上面「甘心忍受」是正知正覺智慧之超越與體證，「體怨進道」

---

284 後秦・佛陀耶舍、竺佛念共譯，《佛說長阿含經卷三・遊行經第二中》：阿難即從座起，前白佛言：「佛滅度後，葬法云何？」佛告阿難：「汝且默然，思汝所業。」《大正》1，No.1，頁20上。南傳《長部・16經》（大般涅槃經）云：「汝等宜致力於諸妙義，汝等宜專心於妙義，汝等宜不放逸、熱勤、自勵於諸妙義而過日。」參：楊郁文《長阿含遊行經註解》「汝且默然，思汝所業」條注文，（台北：甘露道，1999年4月），頁167~168。

285 吳・維祇難等譯《法句經卷上・篤信品第四、刀杖品第十八》，《大正》4，No.210，頁560下、565中。

286 《法句經卷上・惡行品第十七》，《大正》4，No.210，頁564下。

287 《大正》4，No.210，頁564上。

288 參《業の思想》，頁33~39。

289 《菩提達摩四行論》：「逢一切苦樂等事，其心不動，始名爲淳朴（樸）心。」《禪宗全書・語錄部（一）》，頁33。

則爲達摩「報怨行」懺悔思想之實踐與圓成。「體怨進道」者，先體認宿世怨業之理，後踐履內心本有的「自覺聖智境」，亦即是權用因緣業理而脫落身心以踐行如來藏自性清淨心的真性大道。敦煌本「二入四行」「體怨進道」的「體」字，乃現今「體」的古字，字形結構是「從身豊聲」，形聲兼會意，表現出漢字的人文生命意含，[290]更強調了禪者應該「親身」實踐大道之意。

　　禪修者對於自身的「宿殃惡業」，既須向內觀照自己的心念，亦須向外觀照眾生與我的交互因果業緣。禪修者處於世間，觸目所及，親舊友朋、山川林木、飛禽走獸、魚龍鱉蛇、蟲蟻蚊蠅，無不與我緣緣相繫。我之起心動念，本已在緣起與業力之中，故任何身、口、意之行爲與活動，隨時皆與天地萬物交接互引，一切的善引、惡引皆在因緣果報系統中，惡引必成罪障，入於三塗受苦；善引自有福報功德，可據以修成正果。反之，若是認識錯誤，心念偏差，不論善引、惡引，必皆招來怨報。這種怨報的認識，並不是德哲馬丁‧布伯那種將「我-它」（I-It）關係與「我-你」（I-Thou）關係之矛盾交給全知全能的上帝去仲裁，[291]亦不是從民權與法治上去判決是非權益，而是依於甚深緣起所說的內涵生命實質之認識與處置，其處置之法，是正確的認識到，怨報之來，苦果之至，是由一己心念「流浪諸有」所引起，不是去怨責處於關係之中的客體「它」、「他」或親密的「你」。既由一己心念「流浪諸有」所引起，故懺悔者於凝住壁觀的禪修之際，須時時刻刻以無爲無我之精神，勇敢的面對現前的一切罪障，甘之如飴，體認「除我罪業，施我法財，由爲我故」之道，[292]如此則能「於

290　陳后玲於解說中國文字之抽象之美時，曾云：「中西文字不僅存在某種程度上的差異，而是根本性質有別」、「中文卻不同，每個字獨立成爲一個小天地，其中有各種各式的筆法與結構，但在結體上彼此對應，又是同一有機體。」氏撰，〈中國書法的抽象之美〉，《歷史文物》十卷四期，2000 年 4 月。黃永武《形聲多兼會意考》，台北：文史哲，1984 年 4 月。

291　*I and Thou*（《我與你》），頁 72~73。

292　唐‧般若譯《大乘理趣六波羅蜜多經卷七‧安忍波羅蜜多品》，《大正》8，No.261，頁 892 下~893 上。

怨於親生平等，難忍能忍猶如地，亦如淨水洗塵垢」，[293]亦即是以智慧之火燒滅煩惱巨網一樣。

這種「於怨於親生平等，難忍能忍猶如地」的洗塵垢與燒煩惱，即自知自覺宿世怨業以自懺自淨之意，《中阿含經》亦云：

> 我等已離殺、斷殺，離不與取，斷不與取。然故行邪婬，我等寧可離邪婬、斷邪婬。……離妄言，斷妄言。……離兩舌，斷兩舌。……離麤言，斷麤言。……離綺語，斷綺語。……離貪嫉，斷貪嫉。……離瞋恚，斷瞋恚。……離邪見，斷邪見。……離三惡不善法，斷三惡不善法。……善攝威儀禮節，見纖介罪，常懷畏怖。[294]

這段文字中的「善攝威儀禮節」，相當於禪者的持戒、懺悔與四威儀；殺、不與取、邪婬、妄言、兩舌、綺語、貪嫉、瞋恚、邪見等的捨離與斷除，相當於十惡業的懺悔發露；「見纖介罪」，即清楚的觀照到自己因於無明所造作的細微惡業。禪修者時時觀照自己曾造作過的無量無邊惡業，遠離斷除之，則「黑白之法從何而生」？故曰：「諸漏已盡，得無漏，心解脫，慧解脫，於現法中自知自覺，自作證成就遊。此生已盡，梵行已立，所作已辦，不更受有。」[295]佛陀的「不受後有」之梵行，雖與達摩所說的「捨妄歸真」不同，但遠離罪業斷除煩惱以離苦得樂的基本教法仍是古今相通的。於現法中自知自覺，「善攝威儀禮節，見纖介罪，常懷畏怖」，自能遠離斷除無量罪業，如此則無得無失，無增無減，無喜無憂，冥符於道境之中，故「隨緣行」云：

> 得、失從緣，心無增、減；喜風不動，冥順於通。[296]

依於緣起，心無增減，自能如如不動，不受八風干擾，與如來藏自性清淨心冥通，故「稱法行」云：

> 性淨之理，目之為法。此理眾相斯空，無染無著，無此無

---

293 唐·菩提流志譯《大寶積經卷十五·淨居天子會第四之一》，《大正》11，No.310，頁81上。
294 《大正》1，No.26，頁520中~525上。
295 《大正》1，No.26，頁525上。
296 《楞伽師資記》，《大正》85，No. 2837，頁1285中。

　　彼。……此為自行，復能利他，亦能莊嚴菩提之道。檀度
　　既爾，餘五亦然。為除妄想，修行六度，而無所行。[297]

此處所謂的「性淨之理」，是依於如來藏自性清淨心而說的禪行之
理，但又說「此理眾相斯空」，可見它又兼融了般若無相之空智，
禪者以如來藏自性清淨心為基礎，再運以般若空慧，於一切禪行
皆「無染無著，無此無彼」，這即是強調眾生皆可依於本有的佛性
與罪性本空之理去滅無罪業而讓自性清淨。因為不執於彼、此、
自、他諸相，即能自在禪觀修行，亦能兼而利他。這不但遠契於
佛陀的三法印與四聖諦的禪行之理，亦是大乘如來藏自性清淨心
所開展的莊嚴菩提之道。懺者除了最基本的檀度（布施）的踐道
之外，結合大乘菩薩所說的持戒、忍辱、禪定、精進、般若等六
度來淨除客塵妄想，亦是稱法而無所為而為之禪行的實踐。

　　敦煌本《二入四行論》與達摩禪法間的價值，學者已多所論
究，[298]其中亦云：

　　無自無他，誰受誰得？眾生之類，共業果報，無有分別。……
　　無事無因，無有樂厭；體性如如，究竟無罪，其誰求是？
　　是非不起，即戒體清淨。[299]

這種「體性如如，究竟無罪」、「是非不起，即戒體清淨」的思想，
是大乘佛教六波羅密、如來藏、罪性本空、因緣果報與禪觀思想
的渾合實踐，學者認為，達摩禪法須兼融《瑜伽師地論》、《楞伽

297　《楞伽師資記》，《大正》85，No. 2837，頁1285中。句中「目」字原作「因」；
　　「此理」原作「理此」；「此為自行」原作「此為自」；「復能利他」原作「復
　　地」。據《大正》85《楞伽師資記》下校注及《菩提達磨大師略辨大乘入道四
　　行觀》略作刪改。《菩提達磨大師略辨大乘入道四行觀》（又作「達摩大師四
　　行觀」），《卍續》110，藏經書院版《卍新續選輯・禪宗部（一）》，（台北：新
　　文豐，1984年3月），頁807~808。

298　如：無礙〈達摩大師的「二入四行觀」與「安心法門」〉，《現代佛教學術叢刊》
　　n.12，1980年10月，頁1~16。夢澤〈「二入四行」與如來禪的修正〉，《南洋
　　佛教》n.275，1992年3月），頁5~8。田中良昭〈四行論長卷子と菩提達摩論〉，
　　《印度學佛教學研究》v.14 n.1（＝n.27），1965年12月，頁217~220。柳田聖
　　山〈菩提達摩二入四行論の資料價值〉《印度學佛教學研究》v.15 n.1（＝n.29），
　　1966年12月，頁320~323。

299　《禪宗全書・語錄部（一）》，頁38。

經》、《金剛經》、《大智度論》等經論思想方爲恰當，[300]這雖然與達摩強調的「南乘一宗」、「四卷《楞伽》」有些出入，但作爲擺脫舊俗而開引風氣的禪者而言，這些言論未嘗不無道理。亦即，禪者只要眾相皆空，無染無著，無自無他，無此無彼，平等自在的自行六波羅密，自然能夠以清淨自性懺除罪業，戒體回復清淨本性，本性清淨後，便可以用「外止諸緣，內心無喘」的不動禪觀繼續弘揚利他之行，這就是「無所求行」的實踐，亦即是「心如牆壁」而可以入道了。[301]

　　達摩的二入四行雖精簡扼要，然他將「報怨行」置於四行的第一位，其重要性無庸置疑，至於重要性何在？筆者認爲，即是戒律、禪觀、因緣果報與懺悔思想的融會與修行。因爲，禪宗本反對「繫執因果，探研句義」，[302]但禪者若是不護戒體，不知因果，不懺悔滅罪，業障必然仍在身心中輪迴無止，禪宗的修行便無所依著，自知自覺聖智境界便有可能落入玄虛空無之幻境。又，此「報怨行」與「理入」及另外「三行」本是一體成篇而不可拆離的，慧可的安心懺悔，僧璨的罪性本空，乃至傅大士的怨親平等（見下文所述），都可說是達摩報怨行的另一層面之開展與實踐。

　　報怨行的四層懺悔，既除世塵業障，又立正覺之理；除業與理行之間，彼此互含互攝；理入行入之間，亦交互兼用。自「報怨行」中，可見「隨緣行」的支援；在「隨緣行」中，又顯「無所求行」的豁達；至於「無所求行」中，又串接前後，以應「稱法行」；而「稱法行」裡，又無染無著地綜融其他三行，行行皆交互參用而終契於「理」（自覺聖智境界）中。要之，順逆以觀，逆順以行，觀行不離於懺悔，懺悔不離於戒體，戒體不失於因果，因果不絕乎業論，業論不背於緣起，二入四行乃能契應於凝住壁

300　津田左右吉認爲，達摩禪除了與道安以降的數息禪觀不同之外，另須兼融《瑜伽師地論》、《楞伽經》、《金剛經》、《大智度論》以觀之。見氏撰〈禪宗についての疑問の二三（上）（下）〉，《東洋思想研究》v.5、v.6，（東京：岩波書店，1954 年 7 月、1955 年 12 月），頁 1~41、1~46。

301　《禪源諸詮集都序》卷上之二，《大正》48，No.2015，頁 403 下。

302　唐・杜朏《傳法寶紀并序》，日・柳田聖山《初期禪宗史書の研究》，（京都：法藏館，2001 年 1 月），頁 561。

觀之心法。

　　二入四行與懺悔義蘊的互即互入，如用現代學者語言譬之，可用聖嚴的「四它」（面對它、接受它、處理它、放下它）與其相印。「棄末返本」，即是「面對它」，勇敢的面對業障；「宿業果熟」，即是「接受它」，接受累劫以來的宿世罪業；「甘心忍受」，即是「處理它」，以無生法忍去對治讎怨與怨懟，以正知正見掃除錯誤的知識概念與身心言動；「體怨進道」，即是「放下它」，依於緣起而踐履前三項所理解之道，懺悔滅罪，精進向前，便可豁顯如來藏自性清淨心。這在梁武帝幾乎傾全國之力製作懺法與天台智顗傾畢生之力製作四大懺儀之懺法時代，不能不說有其特殊意義與價值。

四、禪宗懺悔思想的形成

　　達摩的「報怨行」雖非嚴格的懺悔法門，卻脫離不了懺悔思想。

　　《景德傳燈錄》載達摩曾經化除南印六大宗教領袖的纏縛邪見，屢屢令他們懺悔往謬，豁然開悟。[303]這些說法不一定可靠，然其內容卻告訴我們：懺悔宿業，誓不復作，精進不懈，無掛無礙意契佛心，是禪宗入道的必要途徑之一。達摩以「藉教悟宗」之法帶引道育、慧可等弟子，以四卷《楞伽》傳佛心印，以「二入四行」總攝佛法精義，實為後世禪宗的懺悔思想預先立下根基。

　　達摩的「報怨行」懺悔思想是繼承大乘無相懺悔又不共他宗的。「報怨行」既承自初期佛教甚深緣起的懺悔法，又對部派佛教的實有懺悔有修正；既綜用唯識種子薰習的業論與中觀的般若性

303　據《景德傳燈錄卷三・第二十八祖菩提達磨》載，達摩未入中國之前，在南印度「化被南天，聲馳五印；遠近學者，靡然嚮風」，之所以如此，是因為達摩曾經導正了有相宗的薩婆羅，使他「心意朗然，欽禮信受」；又導正無相宗的波羅提，使他「禮謝於師，懺悔往謬」；又導正定慧宗的婆蘭陀，使他「即自慚服」；又導正無得宗的寶靜，使他「頓除疑網」；又導正寂靜宗的尊者，使他「豁然開悟」。最後，又化導君王的詆毀三寶與不信善惡報應，使他「懺悔前非」，「勤修白業，護持三寶」。此說似乎夾雜著神通，其實是象徵懺悔滅罪與頓悟佛道間的密切關係。詳《大正》51，No.2076，217 上~219 上。

空之智，又從唯識無境與宿世因緣果報之中再開出新路；其新路是將自己的凝住壁觀與四卷《楞伽》超越唯心所現的「自覺聖智境界行」相契相印，風格上質樸而簡約，略言之含有「棄末返本」、「宿業果熟」、「甘心忍受」、「體怨進道」四層懺悔義蘊，這在中國佛教懺悔思想的發展史上是獨絕奇特的踐道行法。

　　所謂「獨絕奇特的踐道行法」，是具有三大特色：其一，「報怨行」是用精簡樸質的語言以自恣發露，它沒有傳統經藏中重複繁冗之語言習慣與阿毗達磨中的析論形式，是在二入四行的禪進運作中置入宿世業報的理論；其二，「報怨行」的自恣發露是包含自律精神、自恣說罪、見過發露與懺悔除罪的，但它不是律藏中的說戒、布薩諸禮儀，亦非道安、智顗、梁武帝等所創的懺法儀軌，而是禪觀、戒律、懺悔與大乘思想的自覺自懺與超越；其三，「報怨行」是以「自覺聖智境」作根本的一種懺悔，配合理入與其他三行進行實踐，既避免了深奧難解的哲學玄思，又活化了禪觀修行的能量。

　　懺悔本是印度僧團中用以維護僧團紀律與僧伽清淨戒體以持續修行的方便行法，初期佛教及部派佛教自然會重視犯行輕重大小及其對治之法，然對治之道仍不脫離於無常、緣起、涅槃諸法的自知自覺、當下的發露懺悔。在這樣的基礎上，大乘佛教式的止觀修禪，不應只是長年累月消耗在宿命論的苦行或禮拜佛名的懺悔儀軌上。如唐・義淨《南海寄歸內法傳》云：

　　　論斷輕重，但用數行；說罪方便，無煩半日。[304]
既「但用數行」又「無煩半日」，見八世紀的印度大乘懺悔說罪仍是重視當下的自知自覺與發露懺悔，其形式亦是精簡樸質的具體實踐，義淨的拿捏是準確的，達摩的報怨行是既準確又契應佛陀之禪修精進精神的。

　　佛陀的教法，不論是原理性的普遍哲思，還是隨機性的輔導，[305]都脫離不了懺悔滅罪與戒體清淨；大乘佛教的菩薩道，更兼重

304　《南海寄歸內法傳卷一・序》，《大正》54，No.2125，頁 206 上。
305　日・佐佐木現順認為，佛陀講經說法，自始至終都採用二種說法，一是原理

三世因果論、禪觀與懺悔思想而說清淨自性。達摩「報怨行」獨具的三大特色，可說正確地繼承了佛陀的懺悔滅罪思想之髓要，超越了道安、慧遠等大師的禪觀與懺悔思想，不同於僧稠（480~560）的「五停四念」小乘禪，隱約地形成一種禪宗特有的行質相貫之活化懺悔思想，更適合於中國人的習禪需要。

第三節　慧可與僧璨的懺悔思想

二祖神光慧可（487~593）與三祖鏡智僧璨（？~606）[306]的懺悔思想，可以「慧可的安心禪法」、「《二入四行論》的見自心法王」、「慧可僧璨的持罪懺悔」三點論說之。

一、慧可的安心禪法

慧可－僧璨系統的禪師，專依《楞伽》以修禪，可謂之為「楞伽宗」。[307]日・松岡由香子更以敦煌寫本《二入四行論長卷子》為基礎，認為慧可是中國禪宗的真正創始者，[308]可見慧可在禪宗發展史上的重要地位。

筆者認為，達摩傳四卷《楞伽》，無疑是禪宗形成的重要緣起；

式的普遍性哲學，這是佛陀直接對弟子說法的方式，亦是古印度原本就有的哲學論述方式，後來部派的阿毗達磨再加以純粹化，變成純理論的「絕對方法」（nippariyāya）。另一種是「相對的方法」（pariyāya），這是視對方資質而教說的方法，用現代話來說，即是「輔導」，亦即是漢語所說的「隨機說法」。《業の思想》，頁33~34。

306 本書「僧璨」之「粲」，依《楞伽師資記》；「鏡智」之「鏡」，依唐・獨孤及之〈鏡智禪師碑文〉：「是歲（唐代宗大曆六年，771）……夏四月，天子煬謚曰：鏡智禪師。」見《隆興編年通論》卷十八，《大日本續藏經》第一輯，第二編乙，第二套，第四冊，第頁300右~左。但《景德傳燈錄卷三・僧璨傳》載：「僧璨在法會大樹下合掌立終，即隋煬帝大業二年丙寅（606）十月十五日也。唐玄宗謚鑑智禪師覺寂之塔。」《大正》51，No. 2076，頁222上。

307 胡適〈楞伽宗考〉，《胡適集》，（北京：中國社會科學出版社，1995年12月），頁160~195。

308 日・松岡由香子〈中国禅宗スタイルの創始者・慧可〉，《禅文化研究所紀要》，（東京：禅文化研究所，2002年12月），頁483~548。

慧可的安心禪法，則爲禪宗發展的另一股重要引力。《續高僧傳‧法沖傳》載慧可（487~593）口說《楞伽》玄理，而不出文記，進行無名無相的頭陀禪行，重視生死煩惱與涅槃佛性之體證，[309]迥然不同於當時之玄學或義疏學風。從善禪師、豐禪師、明禪師等禪師及後人陸續爲四卷《楞伽》撰著疏鈔的現象觀之，[310]「達摩－慧可」不出文句的禪行更能契接摩訶迦葉的頭陀心法。《續高僧傳‧慧可傳》說，東魏孝靜帝天平元年（534），慧可曾在新鄴盛開祕苑，講說達摩的入道心要，名聲傳開，遭遇名相輩如道恆禪師之妒嫉與非理屠害，幾至於死地。歷經波折後，慧可一改往昔行事風格，「縱容順俗，時惠清猷，乍託吟謠；或因情、事，澄汰恆抱，寫割煩蕪。」[311]大意是順從世俗生活，有時對清明正信說說法要，有時隨意拈作可吟唱又非正式偈語的歌謠，有時隨情事而處世，徹底的汰除舊有的志節懷抱，若有寫作多去除繁冗雜蕪之知識名言，[312]這是符合於達摩隨說隨行質樸禪法之具體實踐。

309　詳《續高僧傳卷二十五‧感通篇中‧兗州法集寺釋法沖傳第三十九》，《大正》50，No. 2060，頁 666 中。此處所說之「玄理」，並非魏晉以降所說之《易》、《老》、《莊》三玄，而是鉤玄發微，直示大義，簡明深奧的佛法，如空有、真妄、性相（理事）、迷悟、生死與涅槃、煩惱與菩提、眾生與如來、法性、心性、佛性等深義。《中國禪宗史》，頁 30~31。

310　達摩、慧可與僧璨三人的楞伽禪法，基本上皆依循《楞伽》無名無相的無執精神，如《續高僧傳‧慧可傳》云：慧可每次說法後，皆會嘆曰：「此經四世之後，變成名相，一何可悲！」又據《法沖傳》載，自慧可（487~593）後，楞伽禪法又陸續發展出六大法脈：其一，慧可禪師後，粲禪師（？~606）、惠禪師、盛禪師、邢老師、端禪師、長藏師、真法師、玉法師，並口說《楞伽》玄理，不出文記。其二，慧可禪師後，善禪師出《抄》四卷，豐禪師出《疏》五卷，明禪師出《疏》五卷，胡明師出《疏》五卷。其三，遠承慧可之後，大聰師出《疏》五卷，道蔭師《抄》四卷，沖法師出《疏》五卷，岸法師出《疏》五卷，寵法師出《疏》八卷，大明師出《疏》十卷。其四，不承慧可師，自依《攝論》者，遷禪師出《疏》四卷，尚德律師出《入楞伽疏》十卷。其五，邢老師後，實禪師、惠禪師、曠法師、弘智師，身亡法絕。其六，明禪師後，伽法師、寶瑜師、寶迎師、道瑩師，並次第傳燈，于今（唐）揚化。詳《大正》50，No. 2060，頁、552 下、666 中。另外，據《大正新脩大藏經勘同目錄》之整理，後世對《楞伽經》作過注疏者甚多，詳《法寶總目錄》第一冊，頁 286 中~下。

311　《續高僧傳卷十六‧習禪初‧齊鄴中釋僧可傳六》，《大正》50，No.2060，頁 551 下~552 下。

312　參印順《中國禪宗史》，頁 25。然印順只說可能是道宣「爲賢者諱」、「同情慧可的境遇」而如是記載。筆者認爲，從這些資料正可看出一位禪者實踐懺悔的可貴精神。

　　《續高僧傳》說他雖遭賊斫臂，仍然「以法御心，不覺痛苦。火燒斫處，血斷帛裹，乞食如故，曾不告人。」相較於林法師被賊斫臂的「叫號通夕」，二人境界的深淺成爲一種懸殊之對照。慧可不但爲林法師包裹傷口，並乞食供養他，結果還遭到林法師的責怪怒罵，但慧可皆甘心忍受，毫無怨言。[313]《歷代法寶記》（774年）亦說他「佯狂，於四衢城市說法」，《寶林傳》（801年）說他「或在城市，或於巷陌，不揀處所，說法度人，或爲人所使」，皆能「自我調心」。[314]《景德傳燈錄》說他「韜光混跡，變易儀相；或入諸酒肆，或過於屠門，或習街談，或隨廝役。」[315]這種無拘場所、隨說隨行、無所忌諱的方便禪法，表面視之似爲一種精苦又嚴格的頭陀行，其實是深知因果業理與懺悔滅罪思想方能受諸受而無所受地繼續弘法利生的。[316]

　　慧可之弟子，亦多能踐行此種受諸受而無所受的頭陀苦行，如邢禪師，「惟服一衣、一柎、一坐、一食，以可常行。兼奉頭陀，故其所往，不參邑落。」又有慧滿禪師，專務無著，「一生無有怯怖，身無蚤虱，睡而不夢，住無再宿。……周行聚落，無可滯礙，隨施隨散，索爾虛閑。」[317]另有慧布（518~587）禪師，因病沾恚，屢陳罪業；願在三途救苦，不生西方；常自縫洗，六時無闕；煢煢謹攝，願度眾生。[318]凡此，皆是能夠「棄末返本」、「深知業理」、「甘心忍受」以「體怨進道」的精神，這與安世高預知債主，引頸受刃，[319]及達摩「報怨行」懺悔思想的踐履是古今相應的。

---

313 《大正》50，No.2060，頁 552 中。
314 唐·智炬《雙峯曹侯溪寶林傳卷八·第二十九祖可大師章·斷臂求法品第四十》云：「侍奉左右，經于九年」，見藍吉富編《禪宗全書·史傳部（一）》，頁 320。
315 《景德傳燈錄卷三·中華五祖·第二十九祖慧可大師》，《大正》51，No. 2076，頁 221 上。
316 如《寶林傳》載：慧可告璨曰：「吾歸鄴都還債」是。見《禪宗全書·史傳部（一）》，頁 320。
317 《大正》50，No.2060，頁 552 中。
318 《續高僧傳卷七·義解篇·陳攝山栖霞寺釋慧布傳》，《大正》50，No.2060，頁 480 下~481 上。
319 詳《高僧傳卷一·譯經上·安清一》，《大正》50，No. 2059，頁 323 中~324 上。

　　慧可師徒之所以能體怨進道以踐行「報怨行」的懺悔思想，其實是以《楞伽》為其御心、調心、安心之旨要的，《楞伽師資記》云：

> （達摩）法師感其（慧可）精誠，誨以真道：如是安心，如是發行，如是順物，如是方便；此是「大乘安心之法」，令無錯謬。如是安心者，壁觀；如是發行者，四行；如是順物者，防護譏嫌；如是方便者，遣其不著。[320]

達摩傳授慧可的「大乘安心之法」，狹義言之，即依於《楞伽》而行的「外止諸緣，內心無喘」的凝住壁觀；廣義言之，即是將內外凝住、二入四行、防護譏嫌與遣其不著諸義融合為一，契應於如來藏自性清淨心的自覺聖智境；綜貫言之，即「如是安心，如是發行，如是順物，如是方便」之四個「如是」；所謂安心、發行、順物、方便四行，是四而一、一而四，四即一、一即四，即是安心須兼融發行、順物、方便而實踐的，發行須兼顧安心、順物、方便而力行的，順物須同有安心、發行、方便而修持的，方便須依安心、發行、順物為基礎的。這樣的大乘安心禪行，對師徒二人而言，理事兼行，身心一體，無內無外，但不隨言說、遣其不著而令「身心皆無錯謬」，不再造作罪業而解脫入道。若將前三者回歸於佛陀教法來說，即無常、無我與寂靜涅槃教義之實踐；結合達摩的懺悔思想來看，慧可的「大乘安心之法」與「報怨行」懺悔思想是一體無二的。因此，慧可師徒之間所展開的禪法，是踐行安心禪法而不捨懺悔的，踐履懺悔而順俗安心的。如慧可說：「（眾生）只為攀緣妄念諸見，煩惱重雲，覆障聖道，不能顯了」，[321]幾乎與達摩理入行入的思維一樣，極重視煩惱業障的正確認識與懺除。

　　事實上，達摩之前，求那跋陀羅（367~431）早就有「大乘安心方便」，但求那跋陀羅的安心方便是由凡夫的「背理心」深入聲聞乘的「向理心」，再由「向理心」趣入菩薩乘的「入理心」，

320　《楞伽師資記》，《大正》85，No. 2837，頁1285中。
321　《大正》85，No. 2837，頁1285中。

最終迄於如來藏佛性的「理心」，而結之以「實性安心」之禪觀。[322]他的「實性安心」，側重於默心、無心、無念與守本歸真，[323]略異於達摩的凝住壁觀、捨妄歸真及慧可的、御心、調心與安心。另外，求那跋陀羅教導僧眾的是大聲念佛誦咒的觀音懺悔，[324]與達摩－慧可間強調的凝住安心之報怨行懺悔是一種強烈的對比。慧可承繼於達摩的安心禪法與報怨行懺悔是一體無二的，其安心是楞伽禪法的內化方便，懺悔是將佛法隨順世俗地表現在日常生活的一切人事上；安心是如實的安住自己的身心，懺悔則是無怨憎地應用於塵世萬事；安心是內心的倫理，懺悔是內心倫理的向外發散；身心內外，一體如如，不須大聲念佛，不須禮懺儀軌，只要「觀身與佛不差別」，則不須再念佛、覓佛、求佛。

　　慧可曾回答向居士云：

> 本迷摩尼謂瓦礫，豁然自覺是真珠；無明、智慧等無異，當知萬法即皆如。愍此二見之徒輩，申詞措筆作斯書；觀身與佛不差別，何須更覓彼無餘？[325]

他與向居士「覓影」、「覓彼」之對話，向來被學者認為可以代表慧可禪旨的內容。[326]向居士言「除煩惱而趣涅槃」如「去形而覓影」；慧可則以此八句偈語答之。慧可認為，摩尼（寶珠）與瓦礫、煩惱與涅槃、形與影、迷與悟、凡夫與佛性、無明與智慧，實為等同無異的，偏執著之即成業障，雙執之即成二元對立，向內覓求即失於自然，向外覓求亦不能得，這明顯是般若無相與如來藏思想的結合，是超越有無染淨等的中道思維之呈現。眾生常常迷

322　《大正》85，No. 2837，頁 1284 上～中。

323　求那跋陀羅云：我法「超度三乘，越過十地，究竟佛果處，只可默心自知，無心養神，無念安身，閑居淨坐，守本歸真」，《楞伽師資記》，《大正》85，No. 2837，頁 1284 上。

324　《高僧傳卷三・譯經下・求那跋陀羅十二》，《大正》50，No. 2059，頁 344 上～345 中。另見《歷代三寶記卷十・宋沙門求那跋陀羅》，《大正》49，No.2034，頁 92 上。唐・澄觀《大方廣佛華嚴經隨疏演義鈔卷第十五・講說則華梵通韻者》，《大正》36，No.1736，頁 115 下。

325　《大正》50，No.2060，頁 552 中。

326　日・忽滑谷快天著，郭敏俊譯，《禪學思想史》，（台北：大千出版社，2003 年 12 月），頁 421。

執而「覓心」、「覓佛」、「覓法」，妄加分別，故產生主觀偏執的價值與判斷，忽略了超越心識的如來藏佛性與懺悔滅罪與身心清淨的安心禪法。

敦煌卷子 P.2039 號、北新 1254 號《天竺國菩提達摩禪師論》將禪門視爲「安心門」[327]；P.3559 號中的《大乘心行論》亦云：「多語令人惑，少語得難解；欲覓法中意，無心最是安」[328]；後來四祖道信（580~651）製作《入道安心要方便法門》；[329]淨覺（683~750？）引《安心論》以注《般若波羅蜜多心經》，[330]率可視爲達摩－慧可安心禪法的餘續。

二、《二入四行論》的自見心法王

達摩與慧可、曇林、道育等弟子之間，基本上是活用「指事問義」與「就事通經」的手法以啓發禪者從一切事上去領會自性的，[331]從敦煌卷子《二入四行論》的記錄即可看出其端倪。[332]

---

327 方廣錩主編《藏外佛教文獻》第一輯，（北京：宗教文化，1995 年 12 月），頁 34。又見氏編《藏外佛教文獻》第二輯，（北京：宗教文化，1996 年 8 月），頁 166。

328 冉雲華〈敦煌文獻與僧稠的禪法〉，《中國禪學研究論集》，（台北：東初，1991 年 7 月），頁 81。

329 《楞伽師資記》，《大正》85，No. 2837，頁 1286 中~下。

330 柳田聖山《初期禪宗史書の研究》，（京都：法藏館，2000 年 1 月），頁 601。

331 《楞伽師資記》載求那跋陀羅語：「從師而學，悟不由師；凡教人智慧，未嘗說此；就事而徵，指樹葉是何物？」又達摩語：「指事問義，但指一物，喚作何物？眾物皆問之，迴換物名，變易問之。」《大正》85，No. 2837，頁 1284 下、1285 中。

332 關於《二入四行論》的時代、作者與禪法等問題，田中良昭在《二入四行論長卷子》早有成果，詳氏著《敦煌禪宗文献の研究》，頁 176~179。天順本《菩提達摩四行論》，見：日・椎名宏雄〈天順本《菩提達摩四行論》〉，《駒澤大學佛教學部研究紀要》n.54，1996 年 3 月，頁 198~214。《菩提達摩四行論》，藍吉富編《禪宗全書・語錄部（一）》，（台北：文殊文化，1988 年 8 月），頁 27~39。據楊曾文《禪宗文獻研究在日本》第二節所述，敦煌寫本《二入四行論長卷子》一卷，版本有鈴木大拙本、朝鮮「禪門撮要」本等。全書分四十四門，鈴木大拙《禪思想史研究第二》（《鈴木大拙全集》卷二）將之分爲一〇一段，他認爲前六十七段爲達摩所述，其餘部分爲慧可所述；宇井伯壽《禪宗史研究》以爲只有前八段是達摩弟子曇林所記，其餘大部分是慧可所述；關口真大《達摩大師の研究》認爲前六十七段爲達摩所述，其餘部分有些是法聰（586~656）的「大乘安心法」；柳田聖山《語錄の歷史》以爲前六十七

　　如上所述，慧可依於大乘安心禪法，主張此身與佛無差別，但未忽略懺悔滅罪思想的實踐。依此，則見色身即見心，見心即見罪，見罪即懺淨，懺淨即成佛，因為此心是法界，是修行者的大安穩處。敦煌本《二入四行論》云：

> 心是法界，……是大安穩處。……比如有人犯死罪，必合斬首，值王放赦，即免死憂，眾生亦如是。造作十惡、五逆，必墮地獄，法王廣大，放寂滅赦，即免一切罪。若人與王善友，因行在他處，殺他男女，為他所執，便欲報怨，是人忙怕無賴，忽見大王，即得解脫。若人破戒，犯殺、婬、盜，畏墮地獄，自見己之法王，即得解脫。[333]

據此，能夠「免一切罪」而解脫「地獄報」的方法是「值王大赦」、「忽見大王」、「自見己之法王」，亦即認為「自心法王」具有自覺自證的滅罪解脫能力，禪者只要能證見眾生本具的如來藏自性清淨心──「自見心法王」即是懺除十惡罪、五逆罪業、殺盜淫三身業等無量罪業，即心與法界一體而得證大安穩，免除一切罪而自地獄苦報解脫出來。這種「自見心法王」即「免罪」而「解脫苦報」的理論，不是透過繁冗龐雜的懺悔儀軌與禮拜佛菩薩之進行，而是安心禪法、見心功夫與懺悔思想的一體呈現。一體呈現後的身心，自由自在，無掛無礙，心量廣大，不須禮懺儀軌，一切惡業、一切處均可視為佛事而予懺淨成佛，其云：

> 一切事處、一切色處、一切諸惡業處，菩薩用之，皆作佛事，皆作涅槃，皆是大道，即是一切處無處不處，即是法處，即是道處。菩薩觀一切處即法處，菩薩不捨一切處、

段不是一人的記錄，與《禪門撮要》一致，皆為曇林所傳，與慧可無關，其餘大部分是達摩、慧可師徒間的問答，十二至一〇一段是禪宗語錄的祖先。筆者按，這些文字，無論是達摩或慧可所述，都屬於禪宗初期的思想。至於其「四十四門」，可能是仿自宣王《淨住子淨行法門》「三十一門」而編製的。筆者認為，《少室六門》的第三門與《二入四行長卷子》「四十四門」中的第一門，皆以「二入四行」為禪行的修行綱要，其他史傳亦多認為是達摩所說，故筆者的立場，亦傾向於是「達摩」所說；至於其他四十三門，筆者傾向於是曇林、慧可、道育等人的紀錄及他們與其弟子間的問答。

333　《禪宗全書・語錄部（一）・四行論》，頁32。

> 不取一切處、不簡擇一切處，皆能作佛事，即生死作佛事，
> 即惑作佛心。[334]

由二個「皆作」、五個「即是」、「不捨」、「不取」、「不簡擇」及「皆能作」、「即一作」等的思維來看，是活用了《金剛經》「於一切法，應如是知，如是見，如是信解，不生法相」的超越四相之般若思想以入楞伽安心禪法的。[335]如是，佛事不僅僅限於懺儀，懺儀不能涵蓋一切佛事，只要能夠「見自心法王」－如來藏自性清淨心，則一切事處、一切色處、一切諸惡業處、一切生死事、一切惑障事，菩薩用之皆為佛事，皆為涅槃，皆為佛心，這是禪者的大安穩心法，亦是禪門獨特的懺悔滅罪法。

自見心法王者可令禪者滅罪清淨，則一切外在業障事物便不會再牽絆住他，成為一個「即事不牽」的大力菩薩，其云：

> 修道人數數被賊盜物奪剝，無愛着心，亦不懊惱；數被人
> 罵辱打謗，亦不懊惱。若如此解者，道心漸漸壯，積年不
> 已，自然於一切違順都無心，是故即事不牽者，可謂大力
> 菩薩。[336]

心愛之物被賊盜物奪剝，被他人罵辱打謗，這只是一般外在事件而已，一個能夠常常以智慧自見心法王的禪者，早已無掛無礙，故不會因愛着心而起煩惱，續造罪業；同理，他會視一切處無處不處，皆自知、自覺、自懺、自淨，視一切事為滅罪清淨之佛事，違順都不起心瀾，道心自然逐漸增長，時時踐行著大菩薩行。

無獨有偶，敦煌本 S.2692 號《法王經》亦有「以金剛慧刀剪諸眾生無明之意」、「以此經清淨法杖，鞭除眾生三毒之垢」、「必定解脫，超生死流，出地獄苦」等融合金剛智慧與清淨法性的法王懺罪思想。[337]六世紀時江南傅大士（497~569）的怨親平等懺悔

334　《禪宗全書・語錄部（一）・四行論》，頁 36。
335　後秦・鳩摩羅什譯《金剛般若波羅蜜經》，《大正》8，No. 235，頁 752 中。吳汝鈞《印度佛學的現代詮釋》，（台北：學生書局，1994 年 6 月），頁 86~95。
336　《禪宗全書・語錄部（一）・四行論》，頁 32。
337　敦煌寫本中有《法王經》一卷。作者不詳。收於《大正》85，No2883，頁 1384 下~1390 上。係初唐時之偽作。其後，《百丈廣錄》、《宗鏡錄》等皆曾引用該經之說。今該經之抄本有：敦煌本史坦因第二六九二號、日字第三十號、鹹

中，亦常言及心王不動的禪慧。[338]六世紀末的敦煌本 B.1569、
S.2474、P.2052 號等《佛爲心王菩薩說頭陀經》(簡稱《心王經》)，
經中亦特別重視將頭陀禪法、懺悔滅罪、罪性本空與「心王常不
動」的靜坐正觀結合爲一。[339]由上觀之，目前雖不能確定《二入
四行論》是曇林、道育、慧可還是其他達摩弟子所述，但明顯是
達摩楞伽禪（或頭陀禪）「報怨行」懺悔的進一步發揮，這對至七
世紀末六祖惠能「無相懺悔」重視「常見自過患」的定慧不二的
頓悟見性禪法存在著一定的影響力。[340]

禪宗這種見自心法王的懺悔滅罪思想，至九世紀初仍可見其
一端。如中唐時與梁代傅大士並稱而有「東土維摩」之稱的龐蘊
（龐居士，？~815）[341]，其迅捷機辯亦有石頭禪師「運水搬柴」
的禪味，但亦主張禪修應踐行「心王懺悔」，他認爲修行者若不能
認識自心法王，縱使依照一般懺悔儀軌進行口說的發露懺悔，亦
類似著相求菩提一樣，不免墮在罪業的輪迴之中，其云：

> 心王作黑業，教他口懺悔；口懺心不改，心口相違背；不
> 服無心藥，病根終不差；著相求菩提，不免還他債。[342]

又認爲，不論誰何，都有可能依識造業，在地獄等六道論迴受苦，
而其解決之法，就是用自心法王的智慧之火予以懺除，其云：

> 報你心王道，依智莫依識；依智見真佛，依識入地獄。若
> 淪六趣中，受苦無時足；……心神被物纏，云何不懺悔？

字第二十六號、淡字第三十六號，尚有藏文譯本。經中綜合般若、華嚴與涅
槃佛性之說，闡釋真實大乘之佛性無性說，並謂該說乃諸法中第一、諸乘中
最大乘王，故稱《法王經》。經中亦有「自心法王」的懺悔滅罪思想，頗得禪
宗之味。
338 關於傅大士的「怨親平等」懺悔，詳本章第四節部分的論述。
339 方廣錩編《藏外佛教文獻》第一輯，(北京：宗教文化，1995 年 12 月)，頁
290~291。「心王常不動」的「不動慧」見頁 280。關於《心王經》的問題，筆
者將於第三章「弘忍的懺悔思想」部分再作論述。
340 關於惠能「定慧不二」的「常見自過患」之無相懺悔，詳本書第四章部分的
論述。
341 龐居士的生卒年月，學界有（785~805）、（806~820）、（827~835）三種異說，
參：譚偉《龐居士研究》，(成都：四川民族，2002 年 7 月)，頁 59~62。但譚
氏認爲，其出生之年尚難斷定，其示寂之年應是元和十年（815），筆者從之。
342 唐‧于頔《龐居士語錄》，《卍新續》69，No. 1336，頁 135 下。

便道捨財錢；外頭遮曲語，望得免前愆；地獄應無事，準擬得生天；世間有這屬，冥道不如然；除非不作業，當拔罪根源；根空塵不實，內外絕因緣；積罪如山岳；慧火一時燃；須臾變灰爐，永劫更無煙。[343]

《龐居士語錄》卷中、卷下所留的五言、七言詩偈，處處可見「心王」一詞，如、「心王無障礙，擺撥三界行」、「是伊心王黑，不能自了事」、「心王被賊使，劫劫無出期」、「心王不能了，何不依真智」、「心王不了事，公臣生執礙」、「無煩問師匠，心王應自知」、「慚愧好心王，生在蓮華堂」、「心王不了事，遮莫向名山」、「心王不了事，却被六賊使」、「心王若解依真智，一切有無俱遣棄」、「心王如如六根瑩」等，[344]從這些詞語觀之，懺者若能了知「自心法王」是如如自的，依於懺理便可自知、自覺、自懺、自淨一切罪業，以清淨法身禪定精進；反之，不能活用自心法王，則易被心賊牽引而累世墮入六道輪迴苦報中。

當然，從龐居士詩偈中大量強調「無外物」、「無事人」、「一無所得」、「無我無人」、「無相法身」、「終日閑無事」、「無相即無福」、「遣子學無相」、「聞道無相理」、「於住而無住」、「無相契真常」、「法身無相貌」、「安余無相神」、「說者說無相」、「無心爲真空」、「稱爲無相經」、「無心是極樂」、「佛是無相體」、「耳聞無相理，眼空不受色，鼻嗅無相香，舌甞無相食，身著無相衣，意隨無相得」、「無生理甚寬」、「無念自家珍」、「名相本來無」、「無相亦無名」、「無無無障礙」、「曠然無所得」、「心但寂無相」、「真如本無相」、「無思無念是真空」、「通達無我無人法」、「一切名相本來無」、「但自無心於萬物」、「無相真空妙法身」……等詞語視之，[345]他的心王懺悔當是與《金剛經》般若無相、無住無念思想、南宗禪法等相融爲一的，這除了從他三次提及「金剛」、三次引及《金剛經》的資料可以證明外，亦從他與南宗石頭希遷（700~709）、

343　《卍新續》69，No. 1336，頁 141 中。
344　《卍新續》69，No. 1336，頁 135 上~144 中。
345　《卍新續》69，No. 1336，頁 135 下~144 中。

馬祖道一（709~788）、丹霞天然（739~824）、藥山惟儼（751~834）
等禪師的密切交往可知。[346]是故，龐居士的自心法王懺悔，應是
上承《二入四行論》心王懺悔並與同時期禪宗大師風格相呼應的
特殊禪風。

三、慧可僧璨的持罪懺悔

　　據《續高僧傳‧法沖傳》載，僧璨（？~606）與慧可（487~593）
都是「口說《楞伽》玄理，而不出文記」，[347]《傳法寶紀》說二人
「理得真，行無轍迹，動無彰記；法匠潛運，學徒默修。」[348]《景
德傳燈錄》說他晚年「適羅浮山優游二載，却旋舊址逾月，士民
奔趨，大設檀供。師為四眾廣宣心要訖，於法會大樹下合掌立終。」
[349]唐‧獨孤及（725~777）〈鏡智禪師碑銘〉說他「有羅浮之行」
之說皆可證明其事。[350]

　　僧璨於法會中為四眾廣宣說心要，是否具有禮懺儀節已不可
考，但他之所以得慧可之心印，最關鍵的還是《二入四行論》中
慧可以「將汝罪來，為汝懺悔」的「有罪須懺悔，既不見罪，不
須懺悔」之事，其云：

　　（僧璨云）：與弟子懺悔。

　　（慧可）答：將你罪來，與汝懺悔。

　　又言：罪無形相可得，知將何物來？

　　答：我與汝懺悔竟，向舍去。意謂有罪須懺悔，既不見罪，
　　不須懺悔。

346　相關的語錄具見《卍新續》69，No. 1336，頁 131 上~134 中。石頭希遷與馬
　　祖道一的懺悔思想留待本書第五章再作論述。
347　《大正》50，No. 2060，頁 666 中。
348　杜胐《傳法寶紀并序》，柳田聖山《初期禪宗史書の研究》，（京都：法藏館，
　　2000 年 1 月），頁 570。
349　《景德傳燈錄卷三‧第三十祖僧璨大師》，《大正》51，No. 2076，頁 221 下~222
　　上。
350　藍吉富主編《禪宗全書‧史傳部（一）‧全唐文禪師傳記集‧四、舒州山谷寺
　　覺寂塔隋故鏡智禪師碑銘并序》，（台北：文殊出版社，1988 年 4 月），頁 349。

又言：教我斷煩惱。

答：煩惱在何處而欲斷之？

又言：實不知處。

答：若不知處，譬如虛空。知似何物，而言斷虛空。

又，經云：斷一切惡，修一切善，得成佛？

答：此是妄想自心現。[351]

此段資料可以看出初期禪宗弟子們將懺悔滅罪思想與禪法結合的五點事實：其一，曇林、慧可、道育等人與其弟子間，仍然肯定禪悟仍要進行「有罪須懺悔」的懺悔滅罪思想之認識與實踐，並不是一味地禪觀靜坐，無所事事。其二，實踐懺悔滅罪的理論基礎是大乘佛教的罪性本空思想，而此思想悉未脫離緣起與因果業論。其三，他們的懺悔滅罪方法並不是用一般懺法的禮懺儀軌，而是用智慧觀照「罪無形相可得」與「既不見罪，不須懺悔（儀軌）」。其四，懺悔滅罪是在內心之中實踐的，不是在外在的形式儀軌或知識概念上去妄想造作的。其五，內心實踐的懺悔滅罪，是直觀直懺的，連經書上所說的「斷一切惡，修一切善」都視之為自心所現的「妄想」，亦即是落實在「罪無形相可得」的無相實相功夫上。這種用智慧觀照「罪無形相可得」的持罪懺悔，事實上已是《金剛經》、《心經》中一切不可得的「般若空慧」之靈活運用，它所強調的正是禪者本身須依於正知正覺去進行「見罪」的功夫，所謂「見罪」，指的即是依無所得的般若空慧去「照見罪性本空」、「照見罪無自性」，以此「罪性本空」、「罪無自性」而除罪清淨，並不是執著在「有罪」或「無罪」的二分問題上。後來，《雙峯曹侯溪寶林傳》（《寶林傳》）再修飾為「覓罪不見」的功夫，其云：

有一居士（僧璨），不說年幾，候有四十，及所禮拜，不稱姓字。

云：「弟子身患風疾，請和尚懺悔。」

---

351 引見：柳田聖山《達摩の語錄：二入四行論》，（東京：筑摩書房，昭和44年（1969）），頁220~221。

可大師曰：「汝將罪來，為汝懺悔。」

居士曰：「覓罪不見。」

大師曰：「我為汝懺悔竟，宜依佛、法、僧。」

居士曰：「但見和尚，即知是僧；未審世間，何者是佛？何者是法？伏願和尚而為開示。」

可大師曰：「是心是佛，是心是法，法、佛無二，汝知之乎？」

居士曰：「今日始知罪性不在內、外、中間，如其心然，佛、法無二也。」

大師知是法器，後與剃髮，云「是師寶，宜名僧璨。」

其年三月十八日，於光福寺受具戒。[352]

《寶林傳》與《二入四行論》最大的不同之處，是用「覓罪不見」取代「罪無形相可得」，且在「覓罪不見」之後強調了「依佛、法、僧」、「是心是佛，是心是法，法、佛無二」及「罪性不在內、外、中間」諸語，繼續擴充了原來的般若無所得的空慧思想。其中的「依佛、法、僧」，明顯是受到同時代禮懺思想、佛名懺悔思想「三歸依」思想的影響，這表示了禪宗能夠廣大的吸納禮懺思想進入禪法又不執著於一般禮懺法的權宜性與涵融性；至於「是心是佛，是心是法，法、佛無二」明顯是受到《金剛經》「無我相、無人相、無眾生相、無壽者相」而「滅度一切眾生，滅度一切眾生已，而無有一眾生實滅度」的「一切法者，非一切法，是故名一切法」之遮詮方法的影響，[353]而與《華嚴經》「心如工畫師，畫種種五陰；一切世界中，無法而不造。心佛及眾生，是三無差別，諸佛悉了知，一切從心轉」之義理是契印相通的。[354]當然，就慧可僧璨而言，是活用三無差別的平等法於二入四行的禪觀實踐中，進行罪性本空之滅罪的。《金剛經》的般若空慧是無相無執而直頓無上正

---

352 唐·智炬《雙峯曹侯溪寶林傳卷八·第二十九祖可大師章·斷臂求法品第四十》云：「侍奉左右，經于九年」，見《禪宗全書·史傳部（一）》，頁 319~320、323~324、325。

353 鳩摩羅什譯《金剛般若波羅蜜經》，《大正》8，No.235，頁 751 上~中。

354 《大方廣佛華嚴經卷十·夜摩天宮菩薩說偈品第十六》，《大正》9，No.278，頁 465 下~466 上。

等正覺的,《華嚴經》的一心法界是清淨無染理事圓融無盡緣起而無所不包的。二入四行凝住壁觀的報怨行懺悔,加上見自心法王的自然除罪,再活用金剛四無相與華嚴心佛眾生三無差別的心法,契接到楞伽的如來藏自性清淨心,故說「罪性不在內、外、中閒。」這種涵融金剛與華嚴的思路,除了是佛教「甚深緣起」、「罪性本空」、「罪無自性」的基本禪觀修行外,亦是受到《維摩詰經》「不二無垢」滅罪思想的影響(見後面論述)對道信、弘忍、惠能、神會的懺悔實踐都有一定的影響。後來,禪宗語錄如《祖堂集》、《景德傳燈錄》、《傳法正宗記》等處關於「慧可－僧璨」傳印所載之對話,在內容、語言、形式、過程與風格上大致都與《寶林傳》相同。[355]

　　僧璨示以「身患風疾,請和尚懺悔」之事,與獨孤及(725~777)〈鏡智禪師碑銘〉的說法相近,其云:

> (僧璨)謂身相非真,故示有瘡疾;謂法無我,故居不擇地;以眾生病為病,故至必說法度人;以一相不在內、外,不在其中間,故足言不以文字;其教大略以寂照妙用攝群品,流注生滅,觀四維上下,不見法,不見身,不見心,乃至心離名字,身等空界,法同夢幻,無得無證,然後謂之解脫。[356]

獨孤及可能顧及史實與禪宗心法而避免記錄「請和尚懺悔」之事,但說明了懺悔滅罪與身心清淨是禪者不能不去自知自覺之事。此處的「身相非真」,在言「人無我」的思想;「示有瘡疾」,暗示著佛法要能振濟現前身心重病,此同於達摩報怨行的「宿世殃業」;「法無我」,是「人無我」的進一步超越;「居不擇地」,同於慧可隨說隨行的順世風格;「以眾生病為病」,是利己利人、度己度人

355　《祖堂集卷二·第二十九祖師慧可禪師》,(台北:廣文書局,1979 年 4 月),頁 40。道原《景德傳燈錄卷三·第二十九祖慧可大師傳》,《大正》51,No.2076,頁 220 下。宋·契嵩《傳法正宗記卷六·震旦第二十九祖慧可尊者傳》,《大正》51,No.2078,頁 744 下~745 上。

356　唐·獨孤及〈舒州山谷寺覺寂塔隋故鏡智禪師碑銘〉,周紹良主編《全唐文新編卷三九〇·獨孤及》,頁 4480。

的大乘菩薩行，這又是「人無我」、「法無我」的超越；「不在內、外、中間」，是不隨於言教的般若中道，與《二入四行論》「一切法爲貪欲而起，貪欲無內、無外，亦不在中間」[357]的思路相互呼應，皆言四大、五蘊、十二處、十八界各無自性也；[358]「寂照妙用攝群品，流注生滅，觀四維上下」，說的是僧璨承繼慧可安心禪修的寂照境界；「不見法，不見身，不見心」，即是不執於法、不執於身、不執於心的活潑禪觀；「不以文字」、「乃至心離名字」，言其禪境高遠，不待人爲的語言、文字、聲音、符號等所可詮釋，這完全與達摩「寂然無爲」、「與道冥符」的禪行相契；至於「身等空界，此同夢幻，無得無證」，言其禪境同於般若性空，皆契於楞伽自覺聖智境之修行。

　　獨孤及側重禪宗心法的載述，但僧璨的「示有瘡疾」其實是南北朝以來《維摩詰經》中維摩詰居士「以身示疾」與「直心除滅罪業」的不二禪法之活用。《維摩詰所說經・弟子品第三》載，有二比丘違犯律行，深以爲恥，請優波離爲他們懺罪。優波離尚未解說，維摩詰居士云：

> 唯！優波離，無重增此二比丘罪，當直除滅，勿擾其心。所以者何？彼罪性不在內、不在外、不在中間。如佛所說：「心垢故，眾生垢；心淨故，眾生淨。」心亦不在內、不在外、不在中間。如其心然，罪垢亦然，諸法亦然，不出於如如。優波離，以心相得解脫時，寧有垢不？我言：「不也。」維摩詰言：「一切眾生，心相無垢，亦復如是。唯！優波離，妄想是垢，無妄想是淨；顛倒是垢，無顛倒是淨；取我是垢，不取我是淨。優波離，一切法生滅不住，如幻、如電，諸法不相待，乃至一念不住。諸法皆妄見，如夢、如炎、如水中月、如鏡中像，以妄想生。其知此者，是名

---

357 《禪宗全書・語錄部（一）・四行論》，頁 29。
358 淨覺《注般若波羅蜜多心經》云：「六根空不在內……六塵空不在外……六識空不在中間……四大五蘊十八界，各無自性也。」引見：柳田聖山《初期禪宗史書の研究》，頁 603。

奉律；其知此者，是名善解。」[359]

維摩詰居士以般若的「心相無垢」、「無妄想」、「無顛倒」、「不取我」、「一切法如幻、如電、如夢、如炎、如水中月、如鏡中像」思想化解了二位比丘的心垢，二位比丘了知「諸法不相待，乃至一念不住」的緣起真理後，誇讚維摩詰的思想是「上智哉！是優波離所不能及，持律之上而不能說」，所謂「不能及」、「持律之上」與「不能說」，指維摩詰的禪行是超越了一切語言、文字、知識、概念的不二無垢思維，超越了一般修行的解悟與戒律儀則的矜持，長期的疑悔便於當下以直心契應般若實相罪性本空之理而滌除罪業。[360]

　　就維摩詰居士的立場以觀，這是超越一切現象罪相的無相清淨之法，如誦讀《維摩詰經》而頓悟的僧肇（384~414）注云：「罪本無相，而橫爲生相，是爲妄想，妄想自生垢耳，非理之咎也。優波離分別罪相，欲以除垢，罪本無相，而妄生罪相，乃更增塵垢也。」[361]眾生的自性原本是清淨無礙的，此清淨無礙即是無相實相的，與般若空慧的實相無相是相契的，但它不會受到現象界生滅相待的有爲法所干擾，故云：「諸法如電，新新不停，一起一滅不相待也。彈指頃有六十念過，諸法乃無一念頃住，況欲久停？無住則如幻，如幻則不實，不實則爲空，空則常淨。然則物物斯淨，何有罪累於我哉？」[362]此處的「無住則如幻」，即是《金剛經》中「一切有爲法，如夢幻泡影，如露亦如電，應作如是觀」的「無我相、無人相、無眾生相、無壽者相」之四無相境界。[363]僧肇之師鳩摩羅什亦云：「有罪則憂怖，無罪則疑悔自滅」，[364]所說的即是這種超越一切相對待的不二無垢之滅罪懺理。鳩摩羅什、僧肇師生之外，天台智顗（538~597）亦疏云：「觀心畢竟不可得，即

359　姚秦・鳩摩羅什譯《維摩詰所說經・弟子品第三》，《大正》14，No. 475，頁541中。
360　《大正》14，No. 475，頁541中。
361　東晉・僧肇《注維摩詰經卷三・弟子品》，《大正》38，No.1775，頁356上。
362　《大正》38，No.1775，頁356中。
363　《金剛般若波羅蜜經》，《大正》8，No.235，頁750中~752中。
364　《大正》38，No.1775，頁356下。

不見罪相，是直除滅，不擾其心。……罪從心生，觀心不從自、他、共生，則心不在內、外、中間，如其心然，罪垢亦然，諸法亦然。故《普賢觀》云：觀心無心，法不住法，我心自空，罪福無主，諸法如是，無住無壞。作是懺悔，名大懺悔，名莊嚴懺悔，名無罪懺悔，名破壞心識懺悔，行此懺悔，心如流水，念念不住。」[365]可見智顗極重視《維摩詰經》不二無垢思維、般若空慧與大莊嚴實相懺悔的契應相連。三論嘉祥大師吉藏（549~623）亦云：「今日之病，必由前罪故，令其懺悔，故云說悔前罪。既言有前罪，則似業有性罪。從未來至現在，從現在入過去，是故今明不入過去。不入過去者，罪本性空故，無罪可謝入也。」[366]又云：「行道、坐禪、講說懺悔，宜依此門。不爾，於事無益。」[367]所謂「此門」，即是維摩詰居士真俗並觀的不二無垢滅罪思維的禪路。

據此，《二入四行論》、《寶林傳》中慧可要求僧璨「**汝將罪來，為汝懺悔**」時，其實已讓僧璨思考《維摩詰經》「隨其心淨，則佛土淨」那種超越一切相對、差別等的不二無垢之般若無相的懺罪之理，[368]不二無垢是罪性本空的，故一切我、法、身皆無自性，無常幻滅，不可計執；反之，有我與計執皆是造作罪業的。慧可回答向居士的安心禪法，認為「觀身與佛不差別，何須更覓彼無餘」的，此與《二入四行論》中「覓法計業不亡，展轉增垢」的思想是相應的，[369]故僧璨在慧可要求「持罪來」的當下，其實已遮除掉一切妄心計執，豁顯其本有之淨心並了知罪性本空之理，

---

365 隋・智顗說，湛然略，《維摩經略疏卷五・弟子品》，《大正》38，No.1778，頁628中~下。

366 隋・吉藏《淨名玄論》卷二，《大正》38，No.1780，頁867上。

367 隋・吉藏《維摩經義疏卷五・文殊師利問疾品》，《大正》38，No.1781，頁958上。

368 《維摩詰所說經卷上・佛國品第一》：佛告寶積：「菩薩隨其直心，則能發行；隨其發行，則得深心；隨其深心，則意調伏；隨意調伏，則如說行；隨如說行，則能迴向；隨其迴向，則有方便；隨其方便，則成就眾生；隨成就眾生，則佛土淨；隨佛土淨，則說法淨；隨說法淨，則智慧淨；隨智慧淨，則其心淨；隨其心淨，則一切功德淨；菩薩欲得淨土，當淨其心；隨其心淨，則佛土淨。」《大正》14，No. 475，頁538下。《維摩詰所說經卷中・入不二品第九》，《大正》14，No. 475，頁550中~551下。

369 《禪宗全書・語錄部（一）・四行論》，頁29。

發出「覓罪不見」的省覺之語，可知他已自覺自懺，罪業淨除，身淨心淨，見性成佛。但這只是粗淺層次的禪悟，未見深層的佛法境界，故慧可又教以「宜依佛、法、僧」的三歸依進行懺罪，這又是攝取南北朝的禮佛懺悔思想而來的。[370]慧可這種三歸依與持罪懺悔的禪法，精簡扼要，既上承佛陀的懺悔法，亦是超越心量的聖覺自證，它不是將一生歲月都耗費在寺院裡對億萬佛菩薩名號的拜誦與一一不息的事懺理懺，而是「是心是佛，是心是法，法、佛無二」的超越思想。僧璨體會出這種超越相對的不二無垢無相智慧後，故云：「今日始知罪性不在內、外、中間，如其心然，佛、法無二也」，徹底的證悟慧可的心法，故能得其心印。

　　要言之，此種持罪懺悔的本質實是《維摩詰經》的不二無垢實相懺悔思想，它是讓禪者直接認識罪相本空不執染淨的特殊滅罪法，它被禪宗慧可、僧璨運用在禪法上，實涵蘊著四層思想義蘊，其一，此種「是心是佛，是心是法，法、佛無二」的不二無垢懺悔思想，是承自達摩凝住壁觀的報怨行懺悔與達摩弟子輩們「見自心法王即免一切罪」禪法的進一步深化；其二，「依佛、法、僧」而懺悔滅罪的思想，既活用了南北朝時盛行的佛名懺悔之禮佛誦佛滅罪思想，亦契應了禪宗不立文字、以心傳心的勝義思路；其三，「罪性不在內、外、中間」的罪性本空思想，是大乘佛教實相無相懺悔的思想核心，在禪宗之內，實相懺悔變成禪者不放逸修行時可有可無又不可不無的內在而隱形之禪進功夫；其四，達摩凝住壁觀的報怨行懺悔是菩薩戒與楞伽相契相應的，慧可僧璨則將《維摩詰經》的不二無垢懺悔思想與般若空智活用在禪宗的修證體系中，讓禪宗頓悟見性思想中的懺悔實踐活潑而不僵直，彈性而易用。這四點義蘊對後來的道信、弘忍、惠能、神會之影響是很大的。

　　這樣一條由報怨行開啟的懺悔心路，由見安心→覓心→覓罪→持罪→懺罪→歸依佛法僧三寶→身心清淨→是心是佛，一切事

---

370 關於南北朝佛名懺悔之情形，參拙著《慈悲水懺法研究》，頁76~92。

處都是佛事，一切事處都不離懺悔，但都無住於懺悔；一切惡業
處都不離楞伽禪，但無住於楞伽禪；一切法處都不離般若，亦無
住於般若；這是一條罪性本空的無相懺悔，它是不住內、外、中
間的超越思路，亦是慧可安心禪法的重要內涵，但不是一般懺法
的禮懺儀軌之形儀，僧璨得其精髓，故禪印超越同時代的諸多禮
懺法。故學者認為，這樣的超越，並不僅僅是一味的超語言、超
邏輯而已，實已加上了《金剛經》那種過去心不可得現在心不可
得，未來心不可得的那種不可言詮、不可描述的般若空智的思想。
[371]後來弘忍「覓無上菩提」、《秀禪師七禮》「陪（背）教求能覓法
難」、「未識法時經上覓，未識佛時像上覓」[372]及惠能的「自不求
真外覓佛，去覓總是大癡人」[373]的懺悔思想，其實慧可－僧璨間
的禪法早已植下智慧芽種。

第四節　傳大士、道信與法融的懺悔思想

印順認為達摩、慧可與僧璨的禪法可以概稱為「達摩禪」，至
於雙峰道信至弘忍間的禪法，應視為「達摩禪的新時代」。[374]此一
新時代，若論及雙峰道信（519 頃~651），便不能不兼看雙林傳翁
（傳大士，497~569）與牛頭法融（ ？~652）二人的懺悔思想。

一、傳大士「怨親平等」的懺悔思想

學界關於傳大士的懺悔思想，張勇《傳大士研究》一書曾以
「數息觀身，淨心懺悔」一節予以討論，[375]這頗有歸附於北宗看

---

371 楊惠南〈禪宗公案中的矛盾與不可說〉，《禪史與禪思》，（台北：東大，1995
　　年 4 月），頁 276~279。
372 《敦煌禮懺文研究》，頁 375。
373 鄧文寬校注，《六祖壇經》，頁 24、117。
374 印順《中國禪宗史》，頁 39~173。
375 張勇《傳大士研究》，（台北：法鼓文化，1999 年 1 月初版）。

心看淨的傾向。[376]據伊吹敦等之研究，梁末江南一帶三論、天台、傅大士及牛頭法融等均有「心即是佛，佛即是心」的心王思想。[377]椎名宏雄、張勇等都認爲《心王論》、《心王頌》、《心王銘》雖是後代僧者所附會，但傅大士對心王思想、頭陀禪觀、罪性本空當有一定之認識。[378]筆者認爲，如欲正確看待傅大士的懺悔思想，應直接從《善慧大士錄》的內容詮之爲當。故本小節先論梁武帝與傅翕之關係，再論其「怨親平等」之大乘懺悔。

（一）梁武帝與傅翕

傅翕（497~569），二十四歲遇梵僧嵩頭陀而感悟，結庵松山下，創雙林寺，自號「雙林樹下當來解脫善慧大士」，人稱「傅大士」、「叢林大士」、「東陽大士」，與寶誌（418~514）並稱梁代二大士，[379]與梁武帝（464~549）君臣兩人在捨身事佛與教懺悔思想方面，頗具相得益彰之效。

天監十八年（519）四月八日，梁武帝在等覺殿上受菩薩戒，並云：「不發弘誓願，受菩薩戒，豈能起慈悲心？行平等行？」[380]極富大乘菩薩精神。在位期間，經常召聚當時高僧，在同泰寺、重雲殿、皇基寺、阿育王寺等寺進行諸多法會，如無遮大會、四部大會、四部無礙法會、救苦濟會、盂蘭盆齋會等，或捨身供佛，或大行特赦，或建塔寺，或布施、講經，不一而足。[381]隋·費長

---

376 關於北宗看心淨心的懺悔思想，詳參本書第三章「弘忍與神秀的懺悔思想」之論述。

377 伊吹敦〈再び「心王經」の成立を論ず〉，《東洋學論叢·文學部紀要·印度哲學科篇》，第五十集，頁82~95。

378 學界對傅大士是否有《心王論》、《心王銘》、《心王頌》之創作，早有甚多說法。椎名宏雄〈傅大士と『心王銘』〉一文認爲《心王論》係北宗「拂塵看淨」的禪法，《心王銘》係南宗據《心王論》的再創造，見《印度學佛教學研究》v.16 n.2（＝n.32），1968年3月，頁130~131。

379 洪修平〈從寶誌、傅大士看中土禪風之初成〉，《中國文化月刊》n.172，（台中：私立東海大學哲學系，1994年2月），頁14~22。

380 《善慧大士錄》，《卍新續》69，No. 1335，頁125下。

381 史書上載梁武帝關於「無遮大會」、「捨身奉佛」的事，可見：《梁書卷五十四·列傳第四十八·諸夷》，頁791~792。《梁書卷三·本紀第三·武帝下》，頁71、頁73、頁92等處、《南史本紀卷七·梁本紀中第七·武帝下》，頁205、頁210、頁218、頁224、頁225等處。

房《歷代三寶紀》亦載：

> 帝（梁武帝）以國土調適，住持無諸災障，上資三寶，中
> 賴四天，下藉龍王，眾神祐助。如是種種，世間蒼生，始
> 獲安樂。雖具有文，散在經、論，急要究尋，難得備睹。
> 故天監中，頻年降敕，令莊嚴寺沙門寶唱等，總撰集錄，
> 以備要須。或建福禳災，或禮懺除障，或饗神鬼，或祭龍
> 王，諸所祈求，帝必親覽，指事祠禱，訖多靈感。所以五
> 十年間，兆民荷賴，緣斯力也。[382]

因為高僧寶唱等人的總撰集錄，梁武帝親自「或建福禳災，或禮
懺除障，或饗神鬼，或祭龍王」，每次皆「指事祠禱，訖多靈感」，
故五十年間，天下安樂太平，百姓感恩甚深。這些水陸法會、無
遮大會、禮懺法會等，無疑是與當時禮懺文製作興盛與懺悔思想
之廣布是相為照應的。由於君主大力暢行，親身視禮懺滅罪與捨
身供佛為無量功德大事，民間沐浴「教化」，自亦「上行下效」，
一時江南朝野皆沉浸於禮懺氛圍中。如《宋高僧傳》載，「自淮以
南，民間唯禮《梁武懺》（梁皇懺）以為佛事，或數僧唄曪，歌讚
相高」，[383]可謂其來有自。

當然，梁武帝提倡佛教，推行禮懺，與儒家「禮治思想」是
兩相合一的，[384]他的「大通」、「大同」等年號，皆合於儒家「篤
孝治之義」，[385]從佛教發展而言，他在弘揚佛法與建製禮懺文上，
確實居功厥偉。[386]大通六年（534）正月二十八日，傅大士即致書
梁武帝，表明了圓融善事上、中、下三方面的諸事以踐行佛道之

---

382 《大正》49，No.2034，頁 99 中。
383 《宋高僧傳卷二十八‧興福篇第九之三‧論曰》，《大正》50，No.2061，頁 888
　　中。
384 梁武帝在〈敕答臣下神滅論〉中云：「孟子云：人之所知，不如人之所不知。
　　信哉！觀三聖設教，皆云不滅，其文浩博，難可具載。止舉二事，試以為言。
　　〈祭義〉云：惟孝子為能饗親。〈禮運〉云：三日齋，必見所祭。若謂饗非所
　　饗，見非所見，違經背親，言誠可息。」《弘明集》卷十，《大正》52，No.2102，
　　頁 60 中。
385 梁武帝時，庫部郎何炯答難神滅論語。見《弘明集》卷十，《大正》52，No.2102，
　　頁 64 中。
386 中村元等著，余萬居譯，《中國佛教發展史》上，頁 356。

志，其辭曰：

> 雙林樹下當來解脫善慧大士白國主救世菩薩，今條上、中、下善，希能受持。其上善，以虛懷為本，不著為宗；妄想為因，涅槃為果。其中善，以治身為本，治國為宗；天上、人間，果報安樂。其下善，以護養眾生，勝殘去殺，普令百姓俱稟六齋。[387]

這種上、中、下三階大眾兼顧的弘法胸懷，宛若文殊、普賢等大乘菩薩的廣大懺願心行，超越了儒家的禮樂大同思想，故能普受當時人們的支持與響應，陳・徐陵於陳太建五年太歲癸巳（573）七月五日在都下白山所造《傅大士碑文》讚云：「夫以四海之君，萬邦之主，預居王士，莫不祇肅。」[388]

　　不過，若由側面另行觀察，南北朝的政治局勢似未真正穩定，民生經濟亦非真正鼎盛，當時朝野上下沉浸於禳災祈福與捨身供佛之布施活動，非教化之倫理常態，如《南史》卷七十載，郭祖深上書梁武帝云：「今年豐歲稔，猶人有飢色，設遇水旱，何以救之？陛下昔歲尚學，置立五館，行吟坐詠，誦聲溢境。比來慕法，普天信向，家家齋戒，人人懺禮，不務農桑，空談彼岸。」[389]傅大士亦云：「眾災亂起數非一，含識遭值盡中傷；如何眾生遭此苦，悲念切抱益皇皇。」[390]果真如此，已如同「塗有餓莩而不知發，人死，則曰：『非我也，歲也。』是何異於刺人而殺之」，[391]則梁武帝等之功德，當另外看待。後人杜撰達摩與梁武帝之對話，說他建寺供僧「毫無功德」，[392]其意或許在此。

　　當然，若回到蕭梁的濃郁禮懺氛圍以論，情形又不同。唐・樓穎〈善慧大士錄序〉云：

387　徐陵〈傅大士碑文〉，《善慧大士錄》，《卍新續》69，No.1335，頁 104 上。

388　《卍新續》69，No. 1335，頁 121 下。

389　唐・李延壽《南史卷七十・循吏傳・郭祖深》，頁 1720。

390　《善慧大士錄》卷一，《卍新續》69，No. 1335，頁 109 上。

391　《十三經注疏 8・孟子注疏卷一・梁惠王上》，（台北：藝文印書館，1997 年 8 月）頁 10。

392　《雙峯山曹侯溪寶林傳卷八・達摩行教游漢土章布六葉品第三十九》，《禪宗全書・史傳部（一）》，頁 307。

> 梁武帝以皇王之貴，精勤佛寶，由是，異人間出，共羽翼
> 正教。如大士之時，比丘僧則有智者、頭陀、慧集、慧和、
> 普建、普成；居士則有傳普敏、徐普拔、潘普成、昌居士；
> 皆六度四等，清心淨行，以嚴持於身；放生蔬食，醫病救
> 苦，以泛愛於物；造立塔廟，崇飾尊像，以嚴佛事；敷演
> 句偈，闡揚經論，以廣多聞。此皆是不可思議之人，行不
> 可思議之事，迭為表裏，用度難信難化之人，欲使其得登
> 無上之道，見當來之佛耳。[393]

禮懺滅罪與捨身供佛屬六度中的布施活動，除傅大士全力投入
外，其他如智者、頭陀、慧集、慧和、普建、普成比丘及傅普敏、
徐普拔、潘普成、昌居士等社會善知識，皆戮力護持，朝廷內外，
相互支持；高僧賢達，全力顯發；或嚴格的修持淨心淨行，或放
生蔬食以醫病救苦，或立廟造像以嚴佛事，或闡揚經論以廣多聞，
都是殊勝難得的不可思議人所進行的不可思議之偉大事業，而其
目的皆是用來超度難信難化之人，欲使其得登無上之道，見當來
彌勒尊佛。這是大乘佛教自利利他、自度度他的弘大誓願之顯現。
尤其從最後一句期望眾生「登無上之道，見當來之佛」視之，他
們堅信著當來彌勒菩薩對眾生勸說三乘教法及大迦葉修十二頭陀
禪行佐彌勒勸化眾人的彌勒成佛思想相應。[394]在聖唐之世，敦煌
地區的僧徒曾特別製作《上生禮》（S.5433、S.4451、P.3840）進
行禮懺，它藉由請佛、歎佛、禮慈氏（彌勒菩薩）、志心懺悔、志
心發願、念慈氏、處世界梵、迴向偈、三歸依、慈氏上生偈、諸
行無常偈、如來涅槃偈等儀節的實踐，期望達到滅罪增福、往生
彌勒淨土的目的，[395]其實梁武帝與傅大士等期登彌勒淨土而作的
立廟禮佛、頭陀苦行與闡揚經論，早已建立了禮懺的初模。

---

393 《善慧大士錄》卷一，《卍新續》69，No.1335，頁 104 上。
394 相關資料詳參：劉宋·沮渠京聲譯《佛說觀彌勒菩薩上生兜率天經》，《大正》
　　14，No.453，頁 418 中~420 下。晉·竺法護譯《佛說彌勒下生經》，《大正》
　　14，No.453，頁 421 上~423 下。姚秦·鳩摩羅什譯《佛說彌勒下生成佛經》，
　　《大正》14，No.454，頁 423 下~425 下。
395 汪師娟《敦煌禮懺文研究》，第六章「上生禮」，頁 269、279。

《善慧大士錄》載，太清二年（548）二月十五日，梁武帝歲近遲暮，傅大士即時捨棄田園產業，設會禮懺，持不食上齋及燒身為燈，遍為一切供養三寶。三月十五日，乃謂眾曰：

> 昔聞月光大士捨頭弘施太子，救窮濟乏，無悋命財，經之所明，此人不久成佛。故余不揆凡微，仰慕聖則，乃立心誓，捨身命財，普為一切供養諸佛，謹持不食上齋而取滅度，執志燒身為大明燈，為一切供養三寶。[396]

傅大士虔誠設會、捨身供佛之弘心大誓，這是經中常說的方法，亦為頭陀禪行的重要實踐方式，如《月光菩薩經》載，月光曾經千度捨頭，布施眾生，他的這種大行，並不是為了求為輪轉王、亦不求生天、亦不求魔王、亦不求帝釋、亦不求梵王，而是「為求無上正等正覺，令未受化者迴心受化、已受化者速得解脫，得解脫者圓證寂滅究竟彼岸」，[397]這既是初期佛教基於緣起無常無我涅槃解脫思想樸素頭陀禪行之進一步發揚，亦是大乘佛教自度度他、自利利他思想的弘大心願。在月稱（約 600~650）論師的中觀哲學裡，他把這種布施大行立為「第一菩提心歡喜地」，他認為這種頭陀布施是「從地登地善上進，滅彼一切惡趣道，此異生地悉永除，如第八聖此亦爾。……此復由行布施時，速得值遇真聖者，於是永斷三有流，當趣證於寂滅果。……由割自身布施苦，觀他地獄等眾苦，了知自苦極輕微，為斷他苦勸精進。」[398]法尊法師（1901~1981）云：「菩薩為利眾生而行布施，雖割自身之肉，其苦亦能忍受，倍增精進。佛因地中，如斯苦行，極多無量」，[399]所釋極為正確，直契佛陀因地苦行與大乘佛教之菩提心力。傅大士的這種捨身布施，即是「以清淨為戰場，以持戒為守禦，以金剛為鋒刃，以方便為間諜，以會眾為將士，以說法為號令，與無數部伍共破魔城，城內諸魔悉皆降伏，歡喜踴躍發菩提心」之人，

396　《卍新續》69，No.1335，頁 107 上~中。
397　宋・法賢譯《月光菩薩經》，《大正》3，No.166，頁 408 上。
398　月稱著，法尊譯講《入中論講記》，（台北：慧炬，2002 年 9 月），頁 18~25。
399　《入中論講記》，頁 26。

[400]影響所及，時人弟子率皆從之，如：

> （太清二年）四月八日，弟子留堅意、范難陀等十有九人，
> 各請奉代師主，持不食上齋及燒身，供養三寶。又弟子朱
> 堅固燒一指為燈，陳超捨身自賣，姚普薰、智朗等傭賃，
> 各以得直供養師主，普願一切捨身、受身，常值諸佛，聞
> 法悟道，竝證無生。是月九日，弟子留和睦、周堅固二人
> 燒一指燈，弟子樓寶印刺心，萬玄杲割左右耳，比丘菩提、
> 優婆夷駱妙德二人割左耳，比丘智朗、智品等二十二人割
> 右耳。[401]

朝野上下，皆感於傅大士之菩薩精神，奉行著不食上齋、燒身、
燒指、賣身、傭賃、刺心、割耳等供養三寶之苦行活動。[402]此外，
大士經常散盡資財，與濟天下飢貧；並課勵徒侶共拾野菜煮粥，
以濟閭里；又課徒眾煮粥，遣弟子自植等；而其衷心本懷，皆不
離「唯願哀愍諸羣生」、「照燭六道四生類」、「堅固勇猛救危荒」、
「蕩除世界災穢惡」、「適悅群生無短乏」、「尊榮富貴壽延長」、「得
修無為八正道」、「齊超不二涅槃常」等大願。[403]凡此諸事，並非
如郭祖深所謂的「不務農桑，空談彼岸」之情形。

　　不論功德的多寡，梁武帝傾一生心力持守戒律、捨身事佛，
自講《涅槃》、《般若》、《三慧》等經典，著《涅槃》、《大品》、《淨
名》、《三慧》等義記，設無遮大會、平等大會、盂蘭盆會、水陸
法會、禮懺法會等，將初期佛教的頭陀禪行與大乘佛教的涅槃佛
性、般若空慧、禮懺滅罪等精神對六世紀初的中國社會進行了全
面性的教導與示範，其捨身事佛行舉的正確與否當然是值得另作

---

400 《卍新續》69，No.1335，頁 104 上。
401 《卍新續》69，No.1335，頁 107 中。
402 關於傅大士不食上齋、燒身、燒指、賣身、傭賃、刺心、割耳等供養三寶之
　　苦行活動，日‧境野黃洋認為是佛教正統教義所不取的低級行為，參氏著《支
　　那佛學講話》第九章「禪宗の起源」，（東京：共立，1929），頁 596~597。筆
　　者認為，傅大士乃以權變方式踐行初期佛教教義與大乘佛教菩薩行，此不能
　　以簡單的文字資料即評之為「佛教正統教義所不取的低級行為」。
403 其他這類的供養事蹟甚多，文繁不具，詳《卍新續》69，No.1335，頁 107 上
　　~109 上。

討論的，但就佛法的落地中土而言，其影響力、實效力與實踐力，相較於那些一味執著於玄奧哲理的析論與迷惑於報應的世俗教義者，不可謂不大。至於傅大士，他自稱爲「賢劫千佛之一佛」，取的就是佛名懺悔的思想；對應梁武帝所說的「法地若動，一切不安」，說的即是禪宗的第一義諦；捨屋宇田地，設大施會，捨身供佛，都是頭陀禪行、菩提心願與禮懺思想的實地實踐；鑄寶王像，建有輪藏，都是讓廣大眾生易於學佛證佛的方便；藉天台之一心三觀，倡導自知自覺自觀自淨自證自悟的四運推檢之說；[404]凡此種種，悉不能簡單的評之爲「佛教正統教義所不取的低級行爲」，而是有禪有懺，有般若有實踐，自覺自證，自進自淨，不但是將大乘佛教涅槃實相義落實於廣大民眾的具體實踐，亦與禪宗「如人飲水，冷暖自知」的向內禪觀相互契應。

　　要言之，在六世紀初的中國社會裡，傅大士、弟子、梁武帝與社會賢達，能夠超越政治教化，一方面顧全慈悲濟生之弘法大事，另一方面又兼善於自度度他之大乘菩薩行，此迴非世俗常見所可妄論之事。

（二）怨親平等懺悔

　　傅大士的頭陀禪風，學者皆肯定其彌勒應化思想與維摩禪行的統一，尤其他學習維摩詰居士示疾說法，結合般若與唯識，與三論、天台互爲影響，成爲禪宗定慧雙修與三教融合的先驅。[405]這種維摩詰居士式的禪行懺悔思想，是持佛陀的慈悲能量放在六道四生之苦業福壽上，親自進行禮懺法會與捨身供養，是活用戒律

404　《佛祖統紀卷二十二・東陽善慧大士》，《大正》49，No.2035，頁244中~下。其二十首《獨自詩》極強調「獨自證悟」之精神，其順序是獨自山、獨自居、獨自眠、獨自坐、獨自處、獨自行、獨自戲、獨自往、獨自歸、獨自作、獨自語、獨自情、獨自美、獨自佳、獨自樂、獨自好、獨自觀、獨自奇、獨自足、獨自宿。《卍新續》69，No. 1335，頁116下~117上。

405　關於傅大士的大乘禪法，張勇已有詳瞻的研討，此處不再贅述。參張勇《傅大士研究》第五章〈心王論〉、〈心王銘〉和〈心王頌〉、第九章「彌勒應化和維摩禪行的統一」、第十章「苦行實修的大乘禪法」、第十一章「定慧雙修和三教融和的先驅」，頁297~460。

的大乘菩薩行之具體實踐，筆者謂之爲「怨親平等」的懺悔。

《善慧大士錄》載，大同八年（542），大士立誓，持上齋，作願文曰：

> 弟子善慧，今啟釋迦世尊、十方三世諸佛、盡虛空遍法界
> 常住三寶。弟子自念：今生無可從心布施，拔濟受苦眾生。
> 自今立誓，三年持上齋，每六月日不飲食，以此飢渴之苦，
> 代一切眾生酬償罪業。降促苦劫，速得解脫。以不食之糧，
> 廣作布施。願諸眾生，世世備足，財法無量，永離愛染，
> 不作三業，得大總持，摧伏諸魔，成無上道。[406]

這是初期佛教懺悔發露、自恣說罪等戒律清淨思想[407]與大乘佛教佛名懺悔、菩薩誓願行、布施波羅蜜菩提心行之結合。首先即是禮歸十方三世諸佛，接著是自念布施以拔濟眾生，然後是立誓持齋，與佛心契接，其後則是每三年持上齋、每月六齋日不飲食之戒律精持與飢渴苦行以代一切眾生酬償罪業；最後則是願以此懺令諸眾生離苦得樂。此種大慈大悲的精神，廣大無邊，「弟子自念」的內容，與他倡導的自知自覺自觀自淨自證自悟之四運推檢相呼應，這種獨立自主的頭陀禪觀，實即中國佛教禮懺法中那種懺悔發露的內容，且不論是時間、地點、對象、方法或目的，都說明得很清楚，可以看出是一位獨立自主的禪者自利利他自度度他精神的布施波羅蜜之實踐，但它的布施實踐是從乘義理的認識與無執無著的一心大願而緣發的，故其懺悔精神實又不能等同於初期佛教的自恣說罪，亦不能隨意併類於《梁皇懺》、《水懺》、《法華懺》的禮懺儀軌，而是攝取了經律中的大乘思想，讓它與眾生生活密切相繫，事懺理懺合一，而不執著於事懺理懺；頭陀禪行具足，自顯般若慧的禪觀，又是獨具一格的願諸眾生「永離

---

406 《卍新續》69，No. 1335，頁 106 下。
407 佛教經典中，處處強調修行者須合乎形儀的在結夏安居或布薩羯磨中懺悔發露、自恣說罪，如《四分律卷三十六．說戒犍度下》，《大正》22，No.1428，頁 825 上~830 上。《四分律卷三十七~三十八．自恣犍度》，《大正》22，No.1428，頁 835 下~843 中。《十誦律卷二十三．七法中自恣法》，《大正》23，No. 1435，頁 165 上~173 上。

愛染，不作三業」的大乘懺悔滅罪精神之展現。

　　觀《善慧大士錄》，處處皆見傅大士並非簡單的誓願懺悔與般若禪觀而已，他仍重視教理之認識、宣說與弘揚。如他見眾生雖有肉眼，卻不識因果罪福業報之由，因為徒眾說「三盲」之義，其云：

> 一，瞋恚盲；二，慳貪盲；三；憍慢嫉妬盲。瞋恚盲者，後墮地獄，出受「毒虵身」，人見便打殺。問汝起此嗔心，定是損誰？為損己耶？損他耶？若不生瞋心，應得涅槃常樂；只由起瞋心，墮其身向三惡道中受如是大苦，不聽受涅槃大樂，此非大盲耶？慳貪盲者，只猶慳貪心，故墮大地獄，從地獄出，受「餓鬼身」。問汝起此慳貪心，定是損誰？為損己耶？損他耶？若不生慳貪心，應得大涅槃樂，只由起慳貪心，自墮其身向三惡道中受如是大苦，不聽受涅槃大樂，此非大盲耶？憍慢嫉妬盲者，先墮大地獄，從地獄出，作「糞坑中蟲及猪犬等下賤之身」。問汝起此憍慢嫉妬心，定是損誰？為損己耶？損他耶？若不生憍慢心，應得大涅槃樂。只由起憍慢嫉妒心，自墮其身向三惡道中受如是大苦，不聽受涅槃大樂。豈非大盲耶？[408]

　　這是將三意業與三惡道結合為一，一以明因果業報之不爽，生死之不異，[409]故應捨此難得之身以踐道；二則以明眾生可以因懺悔而解脫三惡道之輪迴苦果，進趨涅槃大樂。這既對應於六道輪迴與因果罪業之教理，亦肯定懺悔滅罪可以脫離輪迴而得大涅槃樂。故大同十年（544），又以佛像經文委諸善眾，以屋宇田地，資生什物，悉皆捐捨；營立精舍，設一大法會。法會願文亦云：

> 啟白諸佛：普為十方三世六道四生，怨親平等，供養三寶

408　《卍新續》69，No. 1335，頁 110 下~111 上。
409　大士云：「死與生不異，是識神領於苦樂耳。今日若不能忍受飢渴、寒熱、燒煮、割炙之痛，後入地獄，豈能受乎？若不肯調心為善，恣意殺害眾生，造作諸惡者，死入三塗地獄、刀山劍樹、鑊湯爐炭、銅柱鐵牀、鋸解磨磨、灰河沸屎、阿鼻地獄、寒冰種種諸苦，豈可當乎？」《卍新續》69，No. 1335，頁 113 中。

及一切眾，以為佛事。此世界十方無邊國土一切眾生，若
有身、口、意業，造作一切無量眾罪，因是墮大地獄；或
復業報畜生，嬰受眾苦；或復出生人間，貧窮下賤，盲聾
瘖啞，諸根不具；或復枷鎖徒流，牢獄繫閉，無量苦厄；
或不見佛，不聞法，不見僧，不值知識，解脫無因。以此
供養。仰請世尊，慈力除滅，速得解脫，遇善知識，聞法
悟道，發菩提心。[410]

這段內容像極了濃縮版的《梁皇懺》、《水懺》或《法華懺》中之
禮佛懺悔與至心發露，字裡行間，盡是大乘菩薩道的六波羅蜜行，
行行用於六道四生之無量罪業上，句句歸趣於大乘菩薩的菩提心
願。如「啟白諸佛」、「不見佛，不聞法，不見僧，不值知識」等，
即懺悔思想最基本的歸依三寶之意。在《大般涅槃經》卷十六中，
釋種諸女被愚癡的流璃太子剮劓耳目、斷截手足、推之坑塹而受
諸女人身苦惱時，即大聲念誦二次的「南無佛陀、南無佛陀」聖
號，佛陀聞其音聲，即起慈心，親臨現場，以水洗其瘡，以藥傅
其身，釋種諸女們苦痛尋除，耳鼻手足還復如本，俱發阿耨多羅
三藐三菩提心。[411]《法華經》中的「若人散亂心，入於塔廟中，
一稱南無佛，皆已成佛道」，[412]《梁皇懺》中的「餓鬼稱南無佛，
稱佛恩力，尋即命終，生四天處」，[413]《水懺》中眾生在八寒八熱
一切諸地獄中遭受剝皮刷肉、削骨打髓、抽腸拔肺等不可聞不可
說的無量諸苦時，亦以一聲「南無佛」與「洗心懇禱，叩頭稽顙，
向十方佛、大地菩薩求哀懺悔」而令此一切罪報畢竟消滅，[414]凡
此皆是依於佛陀無量無邊不可思議的慈悲誓願之必然滅罪的教理
保證。傅大士攝取經書之義與佛名懺悔精神，推展在眾生平等的
大乘菩薩道心行上。故引文中的「十方三世六道四生，怨親平等」，

410　《卍新續》69，No. 1335，頁106下。
411　詳見：北涼・譚無讖譯《大般涅槃經卷十六・梵行品第八之二》，《大正》12，
　　　頁458下。又，與此記載相同的故事亦見於劉宋・慧嚴等譯《大般涅槃經卷
　　　十四・梵行品第二十二之一》，《大正》12，頁700下~頁701上。
412　姚秦・鳩摩羅什譯《妙法蓮華經》，《大正》9，No. 262，頁9上。
413　《慈悲道場懺法卷四・出地獄第二》，《大正》45，No. 1909，頁940中。
414　《慈悲水懺法》，《大正》45，No. 1910，頁977中。

即是以平等心周濟十方三世六道四生，其心廣大周備，此既爲佛陀懺悔思想之原意，亦爲大士踐行懺悔之根本內容；「身、口、意」三業，即是對往昔所造一切無量衆罪發露懺悔；「墮大地獄；或復業報畜生，嬰受衆苦；或復出生人間，貧窮下賤，盲聾瘖啞，諸根不具；或復枷鎖徒流，牢獄繫閉，無量苦厄」等，則是對宿世因果業報相的認識理解與發露懺悔；「仰請世尊」，是啓請世尊以其超越名相的無量慈悲之力爲衆生滅罪救拔之意；「速得解脫，遇善知識，聞法悟道，發菩提心」等則是發願證道之力，乃與大菩薩心行相應之道。他的《獨自詩》第十九詩云：

> 獨自足，願心無限踽，怨親法界語圓真，始得應、身、化群育。[415]

大乘菩薩的菩提心願無踽無限，可見其心願是無量無邊，等恆河沙的；期望「怨親法界語圓真」，既以無量無邊的慈悲心行面對無量無邊的怨親衆生，又結合了華嚴的一心法界圓融無礙思想，既是有爲的慈悲救拔爲布施禪行，對治地獄道中的怨親，又是無爲的廣大心行，即以「圓真」境界融合「怨親」與「法界」，兩者圓融無礙的密合爲一，才是真正的「始得應、身、化群育」。其《五章詞》亦云：

> 一更始，擎香佛龕裏，敬禮無上尊，心心已無已。
> 二更至，加趺靜禪思，通達無彼我，真如一不二。
> 三更中，觀法空不空，無起無生滅，體一真如同。
> 四更前，觀法緣無緣，真如四句絕，百非寧復煎？
> 五更初，稽首禮如如，歸依無新故，不實亦不虛。[416]

從一更到五更的精進禪修，始於心心已而無已的「敬禮無上尊」，終於不實亦不虛的無新之「如如」的禮拜，以此而契應是一不二的真如佛性，無生無滅的真如實體，緣而無緣的空不空諸法。傅大士這種將禮佛滅罪與不二真如思想的結合，都與南北朝佛名懺

---

415 《卍新續》69，No. 1335，頁 117 上。
416 《卍新續》69，No. 1335，頁 117 上。

悔經典中諸佛菩薩的無量無邊的誓願是緊緊相扣的。[417]

　　筆者之所以說傅大士以超越名相的大乘菩薩之慈悲願力，因為他的禪法是在活用維摩詰居士的不二無垢懺悔滅罪思想之故。至於他對宿世因果業理的認識，則是達摩「報怨行」的「深信含生凡聖同一真性」及「宿殃惡業果熟」的楞伽禪思之進一步活用與深化。如他與某弟子有一頗具機趣之對話：

> 我初悟道時，得少分宿命智通，識本來處，知從天來，本身由在彼天上。又言：我身在山中打磬，六時禮拜，空中常有四部眾同我禮拜。弟子問曰：《六篇》中言：「近皆天宮，不知是何天也？」答曰：「非是第一義天，祇是欲界中第四天耳。」又問曰：「未審得宿命智，見來去事，如人即今眼見物不？」答曰：「不也，我但得少分宿命智耳。今作凡夫，非是具足神通時。至於坐道場時，乃當具足也。」又問曰：「少分宿命智見知若為？」答曰：「我只心知耳，實無所見。如我遣弟子傅旺奉書白國主，自知當有大德沙門為影響之人。」[418]

透過師徒二人之對話可知，傅大士之所以具足宿命智，是在禪坐時方有的，平常他亦是一位有血有肉可感可受之凡夫耳。由是知，做為一位修行人，不能不知大乘禪行，不能不知宿殃惡業的因果不爽之理。尤其甚者，踐行禪法並不是執迷於外道之暫定與喜悅而已，須能與現實生活相銜接；心知因果業理不能執迷於離苦得

---

417 阿彌陀佛為菩薩時，常奉行二十四願，珍寶愛重，保持恭慎，精禪行之，與眾超絕，卓然有異。參：吳‧支謙譯《佛說阿彌陀三耶三佛薩樓佛檀過度人道經》，《大正》12，No.362，頁301上~頁302中。又諸佛如來為代承眾生諸苦，常發「四大願」、「八大願」、「十二大願」之舉。參：唐‧義淨譯《藥師琉璃光七佛本願功德經》，《大正》14，No.451，頁409上~頁412中。又如：曹魏‧康僧鎧譯《無量壽經》卷上載阿彌陀佛立有四十八願，《大正》12，No.360，頁267下~頁269中；北涼‧曇無讖譯《悲華經卷七‧諸菩薩本授記品第四之五》載釋迦佛立有「五百大願」，《大正》3，No.175，頁209上~頁215下等是。《大正》14中載有甚多印度大乘佛名經典，從No.425~No.460等三十餘部，內容涉及唯識般若、涅槃佛性、西方淨土、禪觀、密教等思想，如晉‧竺法護譯《賢劫經》，《大正》14，No.425，頁1上~65下、北魏‧菩提流支譯《佛說佛名經》，《大正》14，No.443，頁114上~184上。
418 《卍新續》69，No. 1335，頁111中~下。

樂，須能與苦樂並受而無所受。

大士認爲，大乘禪行之實踐，皆應無執無著，無爲無住，無過去、現在、未來，隨順諸法性，大慈大悲，等心於三世十方諸佛菩薩摩訶薩，[419]亦即「息一切攀緣有爲諸結，修行四等六度，廣濟羣生，怨親平等，迴向三菩提」，[420]而其基礎是在「四等六度」，四等即初期佛教的「四無量心」，六度即大乘的「六波羅蜜行」，呈現出極具彈性的般若禪法。[421]傳爲其作的《心王頌》亦云：[422]

> 欲過三途海，勤修六度橋，定當成正覺。喻若待來潮，伏藏不離體，珠在內身中；但向心邊會，莫遠外於空；萬類同眞性，千般體一如。若人解此法，何用苦尋渠？四生同一體，六趣會歸余；無明即是佛，煩惱不須除。[423]

懺悔滅罪，不是在諸煩惱業相上執著，不是在地獄、餓鬼、畜生三途上求度脫，此身的無明即是佛，此佛與四生同含眞性，亦因雜染塵識而同歸六趣，故怨親平等懺悔的最高境界，是在禮懺與捨身的踐履中，身、口、意三業無所作，「不證三菩提，修行一切法，而離諸法相。是故非世間，非不世間，非涅槃，非不涅槃，不縛不脫，永爲三界父母，廣濟羣生，盡未來際」，[424]這已是「無

---

419 或問大士曰：「何爲來無所從？」謂不依一切諸行故。「何謂去無所至？」謂於一切法無所取故。「何謂遠離過去有？」謂不住過去足跡，離於名字，無所分明故。「何謂遠離現在有？」謂現在心不染有無二法故。「何謂遠離未來有？」謂心不取未來，證法無爲故。「何謂遠離三世有？」爲盡有爲諸法，無所得故，隨順諸法性，爲住無所住故。「何謂住無所住？」爲興無限大慈大悲故。「何謂興無限大慈大悲？」爲教化羣生，等至涅槃故。「何謂成就阿耨多羅三藐三菩提？」謂離有爲諸法，證寂無爲故。「何故不成就阿耨多羅三藐三菩提？」爲不住諸寂，爲諸法故。「何爲得無所得？」爲不得有無二法，如虛空住無所住故。《卍新續》69，No. 1335，頁112下。

420 《卍新續》69，No. 1335，頁113上。

421 《卍新續》69，No. 1335，頁110中。

422 據張勇之考證，《心王銘》，則是佛窟遺則（753~830）點竄《心王論》而成；《景德傳燈錄》中的《心銘》，當是《信心銘》的精治本。至於《心王論》與《心王頌》俱是智瓚結集，再被道信或其門下點染而成，頗有東山法門之風格，二者於樓穎編次《善慧大士語錄》後尚以單鈔本流傳至十世紀。雖非傳大士之眞作，然可窺見其禪法蹤跡。詳氏著《傅大士研究》，頁131~168。不過，印順認爲，《心銘》與《信心銘》是姊妹篇，皆爲法融之作，《心銘》是初傳本，《信心銘》是精治本，見《中國禪宗史》，頁111~115。

423 《卍新續》69，No. 1335，頁115下~116上。

424 《卍新續》69，No. 1335，頁113上。

為真一」、「履踐如如,體一無相;能弘宣正典,曉真不二;善巧
方便,化彼群生」之不二禪行了。[425]然其不二禪行,亦非沒有戒
律,一味心猿意馬;反之,必須制心斷惡,斷緣無染,懺悔精進,
其云:

> 若廣誦眾經,心不斷惡,亦不能滅罪生福。信根未立,多
> 逢怨障。故學道之人,不貪世樂,精勤懺悔;已作之罪,
> 歸命三寶;未作之惡,誓不更作;此乃獲生生世世無復苦
> 惱也。……如有人內心具知有因果苦樂諸緣,外形又能齊
> 整威儀,但不能自愛,仍以五百鐵壯內於衣裏,於意云何?
> 此人為當得無苦痛耶?若今學道之人,外雖能齊整威儀,
> 內心不斷諸惡之行,其事亦爾,後為怨家所得,繫身闇獄,
> 受其眾苦,無有邊際。如此苦痛,豈可嬰乎?仰願諸仁德,
> 更相勉勸,制心一處,斷除諸行攀緣,究竟無染。使心虛
> 寂,冥會實相,即得解脫眾苦,超證無為常樂。[426]

「已作之罪,歸命三寶;未作之惡,誓不更作」,本是初期佛教佛
陀教導弟子們的「三十七道品」[427]之「四正勤」,《信佛功德經》
云:「已作惡,令斷;未作惡,令止;已作善,令增長;未作善,
令發生。」[428]就初期佛教的禪定修行與僧團清淨而言,「四正勤」
指涉了戒律精神的懺悔精進,他是傾向於戒體清淨思想之實踐
的,但就傅大士的禪行而言,當指大乘佛教菩薩精神與般若空智、
因果罪業、六道輪迴、菩薩誓願、不二禪觀、涅槃佛性等思想的
結合,它已進一步開展成更新的懺悔滅罪的禪觀精神,故云「若
廣誦眾經,心不斷惡,亦不能滅罪生福」,特別強調了自知自覺的
自心斷惡之能力;又云「信根未立,多逢怨障」,強調了正信緣起

---

425 《卍新續》69,No. 1335,頁 111 下。
426 《卍新續》69,No. 1335,頁 114 上~中。
427 「三十七道品」(bodhi-pākṣika),又稱三十七覺支、三十七菩提分、三十七助
　　道法、三十七品道法,乃追求智慧,進入涅槃境界之三十七種修行方法。循
　　此三十七法而修,即可次第趣於菩提,故稱為菩提分法。即:「四念處」+「四
　　正勤」+「四如意足」+「五根」+「五力」+「七覺支」+「八正道」。詳
　　參:《長阿含經》,《大正》1,No. 01,頁 76 下。
428 宋・法賢譯《信佛功德經》,《大正》1,No.18,頁 256 中。

無常無我與因果業理可免輪入怨障之苦的果報；至於「歸命三寶」
與「誓不更作」，則是大乘佛教懺悔思想的基本內涵。故傅大士的
怨親平等懺悔，他並不是停留在滅罪與生福等表面現象上，亦不
是執著在外形的整齊威儀上，而是要教導眾生深信佛法，自珍此
身，了解因果苦樂諸緣，不貪世樂，精勤懺悔；因為，外在威儀
雖能齊整有度，修行者的內心卻不去斬斷諸惡之行，則「**後為怨
家所得，繫身閻獄，受其眾苦，無有邊際**」。若再融會初期佛教慈
悲喜捨的心力，制心一處，自心斷惡，而沒有差別的使心無為虛
寂，冥會實相，自能超證無為，離苦得樂。既是沒有差別的實相
懺悔，故其慈悲力便能周濟群生。周濟群生之外，又兼及劫賊懺
悔，其云：

> 有劫賊羣至，以刃驅脇。大士初無懼色，徐謂之曰：「若要
> 財物，任意取之，何為怒耶？」賊去家空。猶有米二百餘
> 斛，乃自念言：由有身故，乃生：「諸人罪業，壽終之後，
> 必墮地獄，長嬰大苦。」遂乃捨米百斛，為諸劫賊設會，
> 供養三寶，為懺罪惡。[429]

兼及劫賊之外，牛、犬、水魚亦因戰亂而有涸死者，大士悉為設
會，懺悔滅罪，令彼解脫輪迴，共趣涅槃。其云：

> 深念：是等輪回苦趣，解脫無期，又捨米二百斛，為魚犬
> 等設會，供養三寶。乃仰聖則，遂有偈曰：昔賢捨頭目，
> 王子救虎身；慈尊推國走，修忍拔怨親；今余聞此德，仰
> 慕菩提因；傾資度牛犬；捨命濟魚身，願為常樂友，共趣
> 涅槃津，同會俗無俗，齊證真無真。[430]

太清二年（548）二月十五日，大士復捨田園產業，專設懺悔法會，
為此國土遍十方普佛世界六道四生，怨親平等，供養三寶，諸佛
住世，普度羣生。乃說偈曰：

> 傾資為善供，歸命天中天；仰請停光照，流恩普大千；三
> 塗皆解脫，六趣超自然；普會體無體，齊證緣無緣；隱崖

429　《卍新續》69，No. 1335，頁107上。
430　《卍新續》69，No. 1335，頁107上。

> 修正道，憩茲三十餘；遠媿山林友，歸命帝玄虛；設會宣
> 經懺，為彼盪塵墟；普願無暇穢，心淨等芙蕖；垃契三空
> 理，同證一如如。[431]

此段偈語，既是懺悔精進的願文，亦在分別敘說修道的心路歷時。
首二句是歸命三寶，捨身供佛之志；次二句是啓請佛光恩普大千
世界之心；五六句是透過佛法讓三途六道眾生都能離苦解脫、超
越自然之大乘弘願；七八二句的體無體、緣無緣，呼應前面的俗
不俗、真無真，相契於楞伽的超越心量之自覺聖智境界，乃欲讓
眾生皆能證會到超越本體與緣起之外的不可思議佛境；九十二句
是說隱居山林三十餘年，爲的就是修持菩提正道；十一十二二句
是前兩句的相應對句，補充前說之不足處；十三十四二句表明了
其修持正道的直接方法就是廣設法會，宣讀經懺，以此救濟沉淪
塵墟的六道眾生；十五十六句是普願六道眾生在維摩詰「心淨則
佛土淨」的不二思想上體證到佛法的活潑生命；末二句是願與六
道眾生以起共證三空與一如如之境。就傅大士而言，此「三空」
與「如如」之境，即楞伽那種超越一元思維或二元對立的自覺聖
智境，即不必執著於唯識或般若、三論或天台等的思維演繹，[432]而
是透過怨親平等懺悔之慈悲心行妙境。

　　傅大士以怨親平等之慈悲心爲六道眾生懺悔滅罪以解脫輪迴
之思想，一生奉行不逾，至晚年尤精進，還教他兒子正確遵行，
如陳宣帝太建元年歲次己丑（569）夏四月丙申初一日，大士病篤，
仍告訴其子普建、普成二法師曰：「我從第四天來，爲度眾生故。
汝等慎護三業，精勤六度，行懺悔法，免墮三塗。」[433]如是，他

---

431 《卍新續》69，No. 1335，頁 107 中。

432 所謂「三空」，唯識家與般若家之見解不同。唯識家依遍計所執性、依他起性、
　　圓成時性三性而立三空之義。即：（1）無性空，又稱無體空。謂遍計所執性
　　於妄情之前雖有，然其體性實無。（2）異性空，謂依他起性之體相異於遍計
　　所執，雖非空無，然亦如妄情所執而非有。（3）自性空，謂圓成實性即諸法
　　之自性，顯示人、法二空。《顯揚聖教論》依遍等三種自體而立無體空、遠離
　　空、除遣空三空。見：無著造，玄奘譯《顯揚聖教論卷十五‧成空品第六》，
　　《大正》31，No. 1602，頁 555 下。

433 《卍新續》69，No. 1335，頁 109 上。《景德傳燈錄卷三十‧銘記箴歌》，《大
　　正》51，No. 2076，頁 430 下。

以彌勒應身自稱，奉行維摩之清淨戒德，使得皇王之貴的梁武帝能精勤佛寶，而智者、頭陀、慧集、慧和、普建、普成等比丘及傅普敏、徐普拔、潘普成、昌居士等社會善知識，皆能與他共履六度四等，清心淨行，以嚴持自身；放生蔬食，醫病救苦，以泛愛於物；造立塔廟，崇飾尊像，以嚴佛事；敷演句偈，闡揚經論，以廣多聞；[434]影響所及，遍及上、中、下三大階層，亦即讓六道眾生悉能普受慈化，其教化對象之多元，弘法層面之深入，精神義蘊之展現，堪稱為初期佛教佛陀精進不放逸、大乘佛教的菩提大願與維摩詰居士淨心不二無垢般若實相懺悔之具體實踐。[435]

　　傅大士的不二無垢般若實相懺悔思想，與梁武帝的製懺、禮懺與捨身事佛「裡應外合」，率多明載具體的懺願文、教理、時間、地點、對象與目的，能所兼顧，事理同參，在其彌勒應化思想與維摩禪行中，踐行著類似達摩的「報怨行」懺悔，但又不同於達摩的二入四行，亦不等同於慧可、僧璨的隨說隨行，尤不同於《梁皇懺》、《法華懺》、《慈悲水懺》、《圓覺懺》之側重長篇大幅內容與繁瑣儀軌方式，這在中國佛教懺悔思想上別具自覺自證之特色。他一樣深知業理，故將彌勒的慈悲真心直接嘉惠於眾生；捨身事佛，故一如維摩詰之示疾說法，不二如如；怨親平等，故超越般若與唯識，活用三論與天台，普化為體無體、緣無緣、俗無俗、真無真的濟生懺悔。大士凡所有著述，不以文字為意，但契微妙至真之理，冀學者因此得識菩提之門耳。[436]其頌偈云：「空手把鋤頭，步行騎水牛；牛從橋上過，橋流水不流」，[437]最能表現出這種不以文字為意的般若智慧。

434　《卍新續》69，No. 1335，頁 104 上~中。
435　僧肇、鳩摩羅什、等都有關於維摩詰居士淨心不二實相無相之直心滅罪說，天台智顗、三論嘉祥大師吉藏則將直心滅罪與般若實相的懺悔思想結合併觀。僧肇、鳩摩羅什之說法，參見《注維摩詰經》，《大正》38，No.1775，頁356 中。智顗之說法，見《維摩經略疏卷五・弟子品》，《大正》38，No.1778，頁 628 中~下。吉藏之說法，見《淨名玄論》卷二，《大正》38，No.1780，頁867 上。又見吉藏《維摩經義疏卷五・文殊師利問疾品》，《大正》38，No.1781，頁 958 上。
436　《卍新續》69，No. 1335，頁 110 中。
437　《卍新續》69，No. 1335，頁 116 中。

陳・徐陵云：「其上善，以虛懷爲本，不著爲宗，妄想爲因，涅槃爲果；其中善，以治身爲本，治國爲宗，天上人間，果報安樂；其下善，以護養眾生，勝殘去殺，普令百姓，俱稟六齋」，[438]深得傅大士大乘菩薩怨親平等懺悔之禪味。

二、雙峰道信的普賢懺悔

（一）《入道安心要方便》

本小節擬以道信《入道安心要方便門》爲基礎，先論其入道安心要方便，再論其普賢觀行之大乘真實懺悔。

據《寶林傳》載，道信因北周武帝破滅佛法，隱於皖公山（在舒州，又名司空山、思空山，今安徽省潛山縣西北）十餘年。又經二十一年，於隋・開皇十二年（592）行「大集群品」普雨正法。法會中，十四歲的沙彌道信來禮大師，請教解脫法門，以僧璨的「無人縛汝，即是解脫」而豁然大悟。侍奉左右八九年，於吉州受戒，後付正法眼藏。[439]但《楞伽師資記》載，事奉僧璨十二年，寫器傳燈，一一成就，受僧璨印可而傳得衣鉢。[440]《歷代法寶記》亦云：貞觀年間，道信大師遙見蘄州黃梅破頭山有紫雲蓋，遂居此山，改爲雙峯山（又名「破頭山」），常於山中大作「佛事」，廣開法門，接引群品，四方龍象盡受歸依，歷經三十餘年。[441]這三十餘年，幾乎全部都在大唐的太宗盛世期間（627~649），他開始「擇地開居，營宇立象」，[442]接引四方學眾，弘揚禪法，道俗五

---

438 《卍新續》69，No. 1335，頁 122 上。
439 《雙峯山曹侯溪寶林傳》，《禪宗全書・史傳部（一）》，頁 324~325。部分參：《祖堂集卷三・牛頭和尚》，頁 41。
440 《大正》85，No. 2837，頁 1286 中~下。
441 《歷代法寶記》，《大正》51，No. 2075，頁 181 下。《續高僧傳》，《大正》50，No. 2060，頁 606 中。
442 唐・杜朏《傳法寶紀》，見柳田聖山《初期禪宗史書の研究》，（京都：法藏館，2001 年 1 月），頁 570。句中「立」字，原作「玄」，此據印順《中國禪宗史》頁 44 改之。

百多人，儼然成爲時代的禪學大宗。另外，道信對江南傅大士「以身爲本」的「守一」禪法，亦多有涉獵，[443]尤其南朝佛教多與老莊及道教關係密切，故傅大士與道信之禪法多少都帶有道家或道教式的用語，[444]但道信認爲老子仍「滯於精識」，莊子仍「滯於一」，與大乘佛教的真如佛性、不二思想等迥然相異。[445]

　　唐・淨覺（683~？）載，道信「著有《菩薩戒法》一本，並制《入道安心要方便法門》，爲有緣根熟者，說我此法，要依《楞伽經》「諸佛心第一」；又依《文殊說般若經》「一行三昧」，爲禪宗建立「念佛心是佛，妄念是凡夫」法門。[446]依於阿含法性本淨、本來平等概念以闡發禪定，這是初期大乘般若思想的菩薩禪法，其法或重阿蘭若頭陀行，專注一境，精進攝持，或重一切威儀——行、住、坐、臥都如宴坐般與三昧定相應，生活中的往來、舉止、語默、動靜，無不可以修禪入定，這種三昧是聲聞乘所無法相比的修行境界。[447]印順認爲，道信的禪法將《楞伽》與《般若》結合，又同時與「戒與禪」、「念佛與成佛」配合，[448]明顯是較達

443　《楞伽師資記第五・唐朝蘄州雙峯山道信禪師》：傅大師所說：「獨舉守一不移，先修身審觀，以身爲本。」《大正》85，No. 2837，頁 1288 上。

444　高毓婷《禪宗心識思想研究》，頁 62~66。

445　《楞伽師資記第五・唐朝蘄州雙峯山道信禪師》：莊子說：「天地一指，萬物一馬。」《法句經》云：「一亦不爲一，爲欲破諸數。」淺智之所聞，謂一以爲一，故莊子猶滯一也。《老子》云：「窈兮冥兮，其中有精。」外雖亡相，內尚存心。《華嚴經》云：「不著二法，以無一二故。」《維摩經》云：「心不在內，不在外，不在中間」即是證，故知老子滯於精識也。《大正》85，No. 2837，頁 1289 上。

446　《大正》85，No. 2837，頁 1286 中~下。據印順之研究，南朝非常流行《菩薩戒》，梁武帝與隋煬帝在年輕時都受過菩薩戒。天台智顗《菩薩戒義疏》，說當時之版本有六：「一、梵網本；二、地持本；三、高昌本；四、瓔珞本；五、新撰本；六、制旨本。」前四本流傳於北地，後二本是南朝所通行的。智顗所用的，是傳爲鳩摩羅什所譯的梵網本；至於道信所用的，雖然沒有明文可考，然從南能北秀的戒法，以自性清淨佛性爲菩薩戒體而論，可以想見爲梵網戒本。印順《中國禪宗史》，頁 54。智顗《菩薩戒義疏》，《大正》40，No.1811，頁 568 上。

447　從初期佛教至大乘佛教，對於「禪」、「禪定」、「三昧」等都有異常婆羅門教的新說法，不同地區、不同經典都有不同的意義與發展，本書依於印順之研究，直攝初期佛教阿含的心性本淨至初期大乘佛教的般若三昧爲陳說，詳：印順《初期大乘佛教之起源與開展》，（台北：正聞，1994 年 7 月），頁 1223~1224。

448　印順《中國禪宗史》，頁 53~57。

摩、慧可、僧璨的凝住壁觀與頭陀行更爲活潑而有彈性了。

　　「入道安心要」的內容與思想，約三千五百餘字，可分爲三大部分，（1）自「《文殊說般若經》云」至「其中善巧，出自方寸」止，共三十六行，約六百字，藉《文殊說般若經》的一行三昧以明安心的善巧方便。（2）自「略爲後生疑者假爲一問」至「一切未曾取捨，未曾分身，而身通於法界」止，共四十三行，約七百字，乃道信與弟子間的問答集錄，明悟解法相與觀行之問題。（3）自「又古時智敏禪師訓曰」至「應化非真佛，亦非說法者」止，共一百一十二行，約二千二百字，綜引天台智顗「般若空觀」及《觀無量壽經》「是心是佛，是心作佛」之說法，明坐禪與觀心之要。[449]《觀無量壽經》本身即是念佛名號、懺悔精進即可契於法藏菩薩四十八大願而蒙阿彌陀佛接引至西方極樂淨土的易行道。[450]平川彰認爲，念佛這種易行道之所以可能，是由於「信解脫」（saddhā-vimutta）的緣故。[451]《十住毘婆沙論》有「以信方便易行疾至阿惟越致（不退）者」，[452]《華嚴經》有「信爲道元功德母，增長一切諸善法」之說法，[453]《大智度論》亦云：「信爲能入，智爲能度」、「人心中有信清淨，是人能入佛法」。[454]信仰當然是不易被準確描述或言說的，但可以透過儀式、詩歌、團體、社團或其他形式作一定程度的表現，[455]故大乘經典都漸漸主張透過禮佛、

449　關於「入道安心要」的內容與思想，詳印順《中國禪宗史》，頁 61~71。其中關於「古時智敏禪師訓曰」的內容，印順導師對照宋・延壽集《宗鏡錄》卷一百的「智者大師與陳宣帝書云：服學道之法，必須先識根源，求道由心⋯⋯」及敦煌本《證（澄）心論》一卷的「是故將書言說⋯⋯」諸內容，判斷道信所引的「智敏禪師」，大致是「智顗禪師」的誤寫。《宗鏡錄》之內容，見《大正》48，No.2016，頁 952 中~下。

450　關於《佛說無量壽經》四十八大願與念佛懺悔的內容，詳曹魏・康僧鎧譯《佛說無量壽經》，《大正》12，No. 360，頁 265 下~279 上。

451　平川彰〈信解脫より心解脫への展開〉，《日本仏教學會年報》31，頁 51 以下。《增壹阿含》佛云：婆迦利比丘「得信解脫第一」，其行即是「意無猶豫」。《大正》2，No.125，頁 557 下。

452　後秦・鳩摩羅什譯《十住毘婆沙論卷五・易行品第九》，《大正》26，No.1521，頁 41 中。

453　《大正》9，No.278，頁 433 上。

454　《大正》25，No.1509，頁 63 上。

455　（加）Wilfred Cantwell Smith（威爾弗雷德・坎特韋爾・史密斯）著，董江陽

念佛、歸依、懺悔、禪觀、誓願而證入三昧解脫。[456]是知，道信活用「般若空觀」及《觀無量壽經》，是由「信解脫」與易行道入手的。

道信「入道安心要法門」的根本精神在「一行三昧」，「一行三昧」取自《文殊說般若經》，《文殊說般若經》本與懺悔滅罪相關。《文殊說般若經》云：

> 法界一相，繫緣法界，是名一行三昧。……欲入一行三昧，應處空閑，捨諸亂意，不取相貌，繫心一佛，專稱名字。隨佛方所，端身正向，能於一佛念念相續，即是念中，能見過去、未來、現在諸佛。……除謗正法、不信，惡業、重罪障者，所不能入。[457]

亦即，在「一行三昧」的禪定狀態下是「心、諸佛、法界」等無差別的，是一相無相的，眾生若能於無差別相的基礎中，繫心一佛，專稱佛名，不取相貌，念念相續者，自能見三世諸佛；既與諸佛、法界是等無差別，則於念佛證三昧時，自能能除滅惡業重罪。其他譯入中土的經典中，亦常見這種「一行三昧」心法，如《般舟三昧經》的「意所作耳，我所念即見。心作佛，心自見；心是佛心，佛心是我身」[458]、《小品般若經》之「以諸法實相而觀如來」[459]、《維摩詰經》的「如自觀身實相，觀佛亦然」[460]、

譯，*The Meaning And End of Religion*（《宗教的意義與終結》），（北京：中國人民大學出版社，2005 年 6 月），頁 353~354。

456 劉宋・功德直譯《菩薩念佛三昧經》，《大正》13，No.414，頁 799 下~829 下。隋・達摩笈多譯《大方等大集菩薩念佛三昧分》，《大正》13，No.415，頁 830 上~871 下。隋・闍那崛多譯《大方等大集經賢護分》，《大正》13，No.416，頁 872 上~897 下。後漢・支婁迦讖譯《般舟三昧經》，《大正》13，No.417，頁 897 下~902 下。後漢・支婁迦讖譯《般舟三昧經》，《大正》13，No.418，頁 902 下~919 下。失譯《拔陂菩薩經》，《大正》13，No.419，頁 920 上~924 中。

457 梁・曼陀羅仙譯《文殊師利所說摩訶般若波羅蜜經》，《大正》8，No. 232，頁 731 上~中。

458 姚漢・支婁迦讖譯《佛說般舟三昧經・行品第二》，《大正》13，No.417，頁 899 中~下。

459 鳩摩羅什譯《小品般若波羅蜜經卷十・曇無竭品第二十八》，《大正》8，No.227，頁 584 中。

460 《維摩詰經》卷下，《大正》14，No.475，頁 554 下。

《金剛經》的「見諸相非相，即見如來。」[461]至於華嚴經典，亦可見自心念佛法門，如《大方廣佛華嚴經》的「我如是知，如是憶念；所見諸佛，皆由自心。」[462]又如《念佛三昧經》的菩薩念佛三昧（pratyutpanna-samādhi），是「應親近精勤修習，既得修習此三昧已，即便增長見法安樂，增長無貪及以瞋癡，增長慚愧六神通等，增長得見一切諸佛，增長無數清淨佛土，得知宿命生死因緣」[463]、《觀無量壽經》的「是心作佛，是心是佛；諸佛正遍知，從心想生；是故應當一心繫念，諦觀彼佛。」[464]這相對於達摩、慧可的心注一境與專心念「慧」而言，已有實質上的蛻變；專心念「慧」，是傾注於堅住壁觀的如來藏；道信的「繫心一佛，專稱名字」，是念佛後進入三昧而證見如來之般若慧，但他的念與所念，是「念念在心，深求佛的實義；亦即是啓悟自己的覺性，自成佛道的。」[465]是故，念佛與念心，其實都是方便施設，即通過大乘般若的實相說而轉向當下念佛的現實之人心。[466]晉·慧遠（334~416）已在禪修過程中親自踐履念佛三昧的懺悔。[467]日·平川彰認為，此種念佛三昧之產生與禮佛懺悔相關，[468]可見道信是將楞伽禪、懺悔、念佛與成佛是融合為一的。

　　隋·天台智顗於開皇十四年（594）在玉泉寺說《摩訶止觀》的四種三昧，常坐的就是「一行三昧」。《大乘起信論》亦云：

---

461 《金剛般若波羅蜜經》，《大正》8，No.235，頁749上。
462 《大方廣佛華嚴經卷六十三·入法界品第三十九之四》，《大正》10，No.279，頁340上。
463 劉宋·功德直譯《菩薩念佛三昧經卷九·讚三昧相品第九》，《大正》13，No.414，頁814下~815上。
464 劉宋·畺良耶舍譯《佛說觀無量壽經》，《大正》12，No.365，頁343上。
465 印順《中國禪宗史》，頁167。
466 洪修平《禪宗思想的形成與發展》，頁107。《般若燈論釋》：「唯修『一心念佛』，不以色見如來，不以無色見如來，不以相、不以好，不以戒、定、慧、解脫、解脫知見，不以生、不以家、不以姓、不以眷屬，乃至非自作、非他作，若能如是，名為念佛。」龍樹偈，分別明論釋，唐·波羅頗蜜多羅譯，《般若燈論釋卷十三·觀如來品第二十二》，《大正》30，No.1566，頁121中。
467 《廣弘明集卷三十·統歸篇第十·與隱士劉遺民等書》，《大正》52，No.2103，頁351下。
468 平川彰著，釋顯如、李鳳媚譯《印度佛教史》（上），（嘉義：法雨道場，2003年5月），頁349。

一切諸想，隨念皆除，亦遣除想，以一切法本來無相，念
念不生，念念不滅……法界一相，謂一切諸佛法身與眾生
身，平等無二，即名一行三昧。[469]

在這樣的氛圍下，弘傳楞伽經典的系統自然會受到影響，如達摩
「報怨行」對「宿殃惡業」的「甘心忍受」，[470]慧可的「觀身與佛
不差別」，[471]慧可弟子和禪師之下，與道信同時的玄覺，亦是「純
講大乘，於《文殊般若》，偏爲意得」，[472]無不與「一行三昧」心、
諸佛、法界等無差別的無相思想與行法相應。道信亦遊學過南方，
深受「摩訶般若蜜法門」薰陶，故他採用《文殊說般若經》等的
一行三昧與《觀無量壽經》等的一心念佛，既與大乘如來藏說相
合，[473]又將「戒與禪」、「《楞伽》與《般若》」、「念佛與成佛」作
了活潑而多元的統合，這自然使得達摩的楞伽禪法產生了新的生
命氣息。

　　此外，汪師娟曾認爲敦煌寫本 P.2690V、P.3892、S.5892 等《法
身禮》（又名「無相禮」、「文殊師利法身禮」、「文殊師利無相十禮」）
「可能是一篇有關道信禪法的禮懺文」，其思想「和北宗頗有類似
之處」。[474]筆者認爲，《法身禮》乃以法身毗盧遮那佛、報身盧舍
那佛、化身釋迦牟尼佛爲主要禮拜對象，[475]明顯與「華嚴」思想
相關；加上 501 年時元魏時曇摩流支早已譯出類似「無相禮」的

---

469 梁‧真諦譯《大乘起信論》，《大正》32，No.1666，頁 582 上~中。
470 此據淨覺《楞伽師資記》，《大正》85，No.2837，頁 1285 上。《續高僧傳‧達
　　摩傳》之記載較爲簡略，其云：初，報怨行者，修道苦至，當念往劫，捨本
　　逐末，多起愛憎。今雖無犯，是我宿作，甘心受之，都無怨對。經云：「逢苦
　　不憂」，識達故也。此心生時，與道無違。體怨進道，故也。《續高僧傳卷十
　　六‧習禪初‧齊鄴下南天竺僧菩提達摩傳五》，《大正》50，No.2060，頁 551
　　下。
471 《楞伽師資記》，《大正》85，No.2837，頁 1286 上。
472 《續高僧傳卷十七‧隋相州鄴下釋玄景傳八（玄覺）》，《大正》50，No.2060，
　　頁 569 下。
473 印順《中國禪宗史》，頁 55。《文殊師利所說摩訶般若蜜經》，《大正》8，No.232，
　　頁 726 上~732 下。
474 汪師娟〈「秀禪師七禮」與禪宗禮懺〉，氏著《唐宋古逸佛教懺儀研究》，（台
　　北：文津，2008 年 2 月），頁 101~102。
475 《敦煌禮懺文研究》，頁 35。

偈頌，[476]可見齊、梁之世，此類禮拜文殊法身的懺悔思想早已傳入中土；又從《續高僧傳》慧斌（576~645）「多以行道咒業爲心，或誦釋迦觀音，或行文殊悔法」[477]、律師道宣在《釋門歸敬儀》中提及「文殊十禮」[478]、道世《法苑珠林》（668）提及「文殊禮文」[479]及智昇《集諸經禮懺儀》（730）收錄了「文殊師利法身禮文」[480]等資料來看，「文殊十禮」在隋、唐之際已是佛教界普遍盛行的禮懺文，而 P.2690V、P.3892、S.5892 等《法身禮》當是敦煌地區僧徒們借爲修行方便的一套懺悔儀式。再者，道信除了承自僧璨的罪性本空思想外，亦汲取過南方傅大士與天台般若的思想，將楞伽禪、懺悔、念佛、般若與成佛是融合爲一；是故，《法身禮》既是北宗的懺儀，則是否如汪師所判爲「是一篇有關道信禪法的禮懺文」？筆者仍持保留態度。

筆者認爲，欲言道信的懺悔思想，應就「入道安心要方便」、「菩薩戒」、「念佛心是佛」與《楞伽師資記》等禪宗史傳所載內容加以論述爲當。

（二）菩薩戒與普賢懺悔

如上所述，道信的「入道安心要方便」，是將「戒與禪」、「《楞伽》與《般若》」、「念佛與成佛」作了活潑而多元的統合的。這樣的「統合」之所以顯得特殊而有價值，是他的「一行三昧」結合了大乘菩薩戒、《楞伽》、《般若》與懺悔思想。

關於大乘菩薩戒，僧肇（384~414）〈梵網經序〉說，鳩摩羅什（344~413，一說 350~409）翻譯《梵網經》後，道融、道遠等三百人，即受菩薩戒，[481]得見當時傳大乘菩薩戒之盛況。事實上，

476　元魏·曇摩流志譯《如來莊嚴智慧光明入一切佛境界經》，《大正》12，No. 357，頁 247 下。
477　《續高僧傳卷二十·唐京師弘福寺釋慧斌傳五》，《大正》50，No. 2060，頁 591 下。
478　道宣《釋門歸敬儀》，《大正》45，No.1896，頁 865 下。
479　道世《法苑珠林卷二十·儀式部第七》，《大正》53，No.，頁 436 上。
480　智昇《集諸經禮懺儀》卷上，《大正》47，No.1982，頁 459 中~下。
481　其云：「鳩摩羅什在長安草堂寺，及義學沙門三千餘僧，手執梵文，口翻解釋

大乘菩薩戒本就是重視出家、在家眾都應具足自律精神與懺悔滅罪的，[482]尤其兼重「供養父母師長和上耆舊有德，復當供給兄弟妻子親友眷屬」[483]的儒家倫常孝道思想，廣被中國人接受，故不論在家出家，授菩薩戒，兼須深見過罪，知果報差別，自己精進不放逸，隨時懺悔滅罪，《優婆塞戒經》云：

> 若人不樂，久處生死，深見過罪。觀人天樂阿鼻獄苦平等無差，憐愍眾生具足正念，為欲利益無量眾生，使得成道，為具無上菩提道故，為如法行故，受持是戒心不放逸，能觀過去、未來、現在身、口、意業，知輕、知重，凡所作事，先當繫心，修不放逸。作已、作時，亦復如是。修不放逸，若先不知，作已得罪；若失念心，亦得犯罪；若客煩惱時，暫起者，亦得犯罪；若小放逸，亦得犯罪。是人常觀犯輕如重，觀已生悔及慚愧心，怖畏愁惱心不樂之。至心懺悔，懺悔已，心生歡喜，慎護受持，更不敢犯，是名淨戒。[484]

依此，大乘菩薩戒、懺悔發露、因果罪業、禪觀精進與菩薩誓願修行是密不可分的。經過南北朝的傳戒盛況視之，初唐佛教高僧已將大乘菩薩戒、因果罪業、禪觀精進與懺悔思想結合為一。[485]《菩

五十餘部，唯《梵網經》一百二十卷六十一品。其中《菩薩心地品第十》，專明菩薩行地。是時，道融、道影三百人等，即受菩薩戒。」《大正》24，No. 1484，頁 997 上。

482　王惠雯〈理想的生命實踐－以菩薩戒的自律精神為基礎之探討〉，載氏著《大乘佛教教育理論與實踐論文集》，(中壢：圓光佛學研究所，2006 年 2 月)，頁 33~49。

483　北涼·曇無讖譯《優婆塞戒經卷三·攝取品第十三》，《大正》24，No. 1488，頁 1046 中。

484　《優婆塞戒經卷六·尸波羅蜜品第二十三》，《大正》24，No. 1488，頁 1065 下。

485　唐·智昇《開元釋教錄卷二十·大唐不空三藏新譯眾經論及念誦儀軌法等目錄》就有《最上乘教受戒懺悔文》一卷二紙，《大正》55，No. 2154，頁 700 下。唐·圓照《大唐貞元續開元釋教錄卷下·四朝應制所翻經論及念誦法》則載為「受菩提心戒儀」一卷三紙」其後附注「經內題云：《最上乘教受戒懺悔文》，普賢瑜伽阿闍梨集)，《大正》55，No. 2156，頁 767 下。日·圓仁（794~864)《入唐新求聖教目錄》亦載為「《最上乘教受戒懺悔文》一本」，《大正》55，No. 2167，頁 1085 下。可見，印度大乘佛教已將受菩薩戒與懺悔思想結合，唐人亦遵循之。

薩戒本》既重視輕重罪垢的懺除，表示它未離開佛教對比丘二百
五十戒、比丘尼三百四十八戒的基本規範，這同時是一切僧徒精
進向上所共持之修行標準。不過，部派佛教時較重視輕重罪相的
認識、理解、一一發露與清淨續行，《菩薩戒本》則更進一步強調
懺悔精進而「得見好相」之觀相體證，其云：

> 欲以好心受菩薩戒時，於佛菩薩形像前自誓受戒。當七日，
> 佛前懺悔，得見好相，便得戒。若不得好相，應二七、三
> 七，乃至一年，要得好相。得好相已，便得佛菩薩形像前
> 受戒。若不得好相，雖佛像前受，戒不得戒。[486]

所謂「得見好相」，指的是於定中證見轉輪聖王應化身所具足的「三
十二相」，佛、菩薩的應化身更具足隱密細微的「八十種好」，踐
行般若六度後，自能證驗到這些殊勝的容貌與微妙形相。[487]當然，
若依般若之說法，這三十二相與八十種好，是依世諦、福道、福
德因緣、假名等而說的，若依第一義諦、慧道、智慧因緣等而說，
則爲法身無相。蓋佛欲令眾生解脫故，乃有種種分別說，諸分別
說皆與一切無漏法、十六行、三三昧、空、無作印相應，故皆名
無相，皆入如法性實際，常爲寂滅相，故現三十二相而不破無相
法，藉以拔眾生離三惡道，超出三界獄。[488]

　　達摩、慧可、僧璨三祖的楞伽禪法皆重視不立文字的行質相
貫之懺悔，故道信所修持的菩薩戒本，在「一行三昧」禪行與「念
佛心是佛」的體證下，亦是一種權宜方便的大乘菩薩戒，而不僅
僅是執著「得見好相」的世諦、福道、福德因緣與假名而已。故
《楞伽師資記》云：「無相不相，名爲實相，則泯然清淨也。」[489]

486 《大正》24，No. 1484，頁 1006 下。
487 「三十二相」、「八十種好」，文長不具，詳唐・玄奘譯《大般若經卷三百八十
　　一・初分諸功德相品第六十八之三》，《大正》6，No.220，頁 967 中~969 上。
　　又見後秦・鳩摩羅什譯《大智度論卷四・初品中菩薩釋論第八》，《大正》25，
　　No.1509，頁 90 上~91 中。
488 《大智度論卷二十九・初品中迴向釋論第四十五》，《大正》25，No.1509，頁
　　273 上~275 中。
489 《楞伽師資記・第五道信》，《大正》85，No.2837，頁 1286 下~1287 上。

《傳法寶紀》亦云「但念般若」，[490]凡此皆知道信對楞伽禪法的體證，是活用了菩薩戒與般若空慧思想的。[491]

　　加入般若慧空義的菩薩戒，除了不同於達摩的「報怨行」外，更活用了「觀心念佛，心心相續」的無相念佛，成為意義多元而豐富的普賢無相懺悔。故云：

> 夫身、心、方寸，舉足、下足，常在道場。施為、舉動，皆是菩提。《普賢觀經》云：「一切業障海，皆從妄相生；若欲懺悔者，端坐念實相」，是名第一懺，併除三毒心，攀緣心覺，觀心念佛，心心相續，忽然澄寂，更無所緣念。[492]

　　亦即，道信的普賢懺悔，已將一切身、心施為與如來藏、大乘「端坐念實相」的無相禪觀、普賢行願、一行三昧、無相念佛結合，成為制伏三毒、頓入澄寂的第一懺悔。文殊當真空無礙之理，普賢當離相無盡之行，[493]而道信兼而用之。佛亦云：隨順佛語行懺悔者，即是踐履普賢行，凡踐履普賢行者，不見惡相及惡業報。眾生若能晝夜六時禮十方佛，誦大乘經，思第一義甚深空法，一彈指頃，除百萬億阿僧祇劫生死之罪。行此行者，真是佛子，從諸佛生，十方諸佛及諸菩薩，為其和上，是名具足菩薩戒者，不須羯磨，自然成就，應受一切人天供養。[494]菩薩戒之外，道信的一行三昧是將坐禪、自身、佛性等與懺悔同參並觀的，其云：

> 若初學坐禪時，於一靜處，真觀身、心，四大、五蘊，眼、耳、鼻、舌、身、意，及貪、瞋、癡，若善、若惡，若怨、若親，若凡、若聖，及至一切諸法，應當觀察：從本以來空寂，不生、不滅，平等無二；從本以來無所有，究竟寂滅；從本以來，清淨解脫。不問晝、夜，行、住、坐、臥，

490 柳田聖山《初期禪宗史書の研究》，（京都：法藏館，2001年1月），頁566。
491 《楞伽師資記・第五道信》，《大正》85，No.2837，頁1286下。其後又云：坐時當覺，識心初動，運運流注，隨其來去，皆令知之，以金剛慧微責，猶如草木，無所別知之無知，乃名一切智，此是菩薩一相法門。
492 《楞伽師資記・第五道信》，《大正》85，No.2837，頁1286下~1287上。
493 永明延壽《宗鏡錄》卷二十四，《大正》48，No.2016，頁550中。
494 《觀普賢菩薩行法經》，《大正》9，No.277，頁393中~下。

> 常作此觀，即知自身，猶如水中月，如鏡中像，如熱時炎，
> 如空谷響。若言是有，處處求之不可見；若言是無，了了
> 恒在眼前。諸佛法身，皆亦如是。即知自身，從無量劫來，
> 畢竟未曾生；從今已去，亦畢竟無人死。若能常作如此觀
> 者，即是「真實懺悔」，千劫萬劫，極重惡業，即自消滅。
> [495]

「四大、五蘊，眼、耳、鼻、舌、身、意，及貪、瞋、癡」等，
即六根、六塵、十八界等依於無明及攀緣作用，迭造三業，身心
既被繫縛，自然憂悲惱亂，陷入「善、惡、怨、親、凡、聖」等
一切差別法中。身心既不得安寧，聖道亦無從能入。事實上，這
些差別法是「從無量劫來，畢竟未曾生；從今已去，亦畢竟無人
死」的。因為，一切諸法，「從本以來空寂，不生、不滅，平等無
二；從本以來無所有，究竟寂滅；從本以來，清淨解脫」的，身
心既皆「不在內，不在外，不在中間」，故罪性本空寂，自身本清
淨。深觀如是，則為真實懺悔，不必依於懺儀，不必執於說罪發
露，觀照之當下即令千劫萬劫所造之極重惡業自然消滅。故云：「何
者是罪？何者是福？我心自空，罪福無主，一切法如是，無住無
壞。如是懺悔，觀心無心，法不住法中，諸法解脫，滅諦寂靜。
如是想者，名大懺悔，名莊嚴懺悔，名無罪相懺悔，名破壞心識
懺悔。」[496]天台智顗曾云：「無罪相者，此約空為處也；莊嚴懺悔
者，約俗諦為處也；大懺悔者，約中道為處也。若三種差別者，
此是歷別論處爾，即一而三，即三而一者，此圓妙懺悔也，諸大
菩薩修學佛法而懺悔也。若識此法而懺悔者，最妙最上懺悔處也。」
[497]

　　但是，《普賢觀經》強調遍禮十方佛、不懈怠的六時諷誦與得
見普賢菩薩及十方佛的教義，道信的普賢禪懺，則是專攝華嚴「我
心自空，罪福無主」的思想，又兼取文殊般若的一行三昧與觀心

495　《楞伽師資記》，《大正》85，No.2837，頁1288下。
496　《觀普賢菩薩行法經》，《大正》9，No.277，頁392下~393上。
497　隋・智顗《金光明經文句卷三・釋懺悔品》，《大正》39，No.1785，頁59中。

念佛，它不一定要晝夜六時去禮十方佛，諷誦大乘經典，甚或進行拜懺儀軌，而是更為活潑的「亦不念佛，亦不捉心，亦不看心，亦不計心，亦不思惟，亦不觀行，亦不散亂，直任運，不令去，亦不令住，獨一清淨，究竟處心自明淨」，即「直須任運」的「隨其來去」[498]之大乘實相懺悔。《景德傳燈錄》載其語云：「一切煩惱業障，本來空寂；一切因果，皆如夢幻」，[499]《祖堂集》云：「煩惱業障，本來空寂；一切果報，本來自有。……妄心既不起，真心任遍知」，[500]皆是依於緣起因果與罪性本空的實相懺悔。

　　這種「直須任運」、「隨其來去」的無相懺悔，是兼容了文殊般若、一行三昧、大乘菩薩戒、無相念佛、華嚴思想、頓悟成佛等思想而成的，故云：

> 何等名「無所念」？即念佛心，名無所念。離心，無別有佛；離佛，無別有心。念佛，即是念心；求心，即是求佛。所以者何？識無形，佛無形，佛無相貌。若也知此道理，即是安心。常憶念佛，攀緣不起，則泯然無相，平等不二，不入此位中。憶佛心謝，更不須徵（澄）。即看此等心，即是如來真實法性之身。亦名正法，亦名佛性，亦名諸法實性實際，亦名淨土，亦名菩提、金剛三昧、本覺等，亦名涅槃、界、般若等。名雖無量，皆同一體。[501]

無所念的念佛，即是無相的念佛心，無相念佛，即是念心，所念之心，是泯然無相、平等不二的實相，再依於華嚴「一即一切，一切即一」的無盡緣起，道信所說的普賢懺悔遂能與其他思想「名雖無量，皆同一體」。所謂「一體」，是「知此道理，即是安心」的楞伽自覺聖智境，安此聖智境，即等同於佛性、淨土、金剛三昧、本覺、般若、涅槃的如來真實法性身。

　　菩薩戒離不開懺悔，文殊般若離不開般若實相，般若亦未放

---

498 《楞伽師資記》，《大正》85，No.2837，頁1287中。
499 《景德傳燈錄卷四・金陵牛頭山六世祖宗・第一世法融》，《大正》51，No. 2076，頁227上。
500 《祖堂集卷三・牛頭和尚》，頁51~52。
501 《楞伽師資記》，《大正》85，No.2837，頁1286下~1287上。

棄懺悔。道信在達摩的「報怨行」外，漸由樸實無言、行質相貫的安心轉向為「一行三昧」與「念佛心」的入道安心方便，即是將菩薩戒、普賢懺悔、楞伽禪觀同時與佛心、佛性、念佛、維摩、華嚴、般若空慧等思想作了兼融涵蘊的功夫。尤其上面引文中的**「憶佛心謝，更不須徵（澄）。即看此等心，即是如來真實法性之身」**等，是把禪者的當下禪觀之身心與淨土的念佛憶佛懺悔滅罪思想及真實法性、真如佛性及般若實相等同併參，又不執著在淨心看心與澄心的禪觀功夫上，這種活潑多樣的禪法，是禪宗懺悔思想能更權變更進步更多元更方便的一種飛躍，從唐初善伏（？~650）禪師特別上山請教他《入道方便》來看，[502]他不但是超越了達摩、慧可、僧璨等隨說隨行之禪法；再對照到後來北宗禪師們看心看淨與澄心自淨的懺悔精神，他的念佛懺悔與般若精進是更具自知自覺自懺自淨精神的。他的無相念佛懺悔不是一般宗派念佛禮懺的他力傾向，而是純然自力傾向的覺證懺悔；後來惠能更直探根本，將一切發願、懺悔、歸依、佛，都直從自身去體見，從本有菩提般若中去悟得，實是道信「一行三昧」的心要方便所立下之基礎。[503]

　　道信這種「一行三昧」的心要方便，後人轉相承用，漸漸造成初唐江南和京洛間的禪宗思想的差異，[504]埋下日後南能北秀分化的種子。[505]但他「擇地開居，營宇立象」，置入菩薩戒、念佛與安心的大乘普賢懺悔，確實為禪宗建立起符合當時潮流的一種

---

502 道信的「入道安心要方便」，在當時是頗具特色的禪法，如唐‧衡岳沙門釋善伏即特別上蘄州黃梅請教他，地位是與天台、淨土等同時代其他教團不相上下的。道宣載，善伏「至蘇州流水寺璧法師所，聽四經、三論。又往越州敏法師所，周流經教，頗涉幽求。至天台超禪師所，示以西方淨土觀行。因爾廣行交桂，廣循諸州，遇綜會諸名僧，諮疑請決。又上荊襄蘄部，見信禪師，示以《入道方便》。又往廬山見遠公淨土觀堂。還省潤州巖禪師所，示以無生觀。後共暉、才二師，入桑梓山行慈悲觀。」《續高僧傳卷二十六‧習禪六之餘‧唐衡岳沙門釋善伏傳十四》，《大正》50，No. 2060，頁 602 下~603 上。

503 印順《中國禪宗史》，頁 168。

504 唐‧荊溪湛然（711~782）《止觀輔行傳弘決》卷二之：「信禪師元用此經以為心要，後人承用，情見不同，致使江表、京河禪宗乖互」，《大正》46，No.1912，頁 184 下。

505 《禪宗思想的形成與發展》，頁 111。

規範化禪學模式，[506]既讓初安於寺宇的禪弟子不再混迹世俗，亦爲弘忍般若禪、神秀與惠能的無相懺悔預開新路。

三、牛頭法融的絕觀懺悔

（一）法融師承與著作

胡適嘗云：牛頭山法融（？～652）一派本出於三論宗，講習《大品般若經》和《大集經》等經典，道宣（596～667）《續高僧傳》中的《法融傳》，凡二千四百三十三字，無一字提及他與楞伽宗有關係。[507]

中唐之後，卻傳說法融與楞伽禪系相關。據唐・李華（約？～766）〈潤州鶴林寺故徑山大師碑銘〉與劉禹錫的〈牛頭山第一祖融大師心塔記〉所載，牛頭宗法系基於道信印可法融，法融爲牛頭宗第一祖，第二是智巖（577～654）→第三是慧方（不詳）→第四是法持（635～702）→第五是智威（646～722）→第六是慧忠（682～769），（第七是玄素 668～752），六代相承，在牛頭山別立一宗統。[508]宋・贊寧亦載，牛頭四世的法持與楞伽弘忍的師承關係，《宋高僧傳》云：（法持）十三歲時（647 年）曾到湖北蘄州黃梅禮謁弘忍，後歸青山（即幽樓山，其境屬牛頭山），仍師事

---

506 刑氏認爲，禪宗源於南北朝時代的山林佛教，至四祖道信時期開始成爲宗派；早期禪宗從道信到神秀的禪學既有革新的意象，以保持著當時流行的規範化禪學模式；當然，這種流行的規範化禪學模式在修行方法上又面臨到新的困境，迫使一部分禪宗信徒探索新的解脫途徑，最終促成南宗禪的出現。刑東風〈略論早期禪宗－南宗禪的背景問題探討〉，《世界宗教研究》n.1，（北京：中國社會科學院世界宗教研究所，1993 年 3 月），頁 63～70。

507 胡適〈楞伽宗考〉，《胡適集》，（北京：中國社會科學，1995 年 12 月），頁 160～195。《續高僧傳卷二十六・潤州牛頭沙門釋法融傳十六》，《大正》50，No. 2060，頁 603 下～605 中。

508 詳《宋高僧傳卷八・習禪篇第三之一・唐蘄州東山弘忍傳》，《大正》50，No.2061，頁 754 下。唐・李華（約 760 撰）〈潤州鶴林寺故徑山大師碑銘〉、唐・劉禹錫於太和三年（829）所撰之〈牛頭山第一祖融大師心塔記〉，分見《全唐文》卷三二〇、卷六〇六，引見：《禪宗全書・全唐文禪師傳記集》，頁 399、402～403。

「方禪師」（慧方）。弘忍去世前，謂弟子玄賾曰：「後傳吾法者可有十人，金陵法持即其一也。是知兩處禪宗，重代相襲，後以法眼付門人智威。」[509]這些說法，明顯的都與道宣說法不同。

　　道信傳法給弘忍，這是毫無問題的；但道信印可法融與法持師承弘忍之事，應是出於後人的編造。據楊曾文之研究，在北宗普寂（651~739）之時，牛頭智威（646~722）早知《楞伽人法志》所載「弘忍十大弟子」之法系，故編造出「弘忍→法持→智威」的說法。至慧忠、玄素（666~752）時，因不願依附於北宗系統，再另造新的牛頭宗統說。[510]印順亦認為，那些傳說都不可靠，因為長江下游南京附近，本是南朝二百七十餘年（317~588）三論宗般若義學的發展區域，自僧朗開始，下傳僧詮、法朗（507~581）、慧布（518~587）、大明（即「炅」法師）等，他們一向重視般若空慧，且都教禪並行。[511]《弘贊法華傳》載，「（法融）依第山（茅山，今江蘇句容縣）豐樂寺大明法師，聽三論，及《華嚴》、《大品》、《大集》、《維摩》、《法花》等諸經，伏膺累年，妙探機奧。……又聽鹽官邃法師講諸經論。于時，座下學侶如林，各騁詞鋒，爭馳辯箭，而融謙光藏用，默契於心。」[512]大明法師是當時的「三論巨匠」，法融進入茅山跟他學習《三論》等經論，又聽邃法師講諸經論，可見他的師承來自三論，精於《般若》、《法華》、《華嚴》、《大品》、《大集》、《維摩》等經，但他不

509　《宋高僧傳卷八·習禪篇第三之一·唐金陵延祚寺法持傳》，《大正》50，No.2061，頁 757 下。關於「青山」，據《江南通志》卷十一，引見日·鈴木哲雄《唐五代禪宗史》，（東京：山喜房佛書林，1985 年版）第四章第二節的相關考證。

510　「弘忍十大弟子」見玄賾《楞伽人法志》：「後傳吾道者，只可十耳：我與神秀論《楞伽經》，玄理通快，必多利益。資州智詵、白松山劉主簿，兼有文性。莘州惠藏、隨州玄約，憶不見。嵩山老安，深有道行。潞州（今山西長治）法如、韶州（今廣東韶關）惠能、揚州高麗僧智德，此並堪為人師，但一方人物。越州（今浙江紹興）義方，仍便講說。」《楞伽師資記》，《大正》85，No.2837，頁 1289 下。

511　詳《中國禪宗史》，頁 102~110。

512　慧詳《弘贊法華傳卷三·法融傳》，《大正》51，No.2067，頁 18 下。湯用彤認為「第山」乃「茅山」之誤，炅法師即大明法師。見氏著《漢魏兩晉南北朝佛教史》，（台北：臺灣商務，1998 年 7 月臺二版），頁 764。

以聞思義學爲滿足，而重禪心之自證，故曰「謙光藏用，默契於心」，這或許與天台南岳慧思（515~577）及三論攝山慧布（518~587）的禪法有關。[513]至唐・貞觀十七年（643 年），法融在牛頭山（今稱牛首山，在南京中華門外）幽栖寺北巖下，別立茅茨禪室，在此專心坐禪，由於慈善根力的顯發，連虎蛇禽獸皆來馴伏。[514]另外，又在附近佛窟寺內大量閱覽佛經、道書、佛經史、俗經史、醫方圖符等七庫經史和圖書，連續八年，不謝昏曉，抄錄筆記。貞觀二十一年（647），在巖下講說《法華經》；永徽三年（652），應請到江寧（今南京）建初寺講說《摩訶般若經》；後又在江寧向僧俗三千餘人講《大集經》；顯慶元年（656），又再建初寺傳法。[515]這種積極講經說法之態度與廣泛涉獵經籍之情形，與達摩、慧可、僧璨等可謂完全不同。

　　由上觀之，牛頭法融的禪法很大程度是直接從般若三論開展而出，與天台、楞伽禪法的關係是間接而微弱的。後來牛頭六代宗統的法系說，其實亦是模仿東山法門編成的；當時的東山法門，是全國性的，盛行於中原地區，受到朝野的公認；牛頭宗是地方性的，傳行於江東地區，可以看成獨立性的「東夏達摩禪」；故在江南別建一宗，其獨特禪法頗有與當時備受朝野尊崇的東山法門較勁之意。[516]

　　關於法融的著作，道宣《續高僧傳》只說「覽其指要，聊一觀之都融，融實斯融」，[517]未明說什麼作品。到九世紀初，佛窟遺則（751~830）才「集融祖師文三卷」。[518]據日本最澄、惠運、圓

513　據關口真大之研究，禪宗與天台宗的關係，其最早時代所發現的，在禪宗第二祖的慧可（488~593）與天台大師的南嶽慧思（515~577）之間，介入攝山慧布（518~587），認爲是有某種關係的。關口真大撰，通妙譯，〈禪宗與天台宗之關係〉，《現代佛教學術叢刊》n.70，（台北：大乘文化，1980 年 10 月初版），頁 259~305。

514　《續高僧傳卷二十六・潤州牛頭沙門釋法融傳十六》，《大正》50，No. 2060，頁 603 下~604 上。

515　《大正》50，No. 2060，頁 604 上。

516　詳《中國禪宗史》，頁 102~110。

517　《大正》50，No. 2060，頁 605 中。

518　宋・贊寧等《宋高僧傳卷十・唐天台山佛窟遺則傳》，《大正》50，No. 2060，

珍、永超等人之目錄，注明牛頭或法融的有《絕觀論》、《信心銘》、《註金剛般若》、《大方廣佛花嚴經私記》、《維摩詰經要略疏》、《金剛般若經意》等書，[519]這可能是他在牛頭山附近佛窟寺內大量閱覽七庫經史和圖書的心得抄錄或出山講經的記錄。

　　當然，據學者之研究，現存法融的著作，當屬《心銘》、《信心銘》與《絕觀論》，[520]以下即就三書論其懺悔思想。

（二）絕觀與罪福

　　《心銘》與《信心銘》是姊妹篇，[521]與以表現自然心慧與信心不二的禪觀。《絕觀論》是問答體，藉弟子「緣門」的發問與禪師「入理先生」的回答，以表現般若、三論的畢竟空禪觀。以下先言其禪觀概要，再論其懺悔思想。

　　就法融而言，大道（佛性）是空無所依，無遮、無開、無主、無寄，是法爾自然的實相，故《絕觀論》開頭即云：「大道沖虛，幽微寂寞；不可以心會，不可以言詮」，又云「虛空爲道本，參羅爲法相」，「於中實無作者，法界性自然」。[522]《心銘》中云：「至理無詮，非解非纏」；最後四句亦云：「知生無生，現前常住；智

頁 768 下。

519　日・最澄《傳教大師將來越州錄》、日・惠運《惠運禪師將來教法目錄》、日・圓珍《福州溫台州求得經律論疏記外書等目錄》、《日本國上都比叡山延曆寺比丘圓珍入唐求法總目錄》、日・永超集《東域傳燈目錄》等，分見《大正》55，No. 2160，頁 1059 中。No. 2168A，頁 1088 上~下。No. 2170，頁 1095 上~下。No. 2173，頁 1105 上~中。No. 2183，頁 1147 上~下。

520　唐・宗密《圓覺經大疏鈔卷十一下・三觀行相章》云：「牛頭融大師有《絕觀論》」，《卍新續》9，No. 245，頁 707 下。敦煌之《絕觀論》，又名「三藏法師菩提達磨絕觀論」、「入理緣門」、「菩提心境相融一合論」，寫本共有北京國立圖書館本（潤字八四號）、石井光雄藏本、日本積翠軒本、P.2045、P.2074、P.2732、P.2885、S.5619 諸本。本書所用的《絕觀論》，是日本禪文化研究所以積翠軒本爲底本，再參諸寫本編寫而成，見藍吉富主編《禪宗全書・語錄部（一）》，（台北：文殊文化，1988 年 8 月），頁 2~18。另依延壽《宗鏡錄》所引，江東所傳，牛頭法融的思想，分別傳有《信心銘》與《心銘》二種不同本子，印順認爲，《景德傳燈錄》與《百丈廣錄》傳說「僧璨大師有《信心銘》」的說法，只是洪州宗的傳說。詳印順《中國禪宗史》，頁 112~115。

521　《中國禪宗史》，頁 114。

522　《禪宗全書・語錄部（一）》，頁 3~5。

者方知，非言詮悟」，[523]皆肯定了佛性（大道）的緣起無生、現前常住與不可言詮。再從《信心銘》的「多言多慮，轉不相應。絕言絕慮，無處不通」、「言語道斷，非去、來、今」來看，法融的大道是超越一切語言知解、時間與空間諸概念範疇的禪觀，這明顯是在呼應篇首二句的「至道無難，爲嫌揀擇」，[524]強調虛空大道（真如佛性）是遠離一切人爲執著的對立、差別、是非、大小、得失等妄念，而自然安住於非思量、非言詮的真如平等之境。這不可言詮的虛空大道是因緣而生的，無常無我的，它雖使用玄學化的語言，但不是何晏、王弼等以無爲本的形而上玄學，[525]而與達摩的「不隨於言教」的楞伽禪法是相應的。

　　這種虛空大道,亦教眾生念佛懺悔,但不執著於繫心一佛,「有道之士，即令觀身實相」、「覺了無物，謂之佛；通彼一切，謂之道」，[526]故是法爾自然狀態下的懺悔與智慧，它不必刻意有爲地去觀照，而是自然地「絕觀」以修行的，不是刻意去專注守心的。《心銘》云：「往返無端，追尋不見。一切莫作，明寂自現。……無歸無受，絕觀忘守。」《信心銘》再從另一面補充云：「一如體玄，兀爾忘緣。萬法齊觀，歸復自然。」[527]身心都處於自然狀態下的禪觀，是萬法平等，沒有差別對立，連因緣與守一都不必執著的，故《心銘》云：「將心守靜，猶未離病」、「菩提本有，不須用守」，《信心銘》亦云：「二由一有，一亦莫守」、「忘絕境界」、「必不須守」，[528]這是從某個角度上又對達摩《二入四行》的「凝住壁觀」、道信《入道安心要法門》的「守一不移，動靜常住」及弘忍（602~675）東山法門《最上乘論》的「凝然守心，妄念不生」、「守本真心」、「了然守心，則妄念不起」、「守心者，乃是涅槃之根本，入道之要門，十二部經之宗，三世諸佛之祖」[529]的專注一

---

523 《景德傳燈錄卷三十・銘記箴歌》,《大正》51，No. 2076，頁 457 上~458 上。
524 《大正》48，No.2010，頁 376 中~377 上。
525 《中國禪宗史》，頁 118~119。
526 《禪宗全書・語錄部（一）》，頁 6。
527 《大正》51，No. 2076，頁 457 上~458 上。
528 《大正》51，No. 2076，頁 457 上~458 上。
529 《最上乘論》,《大正》48，No. 2011，頁 377 上~下。

境之楞伽禪法（東山法門）表達了不一樣的看法。

　　《祖堂集》載，懶融（法融）默坐牛頭山幽棲寺，道信特往傳法，教他「莫入甚深三昧」，並教他：

> 煩惱業障，本來空寂；一切果報，本來自有；無三界可出，無菩提可求；人與非人，性相平等；大道虛曠，絕思絕慮。……汝但任心自在，莫作觀行，亦莫停心，莫起貪、瞋、癡，莫懷愁慮，蕩蕩無礙，任意縱橫，不作諸善，不作諸惡，行、住、坐、臥，觸目遇緣，總是佛之妙用。[530]

這雖是道信之語，但「大道虛曠，絕思絕慮」的思路，與牛頭法融《絕觀論》是更為相通的。故其所謂「煩惱業障，本來空寂；一切果報，本來自有；無三界可出，無菩提可求；人與非人，性相平等」諸語，即是在法爾自然的虛空大道（佛性）下之罪性本空之無相滅罪思想，尤其「任心自在，莫作觀行，亦莫停心，莫起貪、瞋、癡，莫懷愁慮，蕩蕩無礙，任意縱橫」的絕觀任性禪觀，看似老子的無為自然、絕聖棄智，莊子的逍遙自在、齊物遨遊，[531]但又與老莊不同，它是活攝了絕聖無為、逍遙自在的修行方法而與《金剛經》那種「應無所住而生其心」無住於空（śūnya）之般若無相空慧[532]及《維摩詰經》不二無垢的實相無相懺悔相契

530　《祖堂集卷三・牛頭和尚》，頁51~53。
531　《老子・十九章》：「絕聖棄智，民利百倍；絕仁棄義，民復孝慈；絕巧棄利，盜賊無有；此三者，以為文不足。故令有所屬，見素抱樸，少私寡欲。」《老子・五十七章》：「我無為而民自化，我好靜而民自正，我無事而民自富，我無欲而民自樸。」魏・王弼《老子注》，（台北：藝文，2001年5月），頁36、118。莊子的「逍遙自在」與「齊物遨遊」，見：清・郭慶藩編，王孝魚整理《莊子集釋》「逍遙遊第一」、「齊物論第二」，（台北：萬卷樓，1993年3月），頁1~114。
532　《金剛般若波羅蜜經》（《金剛經》）的「金剛」，是vajra的音譯，即金中最剛之義，喻能摧毀一切，且非萬物所能破壞之武器，就弘忍而言當是如來藏自性清淨心。「般若」，是prajñā的音譯，譯為「慧」，是空的智慧不執著的智慧是直觀全體的智慧。「波羅蜜」（波羅蜜多），是pāramitā的音譯，pāramitā是從parama（最高）而來的字，現代學者多將波羅蜜多譯為「完成」，「般若波羅蜜多」可以譯為「智慧的完成」（perfection of wisdom），但這種「智慧的完成」，在《金剛經》中是無住於空（śūnya）的完成。這是依於現代學者的說法，但姚秦鳩摩羅什多把波羅蜜多解釋成「過渡到彼岸」，故譯為「到彼岸」或「度」，如《大智度論》的「智度」，即是「般若波羅蜜多」之譯語。參：平川彰著，釋顯如、李鳳媚譯《印度佛教史》（上），（嘉義：法雨道場，2003年

相發的。《金剛經》認為，先世犯有罪業致墮入惡道中者，若「不住相布施，其福德不可思量」，[533]依於「無所住而生其心」，踐履念誦《經剛經》，踐履大乘般若波羅蜜行，則先世罪業可為消滅，證得阿耨多羅三藐三菩提。[534]牛頭法融的「一切莫作，明寂自現」、「無歸無受，絕觀忘守」、「萬法齊觀，歸復自然」、「將心守靜，猶未離病」、「菩提本有，不須用守」、「二由一有，一亦莫守」、「忘絕境界」、「必不須守」，可說是禪家自己本有的廣闊浩瀚、自由自在、無執無礙之自性禪觀，這樣的禪觀，他不執著在貪、瞋、癡三毒上，自然不受三業，亦不受三障，無罪可滅亦無執福報，是在道信無相念佛懺悔不執著於看心看淨、澄心淨觀禪法的進一步發揮，亦是後來惠能無相自性懺悔的先驅。故牛頭法融不執著在善惡與三毒三障的絕觀任性，可說是走向更為獨立自主的滅罪思想。因為他更為獨立自主，所以不必執著於佛教界常用的「觀行」與「停心」禪觀法，而是正確的認知因緣果報與懺悔精進之道，自然修行狀態下，不必特意在貪、瞋、癡三毒的知識概念上自我設限，亦不必心懷愁慮掛礙自己，更不必刻意去做諸善業，亦不刻意去懺除諸惡業，純粹是讓此心蕩蕩無礙，任意縱橫，在日常生活的行、住、坐、臥四大威儀中，隨於觸目接遇的因緣，讓法爾自然的佛性發揮本有之妙用。

虛空大道是法爾自然，故本來空寂無一物，不必刻意去安心，不是有意去念佛懺悔，《絕觀論》的「不須立心，不須強安」、「無念即無心，無心即真道」、「無心即無物，無物即天真，天真即大道」、[535]、《心銘》的「三世無物，無心無佛。眾生無心，依無心出」、「一切莫顧，安心無處；無處安心，虛明自露」，《信心銘》的「無咎無法，不生不心」、「將心用心，豈非大錯？」[536]這都是自然無心之般若空慧的任性發用，相較於達摩的「捨妄歸真」、道

　　　5月），頁347。
533　姚秦・鳩摩羅什譯《金剛般若波羅蜜經》，《大正》8，No. 235，頁749上~中。
534　《金剛般若波羅蜜經》，《大正》8，No. 235，頁755上。
535　《禪宗全書・語錄部（一）》，頁3。
536　《大正》51，No. 2076，頁457上~458上。

信的「入道安心要」，法融這種絕觀任性的懺悔顯得更有彈性，更接近於傅大士「淨、穢兩邊俱不依，無心捨離於生死，涅槃無心亦不追，涅槃無心即生死，生死無心般若暉」的無心般若。[537]楊曾文認為，牛頭法融這種禪法是貫徹著般若、三論的空義，又貫徹著中道不二的思想，[538]其看法是正確的，但這種不必安心、不必念佛的絕觀懺悔，又從道信一行三昧的普賢懺悔之外，屹然創出一格。

尤其《信心銘》「唯言不二，不二皆同」、「信心不二，不二信心」的思想，[539]可說同時把《大乘起信論》的「起信」思想與《維摩詰經》的「不二」思想靈活地統攝起來，[540]又契應於《金剛三昧經》與達摩「深信含生凡聖同一真性」的「深信」思想。[541]印順曾說，重「信」的大乘經典，幾乎都說到「懺悔業障」，這本是大乘菩薩道的重要精神；[542]《大乘起信論》提出「一心開二門」的「起信思想」，亦重視「行」、「止」、「善」、「願」四種方便，融止觀、懺悔、願行於一心；[543]《維摩詰經》的「不二法門」，與《雜阿含》「離於二邊」、超越「有無二法」（dvaya）分別的不可思議解脫方便相應，[544]亦重視大乘佛教罪性本空之無相懺悔，[545]這是慧可、僧璨、傅大士、道信等禪師權說懺悔思想的重要理據。《楞伽經》的「貪愛名為母，無明則為父，覺境識為佛，諸使為羅漢，陰集名為僧，無間次第斷，謂是五無間，不入無擇獄」，更是眾

---

537 《善慧大士錄卷三・第七章明般若無諍》，《卍新續》69，No. 1335，頁104上~130下。

538 楊曾文〈牛頭法融及其禪法〉，《佛教思想的傳承與發展－印順導師九秩華誕祝壽文集》，（台北：東大，1995年4月），頁440。

539 《大正》48，No.2010，頁377上。

540 《維摩詰所說經・入不二品第九》，《大正》14，No. 475，頁550中~551下。另見《大乘起信論》，見《大正》32，No.1666，頁575中~591下。

541 詳《大正》9，No. 273，頁365下~374中。忽滑谷快天亦云：「《信心銘》之玄旨，為敷演達摩『理入』之作，《華嚴》圓融之旨灼然呈現。」氏著，郭敏俊譯，《禪學思想史》，頁431。

542 《方便之道》，《華雨集》（二），頁165、177。

543 詳《大正》32，No.1666，頁576上~581上。

544 宋玉嫩〈不可思議之不二、解脫、方便——一個《維摩詰經》異名之探討〉，《諦觀》n.76，（台北：諦觀雜誌社，1994年1月），頁153~171。

545 《維摩詰所說經・弟子品第三》，《大正》14，No. 475，頁541中。

生心與佛心合一而超越一切差別對待的懺悔思想。[546]《絕觀論》
認為:「受業者,而為業繫所纏,自無因由」,「眾生根本皆如來藏,
但造業即受報」,[547]故云:

> (緣門)問曰:「道若遍者,何故煞人有罪?」
>
> (入理)答曰:「夫言罪、不罪者,皆是就情約事,非正道
> 也。但為罪人不達道,妄立我身,煞即有心。心結於業,
> 即云罪也。草木無情,本來合道,理無我故。煞者不計,
> 即不論罪與非罪。凡夫無我,合道者,視形如草木,被斫
> 如林故。文殊執劍於瞿曇,鴦掘持刀於釋氏,此皆合道。
> 同證無生,了知幻化虛妄故,即不論罪與非罪。」
>
> (緣門)問曰:「若草木久來合道,經中何故不記草木成佛?
> 遍記人也?」
>
> (入理)答曰:「非獨記人,草木亦記。經云:於一微塵具
> 含一切法。皆如也,一切眾生亦如也。如,無二無差別也。」
> 548

真如大道既是「無所不遍」的,則無常、無我、寂靜涅槃三法印、
四無量心與大乘菩薩願行悉無對立矛盾,是可以毫無差別的相融
相契的,亦即是眾生皆有佛性的。既是皆有佛性,便不能因為「草
木無情」、「凡夫無我」、「文殊執劍於瞿曇」、「鴦掘持刀於釋氏」
等「現象」即妄執於草木、凡夫、文殊、鴦掘等的有、無、好、
壞之差別,而執於罪、福、有罪、無罪、有業、無業、有障、無
障等二元對立思維上。因為一切事物本來皆是「無心無物」、「無
物天真」的自然大道,即活用了華嚴「一切法皆如,諸佛境亦然。
乃至無一法,如中有生滅。眾生虛妄故,是佛是世界。若解真實
者,無佛無世界」的思想。[549]依於無佛無世界的真實觀,則大道

---

546 《楞伽阿跋多羅寶經卷三‧一切佛語心品第三》,《大正》16,No.670,頁498
 上。
547 《禪宗全書‧語錄部(一)》,頁6、18。
548 《禪宗全書‧語錄部(一)》,頁7。
549 《大方廣佛華嚴經卷十四‧兜率天宮菩薩雲集讚佛品第二十》,《大正》9,
 No.278,頁487下。

是「無心無物」、「無物天真」的，故法融云其禪法是「就情約事」、「但爲罪人不達道，妄立我身」，亦即是權假於世「情」的立場上，教人超越罪福、因果、染淨，這樣看來，他可說是一種超越心量的自覺聖智之大乘實相懺悔。

又，入理先生所答的「於一微塵具含一切法」，亦是據於華嚴「一即一切，一切即一」的無盡緣起的解脫法門。[550]在無盡緣起的法門下，普賢菩薩的「十大行願」的無相懺悔，可以超入阿彌陀佛極樂淨土。[551]《信心銘》云：「但莫憎愛」、「莫存順逆」、「莫逐有緣」、「勿住空忍」、「慎勿追尋」、「不好勞神」、「勿惡六塵」等否定性詞語之運用，皆超越而活用了般若性空、戒律精神與懺悔的滅罪精神，只是他特別側重於無情有性的「無二差別」，故「所作俱息，狐疑盡淨」。[552]凡此，皆是以大道不二的思想對罪、福、有罪、無罪、有業、無業、有障、無障等二元對立問題的認識與消解，消解之後，無罪亦無福，即罪性本空，人、眾生、草木，佛性本具，本來寂淨，無須懺罪，任其自然的在行住坐臥中惕屬精進。法融這種惕屬精進之信心懺悔，從天台宗系《弘贊法華傳》的記載以觀，法融年輕時，曾韜光隱晦在茅山，他在身林中一邊踐行禪觀，另一方面又大量閱讀吸收《三論》、《般若》、《法華》、《華嚴》、《維摩》等大乘佛教經典，[553]可知他是廣闊無執而多元涵融的吸收了般若空慧、法華一乘教義、華嚴一心法界、涅槃佛性與不二無垢實相懺悔的思想，這已與達摩、慧可、僧璨的專心實踐楞伽心法不一樣，又與道信活用華嚴「何者是罪？何者是福？我心自空，罪福無主」、「觀心無心，法不住法」的無罪相懺悔、

---

550 《信心銘》云「一即一切，一切即一」，《大正》48，No.2010，頁 377 上。《大正》51，No. 2076，頁 457 中。《大方廣佛華嚴經卷三十一‧佛不思議法品第二十八之二》，《大正》9，No.278，頁 601 上。

551 「十大行願」：「禮敬諸佛、稱讚如來、廣修供養、懺悔業障、隨喜功德、請轉法輪、請佛住世、常隨佛學、恆順眾生、普皆迴向」，唐‧般若譯《大方廣佛華嚴經》卷四十，《大正》9，No.293，頁 844 中~848 中。

552 《大正》48，No.2010，頁 376 中~下。

553 慧詳《弘贊法華傳卷三‧法融傳》，《大正》51，No.2067，頁 18 下。

破壞心識懺悔、大莊嚴懺悔相近。[554]換言之，入理先生（法融）將一般人執著於懺悔滅罪或一切罪與福、有罪與非罪等對立二元的觀念一併消解掉，其方法是讓草木、眾生、凡夫、聖人，皆在「一即一切，一切即一」的無盡緣起下，如懷德海（Whitehead）的多元契入關係（relation of ingression）般，草木 ⇄ 眾生 ⇄ 凡夫 ⇄ 聖人之間，平等無二，彼此間在「互依關係」（relation of releverance）下皆作「對襯蘊涵」（symmetrication）與「貫穿透入」（enter penetration）的機體融和，沒有一切上、下、內、外的隔閡與障蔽，[555]沒有任何隔閡與障蔽，焉有罪福、因果、染淨可言？

　　三論與天台，一樣有這樣的思想，如三論宗嘉祥吉藏（548~622）云：「不但眾生有佛性，草木亦有佛性」；[556]天台荊溪湛然（711~782）亦以十隨教言「無情有佛性」，[557]只是，三論的佛性論側重於般若性空的義解，與華嚴宗的「稱性而起，即可成佛」的思路不同，亦與天台「一念三千」、「十界互見」、「三諦圓融」性具思路下的「草木成佛」不同。[558]此中，華嚴重視普賢大願的無相懺悔，天台尤重「三諦圓融」的實相懺悔是依於「一念三千」性具哲理而說的，[559]但法融的禪法是進一步融攝《金剛》、《楞伽》、《維摩》、《華嚴》、《起信》、《般若》、《法華》之理論與懺悔精神，活用為無情有性的信心懺悔，這對後來南禪惠能、洪州、臨濟的信心成佛都有相當影響。宗密因牛頭宗主張「本來無事，心境本寂」，連佛眾生亦不執著，故將它歸為「泯絕無寄宗」；又因在教理上以三論等為據，認為無法不空，故又把它歸入「破

554　《觀普賢菩薩行法經》，《大正》9，No.277，頁 392 下~393 上。

555　方東美《華嚴宗哲學》（下），頁 406~407、423~424。

556　隋‧吉藏《大乘玄論》，《大正》45，No.1853，頁 40 中~下。

557　唐‧湛然《止觀輔傳弘決》卷一之二，《大正》46，No.1912，頁 152 上。

558　釋恆清〈「金剛錍」的無情有性說與深層生態學〉，《佛性思想》，（台北：東大，1997 年 2 月），頁 253~284。

559　關於天台懺法，詳釋大睿《天台懺法之研究》，（台北：法鼓文化，2000 年 9 月）、聖凱《中國佛教懺法研究》，（北京：宗教文化，2004 年 9 月），79~160。秋田光兆〈湛然の真如觀〉，《天台學報》n.32，（東京：大正大學內天台學會，1990 年 10 月），頁 81~85。

相顯性教」。[560]宗密之說法自有他個人的見地，[561]但法融的師承，來自三論與天台，這是毫無疑問的，故印順云：牛頭禪的「無情有性」、「無情成佛」，是繼承三論與天台的成說，為「大道不二」的結論；其超越心物的「無心合道」、「無心用功」，是受到莊子的影響；以「喪我忘情為修」，則具玄學化的傾向；其「一法不斷，一法不得」、「不假修道」、「不作一個物」、「不見一個物」、「不知一個物」、「不行一個物」，是超越印度禪、達摩禪、惠能與神會的一種「無方便的方便」。[562]柳田聖山認為，這種活用三論空義與天台不二思想的自然禪觀，上接道信，下開方便，成為南宗抬頭的重要因素。[563]

　　要言之，牛頭法融兼容了三論空義與天台不二思想，親證「絕觀」、「無心」而默契真如「大道」，再融會維摩罪性本空與華嚴「我心自空，罪福無主」的思想說出兼具惕厲精進而無著罪福的「信心」懺悔，它不執著在對首懺悔或觀相懺悔上，不須安心或念佛懺悔，更不須進行灑淨、啟請、稱名、禮佛、歸依、發願、回向等懺儀，只在「效賢而勿伐」、「秉茲貞厲」的「銘」偈中任得其意，[564]得意而忘象，忘象而忘言，忘言而無情，無情而自然，自然而入道，道本寂淨，緣淨即是真如。這是繼支遁（314~366）「般若禪銘」與與傅大士（497~569）「心王銘」後的全新開展。[565]這樣的絕觀大道與信心懺悔，與達摩、慧可的「安心」懺悔、僧璨的持罪懺悔思路並不相同，與傅大士的「怨親平等心」懺悔略似而有差別，[566]較契近於道信「觀心無心」的普賢懺悔，而其「無

560 唐・宗密《禪源諸詮集都序》卷二之上，《大正》48，No. 2015，頁 402 中~404中。氏著《中華傳心地禪門師資承襲圖》，《卍新續》63，No. 1225，頁 33 下。

561 關於宗密的禪學理論與思想，詳黃連忠《宗密的禪學思想》，（台北：新文豐，1995 年 4 月）。

562 《印順《中國禪宗史》，頁 121~128。禪宗全書・語錄部（一）》，頁 4、8。

563 詳柳田聖山《初期禪宗史書の研究》，頁 127~134。

564 《十三經注疏 5・禮記注疏卷四十九・祭統第二十五》，頁 838~839。

565 支遁的「般若禪銘」，見《高僧傳卷卷四・義解一・支道林八》，《大正》50，No. 2059，頁 348 中~349 下。傅大士的「心王銘」，見《善慧大士錄》，《卍新續》69，No. 1335，頁 115 中~下。

566 傅大士（497~569）亦講「信根」，但其「怨親平等心」是出於「慈悲心」，且

方便的方便」又超越道信的「念佛淨心」之外，同時與東山法門的懺悔思想大異其趣。

宗密《禪門師資承襲圖》說法融「不關南、北」、「窮究諸部般若」、「悟諸法本空，迷情妄執」，[567]將牛頭法融從四祖下旁出的思想特色做了精要的涵括。印順認為法融是「東夏之達摩」，是中華禪的真正根源與建立者，[568]確為的論。

另外，敦煌文獻石井本《南陽和尚問答雜徵義》第二七則曾載牛頭寵禪師問荷澤神會（684~758）云：「懺悔罪得滅否？」神會答以：「見無念者，業自不生。何計妄心，而別有更欲懺悔滅之」[569]的「無念懺悔」，[570]教他以般若空智專心禪修，無念無妄，業自不生。至於牛頭寵禪師是否進行什麼懺悔儀軌，他有什麼懺悔方面的討論，限於文獻不足，不能多述。

九世紀初，佛窟遺則（751~830）對懺悔與觀行的關係又有另一番的詮釋，《宗鏡錄》載：

> 問：作何觀行懺悔，臨終免被業牽？
>
> 答：須深信諸佛所行所說處，與我今日所行所說處無別。乃至成佛，尚不得涅槃相，何況中間罪福妄業可得？此是真實正知正見，真實修行，真實懺悔。但於行住坐臥不失此觀，臨終自然不失正念。[571]

如何「臨終免被業牽」？本是生死大事，這是所有修行者（包括佛陀）都必須清楚去認識、去面對的大哉問。問題是，臨終免被

傅大士強調誦經、歸依、斷惡等一般大乘懺悔方法。其云：若廣誦眾經，心不斷惡，終不能滅罪生福。信根未立，多逢怨障。故學道之人，不貪世樂，精勤懺悔；已作之罪，歸命三寶；未作之惡，誓不更作；此乃獲生生世世無復苦惱也。《善慧大士語錄》卷二，《卍新續》120，頁 20~21。

567 宗密《中華心地禪門師資承襲圖》（又名「內供奉沙門宗密答裴相國問」、「裴休相國問」、「禪門師資承襲圖」等），《卍續》110，載《卍續選輯·禪宗部（一）》，（台北：新文豐，1984 年 3 月），頁 886 上~下。

568 引見印順《中國禪宗史》，頁 121~128。

569 石井本《神會和尚問答雜徵義》，楊曾文校編《神會和尚禪錄》，（北京：中華書局，2004 年 11 月），頁 84。

570 關於神會「無念懺悔」的思想，詳本書第四章「神會的懺悔思想」部分之論述。

571 宋·延壽《宗鏡錄》，《大正》48，No.2016，頁 946 上。

業牽的方法很多，不限於觀行；若依於懺理，禪者須經懺悔滅罪之過程，業力清淨，方能超越六道輪迴，不再受報。問者可能正在體證某種「觀行懺悔」，故有此疑惑之提出；至於佛窟的回答，是視「眾生」、「佛性」、「涅槃」平等無別的說法，與慧可「身與佛不差別」[572]的思想是前後相承的，故佛窟所言可說是維摩詰罪性不在內外中間，無執罪福的正知正見思想。從佛窟回答的「深信」二字視之，他仍繼承著達摩報怨行深信因果業報與眾生皆有佛性的義蘊，這種不執於罪福妄業的思想，與法融無執罪福的「信心」懺悔可以相應；故佛窟所謂「但於行住坐臥不失此觀」的禪觀，指的應是正確的因緣果報、深信眾生皆有佛性與罪性本空的思想，以此正知正覺之真實懺悔，滅除罪業而無罪可滅，身心自在清淨而見性成佛。

最後，從《宗鏡錄》、《萬善同歸集》等書多次引用法融之著作與言論視之，[573]牛頭法融的禪法對晚唐五代永明延壽（904~975）禪師的禪法具有一定的影響。

本章小結

漢、魏之間，安世高、牟子博、曇柯迦羅、康僧會等人的懺悔思想，雖參雜著神異幻化事迹的載述，但那不是一般外道的神秘法術或道教懺悔的成仙成道，而是依於緣起與自作自受宿世因果業理之認識與實踐，當時已有設羯磨、傳戒律、燒香、禮佛、陳罪、懺悔、發願等儀節，從史傳文獻上看，高僧禪師們雖不離於菩薩戒，都極為重視將具體的懺悔滅罪思想落實於生活的踐履上，並不是在禮懺儀軌的建製上。

兩晉的佛圖澄、道安、支遁、郗超、慧遠、鳩摩羅什等人，進一步將印度佛教的戒律精神、禪觀思想、般若思想、淨土思想

---

572 《大正》50，No.2060，頁552中。
573 詳《中國禪宗史》，頁102~110。

等與禮懺儀軌合一。尤其道安制《僧尼軌範》、《佛法憲章》，爲中國禮懺儀軌建立了標準模式；郗超綜引經論所撰的《奉法要》，是在家居士進行懺悔的修行方便；慧遠的《明報應論》與「誓願文」，是一種結合彌陀淨土與大乘菩薩願行的懺悔思想；鳩摩羅什的現業誓願，亦是般若禪觀與懺悔的具體實踐；隋唐之後懺悔思想與禮懺儀軌的蓬勃發展，大柢在兩晉時代已奠定了紮實得基礎。

南、北朝汲取兩晉懺悔思想之資糧，慧芽應緣併發，大開懺悔法門，如竺道生、求那跋陀羅等，將禪悟思想、闡提成佛、禪觀、戒律、涅槃佛性與懺悔思想作了歸納與會合；蕭子良的《淨住子淨行法門》，儼然是一部懺悔思想的經典，故受到在家佛教徒的重視；梁武帝朝的君臣們悉大量製作懺悔文，並留下至今盛行不竭的《慈悲道場懺法》；陳文帝朝的君臣亦大量製造懺文，但篇幅短小，重視懺悔精髓之確實體證，與梁武帝形成強烈的對比；天台智顗更製作《法華三昧懺儀》等四大懺法，兼融顯密思想，結合般若、佛性、禪觀與懺悔，提出不少懺悔理論，爲我國佛教懺悔思想之集大成者；其他宗派之間，各自皆依自家教義設製了大量懺悔儀軌；至於敦煌地區，亦見大量懺悔文的製作。由此觀之，南、北朝大量懺悔儀軌的設立，除了斂攝僧徒心性言行、標顯自宗教義以利於禪觀修行之外，已隱然成爲佛教之所以爲佛教而區別於儒、道二家思想的重要象徵。

禪宗在南、北朝高僧大德們大量製作懺悔法門及實踐懺悔的殊勝時代中，並未忽略懺悔思想，但他們是將禪觀修行配合四卷《楞伽》而體現在二入四行的理論上。勉強而言，達摩的「報怨行」→「隨緣行」→「無所求行」→「稱法行」即是懺悔儀軌，但它是質樸而簡約的，理入與凝住壁觀併行的；實質言之，其中含有「棄末返本」、「宿業果熟」、「甘心忍受」、「體怨進道」四層懺悔義蘊，這在中國佛教懺悔思想的發展史上是獨絕奇特的。

慧可的大乘安心禪法，認爲「身與佛等無差別」，將「安心」與「懺悔」結合爲一；敦煌寫本《二入四行論》中，強調自見心法王，由見自心以懺除罪業，自然解脫頓悟，這是不隨言教、心

佛不二、般若思想與安心方便的靈活實踐。中唐龐居士亦可見自心法王懺悔的詩偈，但他的懺悔思想應是融合《金剛經》與南禪懺悔思想的進一步開展。

慧可與僧璨的事蹟雖然模糊不顯，但從《二入四行論》、《寶林傳》等資料視之，慧可以「汝將罪來，爲僧璨懺悔」，他們「居不擇地」的隨說隨行的懺悔思想，已與《維摩詰經》「隨其心淨，則佛土淨」的不二無垢之無相懺悔合一，使得達摩的報怨行懺悔另開新路，成爲由探討「安心→覓心」的思維而切入「覓罪→持罪→懺罪→歸依佛法僧三寶→是心是佛」的罪性本空思路之無相懺悔，它是不住內、外、中間的超越性如來藏自性清淨心之滅罪，由滅罪清淨而契於大乘安心禪法的內涵禪境中。

江南傅大士亦重視懺悔，但他「以心爲王」，側重於怨親平等的懺悔，將未來彌勒的慈悲真心直接嘉惠於眾生，結合了他力懺悔與自力懺悔，而落實於大乘菩薩六波羅的海蜜行的實踐；他親自捨身事佛，將一切財物身行皆布施於眾生，如維摩詰居士之示疾說法一般，不二如如；怨親平等，故超越般若與唯識，活用三論與天台，普化爲體無體、緣無緣、俗無俗、真無真的無相濟生懺悔。

道信的一行三昧與無相念佛懺悔，在禪修之外加入淨土思想，成爲禪者修行的新方便。他「擇地開居，營宇立象」，置入菩薩戒、念佛與安心的大乘普賢懺悔，讓禪弟子不再混迹世俗，使得禪宗心性思想的實踐更爲開闊，不再是默然無語或混跡世俗的報怨行懺悔，爲弘忍般若禪、神秀與惠能的無相懺悔預鋪新路。

牛頭宗法融兼容了三論空義與天台三諦止觀思想，靈活地實踐「絕觀」與「無心」而證真如「大道」，又融會維摩罪性本空與華嚴「我心自空，罪福無主」的思想說出兼具惕厲精進而無著罪福的「信心」懺悔，它不用一切外在形式的禮懺儀軌，接近於道信「觀心無心」的普賢懺悔，又以「無方便的方便」超越道信的「念佛淨心」，爲弘忍的金剛懺悔預下根種。從寵禪師與佛窟遺則的資料視之，仍是法融信心懺悔思想的繼承，在七世紀中葉至九

世紀間的江南地區，進行著獨異於東山法門金剛般若的禪法。

　　從達摩到法融，禪宗懺悔思想的形成與實踐，都重視與大乘菩薩戒律、懺悔、禪觀、清淨、見性成佛思想的密切合一，他們沒有像南北朝高僧大德般特別製作出龐大繁冗的禮懺儀軌或禮懺文，但在南北朝佛教禮懺儀軌盛行的大時代中，卻屹然別立禪懺異風。

第三章　弘忍與神秀的懺悔思想

引　言

　　七世紀中葉，湖北蘄州黃梅縣的雙峯山中，道信（619 頃~651）每以「頓、漸之旨」勘驗弘忍（602~675），弘忍「洞然自覺」、「聞皆心契」，[1]遂得付法印。弘忍移居憑茂山東山寺接引大眾，一時「擁納之侶，麕至蟬聯」，湧入其趣，號曰「東山法門」。[2]由於他的「根機不擇」，故「十餘年間，道俗受學者，天下十八九」，皆霑其門，[3]遠超過道信舊有之規模。

　　唐高宗上元二年（675）十月二十三日，弘忍入滅，荊州（今湖北江陵）神秀（605？~706）、韶州（今廣東韶關）惠能（638~713）、安州壽山玄賾（未詳）、潞州（今山西長治）法如（638~689）、資州（今四川資陽）智詵（646~722）、惠安（又作「慧安」，582~707）等十大弟子嗣承其禪志，分頭弘化，各顯特色。[4]武則天時，長安、洛陽一帶的佛教僧團，概以神秀最受朝廷

---

1 唐・杜朏《傳法寶紀并序》，柳田聖山《初期禪宗史書の研究》，（京都：法藏館，2001 年 1 月），頁 567。
2 宋・贊寧等《宋高僧傳卷八・習禪篇第三之一・唐蘄州東山弘忍傳》，《大正》50，No.2061，頁 754 下。
3 柳田聖山《初期禪宗史書の研究》，頁 567。
4 弘忍十大弟子的名稱與順位，南、北宗各有不同的排列方式，如唐・杜朏《傳法寶紀》，潞州法如的地位是在荊州神秀之前的，見《初期禪宗史書の研究》，（京都：法藏館，2001 年 1 月），頁 567~570。玄賾《楞伽佛人法志》則先列自己的名字，再云：「後傳吾（弘忍）道者，只可十耳：我與神秀論《楞伽經》，玄理通快，必多利益。資州智詵、白松山劉主簿，兼有文性。莘州惠藏、隨州玄約，憶不見之。嵩山老安，深有道行。潞州法如、韶州惠能、揚州高麗僧智德，此並堪爲人師，但一方人物。越州義方，仍便講說。」《楞伽師資記》，《大正》85，No.2837，頁 1289 下。保唐禪派的《曆代法寶記》，則重視惠能，再列神秀等人，《大正》51，No. 2075，頁 182 中。宗密則以神秀居首，《圓覺經大疏釋義鈔》卷三之下，《卍新續》9，No. 245，頁 532 中。本書的立場，基本上以「弘

青睞，大足元年（701），神秀被召入洛陽，隨駕往來二京，躬爲帝師。[5]惠能得弘忍衣鉢，遵照五祖叮嚀之意，迅即隱遯南方，混跡勞侶之中，時間長達十六載，至儀鳳元年（676）二月八日方由印宗（627~713）祝髮授戒，隔年至曹溪寶林寺弘法。[6]一北一南，一漸一頓，分闡東山禪法，各自呈現出不同的懺悔思想。

　　神秀與惠能之外，弘忍的其他弟子雖偶見著作，但未見關於懺悔思想的作品；[7]神秀的弟子中，普寂（651~739）自稱爲禪宗血脈第七祖，遵於神秀之訓，以般若空義的《思益經》與如來藏自性清淨心的《楞伽經》爲理論根據，[8]重視專念息想、持戒攝心與清淨禪定的漸悟禪法；[9]義福（658~736）重「道在心不在事，法由己非由人」；[10]景賢（660~723）亦重「妙寂之用，言外之功」；[11]惠福（生卒不詳）亦專務於宴坐。淨覺說這四人皆「宴坐名山，

忍－神秀」爲脈絡，進行其懺悔思想的論述。
5　《楞伽師資記》，《大正》85，No. 2837，頁1290上。
6　詳唐・法才〈光孝寺瘞髮塔記〉（《全唐文》卷九一二）、王維〈六祖能禪師碑銘〉（《全唐文》卷三二七）、劉禹錫〈曹溪六祖大鑒禪師第二碑并序〉（《全唐文》卷六一〇）、柳宗元〈曹溪第六祖賜謚大鑒禪師碑并序〉（《全唐文》卷五八七，見藍吉富主編《禪宗全書・史傳部（一）・全唐文禪師傳記集》，（台北：文殊出版社，1988年4月），頁352~356。不過，碑文多載惠能隱遁勞侶間長達十六年，但《祖堂集》載爲「四年」，見《祖堂集卷二・第三十三祖惠能和尚》，（台北：廣文書局，1979年4月），頁46。
7　據楊曾文之研究，法如（638~689）「祖範師資（弘忍），發大方便，令心直至，無所委曲」，未載作品。玄賾（未詳）著有《注般若心經》，重心性之法，但未見與懺悔相關之思想。惠安（慧安）（582~707）善頭陀禪，未有著述。玄賾（未詳）著《楞伽人法志》，爲淨覺《楞伽師資記》的先前版本，但未見懺悔思想。印宗（627~713）曾擔任惠能戒師，爲授具足戒，著有《心要集》，亦重禪法心要。惠明（或作「惠順」）亦重於禪法，不重懺悔。楊曾文《唐五代禪宗史》，（北京：中國社科學出版社，1999年5月），頁83~89。
8　唐・張說〈唐玉泉寺大通禪師碑銘〉云「（神秀）奉持《楞伽》，近爲心要」是，《全唐文》卷二三一，引見《禪宗全書・史傳部（一）・全唐文禪師傳記集》，頁380。不過，李邕〈大照禪師塔銘〉又云：「（神秀）約令（普寂）看《思益》，次《楞伽》」，《全唐文》卷二六二，引見《禪宗全書・史傳部（一）・全唐文禪師傳記集》，頁385。《楞伽師資記》則明說「依《文殊說般若經》一行三昧」，《大正》85，No. 2837，頁1290中。
9　唐・李邕〈大照禪師塔銘〉，《全唐文》卷二六二，藍吉富主編《禪宗全書・史傳部（一）・全唐文禪師傳記集・三十、大照禪師塔銘》，頁386。
10　唐・嚴挺之〈大智禪師碑銘〉：開元二十三年（735）秋八月，誡諸門徒曰：「吾聞道在心不在事，法由己非由人。當自勤力，以濟神用。」《全唐文》卷二八〇，《禪宗全書・史傳部（一）・全唐文禪師傳記集》，頁383。
11　唐・羊愉〈嵩山會善寺故景賢大師身塔石記〉《全唐文》卷三六二，《禪宗全

澄神邃谷；德冥性海，行茂禪枝；清淨無爲，蕭然獨步；禪燈默照，學者皆證佛心」，[12]惜未見關於懺悔的言論或作品。倒是四川淨眾寺無相（684~762）禪師、南山宣什宗與保唐無住（714~774）禪師，留下些許懺悔資料可供探討。

本章分「弘忍的懺悔思想」、「大通神秀的懺悔思想」、「淨眾無相等的懺悔思想」三節，先就弘忍、神秀的相關著作，分別論其禪要與懺悔思想，再論述四川無相、宣什、無住等人之懺悔思想，以明八世紀前後北宗與四川蜀地禪宗懺悔思想的實踐概況。

第一節　弘忍的懺悔思想

一、「修心要論」與金剛般若

關於弘忍（602~675）的懺悔思想，可從敦煌寫本《導凡趣聖悟解脫宗修心要論》（簡稱「《修心要論》」，又名「《最上乘論》」）說之。

近世在敦煌遺產中，發現有很多《導凡趣聖悟解脫宗修心要論》的本子，據學者研究，以伯希和本 P.3559 號本的年代最早，該本題爲「蘄州忍和上作」，《卍新續》與《大正》本則題爲《最上乘論》，作「第五祖弘忍大師述」。[13]日本忽滑谷快天認爲，《修

書‧史傳部（一）‧全唐文禪師傳記集》，頁 388。

12 淨覺《楞伽師資記》，《大正》85，No. 2837，頁 1290 下。

13 目前所見本子甚多，但標題互有出入：如明隆慶四年（1570）朝鮮安心寺刊行本、李氏朝鮮隆熙元年（1907）及二年朝鮮刊行「禪門撮要」本、日本正德六年（1716）、寶慶十三年（1763）四種，是以《最上乘論》爲名。P.3434，「蘄州忍和上，《導凡趣聖悟解脫宗修心要論》一卷」。P.3559，「《導凡聖悟解脫宗修心要論》一卷，蘄州忍和上」。另外，P.3777、S.2669、S.3558、S.4064、龍谷大學本及奧登柏格本 1277 等都冠有「蘄州忍和上」撰者名。1931 年，陳垣《敦煌劫餘錄》中把北京本（宇 04）題名爲「一乘顯自心論」。《禪門撮要》本的「《最上乘論》」，標爲《凡趣聖道悟解真宗修心要論》，第五祖弘忍大師說」。據柳田聖山之考證，諸本之中，以 P.3559 號寫本的年代最早。見柳田聖山《初期禪宗史書の研究》，頁 85。

心要論》參雜著《觀無量壽經》的內容，不合禪門正統思路，並判爲神秀弟子之語錄。[14]但印順認爲，《楞伽師資記》中的「略說修道明心要法」，有可能是弘忍所說，弘忍弟子再加以擴充改編，遂有《修心要論》的傳出。[15]淨覺曾說：「人間有《禪法》一本，云是忍禪師說者，謬言也」，[16]所指當是此本。筆者認爲，《修心要論》引用《觀無量壽經》，這是傅大士、道信以來就常加入的方便施設，弘忍既得道信之真傳，自有使用淨土經典之可能。筆者在第二章已說過，東晉慧遠在廬山特闢精舍，帶領僧徒們致力於禪觀、彌陀淨土與懺悔的結合，對後世禪宗具有一定的影響力；[17]印順亦認爲，禪宗對淨土念佛法門一向有所接觸與涵攝，但禪宗大師們一貫是自力的，作爲即心即佛之方便的。[18]再則，隋、唐之際，念佛懺悔早就成爲普遍化的淨心法門，[19]敦煌地區亦盛行《佛說相好經》的「觀相念佛」行儀，將禪觀、念佛、懺悔合一；[20]朝鮮桐花寺藏刊本《略諸經論念佛法門往生淨土集》、法國國民圖書館藏 P.2066 號的《淨土五會念佛誦經觀行儀》，亦是結合禪

---

14 詳忽滑谷快天著，郭敏俊譯，《禪學思想史》，頁 453~455。

15 詳《中國禪宗史》，（新竹：正聞，1998 年 1 月），頁 76~79。

16 《楞伽師資記》，《大正》85，No. 2837，頁 1289 中。

17 詳本書第二章第一節「二、兩晉間的懺悔思想」關於「慧遠」部分之論述。

18 印順《淨土與禪》，《妙雲集》下篇之四，頁 214。

19 如隋代三論大師吉藏（549~623）《無量壽經義疏》提倡「十念願成，命終則往」，見《大正》37，No. 1746，頁 116 下~125 中。隋‧慧遠（523~592）曾撰《觀無量壽經義疏》二卷，主張教有頓漸，「大從小入」的方便，見《大正》37，No. 1749，頁 173 上~186 中。天台智顗（538~597）撰《觀無量壽經義疏》一卷，《大正》37，No. 1750，頁 186 中~194 下。《阿彌陀經義記》一卷，《大正》37，No.1756，頁 306 上~307 中。其《修習止觀坐禪法要卷下‧善根發第七》亦云：念佛時，「即發愛敬心生，三昧開發，身心快樂，清淨安穩，無諸惡相」，《大正》46，No.1915，頁 462 上~474 上。道綽（562~645）更勸人要「念彌陀佛名，或用麻豆等物而爲數量」，見《續高僧傳卷二十‧習禪五‧唐并州玄中寺釋道綽傳第九》，《大正》50，No.2060，頁 594 上。其弟子善導（613~681）更肯定「唯此觀門，速超生死……造《彌陀經》十餘萬卷，畫淨土變相三百餘壁，滿長安中，並從其化，有終身誦《彌陀經》十萬至三十五萬卷，日誦佛名一萬至十萬聲者」，見《佛祖統紀卷三十九‧法運通塞志第十七之六‧隋》，《大正》49，No.2035，頁 365 中。

20 張先堂〈觀相念佛：盛唐至北宋一度流行的淨土教行儀 —— 敦煌寫本《佛說相好經》新探〉，《敦煌研究》，2005 年第 5 期（總第 93 期），頁 32~42。

觀、念佛、往生淨土思想以論懺悔滅罪之道。[21]唐初大一統之後，中國正需要一種教義宏博、以濟度爲先的佛教，[22]故弘忍藉用《觀無量壽經》思想作爲禪修方便並無不妥之處。杜朏《傳法寶紀》載：「忍、如、大通之世，則法門大啓，根機不擇，齊速念佛名，令淨心，密來自呈」，[23]即清楚的說弘忍教導大眾「念佛淨心」的事實。

《修心要論》亦云：

> 《涅槃經》曰：「（真如佛性）譬如虛空，能容萬物。」而此虛空，不自念言「我能含容如是」，此喻我所心滅，趣金剛三昧。[24]

很明顯的，弘忍是引用《涅槃》的真如佛性思想，教人禪修應是心如虛空，無我、無我所，此種無我、無我所，不是婆羅門教那種一元論的「梵我」之含容萬物，而是由眾生原本就有的如來藏自性清淨心之含蘊萬物的修證而契於《金剛經》的無相三昧。[25]故學者認爲，「略說修道明心要法」與《修心要論》等資料是可以看成是弘忍禪法的。[26]

當然，弘忍的禪法與達摩、慧可一樣，近於「蕭然淨坐，不出文記；口說玄理，默授與人」，如《傳法寶紀》就說他「晝則混迹驅給，夜便坐攝至曉，未嘗懈倦，精至累年」，[27]這尚可看出達摩楞伽凝住壁觀之頭陀精神。據《壇經》載，（弘忍）大師在房廊

---

21 唐・慧日集《略諸經論念佛法門往生淨土集》（一名《慈悲集》，僅存「卷上」），《大正》85，No.2826，頁1236上~1242中。唐・法照《淨土五會念佛誦經觀行儀》（僅存「卷中」、「卷下」），《大正》85，No.2827，頁1242下~1266上。
22 冉雲華《中國禪學研究論集》，（台北：東初，1991年7月），頁77。
23 柳田聖山《初期禪宗史書の研究》，頁570。
24 《大正》48，No.2011，頁378下。
25 《金剛經》是爲實修而說之法，以「無相境界」展佛本位，說「不住生心」功夫，最後以偈語說爲：「一切有爲法，如夢幻泡影，如露亦如電，應作如是觀」，以此而結一切佛說皆爲有智悟之境的實修。參杜保瑞《「金剛經」的無相境界》，華梵大學《第六次儒佛會通學術研討會論文集》上冊，（台北：華梵大學哲學系2002年7月），頁269~289。
26 洪修平亦有相似之看法，見《禪宗思想的形成與發展》，頁126。
27 《傳法寶紀》：「（弘忍）性木訥沉厚，同學頗輕視之，終默無所對。常勤作役，以體下人，信特器之。晝則混迹驅給，夜便坐攝至曉。未嘗懈倦，精至累年。」柳田聖山《初期禪宗史書の研究》，頁566~567。

下圖畫《楞伽》變。[28]玄賾《楞伽佛人法志》載，（弘忍）示（玄賾）《楞伽》義云：「此經唯心證了知，非文疏能解」。淨覺（683~？）亦載，「（弘忍）與神秀論《楞伽經》，玄理通快」。又藉《楞伽經》「境界法身」教示弟子。[29]再從他說：「從本以來空寂，不生不滅，平等無二；從本以來無所有，究竟寂滅；從本以來，清淨解脫」來看，[30]弘忍的禪法大致遵循著達摩楞伽如來藏自性清淨禪的心路。

　　但是，淨覺又說，弘忍的禪法是依於道信《文殊說般若經》「一行三昧」的。從《楞伽師資記》來看，道信的「一行三昧」，是兼含楞伽、諸佛心、菩薩戒、一心法界、金剛三昧、入道安心要、文殊般若、念佛心、三論與天台等思想的。[31]他曾引龍樹《中論》「諸法不自生，亦不從他生，不共不無因，是故知無生」來闡說禪法，並指事隨問弟子：「有佛三十二相，瓶亦有三十二相不？住亦有三十二相不？乃至土木瓦石，亦有三十二相不？」[32]從這些禪語來看，弘忍除卻自性清淨心的楞伽禪路外，亦權用菩薩戒、淨土念佛、華嚴法界與金剛般若爲其禪法。唐・李知非〈注般若波羅蜜多心經略序〉亦云：

　　　　（道信）傳忍大師，次傳秀禪師、道安禪師、賾禪師，此
　　　　三大師，同一師學，俱忍之弟子也。其大德三十餘年，居
　　　　山學道，早聞正法，獨得髻珠，益國利人，皆由《般若波
　　　　羅蜜》而得道也。[33]

此外，玄賾（700 前後）弟子淨覺（683~750？），二十三歲時曾在懷州太行山稠禪師（480~560）修行的靈泉處完成《金剛般若

28　鄧文寬校注《六祖壇經》，頁 21、23。
29　《楞伽師資記》，《大正》85，No. 2837，頁 1289 中~1290 上。
30　《楞伽師資記》，《大正》85，No. 2837，頁 1289 中。
31　詳本書第二章第四節「傅大士、道信與法融的懺悔思想」部分之論述。
32　《楞伽師資記》載，則天武后大足元年，則天問神秀禪師：「所傳之法，誰家宗旨？」神秀答曰：「稟蘄州東山法門」問：「依何典誥？」答曰：「依《文殊說般若經》一行三昧。」《楞伽師資記》，《大正》85，No. 2837，頁 1289 中~11290 上。
33　引見柳田聖山《初期禪宗史書の研究》，頁 596~597。

理鏡》一卷；開元十五年（727），又受金州司戶尹玄度、錄事參
軍鄭暹等之請，在漢水明珠之郡（今陝西寧羌州沔縣西）作《注
般若波羅蜜多心經》一卷。[34]此外，《壇經》亦有多處記載：

> （弘忍）大師勸道俗，但持《金剛經》一卷，即得見性，
> 直了成佛。
> 《金剛經》云：「凡所有相，皆是虛妄」。
> 五祖夜至三更，喚惠能堂內，說《金剛經》。
> （惠能）聞（弘忍）說《金剛經》，心開悟解。[35]

宋・蔣之奇（1031~1104）〈楞伽阿跋多羅寶經序〉更云：

> 至五祖，始易以《金剛經》傳授，故六祖聞客讀《金剛經》，
> 而問其所從來。客云：「我從蘄州黃梅縣東五祖山來，五
> 祖大師常勸僧俗，但持《金剛經》，即自見性成佛矣。」
> 則是持《金剛經》者，始於五祖。[36]

弘忍把金剛般若的思想融入楞伽禪法中，論其淵源，不能不歸諸
於道信；但論其發展，實是楞伽如來禪的轉化與新生；若論其對
後代禪宗的發展與影響，更是不可小覷的。所謂「不可小覷」，即
從他的《修心要論》而說的。《修心要論》雖從「略說修道明心要
法」而來，但思維上已有新的變化。後者重在「守一不移」、「觀
身空寂」、「動靜常住」的無相體用，透過「無問晝夜時，專精常
不動」的對四大五陰進行觀照，以明如來藏自性清淨心；[37]前者
則強調「守本真心」是「涅槃之根本」、「入道之要門」、「十二部
經之宗」，「妄念不生，我所心滅」的「修心」禪法，[38]較「略說

34　《初期禪宗史書の研究》，頁 597。「漢水明珠之郡」在今「陝西寧羌州沔縣西」，
　　見《初期禪宗史書の研究》，頁 91。
35　鄧文寬校注《六祖壇經》，頁 14、23、28、61。
36　四卷《楞伽寶經》，《大正》16，No. 670，頁 479 中。
37　略而言之，凡有五種：一者，知心體，體性清淨，體與佛同。二者，知心用，
　　用生法寶，起作恒寂，萬惑皆如。三者，常覺不停，覺心在前，覺法無相。四
　　者，常觀身空寂，內外通同，入身於法界之中，未曾有礙。五者，守一不移，
　　動靜常住，能令學者，明見佛性，早入定門。諸餘觀法備有多種。傅大師所說：
　　「獨舉守一不移，先修身審觀，以身為本。」《楞伽師資記》，《大正》85，No.
　　2837，頁 1288 上。
38　《最上乘論》，《大正》48，No.2011，頁 377 下。

修道明心要法」更強調禪者本有的真如佛性的守護。這與道信「亦
不念佛，亦不捉心，亦不看心，亦不計心」、「獨一淨處，自證道
果」的「心自明淨」[39]的禪法不太相同。道信講的一行三昧，雖
結合禪坐而說，卻較傾向「直任運」的不住功夫；弘忍則導入《起
信論》的止觀思想，將一行三昧提高到止觀中很高的位置，並嘗
試組織成自己的禪坐理論，達成所謂「先守真心，妄念不生，我
所心滅，後得成佛」的禪觀，[40]這與敦煌本《天竺國菩提達摩禪
師論》的「浮囊者，心；守城者，不令賊入。賊者，六根是也；
守護心，不令賊入」之思路相爲照應，[41]故宋・延壽認爲，弘忍
「但守一心，即心真如門」，[42]這說出了弘忍守心、淨心禪法與《起
信論》的密切關係。至淨覺撰寫《楞伽師資記》時，更將《起信
論》列於《楞伽經》之前，並說「心真如」是「一法界總相法門
體」，說「真如無相，知亦無知」，一切功德是從本性自滿足，自
體有大智慧光明，故曰「自性清淨心」，[43]更可看出弘忍的禪法已
權用了《起信論》的真如思想。

此外，六世紀末敦煌曾傳有《佛爲心王菩薩說頭陀經》（亦稱
《心王經》、《頭陀經》），日・伊吹敦認爲弘忍所作，方廣錩持否
定看法，[44]伊吹敦重新研究後，發現該書之出現時間、機緣應與

39　《楞伽師資記》，《大正》85，No.2837，頁1287中。
40　《最上乘論》，《大正》48，No.2011，頁378上。
41　敦煌本《天竺國菩提達摩禪師論》又名《達摩禪師論》，乃北宗僧人假託菩提
　　達摩所撰之典籍，著者不詳。敦煌遺書中存有兩號：伯2039號，首尾完整；
　　北新1254號，首殘尾全，文字略有差異。方廣錩在《藏外佛教文獻》第一輯
　　中，先綜合兩號，錄爲全本。後又在《藏外佛教文獻》第一輯中，分別錄文，
　　以供學者參考。詳方廣錩主編《藏外佛教文獻》第一輯，（北京：宗教文化出
　　版社，1995年12月），頁32~44。方廣錩主編《藏外佛教文獻》第二輯，（北
　　京：宗教文化出版社，1996年8月），頁166~174。
42　《宗鏡錄》卷九十七，《大正》48，No.2016，頁940上。
43　《楞伽師資記》，《大正》85，No.2837，頁1283上。
44　《心王經》，又名「佛爲心王菩薩說頭陀經」、「心王菩薩說頭陀經」、「頭陀經」，
　　唐・明佺等於武后695年撰的《大周刊定眾經目錄》卷十五將它置入「僞經目
　　錄」，可見此經應是初唐之前就已出現的經典。見《大正》55，No.2153，頁473
　　下。敦煌本經文原典有二：一在天津藝術博物館，津藝4510號，首尾完備；
　　一是大英博物館藏的栗特文譯本（殘本，S.ch353）另有五陰山室寺惠辨禪師的
　　注本四：大英圖書館S.2474、北京圖書館，新1569號、法國國家圖書館P.2052
　　號及日本三井文庫藏本。方廣錩已以S.2474爲底本加以校注，收入《藏外佛教

六世紀末江南一帶的三論、天台、傅大士及牛頭法融等確有密切
關係。[45]據實以觀，《心王論》、《心王頌》、《心王銘》等雖是後人
所附會，[46]但無疑是受《心王經》世尊為心王菩薩所說頭陀禪法
之影響，故傅大士當在心王思想、頭陀禪觀、罪性本空、維摩詰
無垢思維上有一定之認識。[47]值得注意的是，《心王經》特重將頭
陀法、菩薩戒、懺悔滅罪、罪性本空與靜坐正觀結合為一，其云：

> 若欲懺悔者，五蓋樹下，靜坐思惟，正觀身內，與心論議，
> 捆智慧力。煩惱論師，歸依受化。息諍訟業，起於真心。
> 於諸菩薩四眾之前，各觀心性。性非內外，亦非中間。心
> 性離故，罪垢亦離。行法成時，法性智水，空中灌注，洗
> 浣罪垢，戒根即生。頭陀法戒，清淨如本。如是懺悔，千
> 劫萬劫，極大重罪，一念消融。如是觀時，不見罪性，在
> 內在外，不住中間。於諸觀中，最為第一。[48]

可見，除了「護持禁戒，如淨明珠」、「眾生本性清淨，無生無滅，
無垢無淨」、「常為客塵煩惱之所覆」[49]等依於戒律的如來藏頭陀
思想外，《心王經》亦強調《維摩詰經》「罪性不在內、外、中間」
的無相懺悔思想，這可看出《心王經》的心王懺悔是融會達摩楞
伽禪法、《起信論》與《維摩詰經》不二無垢懺罪思想為一的。當
然，《心王經》亦重視禪者對於身口意三業、貪瞋癡三毒及六根罪
業的發露省思，認為「行道之人，慈悲眾生，尚恐生惱」，如果「不
知不覺，著外道空，飲無明酒，六識迷罪」，必然在六道輪迴不息。

文獻》第一輯，（北京：宗教文化，1995 年 12 月），頁 253~318。S.2474 本亦
見《佛為心王菩薩說投陀經》卷上，《大正》85，No. 2886，頁 1401 下~1403
中。

45 伊吹敦〈再び「心王經」の成立を論ず〉，《東洋學論叢·文學部紀要·印度哲
學科篇》，第五十集，頁 82~95。

46 椎名宏雄，〈傅大士と『心王銘』〉一文認為《心王論》係北宗「拂塵看淨」的
禪法，《心王銘》係南宗據《心王論》的再創造，見《印度學佛教學研究》v.16
n.2（=n.32），1968 年 3 月，頁 130~131。另詳張勇《傅大士研究》，（台北：法
鼓文化，1999 年 1 月初版），頁 131~168。

47 關於傅大士的懺悔思想，詳本書第二章第四節「一、傅大士怨親平等的懺悔義
蘊」。

48 《藏外佛教文獻》第一輯，頁 290~291。

49 《佛為心王菩薩說投陀經》卷上，《大正》85，No. 2886，頁 1402 上~下。

[50]至於禪者如何避免諸罪與六道輪迴？它的方法是莫著文字，學頭陀苦行，恭敬讀誦《頭陀經》（《心王經》），不染內外，信心具足，其云：

> 若有信心，受持讀誦，燃無生香，日日供養，不見身相，禮拜恭敬。波（般）若法水，除洗心垢。若讀、若誦、稱讚、講說，念念之中，功德無量。薰練身心，五臟調適，無復惡夢，恐畏災害。何以故？十方聖眾，苦行頭陀，成等正覺。雖成佛道，不捨眾生，示同凡夫，頂戴恭敬，護念此經。因由斯法，滿菩提願；以是因緣，令諸眾生，所求皆得。若善男子及善女人，欲得現身即凡為聖，莫著文字、邪見，外相是非，吾法滅矣。[51]

「信心」、「不見身相」、「即凡為聖」、「莫著文字、邪見」等，是達摩、慧可、僧璨以降禪法常常強調的方便之一；但從「受持讀誦，燃無生香，日日供養」、「禮拜恭敬」及「若讀、若誦、稱讚、講說」等視之，可看出《心王經》已對達摩、慧可、僧璨以降的禪法有所修正，強調了佛教界普遍通行的教儀行法，尤其以讀誦讚說的「頂戴恭敬，護念此經」之念經方式及「波（般）若法水，除洗心垢」的般若空智除洗心垢，這與道信（580~651）的無相念佛懺悔有著思維上的相契之處。弘忍（602~675）禪法既承自於道信（580~651），道信又與三論般若、天台禪法又緊密相連，則弘忍引用六世紀末的《心王經》亦是理所當然之事；[52]純從懺悔滅罪而言，當是《二入四行論》中「見自心法王，即免一切罪」的心王懺悔加上般若空智與念佛懺悔的進一步發展。

不過，弘忍更鍾愛於《金剛經》「應無所住而生其心」那種無住於空（śūnya）之般若實踐，這與《維摩詰經》「罪性不在內、外、中間」的無相懺悔亦可相應。《金剛經》載，若善男子、善女

---

50 《藏外佛教文獻》第一輯，頁 311~312。
51 《藏外佛教文獻》第一輯，頁 312~313。
52 《最上乘論》：《心王經》云：「真如佛性，沒在知見六識海中，沈淪生死，不得解脫。」努力會是，守本真心，妄念不生，我所心滅，自然與佛平等無二。唐·弘忍《最上乘論》，《大正》48，No.2011，頁 377 下。

人，受持讀誦此經，仍爲人輕賤，是先世罪業所致，故墮惡道之中，若菩薩能無住於我相、人相、眾生相、壽者相，行「不住相布施，其福德不可思量」，蓋「是福德即非福德性，是故如來說福德多」。[53]依「無所住而生其心」，踐履般若波羅蜜行，則先世罪業可爲消滅，當得阿耨多羅三藐三菩提，[54]這是無住於空的自覺自證境界。故《維摩經》云：「達罪性則與福無異，以金剛慧決了此相；無縛無解者，是爲入不二法門。」鳩摩羅什曰：「金剛置地下至地際，然後乃止；實相慧要盡法性，然後乃止」，僧肇曰：「金剛慧，實相慧也。」[55]

　　弘忍《修心要論》中的懺悔思想，正是這種融合金剛慧與維摩不二思維而不執於罪福的實相懺悔，其云：

> 如來於一切經中，說一切罪福，一切因緣果報，成引一切山河、大地、草木等種種雜物，起無量無邊譬喻，或現無量神通種種變化者，只是佛爲教導無智慧眾生，有種種欲心，心行萬差。是故如來隨其心門，引入一乘。[56]

一切罪福、一切山河、大地、草木等種種雜物等，只是如來依隨於眾生心門所權說的譬喻，這既與達摩「深信凡聖含生，同一真性，但爲客塵所染」的思路相承，亦與法融《絕觀論》「草木無情，本來合道，理無我故。煞者不計，即不論罪與非罪」的「無二無差別」懺悔相近。[57]禪者若識得此「無智慧眾生，有種種欲心」的萬差心行，不外是涅槃根本的真心所現，便應自然無執的面對現前的一切因緣果報，其懺悔方法是：

> 常處地獄，如遊園觀；在餘惡道，如己舍宅。[58]

處於地獄卻如任遊自家之花園，處於其他惡道亦如安住自己之家宅，正是能夠「守本真心」之具體實踐。能守本真心者，自能視

---

53 鳩摩羅什譯《金剛般若波羅蜜經》，《大正》8，No. 235，頁 749 上~中。
54 《金剛般若波羅蜜經》，《大正》8 ，No. 235，頁 755 上。
55 僧肇《注維摩詰經卷八‧入不二法門品第九》，《大正》38，No.1775，頁 397 中。
56 《大正》48，No.2011，頁 377 下~378 上。
57 引見印順《中國禪宗史》，頁 121~122。
58 《大正》48，No.2011，頁 377 下~378 上。

其他惡道為正常之業報歷程，甘心忍受，而誠心懺悔，努力精進。
其云：

> 不肯發至誠心，求願成佛，受無量自在快樂，乃始轟轟隨
> 俗，貪求名利，當來墮大地獄中，受種種苦惱，將何所及？
> 奈何！奈何！努力！努力！但能著破衣、殘蔬食，了然守本
> 真心，佯癡不解語，最省氣力而能有功，是大精進人也。[59]

此種「發至誠心，求願成佛」的懺悔，與「略說修道明心要法」
的「精誠不內發，口說得，心不得，終不免逐業受形」的禪法是
前後相承的。至於「著破衣、殘蔬食，佯癡不解語」的大精進，
依然是達摩、慧可、僧璨以來頭陀行的影子。

　　由上看來，弘忍是繼承了道信的綜攝楞伽自覺聖智、般若無
相、一行三昧、普賢懺悔與無相念佛禪法，進一步將金剛般若空
智融入無執罪福的實相懺悔中，這方法更接近於「應無所住而生
其心」的無相空慧，既與達摩的「報怨行」懺悔有別，又為惠能
無相懺悔、神會無念懺悔、淨眾無相三無念佛、南山宣什淨土念
佛、保唐無住無念懺悔等思想預開了新路。北宋・蔣之奇云：「持
《金剛經》者，始於五祖。故《金剛》以是盛行於世，而《楞伽》
遂無傳焉。」[60]足見弘忍金剛禪法對禪宗的影響力之大。

二、「金剛五禮」的懺悔義蘊

　　在弘忍（602~675）禪師金剛般若的無相懺悔外，值得一提
的是北宗禪系傳下的《金剛五禮》（又稱《姚和尚金剛五禮》、《金
光五禮讚》）禮懺文。[61]

---

59 《大正》48，No.2011，頁 378 下。
60 〈楞伽阿跋多羅寶經序〉，《楞伽阿跋多羅寶經》，《大正》16，No. 670，頁 479
中。
61 引見冉雲華〈敦煌文獻與僧稠的禪法〉，《中國禪學研究論集》，（台北：東初，
1991 年 7 月），頁 66~68。據汪師之研究，首題名稱不一，或稱「金剛五禮」，
或稱「金剛五禮一本」，或稱「姚和尚金剛五禮」，或稱「金光五禮讚」，或稱
「金光五禮一本」，或無首題。詳汪師娟《敦煌禮懺文研究》第五章「金剛五
禮」，（台北：法鼓文化，1998 年 9 月），頁 204。

柳田聖山認為，敦煌寫本 P.3559 號帶有北宗禪的特色。[62]川崎ミチコ的〈禮讚文・塔文〉支持柳田聖山之看法。[63]冉雲華認為，P.3559 號的編輯，可能出自北宗僧稠（480~560）禪系的傳承。[64]從它與弘忍（602~675）的《修心要論》、杜朏（約 713 前後）的《傳法寶紀》、《先德集於雙峰山塔各談玄理》、《稠禪師意－問大乘安心入道之法》等十種文獻一齊被編在 P.3559 號卷子中來看，[65]它是被北宗禪師們慎重的保存下來的，可知它與僧稠→弘忍→杜朏等北宗禪系的禪法存在著密切關係。至於《金剛五禮》的作者與成立時代，汪師認為可能是敦煌陷蕃時金光明寺僧人「姚利濟」所作，又從 P.3559 號背面「天寶十載（751）敦煌縣丁籍」加以判斷，認為時代應該在八世紀中葉以後。[66]

　　《金剛五禮》是否在八世紀中葉以後由「姚利濟」所編，筆者認為尚待更多文獻資料的證明。但從編在 P.3559 號卷子中的十種文獻來看，北宗僧稠→弘忍→杜朏等禪系雖重視自性清淨之禪旨，他們絕不因為修心、安心禪法而忽略了「金剛禮懺」或「金剛禮讚」之懺悔，這種重視「金剛」般若的禮懺法，無疑與弘忍金剛禪法的無相懺悔最為接近。這在南宗、北宗頓漸意旨爭論不休的時代而言，是別具特殊意義的，因為早在六世紀初，南方梁武帝（464~549）即撰有《摩訶波若懺文》、《金剛波若懺文》，陳

---

62 柳田聖山〈傳法寶紀とその作者－ペリオ三五五九號文書をめぐる北宗禪研究資料の札記、その一〉，《禪學研究》n.53，（京都：荻須純道，1963 年 7 月），頁 45~71。

63 川崎ミチコ〈禮讚文・塔文〉，篠原壽雄、田中良昭主編《講座敦煌 8・敦煌佛典と禪》，（東京：大東出版社，1980 年 11 月），頁 256。

64 冉雲華〈敦煌文獻與僧稠的禪法〉，《中國禪學研究論集》，（台北：東初，1991 年 7 月），頁 54~89。

65 「十種文獻」是：1.《圓明論》一卷、2.《導凡趣聖悟解脫宗修心要論》－蘄州忍和上、3.《夜坐號》一首、4.《傳法寶紀》并序 —— 京兆杜朏字方明撰、5.《先德集於雙峰山塔各談玄理十二》、6.《稠禪師意》—— 問「大乘安心入道」之法如何、7.《稠禪師藥方療有漏》－病癒出三界逍遙散、8.《大乘心行論》—— 稠禪師傳、9.《寂和尚偈》、10.《姚和尚金剛五禮》。見王重民編《伯希和劫餘錄》，收入《敦煌遺書總目索引》，（北京：中華書局，1983 年 6 月），頁 289~292。冉雲華《中國禪學研究論集》，頁 67~68。

66 《敦煌禮懺文研究》，頁 224~225。

宣帝（569~581 在位）亦撰有《勝天王般若懺文》，[67]其禮懺皆依
於金剛般若空慧。且金剛般若本是道信 —— 弘忍 —— 惠能 —— 神
會等禪系無相懺悔的重要思維，[68]這與北宗僧稠（480~560）、曇
詢（520~599）、僧邕（534）等「遯世幽居」、「讀善其身」的禪
法是迥然不同的。[69]冉雲華亦云：「僧稠師徒所傳的一套，是善身
則可，濟世不足。」[70]職是之故，筆者將《金剛五禮》置於弘忍
懺悔思想的部分一併論之。

　　據汪師娟之研究，目前所見《金剛五禮》共有十八件，可分
爲甲、乙、丙、丁四大類，甲類十四件，乙類二件，丙、丁兩類
各一件。甲、乙二類只有「五禮」之內容；丙類的禮懺儀節，在
「五禮」之後尙有兩次「志心懺悔」、「志心發願」；至於丁類，則
只有一次「志心懺悔」、「志心發願」及「諸時無常偈」。[71]可見，
甲類的出現時間應較早，乙、丙、丁類應是後人累增上去的。

　　現依汪師之校錄，以甲類禮懺文爲主，參照乙、丙、丁類的
文字，將「五禮」部分謄錄如下：

　　　　一心敬禮，清淨真如，無來無去，不生不滅，寂然常住，
　　　　湛意恆安，
　　　　千佛共尊，十方同敬，恆沙功德，非色非心，南無法身釋
　　　　迦牟尼佛。

　　　　一心敬禮，毗盧遮那，千葉蓮花，四智珍寶，德山無極，
　　　　願海無邊，

---

67 詳《廣弘明集卷二十八・懺悔篇》，《大正》52，頁 332 上~333 上。
68 關於道信《入道安心禪法》與般若懺悔思想，見本書第二章之論述，至於惠能
　　—— 神會的無相懺悔，詳本書下一章之論述。
69 《續高僧傳卷十九・僧邕傳》，《大正》50，No.2060，頁 584 上。
70 《中國禪學研究論集》，頁 77。
71 汪師將十八件分爲四大類，分別是：甲類：P.4597、P.2975、P.3645V、B.8365、
　　B.8371、B.8373、S.4173、P.2044V、P.3559（已併入 P.3664）、P.3792V、S.4712、
　　S.4600、P.3881、B.8359。乙類：L.1401、P.2325。丙類：S.1674。丁類：P.2911。
　　詳汪師娟《敦煌禮懺文研究》第五章「金剛五禮」，（台北：法鼓文化，1998 年
　　9 月），頁 201~222。汪師娟，〈敦煌寫本《金剛五禮》研究〉，《敦煌學》第
　　20 輯，1995 年 12 月，頁 69~88。

積行三祇，累功十地，廣超法界，體滿虛空，南無報身釋
迦牟尼佛。

一心敬禮，如來生地，雪山之北，香山之東，城號迦維，（姓
釋迦氏），
父名淨飯，母號摩耶，十九出家，三十成道，南無化身釋
迦牟尼佛。

一心敬禮，金剛般若，微妙甚深，生諸佛身，滅凡夫罪，
無人無我，
聲空色空，苦惱蓋纏，因茲永寂，南無金剛般若波羅蜜多
甚深法藏。

一心敬禮，舍衛城南，須達園中，祇陀林下，如來精舍，
眾聖禪房，
如來於此，說斯般若，我今恭敬，憶念世尊，南無金剛般
若波羅蜜多甚深法藏。[72]

以下將「金剛五禮」之懺悔次第與儀式製表如下：

表二：《金剛五禮》懺悔次第與儀式表

儀節次第	《金剛五禮》
一禮	1.一心敬禮清淨真如 2.理懺：清淨真如寂然常住 3.歸依法身釋迦牟尼佛
二禮	1.一心敬禮毗盧遮那 2.理懺：毗盧遮那懺願無邊 3.歸依報身釋迦牟尼佛
三禮	1.一心敬禮如來淨地 2.理懺：如來為眾生出家 3.歸依化身釋迦牟尼佛

---

72 《敦煌禮懺文研究》，頁 204~217。第三禮中的「姓釋迦氏」，甲、乙二類皆無，
丙類作「性釋迦氏」，丁類作「性釋迦是」，汪師校正為「姓釋迦氏」，今依汪
師之校錄補入。

四禮	1.一心敬禮金剛般若 2.理懺：如來以金剛智滅凡夫罪 3.歸依金剛般若波羅蜜多甚深法藏
五禮	1.一心敬禮舍衛城祇陀林如來精舍 2.理懺：如來爲聖眾說金剛般若 3.歸依金剛般若波羅蜜多甚深法藏

　　從圖表視之，五禮的文句形式甚爲整齊，每次的禮懺都是「十二句，每句四言」，五禮的內容次第都是「禮佛」→「理懺」→「歸依」。整體禮懺的儀節，精簡、樸實而明要，與丙、丁二類的儀節不同。甲、乙二類的懺儀，保存著禪宗尚簡的味道；丙、丁二類懺儀的漸漸增多，當是後人陸續添入的，筆者不再綴述。

　　至於《金剛五禮》的懺悔思想，須從禮懺文中的「理懺」部分說明之。第一禮中，「無來無去，不生不滅，寂然常住，湛意恆安」，指出清淨的真如佛性的特性是超越於時間、空間、物質、現象等知識概念恆常不滅、湛然恆安的，這種特性兼含有如來藏與般若思想，與《起信論》思想是相通的；由於特性殊妙，是故「千佛共尊，十方同敬」；它所顯現的功德如恆沙數一般，無量無邊，故不是一般人心所可比擬測知的。第二禮中，禮讚了華嚴毗盧遮那的一心法界，具有「廣超法界，體滿虛空」的無量功德，如「千葉蓮花」一般，潔淨光亮，雖在泥中，不受染汙，而光放八方；毗盧遮那的無量智慧，如珍珠寶物一般；其德如山，沒有極點；其願如海，廣大而無邊際；歷經過三大阿僧祇劫久遠的菩薩修行，累積到十地果位，這明顯是華嚴一心法界的菩薩大願之呈現。第三禮中，讚頌如來（釋迦牟尼佛）的出家地及其父母，表示對佛法根源地及緣生父母的無上敬意。前面三禮都是歸依釋迦牟尼佛，第一禮雖歸依法身佛，其實兼含二、三禮的報身佛與化身佛，二、三禮的意思亦如是；故前面三禮，其實是把三身佛與釋迦牟尼佛的修行與功德結合爲一，而總讚釋迦牟尼佛，令禪懺者學習效法之，這又活攝了大乘三系的清淨自性思想。第四禮中，禮懺金剛智，認爲金剛般若具有「微妙甚深」的法力，它可以「生諸佛身，滅凡夫罪」，它是超越於人、我二法的，超越於時空與現象

的，一切眾生所有的「苦惱蓋纏」，可以因為禮懺金剛般若的關係
而永遠斷除，趣入涅槃寂靜之境，這一樣是將如來藏與密宗的金
剛智思想作了聯繫。第五禮中，禮懺佛陀在舍衛城南須達園中祇
陀林下如來精舍、眾聖禪房為眾生闡說般若智慧的情形。四、五
二禮，皆歸依於「金剛般若波羅蜜多甚深法藏」。將五禮的思想與
儀節加以連貫，則為：

第一禮：真如佛性寂然常住
↓
第二禮：毗盧遮那懺願無邊
↓
第三禮：如來為眾生出家
↓
第四禮：如來以金剛智滅凡夫罪
↓
第五禮：如來為聖眾說金剛般若

　　第一禮的「真如佛性寂然常住」思想，本是達摩以來楞伽禪
的一貫精神；第二禮以華嚴毗盧遮那佛的一心法界思想與無邊懺
願，是大乘佛教實相無相懺悔思想的根源處；第三禮的「如來為
眾生出家」，本是一大事因緣，即為救眾生出苦海，證涅槃寂靜；
第四禮的「以金剛智滅凡夫罪」，是在將釋迦牟尼佛的禪修精神集
中於金剛般若；第五禮的「為聖眾說金剛般若」，更為明顯的說明
釋迦牟尼佛與當時在舍衛城祇陀林如來精舍下諸阿羅漢們的禪修
精神都是金剛般若思想。
　　重要的是，甲、乙二類《金剛五禮》的懺悔內容，不見任何
事懺或相懺的發露，純粹是導向真如佛性與金剛般若結合的理
懺，目標是真如實相的證得，這與弘忍重視金剛經與楞伽的思想
完全吻合的。假若從「丙類」、「丁類」中的彌勒信仰視之，《金剛

五禮》確實不能單純視爲北宗禪的禮懺文，[73]這或許與唐五代敦煌地區三階教、彌勒教、淨土教等宗派的禮懺儀有關，[74]但無礙弘忍禪系依於金剛般若而形成五禮懺悔之事實。亦即，《金剛五禮》可以說是弘忍弟子們對弘忍金剛懺悔的懺儀化之呈現，一方面體現了弘忍的金剛懺悔之精神，另一方面亦讓弟子們不致於因守心修心、看心看淨而忘了懺悔－發露－滅罪－清淨的具體修行。

第二節　大通神秀的懺悔思想

一、「無生方便」與「觀心論」

弘忍（602~675）重視守一與修心，大通神秀（605~706）則重視無生與觀心。關於神秀的無生與觀心，可從敦煌寫本 P.2058《大乘五方便》、S.0735《大乘無生方便門》[75]及 S.2795《觀心論》[76]等作品可以得其大觀。[77]

73　這方面的問題，汪師娟已有精闢之論述，詳：《敦煌禮懺文研究》，頁 227~229。

74　廣川堯敏〈禮讚〉，《講座敦煌 7・敦煌と中國佛教》，牧田諦亮、福井文雅編，（東京：大東出版社，1984 年 12 月），頁 425~470。

75　敦煌寫本《大乘無生方便門》的有四種：1.《大乘無生方便門》（S.0735）、2.《大乘五方便北宗》（P.2058、S.1002、S.7961、P.2836、生字 24）、3.「無題」（P.2270）、4.「無題」，末附讚禪門詩（S.2503）。見《中國禪宗史》，頁 138。田中良昭《敦煌禪宗文獻の研究》，（東京：大東出版社，昭和 58 年（1983）），頁 462~465。宇井伯壽《禪宗史研究》曾輯出《大乘無生方便門》、《大乘五方便》、《無題》等「五方便」的禪法記錄，而鈴木大拙更詳細校對敦煌《北宗五方便》四種本子，認爲《大乘五方便》與《大乘無生方便》是同書異本，可能是傳抄者不同故有刪減、增補之現象。見氏著《北宗五方便》，《鈴木大拙全集》卷三，（東京：岩波書店，昭和 43~46 年（1968~1971）），頁 141~235。

76　《觀心論》（S.2795）本，收入《大正》85，No.2833，頁 1270 下~1273 中。《大乘無生方便門》（S.2503）本，收入《大正》85，No.2834，頁 1273 中~1278 上。《大乘北宗論》（大英博物館本），收入《大正》85，No.2836，頁 1281 下~1282 上。鈴木大拙校曾就敦煌五本《達摩觀心論》進行對校，收於《鈴木大拙全集》別卷一（東京都：岩波書店，昭和 46 年（1971）。

77　學界對《大乘無生方便門》（《大乘五方便》）與《觀心論》的作者是否爲神秀之看法，大致有三種不同意見，其一，鈴木大拙、胡適、呂澂、杜繼文等持否定之看法。其二，楊曾文、洪修平、葛兆光、印順、楊惠南等認爲可視同神秀

　　檢視《大乘五方便》、《大乘無生方便》、《觀心論》等書之內容，神秀禪法不離菩薩戒、金剛般若、懺悔滅罪與「無思無不思」的無生清淨禪觀。

　　禪宗以佛心稱宗，故其懺悔思想必與「成爲佛子」的菩薩戒結合爲一。[78]自道安（312~385）制《僧尼軌範》開始，[79]布薩、懺悔與禪修即密合不離。其後，鳩摩羅什（344~413, or 350~409）、曇無讖（385~433）先後譯出《菩薩戒本》，皆重菩薩戒與懺悔。[80]齊‧蕭子良（460~494）撰《在家布薩儀》與《淨住子淨行法門》二十卷，更兼顧了在家、出家眾懺悔法門。[81]梁武帝在天監十八年（519）四月八日親受菩薩戒，一生奉行禮懺法。[82]宋元嘉四年（563），陳文帝自稱「菩薩戒弟子皇帝」，大行懺悔法。[83]

之作品。其三，宇井伯壽、篠原壽雄、田中良昭、John R. McRae等只認爲《觀心論》是神秀作品。以上詳論文後所列之參考書目。筆者認爲，《楞伽師資記》雖載神秀「不出文記」，但並不意味他的弟子門不會將他的禪法記錄下來整理成書，透過諸書內容之觀察，大部分皆與神秀思想相同，故《觀心論》、《大乘無生方便門》（《大乘五方便》）實可視爲神秀系及其弟子之作品。爲行文方便，本書所用版本爲《觀心論》（S.2795）本，《大正》85，No.2833，頁1270下~1273中。

78 後秦‧鳩摩羅什譯《梵網經盧舍那佛說菩薩心地戒品第十之下》：「一切有心者，皆應攝佛戒；眾生受佛戒，即入諸佛位；位同大覺已，真是諸佛子。……是諸佛之本源，菩薩之根本，是大眾諸佛子之根本。」《大正》24，No. 1484，頁1104中。

79 《高僧傳卷一‧義解二‧釋道安一》，《大正》50，No.2059，頁353中。

80 後秦弘始八年（406），鳩摩羅什（344~413，一說350~409）翻譯出《梵網經》後，道融、道遠等三百人受菩薩戒，並誦懺悔法。〈梵網經序〉云：「鳩摩羅什在長安草堂寺，及義學沙門三千餘僧，手執梵文，口翻解釋五十餘部，唯《梵網經》一百二十卷六十一品。其中《菩薩心地品第十》，專明菩薩行地。是時，道融、道影三百人等，即受菩薩戒。」《大正》24，No.1484，頁997上。不過，慧皎《高僧傳》另有「僧遷、法欽、道流、道恒、道標、僧叡、僧肇等八百餘人諮受什旨」之說，《高僧傳卷二‧譯經中‧鳩摩羅什一》，《大正》50，No.2059，頁332上~中。」曇無讖（385~433）初入中原，即以「懺悔法」爲道進傳授《菩薩戒本》，並先後譯出《大般涅槃經》、《菩薩地持經》、《菩薩戒本》、《優婆塞戒經》等經典，大力弘通菩薩戒。《高僧傳卷二‧譯經中‧曇無讖七》，《大正》50，No. 2059，頁336上~下。

81 道宣《四分律刪繁補闕行事鈔卷上之四‧說戒正儀篇第十》，《大正》40，No.1804，頁34中。唐‧慧琳《辯正論卷三‧十代奉佛上篇第三》，《大正》52，No.2110，頁504中。《佛祖統紀卷三十六‧法運通塞志第十七之三‧齊武帝》，《大正》49，No.2035，頁347中。

82 《善慧大士錄》，《卍新續》69，No.1335，頁125下。

83 《佛祖統紀卷三十七‧法運通塞志第十七之四‧陳文帝》，《大正》49，No.2035，頁352下。

　　陳、隋之際，中國已盛傳六種《菩薩戒本》：「一、梵網本；二、地持本；三、高昌本；四、瓔珞本；五、新撰本；六、制旨本。」前四本流傳於北地，後二本是南朝所通行的。[84]八、九世紀之間，已增爲十種《菩薩戒本》。[85]統觀諸本，大致可分成兩大系統，一是瑜伽菩薩戒本，一是《梵網經》戒本，二者各有所重，[86]然要以「戒」爲「心首」。[87]大乘菩薩戒「明佛性常住一乘妙旨」，被視爲「三教中的頓教」，[88]與禪宗宗旨相應，故普受祖師們接納。

　　自達摩開始，即活用「心淨即是持戒」的精神持菩薩戒。[89]敦煌寫本中的「達摩本」菩薩戒，即以「心戒」爲菩薩行，[90]這說明了禪宗重視菩薩戒的事實。四祖道信（580~651）特別撰寫了一本《菩薩戒法》，[91]該書雖已不傳，但他「擇地開居，營宇立象」，接引道俗五百餘人，[92]皆以菩薩戒爲心首。[93]弘忍居雙峯山，「十餘年間，道俗受學者，天下十八九」，[94]對菩薩戒的授受，更

84　智顗《菩薩戒義疏》，《大正》40，No.1811，頁 568 上。
85　唐・安然（841~884）《普通授菩薩戒儀廣釋》，《大正》74，No.2381，頁 757 中。安然列出當時可見之十種菩薩戒本：梵網本、地持本、高昌本、瓔珞本、新撰本、制旨本、達摩本、明曠本、妙樂本、和國本。
86　瑜伽菩薩戒本系，有曇無讖譯的《菩薩地持經》、《菩薩戒經》，求那跋摩譯的《菩薩善戒經》、《優婆塞五戒威儀經》，玄奘譯的《菩薩戒本》、《菩薩戒羯摩文》等。參見遠藤祐純〈瑜伽師地論菩薩戒品における〉，《智山學報》n.18，頁 1。至於《梵網經》戒本，則與《菩薩瓔珞本業經》爲姐妹戒經，但是這兩部經，據大野法道、佐藤達玄的推定，是成立於中國本土的經典。見大野法道《大乘戒經の研究》，（東京：理想社），頁 252。佐藤達玄《戒律在中國佛教的發展》，（嘉義：香光書鄉，1997 年），頁 457~458。
87　〈梵網經序〉，《梵網經戒本》，《大正》24，No.1484，頁 997 上。
88　《菩薩戒儀疏》卷上，《大正》40，No.1811，頁 569 中。
89　聖嚴《菩薩戒指要》，（台北：法鼓文化，1997 年），頁 28。日・佐久間賢祐〈禅戒体論〉，《印度學佛教學研究》v.51 n.1（總號=n. 101），2002 年 12 月，頁 79~82。
90　該本之作者至今尚無定論，日人關口真大發現安然在論述菩薩戒小乘律時有一句「達摩說八勝法」，這與南嶽慧思《授菩薩戒儀》中「菩薩戒有八種殊勝」相近，而斷爲南嶽本。參見〈授菩薩戒儀「達摩本」について〉，《印度學佛教學研究》v.9n.2（=n.18），1961 年 3 月，頁 465~470。佐藤達玄則認爲「到底是禪宗教團或是屬於天台宗系的菩薩戒本，就是今後要研究的問題。」見氏著，《戒律在中國佛教的發展》（下），（嘉義：香光書鄉，1997 年），頁 554。
91　《大正》85，No.2837，頁 1286 中~下。
92　《傳法寶紀》，見柳田聖山《初期禪宗史書の研究》，頁 570。句中「立」字，原作「玄」，此據印順《中國禪宗史》頁 44 改之。。
93　印順《中國禪宗史》，頁 53~57。
94　《初期禅宗史書の研究》，頁 567。

是在所必需的。神秀（605~706）接下東山法門的大批弟子，在玉泉寺弘法，尤其不能沒有大乘菩薩戒。

當然，以菩薩戒爲心首，只是作爲禪觀的方便。杜朏曾說，達摩之後，師資開道，皆善以「方便」取證於心。[95]達摩傳慧可的「如是順物，如是方便」，道信制《入道安心要方便法門》，用的正是「遣其不著」的方便禪法。[96]法如在垂拱（685~688）中，「祖範師資，發大方便，令心直至，無所委曲」，學侶廣從，千里嚮會。[97]《傳法寶紀》載：「自如禪師（法如，638~689）滅後，學徒不遠萬里，歸我（神秀）法壇。遂開善誘，隨機弘濟。天下志學，莫不望會。久視（700）中，則天發中使奉迎（神秀於）洛陽，道俗飄花、幢蓋，充溢衢路，乘枅欄上，從登御殿，頂拜長跪，瞻奉潔齋。授戒宮女，四會歸仰，有如父母焉。王公以下，歆然歸向。」[98]可見，神秀以菩薩戒爲方便，受到武則天的優渥待遇與君臣上下的嚮慕支持，這已有甚多學者認同。[99]神秀特重《大乘五方便》、《大乘無生方便》、《觀心論》等方便法門外，其弟子普寂（651~739）的《師資七祖方便五門》、《第七祖大照和尚寂滅日齋讚文》（S.2512V）、普寂弟子道璿的《註菩薩戒經》三卷[100]、《授菩薩戒儀》（S.1073）等，都不離於大乘菩薩戒所開

95　《傳法寶紀并序》，《初期禪宗史書の研究》，頁 561。
96　《楞伽師資記》，《大正》85，No. 2837，頁 1285 上、1286 下。
97　《初期禪宗史書の研究》，頁 567~568。
98　《初期禪宗史書の研究》，頁 569。
99　學界對神秀菩薩戒之研究，已有不少成果，如日‧土橋秀高〈敦煌本受菩薩戒儀考〉，《印度學佛教學研究》第 8 卷第 1 號，33~42。山口惠照〈「發菩提心」とその背景—方法論的考察〉，收入日本佛教學會編，《菩薩觀》，（京都：平樂寺書店，1986 年 11 月），頁 1~14。中川孝〈燉煌出土達摩禪師論に就いて〉，《印度學佛教學研究》v.8 n.1，頁 264~267。武田忠〈大乘五方便の諸本の成立について〉，《印度學佛教學研究》v.19 n.1，（東京：日本印度學佛教學會，1971 年 1 月），頁 262~266。賴姿蓉〈「菩薩戒義疏」之研究〉，台北：中華佛學研究所碩士論文，1993 年 6 月。余威德《唐代北宗禪發展研究－以玉泉神秀爲中心》，（花蓮：慈濟大學宗教與文化研究所碩士論文，2004 年 1 月）。
100　大照普寂，唐代北宗禪僧。蒲州河東（山西永濟）人，俗姓馮。骨氣倜儻，通曉儒典，後棄俗求道，就大梁璧上人聞《法華經》、《成唯識論》、《大乘起信論》等。年三十八，從洛陽端和上受具足戒，復從南泉弘景習律，然深覺爲文字所縛，乃至荊州玉泉寺參謁大通神秀，依住七年（一說六年），精苦參禪，盡得其道。神秀奉則天武后之召入京，眾皆歸師。神龍二年（706）神秀

出的方便。尤其唐・李邕〈嵩岳寺碑〉云:「重寶妙莊,就成偉麗。……後有無量壽殿者,諸師禮懺誦念之場也。……忍遺於秀,秀鍾於今和上寂,皆宴坐林間,福潤宇內。」[101]這雖多歌功頌德之語,但從「諸師禮懺誦念」一語觀之,北宗在神秀至普寂之間,甚多禪師都在無量壽殿中進行著禮懺誦念的實踐,這種禮懺誦念的詳細儀節與懺悔內容為何,今已不可得知,汪師娟據此推論云:「北宗禪門極可能設有齋祭禮懺的活動」,又云:「北宗禪門其實並不排斥禮懺或其他法事,甚至視為『假有為喻無為』的方便法門。」[102]這觀點是正確的,但北宗的禮懺當不僅僅是禮懺而已,據筆者在第二章的論述,四世紀末廬山慧遠(334~416),早就結合戒律、懺悔、禪觀、淨土、般若性空等思想,在無量壽像前建齋立誓,進行念佛懺悔,昏曉不絕,共期速登西方極樂世界,當時賢達與他的弟子輩都繼行不絕,可見神秀至普寂間的禪師們應是將菩薩戒、念佛懺悔與禪觀看淨等同實踐的。當然,禪宗大師們的禪淨合一,是更重視於禪定境界與證悟解脫,不執著於西方淨土的。至於南宗系統,從敦煌本《六祖壇經》、荷澤神會(684~758)《南陽和上頓教解脫禪門直了性壇語》(《壇語》)等作品的內容觀之,

---

示寂,師遂繼承神秀之後領眾。玄宗開元十三年(725),依詔入住洛陽敬愛寺(一說華嚴寺),十五年(一說十三年或二十三年),從駕入長安,留居興唐寺,於是王公士庶競來禮謁,法化頗振。神秀雖受帝王器重,然未嘗聚眾開堂演法,師始至都城弘化,禪風大盛。其性凝重寡言,持戒清慎,從不張伐其德,世以是稱之。開元二十七年(一說二十八年),示寂於興唐寺,世壽八十九。敕賜「大照禪師」,世稱「華嚴和尚」、「華嚴尊者」。亦有尊其為北宗禪第七祖。相關資料見《宋高僧傳》卷九、《景德傳燈錄》卷四、《佛祖歷代通載》卷十七、《釋氏稽古略》卷三、《全唐文卷二六二・大照禪師塔銘》等處。至於敦煌文獻,如《七祖法寶記》下卷,收入方廣錩《藏外佛教文獻》第二輯,(北京:宗教文化,1996 年 8 月),頁 134~165。《第七祖大照和尚寂滅日齋讚文》,見田中良昭《敦煌禪宗文献の研究》,(東京:大東出版社,昭和 58 年),頁 555。《師資七祖方便五門》,收於鈴木大拙《鈴木大拙全集》卷三,頁 453~454。《夜坐號》一首、《寂和尚偈》,收於冉雲華《中國禪學研究論集》,(台北:東初,1990 年),頁 171~172、185~186。陳祚龍〈唐代山西兩大北宗禪法國師義福及普寂的生平研究資料〉,《山西文獻》v.4,(台北:山西文獻社,1974 年 7 月),頁 11~20。田中良昭〈大照禪師普寂について〉,《印度學佛教學研究》v.16 n.1 (=n.31),1967 年 12 月,頁 331~334。

101 詳《全唐文》卷二百六十三,頁 1181~1182。
102 汪師娟〈《秀禪師七禮》與禪宗禮懺〉,《唐代古逸佛教懺儀研究》,頁 106~107。

[103]仍然與菩薩戒及懺悔思想的實踐相關，但南北宗的禪風迥異，核心思想部分亦極懸殊，其懺悔義蘊留待下一章再作論述。

　　從整本《大乘無生方便門》來看，其菩薩戒儀式可有七個儀節，依序是：「發四弘誓願」→「請十方諸佛為和尚」→「請三世諸佛菩薩」→「教受三歸依」→「問五能」→「懺悔十惡罪」→「結跏趺坐」。[104]從全書內容以觀，神秀是以持守佛性以為菩薩戒之戒體；再從「問五能」來看，每一能都是針對菩薩戒而問而答的，[105]亦即《大乘無生方便門》是菩薩戒、懺悔滅罪與禪觀的權宜融合；至於懺悔思想的內容，似乎只居於陪襯的地位，作為結跏趺坐之前方便。事實上，這七個儀節的形式，不脫陳、隋之際盛傳的六個《菩薩戒本》的懺悔清淨儀式。[106]六個版本除了繁簡的差別外，內容亦各有偏重，《梵網本》重視闡說十善戒，《地持本》側重於三聚淨戒，《高昌本》則融合梵網及地持的系統，《新撰本》亦為梵網系統之戒本。[107]但不論側重點為何，要為大乘懺悔滅罪以呈清淨戒體的方便法，尤其《梵網經》對受戒者的資格要求甚為寬大，不執大小乘，不執在家出家，主張「孝順父母」、「孝名為戒」，[108]與儒家的孝道精神相符，故受道中國人的喜愛。神秀《大乘無生方便門》的特色，是藉大乘菩薩戒闡發看心看淨

103　田中良昭《敦煌禪宗文獻の研究》，（東京：大東出版社，昭和58年（1983）），頁462~465。

104　《禪宗全書・語錄部（一）》，頁231。《大正》85，No.2834，頁1273中~1278上。

105　「問五能」是：一者，汝從今日，乃至菩提，能捨一切惡知識不？（能）二者，親近善知識不？（能）三（者），能坐持禁戒，乃至命終，不犯戒不？（能）四（者），能讀誦大乘經，問甚深義不？（能）五（者），能見眾生，隨力能救護不？（能）。《大乘無生方便門》，《大正》85，No.2834，頁1273中。

106　詳智顗《菩薩戒義疏》，《大正》40，No.1811，頁568上~569中。

107　三聚淨戒包含律儀戒、攝善法戒、攝眾生戒，此為北涼曇無讖譯《地持經》之用語。三聚淨戒有許多別名，這是因為翻譯用語的不同，其他還有《瓔珞經》的攝律儀戒、攝善法戒、攝眾生戒；玄奘譯《瑜伽師地論》的律儀戒、攝善法戒、饒益有情戒。見：大野法道《大乘戒經の研究》，（東京：理想社，昭和29年（1953）），頁186。聖嚴《戒律學綱要》，頁302~303。

108　該經中出現過三次「孝順父母」、六次「孝順心」、十二次「孝順」、二次「孝道」、一次「孝名為戒」，且多與慈悲心銜接，極合中國人的孝道倫理。《梵網經戒本》，《大正》24，No.1484，頁1004上。

的「五方便門」禪觀，即：第一，總彰佛體（亦名「離念門」）→
第二，開智慧門（亦名「不動門」）→第三，顯示不思議法→第四，
明諸法正性→第五，自然無礙解脫道（又作「了無異門」）。[109]於
是，整本《大乘無生方便門》的菩薩戒儀與禪觀發慧，可以用下
表簡示之：（見下頁）

表三：《大乘無生方便門》的十二個儀程

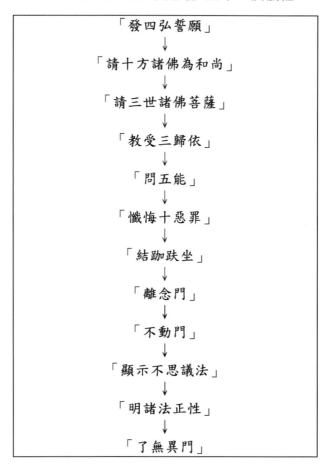

「發四弘誓願」

↓

「請十方諸佛為和尚」

↓

「請三世諸佛菩薩」

↓

「教受三歸依」

↓

「問五能」

↓

「懺悔十惡罪」

↓

「結跏趺坐」

↓

「離念門」

↓

「不動門」

↓

「顯示不思議法」

↓

「明諸法正性」

↓

「了無異門」

如果加以濃縮，可以歸納爲「發四弘誓願」→「請十方三世諸佛菩薩」→「教授三歸依」→「授菩薩戒」→「懺悔十惡罪」→「禪觀發慧」六大儀程，而以最後一個「禪觀發慧」爲主體，即以看心看淨的「五方便門」菩薩戒禪觀爲主要內容，其他都是神秀依於大乘佛教必然運作的儀軌而權宜進行的。故云：

> 如淨瑠璃，內外明徹，堪受淨戒。菩薩戒，是持心戒，以佛性爲戒；性心瞥起，即違佛性，是破菩薩戒；護持心不起，即順佛性，是持菩薩戒。[110]

可見神秀是以持心爲戒，以佛性爲戒，將戒律由外在的戒儀規律轉向內心的護持不起，以內心「如淨瑠璃，內外明徹」的清淨不染爲有無犯戒的標準，可見神秀的《大乘五方便》是一種心、佛、戒、性與禪觀合一的方便，五門一心，一心是戒，戒禪一體，禪懺一如，在懺悔滅罪中而戒體清淨，在清淨身心之下進行看心看淨的禪觀，這不同於弘忍的金剛般若懺悔，又爲北宗禪弟子們提供了禪修的新門徑。

從《大乘五方便》的問答語錄來看，文中的「清淨無壹物」、「離念是體，見聞覺知是用」、「身心離念是返照，熟看清淨法身」、「依如來平等法身，說名本覺」、「三身同一躰」、「寂是體，照是用」、「常對境界，心無所着」、「身心常不動，是名度眾生」、「無思無不思」、「覺性是淨心躰」、「無去亦無來」、「蕩然無一物」、「身心寂不動，妙有渾然同」等語，[111]都是以如來藏佛性爲立場來說他「二相平等」的看淨禪觀的。[112]尤其「淨心體由（猶）如明鏡」一句，與《壇經》載神秀「身是菩提樹，心如明鏡臺，時時勤拂

110　《鈴木大拙全集》卷三，頁168。
111　《禪宗全書‧語錄部（一）》，頁185~211。
112　《禪宗全書‧語錄部（一）》，頁185~211。文中處處可見「二相平等」的佛力觀，如「不見有布施，不見有不布施，二相平等，慢則不生」、「不見有持戒，不見有破戒，二相平等，慢則不生」、「不見有忍辱，不見有瞋恚，二相平等，慢則不生」、「不見有精進，不見有懈怠，二相平等，慢則不生」、「不見有禪定，不見有散亂，二相平等，慢則不生」、「不見有智慧，不見有愚癡，二相平等，慢則不生」、「不見有端政（正），不見有醜漏，二相平等，慢則不生」、「不見有勢力，不見無勢力，二相平等，慢則不生」，又云：「從此心上得離增上慢，是佛力。」《大乘無生方便門》，《大正》85，No.2834，頁1276下。

拭，莫使有塵埃」一偈之內涵是完全相符的。[113]在 S.2503《大乘無生方便門》中的「身體及手足，寂然安不動，八風吹不動」，[114]便是這種「身心寂不動，妙有渾然同」的自性不動禪法的顯現，此與興聖寺本以後的《壇經》所傳惠能以「仁者心動」評二僧爭論「風動」、「旗動」的公案是相互印證的。[115]神秀又云：「身滅影不滅，橋流水不流。我之道法，總會歸體用兩字，亦曰重玄門，亦曰轉法輪，亦曰道果。」[116]既活用慧可對覓心覓影產生質疑而實踐的身佛不二之禪觀，亦權用傅大士超越分別知覺的真如佛性說法，同時譬用時人常說的「體用」、「重玄」、「轉法輪」、「道果」等詞語，指示他那「寂是體，照是用」的常寂照用的不動淨心禪觀，尤其「汝直入壁中，過得否」的疑問語，更有企圖超越達摩堅固的凝住壁觀禪法之意。宋·楊傑〈宗鑑錄序〉：「心如明鑑，萬象歷然。佛與眾生，其猶影像。涅槃、生死，俱是強名。鑑體寂而常照，鑑光照而常寂。心、佛、眾生，三無差別」，[117]這頗能用來說明神秀對達摩、慧可專注一境楞伽禪法之權用，亦可見神

---

113 《禪宗全書·語錄部（一）》，頁 211。《六祖壇經》，頁 22。
114 《大正》85，No.2833，頁 1274 下。
115 筆者按：敦博本《壇經》及敦煌本《壇經》皆未見惠能初至法性寺印宗大師（627~676）的《涅槃經》法會時以「仁者心動」為二位僧人爭執「風動」、「旗動」的公案記載，興聖寺本、後世諸本《壇經》、《歷代法寶記》、唐·法才〈光孝寺瘞髮塔記〉等皆有記載，大意無別，但情節詳略不盡相同。據楊曾文的研究，「這種情況正說明取自不同來源，很可能最早是來自當事者的口頭傳述，輕易否定其真實性是不足取的。」見：楊曾文《新版敦煌新本六祖壇經》，（北京：宗教文化，2002 年 6 月），頁 253。不過，敦博本《壇經》及敦煌本《壇經》既然皆未見此記錄，且從內容觀之，實與北宗 S.2503《大乘無生方便門》的不動禪法相近，故筆者以為，輕易肯定該公案為惠能所說，恐怕亦非甚妥，因為唐·法才〈光孝寺瘞髮塔記〉是否參入當時南宗禪者的附會傳說？這已不可得知，且興聖寺本是輾轉經過惠昕原本（850 年之前）－惠昕本（967 年）－晁迥抄本（1031 年之前）－晁子建本（1153 年）諸本，其間政治局勢、佛教興衰與南禪思路悉已完全不變，這在在都需要更多的資料之證明的。至於唐·法才〈光孝寺瘞髮塔記〉的內容，原見《全唐文》卷九一二，楊氏收於《新版敦煌新本六祖壇經》，頁 137~138。興聖寺本《壇經》，見：柳田聖山《六祖壇經諸本集成》，頁 52~53。元·宗寶本《六祖壇經》，《大正》48，No.2008，頁 349 下。
116 《楞伽師資記》，《大正》85，No. 2837，頁 1290 下。
117 宋·左朝請郎尚書禮部員外郎護軍楊傑撰〈宗鑑錄序〉，《大正》48，No.2016，頁 415 上。

秀是活用華嚴法界思想於「體寂而常照，光照而常寂」凝定禪觀。

　　《大乘無生方便門》又云：「如來有入道大方便，一念淨心，頓超佛地，一時念佛，一物不見，一切相總不得取，以《金剛經》云：凡所有相，皆是虛妄。」[118]明顯是藉《金剛經》以闡說念佛、看心、淨心的無相禪法。《傳法寶紀》云：「忍、如、大通之世，則法門大啓，根機不擇，齊速念佛名，令淨心」，[119]〈終南山歸（疑脫一字）寺大通道秀和上塔文〉亦云：「《金剛》之源，挹而莫際；香積之飯，足以乃消，即大師圓通之宗」，[120]甚得神秀禪旨。神秀這種融通金剛般若與一心念佛名的淨心方便，與道信一行三昧的的「五事方便」是上下相承的，[121]但自己常寂照用的不動淨心禪觀仍見再創造之意。

　　再從「五方便」的問答內容來看，神秀大量綜引《思益》、《涅槃》、《起信論》、《法華》、《維摩》、《金剛》、《華嚴》等大乘經論，明顯趨向於名相義疏之思路，[122]其漸悟之機隨處可見。當然，從他對「六波羅蜜」、「法華三昧」、「十種不思議」、「六根」、「六塵」、「十八界」等名相的詮釋與教喻，亦是運用楞伽「超能所」的無住、無着方便進行清淨禪修的。[123]此外，他的五方便禪觀與《楞嚴經》的「澄心」（看心）方便相似，兩者都是以見性不動爲方便

118　《大正》85，No.2834，頁 1273 中~1278 上。
119　《傳法寶紀》，柳田聖山《初期禪宗史書の研究》，頁 570。
120　柳田聖山《初期禪宗史書の研究》，頁 572。
121　五事是：一者，知心體，體性清淨，體與佛同。二者，知心用，用生法寶，起作恒寂，萬惑皆如。三者，常覺不停，覺心在前，覺法無相。四者，常觀身空寂，內外通同，入身於法界之中，未曾有礙。五者，守一不移，動靜常住，能令學者，明見佛性，早入定門。《楞伽師資記》，《大正》85，No. 2837，頁 1288 上。
122　神秀作爲北宗的主將，其禪法當然不離達摩以降所依的《楞伽經》傳統，如張說〈唐玉泉寺大通禪師碑銘〉云「（神秀）奉持《楞伽》，近爲心要」是，《全唐文》卷二三一，引見《禪宗全書・史傳部（一）・全唐文禪師傳記集》，頁 380。不過，李邕〈大照禪師塔銘〉又云：「（神秀）約令（普寂）看《思益》，次《楞伽》」，《全唐文》卷二六二，引見《禪宗全書・史傳部（一）・全唐文禪師傳記集》，頁 385。《楞伽師資記》則明說「依《文殊說般若經》一行三昧」，《大正》85，No. 2837，頁 1290 中。可見其禪法已多所權變，依於弘忍的重視《金剛經》，神秀自然會權開新法。
123　《禪宗全書・語錄部（一）》，頁 185~227。

去悟入的。至於爲何以「五方便」說禪？這可能是將華嚴杜順（557~640）《華嚴五教止觀》的「五門」[124]引入他的清淨禪法的迹象。

在「五方便」的最後部分，神秀又提出「戒身、定身、惠身、解脫身、解脫知見身」的「五分法身」圓滿報身的修證法，[125]這同樣出現在南宗「五分法身香」的無相懺悔中，[126]但南宗側重於「各自內熏，莫向外覓」的自覺頓悟，「五方便」則強調透過禪觀「方便」以漸漸、細細、深深、遠遠的「看心、淨心」而達到戒體清淨與見性成佛之地。依神秀之見，其「五方便」是渾圓一體的清淨如來藏，他將菩薩戒、菩提心與無相思維合一，成爲異於道信一行三昧的五事、弘忍的金剛般若禪法與《華嚴五教止觀》的「五門」心法，故屹立於盛唐的長安、洛陽，受到君民上下的支持與肯定。

不過，《大乘五方便門》側重於看心看淨的清淨禪觀，《大乘無生方便門》則明顯多出懺悔思想的內容，[127]前者未提及懺悔滅罪，後者則配合菩大乘薩戒而說出懺悔滅罪思想，可見懺悔滅罪在他的無生方便禪觀中之地位。在《大乘無生方便門》中，神秀取「無生」爲方便名，即是將懺悔思想、菩薩戒、緣起無生、清淨禪觀結合成一禪行方便。《大乘無生方便門》的「發四弘誓願」→「請諸佛菩薩」→「教受三歸依」→「懺悔十惡罪」→「結跏趺坐」（禪坐淨心）四個儀節，[128]這可看出當時北宗對佛教禮懺儀的容受態度。從儀節次序而言，明顯的是由大乘菩薩行的「四弘誓願」發起，懺悔修行人最基本的十惡重罪後，收結於禪坐淨心。從形式意義而言，他的禮懺儀節悉已俱全，次第條陳，簡要不繁，

---

124 《中國禪宗史》，頁 147~152。日‧小島岱山亦有相近的觀點，詳氏撰〈六祖壇經與華嚴思想 —— 敦煌本壇經的無相戒與妄盡還源觀〉，《普門學報》n.14，2003 年 3 月，頁 27~54。
125 《禪宗全書‧語錄部（一）》，頁 218~219。
126 宗寶本《壇經》，《大正》48，No.2008，頁 353 下。
127 S.2503、P.2270 兩本《大乘五方便門》都沒有授戒懺悔的內容，故「五方便」明顯是側重於清淨禪觀的闡發。
128 《大乘無生方便門》，《大正》85，No.2834，頁 1273 中~1278 上。

毫無累贅，呈現出禪宗的質樸本色。從禮懺內容而言，神秀只在口頭上稱誦懺悔「過去、未來及現在身、口、意業十惡罪」，而此「十惡罪」亦是作爲象徵性用的「概稱」，它只是泛指無量無邊的因緣果業，並不是像《法華懺》、《方等懺》、《梁皇懺》、《華嚴懺》、《圓覺懺》、《水懺》等一般禮懺儀軌詳詳細細的按照身、口、意業，煩惱障、業報障、果報障，一一進行發露，事事披陳致說，儀儀禮拜踐行。神秀是透過概稱性三世三業十大惡罪的消極發露懺悔而予滅除，轉化成積極性菩薩道十善行，這是既菩薩戒的共軌，是出世間的無漏道，是人、天、眾生乃至無上菩提的根本依處。[129]

　　《觀心論》中，神秀亦不執於十善戒與罪業的輕重，而以自性清淨心爲戒，宰制三毒心的燹起，轉成無量無邊善法。[130]《觀心論》重視「觀」心，是在觀照眾生本有的如來藏自性清淨心，它善於方便通經，重視己身心，不重視儀制事相，將「眾生修伽藍，鑄形像，燒香，散花，然長明燈，晝夜六時，遶塔，行道，持齋，禮拜」等種種功德，皆權變地視爲自身踐佛成佛之道。他認爲，佛所說的無量方便，是假有爲喻無爲。若不由內心深處親自踐行，唯只向外覓求，希望獲福，是毫無修行意義的。故云：

> 求解脫者，以身爲鑪，以法爲火，智慧爲工匠，三聚淨戒、六波羅蜜以爲畫樣，鎔練身心真如佛性。遍入一切戒律模中，如教奉行，以無缺漏，自然成就真容之像。所爲究竟，常住微妙，色身非有，爲敗壞之法。若人求道不解，如是鑄寫真容，憑何輒言成就功德？[131]

這種「以身爲鑪，以法爲火」的象徵表法，頗有報怨行頭陀懺悔的意味，與法融《絕觀論》之「絕」觀身心、任其自然的真如佛性思想有著明顯的差異，故神秀對於三毒心所引起的因緣罪業，

---

129 聖嚴《菩薩戒指要》，頁 77~121。

130 德川時代刊宗教大學藏本《少室六門・第二門破相論》，《大正》48，No.2009，頁 366 下~369 下。其內容與大英博物館 S.2795《觀心論》相近，《大正》85，No. 2833，頁 1270 下~1273 中。

131 《觀心論》，《大正》85，No. 2833，頁 1271 下。

採用的不僅僅是罪性本空的無相懺悔，而是強調對煩惱覆障的罪業進行「永斷不起」的懺悔滅罪，以顯如來藏自性清淨心，《大乘無生方便》云：

> 過去、未來及現在身口意業十惡罪，我今至心盡懺悔，願罪除滅，永不起。過去、未來及現在身口意業五逆罪障重罪，我今至心盡懺悔，願罪除滅，永不起。譬如明珠，沒濁水中，以珠力故，水即澄清，佛性威德亦復如是。煩惱濁水，皆得清淨。[132]

「過去、未來及現在身口意業十惡罪」，實即一般懺法中所說的「三世三業十惡罪」，涵蓋著戒體清淨、罪業不失及三世因果的問題。至於「五逆罪障重罪」，是指現世做過害母、害父、害阿羅漢、出佛身血、破和合僧等五項違逆重罪，從經典義理視之，這是未來果報的先前惡因，命終之後，依因果法則必定墮入無間地獄長受苦劫之報；[133]前二者爲棄恩田，後三者則壞德田，五種都是墮入無間地獄之因，故亦稱五無間業（pañca anantarya-karmāṇi）。[134]五逆罪業有輕、重之分，破僧爲語業，其他概屬身業，而以破僧之罪最重，其餘次第分別爲出佛身血、害阿羅漢、害母、害父。[135]大乘佛教對於五大根本重罪之說法，範圍繼續擴充得更大，[136]要以因緣果報的正確認識及誠心的懺悔爲依。依大乘法，若犯此五大

---

132 《大乘無生方便門》，《大正》85，No.2834，頁1273中。
133 佛云：「衆生殺害父、母，破壞神寺，鬭亂聖衆，誹謗聖人，習倒邪見，命終之後，生阿鼻地獄中。」見《增壹阿含經卷三十六・八難品第四十二之一》，《大正》，2，No. 125，頁748上~中。
134 《阿毗達磨俱舍論卷十八・分別業品第四之六》，《大正》29，No. 1558，頁93下~94上。
135 唐・窺基《大乘法苑義林章》卷六，《大正》45，No.1861，頁346下。
136 大薩遮尼乾子云：「有五種罪，名爲根本。何等爲五？一者，破壞塔寺，焚燒經像，或取佛物、法物、僧物。若教人作，見作助喜，是名第一根本重罪。若謗聲聞、辟支佛、法及大乘法，毀呰留難，隱蔽覆藏，是名第二根本重罪。若有沙門信心出家，剃除鬚髮，身著染衣；或有持戒，或不持戒，繫閉牢獄，枷鎖打縛，策役驅使，責諸發調；或脫袈裟，逼令還俗；或斷其命，是名第三根本重罪。於五逆中，若作一業，是名第四根本重罪。謗無一切善惡業報，長夜常行十不善業，不畏後世，自作，教人堅住不捨，是名第五根本重罪。」元魏・菩提留支譯《大薩遮尼乾子所說經卷四・王論品第五之二》，《大正》9，No. 272，頁336中。

根本重罪而不自懺悔者，決定燒滅一切善根，趣入大地獄受無間苦。這五大根本重罪，其實是涵攝了三世三業的十大罪業，是覺證如來藏佛性的重大關鍵。十大罪業的懺悔，《梁皇懺》則置於「身根懺悔」的發願部分進行發露；《水懺》置於「佛法僧間一切諸果報障」進行發露；[137]在佛陀而言，須深曉甚深緣起、因果業報、無常、無我、性空之理，懺悔十大罪業，精進不放逸爲是；然在北宗神秀而言，則是依於如來藏自性清淨心的「明珠」，透過看心看淨的禪坐功夫，細細深深觀得「明珠」之相，即可令三世十大罪業徹底滌除，永不復起，使戒體清淨，這近於取相懺，但文云：「性心瞥起，即違佛性，是破菩薩戒。護持心不起，即順佛性，是持菩薩戒。」[138]依此，神秀的「無生方便」即是菩薩戒，菩薩戒即是持心戒，持心戒即是佛性戒，佛性戒即三業清淨的無生懺悔，無生懺悔即是實相無相的淨心懺悔，淨心懺悔即是清淨禪觀。這種以佛性即菩薩戒的清淨禪觀，亦不能忽視因緣果報與六道輪迴之參照論述，如敦煌寫本 S.2795《觀心論》中即認爲：貪、瞋、癡即是三毒；六識即是六賊；眾生由此三毒、六賊之惑亂身心、出入諸根，貪著萬境，迭成惡業，損真如體，沈沒生死，輪迴六趣，受諸苦惱。禪懺者如何修道方能避免這些無窮無盡之苦報？其云：

> 若復有人，斷其本源，即眾流皆息；求解脫者，能轉三毒為三聚淨戒，轉六賊為六波羅蜜，自然永離一切苦海。……
> 三界業報，唯心所生；本若無心，於三界中，即出三界。[139]

所謂「本源」，就是「唯心所生」之「心」，三界業報、三毒六賊，皆由此真如心而生，禪觀者若能淨觀本心，「本若無心」，即可斷除三毒六賊所造諸惡業及一切苦報，超越三界，而得解脫。「轉」

---

137 分見《水懺》卷三，《大正》45，No.1910，頁 975 下。《慈悲道場懺法卷十·次發身根願》，《大正》45，No.1909，頁 965 下。
138 《大乘無生方便門》，《大正》85，No.2834，頁 1273 中。
139 《觀心論》(亦名「達摩大師破相論」、「達摩和尚觀心破相論」)，《大正》85，No. 2833，頁 1270 下。《少室六門·第二門破相論》，《大正》48，No.2009，頁 367 中。

者，轉識以成智也，但書中之轉，並不是簡單的轉成大圓鏡智，而是轉成三聚淨戒及中觀的六波羅密，可見其禪法仍是活潑的兼用唯識、楞伽與般若空智的。《觀心論》又云：

> 若有眾生，不了正因，迷心修善，未免三界，生三輕趣。
> 云何？三輕所為，悉修十善，妄求快樂，未免貪界；生於
> 六趣，悉持五戒，妄起愛憎，未免瞋界；生於人趣，迷執
> 有為，信邪求福，未免癡界；生阿修羅，如見三類，名為
> 三重。云何三重？所謂縱三毒心，唯造惡業，墮三重趣。
> 若貪業重者，墮餓鬼趣；瞋業重者，墮地獄趣；癡業重者，
> 墮畜生趣。如是三重，通前三輕，遂成六趣。[140]

三界六趣的輪迴之苦，肇因於「不了正因」，即是不能正確的觀此自性清淨心係迷於三世因果業理所自作而來的。神秀認為，懺悔者應知，「一切善業，由自心生。但能攝心，離諸邪惡」，故佛為眾生所說的燒香、浴僧、修伽藍、鑄佛菩薩形像、燒香、散花、燃長明燈、六時行道、遶塔、行道、持齋、禮拜、念佛……等法門，其實都是隨順眾生而說的懺悔滅罪方便，神秀並不執著。如說「燒香」，他是用無為心法以薰惡滅罪，其云：

> 燒香者，亦非世間有相之香，乃是無為正法之香也。薰諸
> 臭穢無明惡業，悉令消滅。正法香者，其有五種：一者，
> 戒香，所謂能斷諸惡，能修諸善。二者，定香，所謂深信
> 大乘，心無退轉。三者，慧香，所謂常於身心，內自觀察。
> 四者，解脫香，所謂能斷一切無明結縛。五者，解脫知見
> 香，所謂觀照常明，通達無礙。[141]

五種正法香，即是心戒之香，對應於五方便及無生方便之清淨禪觀，懺者觀此心香，即能斷惡滅罪。至於「浴僧」，他說是用淨戒懺悔以滅罪除障，其云：

> 一切眾生，由此七法，沐浴莊嚴，能除毒心，無明垢穢。
> 其七法者，一者，淨戒，洗蕩愆非，猶如淨水，濯諸塵垢。

140　《大正》85，No. 2833，頁 1271 上。
141　《大正》85，No. 2833，頁 1272 中。

二者，智慧，觀察內外，猶如燃火，能溫淨水。三者，分
別，簡棄諸惡，猶如澡豆，能淨垢膩。四者，真實，斷諸
妄想，猶如楊枝，能消口氣。五者，正信，決定無疑，猶
如淨灰，摩身障風。六者，柔和，忍辱甘受，猶如蘇膏，
通潤皮膚。七者，慚愧，悔諸惡業，猶如內衣遮醜形體。
如上七法，是經中祕密之義，皆是為諸大乘利根者說，非
為少智下劣凡夫。[142]

七種沐浴法，都在祛除毒心與無明垢穢。「淨戒」，是在洗蕩過去
所造諸惡業；「智慧」，是在觀察身心內外；「分別」，是在簡別諸
惡，懺以除之；「真實」，是真如佛性，可以斷諸妄念；「柔和」，
與達摩的「甘心忍受，都無怨恨」懺悔一樣；「慚愧」，是在省思
身心所受之因果業障。不論是五種心香還是七種浴法，都是層層
浸入，漸漸深入，事事攝理，這具有禮懺法中的懺悔發露之用。
但這樣的懺悔發露又不同於《法華懺》、《梁皇懺》、《水懺》那種
懺法的懺悔儀軌，而是觀本源之心以破除一切事相，即透過看淨、
觀心以懺除罪業，終而頓悟解脫。這樣的觀心破相，是一種方便
通經的表法，故宗密《圓覺經大疏鈔》稱之為「拂塵看淨，方便
通經。」[143]但印順認為，這種以「自心的內容」方便通經的表法，
連惠能《壇經》都在運用，然禪宗不同於天台智顗運用「因緣」、
「教相」、「本迹」、「觀心」四釋那種兼重教法的全面認識與實踐。
神秀的看淨觀心以解脫成佛，不去修持其他法要，「實際上是對存
在於人間的佛教起著嚴重的破壞作用」，後來保唐無住廢除佛教的
一切形儀法制，亦是極端的實例，「這對教內並不太好，對外的影
響更大」。[144]

---

142 《觀心論》，《大正》85，No. 2833，頁1272下。

143 《圓覺經大疏鈔》卷三下之一，《卍新續》9，No. 245，頁532下。

144 印順《中國禪宗史》，頁170~173。《壇經》的方便通經表法，如「世人自色身
是城，眼、耳、鼻、舌、身，即是城門；外有五門－內有意門。心即是地，
性即是王；性在王在，性去王無。性在身心存，性去身心壞。佛是自性作，
莫向身外求。自性迷，佛即是眾生；自性悟，眾生即是佛。慈悲即是觀音，
喜捨名為勢至，能淨是釋迦，平直即是彌勒。人我即是須彌，邪心即是海水，
煩惱即是波浪，毒心即是惡龍。塵勞即是魚鱉，虛妄即是鬼神，三毒即是地

　　筆者認為，天台原本就是兼重教法的全面認識與實踐，但智顗所重是在一心三觀與三諦圓融，至於神秀所重者，仍在超越的自覺聖智境界。後者自《楞伽》而出，導向於無生懺悔；前者自《法華》而出，導向於三昧懺儀；三昧懺儀仍是偏向禮懺儀軌之建立，無生懺悔但在看淨觀心，無儀無軌；二條思路原本不同，雖可以在權宜上說其互通，但在境界與功夫的表現上根本是不同的。故《觀心論》認為，懺者若不能從內在的如來藏自性清淨心踐行懺悔，只貪迷於外在的形式儀禮，希望獲福，無有是處，徒勞無功的。[145]

　　從禪宗發展史而言，神秀的無生懺悔這是弘忍守心淨心金剛懺悔的繼承與創造，但惠能的無相懺悔卻認為這種看心看淨之懺悔，是大錯特錯、易成顛倒迷惑之禪法，尚非開示悟入的頓教法。[146]站在北宗循序漸進、看心淨心的立場而言，當然不會認為是錯誤的顛倒禪法，相對的，從安心懺悔到觀心懺悔，從《菩薩戒法》到《大乘無生方便門》，都是入道之要門禪悟路徑。但神秀大量綜引《楞伽》、《起信論》、《法華》、《維摩》、《金剛》、《華嚴》、《涅槃》、《思益經》等大乘經論，並建立大量方便論疏，明顯是趨向於文字般若之權用，這與慧可的「四世後，變成名相」之嘆頗為相契。[147]呂澄說，禪宗傳到弘忍、神秀，口頭說是慧可以來的一脈相承，而思想的實質通過《起信》已經無形中與十卷本《楞伽》

獄，愚癡即是畜生，十善即是天堂。無人我，須彌自倒；除邪心，海水竭；煩惱無，波浪滅，毒害除，魚龍絕。」鄧文寬校注，敦煌本《六祖壇經》，頁79~81。智顗的「觀因緣釋」、「觀教相釋」、「觀本迹釋」、「觀心釋」四釋，詳隋·智顗說《妙法蓮華經文句》卷一上，《大正》34，No. 1718，頁3下~9中。

145 這些概念涵蓋於全論之中，詳《觀心論》，《大正》85，No. 2833，頁1271上~1273上。

146 惠能云：「有人教人坐，看心看淨，不動不起，從此致功。迷人不悟，便執成顛，即有數百般如此教道者，故知大錯。」鄧文寬校注，《六祖壇經》，頁36。又，唐·獨孤及《菩提達摩南宗定是非論》云：「今者言不同者，為秀禪師教人『凝心入定，住心看淨，起心外照，攝心內證』。緣此不同。」又云：「心不住內，亦不住外。……我六代大師，一一皆言『單刀直入，直了見性』。」又云：「若教人坐，『凝心入定，住心看淨，起心外照，攝心內證』者，此障菩提。」見楊曾文《神會和尚禪話錄》，頁29~31。巴黎本《南陽和尚問答雜徵義》，《神會和尚禪話錄》，頁122~123。

147 《初期禪宗史書の研究》，頁565。

合流而面目全非；他們廣引經論，著意分疏，以作理論的準備，並採取指事問答的方式以誘導學者入門，都顯得迂迴曲折；至於後來說成「凝心入定，住心看淨」那一套，就更機械了。[148]另外，神秀圓寂前的遺囑云：「屈、曲、直」，[149]正是用道家老子的柔性無為道法來闡說他的清淨禪觀。[150]洪修平亦認為，北宗的離念觀心，定慧雙等，仍然是有心可觀，有定可修，有慧可發，亦即是有所執著的。[151]

筆者認為，神秀這種實相無相的無生懺悔，雖與大乘菩薩戒合一而教導如來藏的頓悟禪，實質上仍歸為漸悟類的懺悔。[152]徹底的說，神秀參用天台智顗《法華三昧懺》的無生懺悔儀軌置入禪宗頓悟禪法系統中，雖然亦屬無相懺悔，但這存在著區隔道信、弘忍禪法而自立為一大家的主導傾向。《楞伽師資記》說他是「二帝欽承，兩京開化，朝野蒙益，度人無數」；[153]唐‧張說亦說他是「兩京法主，三帝國師。……每帝王分坐，后妃臨席，鵷鷺四匝，龍象三繞」；[154]再從開元二十年（732）崇遠法師在華臺大雲寺與神會「辨邪正，定是非」時「揚眉亢聲，一欲戰勝」的態度視之，[155]不難看出神秀在當時在在兩京的政教權位與影響力。至於他這種以看心看淨禪法為主的菩薩戒懺悔滅罪思想，本質上是一種漸

---

148 《中國佛學源流略講》，（台北：里仁，1985 年 1 月），頁 330。
149 《楞伽師資記》，《大正》85，No. 2837，頁 1290 中。
150 《老子‧十六章》云：「致虛極、守靜篤。」二十二章云：「曲則全，枉則直，窪則盈，敝則新，少則得，多則惑。是以聖人抱一為天下式。不自見故明；不自是故彰；不自伐故有功；不自矜故長；夫唯不爭，故天下莫能與之爭。古之所謂『曲則全』者，豈虛言哉！誠全而歸之。」魏‧王弼《老子注》，（台北：藝文，2001 年 5 月），頁 44~46。
151 《禪宗思想的形成與發展》，頁 204。
152 楊曾文亦有相同之見解，見《唐五代禪宗史》，頁 130。
153 《楞伽師資記》，《大正》85，No. 2837，頁 1290 中。
154 唐‧張說〈唐玉泉寺大通禪師碑銘〉，《全唐文》卷二三一，收入《禪宗全書‧史傳部（一）‧全唐文禪師傳記集》，頁 380~381。句中的「三帝」，指武后、中宗、睿宗三朝（684~712）；「鵷鷺」，喻排列有序的百官；「龍象」，喻高僧大德。
155 唐‧獨孤沛《菩提達摩南宗定是非論》，楊曾文編《神會和尚語錄》，（北京：中華書局，2004 年 11 月），頁 15~22。「秀禪師為兩京法主，三帝門師」之語，亦見《菩提達摩南宗定是非論》，《神會和尚語錄》，頁 29。

中顯悟的禪觀，它有一定的次第性、漸階性，印順亦云：「淨心方便的次第化，已失去了東山法門 —— 即心是佛的頓入氣息。神秀所傳，是有頓悟入道成分的，而以方便顯，逐漸落入了漸修的情況」，[156]故菩薩戒與懺悔滅罪相對的是漸悟禪觀禪法的外顯形式化、語言文字化、教義化的呈現。

二、「秀禪師七禮」的懺悔義蘊

北宗弘忍禪系傳下《金剛五禮》，神秀法系繼其禪要，亦傳下《秀禪師七禮》。目前所見，敦煌尚有二本神秀系統的《大通和尚七禮文》（S.1494、P.2911），今據汪師之校對，將全文謄錄如下：

《秀禪師七禮》

至心歸命禮　本師釋迦牟尼佛。

釋迦身心遍法界，映現眾生心相中；

一切眾生無二等，一體真如普共同；

於中若生分別想，即是顛倒背真容；

真容無言名無說，有言有說行恆空。

若向色身生質礙，何時遠離得神通？

願共諸眾生，往生無勝國。

　

至心歸命禮　本師釋迦牟尼佛。

向里懲心修行移，陪教求能覓法難；

只為眾生不識體，假立經像遣思官；

未識法時經上覓，未識佛時像上覓；

識佛識法成真行，泥堪經卷不相干。

若向此中永得聖，見他衣常應濟寒；

邊見外聲無實相，普敬真如燈涅槃！

願共諸眾生，往生無勝國。

至心歸命禮　本師釋迦牟尼佛。

156　《中國禪宗史》，頁317。

諸佛分身車六道，眾氣教化合一令；
造惡定是真菩薩，修道應有己諳生；
逆行順行皆不到，於中孝見彷真形；
未識法時聲上覓，識法勤修不用聲；
既得頂中如意保，何須心外更求名？
願共諸眾生，往生無勝國。

至心歸命禮　本師釋迦牟尼佛。
欲覓西方離貪愛，欲求請度舍圍曾；
不見他人身上善，唯說自身有果能；
八苦長流不□至，十惡昏波不自懲；
向他門前燃知火，自許堂中滅惠燈；
除色除聲不肯學，逐名逐相結為輔。
若作此心求藉滅，與諸聖教不相應！
願共諸眾生，往生無勝國。

至心歸命禮　本師釋迦牟尼佛。
一切眾生皆是佛，好惡長短不須論；
他惡翻心相作善，即是破見解真門；
既得迴諍相作善，定得如來持戒門；
相善相惡無須妄，體中平等本無分；
只為迷心不覺察，侵佛謗法起貪嗔。
且能普敬行真實，還同明月出重云！
願共諸眾生，往生無勝國。

至心歸命禮　本師釋迦牟尼佛。
八萬四千真□□，□□□遍不可尋；
行行皆是□□□，□□□□□□□者。（以下缺）[157]

---

157 引見：汪師娟《敦煌禮懺文研究》，頁374~376。又見汪師娟〈「秀禪師七禮」
　　與禪宗禮懺〉，氏著《唐宋古逸佛教懺儀研究》，（台北：文津，2008年2月），

敦煌寫本僅見六禮，前五禮尚稱完整，第六禮的文字大半闕失，第七禮全佚。

據汪師娟之研究，目前雖不能確切證明《秀禪師七禮》的作者和年代，但可以確定它是屬於北宗的禪法，此懺禮具有：「（1）修道之本體 —— 了知真如爲心之本體；（2）修道之方法 —— 從攝心內照、斷惡修善，到佛性圓照、善惡皆泯；（3）修道之筌指 —— 藉教悟宗，而不執於言詮；假立經像，而不著於經像」三大思想內涵，並以此論述了它與淨眾無住（714~774）、資州處寂（唐和尚，648~734）、《六祖壇經》、《南陽和尚頓教解脫禪門直了性壇語》（《壇語》）、《觀心論》間的關係。[158]但筆者逐一檢視《秀禪師七禮》的內容，並未出現過「了知真如爲心之本體」、「攝心內照」、「佛性圓照」、「善惡皆泯」諸語，故不敢直接認同這種「本體」的說法。懺文中的「一體真如普共同」、「只爲眾生不識體」的「體」，是與「一切眾生無二等」、「假立經像遣思官」二句等同並觀的，亦即說的是「眾生皆有真如佛性」或「如來藏自性清淨心」的「真常之體」，是「心－佛－眾生」平等一如的真常體，此真常體是平等法，不是差別法，是「戒 —— 懺 —— 禪 —— 淨」一體如如的心法，是不可以用一切外在形式的經書文字圖像與知識概念範疇加以拘限的，即是超越一切心量的，後來的禪宗雖勉強使用「體用」或「體相用」言之，亦只是權說方便的用法，不能拘執之。且以「本體」言「真如」，不但難以與禪宗見性思想相契，亦容易與魏晉玄學相混；再則，《六祖壇經》與《壇語》的懺悔思想，與北宗的懺悔實踐本就相異其趣，與《秀禪師七禮》一起併論似亦未當。《秀禪師七禮》既是一份體現北宗懺悔思想的重要資料，爲了不要讓它的懺悔內容、懺悔儀軌與懺悔義蘊失焦，筆者認爲仍應專從「七禮」的內容與實際文字進行論說爲當。

頁 61~112。S.1494 作「《大通和尚七禮文》」、P.2911 作「《秀禪師七禮》」，汪師乃以 P.2911 爲底本，S.1494 爲校本。文中「□□□」等部分是空缺字。
158 汪師娟〈《秀禪師七禮》與禪宗禮懺〉，氏著《唐宋古逸佛教懺儀研究》，（台北：文津，2008 年 2 月），頁 61~112。

　　從現存資料視之，《秀禪師七禮》都是以「禮佛」→「理懺」→「發願」的結構進行禮懺。「七禮」的起始懺儀與最終目標均甚清楚。由現存六禮的第一句視之，七禮都是專以一尊「本師釋迦牟尼佛」為至心歸命的懺儀之始。這有三層義蘊，其一，禪者所歸命之對象是專一的一尊「本師釋迦牟尼佛」，表示神秀七禮是以初期佛教佛陀積極精進的禪定三昧與大無畏布施為修行精神的；其二，所歸命之對象始終維持依於「本師釋迦牟尼佛」一尊，表示懺悔思想是直契於佛陀精神的，這種單純性與樸實性，是禪宗的重大特色。其三，神秀系的懺悔思想簡要的容受了南北朝以來的的禮佛懺悔，這與大乘佛教的大行大願是相同的。

　　再由前面五禮的最後一句視之，七禮的最終目標，都是以「願共諸眾生，往生無勝國」為其理想境地。此有二層義蘊，其一，神秀系七禮的儀節亦有大乘菩薩的誓願精神，然其懺願精簡扼要，不須累贅多言；其二，禮懺的目標，不僅僅是禪者個人的頓悟，亦期望眾生皆能往生「無勝國」，此一「無勝國」，與《無量壽經》、《阿彌陀經》中的西方極樂淨土不太相同，[159]最早出現「無勝國」的是《海八德經》，但那是初期佛教佛陀周遊天下教授戒法的國家名；[160]在大乘佛教《涅槃經》中，「無勝國」指的是平等無有差別的清淨心，此心猶如西方安樂世界，亦如東方滿月世界。釋迦牟尼佛與眾生之所以能入此國土，並不是靠著念誦阿彌陀佛名號，而是依於無上最上的大涅槃法，故此大涅槃法是一種「唯修九事，不修淨土」的不放逸法。所謂「九事」，是「十事」扣除「淨土」；所謂「十事」，指的是「一者，根深難可傾拔。二者，自身生決定想。三者，不觀福田及非福田。四者，修淨佛土。五者，滅除有餘。六者，斷除業緣。七者，修清淨身。八者，了知諸緣。九者，離諸怨敵。十者，斷除二邊。」[161]據《大般涅槃經

159　曹魏・康僧鎧譯《佛說無量壽經》，《大正》12，No.360，頁 265 下~279 下。姚秦・鳩摩羅什譯《佛說阿彌陀經》，《大正》12，No.366，頁 346 中~348 中。
160　姚秦・鳩摩羅什譯《佛說海八德經》，《大正》1，No.35，頁 819 上。
161　《大涅槃經卷二十四・光明遍照高貴德王菩薩品》，《大正》12，No.374，頁 506 上~509 上。

義記》，如來於多世前早修過十事，早有淨土善因，今世之所以自居穢國，不修淨土，旨在化導眾生，淨除罪業，證成佛性。[162]「無勝國」中，無所謂淨穢的差別，因眾生皆有佛性，本來清淨，故不必再修淨土。華嚴宗澄觀在《華嚴經隨疏演義鈔》中，亦就此約攝理解，指無勝國是佛所證現的平等無差別相的無生際莊嚴淨土。[163]禪宗而言，即是一貫標明的如來藏自性清淨心或自覺聖智境的真如佛性。

　　以下再依禮懺次第闡述前面五禮的懺悔思想。第一禮云：「釋迦身心遍法界，映現眾生心相中；一切眾生無二等，一體真如普共同；於中若生分別想，即是顛倒背真容；真容無言名無說，有言有說行恆空。若向色身生質礙，何時遠離得神通？」[164]表現了釋迦與眾生的一體無二與「眾生皆有佛性」的基本禪旨，這不是語言文字或妄想分別所可詮說的。反之，眾生若執著於言說或色空的分別妄想，則一切禪修都會變異成業障而難能契應於真如妙法。整體言之，這仍是達摩不隨於言教的隨說隨行特色，只是達摩是用報怨行，而神秀系所用的是七禮懺悔。

　　第二禮云：「向里（裡）懲（澄）心修行移，陪（背）教求能覓法難；只為眾生不識體，假立經像遣思官；未識法時經上覓，未識佛時像上覓；識佛識法成真行，泥堪（龕）經卷不相干。若向此中永得聖，見他衣常（單）應濟寒；邊見外聲無實相，普敬真如燈（登）涅槃！」[165]表現了一切禪修的根本功夫是向眾生內

---

162 隋・慧遠《大般涅槃經義記》卷七，《大正》37，No.1764，頁 806 中。

163 佛云：「善男子！西方去此娑婆世界，度四十二恒河沙等諸佛國土。彼有世界，名曰『無勝』。彼土何故名曰『無勝』？其土所有莊嚴之事，悉皆平等、無有差別，猶如西方安樂世界，亦如東方滿月世界。我於彼土，出現於世，為化眾生故，於此界閻浮提中現轉法輪。非但我身獨於此中現轉法輪，一切諸佛亦於此中而轉法輪。」唐・澄觀《大方廣佛華嚴經隨疏演義鈔》卷四，《大正》36，No.1736，頁 31 中。

164 汪師娟《敦煌禮懺文研究》，頁 374。

165 《敦煌禮懺文研究》，頁 375。句中「向里懲心」的「里」、「澄」，「陪教求能」的「背」、「泥堪經卷」的「堪」、「見他衣常應濟寒」的「常」、「普敬真如燈涅槃」的「燈」，依神秀的思想、禮懺文意及敦煌人士寫經的習慣三角度衡量之，應可分別用「裡」、「澄」、「龕」、「單」、「登」五字代替之。關於敦煌寫本書字符號的使用，均牽涉到敦煌文字俗寫的習慣的「約定俗成」之問題，潘重規教授曾把它歸納為「字形無定」、「偏旁無定」、「繁簡無定」、「行草無

在本有的自性清淨心作澄清朗照的觀照，這種觀照是與一切外在的「假立經像」、「泥龕經卷」、「邊見外聲」等形形色色之假象是毫無干係的。句中的「假立經像」、「泥龕經卷」二詞，是對外在形象及語言文字的評破，說明徒於經像中去尋覓佛法是無法證得心性的；「邊見外聲」，是對偏邪不正的知見及外在形儀的評破，說明正知正觀本在一己心中，向內證求即可證得。至於「見他衣單應濟寒」，是喻指如來藏佛性本自滿足，只因眾生執迷於外在事物的追求而迷失了自己，遂令他如衣服單薄之人一樣，應隨時添加衣服（正知正見）以濟其孤寒。是故，禮懺即是對內在本有的如來藏自性清淨心所進行的修持，禮懺與禪修是一體無二的。神秀之意，是藉「禮懺」的功夫以與達摩的「理入」功夫相契；禮懺之時，依於緣起而契應於理入；理入之心，亦依於緣起而契應於自性清淨心；此心與禮懺依於緣起而互相契應的同時，皆自然契應於眾生本有的實相境界，隨時可以登上涅槃果位。

　　第三禮云：「諸佛分身車六道，眾氣教化合一令；造惡定是真菩薩，修道應有己諮生；逆行、順行皆不到，於中孝（道）見彷真形；未識法時聲上覓，識法勤修不用聲；既得頂中如意保（寶），何須心外更求名？」[166]諸句皆透過雙重互涉的語言對比，強調造惡者亦有成為佛菩薩的可能，修道者亦有造罪入地獄的可能。「造惡」與「菩薩」、「修道」與「諮生」、「逆行」與「順行」、「未識法」與「識法」、「聲上覓」與「不用聲」、「如意寶」與「心外名」，皆正反相對，雙雙互為緣起，互為作用，互為禮懺，互為禪觀。首二句的雙重互涉的對比，說明了諸佛的教化願力及於一切六道

定」、「通假無定」、「標點無定」等條例，見：氏撰〈敦煌卷子俗寫文字與俗文學之研究〉，《中央研究院國際漢學會議論文集》，1980 年 10 月、氏撰〈敦煌六祖壇經讀後管見〉、〈敦煌寫本「六祖壇經」中的「獦獠」〉，載氏著《敦煌壇經新書・附冊》，（台北：財團法人佛陀教育基金會，2001 年 6 月），頁 11~48、49~70。

166 《敦煌禮懺文研究》，頁 375。「諸佛分身車六道」一句，汪師本作「諸佛分身車六道眾」，多出一個「眾」字，依於前後文意與七言詩偈形式，後一個「眾」字應可刪除之。「於中孝見彷真形」的「孝」，「頂中如意保」的「保」，依神秀的思想、禮懺文意及敦煌人士寫經的習慣三角度衡量之，應可分別用「道」、「寶」二字代替之。

眾生，一切六道眾生皆緣合於佛法之中。三四句的雙重對比，說明了菩薩的修行與凡夫的修行是平等無二的，正向修持，皆成菩薩道；負向偏執，皆入三惡道。五六句的雙重對比，說明了順、逆二邊的偏見皆非究竟真實之法，惟依於正見，行緣起中道，方能照見真實佛身。七八句的雙重對比，說明了如意寶珠的如來藏清淨自性本可觀照而證見，不必到外在的一切現象形式上尋找。這是呼應第二禮的「未識法時經上覓，未識佛時像上覓」而說的，亦是慧可「觀身與佛不差別，何須更覓彼無餘」及僧璨「覓罪不見」思想的繼承，亦是所有禪者禪修時可能犯的錯誤。

第四禮云：「欲覓西方離貪愛，欲求請度舍園曾（僧）；不見他人身上善，唯說自身有果能；八苦長流不□（自）至，十惡昏波不自懲（澄）；向他門前燃知火，自許堂中滅惠（慧）燈；除色除聲不肯學，逐名逐相結為輔。若作此心求藉滅，與諸聖教不相應！」[167]這是前面第三禮的補充說明。如果知道了「雙雙互為緣起，互為作用，互為禮懺，互為禪觀」的禮懺作用，卻驕傲自滿，不肯實踐，是不可能頓悟成佛的。禮懺中的「離貪愛」、「他人身上善」、「八苦不自至」等語句，所說的都是正面事理，亦是欲離苦得樂、解脫證道、往生無勝國的必要踐履條件，但禪者若是一味做些「誇有能」、「燃知火」、「不自澄」、「不肯學」、「滅慧燈」、「逐名逐相」的事，則一切禮懺形同虛設，禪修便毫無意易與價值，亦永遠不能與佛法相應。

第五禮云：「一切眾生皆是佛，好惡長短不須論；他惡翻心相作善，即是破見解真門；既得迴淨相作善，定得如來持戒門；相善相惡無須妄，體中平等本無分；只為迷心不覺察，侵佛謗法起貪嗔。且能普敬行真實，還同明月出重云（雲）！」[168]這表現了

167　《敦煌禮懺文研究》，頁375。「欲求請度舍園曾」的「曾」，「八苦長流不□至」的「□」處，十惡昏波不自懲」的「懲」，「自許堂中滅惠（慧）燈」的「惠」，依神秀的思想、禮懺文意及敦煌人士寫經的習慣三角度衡量之，應可分別用「僧」、「自」、「澄」三個字代替之。

168　《敦煌禮懺文研究》，頁376。「還同明月出重云」的「云」，依前後文意即是「雲」字。

眾生皆有佛性，只要「翻心」相作善，在心識的作用上回翻在正知正覺之禪修狀態中，不要去分別妄想、侵佛謗法，普敬於心戒，隨依於緣起，必能在自然的機緣下滌除客塵煩惱重雲障礙，證見清淨自性，故曰「即是破見解真門」，這樣的破見，不是刻意在知識名言的析理上作形而上的破除，而是自本心的心識上所作的逆勢翻轉，返回本然法爾如是的自性清心之禪修與證悟。

　　前面五禮的懺悔思想，都是屬於體證心性的理懺，毫無一般禮懺儀的事懺或相懺的發露，今將其禮懺次第陳列如下：

第一禮：一切眾生皆有真如佛性

↓

第二禮：只因眾生不識真如之體

↓

第三禮：諸佛皆是向心修道滅罪

↓

第四禮：眾生勿執名相不肯學道

↓

第五禮：禮懺原本不論長短好惡

↓

第六禮：（缺）

↓

第七禮：（缺）

　　第一禮在肯定眾生皆有佛性，這是達摩、慧可以降一貫秉承的基本宗旨；第二禮強調了真如佛性體的體證與認識，說明懺悔是深入內心進行懺悔，不是向外覓求的；第三禮進行雙重觀照，說明諸佛的懺悔都是向內心真實處修道滅罪的；第四禮強調不可驕傲自滿，迷失在名相概念的執著中，而應落實於親身踐履；第五禮在去除虛妄分別，說明行行皆是真如門的意思。如是，佛與眾生原本一體如如，懺與禪雖二而一，禮懺體證真如，真如向心

懺悔，此是謂《秀禪師七禮》。

　　雖然《秀禪師七禮》的第六禮、第七禮闕而不存，但從整體觀之，神秀系的七禮並不是一般禮懺儀就三世罪障事相的發露懺悔，它不須七日、半個月或長年累月時間，不須千佛、萬佛、億佛的禮拜誦名，而是直接用詩偈的形式條陳懺理、禪觀、眾生皆有佛性諸理，在理理的凝練詩意的概括下，踐履著懺悔的禪觀，證見一己之如如本性。這樣的禮懺次第，是簡單質樸的自覺聖智境之另一種呈現，是大乘菩薩戒的另一種心法，是對三世因果業理的正確認識與理入懺悔，它沒有特別依據的經典，亦未就無明之心所造成的八萬四千煩惱情慾及恒沙眾惡無量無邊罪業進行輕重的差別分判，故在「觀心一法」、「般若波羅蜜」及「真如佛性」義上，可以與 S.2503《大乘無生方便門》、S. 2395《觀心論》的無生懺悔思想相近，只是《大乘無生方便門》側重於菩薩戒儀的傳受，《觀心論》側重於以「觀心一法，總攝諸法」[169]而《秀禪師七禮》強調了「向裡澄心」與「翻心」，這不但是直承達摩的楞伽心法，更在一定程度上與惠能「向心除罪緣」的「自性真懺悔」的頓悟禪法可以相契。[170]當然，對禪宗而言，不論是似有懺悔儀節的禮懺法，抑為問答式的言說，皆只是當下「心」、「懺」一體如如的修行實踐，或藉應機隨說以引導發問者頓入悟門，這種懺悔迥異於法相宗就一言一字一句之析說與論述，亦不同於華嚴的普賢懺願，與天台懺法有異，純然是翻回眾生內在本具的如來藏自性清淨心狀態之證驗的無生禪觀懺悔。

　　但《秀禪師七禮》明顯較《金剛五禮》多出了「兩禮」，這代表了北宗懺悔在不同弟子、不同區域、不同傳承上的實踐存在著明顯的變化。茲將二者的禮懺內容與儀節形式製表如下：

169　大英博物館 s.2795《觀心論》，《大正》85，No. 2833，頁 1270 下~1273 中。
170　惠能〈滅罪頌〉：「若將修福欲滅罪，後世得福罪元在。若解向心除罪緣，各自性中真懺悔。」鄧文寬校注，《六祖壇經校註》，頁 72。

表四：弘忍系《金剛五禮》與神秀系《秀禪師七禮》比較表

儀節次第	《金剛五禮》	《秀禪師七禮》
一禮	1.一心敬禮清淨真如 2.理懺：清淨真如寂然常住 3.歸依法身釋迦牟尼佛	1.至心歸命禮本師釋迦牟尼佛 2.理懺：眾生皆有真如佛性 3.發願
二禮	1.一心敬禮毗盧遮那 2.理懺：毗盧遮那懺願無邊 3.歸依報身釋迦牟尼佛	1.至心歸命禮本師釋迦牟尼佛 2.理懺：只因眾生不識真如體 3.發願
三禮	1.一心敬禮如來生地 2.理懺：如來為眾生出家 3.歸依化身釋迦牟尼佛	1.至心歸命禮本師釋迦牟尼佛 2.理懺：諸佛向心修道滅罪 3.發願
四禮	1.一心敬禮金剛般若 2.理懺：如來以金剛智滅凡夫罪 3.歸依金剛般若波羅蜜多甚深法藏	1.至心歸命禮本師釋迦牟尼佛 2.理懺：勿執名相不肯學道 3.發願
五禮	1.一心敬禮舍衛城祇陀林如來精舍 2.理懺：如來為聖眾說金剛般若 3.歸依金剛般若波羅蜜多甚深法藏	1.至心歸命禮本師釋迦牟尼佛 2.理懺：好惡長短不須論 3.發願
六禮	（無）	1.至心歸命禮本師釋迦牟尼佛 2.理懺：（缺） 3.發願：（缺）
七禮		（缺）

根據此表，筆者再比較一下二者的異同。

從相同處而言，兩者皆重視懺悔思想的實踐，其實踐的方式都是透過樸實簡易的禮懺儀軌之進行，其禮懺儀軌之進行都是為了如來藏自性清淨心的證悟；重視懺悔思想的實踐，表示北宗諸系統的禪法並未忽略懺悔、清淨與禪悟的結合；懺儀樸實簡易，表示北宗諸系統的禪法仍保留了達摩、慧可以降藉教悟宗的禪悟之路；證悟如來藏自性清淨心，表示了北宗諸系統的禪法皆重視懺悔實踐與生命意義的完成，並不是單純在靜坐看心看淨、修心觀心而已。

從相異處而言，可再細分八點闡說之。其一，從禮懺形式觀

之，《金剛五禮》由五個詩偈體聯結而成，五禮都是每禮十二句、每句四言的形式，外觀上整齊而固定。《秀禪師七禮》雖由七個詩偈體聯結而成，但文句較爲活潑而具變化，禮佛部分都是二句組成，「前五言，後八言」；理懺部分皆爲七言，但或由十句組成，或由十二句組成；發願部分由二句組成，再變爲五言；可謂長短錯綜，富於變化，這當與禮懺唱誦時抑揚頓挫的聲律美或唐代敦煌詩歌的發展有關係。其二，從禮懺本身的組織架構而言，《金剛五禮》是以「禮佛」→「理懺」→「歸依」的儀節進行懺悔；《秀禪師七禮》則以「禮佛」→「理懺」→「發願」的儀節進行之。兩者的儀節看似接近，事實上在禮佛、理懺與收結三方面的實踐上都存在著不同的文字內容，由此內容可知彼此的價值判斷與踐行方式是相異的。其三，從「禮佛」角度觀之，《金剛五禮》分別敬禮「清淨真如」、「毗盧遮那」、「如來出生地」、「金剛般若」、「如來精舍」、三身「釋迦牟尼佛」，綜合了金剛般若、華嚴與如來藏，而歸結於「金剛般若波羅蜜多甚深法藏」；《秀禪師七禮》則以一尊「本師釋迦牟尼佛」爲對象，而歸結於真如佛性的體證；前者契應於弘忍的金剛般若禪法，是東山法門禪路的體現；後者契應於神秀的無生方便禪法，而直接歸攝於「本師釋迦牟尼佛」的修行精神；二者亦各擅其場，反映了弘忍至神秀間懺悔思想的明顯變化。其四，從「理懺」角度觀之，《金剛五禮》在第一禮敬禮的是「清淨真如寂然常住」，理論上是先標示出禪宗修行實踐的基本立場，再依序進行「毗盧遮那」、「如來出生地」、「金剛般若」、「如來精舍」等義理的認識與實踐，這是將禪宗的清淨真如與大乘佛教、初期佛教懺悔思想作了教義的約攝與結合；《秀禪師七禮》的禮懺內容，係直接標示出禪宗強調的「眾生皆有真如佛性」的精神，繼之以「眾生不識真如體」、「向心修道滅罪」、「勿執名相」、「不論好惡長短」的認識與體證，這是抖落其他大乘諸佛菩薩名號的一種實相無相懺悔的實踐。其五，從每一禮的「最後儀節」說之，《金剛五禮》是將「歸依」置於後面，表示禪者在實踐懺悔的最後皆須自行歸依於「法身」、「報身」、「化身」三身佛，故五

禮最終所效法的對象是大乘佛教三身佛的修行精神；《秀禪師七禮》則以「發願」取代「歸依」，這表示了七禮重視的不是大乘佛教三身佛的修行精神，而是初期佛教釋迦牟尼佛的慈悲心願與清淨禪行，即禪者在實踐懺悔的最後皆須如釋迦牟尼佛一樣發慈悲心願與懺淨精進。其六，從佛教思想的融通與體現而言，《金剛五禮》較接近於南北朝的佛名懺悔滅罪思想，綜攝佛名懺悔與佛教思想菁華，最後落實為金剛般若的懺悔思想；《秀禪師七禮》是直接向上追溯到印度初期佛教釋迦牟尼佛的根本精神，契應於佛陀自知自覺、自懺自淨的懺悔思想；自此而言，後者的懺悔義蘊似乎較貼近於佛陀慈悲救人的精神，但運作了七個儀節又較五個儀節顯得累贅了些。其七，從禮懺的實質內容觀之，《金剛五禮》的內容存在著由大乘佛教回歸初期佛教的涵攝與回溯作用，即由禪宗的「清淨真如」涵攝大乘華嚴的「毗盧遮那」法界，再回溯到釋迦牟尼佛在佛舍衛城祇陀林時的懺悔與清淨禪法；《秀禪師七禮》的禮懺內容則去掉中間大乘華嚴的「毗盧遮那」法界思想，直截以釋迦牟尼佛的精神涵融禪宗的眾生皆有真如佛性，這有意在展現禪者樸實簡截的一枝獨秀精神。其八，從禮懺的實踐意義言之，《金剛五禮》雖只有五個儀程，但從其涵攝與回溯作用可以看出佛教經論與佛教發展史的痕跡，故實際的思維路徑繞得較長，即傾向於「藉教悟宗」的「教」之體證，顯示出北宗的如法行儀曠味；《秀禪師七禮》雖然是七個儀程，但可看出是將禪宗思想與釋迦牟尼佛的思想直接印契，故實際的思維路徑簡短明白，即傾向於「藉教悟宗」的「宗」之體證，兼有北宗的澄心曠味，亦涵蘊著南宗的心悟精神。

　　關於《金剛五禮》、《秀禪師七禮》的懺悔作用，學者有不同的看法。大陸聖凱〈唐代禪宗懺法新探〉一文，認為唐代敦煌寫本 P.3559 號卷子中的《金剛五禮》、P.2911 號《秀禪師七禮》等是北宗禪師們「將禪法運用於懺法中」的具體表現。[171]不過，汪

171　聖凱《中國佛教懺法研究》，頁 328。

師娟卻認爲，北宗禪法「可能運用禮懺活動來作爲輔助禪修的一
種方式」。[172]兩者的觀點，可謂南轅北轍、極爲懸殊。筆者認爲，
聖凱是從方法而論，汪師是從形式意義的懺悔儀軌而論，兩者的
立論處不同，皆有其正確之處，亦有值得討論之處。因爲，從《金
剛五禮》、《秀禪師七禮》的本身而言，它既是北宗的禪法，亦是
證道的懺法；既有如法的懺悔儀軌，亦是頓悟見性禪法的體證方
便；從禪宗的體證方便而言，兩種懺法即是當時禪者的禪法實踐。
不過，《金剛五禮》其實是弘忍弟子們對弘忍金剛懺悔的懺儀化之
呈現，一方面它繼承並體現了弘忍的金剛懺悔之精神，另一方面
亦讓弟子們不致於因守心修心、看心看淨禪觀而忘了「懺悔－發
露－滅罪－清淨」的具體實踐。至於《秀禪師七禮》，亦是「兩京
法主，三帝國師」的神秀進行大乘「無生懺悔」的懺儀化之體現，
神秀的「無生懺悔」確實是作爲看心看淨禪法的「前方便」之用，
即是「作爲輔助禪修」的前方便，但到了神秀弟子們的《秀禪師
七禮》，其實已將懺悔滅罪與看心看淨禪法作了機體性、創造性的
融合，作爲身心清淨的懺悔實踐，對禪宗而言，「懺悔－發露－滅
罪」而身心清淨是禪悟見性的同時過程，不二無別。故就北宗禪
師們的禪悟立場而言，《金剛五禮》、《秀禪師七禮》其實是禪法與
懺法的一體如如之實踐。從某一部分須依賴形式的懺儀才能修行
的禪者而言，禮懺儀軌的如法遵行確實是必要的權宜設施，因爲
神秀的「無生懺悔」確有如此之作用，《金剛五禮》、《秀禪師七禮》
之所以有「五禮」、「七禮」的懺悔儀軌之節度，亦是這樣的安排；
但是，切入禪宗懺悔思想的實質義蘊裡頭卻非如此，對於北宗那
些一心以樸實簡易的懺儀踐行自知自覺、不著名相、自懺自淨的
不放逸精進禪行而證悟心性的禪師們而言，他們都是自覺的認識
到因果罪業與六道輪迴之必然性的，當他們在踐履《金剛五禮》、
《秀禪師七禮》二種懺法時，與天台、華嚴、淨土等宗的懺悔儀
軌之實踐方式與心態是截然不同的，他們是禪不離懺，懺不離禪，

172　《唐宋古逸佛教懺儀研究》，頁 109。

禪中有懺，懺中有禪的，故二種懺法恐不是單純的「將禪法運用於懺法中」或「作爲輔助禪修」之作用而已。

　　以下再由「涵蘊著南宗的精神」說之。《秀禪師七禮》與隸屬天台的 B.7218V（芥 81）《法華七禮文》寫本在懺悔行儀上的關係，亦值得一探究竟。《法華七禮文》，從名稱視之，可知它是據《法華經》般若實相精神而編製的一部禮懺文。據學者研究，四部《高僧傳》中，歷代高僧以講誦《法華經》的人數最多；在敦煌寫本中，亦以《法華經》的比重最大；在佛教思想史上，亦以持誦《法華經》獲得證悟人數最多；在所有的經論注疏中，亦以《法華經》的注疏最多。[173]以此而言，善於涵攝經教的禪宗，汲取《法華》精義入禪門亦是必然之趨勢。禪宗大師如傅大士、四祖道信、牛頭法融與六祖惠能等人的禪思，與江南三論宗及天台宗之間，一直都存在著相互影響的關係。[174]天台始祖智顗的《法華三昧懺儀》，亦不離「勤行五悔方便，助開觀門；一心三觀，豁爾開明；如臨淨鏡，遍了諸色；於一念中，圓解成就。」[175]故天台據《法華》而立的懺悔精神，與北宗、南宗的懺悔方便皆可相互闡發。當然，南宗更重視依於佛陀正知正見的心法踐行《法華經》的一佛乘實相思想，《壇經》載，法達誦《法華經》七年，「心迷不知正法」，至漕溪請教惠能，惠能以「離却邪見，即一大事因緣」、「心行轉《法華》，不行《法華》轉；心正轉《法華》，心邪《法華》轉；開佛知見轉《法華》，開眾生知見轉《法華》」，「努力依法修行，即是轉經」等語開示之，法達一聞，言下大悟。[176]

　　由上說來，八世紀末北宗神秀系統的禪法，參考《法華七禮文》的懺儀與惠能的「心正轉《法華》」思想而製爲《秀禪師七禮》，不無可能。但二者之異同如何，應比較其實際的懺悔內容說之爲

173　吳言生《禪宗思想淵源》第八章「《法華經》與禪宗思想」，（北京：中華書局，2002 年 10 月），頁 289~290。

174　傅大士、四祖道信、牛頭法融的禪法與懺悔思想，見本書第三章第四節之論述；惠能的禪法與懺悔思想，參下一章之論述。

175　智顗《摩訶止觀》卷七，《大正》46，No.1911，頁 98 下。

176　《六祖壇經》，頁 92~94。

宜。以下先將懺儀內容表列如下：[177]（見下頁）

表五：《法華七禮文》與《秀禪師七禮》比較表

儀節次第	《法華七禮文》	《秀禪師七禮》
一禮	至心歸命禮本師釋伽（迦）牟尼佛。昔在鹿園說四諦，後於就（鷲）嶺說三乘；地動眉豪（毫）昭東方，天花普散及龍神；謗經定墜阿鼻獄，出眾比□□□；[178]童子聚沙爲佛塔，一禮直至菩提回。願共諸眾生，往生安樂國。	至心歸命禮本師釋迦牟尼佛。釋迦身心遍法界，映現眾生心相中；一切眾生無二等，一體真如普共同；於中若生分別想，即是顛倒背真容；真容無言名無說，有言有說行恆空。若向色身生質礙，何時遠離得神通？願共諸眾生，往生無勝國。
二禮	至心歸命禮本師釋伽（迦）牟尼佛。火宅焚燒四面起，長者愁惱三車迎；門外喚子不肯出，宅中是父心不驚；五十餘年捨逃誓（逝），八難惡道被□□；[179]普願同修《法華》者，永離娑婆生死聲。願共諸眾生，往生安樂國。	至心歸命禮本師釋迦牟尼佛。向里懲心修行移，陪教求能覺法難；只爲眾生不識體，假立經像遣思官；未識法時經上覓，未識佛時像上覓；識佛識法成真行，泥堪經卷不相干。若向此中永得聖，見他衣常應濟寒；邊見外聲無實相，普敬真如燈涅槃！願共諸眾生，往生無勝國。
三禮	至心歸命禮本師釋伽（迦）牟尼佛。一雲含潤遍法界，三□異□灑□空；四大弟子皆授記，十劫道場思惠風；王子同石投（頭）面禮，梵天俱來獻寶宮；險路疲人甚飢渴，化濟渡（以下缺）。	至心歸命禮本師釋迦牟尼佛。諸佛分身車六道，眾氣教化合一令；造惡定是真菩薩，修道應有己譜生；逆行順行皆不到，於中孝見仿真形；未識法時聲上覓，識法勤修不用聲；既得頂中如意保，何須心外更求名？願共諸眾生，往生無勝國。

---

177 敦煌寫本有 B.7218V（芥 81）《法華七禮文》一本，內容應該亦爲「七禮」，現僅存三禮。詳《敦煌禮懺文研究》，頁 373。

178 筆者按：「本師釋伽牟尼佛」的「伽」字、「後於就嶺說三乘」的「就」字，據汪師原文改爲「迦」、「鷲」，括之於後。「地動眉豪昭東方」的「豪」字，汪師未作校正，依前後文意，該字應爲「白毫」之「毫」字的通假，故以「毫」字括之於後。「出眾比」後的「□□□□」，汪師原本只列二個「□」格，但從前後文意、詩偈規律性、禮誦的聲律美及第三禮的「梵天俱來獻寶宮」的七言格式等角度視之，應列爲四個「□」格較爲恰當。

179 筆者按：「八難惡道被」後的「□□」，汪師原本沒有補上「□」格，但從前後文意、詩偈規律性、禮誦的聲律美及第三禮的「梵天俱來獻寶宮」的七言格式等角度視之，應再列二個「□」格較爲恰當。

四禮	缺	至心歸命禮本師釋迦牟尼佛。 欲覓西方離貪愛，欲求請度舍園曾； 不見他人身上善，唯說自身有果能； 八苦長流不□至，十惡昏波不自懲； 向他門前燃知火，自許堂中滅惠燈； 除色除聲不肯學，逐名逐相結爲輔。 若作此心求藉滅，與諸聖教不相應！ 願共諸眾生，往生無勝國。
五禮	缺	至心歸命禮本師釋迦牟尼佛。 一切眾生皆是佛，好惡長短不須論； 他惡翻心相作善，即是破見解真門； 既得迴淨相作善，定得如來持戒門； 相善相惡無須妄，體中平等本無分； 只爲迷心不覺察，侵佛謗法起貪嗔。 且能普敬行真實，還同明月出重云！ 願共諸眾生，往生無勝國。
六禮.	缺	至心歸命禮本師釋迦牟尼佛。 八萬四千真□□，□□□遍不可尋； 行行皆是□□□，□□□□□□者。（以下缺）
七禮	缺	缺

兩者的懺儀資料雖然都不完全，仍可看出兩者間存在著一定的異同處。

從相同處而言，至少有三點可說：其一，兩者皆重視「七禮」，即歷經七個禮懺儀程的實踐；其二，兩者的實踐皆是詩偈的禮誦方式，重視的是精簡扼要的樸實懺進精神；其三，兩者在禮誦的

第一句皆以「本師釋迦牟尼佛」為至心歸命的對象，兩者在禮誦的最後一句皆以「願共諸眾生，往生某某國」為懺悔實踐的最終心願。這一方面可看出在八世紀末時的天台與北宗，皆重視樸實簡要的懺悔思想之實踐，這在一定程度上與達摩報怨行懺悔的樸實精神是相應的；另一方面可看出八世紀末時的天台與北宗，皆重視如法的懺悔儀軌之遵行，這與南宗不重形式意義儀軌的懺悔思想並不相類。

　　從相異處而言，亦可分四點陳說之。其一，從詩偈字句的多寡而言，前者字句較少，簡潔明要；後者字句較多，稍具變化。其二，從禮懺儀節而言，兩者在第一句雖然皆以「本師釋迦牟尼佛」為至心歸命的對象，但前者的儀潔是擷取《法華》菁華故事依序鋪陳之，後者是在識佛識法的基礎下依序陳列無名無相的真如佛性之實踐。其三，從禮懺內容而言，前者的「火宅焚燒四面起，長者愁惱三車迎；門外喚子不肯出，宅中是父心不驚」及「普願同修《法華》者，永離娑婆生死聲」諸句，明顯是藉諷誦《法華經》以超度生死罪業的天台懺悔思想；至於《秀禪師七禮》，全是禪宗直契於釋迦牟尼佛禪行的懺悔實踐，第一禮表現出釋迦牟尼佛與六道眾生的一體無二與「眾生皆有佛性」的基本禪旨；第二禮表現一切禪修的根本功夫是向眾生內在本有的自性清淨心作澄清朗照的觀照；第三禮強調造惡者亦有成為佛菩薩的可能，修道者亦有造罪入地獄的可能；第四禮是第三禮的補充說明，要求禪者不要一味追逐一般教法的「誇有能」、「燃知火」、「不自澄」、「不肯學」、「滅慧燈」、「逐名逐相」等事，否則一切禮懺形同虛設，不能與佛法相應；第五禮再度肯定「眾生皆有佛性」的基本主旨，認為禪者只要「翻心」相作善，在心識的作用上回翻在正知正覺之禪修狀態中，隨依緣起，必能在因緣成熟下滌除客塵煩惱重雲障礙，證見清淨自性。第六禮、第七禮雖殘缺毀損，但依前五禮以推衍其理，當是禪宗向內觀照、向內澄心的自性禪法之實踐。其四，從最終的發願而言，前者的「往生極樂國」與後者的「往生無勝國」仍有不同，前者的「極樂國」是指《阿彌陀經》、

《無量壽經》中所說的西方極樂世界，與淨土宗的思想相通；後者的「無勝國」，雖然亦可視為西方極樂世界，但它最早出現在《涅槃經》中，與眾生本具的涅槃佛性平等無別，指的即是眾生本具的自性清淨心，禪者不必修淨土，[180]不必念誦阿彌陀佛聖號，依於不放逸的大涅槃法，即可懺罪清淨，證成真如佛性。

汪師娟〈《秀禪師七禮》與禪宗禮懺〉文中認為，《秀禪師七禮》的「往生無勝國」，如果從實相的角度來理解淨土的話，也可以說是繼承道信禪師以來的法要，亦是把淨土等同於如來真實法身、佛性、涅槃、般若等。[181]筆者以為，《涅槃經》中的「無勝國」，是一種「唯修九事，不修淨土」的不放逸法，它是自身決定的懺悔滅罪法，它不去觀照福田及非福田，純粹是禪者自身無礙的自居於穢土中面對因緣、滅除有餘、斷除業障，而至身心清淨，永離二邊，離諸怨敵的，[182]此種「不修淨土」懺罪清淨，既上承初期佛教的「懺悔－發露－滅罪－清淨」之懺義，與達摩那種自知自覺、自懺自淨的報怨行懺悔是可以相契相應，亦與禪宗眾生皆有佛性的立場相通，但與淨土宗依於阿彌陀佛大願的一心念誦阿彌陀佛聖號而登西方極樂淨土的懺罪思想相去甚遠，亦與道信兼用楞伽自覺聖智、般若空智與華嚴普賢懺悔之一行三昧無相念佛懺悔絕不相類，[183]二者在大乘佛教發展的過程中，同樣源自於初期佛教的懺悔義蘊，但事實上已是二種不同的思路，各有不同境界的開展。且檢視《秀禪師七禮》中的文字，並未出現「念佛」、「法身」與「般若」等字眼，沒有這些文字而勉強說它是「繼承道信禪師以來的法要」、「把淨土等同於如來真實法身、般若等」，不論於「向裡澄心」禪法，於《涅槃經》義理，還是於思想理路上，筆者是持保留態度的。

---

180 《大涅槃經卷二十四·光明遍照高貴德王菩薩品第十之四》，《大正》12，No.374，頁508下。
181 《唐宋古逸佛教懺儀研究》，頁73~74。
182 《大正》12，No.374，頁506上~506中。「唯修九事」已於前面「《秀禪師七禮》的懺悔義蘊」部分論述，此處不再贅出。
183 道信一行三昧的念佛懺悔，詳參本書第四節「二、雙峰道信的普賢懺悔」部分之論述。

　　此外，除了《法華七禮文》與《秀禪師七禮》的七禮行儀近似之外，敦煌本署名智顗的《觀心論》（亦名《煎乳論》），[184]與神秀系的《觀心論》亦極相似，書名同皆爲「觀心」，這更可看出神秀系統的北宗確實與當時天台懺悔思想的實踐存在著相互吸收影響的密切關係。但《煎乳論》則以「一心三觀」、「三諦圓融」的天台止觀禪法爲其旨歸，而《觀心論》是以肯定眾生皆有佛性爲基礎，言觀心懺罪與不放逸的禪修精進。後者的觀心懺罪與不放逸精進，乃向心修道以滅罪，滅罪清淨而踐履禪修以悟道，這樣的懺悔，毫無「泥龕經卷」之執著，亦無禮懺與戒律儀式之束縛，更不必執著於三觀、三諦的哲理析論。筆者再對照大英博物館S.2581 號《大乘北宗論》「二十對不起心與煩惱心」、「十三對生死與涅槃」的內容，[185]全論亦只是簡要的三十三對，內容上幾乎都是正反相對的禪修概念，並用偈頌的形式表現之，與智顗《煎乳論》的「觀一念自生心」概念及「三十六問」形式相對照，亦存在著極高的相似度。但《大乘北宗論》的三十三對，都是前句先去除妄心之起，後句再設疑發問，在去妄與設疑之間，雙雙互爲緣起，互爲作用，互爲禮懺，互爲禪觀，去憂遣妄，心無所住，只管當下的專注禪修與觀行，其旨意全是超越語言、文字、符號之外，這與楞伽的自覺聖智境及《金剛經》「是福德即非福德性，是故如來說福德多」[186]的無相懺悔是相互呼應的。亦即，若說《秀禪師七禮》、《觀心論》與天台《法華七禮文》、《煎乳論》有所交涉，只是在名稱與形式上的模擬或交流而已，在禪宗而言，是藉教以悟宗，藉象以會其意，故得其意已忘其象，論者不必執之。

　　要言之，《秀禪師七禮》以眾生皆有佛性爲基礎，重視「向裡澄心」、「翻心作善」的無生懺悔，不同於《金剛五禮》重視淨心看心的金剛般若懺悔。《秀禪師七禮》與《大乘無生方便》都重視

184　智顗《觀心論》，《大正》46，No. 1920，頁 584 中~587 中。灌頂另有《觀心論疏》五卷，《大正》46，No. 1921，頁 587 中~621 上。

185　詳大英博物館 S.2581《大乘北宗論》，《大正》85，No. 2836，頁 1281 下~1282 上。

186　姚秦・鳩摩羅什譯《金剛般若波羅蜜經》，《大正》8，No. 235，頁 749 上~中。

懺悔滅罪，但後者重視懺戒合一，懺悔是輔助修禪的前方便，收結於清淨禪坐，顯示出北宗的禪味；前者則重視「禮懺儀軌」的規律形式，在懺儀的踐履過程中直向如來藏自性清淨本心去修道而滅罪，懺悔即是禪法，禪法即是懺悔，這頗具南禪的頓悟曠味。《秀禪師七禮》與天台《法華七禮文》雖有相似之處，但天台是據《法華》經義而成的「一心三觀」、「三諦圓融」之止觀懺悔的實踐，七禮則居於禪宗「心正轉《法華》」的立場，是向裡澄心的真如佛性懺悔之實踐。

第三節　淨眾無相等的懺悔思想

　　弘忍、神秀都重視懺悔思想，弟子輩理應重視懺悔思想。不過，禪宗畢竟仍以「不立文字」、「以心傳心」為其基本精神，故不見得每一位弟子都會傳下懺悔思想的著作或言論。

　　弘忍的十大弟子中，神秀的無生懺悔已如上述，其他潞州法如、襄州通、資州智詵、越州義方、華州慧藏、蘄州顯、揚州覺、嵩山老安等，並是一方領袖，分別傳承乃師禪要。[187]據學者的研究，弘忍門下，最初相互之間是並存並進的。[188]各大系中明顯有懺悔思想可說者，是資州智詵（609~702，又作「侁」）「南詵禪」傳下的淨眾無相（684~762）、南山宣什（生卒不詳）與保唐無住（714~774）三人，茲略陳如下。

一、淨眾無相的「三無念佛」

　　據《歷代法寶記》載，無相禪師（684~762），俗姓金，本是新羅王族，家住海東（今朝鮮半島）。開元十六年（728）隨入唐

---

187 詳《楞伽師資記》，《大正》85，No.2837，頁 1289 下。並參：宗密《圓覺經大疏釋義鈔》卷三之下，《卍新續》9，No. 245，頁 532 中。
188 洪修平《禪宗思想的形成與發展》，頁 169、170。

使航海來華，拜謁玄宗，住禪定寺，未久入蜀，到資州（今四川資陽）德純寺禮處寂資州處寂（又稱唐和尚，648~734），時處寂有疾，不便接見，金和尚（無相禪師）效頭陀行，自燃一指爲燈供養之，逐得留於左右二年。開元二十年（732）四月，處寂將法衣密付無相（684~762）禪師。後章仇大夫請開禪法，居淨眾寺，化道眾生，經二十餘年，成淨眾一派。[189]

據《曆代法寶記》載，淨眾無相於每年十二月、正月新春之際，會與四眾百千萬人「受緣」。所謂「受緣」，即是即眾進行菩薩戒與懺悔的授受，其方法是：

> 先教引聲念佛，盡一氣念，絕聲停念訖，云：無憶、無念、莫妄（忘）。無憶是戒，無念是定，莫妄（忘）是惠（慧）。[190]

先教四眾「引聲念佛」，這雖是菩薩戒之一，但所說的即是淨土思想的念佛懺悔。這是道信一行三昧念佛禪法的餘續，但他不同於道信的是強調了「盡一氣念」的念佛懺悔，而是採用「禪淨合一」的方式進行，這除了正信念佛可以往生西方極樂世界的淨土思想外，仍具有頭陀禪行的特色。當然，對他而言，念佛懺悔是「無憶、無念、莫妄」禪法的基本功夫，或者說是說禪要之前的淨心、淨身功夫。即在念佛懺悔後，再以三無——「無憶、無念、莫妄（忘）」的摒棄世俗知識概念的禪觀功夫體會三學「戒、定、慧」的基本精神，由此而驗證自己本有的清淨佛性。他自認爲這種三無功夫是上承「達摩祖師本傳教法」、是一切教法的「總持門」，與智詵和尚、唐和尚所說的楞伽禪法已有不同。若從念佛懺悔重視淨心、淨身而言，這確實保存了神秀、普寂等北宗禪師重看心看淨的禪法，但從一行三昧言之，仍是道信一行三昧念佛懺悔的基本思路；若從「無憶、無念、莫妄（或作「莫忘」），無憶是戒，

189　《曆代法寶記》，《大正》51，No.2075，頁 185 上。印順《中國禪宗史》「淨眾的三句用心‧無相」，（台北：正聞，1998 年 1 月），頁 152~155。其傳承及教旨，見於宗密（780~841）《中華傳心地禪門師資承襲圖》（又作《裴休拾遺問》。內題《中華傳心地禪門師資承襲圖》、《內供奉沙門宗密答裴相國問》），《卍新續》110，No. 1225，頁 31 上~36 上。

190　《曆代法寶記》，《大正》51，No.2075，頁 185 上。

無念是定，莫妄是惠（慧）」將三無功夫、一行三昧與戒定慧三學溶融合爲一的禪入功夫而言，則是與惠能的無相懺悔與神會的無念懺悔可以上下相應。[191]

六祖惠能講「頓漸皆立無念爲宗，無相爲體，無住爲本」，又講「心地無非，是自性戒；心地無亂，是自性定；心地無癡，是自性惠（慧）」，[192]重視的是自知自覺自懺自淨的定慧不二之一行三昧的無相懺悔，側重的是《梵網經》菩薩戒中那種盧舍那佛以如來藏自性清淨心契應華嚴「心佛眾生，三無差別」的一心法界。此一心又不是華嚴無盡緣起而近唯心的無邊法界，而是當下自知自覺的清淨心地。至於北宗的神秀，據《壇經》所載，其三學漸悟是「諸惡不作，名爲戒；諸善奉行，名爲慧；自淨其意，名爲定；此即名爲戒、定、慧」，[193]雖同樣講戒定慧，但因執著於看心看淨與大乘菩薩戒，反而僵直了大乘菩薩戒清淨戒體之本意與活潑頓悟之機。至於神會，則將惠能的三無三學三身一體如如功夫轉變爲般若知見的無念懺悔，他雖將惠能的「無念－無相－無住」心法改變，所謂「諸惡莫作是戒，諸善奉行是慧，自淨其意是定」[194]的禪觀，只是把神秀的三個「名爲」改成「是」，方法上似是更爲直接了當，但實際上是企圖要建構一個無上本體的般若知見，戒體清淨的意思是接近於北宗神秀系統的看心看淨，不但具有經教之執亦與惠能的創新不同。

據宗密所說，後來無住禪師的「無妄」，再從金和尚（無相）的「無忘」功夫權變而去。[195]果如此，則無相禪師的三無功夫，不但和惠能、神秀、神會不同，自己是又有開創的。差異之處有四：其一，他的菩薩戒禪觀之無念懺悔，以「無憶」爲第一位，表示了他極爲重視懺者在緣起當下的懺悔，不要在禪修時生起世

---

191 惠能無相懺悔與神會無念懺悔，見本書第四章「惠能與神會的懺悔思想」部分之論述。
192 《六祖壇經》，頁 38、90。
193 《六祖壇經》，頁 38、90。
194 《神會和尚禪話錄》，頁 6。
195 據宗密《圓覺經大疏釋義鈔》所說，無住的「無妄」，是從金和尚（無相）的「無忘」權變而來的，見《卍新續》9，No. 245，頁 534 上。

俗的憶想分別。其二，他的第二順位功夫是「無念」，此無念是無
妄念之意，指意識未存世俗之憶想分別，而符於真如自性之念，
即教導懺者要專心一意「念佛」，依於佛的無量無邊大誓願力，滅
罪清淨，回復原本的清淨自性。其三，他的第三順位功夫是「莫
忘」，表示了要禪者仍不能忘記自己本身就是人，此人仍有正常人
的記憶，須不能忘記自己本身就具有般若智慧，但此人亦是心佛
眾生三無差別的，本身雖具有般若智慧，但仍隨時造業障覆自己
心性，以此呼應前二者的功夫。其四，他將「無憶」與「莫忘」
相對，看似惠能、神秀、神會的三無功夫，但他不是全無全遮，
在遮中有不遮，不遮中有遮，遮除了造作意念的分別能力，肯定
了現實人本具的真如智慧能力，故其念佛懺悔亦是一種簡樸易行
而不執著於禮懺儀軌的懺悔思想。

　　另外，無相禪師雖然推行念佛懺悔，但從《曆代法寶記》的
記錄來看，他極重視經典義理的認識與實踐，他大概不離《無量
壽》淨土的念佛，《文殊般若》的一行三昧、《般若經》的四無相、
《涅槃經》的眾生都有佛性、《梵網經》的以孝心為戒、《華嚴經》
的一心法界與《起信論》的真如佛性思想，[196]這確實並未放棄經
典義理的認識與無相禪觀的緣合併用。

　　《曆代法寶記》只是說無相禪師在每年十二月、正月舉行集
眾念佛懺悔，但未說明他所採用的是何種儀節，其他時間是否亦
有推行，均不可得知。但宗密《圓覺經大疏鈔》則云：

> （成都府淨眾寺無相）雖開宗演說，方便多端，而宗旨所
> 歸，在此三句。此國今時官壇，受具足戒方便。謂一兩月
> 前，先剋日牒示，召集僧、尼、士、女，置「方等道場禮
> 懺」，或三七、五七，然後授法了，皆是夜間，意在絕外，
> 屏喧亂也。授法了，便令言下息念坐禪。至於遠方來者，
> 或尼眾俗人之類，久住不得，亦直須一七、二七坐禪。然
> 後隨緣分散，亦如律宗。臨壇之法，必須眾舉，由狀官司

196　《曆代法寶記》，《大正》51，No.2075，頁 185 上~中。

給文牒，名曰開緣。[197]

亦即，淨眾無相的念佛懺悔，大致是「方便多端」，無所拘執的，但無論如何方便，最終必歸於「無憶、無念、莫忘」的三無功夫之契入。依宗密所說的情形，當時禪門大概都會配合政府進行懺戒合一的「方等道場禮懺」官壇法。整個壇法是先由當地政府在一、兩個月前事先公布周知，在十二月、正月之間，再聚集在家、出家的僧、尼、士、女眾等進行「方等道場禮懺」的受戒與懺悔。在受戒懺悔的壇法之中，亦如印度懺悔法一樣，「臨壇之法，必須眾舉」，即有舉罪、發露、說罪、懺悔之事，並「由狀官司給文牒」，即由政府頒發文書。至於受戒懺悔的期間是彈性的，出家男眾可以是三七日，或者為五七日，尼眾或在家眾則是一七日或二七日，這應是考慮到體力的問題。但「方等道場禮懺」的內容本就包括了禮佛、歸依、懺悔、發願……等儀程，「方便多端，無所拘執」的無相禪師是否會完全按照方等懺法一樣，長時間的累誦、發露、懺悔下去，這就不可得知了。至於在念佛懺悔後，利用夜間人靜之時進行息念禪坐，當是禪門必然之事。這種以三無「無憶、無念、莫忘」的功夫體會三學「戒、定、慧」（即「一切佛法」）的禪法，不論是否與無相禪師相近，不論是否運用方等懺法，不論是否進行禮懺儀軌，在禪宗思想史的立場看來，當是繼承惠能無相懺悔、神秀看心看淨三學與神會的無念懺悔的思想而來的。

　　他將「無憶、無念、莫忘」的三無功夫視為禪法的「總持門」，自認為是繼承自達摩的而來的禪法。這種以「念佛」→「滅罪」→「清淨」→「坐禪」的念佛淨土懺悔，最早可溯自慧遠（334~416），他在白蓮社以淨土念佛為修行法門，共期往生西方淨土；[198]其後，南朝蜀靈建寺的釋法琳，晚年時亦「注念西方，禮懺不息，見諸賢聖，皆集目前」；[199]到了盛唐，北宗神秀、普寂

197 《圓覺經大疏鈔》卷三下之一，《卍新續》9，No. 245，頁533下。
198 《高僧傳卷六·義解三·釋慧遠一》，《大正》50，No. 2059，頁 358 下~359上。
199 《高僧傳卷十一·明律第五·釋法琳十一》，《大正》50，No. 2059，頁402上。

等禪師亦在無量壽殿「禮懺誦念」；[200]這些都是結合淨土念佛與觀相懺悔兼證的功夫。但無相禪師的先「引聲念佛，盡一氣念」，進一步標明了聲音、氣息、禪觀、戒定慧與「無憶、無念、莫忘」三無功夫的密切配合過程，在四川淨眾寺樹立了個人的禪風，並傳給了無住禪師。故學者認爲，他的禪法與惠能南宗禪相通而與神秀北宗禪相異，但在形式上卻又與神秀系的重視坐禪相同而與南宗的反對執著於坐禪不合，展現出既不同於北宗亦不同於南宗的一宗特色。[201]

宗密曾說無相禪師的弟子曾在淨眾寺「有藉傳香而存佛」，即透過「集眾禮懺」之禮懺念佛儀式傳授香戒，[202]其詳爲何已不可得知。但由此線索可知無相禪師所倡行的三無念佛懺悔，仍很重視大乘菩薩戒、一行三昧禪觀與惠能神秀神會三無功夫的承繼與創新，是有別於慧遠的淨土念佛與道信一行三昧之念佛懺悔而又自己開出了專致一氣與三無功夫的懺悔。雖然他的實踐情形沒有充足的資料可供參考，但從後來南山宣什的念佛懺悔與保唐無住的無念懺悔來看，他的三無念佛懺悔在蜀地確實是發生過一定影響力的。

二、南山宣什的「念佛禮懺」

五祖弘忍門下，南山宣什宗亦傳有念佛禮懺的禪法。宗密《圓覺經大疏鈔》云：

> 疏「有藉傳香而存佛者」，即南山念佛門禪宗也。其先亦五祖下分出。法名宣什，果州未和上、閬州蘊玉、相如縣尼一乘皆弘之。余不的知稟承師資照穆。言「傳香」者，其初「集眾禮懺」等儀式，如金和上門下。欲授法時，以傳香為資師之信。和上手付，弟子却授和上，和上却授弟子，

---

200 詳《全唐文》卷二百六十三，頁1181~1182。
201 洪修平《禪宗思想的形成與發展》，頁181。
202 《圓覺經大疏鈔》卷三下之一，《卍新續》9，No. 245，頁533下。

> 如是三遍，人皆如地。言「存佛」者，正授法時，先說法
> 門道理，修行意趣；然後令「一字念佛」：初引聲由念，後
> 漸漸沒聲、微聲，乃至無聲，送佛至意，意念猶麤，又送
> 至心；念念存想「有佛恒在心中」，乃至無想盍得道。[203]

宗密說「不的知稟承師資照穆」，是說不能明知「宣什」的詳細師資傳承，只知道他是五祖門下所分出的一派。據宗密所說，南山宣什一派禪法的特色，是「藉傳香而存佛」，即藉菩薩戒的戒體清淨以傳佛印。所謂「傳香」，可說是當時南、北宗共同運作的大乘菩薩戒之傳戒懺悔方式，北宗禪在「五方便」中提出「戒身→定身→慧身→解脫身→解脫知見身」的「五分法身」圓滿報身概念，[204]這種傳香戒法是大乘佛教三學、三身與禪觀功夫的結合與超越，北宗神秀、普寂等禪師多用於看心看淨的禪觀修行上。南宗則不同，惠能是將「三無 ── 三學 ── 三身 ── 禪觀」渾融為一，用之而不執之，要在明心以見性的無相懺悔。後來的《壇經》版本，可能經過神會、神會弟子或北宗禪師的改易，遂將「五分法身」的禪觀演繹成「五分法身香」的菩薩戒與無相懺悔。[205]據宗密之記載，金和尚無相禪師曾在淨眾寺進行過「集眾禮懺等儀式」的傳相證佛性的禪法，但他們究竟如何集眾？如何禮懺？有哪些儀式？從這些文字資料並無法看出。南山宣什宗，顯然受到三無念佛與般若知見智慧的直接影響，遂將三無念佛懺悔更專一的權變為「念佛禮懺」的禪法。當時與宣什一齊弘傳這種集眾禮懺法的，還有果州（今四川蒼溪）的未和尚、閬州（今四川閬中）的蘊玉、相如縣尼一乘等人，可見曾經盛行過一段時間。他的集眾禮懺是否採用官方認同的「方等懺悔」壇法，這不可得知，但應與無相禪師一樣，重視禮懺，專志念佛，心、戒、禪、懺合一，

203　《圓覺經大疏鈔》卷三下之一，《卍新續》9，No. 245，頁 533 下。文中「盍得道」的「盍」字，印順懷疑是「盡」之誤，但依前後文意與禪宗無執形象的意趣而言，其實仍應以「盍」（通「曷」、「何」）為佳，因念佛念到最後，應是超越一切有為形象與儀式，到達完全沒有如何成佛的念頭，這較合禪淨合一之意。

204　《禪宗全書・語錄部（一）》，頁 218~219。

205　宗寶本《六祖壇經》，《大正》48，No.2008，頁 353 下。

卻是「方便多端」而「無所拘執」的。

　　若對照於《圓覺經大疏鈔》所載的「方等道場禮懺」來看，南山宣什的集眾禮懺不同於淨眾寺無相的是，他更強調「以傳香為資師之信」的儀節，其授大乘菩薩戒的次第是：（1）和尚先手付（菩薩戒）給弟子→（2）弟子再回授給和尚→（3）和尚再回授給弟子。其中，「弟子再回授」，表示菩薩戒是師弟授受與戒體清淨精神是交互認知的；「如是三遍」，表示這是具莊嚴恭敬與禪法的薪火相傳之意，眾人皆如是而得戒。至於「存佛」，亦有其授法次第，即（1）先說明禪門道理及修禪成佛之意趣；（2）眾人再專心「一字念佛」。「一字念佛」的方式亦有其次第，起始之時，眾人先是跟著引導隨聲念佛，一直專心念佛下去，念到一定階段後，再漸漸放低聲音，漸漸微聲，然後至於無聲。在念佛念到靜止無聲的狀態之下，冥思自己的精神深意與佛陀的精神深意結合為一；但這樣的意念尚屬較為粗糙的意念，故又必須念念存想「有佛恒在心中」，讓自己的至誠一心到達最細微的狀態；但在最細微狀態下，尚須超越一切有為形象與儀式，到達完全沒有如何成佛的念頭。單從專心「一字念佛」而言，這是道信－弘忍－無相念佛懺悔的接續，這仍屬有為法，亦可稱之為漸法；最後連如何成佛的念頭都不去想了，這才是無為無漏的頓悟之法。

　　要言之，南山宣什的念佛禮懺，儀式是「以傳香為資師之信」→「一字念佛」，這樣的懺悔滅罪儀式，一樣具有禮懺儀軌的特色，但它顯然不是各大宗派禮懺法那種龐大篇幅與長年累月禮懺儀軌的實踐，而是符合達摩以降的樸實簡易與行質相貫之特色。從某一層次言之，南山宣什的念佛禮懺勉強可說是道信無相念佛懺悔、淨眾無相三無念佛懺悔的彈性發展，但他又是弘忍金剛般若懺悔、惠能無相懺悔、神秀五方便無生懺悔的創造性權變。

三、保唐無住的「無念懺悔」

　　淨眾無相、南山宣什等所進行的三無念佛或一字念佛，雖然

亦尚簡易，但既定於同樣的規律或儀式，便易與各大宗派的禮懺法或念佛法混淆，故保唐無住（714~774）更徹底的剔除掉一切的形式儀軌，遂有「無念懺悔」禪觀出現。

開元年間（713~741），無住還是青年才俊，曾向北宗系統的慧安（582~709）和尚弟子陳楚璋（生卒不詳）居士求法問道。由於二人密契相知，默印心法，遂一向「絕思斷慮，事相並除」，當時就已建立了個人的獨特禪觀。據楊曾文之研究，慧安雖屬北宗系統，但不同於神秀，且較接近南宗頓教禪法。[206]天寶初年（742頃），保唐無住又往山西太原參謁自在禪師（生卒不詳），追隨自在禪師左右；不久，正式剃髮出家；天寶八年（749），受具足戒。乾元二年（759），又入四川成都淨眾寺參謁金和尚（無相禪師，684~762），寶應元年（762）五月十五日，嗣其法印。無相示寂後，無住於永泰二年（766）入空慧寺，十月與杜鴻漸（709~769）問答，開演頓教之法，後住保唐寺開法，教化大行，世稱「保唐無住」。[207]

道原《景德傳燈錄》說保唐無住的禪法是：「雖廣演言教，而唯以無念為宗。」[208]無念禪法，本起於求那跋陀羅「實性安心」的「無念安身」禪法，[209]惠能、神會再權變深化之。惠能主張「頓漸皆立無念為宗」，並云：「學道者用心，莫不識法意。自錯尚可，更勸他人迷，不見自迷，又謗經法，是以立無念為宗。即緣迷人於境上有念，念上便起邪見。一切塵勞妄念，從此而生。」[210]神會云：「自知本體寂靜，空無所有，亦無住著，等同虛空，無處不遍，即是諸佛真如身。真如是無念之體，以是義故，故立無念為

206　楊曾文〈淨覺及其《注般若波羅蜜多心經》與其校本〉，《中華佛學學報》第六期，1993 年 7 月，頁 237~261。

207　《歷代法寶記》，《大正》51，No.2075，頁 186 上~188 下。

208　《景德傳燈錄卷四・益州無相禪師法嗣忍大師第四世》，《大正》51，No. 2076，頁 234 中。

209　求那跋陀羅云：我法「超度三乘，越過十地，究竟佛果處，只可默心自知，無心養神，無念安身，閑居淨坐，守本歸真」，《楞伽師資記》，《大正》85，No. 2837，頁 1284 上。

210　鄧文寬校注《六祖壇經》，頁 38~39。

宗」，故「但不作意，心無所起，是真無念」。[211]宗密將神會的禪
法歸爲「直顯心性宗」，云：

> 但得無念知見，則愛惡自然淡泊，悲智自然增明，罪業自
> 然斷除，功行自然增進，既了諸相非相，自然無修之修。
> 煩惱盡時，生死即絕；生滅滅已，寂照現前，應用無窮，
> 名之爲佛。[212]

只要此心有如來藏佛性而無我、我所之妄識；心無妄識，則無愛
惡罪業，無愛惡罪業則無煩惱生死，無煩惱生死即是本體寂靜的
真如佛身。[213]

但學者對保唐無住禪法之研究，多集中於其「反對禮懺念佛」
的角度上進行心識思想的論述。[214]《歷代法寶記》載：無住不行
禮懺、念誦、一任閑坐。道逸禪師，習誦禮念，共諸同學、小師
白和上云：「請六時禮懺，伏願聽許。」無住卻云：

> 無念即是見佛，有念即是生死。若欲得禮念，即出山。平
> 下大有寬閑寺舍，任意出去。若欲得同住，一向無念，得
> 即任住；不得即須下山去！[215]

無住以「一向無念」的任住禪法教導重視「六時禮懺」的道逸禪
師，這讓道逸禪師一時無法接受，遂與何空禪師一併去見無相金
和尚，但他們同樣遭到金和尚（無相禪師）的斥喝，肯定無住的
禪法。無相禪師之所以肯定無住，基本原因應如宗密所說的「教
行不拘而滅識」之無念禪法，宗密對於其傳授儀式有詳細的記載，
其云：

---

211 《南陽和上頓教解脫禪門直了性壇語》，《神會和尚禪話錄》，頁 10。
212 唐·宗密《禪源諸詮集都序》卷上之二，《大正》48，No.2015，頁 403 上。
213 神會亦講「無念懺悔」，其無念懺悔中有「無念知見」，又稱「般若知見」、「於
   無住處立知見」，詳本書第四章「神會的懺悔思想」部分之論述。
214 如徐文明〈智詵與淨眾禪系〉，《敦煌學輯刊》n.1，（蘭州：《敦煌學輯刊》 編
   輯部，2000 年 1 月）。高毓婷〈禪宗心識思想研究－以唐代爲中心〉，（台北：
   國立臺灣師範大學國文所博士論文，2006 年 6 月），頁 81~83。水野弘元撰，
   弘音譯，〈心識論與唯識說的發展〉，《國際佛學譯粹》第 2 輯，（台北：靈鷲
   山，1992 年 5 月），頁 1~47。Zeuschner Robert B. ，"The understanding of mind
   in the Northern line of Ch'an （Zan）"，*Philosophy East and West* 28，no.1，1978
   年 1 月，頁 69~79。
215 《歷代法寶記》，《大正》51，No.2075，頁 187 上。

其傳授儀式，與金門（無相禪師）下全異。異者，謂釋門
事相，一切不行，剃髮了，便掛七條，不受禁戒。至於禮
懺、轉讀、畫佛、寫經，一切毀之，皆為妄想。所住之院，
不置佛事，故云「教行不拘」也。言滅識者，即所修之道
也，意謂生死輪轉，都為起心。起心即妄，不論善惡，不
起即真，亦不似事相之行。以分別為怨家，無分別為妙道。
亦傳金和上三句言教，但改「忘」字為「妄」字。云諸同
學：「錯預先師言旨」，意謂無憶無念即真，憶念即妄，不
許憶念，故云「莫妄」。毀諸教相者，且意在息滅分別而全
真也，故所住持，不議衣食，任人供遞，遞即暖衣飽食，
不送即任飢任寒。亦不求化，亦不乞飯。有人入院，不論
貴賤，都不逢迎，亦不起動。讚嘆供養，恠責損害。一切
任他，良由宗旨，說無分別。是以，行門無非無是，但貴
無心而為妙極，故云「滅識」也。[216]

宗密這段內容，說明了無住禪師的無念禪法是完全與乃師無相禪
師不同，所謂不同者，是從「教法不拘」與「滅識」二角度而說
的。所謂「教法不拘」，指的是釋門中的一切事相儀軌與釋門禁戒，
全部都不拘不執，這樣的不拘不執，都不自我設限，活用無相禪
師的「無憶、無念、莫忘」的禪修，變成「無憶、無念、莫妄」，
強調了「妄」字之意。對於一般佛教界盛行的禮懺、轉讀、畫佛、
寫經等方便，無住都不去執著與進行，認為那些皆是妄想事儀，
故所住之寺院，都「不置佛事」。至於「滅識」，是因為眾生輪轉
於生死，都是一種起心，起心就是妄念，只要不去論說善惡，不
起心念，就是真正的禪修，是故主張「不似事相之行」。因為「分
別是怨家」，故主張「無分別為妙道」。他為何會「毀諸教相」？
因為意在「息滅分別而全真」。既是在「息滅分別而全真」，故「亦
不求化，亦不乞飯。有人入院，不論貴賤，都不逢迎，亦不起動。
凡有讚嘆供養者，都怪責損害之。一切任他，良由宗旨，說無分

---

216 宗密《圓覺經大疏釋義鈔》，《卍新續》9，No. 245，頁534上。

別。宗密認爲，神秀－普寂系統、智詵－無相系統與無住禪師的禪法，根本上都與六祖惠能思路相似，只是有傍正之差異而已。[217]從惠能的無相懺悔與神會的無念懺悔的懺悔義蘊視之，[218]宗密的說法不無道理。徐文明則認爲，無住（714~774）的「教行不拘」、「不受禁戒」與「不置佛事」，倒與同時代南禪馬祖（709~788）大師一系的「無修爲修」相似，其「無非無是，但貴無心」，亦是將般若空理變成實修法門。[219]

　　永泰二年（766）十月一日，無住回答杜鴻漸（709~769）云：

　　　　（無憶、無念、莫妄）是一不三。無憶是戒，無念是定，莫妄是惠（慧）。念不起戒門，念不起是定門，念不起惠（慧）門。無念，即戒定惠（慧）具足。[220]

無住直截了當的以「念不起」涵攝無相禪師「無憶、無念、莫妄（忘）」的三無禪法，並將三無禪法與戒定慧三學結合爲一，這說法與主張「看心」、「看淨」的北宗禪系有著明顯的差異，確實於惠能、神會的「三無 ── 三學 ── 三身」觀念相契，但無住直接表示的就是「念不起」的「無念」之意，這都是注意到現實人的認知與區別作用，不止是達摩至弘忍間所說的高遠難企的佛性。

　　另外，他引《法句經》：「說諸精進法，爲增上慢說」的觀點，[221]教僧眾「無善、無精進」，讓學僧超越凡塵妄識去修行。事實上，《法句經》的思想，無一處不明「精進」、「不放逸」及「遭苦不憂」、「甘心爲之」之道，並未見所謂「說諸精進法，爲增上慢說」的觀點。筆者認爲，無住之所以如是說，基本上是採用逆向思考的方法，即援用《金剛經》「見諸相非相，即見如來」的無相般若思維，緣化於「精進」、「不放逸」及「遭苦不憂」、「甘心爲之」

217　《圓覺經大疏釋義鈔》，《卍新續》9，No. 245，頁 534 上。

218　關於惠能的無相懺悔與神會的無念懺悔，詳本書第四章「惠能與神會的懺悔思想」之論述。

219　徐文明〈智詵與淨眾禪系〉，《敦煌學輯刊》n.1，（蘭州：《敦煌學輯刊》，2000年 1 月）。

220　《歷代法寶記》，《大正》51，No.2075，頁 187 上。。

221　《法句經》的「精進」、「不放逸」及「遭苦不憂」、「甘心爲之」之道，詳吳·維祇難等譯《法句經》，《大正》4，No.210，頁 559 上~575 中。

之道上，讓學僧們勿在心識上妄起心念，故無住才會說「若能心不妄，精進無有涯」，[222]這種無念的思路，特別強調了不起心的功夫，又與乃師相去甚遠，而有北宗住心不動的意味。

　　無住的反對禮懺念佛，與《景德傳燈錄》闍夜多「我不求道，亦不顛倒；我不禮佛，亦不輕慢；我不長坐，亦不懈怠；我不一食，亦不雜食；我不知足，亦不貪欲。心無所希，名之曰道」那種熟知因緣果報業理的禪法極為相近；[223]但《付法藏因緣傳》中的闍夜多，卻是個致力踐行懺悔滅罪以契無漏涅槃的高僧。[224]故表面上無住雖說「無善、無精進」，其實正是深知因果業理而自知、自覺、自懺、自淨，精進向上的一種懺悔思想，如他曾引《大佛頂首楞嚴經》的「二種根本」云：

　　由失本明，雖終日行，而不自覺，在入諸趣。[225]

一切眾生，從無始已來，種種無明顛倒，依於緣起因果，業種自然如惡叉一般齊聚眾生身心底層，這是懺悔滅罪與精進向上的根本認識。故懺悔禪修之人，若執迷於禮懺的形式儀節，盲目跟從大眾念佛念心念經，雖誦千言，雖禮億佛，雖懺罪業，終不能證成無上菩提，此皆由不知「二種根本」，錯亂修習之故，這就像是「煮旱沙欲成嘉饌」一樣，縱經千萬劫，終亦不能得的。無住認為：「修行般若波羅蜜，百無所須。」既然百無所須，是否就不用懺悔精進？他認為：「汝但辦心，諸天辦供，何等心辦？不求心、不貪心、不愛心、不染心。梵天不求，梵天自至。果報不求，果報自至。無量珍寶，不求自至。」所謂「辦心」，就是以正知正念適當的滅除內在的無明心識。故教無盈法師、清涼原法師云：「法師不識主客，強認前塵以流注生滅心，自為知解，猶如煮沙欲成

222　《歷代法寶記》，《大正》51，No.2075，頁189上。
223　《景德傳燈錄卷二·第二十祖闍夜多傳》，《大正》51，No.2076，頁213上。
224　元魏·吉迦夜、曇曜共譯《付法藏因緣傳卷六·闍夜多》，《大正》50，No.2058，頁321上。
225　《歷代法寶記》，《大正》51，No.2075，頁189上~中。《大佛頂首楞嚴經》的「二種根本」，亦以自覺自證為要，見：唐·般剌蜜帝譯《大佛頂如來密因修證了義諸菩薩萬行首楞嚴經》（又稱「大佛頂首楞嚴經」、「大佛頂經」、「楞嚴經」），《大正》19，No.945，頁108下。

嘉饌，計劫只成熱沙，只是自誑誑他。」要言之：「隨言而取義，建立於諸法，已彼建立故，死墮地獄中。」[226]刻意有爲的隨言取義，建立諸法，以千萬遍的禮懺行之，苦行毅力雖然驚人，卻不是懺悔思想的根本義蘊，禪宗既重明心見性，頓悟成佛，何必要執著於隨言取義，建立懺儀？因之，反對禮懺念佛，並非真的「無善、無精進」，而是不隨意建立懺悔儀軌，不執著於懺儀的形式過程，而是更重視無念、無心、無妄的懺悔罪業。

問題是，依於緣起法，眾生在因果業報之下，必然時受宿殃苦報，這又如何進行懺悔？他的方法是：「知足大富貴，少欲最安樂。」[227]「知足」、「少欲」，是《法句經》的懺悔精進法，亦是佛陀對弟子們千叮嚀、萬囑咐的無漏行法，包含了禪者的認識層面與心理情欲，故無住的基本理論很清楚，即是「一切眾生，本來圓滿。上至諸佛，下至一切含識，共同清淨性。爲眾生一念妄心，即染三界。」[228]這與達摩「深信含生，凡、聖同一真性，但爲客塵妄覆，不能顯了」的報怨行懺悔是相爲呼應的。[229]是「一念妄心覆染三界」，並不是自性清淨心有罪業，禪者必須對此覆染的遮蔽有正確的認識並對自己的欲求作適當的處置。三界無安，三界皆苦，故滅罪離苦之法，即是「心生即種種法生，心滅即種種法滅」，其云：

> 無念即無生，無念即無滅，無念即無愛，無念即無取，無念即無捨，無念即無高，無念即無下，無念即無男，無念即無女，無念即無是，無念即無非。正無念之時，無念不自；心生即種種法生，心滅即種種法滅。如其心然，罪垢亦然，諸法亦然。正無念之時，一切法皆是佛法，無有一法離菩提者。[230]

短短一段話就出現二十五個「無」字，這極明顯的是在教導禪者

---

226 以上引文俱見《歷代法寶記》，《大正》51，No.2075，頁189下~190上。
227 《歷代法寶記》，《大正》51，No. 2075，頁189下。
228 《大正》51，No. 2075，頁189下。
229 《楞伽師資記》，《大正》85，No. 2837，頁1285上。
230 《歷代法寶記》，《大正》51，No.2075，頁194中。

須去除掉一切世俗知識概念的價值觀，而以清淨本性的自然自在
為修行的目標與方向。是以，「如其心然，罪垢亦然」，即是依於
緣起所說之懺悔滅罪法，此有故彼有，此無故彼無，此生故彼生，
此滅故彼滅，如來藏自性清淨心的現起，不在邊見、妄念之下，
而在無念與正念。這樣的無念與正念，並未否定掉懺悔滅罪之理，
反而是以無執於懺悔滅罪之理所進行的精進不放逸之一向禪坐之
懺悔，只是不執著於形式上的禮懺儀軌，不願不清不楚的盲從於
一心念佛而已。

這種反對形式上的禮懺念佛而實際重視懺悔精進的禪法，充
分顯示在他與問道者的對答中。如當時人號「質直僧」的知一禪
師，本在淨覺禪師處學「看淨」法門，無住亦為說法云：

> 法無垢淨，云何看淨？此間淨由不立，因何有垢？看淨即
> 是垢，看垢即是淨；妄相是垢，無妄相是淨；取我是垢，
> 不取我是淨；無念即無垢。無念即無淨；無念即無是，無
> 念即無非；無念即無自，無念即無他；自他俱離，成佛菩
> 提；正自之時，自亦不自。[231]

無住將自己的無念禪法與《維摩詰經》「心相無垢」[232]的不二思維
相聯繫在一起，毫不留情的對神秀的看淨禪法進行了批判，故知
一禪師言下頓悟，後改號為「超然」，不離左右，樂行作務。

登州忠信禪師，博覽詩書，釋性儒雅，捨諸事業，來投無住，
無住云：

> 說生無念法，無念無生心，心常生不滅，於一切時中自在。
> 勿逐勿轉，不浮不沈，不流不注，不動不搖，不來不去，
> 活鱍鱍。行坐、行坐總是禪。[233]

忠信禪師聞之，儼然不動，即悟解大乘，改名號「超寂」，山中常
祕密坐禪，不使人知。又如對於法輪法師的解說《涅槃章疏》， 綏
州禪林寺僧兄弟二人的「念即是《法華》史，無念即是轉《法華》，

---

231 《歷代法寶記》，《大正》51，No.2075，頁191中~下。
232 《維摩詰所說經‧弟子品第三》，《大正》14，No. 475，頁541中。
233 《歷代法寶記》，《大正》51，No.2075，頁191下。

有念即是《法華》轉。」慶州慕容長史兒女所問的:「弟子女人,
三障五難,不自在身,今故投和上,擬截生死源」,一樣是用「無
念即無男,無念即無女,無念即無障,無念即無礙,無念即無生,
無念即無死。無正念之時,無念不自,即是截生死源」的禪法消
除其於男女對立矛盾上的「三障五難」。對於聰明慧黠的蘇宰相
女,亦以「無念即無行,無念即無觀,無念即無身,無念即無心,
無念即無貴,無念即無賤,無念即無高,無念即無下。正無念之
時,無念不自」的超越自覺令她「罪障深重,今聞法已,垢障消
除。」[234]這種運用無念、無行、無觀、無身、無心、無貴、無賤、
無高、無下的心法而令人深重罪障頓時消除而證見佛性的禪法,
筆者稱之爲「無念懺悔」。

　　這樣的「無念懺悔」,一樣會依於緣起而懺悔滅罪,但它是用
無念禪法以懺悔;一樣會依於緣起而精進,但它是禪修者深知因
果業理的基礎下,依於緣起,「攝己」以「從他」的懺悔精進,故
云:

> 一念毛輪觀自在,勿共同學諍道理。見境即是丈夫兒,不
> 明同即畜生類。但修自己行,莫見他邪正。口意不量他,
> 三業自然淨。欲見心佛國,普敬真如性。[235]

無住以無念禪法直指心地法門,大柢都在直破言說,要弟子們「但
依義修行,莫著言說。若著言說,即自失修行分。」這樣的無念
懺悔,是在主動自覺的當下踐行中,自然的令三業清淨,它沒有
歸依,不必禮佛,無須發露,無執於任何事相,這其實即是《金
剛經》云:「若取法相,即著我、人、眾生。若取非法相,即著我、
人、眾生,是故不應取法,不應取非法。以是義故,如來常說,
汝等比丘,知我說法,如筏喻者。法尚應捨,何況非法」的無相
般若,[236]亦即與《金剛經》的般若懺悔是相契相應的。

　　無住禪師還綜合引用《楞伽經》、《思益經》、《涅槃經》、《華

---

234 《歷代法寶記》,《大正》51,No.2075,頁191下~192中。
235 《歷代法寶記》,《大正》51,No.2075,頁191下~192中。
236 《金剛般若波羅蜜經》,《大正》8,No.235,頁749中。

嚴經》、《法句經》、《佛頂經》、《方廣經》等經義以爲引導，但這修經典這些都是「無有言說，是真入不二法門」的權說，以此不二之權說方便，行無念之禪，「一切諸文字，無實、無所依，俱同一寂滅，本來無所動。我法無實無虛，法離一切觀行」，故是大破眾生常犯的知病、破智病、破病本、破淨病、涅槃相病、破自然病、破覺病、破觀病、破禪病、破法病、破一病，[237]即以無念懺悔大破一切病障，這完全異於弘忍的金剛懺悔，神秀的無生懺悔，惠能的無相懺悔，神會的無念懺悔，[238]金和尚、宣什的念佛懺悔，在蜀地別開另一種般若無相懺悔。若從北宗系統而言，似乎成爲叛將；但從「不立文字，教外別傳」而言，又合乎「以心傳心」的傳統。

當時，社會上諸多郎官對這種以無念爲法的般若無相懺悔亦感不解，其云：「緣何不教人讀經、念佛、禮拜？」但無住直截了當的說：「自證究竟涅槃，亦教人如是。」正因爲禪懺是超越一切對立矛盾的自覺聖智境，是如來的了義教，是「如人飲水，冷暖自知」[239]的無念懺悔，故「起心，即是塵勞；動念，即是魔網」，[240]無住教人的是無著無念，無念無心，無心無執，向自身內心處直證禪悟三昧的無念懺悔。

他還曾經批判儒家孔子的說法及道家老、莊的自然無爲思想是「與共聲聞等」的不徹底之法，其云：

> 莊子、老子盡說無爲、無相，說一、說淨、說自然，佛即不如此說。因緣、自然俱爲戲論，一切賢聖，皆以無爲法而有差別，佛即不住無爲，不住無相，以住於無相。不見於大乘、二乘、人，三昧酒醉；凡夫、人，無明酒醉；聲聞、人，住盡智；緣覺、人，住寂淨智；如來之智惠生起，無窮盡。莊、老、夫子說，與共聲聞等，佛呵聲聞人如盲、

---

237 《歷代法寶記》，《大正》51，No.2075，頁193上。
238 關於惠能與神會的懺悔思想，詳本書第四章「惠能與神會的懺悔思想」部分之論述。
239 唐・裴休集《黃檗山斷際禪師傳心法要》，《大正》48，No.2012A，頁384上。
240 《歷代法寶記》，《大正》51，No.2075，頁193中。

如聲，預流一來果，不還阿羅漢，是等諸聖人，其心悉迷
惑；佛即不墮眾數，超過一切，法無垢淨，法無形相，法
無動亂，法無處所，法無取捨，是以超過孔丘、莊、老子。
佛常在世間，而不染世法，不分別世間，故敬禮無所觀。
孔丘所說，多有所著，盡是聲聞二乘境界。[241]

他的無念懺悔，是「不住無爲，不住無相，以住於無相」，「不染
世法，不分別世間」的，即以遮詮而成表詮的，故能「不墮眾數，
超過一切，法無垢淨，法無形相，法無動亂，法無處所，法無取
捨，是以超過孔丘、莊、老子。」這都是一種融攝涅槃佛性與般
若無相的懺悔。當然，孔子的禮樂思想，本就是以人倫道德爲其
依歸的；老子的無爲而無不爲，本就是虛靜自然的；莊子的心齋
坐忘，亦有他自己的逍遙自在；儒家講心性，是把人上升，其道
德秩序就是宇宙秩序，宇宙秩序就是道德秩序，二者通而爲一；[242]
儒家是縱貫縱講的客觀的肯定道體的創生萬物，屬於實有型態，
道家則是先客觀的肯定道是創生萬物的實體，再把客觀的實體變
成主觀的境界型態。[243]但禪宗是從緣起無常、罪性本空與眾生皆
有佛性的角度立論的，故就無住禪師而言，他的無念懺悔，不僅
僅是實有型態或境界型態所可詮說的，是一種透達於戒律、因果
業論與懺悔儀度之中而實踐於禪行之上的滅罪思想，它既在日常
生活的實修禪法上，又反對一切形式意義的儀軌矩度，認爲那是
虛假不實之物，其云：「今時律師，說觸、說淨，說持、說犯，作
想受戒，作相威儀，及以飯食，皆作相。假使作相，即與外道、
五通等。」又云：

若見持戒，即大破戒。戒非戒二是一相，能知此者，即是
大道師。見犯重罪比丘，不入地獄；見清淨行者，不入涅
槃。若住如是見，是平等見。……若說諸持戒，無善無威
儀，戒相如虛空。持者爲迷倒，心生即種種法生，心滅即

---

241 《歷代法寶記》，《大正》51，No.2075，頁194上。
242 牟宗三《中國哲學十九講》，（台北：學生書局，1999年9月），頁439。
243 《中國哲學十九講》，頁424~423。

　　種種法滅，如其心然，罪垢亦然，諸法亦然。[244]

他反對一切形式意義的儀軌矩度，反對持戒誦戒，與北宗禪師的態度相異，而契近於惠能不執著於無相戒的無相懺悔。此處「心生即種種法生，心滅即種種法滅」，本是《大乘起信論》「三界虛偽，唯心所作」的如來藏思想。[245]依《大乘起信論》，「是心從本已來，自性清淨」，既是自性清淨，則諸心、罪垢、諸法，皆無體可得，無相可得。一切既無體無相，則罪性本空；罪性本空，則戒相如虛空；故行者不必執著於禪見、持戒與威儀，執著者反而是大破戒；不執著者才是大道師。亦即，無住超越一切儀軌節度，將無念禪法、戒律思想與懺悔滅罪做了圓融的攝合功夫，它的重心當然不是在禮懺儀軌上，亦不是在念佛懺悔上，而是即戒即懺，即戒即律，即律即心，即心即禪，即禪即法的在一切時中踐履無念精進之禪行。

　　當時有不少律師為名聞利養與執著於假相律儀的行徑，無住提出如下批判：

　　今時律師，只為名聞利養，如貓覓鼠，細步徐行，見是見
　　非，自稱戒行，此並是滅佛法，非沙門行。[246]

無住的「沙門行」，不是為了名聞利養而「如貓覓鼠，細步徐行，見是見非」的假相律儀，而是一種「不入三昧，不住坐禪，心無得失，一切時中，總是禪」的精進修行，故云：

　　無大福，無小福，以無所受而受諸受，未具佛法，亦不滅
　　受。若欲懺悔者，端坐念實相。無念即實相，有念即虛妄。
　　懺悔咒願，皆是虛妄。[247]

他不執著於大福、小福，大罪、小罪，懺儀或咒願，認為懺儀或咒願是虛妄的禪行，故教人去除妄執而活潑的讓如來藏自性清淨心自然呈現，所謂「見性，即成佛道」是也，[248]這是將普賢懺願

244　《歷代法寶記》，《大正》51，No.2075，頁194中。
245　《大乘起信論》，《大正》32，No.1666，頁577中。
246　《歷代法寶記》，《大正》51，No.2075，頁194中。
247　《大正》51，No.2075，頁195中。
248　《大正》51，No.2075，頁193中。

化於一切日常生活中的無念禪法。故云：

> 何其（期）壇（檀）越？拔妄相之源，悟無生之體，卷（捲）
> 重雲而朗惠（慧）日，業障頓袪。[249]

「檀越」，梵語 dāna-pati。即施與僧眾衣食，或出資舉行法會等之
信眾。依《長阿含‧善生經》所載，檀越當以「身行慈」、「口行
慈」、「意行慈」等五善事供奉沙門、婆羅門，沙門、婆羅門當復
以六善事而教授之，彼此互爲緣起，互爲精進，互爲生活，使身
心清淨無罪而得生命之提昇與改善。[250]佛陀之意，蓋欲以「無數
方便，開悟愚冥，現清淨白法」，[251]但若執於自私自利或名聞利養，
則布施已非布施，善法已非善法。故無住不執著於外界的支持，
認爲徹底之禪修，乃能正確認識因果業論之理，方能「捲重雲而
朗慧日，業障頓袪」，這是近於普賢行願與維摩不二之實相懺悔
的。

另外，從他重視「滅三界心」、「絕思斷慮」、「心滅即種種法
滅」、「意識滅，種種識不生」、「念不起」的滅識禪觀來看，[252]近
似於神秀「離有、離無，身、心不起，常守真心」的「離念」禪
味。[253]但他那「教行不拘」、「不受禁戒」、「不置佛事」的主張，
強烈凸顯出「摧邪顯正，破壞一切心」的作用，相對的亦否定掉
教團戒律與寺院應有的宗教職能，幾乎變成一種超現實的極端禪

---

249 《大正》51，No.2075，頁 195 下。
250 《長阿含經卷十一‧（十六）善生經》：「檀越當以五事供奉沙門、婆羅門。一
　　者，身行慈；二者，口行慈；三者，意行慈；四者，以時施；五者，門不制
　　止。善生！若檀越以此五事供奉沙門、婆羅門，沙門、婆羅門當復以六事而
　　教授之。……一者，防護不令爲惡；二者，指授善處；三者，教懷善心；四
　　者，使未聞能聞；五者，已聞能使善解；六者，開示天路。」《大正》1，No.1，
　　頁 72 上。又《增壹阿含經卷二十四‧善聚品第三十二》施主惠施有五功德：
　　（一）名聞四遠，眾人歎譽。（二）若至眾中，不懷慚愧，亦無所畏。（三）
　　受眾人敬仰，見者歡悅。（四）命終之後，或生天上，爲天所敬；或生人中，
　　爲人尊貴。（五）智慧遠出眾人之上，現身漏盡，不經後世。《大正》2，No.125，
　　頁 680 下~681 上。
251 《長阿含經卷十一‧（十六）善生經》，《大正》1，No.1，頁 72 下。
252 《歷代法寶記》，《大正》51，No.2075，頁 186 上、189 下、190 上。
253 《大正》85，No.2834，頁 1273 下~1274 上。《大正》51，No. 2075，頁 194
　　下。

法，[254]這又與惠能的識心見性、神會的直了見性而不否定教團戒律的禪法相異。雖然他受到當地杜鴻漸等官僚的護持而盛極一時，但不免招來僧俗各界的懷疑與非議，故無住去世之後，保唐禪派便很快就衰頹下去。晚唐宗密遂把他和南詵、神秀、宣什並列在一起，同判屬「息妄修心宗」。[255]但張國一不贊成宗密的歸類，認為無住繼承自惠能的無念般若，近於後世的「祖師禪」宗風，應歸入「泯絕無寄宗」。[256]

　　筆者認為，保唐無住的無念禪法，雖然反對禮懺念佛等儀節，看似反對淨眾無相的三無念佛與南山宣什的淨土念佛，但從實質的禪修狀態觀之，他所反對的其實是形式意義的外在儀式，反對的是執著於儀式而致虛妄心起的懺悔，他是告訴修行人不可執著於罪福、懺儀或咒願，不是反對實質的懺悔滅罪以使身心清淨之精進禪修，認為正無念之時即滅罪清淨，契應「至理空曠」的大乘妙理，亦即「見性，即成佛道」、「不起，即是見佛」，[257]這與神會直了見性禪法及其般若知見的無念懺悔是相應相成的。

本章小結

　　弘忍繼承了道信的般若無相禪法，將金剛般若空智融入無執於罪福的實相懺悔中，這既與達摩的「報怨行」懺悔有別，又為惠能、神秀等的懺悔思想開出了新路。敦煌寫本《金剛五禮》的

---

254 楊曾文《唐五代禪宗史》，頁 274。
255 其云：「息妄修心宗者。說眾生雖本有佛性，而無始無明覆之不見，故輪迴生死。諸佛已斷妄想，故見性了了。出離生死，神通自在。當知凡聖功用不同，外境內心，各有分限。故須依師言教，背境觀心，息滅妄念。念盡即覺悟，無所不知。如鏡昏塵，須勤勤拂拭；塵盡明現，即無所不照。又須明解趣入禪境方便，遠離憒鬧，住閑靜處，調身調息，跏趺宴默。舌拄上齶，心注一境。南詵、北秀、保唐、宣什等門下，皆此類也。牛頭、天台、惠、稠、求那等，進趣方便，跡即大同，見解即別。」《禪源諸詮集都序》，《大正》48，No.2015，頁 402 中。
256 張國一《唐代禪宗心性思想》，（台北：法鼓文化，2004 年 4 月），頁 127~139。
257 《大正》51，No.2075，頁 193 中。

懺悔內容，不見任何事懺或相懺的發露，沒有任何禮懺儀軌，純粹是導向真如佛性、華嚴法界與金剛般若結合的禪懺，目標是真如實相的證得，這與弘忍重視金剛經與楞伽的思想完全吻合。

從敦煌寫本《大乘五方便》、《大乘無生方便》、《觀心論》等書觀之，神秀禪法不離菩薩戒、金剛般若、懺悔滅罪與「無思無不思」的清淨禪觀，他以眾生皆有佛性為基礎，重視看心看淨無生懺悔的實踐，以無生懺悔而證常寂妙體，這似契接於楞伽心法而不同於弘忍以《金剛經》的無相無罪與般若義的結合。

敦煌又見《秀禪師七禮》的禮懺法，儀軌與《金剛五禮》一樣簡單明要，是「戒－懺－禪－淨」精神的儀式化落實。整部懺法都是以「禮佛」→「理懺」→「發願」的儀節進行禮懺。「七禮」的起始懺儀與最終目標都是專崇「本師釋迦牟尼佛」，這既契應於佛陀積極精進的禪定三昧與大無畏布施精神，不像《金剛五禮》般雜採了華嚴、般若、金剛、涅槃、淨土、起信等大乘經典之禮佛懺罪意。又對照於天台《法華七禮文》、《煎乳論》等作品，可看出與天台的禮佛懺悔有交涉互參之現象，但又不同於天台的「一心三觀」、「三諦圓融」的止觀懺悔，而是大乘佛教真如佛性的無相懺悔。不過，神秀大量引用大乘經論，明顯是趨向於文字般若之權用，這與慧可的「四世後，變成名相」之嘆頗為相契，主張在漸中頓悟自性，故接近於一種有心可觀，有戒可持，有垢可拭，有定可修，有慧可發，有罪可懺，即有所執著的懺悔。

開元、天寶後，四川淨眾寺無相禪師（金和尚）在每年十二月、正月舉行集眾念佛懺悔，儀式上為「念佛」→「開示」→「坐禪」，是將「無憶、無念、莫忘」的三無功夫視為禪法的「總持門」，這屬於無相懺悔的一種，宗密《圓覺經大疏鈔》認為與官辦的「方等道場禮懺」相當，筆者認為當是繼承惠能無相懺悔、神會無念懺悔的方便懺悔。

淨眾無相則展現為「集眾禮懺等儀式」，南山宣什宗則直接化為「念佛禮懺」的禪法。當時四川果還有州未和尚、閬州蘊玉師、相如縣尼一乘等人與他呼應，曾經盛行過一段時間。「集眾禮懺等

儀式」的詳情今已不可得知，強調「以傳香爲資師之信」的儀節，專志念佛，心、戒、禪、懺合一，是「方便多端」而「無所拘執」的。

保唐無住禪師繼承無相禪師的禪法，亦不在形式意義的念佛儀軌上執著。學者對無住禪師的研究，多集中於其「反對禮懺念佛」的角度上進行心識思想的論述，但仔細觀察他的語錄，發現他雖然反對禮懺念佛，但反對的其實是執著於形式儀軌上的禮懺念佛，尤其是起心虛妄的懺悔，不是反對懺悔三業重障而精進禪修。實質言之，其禪法將淨眾無相的「無憶、無念、莫忘」的三無功夫變成「無憶、無念、莫妄」，強調了自性清淨不要妄自造作之意，故其無念懺悔，實含有「朗豁慧日，業障頓祛」、「一向無念，得即滅罪」、「心生即種種法生，心滅即種種法滅」、「口意不量他，三業自然淨」等懺悔義蘊，與神會直了見性的無念懺悔有其相應相成之處。但「教行不拘」、「不受禁戒」、「不置佛事」的主張，強烈凸顯出「摧邪顯正，破壞一切心」的作用，相對的亦否定掉教團戒律與寺院應有的宗教職能，幾乎變成一種超現實的極端禪法，又與惠能、神會不同。

弘忍、神秀系統的懺悔思想，藉用禮懺儀軌以踐行禪宗菩薩戒的方便，但在「戒－懺－禪－淨」一體如如的根本基礎下，最後仍回歸到不執著於罪福、懺儀或咒願的無相懺悔路線上。蜀地淨眾無相的三無念佛懺悔、南山宣什的一字念佛懺悔與保唐無住的無念懺悔，一樣具有菩薩戒的滅罪精神，但與惠能無相懺悔、神會無念懺悔具有時間上下與空間區域交互攝收運用的痕跡，只是他們既不全是北宗系統，又不全是南宗的系統，涉獵了慧遠禪淨合一的念佛懺悔路線，最後又不執著於西方淨土，漸漸脫卸了一切形式意義的禮懺儀軌諸佛事，最後是完全無念而沒有儀軌，可謂是花開蜀地的創新系統。

第四章　惠能與神會的懺悔思想

引　言

　　敦博本 077 號《壇經》[1]雖是惠能弟子所編撰，[2]但作爲探討惠能懺悔思想的一手資料應是無問題的。綜觀歷來諸本《壇經》，幾乎本本皆有「無相懺悔」的內容，尤其興盛寺本、金山天寧寺本、大乘寺本三本，明確的分出「五、傳香懺悔發願門」一節，高麗傳本、明版正統本二本則稱爲「傳香懺悔第五」，元代宗寶本則編爲「懺悔品第六」一節，凡此，皆可證明六祖惠能（638~713）及其弟子們都極爲重視「無相懺悔」。[3]可是，我們觀察一下學者對六祖惠能的頓教禪法之研究，發現大家多從不立文字、以心傳心、教外別傳、明心見性、頓悟成佛、心識思想等角度上去研究，但「懺悔思想」部分則少有論述，這不得不說是研究惠能思想的

---

1 筆者按：本書所用之《壇經》版本，係指鄧文寬校注《六祖壇經》，即「敦博本《壇經》」，（瀋陽：遼寧教育出版社，2005 年 1 月 1 版 1 刷）。鄧教授係以甘肅省敦煌市博物館藏 077 號的方冊式鈔本爲底本，再參校倫敦應國圖書館的斯 5475 號、北京圖書館藏岡字四十八號（膠卷號 8024）、旅順關東廳博物館舊藏本（西元 959 年）、北京圖書館藏有字七十九號等鈔本，再從時代、地域、聲韻與訓詁等角度上重新校注的新本，其於校刊、斷句、通同字上皆有更新、更流暢的判斷，故本書引用《壇經》之內容，基本上即以鄧注本爲主。至於文字斷句之有疑問者，會另參黃連忠《敦博本六祖壇經校釋》，（台北：萬卷樓，2006 年 5 月初版）。

2 關於《壇經》的作者是否爲惠能之問題，學界一直有多種歧見，胡適、鈴木大拙、關口真大、宇井伯壽、柳田聖山至印順等，各有不同的理論與見地，參邱敏捷〈《壇經》的作者與版本 ── 印順與胡適及日本學者相關研究觀點之比較〉，《第六屆「印順導師思想之理論與實踐」── 印順導師與人菩薩行會議論文集》（十六），（台北：財團法人弘誓文教基金會，2006 年 5 月），頁 1~38。筆者認爲，不論從思想脈絡、禪宗文化傳承與中國大乘佛教思想發展諸點視之，敦博本《壇經》未嘗不能視爲是最接近惠能之思想文獻。

3 以上參：柳田聖山編，《六祖壇經諸本集成》，京都：中文出版社，1976 年 7 月出版。其「無相懺悔」部分見鄧文寬校注，《六祖壇經》，頁 53~54。

一大缺失。

　　近來學界如椎名宏雄、湛如、汪師娟、林妙貞、聖凱等人，曾對《壇經》的無相懺悔做過一些研究，爲後人開闢了一條值得繼續探索的新路。[4]不過，學者雖然解決了一些問題，對惠能所說的「無相」、「無相懺悔」與其「頓教禪法」間的關係並未全面而深入。筆者在本書第二章、第三章中，已先後論及達摩、慧可、僧璨、傅大士、法融、道信、弘忍、神秀等禪師的「無相」與「懺悔」，惠能作爲弘忍的十大弟子之一，自然與歷代祖師的懺悔思想有一定的承繼與創新之處。眾所皆知，惠能對諸祖禪法的吸收與容受是融通與殊絕的，他在無相戒壇法中，多處以藉教悟宗的方式說出「無相懺悔」、「永斷不作」與「滅罪頌」等話語，則其懺悔思想肯定是超越凡俗的。問題是，惠能如何將達摩至道信、弘忍的懺悔思想與禪宗思想作一融會貫通？會通後的無相懺悔，與中國大乘佛教的天台、華嚴、淨土等宗派之禮懺法有何差異？無相懺悔究竟與「無相戒」、「無相偈」、「無相頌」（「滅罪頌」）、「念佛」、「三昧」、「戒定慧」等概念的關係爲何？這種關係下的無相懺悔，可有哪些思想義蘊？凡此種種，皆非無相戒與禪悟所可涵攝概括的。

　　唐玄宗開元二十年（732）正月十五日，荷澤神會（684~758）在滑臺（亦稱「白馬」，在今河南滑縣東）大雲寺舉行無遮大會，[5]與北宗神秀系崇遠法師進行激辯，決定南正北傍與南頓北漸的禪門大問題，從當時人特別將他的弘法語言加以紀錄及其中的內容視之，神會亦涉及甚多「懺悔滅罪」、「罪性本空」、「戒律清淨」

---

4 椎名宏雄〈論唐代禪宗の禮忏について〉，東京：《印度學佛教學研究》v.20n.2（總40號），1971年12月，頁269-274。湛如〈簡論六祖壇經的無相懺悔－兼談唐代禪宗懺法體系的形成〉，北京：《法音論壇》第3期（總151期），1997年3月，頁13~20。汪師娟《敦煌禮懺文研究》，（台北：法鼓文化，1998年9月初版）。林妙貞〈試略「摩訶止觀·十乘觀法」中之「四誓願」與「六祖壇經·懺悔品」中「四弘誓願」之比較〉，台北：《海潮音》第83卷第2期，2002年2月，頁8~13。〈唐代禪宗懺法新探〉一文，收於聖凱《中國佛教懺法研究》，（北京：宗教文化出版社，2004年9月1版1刷），頁307~329。
5 唐·獨孤及《菩提達摩南宗定是非論》，楊曾文校編《神會和尚禪錄》，（北京：中華書局，2004年11月），頁18~19。

的問題。他的頓悟禪法，直標「無念爲宗」，故可權稱其懺悔爲「無念懺悔」，這種無念懺悔的內容、儀節與思想義蘊爲何？與惠能的無相懺悔，究竟有何差異之處？與神秀的無生懺悔，有無交互影響之關係？凡此種種皆值得進行深入探論。

　　爲了解決上述疑雲，筆者以敦博本 077 號《壇經》及楊曾文校編《神會和尙禪錄》[6]中二人所說關於懺悔滅罪的內容爲論述基點，參考前輩們的研究成果，在第一節爲「中國大乘佛教禮懺法與禪宗懺悔思想」，分「禪宗與中國大乘禮懺之關係」、「禪宗的明心見性與無相懺悔」二小節，先論中國大乘佛教禮懺法與禪宗懺悔思想間的因果承繼關係，爲惠能與神會的懺悔思想鋪路；第二節爲「惠能無相懺悔的思想義蘊」，以第一節的論述爲基礎，聯結達摩至弘忍間禪宗懺悔思想的發展脈絡，分「無相懺悔的內容」、「無相懺悔的儀節」、「無相懺悔的思想義蘊」三小節開展之，「無相懺悔的思想義蘊」部分又分「神秀與惠能的無相禪觀」、「以三無功夫永斷三罪障」、「以七儀一心融般若禪行」、「以活潑心戒智慧禪定滅罪」、「萬法念念不住的正念懺悔」五點開展之；第三節爲「神惠無念懺悔的思想義蘊」，在惠能無相懺悔的基礎上，配合神會本身的無念禪法，分「無念懺悔之內容」、「無念懺悔之儀節」、「無念懺悔之思想義蘊」三小節開展之；「無念懺悔之思想義蘊」又分「不執罪福的願罪除滅」、「三無漏學的清淨無念」、「實相無相的般若懺悔」、「無住立知的正見無念」四層義蘊開展之。第四

6 楊曾文校編的《神會和尙禪話錄》分「正編」、「附編」及「研究」三部分。「正編」部分包括敦煌寫本 B 寒 81、P.2045、敦博 077「《南陽和上頓教解脫禪門直了性壇語》」、「唐·獨孤沛撰《菩提達摩南宗定是非論》」、「《頓悟無生般若頌》－附：《荷澤大師顯宗記》」、「唐·劉澄集《南陽和尙問答雜徵義》」、「《洛京荷澤神會大師語》」、「《荷澤寺神會和尙五更轉》」、「《南宗定邪正五更轉》」、「五言律詩一首」等神會語錄。「附編」部分包括「唐·宗密《神會七祖傳》」、「門門比丘慧空撰《大唐東都荷澤寺故七祖國師大德於龍門寶應寺龍崗腹建身塔銘并序》」、「南唐招慶寺靜、筠二禪僧《荷澤和尙傳》」、「宋·贊寧《唐洛京荷澤寺神會傳》」、「宋·道原《西京荷澤寺神會禪師傳》」、「元·曇噩《唐神會傳》」、「《慧能與神會》五則」、「《神會的禪法》四則」等傳記資料。「研究」部分包括楊曾文的「〈神會及其禪法〉、〈神會著作及現存情況〉、〈神會的禪法理論〉、「神會兩首五更轉和一首五言律詩的思想略析」、「有關神會的兩篇銘文的注釋」等作品。詳氏著《神會和尙禪話錄》，（北京：中華書局，2004 年 11 月）

節爲「圭峯宗密的《圓覺經道場修證儀》」,分「加入宗密《圓覺懺》的原因」、「《圓覺懺》的內容、結構與懺儀」「《圓覺懺》與惠能、神會懺悔思想之差異」三小節開展之。

　　最後,針對惠能無相懺悔與神會無念懺悔的異同做一比較,並略言在南禪頓教思想上承先啓後的特殊意義。

第一節　中國大乘禮懺法與
禪宗的無相懺悔

一、禪宗與中國大乘禮懺的關係

　　中國佛教攝收印度大乘三系之無相思維與懺悔義,禪宗再自各宗派的實相懺悔汲取菁華,靈活地運用在禪觀修行之實踐上。

　　隋代地論南道系淨影寺慧遠(523~592)曾云:「言無相者,釋有兩義:一就理彰名,理絕眾相,故名無相;二就涅槃法相解釋,涅槃之法,捨離十相,故曰無相。」[7]天台智顗(538~597)亦云:「北地禪師,明兩種大乘:一、有相大乘;二、無相大乘。有相者,如《華嚴》、《瓔珞》、《大品》等,說階級十地功德行相也。無相者,如《楞伽》、《思益》,真法無詮次,一切眾生即涅槃相。」[8]這個說法大致約攝了印度大乘佛教三大系統之無相意涵。在般若經系中,實相無相與般若空智接近;在唯識系統裡,實相無相與大圓鏡智相近;在涅槃佛性系統中,實相無相可等同於涅槃、如來藏、實相、第一義諦或清淨佛性,這些都是超越三界,入於一切法界,又不執於一切法界,不可思議而不可言說,即超越語言文字詮說之外的。

---

7 隋·慧遠《大乘義章卷二·義法聚中·三解脫門發門分別》,《大正》44,No.1851,頁488下~489上。
8 智顗說《妙法蓮華經玄義》卷十之上,《大正》33,No.1716,頁801中。

　　中國佛教對印度大乘三系之無相思維與懺悔義的容受，大抵上都肯定罪性本空的理懺、無生懺或實相懺悔。[9]南北朝結束後，中國正需要一種教義宏博、以濟度爲先的佛教，[10]隋、唐之際天台智顗（538~597）、章安灌頂（561~632）等，都有依於清淨自性、一心三觀、三諦圓融的《法華三昧懺法》（《法華懺》）、《方等三昧懺法》、《金光明懺法》、《請觀音懺法》等禮懺法，影響中國佛教懺悔思想至深且遠。[11]淨土的善導（613~681）、慧日（680~748）、南岳法照（766 前後）等，皆有專心念佛、速登極樂淨土的實相懺悔。[12]華嚴一行慧覺（531~620）、杜順（557~640）、宗密（780~841）等大師的懺悔法，幾乎都以七處九會、一心法界與真如思想建立龐大的禮懺儀軌。[13]天台依於《法華》的一乘實相思想所建構的禮懺儀軌，強調摩訶止觀的三昧成就；華嚴依於《華嚴》的一心法界而建立龐大的禮懺儀軌、嚴格的戒律標準與禪觀修行的圓融合一，確有收斂僧行與提振佛教儀威的作用；

9　《摩訶止觀》卷二上：「事懺，懺苦道、業道。理懺，懺煩惱道。文云：『犯沙彌戒、乃至大比丘戒，若不還生，無有是處』，即懺業道文也；『眼、耳諸根清淨』，即懺苦道文也；『第七日見十方佛，聞法得不退轉』，即懺煩惱道文也。『三障去』，即十二因緣樹壞，亦是五陰全空，思惟實相，正破於此，故名諸佛實法懺悔也。」見：《大正》46，No.1911，頁 13 下。智顗《金光明經文句卷三‧釋懺悔品》：「懺悔有三：一作法（懺），二取相（懺），三無生（懺）。此三種（懺）通大、小。」詳見：《大正》39，No.1785，頁 60 下~61 上。
10　冉雲華《中國禪學研究論集》，（台北：東初，1991 年 7 月），頁 77。
11　關於天台依於實相無相的禮懺法，詳釋大睿《天台懺法之研究》，台北：法鼓，2000 年 9 月。
12　唐‧慧日《略諸經論念佛法門往生淨土集》（《慈悲集》），《大正》85，No.2826，頁 1236 上~1242 中。唐‧法照《淨土五會念佛誦經觀行儀》，《大正》85，No.2827，頁 1242 下~1266 上。另有佚名《大乘淨土讚》（S.382），《大正》85，No.2828，頁 1266 上~中。佚名《持齋念佛懺悔禮文》（S.2143），《大正》85，No.2829，頁 1266 中~1268 中。
13　至於華嚴宗初祖杜順，一生宣揚華嚴教綱。其言教多貶抑浮詞，彰顯正理，亦重視一心三觀與實相法界思想。曾遊歷郡國，勸念阿彌陀佛，並撰「五悔文」讚詠淨土。後人尊爲華嚴宗第一祖，世稱文殊化身、帝心尊者、燉煌菩薩。宋‧志盤《佛祖統紀卷二十八‧往生立教志第十二之二》，《大正》49，No.2035，頁 276 下。後來華嚴宗亦傳下唐‧一行慧覺（531~620）錄，宋普瑞補注《華嚴經海印道場九會請佛儀》一卷、明‧讀徹（1587~1656）參閱，明‧木增訂正《大方廣佛華嚴經海印道場十重行願常徧禮懺儀》四十二卷、佚名《華嚴道場起止大略》一卷等作品，見藏經書院版《卍續藏經128‧中國撰述‧禮懺部》，（台北：新文豐，1994 年 9 月），頁 264~720。又見《卍新續》74，No. 1469，頁 133 上~136 下、No. 1470，頁 139 上~360 中、No. 1474，頁 374 上~374 下。

淨土念佛思想簡易而方便，確實適合對普羅大眾進行弘教；但天
台的摩訶止觀仍拘束於三昧玄思，華嚴懺儀過度開張可能的儀
度，淨土懺悔則過度依賴他力信仰，各宗雖然依據清淨自性以建
立實相懺悔的禮懺法，卻又呈現出一定程度的局限。

　　禪宗大師們認爲那樣的實相禮懺法實難達到弘揚教義、濟度
爲先、明心見性與頓悟成佛的目標，故汲取各宗之菁華成分，自
四卷《楞伽》與《梵網戒》開出自家的無相懺悔。達摩專用四卷
《楞伽》的自覺聖智境，他說出的「二入四行」，本質上是屬於《華
嚴》、《瓔珞》、《大品》、《楞伽》、《思益》等大乘佛教無相思想的
進一步超越，亦即是以四卷《楞伽》肯定眾生皆有佛性的實相思
想爲理據所開展出來的見性思想。在眾生皆有如來藏佛性的思想
下所產生的懺悔思想，本就不執著於罪福二邊，而是沒有對立矛
盾的直接落實於禪觀實踐的無相懺悔。印順亦認爲，禪宗所謂「無
相」者，當指達摩門下不重經教不重律制、不重法教之楞伽禪法。
[14]這種楞伽禪法，實質上本就不是單純的般若無相空智，亦非瑜
伽唯識的無相思路，[15]而是禪宗超越三界的、不可思議的、無相
無執的如來藏自性清淨心之實踐心法，故懶菴云：「達磨（摩）大
師航海而來，不立文字者，蓋明無相之旨，非達磨自出新意別立
門戶」[16]，故所謂「無相」，不是否定了戒律、教法、佛菩薩願力
與無量心法之觀察與認識，而是以熟知因緣果報爲基礎，不執著
於罪福思想，又能面對當下妄念之生起，無執無礙的自然捨棄，
而歸於凝心自在的佛性思想。無相即實相，實相即佛性，佛性不
離如來藏自性清淨心，自性清淨心不離因果罪業，以智慧超越因
果罪業，是謂無相；陷溺於因果罪業，是謂執相。

　　達摩（？~535）的「報怨行」懺悔，體現出「棄末返本」、「宿
業果熟」、「甘心忍受」、「體怨進道」的四層無相懺悔義蘊。二祖
慧可（487~593）與三祖僧璨（？~606）的事蹟雖然模糊不顯，

14　《大正》33，No.1716，頁 801 中。印順《中國禪宗史》，頁 36。
15　參印順〈宋譯《楞伽》與達摩禪〉，《現代佛教學術叢刊》n.12，頁 21。
16　明·淨善重集《禪林寶訓》，《大正》48，No.2022，頁 1040 下。

但《二入四行論》中的「見自心法王，滅一切罪」思想，其「自心法王」即無相之佛性。《寶林傳》慧可爲僧璨云「汝將罪來，爲汝懺悔」的懺罪淨除思想，[17]實與《維摩詰經》「隨其心淨，則佛土淨」的罪性本空之無相懺悔合一。牛頭法融（594~659）兼容了三論空義與天台不二思想，透過「絕觀」、「無心」而證真如「大道」，說出兼具懺悔滅罪而無著罪福的「信心」懺悔。從達摩到法融，禪宗懺悔思想的形成與實踐，都重視與禪觀、禪行、見性成佛思想密切合一，他們沒有特別製作出龐大繁冗的禮懺儀軌，在南北朝佛教禮懺儀軌盛行的大時代中，屹然別樹一幟。五祖弘忍（602~675）繼承了道信的般若無相禪法，將金剛般若空智融入無執於罪福的實相懺悔中，爲惠能、神秀等的懺悔思想開出了新路。

　　楊曾文認爲，南宗之所以有「無相懺悔」，是在繼承北宗（也可能更早）的說法儀式基礎上加以發展的，[18]這從「說法儀式」上來說，確有一定的理據可說，但從懺悔思想的實質與禪修功夫而言，恐不僅如此。因爲，從敦博本《壇經》全名「南宗頓教最上大乘摩訶般若波羅蜜經六祖惠能大師於韶州大梵寺施法壇經」來看，明顯係以「最上大乘摩訶般若波羅蜜經」爲主線，即以《般若波羅蜜經》的「實相無相」般若空慧爲禪修功夫而詮說頓教法的。呂澄云：「無相的理論，是中國般若研究中的突出思想，認爲除病不滅身。著相爲病，除病就是除著相」，這與惠能「只見己過，莫見世非」的無相思想是相契的。[19]再觀整個般若無相戒壇法過程中，惠能（638~713）共說出十四次的「無相」與三十六次的「般若」，並多次提及「《金剛經》」、「言下便悟」及「本性自有般若之智」等語，[20]唐・劉澄集《南陽和尙問答雜徵義》亦云：「（惠）

17　《雙峯曹侯溪寶林傳卷八・第二十九祖可大師章・斷臂求法品第四十》，見《禪宗全書・史傳部（一）》，頁319~320、323~324、325。
18　楊曾文《唐五代禪宗史》，（北京：中國社會科學出版社，1999年5月），頁127。
19　呂澄《中國佛教源流略講》，（台北：里仁，1998年1月），頁236。
20　如：「忽見一客讀《金剛經》，惠能一聞，心明便悟」、「大師勸道俗，但持《金剛經》一卷，即得見性，直了成佛」、「《金剛經》云：凡所有相，皆是虛妄」、「五祖夜至三更，喚惠能堂內，說《金剛經》，惠能一聞，言下便悟」、「菩提般若之智，世人本自有之」、「若大乘者聞說《金剛經》，心開悟解」。見《六祖

能禪師奉事，經八箇月。（弘忍）師依《金剛經》說如來知見」，[21] 可見神會清楚的知道「弘忍－惠能」間是以金剛般若無相思想作爲傳印的薪火。

　　整體觀之，禪宗在《楞伽》心法與《梵網》菩薩戒的基礎上，對中國大乘佛教實相懺悔採取了兼融並包的態度，認識、吸收引用而活潑創新之。

二、禪宗的明心見性與無相懺悔

　　更進一步講，便是禪宗的「明心見性」思想。

　　冉雲華認爲，《壇經》中的「見性」，大部分是後人所增益的，禪宗真正有「直了見性」思想的應是神會才開始。[22]神會從理論層次講「直指人心，見性成佛」，是一種「推心到無住處便立知」、「同佛深遠」的「本體空寂」，[23]不論是對前六代祖師還是北宗崇遠等禪師，他的理論都具有極強的挑戰性與殊絕性，但相對的，他亦帶有文字般若傾向，已與惠能無相懺悔的「常見自過患」不同；神會嫡傳弟子慧堅亦用過「體寂則不生，性空則無見」的說法，但似未理會到神會的精神；[24]馬祖門人大義禪師（746~818）認爲「佛性非見」，說出了它的超越名言概念之旨；[25]大珠慧海《頓悟要門》中亦認爲「見即是性，無性不能見」，眾生只是「自不見性」而已，若刻意去見性，是「將性覓性，萬劫終不見」的，故「菩提、解脫、涅槃、寂靜、禪定、乃至六度，皆見性處」；[26]牛

壇經》，頁 14、23、28、33、61。

21 石井本，《南陽和尚問答雜徵義》，收入楊曾文編，《神會和尚禪話錄》，（北京：中華書局，2004 年 11 月北京 2 刷），頁 108。

22 冉雲華〈論唐代禪宗的「見性」思想〉，釋恆清編《佛教思想的傳承與發展》，（台北：東大，1995 年 4 月），頁 367~392。

23 《神會和尚禪話錄》，頁 9。

24 冉雲華〈「唐故招聖寺大德慧堅禪師碑」考〉，《中華佛學學報》n.7，1994 年 7 月，頁 97~120。

25 《祖堂集》卷四，頁 79。

26 引見日・平野宗淨《禪の語錄 6：頓悟要門》，（東京：竺摩，昭和 54 年），頁 114、138。

頭宗智禪師更以般若融通之，認為「性即佛，佛即性」，「見無所見」、「見處亦無」，都不執著在禪見上頭；[27]青原系的三平義忠（781~872）對見性成佛的看法是「見性不生癡愛業，洞然明白自家珍」；[28]同為清原系的天皇道悟（748~807）更徹底的講「身心即是性」，他認為「身心不可得即三界不可得，乃至有性、無性，總不可得，無佛無眾生」，「一一皆如，各各不相妨」，[29]「身心即是性」是表詮，「總不可得」是遮詮；「一一皆如」是超越分別，理事圓融無礙。[30]故冉雲華認為，唐代禪宗大師們雖有「見性成佛」之討論，基本上尚在初始的階段；五代宋初的《祖堂集》、《宗鏡錄》、《景德傳燈錄》，漸漸改造歷史，將「直指人心，見性成佛」安置到達摩身上；契嵩的《傳法正宗定祖圖》，更直接說「見性成佛」是菩提達摩自己的教義，排除掉歷史真相的百家異說。[31]

　　關於「般若」與「見性」的關係，牟宗三認為，南北朝至隋唐間的佛學，本就是佛性與般若會通的發展史，但牟氏認為天台「從無住本立一切法」是最為圓融的。[32]楊惠南認為，在《壇經》中，般若空（無住、無、念無相）與佛性（自性、如來藏）之間並非平等關係，而是從屬關係，自性是萬法的根源，亦是開發無住、無念、無相之般若潛能的根源。[33]但陳平坤進一步的從會通般若與佛性而說，認為惠能把一切禪法收攝於「見性成佛道」的智慧中，從而建立起「迷即為眾生，悟即為佛」的「實存心性論」型態之頓教禪法。[34]

27　《景德傳燈錄》卷四，《大正》51，No.2076，頁231上。

28　《祖堂集》卷五，頁107。

29　《宗鏡錄》，《大正》48，No.2016，頁942中。

30　冉雲華〈論唐代禪宗的「見性」思想〉，釋恆清編《佛教思想的傳承與發展》，（台北：東大，1995年4月），頁385。

31　冉雲華〈禪宗「見性」思想的發展與定型〉，《中華佛學學報》n.8，1995年7月，頁59~74。

32　詳牟宗三《佛性與般若》，台北：學生書局，1997年5月。

33　楊惠南〈《壇經》中之「自性」的意含〉，《禪史與禪思》，（台北：東大，1995年4月），頁209~229。

34　陳平坤《論慧能會通般若與佛性的頓教禪法 ── 《壇經》禪教思想探義》，台北：華梵大學東方人文思想研究所碩士論文，1998年6月。陳平坤〈《壇經》宗旨「直指人心，見性成佛」─ 依「一心二門」與性空思想〉，《妙林》v.15，

　　筆者認為，以「實存心性論」言《壇經》的「般若」與「自性」，此牽涉到西方哲學理路與禪宗遮而非遮、懺而非懺的異質性問題，其間確實有值得討論的關脈，但事實可知的是，達摩傳印慧可→慧可傳印僧璨→僧璨傳印道信→道信傳印弘忍，皆本著質樸相貫之如來藏自性清淨心路線，即使五祖弘忍傳與惠能的是《金剛經》中禪者「應無所住而生其心」的心印，與達摩所傳《楞伽經》的終極實體已經不同，[35]仍未全然放棄如來藏自性清淨心的見性理路，故論述惠能的明心見性思想，實不能忽略禪者當下一心的甚深緣起，亦即不能忽視無相懺悔、般若空慧、三學三毒、與因果業論間的密切關係。

　　從《壇經》出現七次「摩訶般若」的記錄來看，惠能是以《金剛經》的摩訶般若波羅蜜當成最尊最上的第一諦真實法。在般若無相思想的脈絡下，惠能實將如來藏自性清淨心融會於「於相離相，於空離空」的般若空慧思想中，[36]即不執著在般若與自性的層次，亦不執著於大乘菩薩戒的形式束縛，而是以禪者自身的「只見己過，莫見世非」之自懺自淨精神，讓自己的禪行契應於般若智慧與清淨自性，故在弘忍金剛懺悔的基礎下，開出與同時代諸多禮懺法完全不同的「無相懺悔」思想，這不僅是四卷《楞伽》或一般「說法儀式」可以道盡其內涵義蘊的。

　　以下即就敦博本《壇經》的內容論述惠能的無相懺悔。

第二節　六祖惠能的懺悔思想[37]

　　2003 年 4 月，頁 46~52。陳平坤《慧能禪法之般若與佛性》，（台北：大千，2005 年 12 月），頁 251~376。

35 陳榮捷《中國哲學文獻選編》，（台北：巨流，1993 年 6 月），頁 546。

36 惠能云：「何名無相？無相者，於相而離相」、「內外不迷，即離於兩邊；外迷著相，內迷著空。於相離相，於空離空，即是不迷。」《六祖壇經》，38、93。

37 關於惠能的懺悔思想部分，筆者曾撰〈由大乘佛教的無相思維看惠能的無相懺悔〉一文，載《大專學生佛學論文集》（十六），（台北：華嚴蓮社，2006 年 8 月 31 日），頁 67~130。然該文限於字數，較為簡略，本書已再作增添與潤飾。

一、無相懺悔的內容

敦博本《壇經》「無相懺悔」的內容如下：

> 今既發四弘願誓訖，與善知識授無相懺悔，滅三世罪障。
> 大師言：善知識，前念、後念及今念，念念不被愚迷染，
> 從前惡行一時除，自性若除即是懺。前念、後念及今念，
> 念念不被愚癡染，除卻從前矯誑心，永斷名為自性懺。前
> 念、後念及今念，念念不被疽疾染，除卻從前疾妒心，自
> 性若除即是懺。已上三唱。
>
> 善知識。何名「懺悔」？懺者，終身不作；悔者，知於前
> 非。惡業恒不離心，諸佛前口說無益。我此法門中，永斷
> 不作名為「懺悔」。[38]

由這段文字看，惠能是權以摩訶般若波羅蜜當成最尊最上第一的無相思維進行無相懺悔的發露，此中可分「懺悔目的」、「懺悔功夫」、「懺悔項目」及「懺悔定義」四點內容分述之：

其一，懺悔目的：由上引「與善知識授無相懺悔，滅三世罪障」一句視之，惠能的無相懺悔是在滅除過去、現在、未來三世中隨報身而有的一切罪障，滅罪之後，方能讓自性回復清淨；由於是讓自性回復清淨，故又自云此種無相懺悔為「自性懺」。滅除罪障，是懺悔思想的基本目的之一，無相懺悔自不能例外，然無相懺悔所重者不僅僅是「三世罪障」而已，它是將染著而覆障於「自性清淨心」中的罪業，以超越三界的自覺聖智除滅彼等罪障為最終目的，故稱之為「自性懺」。至於過去、現在、未來的「三世罪障」，指涉了時間上無限長久諸惡業的宿世殃業之可能性，對象上亦指涉了無明緣起所產生的無量無邊罪障。無限長久與無量無邊的罪障，是修行者一切煩惱痛苦的根本源頭，而惠能悉以摩訶般若波羅蜜的無相思維隨掃隨除，徹底以滅除它的。

其二，懺悔功夫：由前、後連續纍疊三次的「前念、後念及

今念，念念不被……」文字視之，惠能強調了懺悔者應該將懺悔的心力用在剎那緣起的當下念頭上，這種剎那緣起的當下一念，是前念、後念及今念的續續不絕的念念，此種「念念」，於人之影響甚大：不迷之，則妄識不生；懈怠迷惘，則心狂性亂。這樣的功夫，仍是摩訶般若波羅蜜無相思維的活用，在懺悔滅罪思想上顯得極為奇特，本書將在後文的第四小節「念念不迷」中詳加闡述。

　　其三，懺悔項目：即經文中的「愚迷」、「愚癡」、「妒疾」三種。此三種實即身、語、意三業與貪、瞋、癡三毒所引發的「煩惱障」、「業障」、「果報障」三障。這三業、三毒、三障，廣義言之，即泛指無始以來所造的一切惡業與罪垢，故云：「三毒即是地獄，愚癡即是畜生」、「三毒若除，地獄一時消滅」[39]；狹義言之，即指六根諸罪業的細細條陳。若從滅除「一切惡業與罪垢」言之，亦與大乘懺悔思想的內涵相仿，然惠能亦有特殊之處，即：這些惡業與罪垢在諸懺悔經典中皆有詳細之鋪陳，若細數陳說，便易因繁多雜冗而流於形式表象，故惠能不就經典上所載之條條內容言之，而以「愚迷」、「愚癡」、「妒疾」三詞代之，這樣一來，惠能除了有約攝一切惡業與罪障之用意外，尚有強調修行者針對一己當下愚迷情緒的適當處理方式，從而導向頓悟見性之意。

　　其四，懺悔定義：「懺者，終身不作；悔者，知於前非。惡業恒不離心，諸佛前口說無益。我此法門中，永斷不作名為懺悔」一段，乃惠能對「懺」、「悔」與「懺悔」所下之定義。這是惠能極為特殊之解法，所謂「終身不作」者，乃從有限之人生歲月為度，期勉自己在禪修過程中能終身不復犯過失，亦即讓自己的如來藏自性清淨心終身朗亮自在，無覆無障也。所謂「知於前非」者，強調了修行者之所以懺悔，必須令自己的本心達到一定的狀態──即對於其往昔所造諸緣起惡業及其負面作用力必定要有確實的認識與了解。所謂「惡業恒不離心，諸佛前口說無益」者，

39　《六祖壇經》，頁80。

強調了往昔所造諸緣起惡業與清淨本心之密切關係，而此一密切關係，是不待於諸佛如來的降福加被、懺法儀節中懺悔者的口說發露，或者期求諸佛如來的外在力量的滅罪除障，而是在於懺悔者依於「於相離相，於空離空」的般若空慧無相思想，以一己本心之當下決斷與定慧不二見性禪法之力行實踐。能夠「只見己過，不見世非」，當下進行「發露－懺罪－滅罪」的實踐，令自己永斷業障、不復造作者，即是懺悔之本義。這樣的懺悔定義，與天台宗智顗（538-579）的「懺，名懺謝三寶，及一切眾生；悔，名慚愧，改過哀求」[40]並不相類。後來，宗寶本《壇經》的「懺悔品」一節，將懺悔的定義改為「懺者，懺其前愆」、「悔者，悔其後過」，[41]雖可作為禪者懺悔滅罪之參考，實與惠能所謂的「終身不作」、「知於前非」的本義不同。

惠能所說的「終身不作」，是禪者在任何時空的緣起罪業都能「只見己過，不見世非」，在當下「發露－懺罪－滅罪」之後，終身不復再犯，亦即是自知自覺的自懺自淨，依於如來藏自性清淨心懺罪之可能，懺淨後則戒體不失，由戒體清淨不失故不復造作業障；所謂「知於前非」者，是懺者仍必須清楚明白的認識到往昔覆障自己自性清淨心的罪業，亦即是甚深緣起與因果業報的正確認識與實踐。惠能並不執著在一般禮懺法中的禮拜三寶與一切眾生，亦不必如天台智顗般以慚愧及改過哀求去求他力護持，亦不是如華嚴一心法界般之無盡無邊之緣起，而是強調了懺者自身所本具的能力、權利、責任與義務，自立自強，自我負責。宗寶本把「前愆」移在前頭作為「懺」義，把「後過」移到後面為「悔」義，這已漸漸失去惠能獨立自主、自我擔當、自覺自救之懺悔意（詳文後之比較）。

---

40 《釋禪波羅蜜次第禪門》卷二，《大正》46，頁 485 中。智顗在《金光明經文句》卷三中又將懺悔做了「首、伏」、「白、黑」、「修來、改往」、「披陳眾失、斷相續心」、「慚、愧」、「賢聖、凡夫」、「第一義、非第一義」、「三乘聖賢、凡夫」、「聖賢三十心、凡夫無三十心」、「十信、凡夫」等十種解釋，頗為複雜。見：《大正》39，No.1785，頁 59 上~下。
41 宗寶本《壇經》，《大正》48，No.2008，頁 354 上。

二、無相懺悔的儀節

　　惠能以摩訶般若波羅蜜當成最尊最上第一的無相懺悔之儀節，可分狹義之懺悔儀節與廣義之懺悔儀節二種說之。

　　狹義之懺悔儀節，即於「**前念、後念及（今念），念念不被疽疾染，除卻從前疾妒心，自性若除即是懺**」的後面，記錄者加注了細小的「**已上三唱**」四字。[42]在此之前，惠能在傳授眾人「自歸依三身佛」及「發四弘大願」時，《壇經》亦加注有細小的「**已上三唱**」四字。[43]由此資料視之，惠能當時是帶領著與會人士共同唱誦了三次的「自歸依三身佛」、「發四弘大願」與「無相懺悔」之儀節。亦即，惠能的無相懺悔依然是遵循著當時佛教通行的禮懺儀節在進行的，茲簡單的表示如下：

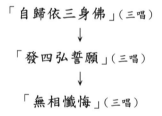

「自歸依三身佛」（三唱）
↓
「發四弘誓願」（三唱）
↓
「無相懺悔」（三唱）

　　不過，由於我們今天所看到的《壇經》是敦煌的本子，而敦煌是北宗禪的傳教區域，故惠能帶領著與會人士共同唱誦了三次的「自歸依三身佛」、「發四弘大願」與「無相懺悔」之儀節，到底是在南方韶州說法時原本就有的儀節，還是後來流傳到敦煌後由北宗禪人所添加上去的？今已不得而知。但從敦煌本《導凡趣聖悟解脫宗修心要論》（又名「修心要論」，「最上乘論」）、《金剛五禮》、《大乘五方便》、《大乘無生方便》、《觀心論》、《大

42　《六祖壇經》，頁 54。
43　《六祖壇經》，頁 44、50、53。

通和尙七禮文》等觀之，[44]弘忍的金剛無相懺悔，當對十大弟子
影響甚大。惠能爲十大弟子之一，自然受其影響，但其懺悔內容
與表現方式，明顯的都與弘忍、神秀系統等不同。至於當時在進
行禮懺儀節時是否使用梵唄？是否有禮拜諸佛？依目前之資料視
之，無從得知。因此，我們如果要了解無相懺悔得儀節，實不能
局限在這三處的「已上三唱」的禮儀節上，而應從廣義的角度言
之爲當。

　　若依廣義之懺悔儀節而言，無相懺悔須與整個施戒壇法之歷
程相互聯結，方能得其全貌。據《壇經》載，惠能是在韶州刺史
韋據等人的邀請下，前往廣州大梵寺演講《最上大乘摩訶般若波
羅蜜經》法，當時與會人士，有「僧尼、道俗一萬餘人，韶州刺
史韋據及諸官僚三十餘人，儒士三十餘人」，[45]顯見惠能當時的登
壇說法，幾乎是受到韶州地區上上下下各階層的人士，包含官員、
僧尼、儒士、道俗等人歡欣受持的大法會，其規模之盛大與法會
之莊嚴，對南方禪宗而言可說是盛況空前的。整個施戒法會既是
一場盛大又莊嚴的登壇施戒法會，會後又被尊稱爲「經」，有計劃
的欲以之爲典範傳承後代薪火，則他所說的無相懺悔自不僅是三
次的唱誦即可涵蓋之。亦即，我們在看《壇經》的「無相懺悔」
之時，應復從整體的「最上大乘摩訶般若波羅蜜經法會」的全程
演講內容來加以觀察，方不致於以偏概全。

　　所謂整體的「最上大乘摩訶般若波羅蜜經法會」的全程演講
內容，筆者認爲可以用：「淨心念摩訶般若波羅蜜法」→「無相偈」
→「說一行三昧」→「說三無法」→「說坐禪法」→「自歸依三
身佛」（無相戒）→「發四弘誓願」→「無相懺悔」→「無相三歸

---

44 關於《導凡趣聖悟解脫宗修心要論》（又名「修心要論」，「最上乘論」）、《金剛
　五禮》、《大乘五方便》、《大乘無生方便》、《觀心論》、《大通和尙七禮
　文》等等敦煌寫本的懺悔義蘊，詳參本書第三章「弘忍與神秀的懺悔思想」部
　分之論述。
45 此次法會，是緣起於惠能初至大師至寶林，而由韶州韋刺史（名據）及顯要官
　僚的入山邀請，請惠能出於城中大梵寺講堂爲眾開緣說法。故此次法會必然是
　經過韋據等人的精心布置，而惠能當亦順著一般施戒法會之過程而登壇說法
　的。鄧文寬校注，《六祖壇經》，頁11。

依戒」（歸依三寶）→「說摩訶般若波羅法」→「滅罪頌」→「無相頌」[46]等十二個懺悔儀程涵括之。北宗神秀的《大乘無生方便》亦在懺悔的開頭提出「發四弘誓願」→「請佛」→「三歸依」之次第功夫，但開展無生懺悔後，隨即進入「各令結跏趺坐」的禪觀歷程上，這與惠能從「淨心念摩訶般若波羅蜜法」→「無相偈」→「說一行三昧」→「說三無法」→「說坐禪法」等進程有著明顯的差異 —— 惠能重視的是現前如來藏自性清淨心的活潑觀照，神秀側重的是依於菩薩戒的「看心若淨，名淨心地。莫卷縮身心，舒展身心。放曠遠看，平等盡虛空看」。[47]

　　從頓教法的側面義涵言之，任何人若以般若無相的智慧，契應於原本清淨的涅槃佛性，透過這十二個進程的認識→理解→唱誦→身心一如→精進→不懈，即為一個全面而完整的無相懺悔之儀節了。如果有人認為這「十二個進程」過於籠統，不能代表無相懺悔的儀程，至少亦涵蓋著：「無相偈」→「自歸依三身佛」（無相戒）→「發四弘大願」→「無相懺悔」→「無相三歸依戒」（歸依三寶）→「滅罪頌」→「無相頌」等七個次第懺悔進程。七個儀式續續前進，既包括了三處的「已上三唱」的儀節，亦涵攝了惠能的講經說法與授戒過程，這是全部涵攝了般若無相的懺悔儀節。[48]茲表示如下：（見下頁）

46　分見《六祖壇經》，頁 14→27→35→38→41→44→50→53→54→56→71→82。
47　《大乘無生方便門》，《大正》85，No.2834，頁 1273 下。
48　惠能繼承弘忍的金剛禪法，，更以般若加入佛性之中，這學者已多所論列，如濟群〈壇經的般若思想〉，如禪編《六祖壇經研究》（三），北京：中國大百科全書，2003 年 4 月，頁 147~157。陳平坤《慧能禪法之般若與佛性》，台北：大千，2005 年 12 月

表六：惠能無相懺悔的七個儀節表

```
                    「無相偈」
        （涅槃佛性）↓（般若無相）
              「自歸依三身佛」（無相戒）
        （涅槃佛性）↓（般若無相）
                  「發四弘誓願」
        （涅槃佛性）↓（般若無相）
                  「無相懺悔」
        （涅槃佛性）↓（般若無相）
          「無相三歸依戒」（歸依三寶）
        （涅槃佛性）↓（般若無相）
                  「滅罪頌」
        （涅槃佛性）↓（般若無相）
                  「無相頌」
```

　　不過，這樣的無相懺悔儀節，旨在呈現出如來藏自性清淨心的發用，它與《梁錄》中的「至心懺悔」→「至心勸請」→「至心隨喜」→「至心迴向」→「至心發願」那基本的禮懺五法不盡相同，[49]與《梁皇懺》的「歸依三寶」→「斷疑」→「懺悔」→「發菩提心」→「發願」→「發迴向心」→「顯果報」等懺儀亦不相同。[50]筆者全面檢視惠能的演說內容，發現「無相懺悔」一

---

49 《大正》46，頁 952 上~953 中、794 下~上。據汪師娟之研究，現存最早的具足五悔法的禮懺文，可能是失譯人名而附在梁錄的《菩薩五法懺悔文》（538-597），它的形式相當一致，分別在五言偈頌之後，作「懺悔（已）竟，五體作禮」、「請佛已竟，頭面作禮」、「隨喜已竟，五體作禮」、「迴向已竟，頭面作禮」、「發願已竟，洗心作禮」，已經具備了一定的禮拜儀節。……在《法華三昧懺儀》以及《國清百錄》中的禮敬法中皆設有「至心懺悔」、「至心勸請」、「至心隨喜」、「至心迴向」、「至心發願」等五法。後來禮懺文中的五悔，有可能直接或間接受到天台懺儀的影響。見：《敦煌禮懺文研究》，頁 324~325。

50 《梁皇懺》十卷之內容，鋪陳了「歸依三寶」→「斷疑」→「懺悔」→「發菩提心」→「發願」→「發迴向心」→「顯果報」→「出地獄」→「解怨結」→「發願」→「自慶」→「為六道禮佛」→「迴向」→「發願」→「囑累」等儀

節若沒有與「無相般若」、「無相偈」、「自歸依三身佛」（無相戒）、
「發四弘大願」、「無相三歸依戒」（歸依三寶）、「滅罪頌」、「無相
頌」與「淨心念《大乘摩訶般若波羅密經》」等融攝為一，是難以
體現出其中所欲顯發的思想義蘊的。加以，惠能的講經壇法中，
幾乎是以般若「無相」及涅槃「佛性」統攝了「無相偈」、「無相
懺悔」、「自歸依三身佛」（無相戒）、「無相三歸依戒」（歸依三寶）、
「滅罪頌」、「無相頌」等禪要，這明顯都與隋、唐盛行的懺法之
儀軌不同。

如果將《壇經》全部禪語與「無相偈」、「無相懺悔」、「自歸
依三身佛」（無相戒）、「無相三歸依戒」（歸依三寶）、「滅罪頌」、
「無相頌」等統合聯貫，則可見如下懺悔義蘊。

三、無相懺悔的思想義蘊

（一）神秀與惠能的無相禪觀

據現存資料顯示，北宗神秀的禪法雖然一樣強調「一切相，
總不得取」、「虛空無一物，清淨無有相，常令不間斷，從此永離
障」之無相思想，[51]但神秀之禪法是偏向於「觀心」、「看淨」的
清淨禪，與惠能所強調的般若無相精神不類。[52]

惠能之禪法，其實係綜合容受了《楞伽》的「自覺聖智境」、
《起信論》的「真如體無有可遣」、《維摩詰經》的不二無相、《金
剛經》的無相空智、無所住之思想、《大涅槃經》的「眾生皆有佛
性」[53]、達摩「報怨行」之凝住壁觀懺悔以及道信、傅大士、法

程。詳見：《大正》45，No. 1909，頁 922 中~967 下。
51 《大乘無生方便法門》，《大正》85，No.2834，頁 1273 下。
52 楊曾文撰，〈神會及其禪法理論〉，收入氏編，《神會和尚禪話錄》，頁 223。
53 重視四卷本《楞伽經》、《起信論》、《般若經》、《大涅槃經》是南宗禪法之特點。
　　《般若經》為南宗禪法提供空、無相、無念的般若本體論基礎，並為其論證頓
　　悟解脫論提供即心即不二的方法論依據。《大涅槃經》講一切眾生皆有佛性，皆
　　可成佛，為南宗的心性論的主要來源。見楊曾文〈神會及其禪法理論〉，收入
　　氏編，《神會和尚禪話錄》，頁 230。

融、弘忍之般若無相精神而直接踐行在日常禪修上的，這從「無相偈」可以明之：

> 菩提本無樹，明境亦無臺，佛性常清淨，何處有塵埃？[54]

此偈又作「身是菩提樹，心爲明鏡臺，明鏡本清淨，何處惹塵埃？」從「佛性常清淨」與「明鏡本清淨」悉可見惠能尚承繼著達摩以降的如來藏清淨心之思維脈絡，「菩提」、「明鏡」皆指實相無相的如來藏自性清淨心，亦即是活用了華嚴所說的「心、佛、眾生，三無差別」的清淨佛性，契接於一切眾生本有的佛性，落實於當下見性的纏法中。既然一切眾生本具自覺聖智的如來藏自性清淨心，則何必在原本清淨的心性中另外建立出一棵「樹」、一座「臺」的煩惱塵埃？故曰「本無樹」、「亦無臺」、「何處有塵埃」。因爲一切眾生本具有自覺聖智境的佛性，只要落實於日常禪修上，無住其心，便是般若無相之禪修，故凡有形、有相、可析、可理之各種語言、文字、符號、聲音、儀節等悉不必另外設立，「本性自有般若之智」，只要用智慧去觀照，自可「心開悟解」，體悟自性是佛。[55]惠能認爲，神秀的「看心看淨，却是障道因緣」，「淨無形相，却立淨相，言是功夫。作此見者，障自本性，却被淨縛。」[56]亦即，惠能之「無相偈」，是繼承弘忍的金剛般若空智下的創造性身心實踐，它「秉法直言，不用文字」，[57]「不須澄心」，[58]自然化行於日常禪修生活中，故直接消解了神秀的「是菩提樹」、「如明境臺」、「時時勤拂拭」的漸悟式清淨禪法。

惠能主張般若無相，再由無相空智所進行的無相懺悔來進行無相戒的施戒壇法，以般若無相的空智戒行來修道，其實即是超越於「頓」、「漸」之上的自覺聖智境之實踐，以此而詮顯其「識自本心，是見本性，悟即原無差別，不悟即長劫輪迴」的融通智

---

54 鄧文寬校注，《六祖壇經》，頁27。
55 其云：「若大乘者聞說《金剛經》，心開悟解。故知本性自有般若之智，自用智惠觀照，不假文字。」《六祖壇經》，頁61。
56 《六祖壇經》，頁41。
57 《六祖壇經》，頁63、103。
58 《六祖壇經》，頁20。

慧。[59]以下即分「以三無功夫永斷三世罪障」、「以七儀一心融攝般若無相」、「以活潑心戒禪定滅罪生慧」、「萬法念念不住的正念懺悔」四點闡說其懺悔義蘊。

（二）以三無功夫永斷三世罪障

依惠能所說，其無相懺悔仍然要以三無功夫來永斷三世罪障的。其云：

> 與善知識授無相懺悔，滅三世罪障。……善知識。何名「懺悔」？懺者，終身不作；悔者，知於前非。惡業恒不離心，諸佛前口說無益。我此法門中，永斷不作名為「懺悔」。[60]

在此，惠能一方面以「終身不作」與「知於前非」作為懺悔之基本前提，與他的「識心見性」思想是一體不二的；另一方面，他強調了「滅三世罪」與「永斷不作」的兩大修行目的。罪若不滅，自性無法回復清淨之身，本心無由得識。業若不能永斷，身心亦無法清淨，身心不淨，便無法發揮功用，自性依然沉淪罪海。若依印度大乘佛教的懺悔理論，罪性本空，不在內，不在外，亦不在中間，即不在五蘊、十二處、十八界中，一切無常、無我、無迹可「覓」。既無迹可「覓」，懺悔便須從無相自歸依做起，故「授無相戒」（自歸依三身佛）亦云：

> 色身是舍宅，不可言歸。向者三身佛，在自法性，世人盡有，為迷不見。外覓三身如來，不見自色身中三身佛。[61]

因為罪性本空，故外在的、語言文字的、概念的三身如來是「色身」的，是不可言「歸依」的，亦是不可「覓」求的；修行人所應歸依、覓求的不是外在的三身如來，而是含藏於「自色身中」所本有的自性。這種覓內不覓外的禪路，是自慧可、僧璨、道信、弘忍以來「身佛不二」思想的承繼。[62]三身佛本在自性之中，世

59　《六祖壇經》，頁38。
60　《六祖壇經》，頁53~54。
61　《六祖壇經》，頁44-45。
62　關於慧可「無迹可覓」的「身佛不二」思想，見本書第二章第三節「慧可與僧璨的懺悔思想」部分之論述。另：洪修平亦云：惠能活用竺道生熔真空妙有於

人原本盡有，只是迷障而不能自見，故眾生隨緣所作之業、所造之罪、所迷之果才最嚴重。爲了要「滅三世罪」與「永斷不作」，惠能於施法壇會現場與全體僧眾闡明了「三無」——「我此法門，從上已來，頓、漸皆立：無念爲宗，無相爲體，無住爲本」的三無功夫進行滅罪的實踐，[63] 用真心於當下行懺，行者於當下一心行懺後即成懺禮，完成懺禮之刹那，復以清淨的如來藏直心作於相離相的「發願」、「歸依」、「懺悔」、「三寶」、「滅罪」、「無相」，以契應於大乘佛教之滅罪懺理，一時之間，眾人皆可當下成佛。無論是頓教，還是漸教，《壇經》中並沒有詳細的規定，蓋禪宗佛弟子都必須以正確的方法來理解祖師大德的靈活禪法，同時身心一如的力行實踐無相懺悔。何謂無相、無念、無住？惠能云：

> 何名無相？無相者，於相而離相。無念者，無念而不念。無住者，爲人本性。[64]

從「於相而離相」、「無念而不念」、「爲人本性」三句視之，惠能此處所說的無相，是在無住之中涵攝無相與無念，在無相之中涵攝無念與無住，在無念之中涵攝無住與無相。這樣的三無永斷，是無念中的無相，無相中的無住，無住中的無念，當下處在無「念」、「相」、「住」的現實罪障行爲活動之中而不執於「念」、「相」、「住」的永斷滅罪之實相懺悔。修禪之人，居於「念」、「相」、「住」→「相」、「住」、「念」→「住」、「念」、「相」的緣起變化之進行式中，性起作用，緣緣和合，無住、無相、無念三無同時並顯，同時遮詮，同時覺證，同時行懺，「無住－無相－無念」一體如如，即而互即，遮而互遮，互遮顯空，空又即智，智而豁性，性空罪滅，罪滅性淨。這明顯是大乘佛教無差別的平等思想之實踐，如《金剛經》「無我相、無人相、無眾生相、無壽者相」之四無相遮詮法，[65]《華嚴經》「心、佛及眾生，是三無差別，諸佛悉了知，

一爐，以般若實相說會通佛性論，把解脫由「向外覓求」轉爲「向內證悟」的思維途徑。見氏著《禪宗思想的形成與發展》，頁310。

63 《六祖壇經》，頁38。
64 《六祖壇經》，頁38。
65 鳩摩羅什譯《金剛般若波羅蜜經》，《大正》8，No.235，頁751上~中。

一切從心轉」的「三無差別」，[66]皆可因爲無住、無相、無念而同時作用，同時證悟。《金剛經》的四無相是透過般若空慧而證無上正等正覺的，《華嚴經》是因於無盡緣起的一心而契無量無邊的法界眾生的。慧可的觀身與佛無差別即因此而開，《二入四行論》中的「心──佛──身──法」一體如如亦是此種三無差別平等法的即遮即用，即遮即懺，即遮即禪，惠能活用了如來藏自性清淨心的，再活用金剛四無相與華嚴心佛眾生三無差別的心法，故強調了「識自本心，是見本性，悟即原無差別，不悟即長劫輪迴」的懺罪思想。[67]他藉用孟子的辭語，積極的、正面的、肯定的讚譽此超越三界又入於三界而不執於三界的自覺聖智境心性爲「本心」、「本性」，[68]無相懺悔之義蘊，即是在此一超乎形上學的自覺自證過程中去懺悔滅罪，又同時會通而消解之，所謂「於一切法不取不捨，即見性成佛道」是也。[69]在大時代的教法中，迷人常執著於一切法相、佛相、教相，因此，惠能從離一切相的無相功夫上授法，他所授予之戒即爲「無相戒」，在南廊壁上對治神秀有相偈的即曰「無相偈」，教大眾歸依者的無相戒即是「無相自歸依三身佛」，最後總結法會的頌語即是「無相頌」（「滅罪頌」），又云「於相而離相」、「外離一切相，是無相；但能離相，性體清淨」，[70]一切皆在教導與會人士，當面對一切現象之相的同時，勿去執迷之，亦勿執於有相法，而以般若空智、無漏種子與涅槃佛性三者一體如如的「於相而離相」，則性體依然清淨，此心依然活躍，智慧依然明朗。因爲「惡業恒不離心」，所以「諸佛前口說無益」，[71]唯有「知於前非」，又三無一體，「無念──無相──無住」之

---

66 《大方廣佛華嚴經卷十・夜摩天宮菩薩說偈品第十六》，《大正》9，No.278，頁465下~466上。
67 《六祖壇經》，頁38。
68 如惠能云：「呈自本心」、「不識本心，學法無益」、「識心見性，即悟大意」、「識自本心，是見本性」、「識自本心，即是解脫」。鄧文寬校注，《六祖壇經》，頁26、38、67。
69 《六祖壇經》，頁60。
70 《六祖壇經》，頁38。
71 《六祖壇經》，頁53~54。

時，是「即念－即相－即住」的，但又「無執於念－無執於相－
無執於住」，且「無執於宗－無執於體－無執於本」，故他實是超
越了宗通論，不執著於範疇論，又不是玄虛的本體論，純粹是一
位活潑潑的禪者積極精進的在當下以甚深緣起讓自己「終身不作」
── 即懺悔與如來藏自性清淨心一體如如後的不復造作罪業，以
此而克成無相懺悔之功。

　　要言之，「無念爲宗，無相爲體，無住爲本」的三無功夫，不
是在宗，不是在體，不是在本，而是融會般若空智、華嚴心法於
如來藏自性清淨心之中的體證與懺悔滅罪，這樣的功夫，一切罪
障自然永斷不起。

（三）以七儀一心融攝般若禪行

　　再從整個《壇經》施戒法會的過程視之，惠能雖繼承了弘忍
的般若禪法，並沒有忽略掉佛教的懺悔思想。佛教懺悔法門所該
有的基本儀軌，在《壇經》中仍然可以明顯的看出。不過，惠能
並非執迷於隋、唐時的一般禮懺儀軌，而是直接由根源性的如來
藏清淨心處，下了般若空智的理性功夫。亦即，惠能是以如來藏
清淨心的般若空智，將「無相偈」→「自歸依三身佛」（無相戒）
→「發四弘大願」→「無相懺悔」→「無相三歸依戒」（歸依三寶）
→「滅罪頌」→「無相頌」等七個懺悔儀節化爲一心，以此一心
進行懺悔儀程，如如不失的行禪修道。

　　這樣的懺悔儀節，與《梁皇懺》的「歸依三寶」→「斷疑」
→「懺悔」→「發菩提心」→「發願」→「發迴向心」→「顯果
報」→「出地獄」→「解怨結」→「發願」→「自慶」→「爲六
道禮佛」→「迴向」→「發願」→「囑累」等諸多儀節不同，[72]與
天台智顗（538~597）《法華懺》的「五法」、「十科」亦異，[73]與

72　《大正》45，頁922中-967下。
73　隋‧智顗《法華三昧懺儀》，《大正》46，頁949上-955下。此外，智顗尚有《方
　　等三昧懺法》、《請觀音懺法》、《金光明懺法》等懺法，歸納了印度大乘佛教所
　　說之懺悔方法，配合戒、懺、觀、慧兼修之教觀合一理論，使得中國佛教的禮
　　懺儀節軌走向成熟之地。

後世宗密（780~841）之《圓覺經道場修證儀》分爲「道場法事七門」及「禮懺法門八門」之儀節，以一百二十日、百日、八十日爲三期修觀，三七日修懺之情形迥然不同。[74]

這樣的不同，代表著一定之意義。《梁皇懺》、《水懺》與《法華懺》等禮懺法大抵皆尊奉著一定的佛菩薩、經典、一定的時間與禮懺的儀軌，其對象與場地大多適合寺院中的僧眾來進行。惠能無相懺悔的七個儀程並沒有這樣的規定，他只是將七個懺悔儀節化爲一個如來藏自性清淨心，同時與其無相戒及頓教禪法融爲一體。這樣的七儀一心，雖有禮懺的儀度，卻不必執著於禮佛，不必執著於誦經，不必執著於禪坐，不必執著於觀相，不必執著於「顯果報」、「出地獄」、「解怨結」……等等儀節。它也可以有中國佛教上基本的「懺悔」→「請佛」→「隨喜」→「迴向」→「發願」的禮懺儀節，然此禮懺儀節是形式上的隨緣而起，並非無相懺悔的本然義理，故只要以一本具的如來藏自性清淨心，隨時隨地皆可進行懺悔除罪，出家眾、在家眾，人人皆得當下爲之，與惠能的頓教法一處無別。其云：

> 善知識，若欲修行，在家亦得，不獨在寺。在寺不修，如西方心惡之人；在家若修行，如東方人修善。……惠能與道俗作《無相頌》，（汝等盡誦）取，依此修行，常與惠能說（頓教法），一處無別。[75]

《無相頌》的「盡誦」，本是宗教禮儀的必然表現方式，在惠能而言，則是頓教禪法的修行，是契應佛陀甚深緣起禪觀、銜接達摩凝住壁觀之堅固心法，又超越同時代天台三諦圓融的摩訶止觀、華嚴一心法界的三觀而又落實到眾生本具的如來藏自性清淨心之嶄新禪法，是在一切相中又無執形相的實相無相之口誦－心解－身行－滅罪－清淨－精進－般若－自在的修行，這樣的修行實

---

74 道場法事七門：1.勤修、2.簡器、3.呵欲、4.棄盡、5.具緣、6.嚴處、7.立志。禮懺法門八門：1.啓請聖、2.供養觀門、3.稱如來、4.禮敬三寶、5.懺悔諸障、6.餘雜事、7.旋繞念誦、8.正坐思維。見宗密《圓覺經道場修證儀》，《卍新續》74，No. 1475，頁 375 上~511 下。
75 《六祖壇經》，頁 82。

踐，在家亦得「盡誦」之，在寺亦得「盡誦」之，不限於在家眾，更不限於出家眾，六道眾生皆可隨甚深緣起之當下盡誦盡除，因為它只要一顆如來藏自性清淨心即可圓滿完成的。故云：

> 世間若修道，一切盡不妨；常見在己過，與道即相當。……
> 法元在世間，於世出世間；勿離世間上，外求出世間。邪
> 見是世間，正見出世間；邪見悉打却，菩提性宛然。[76]

這樣的無相懺悔，某種層次上而言是對隋、唐間多樣式懺儀的一種反省與超越，加上般若無相空智的理性活用，以自身當下一顆如來藏自性清淨心去付諸懺悔行動的實踐，如：「自性自淨，自修自作；自性法身，自行佛行；自作自成佛道」、「於一切時中，行、住、坐、臥，常行直心」、「直心是道場，真心是淨土」、「但行直心，於一切法上無所執著」、「除妄不起心」、「眾生各於自身，自性自度」、「自心除虛妄」、「當下心行，恭敬一切，遠離迷執」、「自心歸依覺」、「自心歸依正」、「自心歸依淨」、「智者心行」、「一切萬法，盡在自身心中」、「自性心地，以智惠觀照」。[77]《祖堂集卷三・崛多三藏》亦云，神秀的觀心、看靜（淨）其實是印度外道的禪法，禪宗引為正法是一種「大誤人」之事，只有以直心自看、自靜（淨）才是正確的禪法。[78]故惠能說法結束後，即說：「善知識，聽吾說『無相頌』，令汝迷者罪滅」。其「無相頌」（「滅罪頌」）云：

> 愚人修福不修道，謂言修福而是道，布施供養福無邊，心
> 中三業元來造。若將修福欲滅罪，後世得福罪元在。[79]

此段頌文說明了：惠能的《壇經》法會不僅僅傳授「般若波羅蜜法」、「受無相戒」而已，其實亦是一個完整的無相懺悔法會之過程。既是一場懺悔法會，依懺法原理，則必有懺悔滅罪之事，故惠能說：「令汝迷者罪滅」，即令迷者以直心自看自淨以滅罪。然

---

76 《六祖壇經》，頁 83。
77 《六祖壇經》，頁 35、43、51、55、65、67。
78 《祖堂集卷三・崛多三藏》，頁 65。
79 《六祖壇經》，頁 71。

世俗中的懺悔滅罪理論與方法甚多，惠能並不是重複任何宗派之懺儀法式，而是融和般若智與如來藏心而提出直心自見自淨的「無相懺悔」，並於說法結束之時，總體性的道出了無相懺悔的收束──「無相頌」，惠能特地加上一句話云：「亦名滅罪頌」。當然，此滅罪是「滅無所滅」的滅罪，是依於「此有故彼有，此無故彼無」的因緣法而成立的，亦與願無所願的弘願、學無所學的學禪、道無所道的佛道、懺無所懺的無相之懺是相契相成、一體如如的。尤其在四弘誓願的不求自利、盡利他人的努力精進精神下，懺悔者如同「著弘誓大鎧」（mahāsaṁnāhasaṁnaddha），其菩薩行是更為勇猛的。[80]

據弘忍所說，當時門下弟子修習之禪，多變質成「終日供養，只求福田，不求出離生死苦海」的自性迷離之景況，[81]這正與惠能所說之「愚人修福不修道」的情況符合。慧可請達摩安心，僧璨請慧可懺罪，所尋覓的正是讓內在本心能夠「出離生死苦海」的大事。本書在第二章曾論及慧可與僧璨懺悔思想部分，認為「覓罪不見」的說法，仍留有達摩壁觀「心注一境」的「報怨行」懺悔味道；「覓心了不可得」與「覓罪了不可得」則兼融了金剛般若的無相懺悔。這當然可以與慧可的「觀身與佛不差別，何須更覓彼無餘」的般若無相安心相契，亦可作為僧璨「行無轍迹，動無彰記；法匠潛運，學徒默修」之頭陀禪行的補充，它是一條安心→覓心→覓罪→懺罪→清淨的懺悔思路。[82]惠能的無相懺悔，基本上繼承了這條思路，開展出「三身佛本在自性身中，不必遠覓，不可言歸」的覓而不覓之懺悔。故上引「滅罪頌」之「愚人」者，

---

80 大乘佛教菩薩波羅蜜的修行立場是不求自利、盡力為他的，連成佛亦不企求之無止境修行，故當一個人欲往此路直進之時，須有相當之決心。菩薩這份決心被比喻為穿著鐵鎧甲衣上戰場之勇士，即經中所謂之「著弘誓大鎧」。此一菩薩會引導無量無數眾生趨向涅槃，同時卻不認為存有被導入涅槃之人，亦不認為有引導之人。此種努力精進稱為「弘誓大鎧」（大誓莊嚴、摩訶僧那僧涅）。參：平川彰著，釋顯如、李鳳媚譯《印度佛教史》（上），（嘉義：法雨道場，2003 年 5 月），頁 348。
81 《六祖壇經》，頁 18。
82 詳本書第二章第三節「慧可與僧璨的懺悔思想」部分之論述。

即企圖從外在形相禮儀上尋覓佛性之「迷人」也。自覺聖智境之
人，覓而不迷，迷則不覓；知罪覓福，但不在罪福二邊去執著；
知禮行懺，但不在外面懺儀上自我迷障。反之，迷離自性的人，
往往重福而不修道，懼罪而求佛懺除，如是之人，縱使實踐了大
乘佛教的布施、持戒、忍辱、禪定、精進等福德無邊之事，自性
心中仍然是在迷失狀態，由身、口、意的緣起造作所引致的貪、
瞋、癡等惡業，依然會時時累積，生生世世都在的無明迷障中不
知醒覺。因此，在早期禪宗那裡，不管禪師們採取何種具體方式
表達自己的意見，都不是在作文字戲論或履行儀節，而是在認真
地解答求出離生死苦海的問題。[83]

　　一般禮懺法中的禮佛、念佛、坐禪、懺悔、發願、回向、歸
依等並不是錯誤的儀節，專志奉行亦是一種頭陀苦行的懺悔法，
或說是以一種超乎凡人的堅定毅力所進行的精進向上之懺悔。不
過，若只是修行者若重於修福而不修道，知罪覓福，卻在罪福二
邊去執著；知禮行懺，又在外面懺儀上自我迷障，則自性迷離而
不自知，能悟而不悟，可覺而不覺，則即使依法行儀而獲得福報，
其前世因違背法性之罪障依然渾存於自性清淨心田裡，隨時緣起
造作，繼續負面性的作用。惠能的壇經法會，乃將「無相偈」→
「自歸依三身佛」（無相戒）→「發四弘大願」→「無相懺悔」→
「無相三歸依戒」（歸依三寶）→「滅罪頌」→「無相頌」等七個
流動的儀程熔化於一心，一心如如的涵攝了七個懺悔儀程；七個
儀程由如來藏自性清淨心而發，自性清淨心隨顯七個儀程；既不
執著於七個儀程，亦不執著於自性清淨心；如斯之懺悔，是謂「七
儀一心」。故云：

> 佛言：隨其心淨，則佛土淨。使君，東方但淨心無罪，西
> 方心不淨有愆。迷人願生東方、西方，悟人所在處並皆一
> 種。心地但無不淨，西方去此不遠。心起不淨之心，念佛
> 往生難到。除十惡即行十萬，無八邪即過八千。但行直心，

---

83 刑東風〈慧能禪宗思想的三個問題〉，台北：華梵大學哲學系，《華梵大學第七
　次儒佛會通學術研討論文集》，2003 年 9 月，頁 454~466。

到如彈指。使君，但行十善，何須更願往生？不斷十惡之
心，何佛即來迎請？[84]

其中的「十善」，即身三、口四、意三，身三是不殺生、不偷盜、
不邪淫，口四是不惡口、不妄言、不綺語、不兩舌，意三是不貪
欲、不瞋恚、不癡迷，涵括人類一切行為、語言、思想三方面的
處理與面對，這是中國佛教禮懺法門中常見的發露內容；與十善
相反的就是十惡，凡未能正確面對與處理者，隨時都造惡業，墮
入六道輪迴之中。至於「八邪」，是指違背初期佛教的「八正道」
或大乘佛教中觀「八不中道」的認識和行為。[85]依惠能所說，無
相懺悔不在東方、西方，有罪、無罪，有愆、無愆，淨土、穢土，
染、汙，成佛、不成佛，不在空間區域，不在時間長短，不在罪
性本身，亦不在過愆身，更不是成佛、不成佛諸二元對立的兩邊
問題上，而是「但行直心，到如禪指」的自我禪進，亦即是直用
自然而然的自性清淨心，以正知正見於日常生活的當下進行禪觀
懺悔。「但行直心」，即可決定罪之確定滅除，此種懺悔純為修行
者的當下直心之進行，是不執著於形式化之懺儀、觀相與制律方
法的。在惠能而言，這種當下直心即是「於一切時中，行、住、
坐、臥，常行直心」、「於一切法上，無有執著」的「一行三昧」。
[86]惠能這種無有執著的「一行三昧」之直心懺悔，是道信以般若
實相「一心念佛」懺悔的進一步發揮，是以直心於相離相、無執
形相而向內在自心進行滅除障緣的，故云：

若解向心除罪緣，各自性中真懺悔；若悟大乘真懺海，除
邪行正即無罪[87]

84　《六祖壇經》，頁 77。「到如彈指」之「彈」，原本作「禪」，此據惠昕本、鄧文
　　寬校注改之。
85　楊曾文《唐五代禪宗史》，頁 177。
86　惠能云：一行三昧者，於一切時中行、坐、臥、常行直心是。《淨名經》云：「直
　　心是道場，直心是淨土。」莫心行諂曲，口說法直，口說一行三昧，不行直心，
　　非佛弟子。但行直心，於一切法上，無有執著，名一行三昧。迷人著法相，執
　　一行三昧，直言坐不動，除妄不起心，即是「一行三昧」。若如是，此法同無
　　情，卻是障道因緣。道須通流，何以卻滯？心不住法，道即通流，住即被縛，
　　若坐不動是，維摩詰不合呵舍利弗宴坐林中。《六祖壇經》，頁 35。
87　《六祖壇經》，頁 71。

罪緣於自心，惡業恒不離自心，故無相懺悔是自內在妄心進行「除邪」與「行正」的過程，然自心本是清淨無染的，只因無明一時之覆障，遂有東方、西方，有罪、無罪，有愆、無愆……等差別對立的名相之建立。建立這些名相固有助於分類歸納與說明，卻非如來藏自性清淨心的自覺自證，故懺悔是由內在自性清淨心對妄起之罪業開刀，對自心之傷口敷藥，在內心中自修自悟，自療自養，自得自證，不是靠著外在的、人爲的多樣式之懺儀軌度。

是故，整個《壇經》施戒壇法的過程，可說是「無相偈」→「自歸依三身佛」（無相戒）→「發四弘大願」→「無相懺悔」→「無相三歸依戒」（歸依三寶）→「滅罪頌」→「無相頌」七個懺悔的儀節，然此七儀是一種內在的自性清淨心之發用，但以直心發用之，即是爲一行三昧、般若三昧的大乘真懺悔，它是知罪覓福，但不在罪福二邊的執著運行；知禮行懺，但不在外面懺儀上自我迷障的。

（四）以活潑心戒智慧禪定滅罪

爲了不讓學人失於邪念，惠能無相懺悔亦以戒、定、惠三無漏學去都攝身、口、意的無明造作，但他不走複雜而繁瑣之哲學推衍路線，而是直取了緣起性空、罪性本空、般若無相配上達摩「報怨行」那種慧解因緣業報之精神。

「戒律」是入道之本，是「定慧先門」。然南北朝的僧徒，或偏於律法，或偏於數論，未能配合教義與因果業理，故多有妄論妄行者。[88]「立壇」是印度婆羅門早就有的宗教儀節，我國西周就亦有社祭的禮制，但前者乃以至高無上的唯一真神梵天爲其基礎，後者則與儒家禮樂政治建設有關係。[89]東漢至隋唐，佛教高僧都重視設壇說戒，視爲「法之初」、「住持之式相」，佛法之隆盛

88　《高僧傳卷十一・明律・論曰》，《大正》50，No.2059，頁403中~下。
89　關於我國西周就亦有社祭的禮制，參楊寬《西周史》，（上海：上海人民出版社，2003年4月），頁833~834。

不墜，確實有賴其功。[90]

　　自達摩開始，即活用「心淨即是持戒」的精神持菩薩戒。[91]四祖道信（580~651）撰寫《菩薩戒法》以傳禪法，[92]更強調大乘菩薩戒的懺悔滅罪作用。弘忍（602~675）在雙峯山為「道俗受學」，[93]都是菩薩戒的活用。神秀（605~706）以的《大乘五方便》、《大乘無生方便》等禪觀方便的本質實為菩薩戒，但方便而契於經論，故受到武則天朝君臣上下的嚮慕支持。[94]八世紀初普寂（651~739）的《師資七祖方便五門》、普寂弟子道璿的《註菩薩戒經》三卷、[95]《授菩薩戒儀》（S.1073），乃至於南宗系荷澤神會（684~758）的《壇語》等作品，[96]都是在禪法中活用大乘菩薩戒的方便。在道信、弘忍的影響下，惠能在廣州大梵寺開演《壇經》「授無相戒」法會，亦是禪宗裡頭必然形成的內在趨勢，所不同者是，惠能把大乘菩薩戒說為無相戒，並與他的頓悟禪觀、無相懺悔與自性佛慧靈活結合在一起。

　　綜觀整部《壇經》的壇法，無疑是一個傳授禪宗「無相戒」的法會，無相戒本身直接受到《梵網經》大乘菩薩戒的影響，[97]《梵網經》中所說之金剛寶戒或佛性戒，實即以如來藏自性清淨心所

90　唐‧道宣《道宣律師感通錄‧宣律師感天侍傳》，《大正》52，No.2107，頁441中~下。另參：道宣《關中創立戒壇圖經》，《大正》45，No.1892，頁807上~819上。

91　聖嚴《菩薩戒指要》，（台北：法鼓文化，1997年），頁28。

92　《大正》85，No.2837，頁1286中~下。

93　《傳法寶紀并序》，柳田聖山《初期禪宗史書の研究》，頁567。

94　學界對神秀菩薩戒之研究，已有不少成果，如日‧土橋秀高〈敦煌本受菩薩戒儀考〉，《印度學佛教學研究》第8卷第1號，33~42。武田忠〈大乘五方便の諸本の成立について〉，《印度學佛教學研究》v.19 n.1，（東京：日本印度學佛教學會，1971年1月），頁262~266。

95　相關資料見《七祖法寶記》下卷，收入方廣錩《藏外佛教文獻》第二輯，（北京：宗教文化，1995年），頁134~165。《第七祖大照和尚寂滅日齋讚文》，見田中良昭《敦煌禪宗文献の研究》，（東京：大東出版社，昭和58年），頁555。

96　田中良昭《敦煌禪宗文獻の研究》，（東京都：大東出版社，昭和58年），頁462~465。

97　惠能在無相戒壇法中，共說出兩次「《梵網菩薩戒經》」。敦博本《壇經》載：《梵網菩薩戒經》云：「本源自性清淨。」善知識！見自性自淨，自修自作自性法身，自行佛行，自作自成佛道。又，《梵網菩薩戒經》云：「本源自性清淨。」識心見性，自成佛道。分見《六祖壇經》，頁43、65。

制定的大乘菩薩無相戒，它是異於小乘戒以色身清淨無漏的覺有情而欲令眾生滅罪成佛之菩薩心法，故戒律實踐是針對六道眾生而行的，清淨無漏是三世永淨而不是今生今世的色身之淨的。再則，筆者在第一章詮釋佛教懺悔義蘊時已說過，《梵網經》之十重禁罪與四十八輕罪，兼攝了大小乘戒律之懺罪與精進精神，強調「以孝心為戒」，把超越一切的如來藏自性清淨心與儒家倫理綱常的孝心融合為一，把佛教不一不二的甚深緣起與儒家是一是二的親疏遠近等同融融，涵化為一，既同時適用出家眾與在家眾，又深蘊著儒家的倫理道德思想，故普受中國人接納。該經中的盧舍那佛，是以超越三界之上的心法依序以「十發趣心」→「十長養心」→「十金剛心」→「十金剛地」等不可思議的「四十心地」教導千百億釋迦在堅信忍中成就清淨戒體、般若智慧、入一切法界不染一切法界而成就佛果。盧舍那佛象徵了大乘華嚴的法界思想，千百億釋迦象徵了小乘禪觀的無漏境地，故《梵網經》不但是萬法之玄宗、禪者階道之正路、如來教法之指南，又如「因陀羅網」、「薩婆若海」、「等摩尼之雨寶」、「譬瓔珞以嚴身」，在思想方面跟華嚴同源，亦與般若空智相契，故是兼用大小乘自利利他的無上妙法。」[98]惠能云：「金剛寶戒（梵網菩薩戒）是一切佛本源，一切菩薩本源，佛性種子。一切眾生皆有佛性，一切意、識、色、心，是情、是心，皆入佛性戒中。」[99]佛性為諸法的如實相，實相無相，故稱之為無相戒。眾生本來清淨的佛性，本來是無需一切戒相的，只因僧徒或偏於律法，或偏於數論，未能深體因果業理而妄論妄行，[100]故仍須藉大乘無相戒以為引導。但惠能的可貴之處是，他並不是僵直的依戒持戒守戒護戒以讓戒體清淨，除了繼承梵網菩薩戒之外，其實他又將梵網戒中「漸深漸入」的心法直接鎔鑄成當下直心的頓戒，在當下以如來藏自性清淨心行戒

98　詳本書第一章緒論「第三節佛教懺悔與禪宗懺悔思想之義界」之「一、佛教「懺悔」義蘊之釐定・（二）佛教懺悔、戒律與修行之關係」部分之論述。
99　《梵網經菩薩心地戒品》卷十下，《大正》24，No.1484，頁1003下。
100　《高僧傳卷十一・明律・論曰》，《大正》50，No.2059，頁403中~下。

除罪，故云：「心地無非是自性戒」，[101]這「心地」即「十發趣心」
→「十長養心」→「十金剛心」→「十金剛地」的不可思議心地，
銜因成果，依因立果，因果就在當下，因果即戒律，戒律即懺悔，
懺悔即清淨，清淨即成佛，這不但與他自己所主張的自性理論相
通，[102]亦是惠能闡述無相懺悔時的重要方便。

　　依惠能所說，此無相戒法會之第一步功夫即是「默然不語」
而「自淨心神」的「念摩訶般若波羅蜜法」。[103]眾生以此默然無言
的自淨心力為思想前提，其他的方便法門才有可能；而此一自淨
之心力，則以無差別相的「眾生皆有佛性」為其頓教禪法之基礎。
[104]眾生皆有佛性，則「佛性無分南北」，人人「平等無二」，佛與
眾生渾融為總和之一體，一即一切，一切即一，故弘忍雖為五祖，
卻一樣是懺悔主體，獦獠身（惠能）亦是一懺悔主體；弘忍有三
世之無量緣起罪業，獦獠身（惠能）亦有三世之無量緣起罪業；
弘忍須懺悔永斷罪業，獦獠身（惠能）亦須懺悔永斷罪業。因此，
惠能認為此種平等無二的當下實踐，即是：

> 我此法門，以定、惠（慧）為本。第一勿迷言惠（慧）、定
> 別，定、惠（慧）體一不二，即定是惠（慧）體，即惠（慧）
> 是定用。即惠（慧）之時，定在惠（慧）；即定之時，惠（慧）
> 在定。[105]

惠能認為，定、慧一體不二，不可以世智任意區別以迷之，表面
上二者雖可言之為二，實質上是互緣互依、互發互用的；互發為

101　《六祖壇經》，頁90。
102　湛如《簡論六祖壇經的無相懺悔 —— 兼談唐代禪宗懺法體系的形成》，《法音
　　論壇》，1997年第3期（總第151期），頁13~27。筆者按：湛如的理論，依
　　於元·宗寶本《壇經》的「心平何須持戒？行直焉用參禪？」而說，這已是
　　宋、元之際的南禪說法，較不能契近於惠能的自性戒、無相懺悔等說法。
103　《六祖壇經》，頁14。
104　弘忍和尚問惠能曰：「汝何方人，來此山禮拜吾？汝今向吾邊，復求何物？」
　　惠能答曰：「弟子是嶺南人，新州百姓，今故遠來禮拜和尚，不求餘物，唯求
　　佛法作。」大師遂責惠能曰：「汝是嶺南人，又是獦獠，若為堪作佛？」惠能
　　答曰：「人即有南北，佛性即無南北，獦獠身與和尚不同，佛性有何差別？」
　　大師欲更共語，見左右在傍邊，大師便不言。鄧文寬校注，《六祖壇經》，頁
　　16-17。
105　《六祖壇經》，頁34~35。

用，二者之存在方具意義；不能互發為用，定、慧便易執為外道之定、世俗常慧，故懺者必須是「心、口俱善，內、外一種，定、慧即等」；反之，若是口說善而本心不善，則慧定必不平等。[106]如再配合無相戒，則為戒、定、慧三無漏學；三無漏學之發用亦同，如如一體，用用一如，懺悔之人必須認真去認識與瞭解，戒、定、慧三無漏學不是有所偏好的先戒後定、先定發慧，亦不是先慧發定；它們雖有次第，但重點在覺醒不迷之心而不是在次第上，亦不是將清淨平穩的安定狀態與般若智慧分解區別，而是佛與眾生（懺悔者）在當下生活中渾融為一的三學一如，這與《楞嚴經》「攝心為戒，因戒生定，因定發慧，是則名為三無漏學」之思想是冥然相應的。[107]在此三學一如的基礎下，惠能對「坐禪」與「禪定」的詮釋也和一般說法不同：

> 此法門中，何名「坐禪」？此法門中，一切無礙，外於一切境界上，念不起為「坐」，內見本性不亂為「禪」。何名為「禪定」？外離相曰「禪」，內不亂曰「定」。外若離相，內性不亂，本性自淨曰「定」。只緣境觸，觸即亂，離相不亂即「定」，外離相即「禪」；內、外不亂即「定」，外禪、內定，故名禪定。[108]

亦即，禪定是一種透過智慧所顯發出來的身心清淨平穩之安定狀態，它的特色是「外禪」與「內定」；前者是於相而離相的般若無相，既涵攝著哲理上的形式邏輯，又融攝了般若的無相空智；後者是本性清淨的內性不亂，既說了懺悔屬自性的本質問題，又使一切哲理形式得以為真。緣起甚深是佛陀教化眾生而異於六師外道的基本真理，一切境界上、一切諸法上、一切諸佛如來上、一切六道眾生上，皆由此因緣而起，由因緣而滅，一切法無自性，罪性本空，平等無別。修行者若執著於蒲團上之禪坐，即迷滯於形式意義之坐相，忽略了實質自性清淨心的活現；若自性執著於

106　《六祖壇經》，頁34。
107　唐·般剌蜜諦《楞嚴經》卷六，《大正》19，No.945，頁131下。
108　《六祖壇經》，頁42~43。

一切境界上，即緣境亂性，與六道眾生同迷。故《維摩經》強調
「即時豁然，還得本心」，《菩薩戒經》主張「本原自性清淨」。因
之，無相懺悔之發用，與心戒、定淨、智慧三無漏學相融爲一，
其功夫是「見自性自淨，自修自作；自性法身，自行佛行；自作
自作成佛道」，[109]全然是修行者自覺性的慧解「三毒」的障礙力量，
而由當下的正向精神能量去面對既有的三毒障礙，自淨、自修、
自作的、平穩安定的在當下現實生活中去踐行修行者自性生命之
價值與意義。故他所施行的「無相戒」法會，其實不是幾百條僵
硬的形式戒律，而是「無相自歸依三身佛」，其云：

> 見自三身佛：於自色身，歸依清淨法身佛；於自色身，歸
> 依千百億化身佛；於自色身，歸依當來圓滿報身佛。[110]

依惠能之意，「色身是舍宅，不可言歸」，「外覓三身如來，不見自
色身中三性佛」，「於自色身，見自法性有三世佛。此三身佛，從
自性上生。」[111]是故，懺悔之人，純須自覺性的「歸依自身三寶：
佛者，覺也；法者，正也；僧者，淨也。自心歸依覺，邪迷不生，
少欲知足，離財離色，名「兩足尊」；自心歸依正，念念無邪故，
即無愛著，以無愛著，名「離欲尊」；自心歸依淨，一切塵勞妄念，
雖在自性，自性不染著，名「眾中尊」。」[112]

　　《壇經》又載，志誠奉北宗神秀之命南來曹溪問法，志誠云
神秀之戒、定、慧爲：「諸惡不作，名爲『戒』；諸善奉行，名爲
『慧』；自淨其意，名爲『定』；此即名爲戒、定、慧。」惠能認
爲此種戒、定、慧雖可視爲自覺性去惡行善之淨意功夫，然其功
夫尚執著於漸進式的善惡分別與戒體清淨，而非直截了當之直心
懺悔。故惠能云：

> 心地無非，是自性戒；心地無亂，是自性定；心地無癡，
> 是自性惠（慧）。[113]

---

109 《六祖壇經》，頁43。
110 《六祖壇經》，頁44。
111 《六祖壇經》，頁45。
112 《六祖壇經》，頁55。
113 《六祖壇經》，頁90。

此處惠能連續排比三處之「心地」，表示此心地是一而與「戒－定
－慧」三學系密契一如的，此心地即是《梵網經》盧舍那佛教導
千百億釋迦在堅信忍中成就清淨戒體、般若智慧、入一切法界不
染一切法界而成就佛果的如來藏自性清淨心之「心地」，亦即懺者
須清楚的認識大乘菩薩戒之內涵義蘊而實踐「十發趣心」→「十
長養心」→「十金剛心」→「十金剛地」的不可思議心法，以此
心法懺罪精進。依於《壇經》的記載，神秀之禪法雖亦重視大乘
菩薩行戒、定、慧三無漏學之結合，然其禪法只可以用於「小根
智人」，用於「上根智人」則不當。上根智人，不必外修覓佛，不
是漸進漸悟，不必借用文字邏輯，因爲「本性自有般若之智，自
用智慧觀照，不假文字，譬如其雨水，不從天有，原是龍王於江
海中，將身引此水，令一切眾生，一切草木，一切有情無情，悉
皆蒙潤。諸水眾流，却入大海，海納眾水，合爲一體」，[114]依於如
來藏自性清淨心以行戒懺罪，自能契應於摩訶般若波羅蜜，懺者
的般若智慧猶如龍王，眾生本具的自性猶如海水，只因煩惱業障
蒙覆而枯竭無水，故龍王自己原本就可以自知自覺的取引江海性
水去滋潤枯竭眾生，即懺者自行汲引自性中的般若智慧進行當下
的禪定觀照以除業障而與自性清淨心融合爲一體。故上根智人所
踐行的戒、定、慧，與無相懺悔的密合一體實踐時是自知、自覺、
自律、自省的，是視「煩惱即菩提」，「菩提即煩惱」的，其「自
性無非、無亂、無癡，念念般若觀照，常離法相」，故志誠當下頓
契惠能本意，便知惠能頓法是最上無上的頓教法而不離曹溪，成
爲惠能之門人，不離惠能左右。惠能所顯發之功力，即不執著在
戒定慧，又在般若無相空智及如來藏自性清淨心地的根基上與戒
定慧三無漏學一體如如的於當下踐行「見過 —— 發露 —— 懺罪
—— 除罪 —— 清淨」的功夫而回復活潑自在的本然心性。惠能弟
子神會（684~758），後來又對三無漏學另作定義，然其意已趨向
於「妄心不起」與「知心無妄」之意，與惠能強調無相實相的佛

114　《六祖壇經》，頁61。

性意略異。[115]

三無漏學、三世、三身、三寶、三無與無相懺悔本無差異，同體同用，同用同發，同泯同生，以當下直直一心來慧除煩惱罪障，其「無相頌」云：

> 說即雖萬般，合理還歸一；煩惱暗宅中，常須生惠（慧）日。邪來因煩惱，正來煩惱除；邪、正悉不用，清淨至無餘。菩提本清淨，起心即是妄；淨性於妄中，但正除三障。[116]

懺者只要用常常運作原本清淨的菩提心，即是以般若慧日在除罪，以般若慧日滅除煩惱障、業障、果報障，自能立於無餘涅槃境界。故惠能認為「真修道人，不見世間過；若見世間非，自非卻是左。他非我不罪，我非自有罪；但自去非心，打破煩惱碎。」[117]這裡的「非」、「不」之運用，看似中觀的遮詮方法，但加上「他」與「我」及「自」與「心」之密切關係之後，已不是中觀哲學裡的遮詮，而是直入於懺者本自所有的如來藏自性清淨心的靈活權用，它可遮，但又是即遮即不遮的，它亦不遮，但不遮又是遮的，故惠能的懺悔，本就是在滅除自己迷惑的罪障，不是在懺除他人的罪障，故如有罪、無罪、有過、無過等世間二元對立的邊見，懺者都不能執持為我見，既是真正在修道，便應從自心的的罪業懺除掉。

要言之，修無相懺悔，即行者自身自覺的在「佛性無分南北」、「當下內心明覺」之義理基礎上，以超越的如來藏自性清淨心戒，與禪觀定靜、般若智慧三無漏學作一三無、三世、三身、三寶的渾融一體之即體即用的實踐，它是不空、不有，不偏、不邪，不迷、不妄，不起心、不暗行，無去、無住，無來、無往，不染於一切法相，不執於一切儀軌，遠離一切語言、文字、符號與知識

---

115 神會在《南陽和上頓教解脫禪門直了性壇語》中則云：「何者是三無漏學等？戒、定、慧是。妄心不起名為戒，無妄心名為定，知心無妄名為慧，是名三無漏學等。」《神會和尚禪語錄》，頁6。
116 《六祖壇經》，頁82、83。
117 《六祖壇經》，頁83。

系統，純以定慧一體不二的自覺性精神去化除三毒罪障，打破五陰煩惱塵勞，時時、處處，處處、時時，豁顯著最尊最上第一的頓悟修行境界。[118]

（五）萬法念念不住的正念懺悔

惠能的無相懺悔亦掌握到懺悔者的「起心」根本——「念」（smrty），然此處之「念」，不是天台哲學「一念無明法性心」之念，亦非宋明理學家所說的「起心動念」之念，而是承自印度傳統經典與禪宗祖師自創的正念（samyak-smrti），[119]對惠能而言，即以認識因緣業報理路為基礎，直心常見己過患，「於一切法上念念不住」的正念懺悔。

初期佛教佛陀所說之懺悔思想，表面言之是自恣布薩中的發露說罪，本質言之實是一種自知、自覺、自懺、自淨、自證、自悟的當下心行與三無漏學渾融一如之禪行方便。[120]若欲成佛，「須捨一切智，下意懺悔」，這是中觀哲學時所確定的懺悔原理。[121]故《壇經》中無相懺悔以無相實相為其基本功夫，以「眾生原本是佛」之大乘共法為其思想基礎，對於往昔所造諸惡業，既肯定其事實存在，又無執於其事實之假相；既不失於禮懺之儀度，又不

---

118 惠能云：「摩訶般若波羅蜜，最尊最上第一，無住、無去、無來，三世諸佛從中出，將大知惠到彼岸，打破五陰煩惱塵勞，最尊、最上第一讚，最上、最上乘法修行，定成佛，無去、無住、無來往，是定惠等，不染一切法，三世諸佛從中，變三毒為戒、定、惠。」《六祖壇經》，頁 59。

119 筆者此處之「samyak-smrti」，係參冉雲華之研究而標注。按：「念」字之梵文，冉雲華認為相當於「四念處」梵文 catvāri smrty upasthānāni 中的「smrty」或「smrti」，巴利文是「sati」，sati 的語根是「追想」或「追憶」（動詞），等於英文的「to remember」。「無念」的梵文為「asmrtaya」，相當於英文中的「unrememberable」。至於「正念」，應為「samyak-smrti」。參冉雲華〈敦煌文獻中的無念思想〉，收入氏著《中國禪學研究論集》，（台北：東初，1980 年 7 月初版，1991 年 7 月 2 版），頁 138~159。不過，在博士論文口試中，胡其德教授以為冉雲華所說之「無念」的梵文為「asmrtaya」，並不能整全的表示出惠能的「無念」。筆者認為，惠能「無念為宗」之「無念」，確實是惠能自身「常見自過患」而與三無、三學、三身、三世、三障等相契相遮，相遮相用，相用相滅，相滅見性的「無念」，故於此再說明之。

120 參拙著：《慈悲水懺法研究》，頁 41~42。

121 《大智度論卷七十七・釋同學品第六十二》，《大正》25，No.1509，頁 604 中。

執於外在形式儀度；同時又在禮懺之儀度中，以一本心去活用七儀，自然的去穿織了三無、三無漏學、三世、三身、三佛，即心即佛、即煩惱即菩提、即懺悔即滅罪的懺悔。

依佛陀之意，其四聖諦之第一諦「一切皆苦」代表佛教對於生命本體內在問題的基本了解，不論佛陀所說之「苦」為二苦、三苦、四苦、八苦乃至十百千苦，我們不難看出，「一切皆苦」關涉及生命主體內在的精神問題與實存問題。[122]眾生因先天業力之未除與後天身口意之累積造作，終至積聚成業力之淵、無明煩惱障海。此無明煩惱障海如恆河沙一樣無量無邊，令己身苦無出期。故云：「苦生由業集，業集復由惑，發業與潤生，緣會感苦果。業有身語意，善惡及不動。業滅如種習，百千劫不失，隨業感生死，不出於三界。」[123]

事實上，對於印度傳統的輪迴苦報說，佛陀是從勝義處的動機而論，認為「業」即是「思」，亦即是「意志之功能」，故其十二緣起說特別重視「業能規限心之內容」，[124]這是自甚深緣起而說的。其後，隨諸部派及大乘佛教之分析論述，業的種類與性質多得不可勝數。儘管如此，其中有一點是絕對相同的，即「諸業」在尚未受報之前，如不經過智慧的修證解脫，那麼無論如何皆不可能會失壞的。亦即，有業，就會有果報；今生不受報，來生不受報，就是千千萬萬生，業力依然存在，只要因緣和合，還是要受報的。故依大乘菩薩戒之理，戒體清淨不是小乘戒之色身清淨而不能保證業力繼續輪迴的果報，而是依於如來藏自性清淨心進行三世戒體清淨、弘大誓願與利益六道眾生的實踐。觀業性本空，能轉移懺除重罪，亦即是修慧之意義。[125]這種因緣果報，表面上似乎是「自作自受」的「宿世因果」說，[126]但此種因緣果報理論

---

122 傅偉勳〈禪佛教、心理分析與實存分析〉，《東吳大學哲學系傳習錄》第四期，1985 年 6 月，頁 14~15。

123 印順《成佛之道‧第四章三乘共法》，(台北：正聞，1999 年 6 月)，頁 148~170。

124 日‧舟橋一哉著，余萬居譯，《業的研究》，(台北：法爾出版社，1999 年 6 月)，頁 3~37。

125 印順《成佛之道》，頁 68-70。

126 《增壹阿含經卷二十四‧善聚品第三十二》，《大正》2，No.125，頁 673 下~675

並非耆那教尼乾子（Nigantha Nataputta）、末伽梨瞿舍羅（Makkhali Gosāla）等幾近於宿命的「宿作因」（pubbe-kata-hetu）說或「無因無緣」（ahetu-appaccaya）說，而是必須立基在「離於兩邊」、「正觀」、「正見」、「此有故彼有，此生故彼生」的緣起中道法，[127]即諸行無常、諸法無我與寂靜涅槃三法印上作懺悔滅罪、身心清淨與精進向上，懺悔者的身心是正確認識於「自作自受」的「宿世因果」，依於戒德，精進梵行，自能清淨安樂，達到「自作證成就遊」。[128]所謂「自作證成就遊」，即是「一切具足，清淨自然，非人所造」的不可思議之無漏境界。[129]它不是對現前因果業報的恐懼害怕，亦不是悲觀消極的一味逃避，更不是不知緣由的以瞋恚妄念、妄行妄作去火燒功德林，尤其不是對現實事件的姑息妥協，而是透析了此一清淨的法身主體在三世因緣系統中的先前因緣與此刻因緣的「宿殃惡業果熟」，即達摩「報怨行」那種「甘心忍受」懺悔及大乘菩薩「眾生度盡，我方成佛」的弘大精神。

　　惠能年少時在廣州聽聞《金剛經》即知「宿業有緣，便即辭親，往黃梅馮茂山禮拜五祖弘忍和尚」，其後回廣州法性寺開壇說法又說「惠能來於此地，與諸官僚道俗，亦有累劫之因」，「不悟即長劫輪迴」，又說「謗此法門，百劫千生，斷佛種性」、「迷來經累劫，悟即剎那間」、「若不識眾生，覓佛萬劫不可得見」等語，[130]皆是對因果業理的正確理解與深切體認。故所謂無相懺悔，即是「前念、後念及今念」皆對因果業理進行正確理解與深切體認的實踐，他雖然分別用「不被愚迷染」、「不被愚迷染」、「不被疽疾

下。

127　關於「離於兩邊」、「正觀」、「正見」的緣起中道，見劉宋・求那跋陀羅譯《雜阿含經卷十・262 經》，《大正》2，No.99，頁 66 下~67 上。唐・玄奘譯《緣起經》，《大正》2，No. 124，頁 547 中。劉嘉誠〈佛教倫理學探究〉，《輔仁宗教研究》v.1（創），（台北：輔仁大學法學院宗教學系，2000 年 5 月），頁 129~158。

128　《中阿含經卷三・（15）業相應品・思經第五》，《大正》1，No.26，頁 437 中~438 中。

129　詳《中阿含卷十五・業相應品・（70）轉輪王經第六》，《大正》1，No.26，頁 520 中~525 上。

130　《六祖壇經》，頁 15、32、38、70、85、116。

染」，分治「從前惡行」、「從前矯誑心」、「從前疾妒心」，[131]綜貫三句之意，其實只是一句，即是以「正念」在清淨「自性」中自理因緣業報，自覺、自證，自淨、自除，此即是自性懺，亦即是無相懺悔，亦即是在滅除過去、現在、（正當生起的）未來三世中緣起而有的一切因緣罪障，滅罪除障之當下，自然回復自性清淨。故其關鍵點是：教導懺悔者將心力用在「前念、後念及今念」的當下「一念」上。其云：

> 一念愚，即般若絕；一念智，即般若生。
>
> 故知不悟，即佛是眾生；一念若悟，即眾生不是佛。[132]

自竺道生至達摩，自慧可至弘忍，率以「眾生皆有佛性」、「頓悟成佛」為禪修共法，[133]是則，佛即眾生，眾生即佛，佛陀與眾生既是一體如如，佛陀能懺悔淨心，頓悟成佛，凡夫為何不能？只緣於偏執邪念，故長陷業障魔窟耳。成佛之關鍵既在現實之當下正心一念而已，正心懺除邪念，罪障立即消失；一念正心清淨，佛與眾生同體；理智正行，般若空智即生；純心正念，眾生原本是佛。

一個念頭之緣起生滅既有如是強大之力，「一念若住，念念即住」，則行者如何不受其縛？惠能云：

> 前念、今念、後念，念念相續，無有斷絕。若一念斷絕，法身即是離色身。念念時中，於一切法上無住，一念若住，念念即住，名「繫縛」；於一切法上念念不住，即「無縛」也。[134]

所謂「念念相續，無有斷絕」，不是惡念、雜念、偏念、妄念的念

---

131 《六祖壇經》，頁 53。
132 《六祖壇經》，頁 58、65。
133 當然，竺道生的「眾生皆有佛性」、「頓悟成佛」與禪宗大師的基礎與內涵並不相同，洪修平認為：其一，竺道生的頓悟是一種理悟，是觀理得性，體法為佛，此與惠能立於當下無念之心，與修道之人的體悟自證、識心見性、能所俱泯、念念不斷、念念無著顯然是不同的。其二，竺道生雖然否定支道林等人的小頓悟，但並不廢棄十地的漸修，所謂「悟不自生，必藉信漸」是，這與惠能頓悟頓修、融修於悟的頓悟說是不一樣的。詳氏著《禪宗思想的形成與發展》，頁 309~310。
134 《六祖壇經》，頁 38。

念相續，而是離於二邊的正知、正覺、正念之念念相續，這種念
念相續是在清淨自性中懺除惡念、雜念、偏念、妄念，讓它永斷
不起，無住無縛。無住無縛之後，即是自性自然呈現的真性懺悔，
但自性自然呈現，正知、正覺、正念仍須無住無縛的念念相續下
去，這不是「有念」、「無念」的問題，亦不是「住」或「不住」
的問題，而是因緣業理的正確認識，甘心忍受的勇敢承擔，積極
生命的繼續向前，與佛慧生命的內涵成就，惠能云：

> （我）此教門，立無念為宗，世人雜見不去，於念若無有
> 念，無念亦不立。無者無何事？念者念何物？無者，離二
> 相諸塵勞；念者，念真如本性。真如是念之體，念是真如
> 之用。自性去念，須即見聞覺知，不染萬境，而常自在。[135]

是知，惠能的「前念、後念及今念，念念不被愚迷染」，是「離二
相諸塵勞」的真如佛性之自在體用，以真如為體，以正念為用，
最後是「無念亦不立」的。這種以真如佛性為體的正念，即是不
「思量一切惡事」，「思量一切善事」，[136]不思量，性即空寂；思量，
即是自化；思量惡法，化為地獄；思量善法，化為天堂；思量毒
害，化為畜生；思量慈悲，化為菩薩；思量智惠，化為上界；思
量愚癡，化為下方。[137]自性貫攝了當下正念精進之意，指向於法
身隨無明風動而起的識力造作 —— 亦即「緣迷人於境上有念，念
上便起邪見，一切塵勞妄念，從此而生」[138]的根源瘡毒處而說；
根源瘡毒處既在「境上起邪念」，則應以正念及懺悔精進以斷除
之。

是故，惠能在無相懺悔之項目上，雖簡列為「愚迷」、「愚癡」、
「妒疾」三種業緣，其實此三種業緣實即在含攝佛陀所說之一切
貪、瞋、癡三毒及其引發之一切「煩惱障」、「業障」、「果報障」，
並強調了心、心所中當下一念的正確抉擇處理之重要，及對世俗

135　《六祖壇經》，頁39。
136　《六祖壇經》，頁45。
137　《六祖壇經》，頁45~46。
138　《六祖壇經》，頁38~39。

僧眾迷於現象層面的懺悔內容、儀則而欲點醒拔之也。這樣的「當下一念」，是「念者，念真如本性。真如是念之體，念是真如之用」的無執之念；其「無念」，是「無念者，於念而不念」的無念，[139]是「於一切境上不染」、「於自念上離境」、「不於法上念生」之無住、無著、無縛、非邊見的當下無相正念。[140]

　　這種正念，是「**於一切時，念念自淨其心，自修自行，見自己法身，見自心佛，自度自戒**」的，所謂「一切時」，即晝夜六時，即今日所說之一日二十四小時，引申之則爲無時無刻、一生一世，乃至三生三世、至不可計數無量劫之時間之流裡。「念念」，則指當下之念，引申之爲五蘊身心在十二處十八界的因緣和合狀態之當下的意念，這種意念之造作，在一刹那當下或不可計數無量劫中的任何一刹那當下而起，它是依於甚深緣起的，是此有故彼有的，故可以連續不絕的造作無量無邊之無明罪業而障覆本性；但亦可以是此無故彼無的，因爲如來藏自性清淨心會自見其罪業之無自性且不受其生住異滅之變化而受到蒙蔽，故只要「念念自淨其心」即無罪業不失或戒體不淨之問題。「自修自行」，強調了眾生皆有佛性的自覺自證能力，只要運用此一眾生本具的能力，任何禪者皆可自知自覺而自見緣起念念所造作的業障，亦依於甚深緣起在當下進行「見過－發露－懺罪－除罪」功夫而回復清淨法身。「見自己法身，見自心佛，自度自戒」，強調了「心 ── 佛 ── 眾生 ── 法」的四無差別與「戒 ── 懺 ── 禪 ── 淨」的一體如如，禪者隨時都在悟入狀態，故能以定慧不二的般若慧觀與「三學 ── 三身 ── 三業」作時時刻刻細密不絕的交互機體銜接關係並在當下滅除罪業。從《壇經》立場言之，惠能乃以大乘佛教如來藏自性清淨心及特有的「四弘誓願」爲基礎，[141]以利

139　《六祖壇經》，頁 38~39。
140　印順《無諍之辯》，（台北：正聞出版社，1998 年 1 月），頁 78~80。
141　關於惠能四弘誓願的部分，湛如與林妙貞皆有研究，但仍以宗寶本爲對象，湛如〈簡論六祖壇經的無相懺悔 ── 兼談唐代禪宗懺法體系的形成〉，北京：《法音壇》第 3 期（總 151 期），1997 年 3 月，頁 13~20。林妙貞〈試略「摩訶止觀‧十乘觀法」中之「四誓願」與「六祖壇經‧懺悔品」中「四弘誓願」之比較〉，台北：《海潮音》第 83 卷第 2 期，2002 年 2 月，頁 8~13。

益眾生弘揚佛法爲目的，在日常生活中自知自覺、自懺自淨、自度自戒而「直了成佛」。[142]

　　這樣的自覺自懺，它不在玄虛高遠之處借諸佛如來菩薩的他力以懺罪，而是懺者自身在當下以清淨自性心與罪性本空之理「見過－發露－懺罪－除罪」而界體清淨。當神會（684~758）到曹溪質問惠能「和尚坐禪，見亦不見」時，惠能除了棒打他三下外，還教他真正的禪定，並不是枯坐冥思去看心看淨，而是「**常見自過患**」、「**不見他人過罪**」。[143]所謂「常見」，即一切時中的正確禪見，在惠能而言即是以般若的無上正等正覺之智慧照見自性，以此智慧照見動身口意所造作的「過患」、「過罪」。所謂「過患」、「過罪」，指的是禪者身口意三業、貪瞋癡三毒等所引起的各種現世罪業、後世罪業及現世後世二俱罪業，即指無明緣起的煩惱障、業障、果報障等，[144]即是現實之人當下熾現的一切煩惱過患罪業。這種以般若智慧進行「念念自淨其心，自修自行，見自己法身，見自心佛，自度自戒」的智慧禪觀以「常見自過患」去斷除自己三毒、三障的懺悔，即是常以般若慧照見無明煩惱罪業，在當下觀照中懺除滅盡，永斷不起，這是五祖弘忍的向內「自看」金剛懺悔的進一步闡揚，亦敦煌卷子《二入四行論》中「若人犯殺、嫇、盜，畏墮地獄，自見己之法王，即得解脫」，[145]免一切罪的見性除罪之禪法是上下相通的。在四卷《楞伽》中，自過患又被稱作「一切眾生自心現流」或「自心現習氣過患」，[146]世尊不執於頓漸，以超越自心量的不思議自覺聖智境淨除一切眾生

142　《六祖壇經》，頁 15。
143　《六祖壇經》，頁 97。S.5475 號敦煌本《壇經》大致相同，略變爲「吾亦見，常見自過患故。云亦見亦不見者，不見天地人過罪，所以亦見亦不（見）也。」《南宗頓教最上大乘摩訶般若波羅蜜經六祖惠能大師於韶州大梵寺施法壇經》，《大正》48，No.2007，頁 343 上。宗寶本《壇經》修正幅度較大，其爲「吾之所見，常見自心過愆，不見他人是非好惡，是以亦見亦不見。」元・宗寶本《六祖大師法寶壇經》，《大正》48，No.2008，頁 359 中。
144　《雜阿含經卷三十五・（九七三）》，《大正》2，No. 99，頁 251 中~下。
145　《禪宗全書・語錄部（一）・四行論》，頁 32。
146　《楞伽阿跋多羅寶經卷一・一切佛語心品之一》，《大正》16，No.670，頁 486 上。

的煩惱業障，惠能唯傳頓教法，以正念「常見自過患」而精進不已。如此，惠能的禪定，並不是在四禪八定，不是在心注一境的凝住壁觀，而是要在日常生活中踐行「不見一切人過患」的無相懺悔，[147]即是如實了知的「常見自過患」而不執著於「常見自過患」之自覺自懺、自念自淨、自修自悟，這近似於南傳《增支部》以無上正等正覺照見過患的證心解脫，不受後有，[148]但《增支部》的不受後有畢竟傾向於一生色身，惠能則是超越時空又入時空而不執於時空的「自性不動」之禪定。傳爲寶誌禪師（418~514）作的《大乘讚》亦云：「自見昔時罪過，除卻五慾瘡疣」，[149]當與惠能這種自性懺悔相近。又，惠能弟子如慧忠禪師（？~775）的「善惡不思，自見佛性」，[150]荷澤神會的「性中常慧照，自見自知深」，[151]百丈弟子黃蘗希運（？~850）《傳心法要》的「自見本珠」等，[152]可說都是惠能「常見自過患」自性懺悔的進一步發揮。惠能這種自性不動禪觀的「常見自過患」，從敦博本《壇經》出現五十三次的「自性」、十三次的「見自」、九次的「自本」等，可以看出他的無相懺悔是將超越生滅的如來藏自性清淨心與現實人的當下煩惱過患作細密機體之融合處理的，故曰：「邪來正度，迷來悟度，愚來智度，惡來善度，煩惱來菩提度，如是度者，是名真度。」[153]宗寶本《壇經》中，更出現了一百零二次的「自性」，十五次的「見自」及十一次的「自本」，亦可看出南禪弟子對惠能「常見自過患」自性懺悔的踐行精神。

　　不過，從敦博本《壇經》看，惠能的無相懺悔應不需如惠昕

147　《六祖壇經》，頁41。

148　《增支部》一，《漢譯南傳大藏經》19，頁370。

149　《景德傳燈錄卷二十九・誌公和尚大乘讚十首》，《大正》51，No. 2076，頁449下。

150　《景德傳燈錄卷五・慧忠國師》，《大正》51，No. 2076，頁244中。

151　《景德傳燈錄卷二十八・洛京荷澤神會大師語》，《大正》51，No. 2076，頁439下。

152　裴休集《黃蘗希運禪師傳心法要》，《景德傳燈錄》卷九，《大正》51，No. 2076，頁271中。

153　《六祖壇經》，頁51。

本以降《壇經》般另外再安置「自性五分法身香」。[154]在《大乘義章》中，「五分法身」本是「戒→定→慧→解脫→解脫知見」的次第漸進之開悟禪法，它和大乘菩薩淨戒、六波羅蜜、八正道是共相收攝的禪定觀慧之精進法，[155]但對北宗神秀來說，「五分法身香」則是依於大乘菩薩戒下看心看淨的無生懺悔法，[156]惠昕本以降《壇經》雖加上「自性」二字以強調如來藏自性清淨心的作用，但仍是側重了次第漸進之禪觀開悟之意，此已與惠能在定慧不二的「念念行平等直心」[157]當下的無相懺悔不同，故惠能云：

「心地但無不淨，西方去此不遠；心起不淨之心，念佛往生難到；除十惡即行十萬，無八邪即過八千。但行直心，到如彈指。」[158]但行直心以念佛，成佛是到如彈指；心淨者，自然無罪；心不淨者，則無論到哪裡去都帶業往生；懺悔滅罪，念佛往生，不在往生西方或往生東方的佛位安置上，而在當下直心的行十善、除十惡。故惠能的無相懺悔，僅須正念如燈，心燈如般若空智，其云：

一燈能除千年闇，一智能滅萬年愚。莫思向前，常思於後；常後念善，名為報身。一念惡，報卻千年善心；一念善，報卻千年惡業。[159]

依於緣起，一燈，即自性心燈也；一智，即般若空慧也；一念惡，即妄想邊見也；一念善，即無上正等正覺之念也。依於甚深緣起，行者即是法身，法身緣於化身，化身緣於報身，此報身又在無始以來無明業力之緣起障礙下，自然形成「千年闇」、「萬年愚」之業力障礙。這樣，的「千年闇」與「萬年愚」，若在「前念、後念及今念」的當下念頭上依然執迷不悟，則繼續輪迴成千年惡業；反之，能以無相懺悔之無相正念調行之，前念、後念及今念的當

---

154 惠昕本《壇經》之「五分法身香」見：柳田聖山《六祖壇經諸本集成》，（京都：中文出版社，1976年7月），頁54~55。宗寶本《壇經·懺悔第六》，《大正》48，No.2008，頁353下。
155 《大乘義章卷十·三學義五門分別》，《大正》44，No.1851，頁658上。
156 《大乘五方便》，《禪宗全書·語錄部（一）》，頁218~219。
157 《六祖壇經》，頁75。
158 《六祖壇經》，頁77。
159 《六祖壇經》，頁46。

下念頭，念念自覺、自懺、自省、自律，深曉因緣果報之必然，甘心無怨之積極面對，自然滅除一切煩惱障礙，永斷不作，而得大自在解脫，離苦得樂，成就無上菩提妙境。故云：

> 無念法者，見一切法，不著一切法；遍一切處，不著一切處；常淨自性，使六賊從六門走出。於六塵中，不離不染，來去自由，即是般若三昧，自在解脫，名「無念行」。莫百物不思，常令念絕，即是「法縛」，即名「邊見」。悟無念法者，萬法盡通；悟無念法者，見諸佛境界；悟無念頓法者，至佛地位。[160]

能夠「見一切法，不著一切法」與「遍一切處，不著一切處」，就是超越差別對立的如來藏自性清淨心，以此清淨自性去接觸一切法、一切處，自然不會有妄念產生，縱使有念頭產生，亦是無相無執的正念；心中因一切法而生正念，六賊自然不會障覆清淨自性，自然得從六門出去；以如來藏自性清淨心不離不染於六塵，自然如來如去，無來無去，般若三昧的空慧自然體現，而得自在解脫，這就是所謂的「無念行」。反之，若於念念時中，於一切法上無住，百物不思，常令念絕，即是「法縛」，即名「邊見」，以邊見自縛於法，以縛法之妄念去觀照萬物，則念念已非正念，見見已非正見。故惠能所謂的「無相懺悔」，無所謂相或非相，無所謂念或不念，只是依於原本清淨的自性，於一切時，念念自淨其心，自修自行，見自己法身，見自心佛，自度自戒，六賊自然無法作用，罪業亦無從生起，這不須用近於玄奧的一念三千、一心三觀或一心法界等來說明即可證悟的。

　　法達誦《法華經》七年不解正法，惠能云：「經云：『諸佛世尊，唯以一大事因緣，故出現於世。』……離却邪見，即一大事因緣。」[161]依惠能所說，其禪法即大因緣法；其大因緣法，可說即是無相懺悔法；所謂無相懺悔法，即是正知正念下的「離却邪見」；這種「離却邪見」，即「念念時中，於一切法上無住」之無

160　《六祖壇經》，頁 67~68。
161　《六祖壇經》，頁 92~93。

念法，亦即是「無念亦不立」的般若無相懺悔，此種般若無相懺悔，是當下自覺正念以「直指見路」[162]的自性不動之懺悔，是離我相、離人相、離眾生相、離壽者相、離於一切相之無相懺悔；是故，努力依法修行，自己「心行」、「心正」、「開佛知見」，就能自轉《法華》妙義；若是自己「不行」、「心邪」、「開眾生知見」，什麼觀行懺儀都無法轉動《法華》心義。[163]同理，自己「心行」、「心正」、「開佛知見」，就能自轉《阿含》、《般若》、《勝鬘》、《維摩》、《華嚴》、《涅槃》、《楞伽》、《楞嚴》、《起信》……等經典佛意，不沾粘於經典中的半言半字，無執於罪福功德，自懺己罪，不見人非，是謂「於一切法上念念不住」的正念懺悔。以此「見一切法，不著一切法；遍一切處，不著一切處」的無相懺悔永斷三世罪障，則萬法盡通、見諸佛境界、頓悟成佛。

「常見自過患」，即時時刻刻慧見覆障於自性中的煩惱罪業，懺者於一切法上以念念不住的正知正念照見煩惱罪業之波瀾起伏，它不執著於一切外在的佛菩薩願力、佛國淨土理想、禮懺儀軌進行或哲理系統之辯析，不是一般懺法針對罪相所進行的事懺，亦不是「念實相以宴安，耀慧日於霜露」的理懺，而是以無上正等正覺的般若空慧以懺悔滅除之，使身心清淨自在的自性懺悔，大乘真懺悔。這不但對傳統佛教和其他佛教宗派的懺悔理論或懺悔儀軌都帶來嚴重衝擊，[164]亦不再是達摩楞伽心法中的「凝住壁觀」之堅定禪觀懺悔，不是北宗側重於菩薩戒看心看淨的禮懺儀軌，而是南禪針對現實之人、平常之人自身煩惱過患問題之處理的初始模式。

四、《壇經》無相懺悔思想的衍變

上述惠能的無相懺悔，指的是敦博本 077 號《壇經》的內容

---

162 《六祖壇經》，頁 89。
163 《六祖壇經》，頁 93。
164 參楊曾文《唐五代禪宗史》，頁 179。

與思想義蘊。事實上，敦博本 077 號《壇經》之後，隨著政治時局的變化、佛教的發展史、禪宗的迅速擴大、南禪思想的演變與社會賢達的講說，各版本《壇經》在不同時空下皆有不同程度之增補刪併。但本書無意於增補刪併的考訂，而是欲就敦博本（敦煌本）[165]、惠昕本、高麗本、曹溪原本、宗寶本等本關於惠能無相懺悔的說法進程進行觀察與比較，略述唐代至元明間《壇經》無相懺悔思想的衍變概況。先將惠能講說無相懺悔部分之進程製表如下。

表七：各本《壇經》無相懺悔進程之衍變表

敦博本 約 733~804 年	惠昕本[166] 967 年（興盛寺本）	高麗本[167] 1290 年	宗寶本[168] 1291 年	曹溪原本[169] 1471 年
（未標教門）	五傳香懺悔發願門 六說一體三身佛門 七摩訶般若波羅蜜	傳香懺悔 第五	懺悔第六	傳香懺悔第五
自歸依三身佛 發四弘大願 無相懺悔 無相三歸依戒 摩訶般若波羅法 無相頌（滅罪頌）	自性五分法身香 無相懺悔 發四弘誓願 無相三歸依戒 ××××××××××××× 一體三身自性佛 ××××××××××××× 無相頌（滅罪頌）	自性五分法身香 無相懺悔 發四弘誓願 無相三歸依戒 一體三身自性佛 無相頌（滅罪頌）	自性五分法身香 無相懺悔 發四弘誓願 無相三歸依戒 一體三身自性佛 無相頌（滅罪頌）	自性五分法身香 無相懺悔 發四弘誓願 無相三歸依戒 一體三身自性佛 無相頌（滅罪頌）

---

165 甘肅敦博館 077 號敦博本與大英博物館藏 S.5475 號敦煌本關於無相懺悔之記載大致相同，故取敦博本為代表。高麗本是南禪傳至韓國的版本，可以與中原地區的宗寶本做對照。宋元至明代之間，時空環境又有變化，故取曹溪原本以與諸本對照。

166 柳田聖山《六祖壇經諸本集成》，（京都：中文出版社，1976 年 7 月），頁 54~55。據楊曾文之研究，惠昕本《壇經》原本形成於「九世紀前中期」，見楊曾文《〈壇經〉敦博本的學術價值探討〉，收於氏編《敦煌新本六祖壇經》，（上海：古籍出版社，1993 年 10 月），頁 183~329。

167 《六祖壇經諸本集成》，頁 134~138 。

168 《大正》48，No.2008，頁 353 中~355 上。

169 《六祖壇經諸本集成》，頁 290~292。

　　由敦博本、敦煌本視之，[170]八世紀末至九世紀初，唐代禪宗所傳承的《壇經》大致仍依照惠能在世時所說過的無相懺悔進程之原本內容，未作多大的變動，這可證明南禪禪師們對惠能無相懺悔的認同與尊重。

　　但十世紀後，北宋惠昕本《壇經》已將惠能的頓教禪法重新編排，另置章目，有關無相懺悔的部分，被分別編在「五、傳香懺悔發願門」、「六、說一體三身佛門」與「七、摩訶般若波羅蜜」三個教門中，將原本惠能所說的無相懺悔進程做了大幅度的調整，表面看來似是符合科學分類的安排，其實已模糊了惠能無相懺悔的「完整性」、「通融性」、「焦聚性」。如敦博本在「坐禪法」後，直接接到「自歸依三身佛」，但惠昕本卻把它重新更名，並編到無相懺悔的後面，即是「六、說一體三身佛門」一節中。原本的「發四弘大願」，亦改名為「發四弘誓願」，這似是近乎佛教經典的名稱，但失去了惠能當初所強調的「弘大」意，且惠能的「發四弘大願」是在無相懺悔之前，惠昕本卻安排在無相懺悔之後，自惠昕本至高麗本、宗寶本和曹溪原本都是如此，這表示了宋代禪宗認為無相懺悔似是比「發四弘大願」來得重要的。

　　此外，敦博本原有「說摩訶般若波羅法」的進程，但惠昕本之後，都將它安置到後面的章節去，與無相懺悔似乎不相干了。另外，惠能所說的「無相頌」（滅罪頌），本來是與無相懺悔聯成一體的，但惠昕本卻安排在「七、摩訶般若波羅蜜」一節中，懺悔義蘊已然遭到割裂；從這點而言，高麗本、宗寶本和曹溪原本把「無相頌」（滅罪頌）回復到「無相懺悔」的進程內，似是較合乎惠能之原意。又，宗寶本以精要的「懺悔第六」編排惠能的無相懺悔，次序為「第六」，介於「坐禪第五」與「機緣第七」中間，與他本的順序不同；章目上不用「傳香」二字，或許是為了契應禪宗不立文字的簡樸之用。

　　此中最特殊的是，自惠昕本之後，高麗本、宗寶本和曹溪原

170　大英博物館藏 S.5475 號敦煌本的無相懺悔，《大正》48，No.2007，頁 338 上～342 上。

本都在無相懺悔之前加入了「傳香」作用的「自性五分法身香」，即用自性本有的「智慧香火」內薰心性，作爲禪者的清淨心戒。這是惠能無相懺悔所沒講的，從內容義而言，惠能重視的是無相懺悔的滅罪清淨，但惠昕本之後諸本都重視了戒體清淨的心香，這並不合乎惠能無相懺悔的活潑禪觀實踐。但從南禪角度而言，「自性五分法身香」的戒體清淨亦應是用來踐履無相懺悔的重要前提，與大乘菩薩戒的戒體清淨說有有質的上的不同，即更重視心戒與頓悟見性的禪觀。這五種智慧香火，本是印度中觀學者所說出的，他們認爲「聖諦火」能燒滅煩惱，當它與「戒、定、慧、解脫、解脫知見」五分法和合之後，即是一位覺悟之聖人。[171]但從敦煌文獻如《大乘五方便》、《觀心論》、《破相論》等處的禪觀內涵視之，[172]九世紀後的唐代禪師們已活用爲自性智慧香火，南北宗似乎都共同肯認之，只是北宗較重視用於看心看淨與漸悟禪法，南宗則重視直心見性的頓教禪法。自惠昕本加入這五種自性智慧香火後，高麗本、宗寶本和曹溪原本都依循不變，這表示了宋、元、明以後的禪宗大師們都認爲無相懺悔之前必須先以智慧香火「各自內薰」的心戒，淨化自性之身，再行懺罪清淨。這或許有隨順眾生的方便作用，或許中晚唐南禪特重禪意實踐之關係，從實質而言，它已與惠能「無念爲宗，無相爲體，無住爲本」的般若實相之無相懺悔已有質的上的變化，即惠能的無相懺悔是第一義不動、定慧不二的當下常見自過患罪業之懺除清淨，南禪弟子們則加入了北宗的方便思想，強化了戒體清淨禪觀的理論。對惠能的常見自過患的三無功夫而言，南禪弟子們的作法其實是有些畫蛇添足的。

　　至於各本《壇經》對「懺」、「悔」二字的定義亦值得注意，製表明之：

---

171 龍樹偈，分別明論釋，唐・波羅頗蜜多羅譯，《般若燈論釋卷十四・觀聖諦品第二十四》，《大正》30，No. 1566，頁 124 中。

172 《大乘五方便》，《禪宗全書・語錄部（一）》，頁 218~219。《觀心論》，《大正》85，No. 2833，頁 1272 中。《破相論》，《少室六門》第二門，《大正》，48，No. 2009 ，頁 368 中。

表八：各本《壇經》對「懺」「悔」二字之定義比較表

敦博本 約 733~804 年	懺者，終身不作；悔者，知於前非。惡業恒不離心，諸佛前口說無益。我此法門中，永斷不作名爲「懺悔」。
敦煌本	何名懺悔者？終身不作；悔者，知於前非。惡業恒不離心，諸佛前口說無益。我此法門中，永斷不作名爲「懺悔」。
惠昕本 967 年 （興盛寺本）	懺者，懺其前愆，從前所有惡業，愚迷、憍誑、疽妒等罪，悉皆盡懺，願不復起，是名爲懺。悔者，悔其後過，從今已後，所有惡業，愚迷、憍誑、疽妒等罪，今已覺悟，悉皆永斷，不復更作，是名爲悔。故稱「懺悔」。
高麗本 1290 年	懺者，懺其前愆，從前所有惡業，愚迷、憍誑、嫉妒等罪，悉皆盡懺，永不復起，是名爲懺。悔者，悔其後過，從今以後，所有惡業，愚迷、憍誑、嫉妒等罪，今已覺悟，悉皆永斷，更不復作，是名爲悔。故稱「懺悔」。
宗寶本 1291 年	懺者，懺其前愆，從前所有惡業，愚迷、憍誑、嫉妒等罪，悉皆盡懺，永不復起，是名爲懺。悔者，悔其後過，從今以後，所有惡業，愚迷、憍誑、嫉妒等罪，今已覺悟，悉皆永斷，更不復作，是名爲悔。故稱「懺悔」。
曹溪原本 1471 年	懺者，懺其前愆，從前所有惡業，愚迷、憍誑、嫉妒等罪，悉皆盡懺，永不復起，是名爲懺。悔者，悔其後過，從今以後，所有惡業，愚迷、憍誑、嫉妒等罪，今已覺悟，悉皆永斷，更不復作，是名爲悔。故稱「懺悔」。

　　由上表可以看出，敦煌本雖將敦博本的「懺者」誤抄爲「何名懺悔者」，但其他文字都一樣，二者都將「懺」定義爲「終身不作」，「悔」字定義爲「知於前非」。但惠昕本、高麗本、宗寶本、曹溪原本四者卻將「懺」字定義爲「懺其前愆，從前所有惡業，愚迷、憍誑、嫉妒等罪，悉皆盡懺，永不復起，是名爲懺」，「悔」字定義爲「悔其後過，從今以後，所有惡業，愚迷、憍誑、嫉妒等罪，今已覺悟，悉皆永斷，更不復作，是名爲悔」。

　　這有六點重要問題必須釐清，其一，若對照於筆者在第一章第三節中「（六）大乘佛教懺悔的八種義蘊」之實質內涵來看，前二者與後四者對懺悔的詮釋都極其簡易，雖無法將印度佛教的懺悔義蘊詮釋清楚，卻正顯現出禪宗懺悔之定義。其二，後四者其實是將惠能發露的念念中之愚迷、憍誑、嫉妒等罪贅置於「懺」與「悔」的定義裡，此與前二者中僅以簡樸語言的「終身不作」、

「知於前非」是不同的。其三,「前非」與「前愆」的詞義雖極為相近,但前二者是將「前非」用於「悔」字之詮釋,且由「知」字可知是在教導懺者要清楚的認知往昔所造諸惡業;後四者卻是將「前愆」用於「懺」字的詮釋,且運用的是中國傳統的訓解方式;二者的詮釋方法不同、內涵迥異、對象亦不同。其四,從經典翻譯的立場而言,前二者的「悔者,知於前非」與後四者所說的「懺者,懺其前愆……」都能契應《維摩詰經》的「說悔先罪」的知於宿業苦劫與懺罪精進之義,[173]但都缺少隋·慧遠所說的:「恒知罪空,不執性罪入於過去,此滅罪業而不立性」的不二無垢無相懺罪及利己利他之大乘義。[174]其五,後四者將「悔」字定義為「悔其後過」,或許具有小乘戒律上的「防非止惡」之功能,但仔細閱讀《壇經》,並未有此種功能,且懺悔本就不是在追悔「後過」,未發生的「後過」是不合乎因果邏輯的,故後四者的定義顯得不恰當。其六,前二者將「懺」定義為「終身不作」,從經典詮釋的角度而言,可以看出惠能的無相懺悔是一種極為勇猛精進的大誓願力之呈現,此種勇猛精進之大誓願力是自己由本有的自性清淨心張揚開來的懺罪精神與不可思議的效果,此效果又是如人飲水冷暖自知的,縱使神秀、神會、永嘉、天台智顗、湛然、華嚴法藏、澄觀、淨土善導、法照、律宗道宣、義淨等禪師皆能體證到惠能的無相懺悔,其懺罪除罪與清淨自在的效果必與惠能的「終身不作」境界是不同的。

　　綜由表七、表八看來,它們透顯出一個重要的訊息,即不論唐代南宗禪師的心法如何變化,不論宋、元、明以後的禪宗大師們如何增益《壇經》的內容,他們無不重視著無相懺悔之體證,無不在自家禪法中默默地踐行著惠能定慧不二、以般若慧常見自過患而不見他人罪的自性懺悔,亦即是實相無相不執著於懺悔儀軌的大乘真懺悔。

---

173 鳩摩羅什譯《維摩詰所說經卷中·文殊師利問疾品第五》,《大正》14,No.475,頁 544 下。
174 隋·慧遠《維摩義記》卷三,《大正》38,No.1776,頁 472 下。

第三節　荷澤神會的懺悔思想

　　唐玄宗開元八年（720），荷澤神會（684~758）[175]奉敕配住南陽龍興寺，大揚禪法，人稱「南陽和尚」。神會初見惠能時，曾以「見亦不見」的禪觀質問惠能，惠能除了棒打他三下外，還教他真正的坐禪，並不是枯坐在原地去看心看淨，而是以定慧不二的般若智慧進行「常見自過患」、「不見他人過罪」，[176]告訴他頓悟見性離不開自性懺悔，這對他的無念懺悔當有深刻之影響。惠能入滅後二十年間，曹溪頓旨沈廢，兩京之間皆宗神秀（605~706），由普寂（651~739）等續樹法幢。神會初至洛陽，欲振六祖明心頓風，乃於開元二十年（732）正月十五日於河南滑臺大雲寺設無遮大會，與山東崇遠禪師論戰。指斥北宗神秀一門的「師承是傍，法門是漸」，確立南宗惠能系之正統傳承與宗旨。[177]

　　天寶四年（745），神會著《顯宗記》，定南北頓漸兩門，即以南能爲頓宗，北秀爲漸教，南宗日盛而北宗大衰。天寶十二年（753），因御史盧奕誣奏神會聚眾陰謀作亂，神會被召至長安受審，後被謫至弋陽（今河南潢州）、均州（今湖南均縣）；十三年又轉住襄陽（今湖北襄樊），不久再遷住荊州（今湖北江陵）開元寺般若院。天寶十四年（755），安史之亂起，兩京板蕩，時大府各置戒壇度僧，聚香水錢，以充軍需。朝廷請神會主壇度之事，所獲財帛悉充軍需。亂平後，因「濟用有力」，肅宗詔入宮內供養，並建造禪宇於荷澤寺中，詔請住之，故世稱「荷澤大師」。[178]當北

175　學界一般多以神會的生卒年月是「668~760」，然溫玉成據洛陽出土的神會塔銘、宗密《圓覺經大疏鈔》與胡適《神會和尚遺集》之資料加以考證，認爲神會生卒年月宜以塔銘中「享年七十有五，僧臘五十四夏，於乾元元年五月十三日荊府開元寺奄然坐化」爲當，即是「684~758」。參：溫玉成〈記新出土的荷澤大師神會塔銘〉，《世界宗教研究》，1984年第2期，頁78~79。

176　《六祖壇經》，頁97。

177　唐‧獨孤及《菩提達摩南宗定是非論》，《神會和尚禪錄》，頁18~19。

178　神會的相關事蹟與語錄，見唐‧宗密《圓覺經大疏鈔》卷三下，《卍新續》9，

宗「勢力連天」之時，他能「直入東都，面抗北祖，詰普寂也。龍鱗虎尾，殉命忘軀」，屢被讒毀，三度幾死，[179]但靠著他那積極論辯的捨身為法精神與不屈不撓的毅力，確實把曹溪頓悟禪全面打入北方嵩洛看心看淨的漸悟禪法核心區域，並讓荷澤頓門獲得進一步的傳播與發展。

當然，神會不是在騁口舌之便給，而是將其禪法落實在荷澤寺的「每月作檀場，為人說法，破清淨禪，立如來禪」，[180]每月「檀場」的行儀過程今自不可得知，但明顯較《壇經》專記惠能的施戒壇法更為積極有為。這種積極的「如來禪」之弘傳，基本上與弘忍→惠能的禪法脈絡是上下一貫而異於北宗神秀的。[181]冉雲華認為，神會在「知心空寂，即是用處」、「從空寂體上起知」的基礎上言「直了見性」，將見性問題推上理論層次。[182]這樣的如來空寂體的直了見性禪法，其懺悔思想應是如何的？以下從《神會和尚禪話錄》中的內容闡述之。

No. 245，頁 532 中~下。《宋高僧傳卷八・習禪篇第三之一・唐洛京荷澤寺神會傳》，《大正》50，No. 2061，頁 756 下~757 上。《祖堂集卷三・荷澤和尚》，頁 56~57。
179 唐・宗密《圓覺經大疏鈔》卷三下，《卍新續》9，No. 245，頁 532 中~下。
180 《曆代法寶記》，《大正》51，No. 2075，頁 185 中。
181 洪修平據《菩提達摩南宗定是非論》所記，認為神會為天下學道者「定宗旨，辨是非」而提出的南北宗的對立思想，大致有六點，筆者整理如下：

表九：南能北秀禪法差異表

	差異點	惠能觀點	神秀觀點
1.	傳承的傍正	能禪師是的的相傳付囑人	秀禪師實非的的相傳
2.	法門的頓漸	單刀直入，直了見性，不言階漸	秀禪師言住心入定的漸修法
3.	修禪法不同	心不住內，亦不在外，是為宴坐	住心看淨，起心外照，攝心內證
4.	帝室關係不同	六代大師無有一人為帝師	秀禪師為兩京門主，三帝門師
5.	地域南北不同	南方曹溪	秀和尚在日，天下號南能北秀
6.	傳人說法不同	一代只許一人，有二三人即是謬法	同時並立神秀與法如為六代

以上參：洪修平《禪宗思想的形成與發展》，頁 175~176。唐・獨孤沛《菩提達摩南宗定是非論》，見楊曾文編《神會和尚禪話錄》，（北京：中華書局，2004年 11 月），頁 15~48。
182 冉雲華〈論唐代禪宗的「見性」思想〉，釋恆清編《佛教思想的傳承與發展》，（台北：東大，1995 年 4 月），頁 367~392。

一、無念懺悔之内容

　　為了確立南頓北漸、南正北傍的歷史地位，神會在開元二十年左右在河南南陽龍興寺即已透過多次的登壇說法與事後的問禪解惑方式傳授他的頓教法，這些說法被弟子賢達等記錄下來，其中的《南陽和上頓教解脫禪門直了性壇語》(《壇語》) 即載有他的懺悔滅罪之内容，其云：

> 知識，發無上菩提心是正因，諸佛菩薩、真正善知識將無上菩提法投知識心，得究竟解脫是正緣。得相值遇為難。
> 知識，是凡夫口有無量惡言，心有無量惡念，久輪轉生死，不得解脫，須一一自發菩提心，為知識懺悔，各各禮佛。
> 敬禮過去、(盡過去)際一切諸佛。
> 敬禮未來、盡未來際一切諸佛。
> 敬禮現在、盡現(在)際一切諸佛。
> 敬禮尊法般若修多羅藏。
> 敬禮諸大菩薩一切聖賢僧。
> 各各至心懺悔，令知識三業清淨。
> 過去、未來及現在身口意業四重罪，我今至心盡懺悔，願罪除滅永不起。
> 過去、未來及現在身口意業五逆罪，我今至心盡懺悔，願罪除滅永不起。
> 過去、未來及現在身口意業七逆罪，我今至心盡懺悔，願罪除滅永不起。
> 過去、未來及現在身口意業十惡罪，我今至心盡懺悔，願罪除滅永不起。
> 過去、未來及現在身口意業障重罪，我今至心盡懺悔，願罪除滅永不起。
> 過去、未來及現在身口意業一切罪，我今至心盡懺悔，願

罪除滅永不起。[183]

由這段文字看，神會的無念懺悔可包括下列四點內容：

其一，以發無上菩提心是正因，得究竟解脫爲正緣，這與惠能先傳授「自歸依三身佛」及「發四弘大願」的情形不同。[184]神會先以發無上菩提心爲引導，這是基於菩薩戒、無常、無我、甚深緣起、罪性本空諸理論及大乘佛教諸佛菩薩的廣大慈悲心、菩提心的懺悔思想。

其二，禮佛三歸依，即敬禮十方三世一切諸佛、菩薩、經藏與聖賢，是超越時間與空間的無相懺悔。這是融合禮佛懺悔與三歸依爲一的儀節，惠能將「自歸依三身佛」置於懺悔儀節的第一位，神會則把發無上菩提心作爲第一件要儀，這表示二人各有不同的側重點，不能說他們有何優劣之處。

其三，懺悔發露過去、未來及現在身、口、意業一切罪，依次發露「四重罪」、「五逆罪」、「七逆罪」、「十惡罪」、「業障重罪」、「一切罪」等等，看似比惠能的無相懺悔還要豐富，比神秀的無生懺悔還要詳細，但詳予歸納，仍只是「一切罪」三字即可代表一切。嚴格言之，神會或許是以層遞式的數列名相來概括一切罪業進行消極發露而予滅除，但這樣的鋪設方式，不但與天台、淨土、華嚴等大部懺儀中的罪相發露不同，亦與北宗神秀系統《大乘無生方便》等禪法重視看心看淨的菩薩戒懺罪亦不相類。當然，就神會的直了見性禪法而言，其內在的懺悔精神與惠能無相懺悔一樣，是在懺悔與禪修過程中，踐履菩薩道十善行，在十善行中明心以見性，故不是將一件一件因緣果報的事相通通發露出來，亦不是如神秀般往看心、看淨功夫上靜坐不動，當然亦非側重於規條化的菩薩戒之義蘊。

其四，懺悔的基本方法與目的是「願至心盡懺悔，願罪除滅永不起」。這標示出其懺悔亦是以如來藏自性清淨心爲基準，涵攝

183　《南陽和上頓教解脫禪門直了性壇語》，楊曾文編《神會和尙禪話錄》，（北京：中華書局，2004 年 11 月），頁 5~6。（　）中的字，依楊曾文校訂文而置入。
184　《六祖壇經》，頁 44、50、53。

著大乘菩薩的無量無邊誓願，對三世因緣過程中的一切身、口、意罪業盡心懺悔，使得那些罪業永遠除滅而不再妄起，而最終目的是「令知識三業清淨」而頓悟解脫、直了心性。

　　當然，上述內容視之，神會只是依次懺悔發露了說出過去、未來及現在無限久遠劫時空中因爲身、口、意之妄作所造成的「四重罪」、「五逆罪」、「七逆罪」、「十惡罪」、「業障重罪」、「一切罪」等等罪業，這似乎過於籠統、粗略，它確實無法像《梁皇懺》、《法華懺》、《華嚴懺》、《圓覺懺》、《水懺》……等大部頭懺法般具體的將事懺、理懺、總相懺、個別懺……等罪業、罪根、罪相、罪障、罪報一一呈現出來，故懺者是否能在神會說法的當下即徹底認知、見過、發露、懺罪、清淨而頓悟解脫、直了心性？這又是難以驗知的。不過，從禪宗立場而論這，不正是達摩以降就特別展現的「簡單樸實」、「行質相貫」而異於他宗之禪風？

二、無念懺悔之儀節

　　由上述之內容，可以將神會無念懺悔的分成三段儀節，茲列表陳列如下：

表十：神會無念懺悔的三段儀節表

發無上菩提心
↓
禮拜三世十方諸佛菩薩經藏聖賢
↓
至心懺悔，令知識三業清淨

這樣的表現方式，可以說是「一心三儀」的懺悔儀節，它是簡單扼要的；從形式上觀之，它雖有整齊度，卻不是天台、淨土、華

嚴等宗懺儀中那種事相發露、理懺說明、禪觀方便、哲理論說的龐大儀軌，既不同於與《梁錄》中的「至心懺悔」→「至心勸請」→「至心隨喜」→「至心迴向」→「至心發願」那基本的禮懺五法，[185]《梁皇懺》的「歸依三寶」→「斷疑」→「懺悔」→「發菩提心」→「發願」→「發迴向心」→「顯果報」等懺儀，[186]亦不同於弘忍《金剛五禮》、神秀《秀禪師七禮》那種整齊化的詩偈式禮懺儀軌，純然是懺悔者發乎大乘無上菩提心，至心敬禮三世十方諸佛菩薩經藏聖賢，及簡要地、涵蓋地懺悔發露過去、未來及現在身、口、意業一切罪業。這樣的懺悔滅罪，純然是荷澤神會的南禪味道，即完全不受形式儀節所束縛，而是「令知識三業清淨」的「淨身」功夫之呈現。

從其簡單扼要的「一心三儀」而言，它接近於惠能的無相懺悔，但又不同於惠能在無相戒壇法中的七儀一心，惠能是將「無相偈」→「自歸依三身佛」（無相戒）→「發四弘大願」→「無相懺悔」→「無相三歸依戒」（歸依三寶）→「滅罪頌」→「無相頌」等七個懺悔儀節化爲一心的無相懺悔，神會的「一心三儀」與其語錄中一再強調的般若無念與定慧雙修的直了見性思想相通，胡適認爲此種「無念」是神會早期《壇語》的「根本主張」，[187]冉雲華認爲這種無念禪思是中國禪師長期從《維摩詰經》、《佛說慧印三昧經》、《持心梵天所問經》、《小品般若經》、《持世經》、《壇經》等大乘經典的無念禪思所蘊積而繼承下來的，[188]由於其來有自，故筆者定其懺悔思想爲「無念懺悔」；這樣的「一心三儀」之無念懺悔，若從「三業清淨」而言，接近於初期佛教懺悔思想的淨業與精進，但又不同於以阿羅漢道的「諸漏已盡，不受後有」的清淨無漏禪觀，而是「真如之性，即是本心」的明心見性之頓悟思

---

185 《大正》46，頁 952 上~953 中、794 下~上。
186 《梁皇懺》十卷之內容，鋪陳了「歸依三寶」→「斷疑」→「懺悔」→「發菩提心」→「發願」→「發迴向心」→「顯果報」→「出地獄」→「解怨結」→「發願」→「自慶」→「爲六道禮佛」→「迴向」→「發願」→「囑累」等程。詳見：《大正》45，頁 922 中-967 下。
187 胡適《神會和尚遺集》，（台北：中央研究所史語所，1968 年），頁 321。
188 冉雲華〈敦煌文獻中的無念思想〉，《中國禪學研究論集》，頁 138~159。。

想。[189]

三、無念懺悔之思想義蘊

　　純就表面的「三業清淨」而言，神會的一心三儀似乎是做為體證「頓教解脫禪門直了性」的「前置」功夫而已；但從整體《神會和尚禪話錄》的語錄來觀察，神會的一心三儀所呈現的，是一種單刀直「入」的悟入般若實相之「無念懺悔」。以下分「不執罪福的願罪除滅」、「三無漏學的清淨無念」、「實相無相的般若懺悔」、「無住立知的正見無念」四層來開展其思想義蘊：

（一）不執罪福的願罪除滅

　　神會在《南陽和尚問答雜徵義》中回答作本法師云：「自佛法東流已來，所有大德皆斷煩惱為本」，但這是「為對五陰色身故，所以說煩惱為本」，又說「煩惱與身為本」，[190]標示出他的無念懺悔是以眾生皆有佛性為前提的，只是眾生被煩惱覆障之故，暫時昏暗而已，這與達摩「但為客塵妄想所覆」的報怨行上下相承，[191]亦與惠能無相懺悔「煩惱無邊誓願斷」的弘誓願是相通的。[192]

　　神會認為《涅槃經》所說的「眾生皆有佛性」是正確無疑的，他並用般若的遮詮方式闡釋云：「（佛性）無得無生，非色非不色，不長不短，不高不下，不生不滅」，這完全與龍樹《中論》「不生

---

189 石井本《南陽和尚問答雜徵義》（二四）義圓法師問：「雖有真如，且不有形相，使眾生云得何入？」（神會）答：「真如之性，即是本心。雖念無有，能念可念；雖說無有，能說可說；是名得入」，見《神會和尚禪話錄》，頁83。

190 作本法師本是問神會關於佛性有無的疑問，神會答以「自佛法東流已來，所有大德皆斷煩惱為本，所以生疑」，並據《涅槃經・菩薩品》純陀質疑佛性非常住法而不問煩惱，及眾生之所以「無佛性者，為被煩惱蓋覆，不復見，所以言無」的經義回答他。石井本中，更大量引《涅槃經》之佛性義闡說之。詳倫敦本 S.6557、石井本、巴黎本 P.3047《南陽和尚問答雜徵義》（學界多稱之為「神會語錄」或「神會錄」），《神會和尚禪話錄》，頁 58、60~63、120。

191 《菩提達摩四行論》，《禪宗全書・語錄部（一）》，頁 28。

192 惠能「無相懺悔」的基本前提即是四弘誓願：「眾生無邊誓願度，煩惱無邊誓願斷，法門無邊誓願學，無上佛道誓願成。」《六祖壇經》，頁 50。

亦不滅，不常亦不斷，不一亦不異，不來亦不出」[193]之「八不緣起」(「八不中道」)來遮遣世俗之各種假形假相之邪執是相同的方法，龍樹認為眾生若是依於五蘊的造作而執著於罪福報應，必生種種過失，[194]故禪者「須捨一切智，下意懺悔」，[195]「戒雖細微，懺則清淨。」[196]神會亦云：「佛性非蔭界入，非本無今有，非已有還無。從善因緣，眾生本有佛性，以得見佛性故，當知本自有之。」[197]對神會而言，所謂的「善因緣」可說就是懺悔發露三世十大重罪，令身清淨，回復本有的自在佛性。

《壇語》中神會懺悔發露了過去、未來及現在身、口、意業一切罪，依次發露「四重罪」、「五逆罪」、「七逆罪」、「十惡罪」、「業障重罪」及「一切罪」，其基本目標是「三業清淨」與「一切罪」的「願罪除滅、永不起」，由《菩提達摩南宗定是非論》「當淨三業，方能入得大乘」來看，[198]他的禪法在菩薩戒的精神上是掌握得很清楚的，故必須對「一切罪」進行正確的認識而予發露而「除滅」。

不過，從神會連續層遞六次「過去、未來及現在身口意業一切罪，我今至心盡懺悔，願罪除滅、永不起」視之，明顯是在配合眼、耳、鼻、舌、身、意六根而進行大乘佛教所說的「六根懺悔」。[199]對神會而言，進行「六根懺悔」，當然不需要根根發露，罪罪詳陳，事事發露，理理析說，而是藉連續六次罪業的層遞陳露，喻指五蘊、十二處、十八界依於緣起所造作出來的罪業。站

---

193 龍樹造，鳩摩羅什譯《中論卷一・觀因緣品第一》，《大正》30，No.1564，頁1中。

194 《中論・觀因緣品第一》，《大正》30，No.1564，頁1。

195 《大智度論卷七十七・釋同學品第六十二》，《大正》25，No.1509，頁604中。

196 《大正》25，No.1509，頁395下。

197 《神會和尚禪話錄》，頁62。

198 唐・獨孤沛《菩提達摩南宗定是非論》，《神會和尚禪話錄》，頁14。

199 佛教經典及中國人製作的懺法中，常見六根懺悔，見梁・僧伽婆羅譯《文殊師利問經卷下・囑累品第十七》，《大正》14，No.468，頁508上。失譯，《現在賢劫千佛名經》，《大正》14，No.447，頁383上。劉宋・曇無蜜多譯《觀普賢菩薩行法經》，《大正》9，No.277，頁393中。《慈悲道場懺法》卷一，《大正》45，No.1909，頁927上。《慈悲水懺法》，《大正》45，No.1910，頁975上。智顗《摩訶止觀》卷二，《大正》46，No.1911，頁14中。

在禪宗立場而言，即是達摩「報怨行」那種「我宿殃惡業果熟，非天非人所能見」的懺悔發露；[200]在惠能而言，即是「常見在己過，與道即相當」的無相懺悔；[201]對神會而言，即是正確認識因緣果報理論下對一切罪業所進行的懺悔發露。當神會到曹溪問惠能「見亦不見」時，惠能云：「常見自過患」，「不見他人過罪」，神會頓時覺悟，悟知煩惱過患罪重，當下「禮拜！再禮拜！」[202]宋‧惠昕本《壇經》載爲：「神會禮百餘拜，求謝怨過，請事爲師，不離左右」，[203]可說掌握了這種連續層遞六次懺悔一切罪業的自性清淨心的具體實踐。懺悔一切罪，本是大乘菩薩戒的共軌，是出世間的無漏道，是人、天、眾生乃至無上菩提的根本依處。[204]只不過，神會層遞漸增，由「四重罪」增至「五逆罪」，再由「五逆罪」增至「七逆罪」，再由「七逆罪」增至「十惡罪」，再由「十惡罪」增爲「業障重罪」，最後由「業障重罪」普化爲「一切罪」，這樣「四→五→七→十→一切」的層遞象徵，是層層深入而層層廣大而層層無量的，它已不僅僅是初期佛教的布薩說罪，亦非《華嚴》、《普賢行願儀》等的六根實相懺悔，更非《法華經》六根清淨的懺罪，[205]尤非大乘菩薩戒的誦持而已，它明顯是在四卷《楞伽》那種超越心量的自覺聖智及如來藏自性清淨心下之發露－懺罪－滅罪－清淨。他特別用「以煩惱暗故不見」、「以盲故不見」、「以煩惱覆故不見」來說涅槃佛性是如日月一樣，「本自有之」的。[206]這是對《涅槃經》「眾生皆有佛性」及《華嚴經》「心佛眾生，三無差別」義蘊的進一步詮釋、實踐與創新，北宗神秀《大乘無生方便門》等雖亦有「十惡罪」、「五逆罪障重罪」的懺悔內容之發

---

200 《菩提達摩四行論》，《禪宗全書‧語錄部（一）》，頁28。
201 《六祖壇經》，頁83。
202 《六祖壇經》，頁98。
203 《六祖壇經諸本集成》，頁62。
204 聖嚴《菩薩戒指要》，頁77~121。
205 鳩摩羅什譯《妙法蓮華經卷六‧常不輕菩薩品第二十》，《大正》9，No. 262，頁51上。
206 《神會和尚禪話錄》，頁62~63。

露，[207]但那只是側重於菩薩戒與看心看淨的懺悔滅罪，沒有像神會這種層遞六次「過去、未來及現在身口意業一切罪」，配合六根懺悔，而喻指自性懺悔的作用。

另外，若從神會的「願罪除滅、永不起」而言，亦與神秀《大乘無生方便門》「願罪除滅，永不起」不同，前者的滅罪是往頓悟佛性直說，後者是往淨觀漸悟而說；前者是不修而修的懺罪，後者是看心看淨的懺罪。[208]在惠能的無相懺悔中，他所強調的本是「永斷不作」的「自性懺悔」，[209]神會不隨惠能言「永斷不作」，卻言「願罪除滅、永不起」，可能是順著北宗「願罪除滅，永不起」的無生懺悔而說出的。

神會認為，針對「過去、未來及現在身口意業一切罪」進行除滅之前，必須廣發無上菩提心。所謂無上菩提心，即是「發心學般若波羅蜜相應之法」，亦即是離唯識家常說的「身意識、五法、三自性、八識、二無我，離內外見，亦不於三界現身意。」[210]如是，所謂發無上菩提心，即是藉般若波羅蜜的相應之法，契應於涅槃佛性，對於一切唯心、唯意、唯識所起的罪業進行懺悔除滅的，這樣的懺悔除滅，是在禪者的心意識中的自知自覺而懺悔，而不是除滅正法，故云：

> 所言除者，但除妄心，不除其法。若是正法，十方諸佛來除不得，況今善知識能除得？猶如人於虛空中行住坐臥，不離虛空，無上菩提法，亦復如是，不可除得。[211]

神會這段話，又是活用了《維摩詰經》「但除其病，不除其法」的

---

207 《大乘無生方便門》，《大正》85，No.2834，頁 1273 中。
208 《菩提達摩南宗定是非論》云：「今者言不同者，為秀禪師教人『凝心入定，住心看淨，起心外照，攝心內證』。緣此不同。」又云：「心不住內，亦不住外。……我六代大師，一一皆言『單刀直入，直了見性』。」又云：「若教人坐，『凝心入定，住心看淨，起心外照，攝心內證』者，此障菩提。」《神會和尚禪話錄》，頁 29~31。
209 《六祖壇經》，頁 53~54。
210 《南陽和上頓教解脫禪門直了性壇語》（以下略為《壇語》），見《神會和尚禪話錄》，頁 7。
211 《神會和尚禪話錄》，頁 8。

不二思想，[212]維摩詰居士所說的即是「不以愛見心莊嚴佛土成就
眾生，於空無相無作法中，以自調伏而不疲厭」的「方便慧解」。
[213]故神會的懺悔除滅，是無執於垢淨的方便慧解，不必脫離世俗
生活，不必刻意調伏身心，控制意念，不必刻意選擇寂靜場所或
特定形式，[214]是綜合般若空智與不二無垢而成的實相懺悔，這是
道信、法融、傅大士、惠能等都曾用過的共法，至神會亦權藉而
通用之，其云：

> 學道撥妄取淨，是垢淨，非本自淨。《華嚴經》云：譬如拭
> 巾有垢，先著灰汁，然後用清水洗之。此雖得淨，未名為
> 淨。何以故？此淨為因垢得淨。[215]

維摩詰大士「但除其病，不除其法」的除滅罪業，不是「撥妄取
淨」的除滅，而是「不攀緣」、「無所得」，「非垢行，非淨行」的
「菩薩行」，[216]因為，「去心既是病，攝來還是病，去、來皆是病」，
禪者是「有無雙遣，境智俱亡；莫作意，即自性菩提」的如來藏
自性清淨心的本自有之的能力之滅罪。[217]這「莫作意」的除罪，
是超越人、天、六道的，是不執於罪、福的，故云：

> 發心者，祇發二乘、人、天心，人、天福盡，不免還墮。……
> 二乘、人、天是穢食，雖獲小善生天，天福若盡，還同今

---

212 維摩詰云：「設身有苦念、惡趣，眾生起大悲心。我既調伏，亦當調伏一切眾
　　生。但除其病，而不除法，為斷病本而教導之。」姚秦・鳩摩羅什譯《維摩
　　詰所說經卷中・文殊師利問疾品第五》，《大正》14，No. 475，頁 545 下。
213 《大正》14，No. 475，頁 545 下。筆者按：《華嚴經》中未見「拭巾有垢」之
　　譬喻，神會所說，當指《寶積經》之語。其云：「十七日處母胎時，復感業風，
　　名髦牛面。由此風力，令其兩眼而得光潔。耳、鼻、諸根，漸漸成就。譬如
　　有鏡，塵翳所覆，或取塼末，及以油灰磨拭令淨。是故，當知以業風力吹其
　　眼等，使得明淨，亦復如是。」唐・菩提流志譯《大寶積經卷五十五・佛為
　　阿難說處胎會第十三》，《大正》11，No. 310，頁 323。
214 楊曾文《唐五代禪宗史》，頁 225。
215 《神會和尚禪話錄》，頁 13。
216 《維摩詰所說經卷中・文殊師利問疾品第五》，《大正》14，No. 475，頁 545
　　下。
217 《神會和尚禪話錄》，頁 13。神會特別解釋「自本清淨心」云：「聞說菩提，
　　不作意取菩提；聞說涅槃，不作意取涅槃；聞說淨，不作意取淨；聞說空，
　　不作意取空；聞說定，不作意取定。」採用了極為靈活的般若方便慧。《神會
　　和尚禪話錄》，頁 12。

日凡夫。[218]

在神會的禪觀裡，二乘、人、天的福報，只不過是一般的善果，他視之爲「穢食」，那是「福盡，不免還墮」的輪迴之道，故不值得去珍惜掌握。是故，廣發無上菩提心，願罪一切罪業除滅而永不起，不執於罪福，方是自性懺悔。

（二）三無漏學的清淨無念

神會不執於罪福的三業清淨而永滅不起的自性懺悔，實質言之是一種三無漏學的「無念懺悔」。

石井本《南陽和尚問答雜徵義》第二七則載牛頭寵禪師問：「懺悔罪得滅否？」神會答：

> 見無念者，業自不生。何計妄心，而別有更欲懺悔滅之？
> 滅即是生。生者，即是（生）於滅也。[219]

所謂「何計妄心，而別有更欲懺悔滅之？」不是說佛教修行不需要懺悔，亦不是說禪修不必懺悔，更不是說懺悔無用，而是說以無念、無妄的智慧與實踐去理解因緣果報之理對往昔所造諸惡業進行當下的懺除，除滅之後，清淨佛性自然生現，這就是「生於滅」的「業自不生」。此種「生於滅」的「業自不生」之懺罪思想，就是筆者所說的「無念懺悔」。

在神會的相關著作中，這種無念懺悔與「戒定慧」三無漏學是緊密接合的。神會在三業清淨的懺悔之後云：

> 經云：諸惡莫作，諸善奉行，自淨其意，是諸佛教。過去一切諸佛皆作如是說。「諸惡莫作」是戒；「諸善奉行」是慧；「自淨其意」是定。[220]

「諸惡莫作，諸善奉行，自淨其意，是諸佛教」四句，本作「諸惡莫作，眾善奉行，自淨其意，是諸佛教」，這是《增壹阿含》中

---

218 《神會和尚禪話錄》，頁6~7。
219 石井本《神會和尚問答雜徵義》，《神會和尚禪話錄》，頁84。
220 《神會和尚禪話錄》，頁6。

阿難用來涵攝佛陀曾說過的三十七道品及四《阿含》諸法偈語。[221]
仔細觀察人類原始宗教所進行的各種虔敬儀式，如念誦咒語
（spell）、祈禱（prayer）、巫術（magic）等，無不是在透過神秘
性過程來表達對諸方偉大神聖的尊崇（adoration）敬畏（awe）之
意與「諸惡莫作，諸善奉行，淨化其意」的宗教義涵，從而化解
初民內心深層處的原始焦慮（primary anxiety），達到心靈療治的
作用，這不論是吠陀、耆那教、婆羅門教、猶太教、基督教、回
教或中國的道教等，都有其微妙冥契相應相通之處。[222]但對禪宗
或神會而言，並不執著於神聖的外力淨化作用，亦不承認有個主
體我的心靈，故他的懺悔儀式與義涵並不同於他宗他教的外力淨
化作用，不同之處，即在「自淨其意」的「自」字，禪者若不能
「自」淨其意，則一切戒定慧三學皆成空口白說，一切懺悔儀式
都易於與宗教儀式制度化後帶給人們的次級焦慮（secondary
anxiety）造成混淆，[223]因為神會所說的這個「自」字已是禪宗一
貫主張的超越三界之外又入於三界之內且不執於三界之中的「如
來藏自性清淨心」或眾生自心本具的「真如佛性」，與惠能所說的
自知自覺、自懺自淨、自度自戒而直心成佛是上下承貫的，[224]故
我們在理解神會的無念懺悔之時，仍須透過《梵網經》、《涅槃
經》、《般若經》、《維摩詰經》、《中論》等經論的義涵進行
認識與實踐，方不致於誤解其本意。又如《增壹阿含》阿難云：

> 諸惡莫作，戒具之禁，清白之行；諸善奉行，心意清淨；
> 自淨其意，除邪顛倒；是諸佛教，去愚惑想。云何？迦葉，
> 戒清淨者，意豈不淨乎？意清淨者，則不顛倒；以無顛倒，

---

221 《增壹阿含經》，《大正》2，No. 125，頁551上。
222 詳：美·John B. Noss、David S. Noss（約翰·B.諾斯、戴微·S.諾斯），*Man's Religions*（《人類的宗教》七版），江熙泰、劉泰興等譯，（成都：四川人民出版社，2005年5月），頁12~41。
223 John B. Noss、David S. Noss云：「但是，一當這些宗教儀式及其神話的，這種儀式和制度的附屬物牢固地確立以後，次級焦慮，即唯恐這種儀式不能及時而適當地舉行，又導致了諸如齋戒和贖罪等進一步的儀式的產生。」同上注，頁11。
224 《六祖壇經》，頁15。

愚惑想滅，諸三十七道品便得成就，以成道果，豈非諸法乎？[225]

在阿含中，或許戒體清淨是針對色身的不受後有而說，但從「以無顛倒，愚惑想滅」一句即可契於佛陀「此生故彼生」、「此滅故彼滅」的甚深緣起義，透過甚深緣起即可契接於大乘佛教的懺悔儀式與「如來藏自性清淨心」、「罪性本空」、「懺悔滅罪」、「無量誓願」諸義，亦即，懺悔滅罪之所以可能，可從「甚深緣起」及如來藏自性清淨心的「自淨其意」的功夫下手。神會掌握了佛陀一切教說的精神與惠能的自懺自淨之意，權藉阿難的偈語為南宗頓教的三無漏學，故曰：「諸惡莫作」是戒；「諸善奉行」是慧；「自淨其意」是定；將三無漏學與懺悔思想糅合為一，這與阿難的理解是千古相應的。

戒、定、慧三無漏學，是佛道之至要，是佛陀教法的實踐總綱，一切法門盡攝於此，不論是佛陀還是達摩，不論是迦葉還是惠能，不論是諸佛菩薩還是中國各宗祖師，無不將戒、定、慧三無漏配合禪觀、教義，精勤實踐，由戒生定，由定發慧，證得解脫，不同禪師在不同時空環境的討論下各有不同的開展，神會亦說「要須三學，始名佛教」，[226]這可說是從惠能「定慧體一不二」的無相懺悔繼承而來的。[227]不過，神會的無念懺悔講究「三業清淨」，對惠能常見自過患的定慧不二見性思想又有些轉折，與北宗神秀「三業清淨」的無生懺悔思路亦不相同，這須區別清楚，《壇經》載：

（神）秀和尚言戒定惠（慧）：諸惡不作名為戒，諸善奉行名為惠（慧），自淨其意名為定，此即名為戒定惠（慧）。[228]

神秀糅和初期佛教自淨其意的戒定慧，但其禪法偏向看心、看淨

---

225 《增壹阿含經卷一・序品第一》，《大正》2，No. 125，頁 551 上。
226 《壇語》，《神會和尚禪話錄》，頁 6。
227 惠能云：「學道之人作意，莫言先定後惠，先惠後定，定惠各別。作此見者，法有二相：口說善，心不善，惠定不等；心口俱善，內外一種，定惠即等。自悟修行，不在口諍。若諍先後，即是迷人。不斷勝負，却生法我，不離四相。」《六祖壇經》，頁 34。
228 《六祖壇經》，頁 90。

的凝住一境，惠能雖評之爲「不可思議」，但這樣的不可思議，是用來教導「小根智人」的，不是用來教導「上智人」的。惠能認爲，真正的三無漏學，是「心地無非是自性戒，心地無亂是自性定，心地無癡是自性惠（慧）」，即是以自性清淨心爲基礎的無礙自在行，故「得吾自（性），亦不立戒定惠（慧）。」所謂「不立戒定惠（慧）」，是因「自性無非、無亂、無癡，念念般若觀照，常離法相，有何可立？自性頓修，無有漸次，所以不立。」[229]惠能是落實在自心、自淨、自覺、自證的無相功夫上，是以自覺聖智境之如來藏佛性對北宗漸悟禪法專注一境的功夫的超越。神秀的戒定慧，重視菩薩戒的心戒精神，最終則闡說爲念佛、看心、淨心的禪觀，這種禪觀下的無生懺悔，亦是在念佛、看心、淨心下進行懺悔的。

　　神會既是繼承惠能的自性懺悔禪法，自亦重視大乘菩薩心戒的持用，故云：「若不持齋戒，一切善法終不能生」，然其齋戒下的戒定慧，是在無上菩提心的發起下，懺悔過去、未來及現在身口意所造作的一切罪業，徹底除滅罪業之後，自性心中永不再興起業識，永無業障果報出現，立即回復清淨如來藏自性清淨心，以此原本清淨之身行禪，即不會再流浪於生死，能從恒河沙大劫中解脫出來。是故，神秀雖言頓悟，其實側重的是漸悟的禪觀，神會重視的是清淨自性的直了頓悟；後者的三業清淨，以無念、無住爲主，隨時踐行於日常生活中；前者的三業清淨，則是「看淨，細細看，即用淨心眼，無邊無涯除遠看，……向前遠看，向後遠看，四維上下，一時平等看，盡虛空看。長用淨心眼看，莫間斷，亦不限多少看！」[230]兩條思路，一南一北，一頓一漸，一單刀直入，一執心細看，[231]確實存在著明顯的隔礙。

229　《六祖壇經》，頁 90~91。黃連忠《敦博本六祖壇經校釋》，頁 347。黃連忠云：「得吾自（性）」一句，敦博本及敦煌本皆作「得悟自」，惠昕等三本皆作「得悟自性」，當補「性」字，筆者認爲，其說可採。黃連忠《敦博本六祖壇經校釋》，頁 165。
230　《大乘無生方便門》，《大正》85，No.2834，頁 1273 下。
231　《菩提達摩南宗定是非論》云：「今者言不同者，爲秀禪師教人『凝心入定，住心看淨，起心外照，攝心內證』。緣此不同。」又云：「心不住內，亦不住

神會的三無漏學與三業清淨，既是承自惠能而不同於神秀，故特別重視「妄心不起」的「無念」功夫，其云：

> 妄心不起名為戒，無妄心名為定，知心無妄名為慧。⋯⋯
> 不淨三業，不持齋戒，言其得者，無有是處。[232]

所謂「妄心不起」、「無妄心」、「知心無妄」，所指的即是他時常說出的「無念」功夫；至於「不淨三業，不持齋戒」，意即三業必須清淨，大乘菩薩戒的「齋戒」，必須如心隨持，不再造業。這種「妄心不起」的三無漏學，頗似於神秀《大乘無生方便》中「六根本不動」的「修戒定慧，破得身中無明重疊厚障」，[233]但神秀的戒定慧是一種「執心細看」的「由定發慧」思路，故與神會的直了心性之三業清淨是不同的。因此，「妄心不起」，亦可說為一種無念、無住的「無妄心」，其云：

> 何者是妄心？仁者等今既來此間，貪愛財色、男女等，及念園林、屋宅，此是粗妄，應無此心。為有細妄，仁者不知。何者是細妄？心聞說菩提，起心取菩提；聞說涅槃，起心取涅槃；聞說空，起心取空；聞說淨，起心取淨；聞說定，起心取定；此皆是妄心，亦是法縛，亦是法見。若作此用，心不得解脫，非本自清淨心。[234]

財色、男女、園林、屋宅⋯⋯等的貪執，只是容易觀察的外在形相的粗妄之念，聞說菩提、涅槃、空、淨、定等概念，即起心去執取，這些都是細微難察的內在妄心妄念。因為，佛性清淨自在，不來不去，法爾如是，故本不須執著於菩提、涅槃、空、淨、定等名相概念，不是用世俗的邏輯思維去懷疑它的存在與否，而是以「無相，無念，無思」及「心不生即無念，智不生即無知，慧不生即無見」的「三無不生」或「三事不生」功夫，在日常生活

外。⋯⋯我六代大師，一一皆言『單刀直入，直了見性』。」又云：「若教人坐，『凝心入定，住心看淨，起心外照，攝心內證』者，此障菩提。」《神會和尚禪話錄》，頁29~31。

232 《壇語》，《神會和尚禪話錄》，頁6。
233 《大正》85，No.2834，頁1274中。
234 《性壇語》，《神會和尚禪話錄》，頁8。

中懺悔精進，這樣自能令無始恒沙業障，「一念消除，性體無生，剎那成道」，[235]這十足是惠能「頓漸皆立無念為宗，無相為體，無住為本」[236]三無功夫的無相懺悔之進一步闡揚。相反的，若一味不知因果業理的起心動念，是無明之始，是以法自縛，即執著於法見，立即造作出另一種障道的罪業，而終不能得解脫。故云：「作住涅槃，被涅槃縛；住淨，被淨縛；住空，被空縛；住定，被定縛。作此用心，皆是障道菩提。」[237]又云：「『住心看淨，起心外照，攝心內證』，非解脫心，亦是法縛心，不中用。」[238]又答揚州長史王怡云：「身是妄身，造地獄業，亦是妄造。」[239]是故，神會的三無漏學，須與本來自足的清淨無念和合同用，是內在本然自性清淨心的無念，不能單從名言概念或住心看淨上去起心執取的，亦即是般若真空、緣起無自性渾融為一的無念。其云：

> 無念是實相真空，知見是無生般若。般若照真達俗，真空理事皆如，此為宗本也。[240]

對神會而言，無念即是實相，亦是真空，亦即是真如佛性，是無來藏自性清淨心，故云：「真如是無念之體」、「見無念者，雖具見聞覺知，而常空寂。即戒、定、慧學，一時齊等」。[241]故在三無漏學與真如無念渾合下的知見，即是無生般若的智慧，由無生般若智慧去觀照現前一切事物，則可照真達俗，理事皆如。為何如是說？因為「真如無念，非念想能知。實相無生，豈心能見？無念念者，則念總持。無生生者，則生實相。無住而住，常住涅槃。無行而行，能超彼岸。如如不動，動用無窮。念念無求，求常無念。菩提無得，得佛法身。般若無知，知一切法。即定是慧，即慧無生。無生實相真空，無行能周法界。六度自茲圓滿，道品於

235　巴黎本《南陽和尚問答雜徵義》，《神會和尚禪話錄》，頁121~122。
236　《六祖壇經》，頁38。
237　《神會和尚禪話錄》，頁8。
238　《神會和尚禪話錄》，頁10。
239　石井本《南陽和尚問答雜徵義》，《神會和尚禪話錄》，頁99。
240　《頓悟無生般若頌》，《神會和尚禪話錄》，頁50。
241　《壇語》，《神會和尚禪話錄》，頁10。

是無虧。我法二空，有無雙泯。不到不至，不去不來。」[242]在「即無一境界」的「一行三昧」義下，神會的無念禪法與諸佛無上三昧、無上智慧等齊，不但「盡諸功德邊」，連「諸佛說之猶不能盡」，故《菩提達摩南宗定是非論》云：

　　　見無念者，能生一切法；見無念者，能攝一切法。[243]

是故，在三無漏學與真如無念渾合下進行三業清淨的無念懺悔，便能契證《般若心經》的「無眼、耳、鼻、舌、身、意，無、色、聲、香、味、觸、法」，[244]萬行俱備，同如來知見，廣大深遠，在「諸根善分別」的本慧與「不隨分別起」的本定中直了見性而頓悟解脫。[245]是故，乃有「不作意，心無所起，是真無念」、「念者唯念真如」、「念不起」等之思想。[246]

　　神會這種「心無所起」的無念懺悔，是從惠能「念者，念真如本性」、「念念不被愚迷染」[247]的無相懺悔思想承繼下來的。不過，惠能無相懺悔所說的「無生」，是重視《維摩詰經》的不二無垢之「直心」，[248]神會的「無生」，雖亦言《維摩詰經》的「默然

---

242 《神會和尚禪話錄》，頁 50。其《荷澤大師顯宗記》亦云：「無念爲宗，無作爲本。真空爲體，妙有爲用。夫真如無念，非想念而能知，實相無生，豈色心而能見？無念念者，即念真如。無生生者，即生實相。無住而住，常住涅槃。無行而行，即超彼岸。如如不動，動用無窮。念念無求，求本無念。菩提無得，淨五眼而了三身。般若無知，運六通而弘四智。是知，即定無定，即慧無慧。即行無行，性等虛空，體同法界。六度自茲圓滿，道品於是無虧。是知，我法體空，有無雙泯。心本無作，道常無念。無念無思，無求無得。不彼不此，不去不來。」《景德傳燈錄卷三十·銘記箴歌》，《大正》51，No.2076，頁 458 下~459 上。

243 《神會和尚禪話錄》，頁 39。

244 唐·玄奘譯《般若波羅蜜多心經》，《大正》8，No. 251，頁 848 下。

245 《壇語》，《神會和尚禪話錄》，頁 10。

246 《壇語》云：「但不作意，心無所起，是真無念。」《南陽和尚問答雜徵義》云：「(一九) 念不起，空無所有，即名正定」、「(二〇) 無者，無有二法；念者，唯念真如」，《神會和尚禪話錄》，頁 12、79、119。《荷澤寺神會和尚五更轉》：「一更初，涅槃城裏見真如。妄想是空非有實，不言未有不言無。非垢淨，離空虛；莫作意，人無餘。了性即知當解脫，何勞端坐作功夫？……三更深，……內、外、中間無處所，魔軍自滅不來侵。莫作意，勿凝心。住自在，離思尋。般若本來無處所，作意何時悟法音？」《神會和尚禪話錄》，頁 127。《南宗定邪正五更轉》：「一更轉，……念不起，更無餘。……四更蘭，……善惡不思即無念，無念無思是涅槃。」《神會和尚禪話錄》，頁 128~132。

247 《六祖壇經》，頁 40~52。

248 《六祖壇經》，頁 77。

直入不二法門」，[249]卻是以《金剛經》所說之「般若空智」、「應無所住而生其心」爲基礎，並承繼後秦僧肇（384~414）之「般若無知論」、「涅槃無名論」，而以「定慧雙修」與惠能「即定是慧」、「即慧是用」等思想相呼應，[250]但是，從神會的三學的「自淨其意」到「三業清淨」視之，他對北宗神秀側重於菩薩戒的從定發慧之無生懺悔有著相近而又自顯頓教之作用。

爲了補充上述說明之不足，筆者再將第三章與第四章所述惠能、神秀、神會、無相、無住禪師的三無漏學之定義與思想核心簡單比較如下：

表十一：惠能、神秀、神會、無相、無住禪師三無漏學比較表

禪師	三無漏學之定義	思想核心
惠能	心地無非，是自性戒； 心地無亂，是自性定； 心地無癡，是自性慧。	心地 自性
神秀	諸惡不作名爲戒，諸善奉行名爲慧，自淨其意名爲定。	清淨
神會	諸惡莫作是戒，諸善奉行是慧，自淨其意是定。 妄心不起名爲戒，無妄心名爲定，知心無妄名爲慧。	知心無妄
無相	無憶是戒，無念是定，莫忘是慧	莫忘
無住	念不起戒門，念不起是定門，念不起慧門。	念不起

由上表視之，惠能所講的「三無漏學」，是直標如來藏自性清淨心與甚深緣起的因果法則之「心地」，活用此本心去融合「三無－三歸－三身－三業－三障」觀念、定慧一體不二的禪觀以「常見自過患」；神秀很特殊，把「諸善奉行名爲慧」擺中間，最後是「自淨其意名爲定」，表示他亦是如來藏自性清淨心的思維，但他是更側重於常寂不動的「清淨」戒體，故其三無漏學是專行於看心看淨的禪定之學；神會承接了惠能與神秀的三無漏思想，亦接

249　《壇語》，《神會和尚禪話錄》，頁11。
250　惠能云：「即定是惠體，即惠是定用；即惠之時定在惠，即定之時惠在定。」《六祖壇經》，頁33~34。神會亦云：「即定之時是慧體，即慧之時是定用；即慧之時不異定，即定之時不異慧；即慧之時即是定，即定之時即是慧；即慧之時無有慧，即定之時無有定；此即定慧雙修，不相去離。」《南陽和上頓教解脫禪門直了性壇語》，《神會和尚禪話錄》，頁11。

受了神秀「自淨其意名為定」的說法，但從「妄心不起」、「無妄心」及「心無妄」視之，可知他除了不忽略如來藏自性清淨心與空寂的清淨戒體外，是更強調「知心無妄」的般若知見；蜀地的淨眾無相，吸收前三者又不執著於前三者而言「無憶－無念－莫忘」，有神會的無念之意，又用「莫忘」強調了禪者雖修三無漏學，亦不能什麼都「無」掉，應注意到現實人本有的認知區別能力；保唐無住的三無漏學，則特別強調要打破一切矯揉造作的形式儀軌與僵固戒條，故強化了神會與無相的說法，以「念不起」貫串一切禪師的三無心法。

（三）實相無相的般若懺悔

　　「不執罪福的願罪除滅」與「三無漏學的清淨無念」，只是神會無念懺悔的必要基礎，其懺悔根據則是「實相無相的般若空慧」。

　　五祖弘忍（602~675）在蘄州黃梅縣東馮茂山勸道俗「但持《金剛經》一卷，即得見性，直了成佛」；[251]六祖惠能（638~713）在韶州大梵寺登壇施法，又將「摩訶般若波羅蜜經」抬到「南宗頓教最上大乘」的最高地位；[252]荷澤神會（668~760）的無念懺悔，則在如來佛性義上，又傾全力以闡發《金剛般若波羅蜜經》（《金剛經》）中實相無相的般若懺悔。[253]

　　在《南陽和上頓教解脫禪門直了性壇語》中，神會引《勝天王般若經》的「離相無相，遠離思量」，[254]闡說他的「一切眾生，

251　《六祖壇經》，頁 15。石井本《南陽和尚問答雜徵義》，《神會和尚禪話錄》，頁 107。

252　《六祖壇經》中共出現五次「《金剛經》」、五次「《般若波羅蜜經》」。《南陽和尚雜徵義》，《神會和尚禪話錄》，頁 110。

253　據 1983 年於洛陽龍門西北寶應寺遺址神會墓內出土，神會弟子慧空撰的〈大唐東都荷澤寺歿故第七祖國師大德於龍門寶應寺龍崗腹建身塔銘並序〉云：「能傳神會，宗承七葉，永播千秋。說般若之真乘，直指見性；談如來之法印，唯了佛心」，亦將神會的禪法用「般若真乘」與「如來法印」結合並論。引見：楊曾文《唐五代禪宗史研究》，頁 205。

254　原文是：「（般若空慧）過諸文字，離語境界、口味境界故。無諸戲論，無此無彼，離相無相，遠離思量，過覺觀境，無想無相，過二境界，過諸凡夫，離

本來無相」,「心若無相,即是佛心」、「即心是佛」而「自淨」、「無
作」之最上乘無念禪法。[255]獨孤沛《菩提達摩南宗定是非論》載
北宗崇遠法師問:「禪師修何法?行何行?」神會云:

> 修般若波羅蜜法,行般若波羅蜜行。……。修般若波羅蜜
> 者,能攝一切法;行般若波羅蜜行,是一切行之根本。金
> 剛般若波羅蜜,最尊最勝第一,無生、無滅、無去來,一
> 切諸佛從中出。[256]

神會這一段話,將惠能的「南宗頓教最上大乘」的意涵做了進一
步的詮釋,即一切諸佛都是緣依《金剛經》所出,其無念懺悔亦
以「修般若波羅蜜法,行般若波羅蜜行」為主。神會這樣說,已
將禪宗「不立文字」、「以心傳心」的精髓和《金剛經》作了渾融
的和合,明確指定《金剛經》的般若無相思想為其無念懺悔的源
頭活泉。

有此基礎,遂不厭其煩地教人書寫、受持、讀誦、為人解說
此經,其云:

> 善知識,必須誦持此經,此經號為一切諸佛母經,亦是一
> 切諸法祖師,恒沙三萬八千諸波羅蜜門,皆從般若波羅蜜
> 生。……一切智慧,皆因般若波羅蜜而得增長。……此經
> 在處,處即尊;經在人,人亦貴。……何況書寫、受持、
> 讀誦、為人解說?[257]

《金剛經》既有不可思議、不可稱量、無有邊不可思議功德,能

凡境界,過諸魔事,能離障惑,非識所知,住無處所。寂靜聖智,後無分別
智慧境界,無我、我所求不可得,無取無捨,無染無穢,清淨離垢,最勝第
一,性常不變。」陳,月婆首那譯《勝天王般若波羅蜜經卷二.法界品第三》,
《大正》8,No.231,頁 694 上。筆者按:佛是告訴勝天王,菩薩摩訶薩的般
若空慧是一切諸法的根本,凡能善體般若空慧者,親近善知識,勤修精進,
即能離諸障惑,心得清淨,恭敬尊重,樂習空行,遠離諸見,修如實道,能
達法界。

255 前幾句話,見《神會和尚禪話錄》,頁 12。另外,《洛京荷澤神會大師語》:「無
念為最上乘。曠徹清虛,頓開寶藏。心非生滅,性絕推遷。自淨則境慮不生,
無作乃攀緣自息。」《神會和尚禪話錄》,頁 124。又見《景德傳燈錄卷二十八.
諸方廣語.荷澤神會》,《大正》51,No. 2076,頁 439 中~下。

256 《神會和尚禪話錄》,頁 34~35。

257 《神會和尚禪話錄》,頁 35~37。

成就諸佛甚深無上智慧，神會依於《金剛經》意涵下的無念懺悔，義理亦同，其云：

> 若人犯阿鼻地獄一切極惡重罪，無處懺悔而不能得滅者，必須誦持《金剛般若波羅蜜經》，修學般若波羅蜜，當知是人其罪即滅。[258]

若依佛教戒律與因果業理，凡觸犯阿鼻地獄一切極惡重罪者，本是無可懺悔亦不能得滅的，但大乘佛教依於三世十方諸佛菩薩摩訶薩的廣大悲心與誓願，是可以透過權便方法進行懺悔滅除的，神會在大乘佛教懺悔義蘊上加以發揮，讓書寫、受持、讀誦、為人解說《金剛經》者皆能依法獲得懺除。若有人問：「何以能夠如此？」神會的理由很簡單 ── 《金剛經》的威德力，具有不可思議、不可稱量、無有邊不可思議功德故也。故《菩提達摩南宗定是非論》載神會語：

> 善知識，誦持《金剛般若波羅蜜經》而不能得入一行三昧者，為先世有重罪業障故，必須誦持此經。以此經威德力故，感得世人輕賤，現世輕受；以輕受故，先世重罪業障即為消滅；以得消滅故，即得入一行三昧。[259]

「先世有重罪業障」，是佛教因緣果報理論中的必然要素，是六道眾生輪迴苦趣的根本原因，不知宿世殃業者，果熟之時往往怨天尤人，苦不堪言；禪者體證宿世殃業者，自然不會被因緣果熟所惑，而是正對重罪業障，接受它，處理它，懺除它，放下它，讓清淨自性自然活現。故在禪修中，神會教人進行現象層面的書寫、受持、讀誦或為人解說《金剛般若波羅蜜經》，他的意思，即教人以「妄念不起」的三無漏學去契應三世十方諸佛菩薩不可思議、不可稱量、無有邊不可思議功德的威德力，這樣的懺理，並不是執著於懺悔發露儀式，亦不是一字一句、一佛一菩薩的禮拜懺悔，

258　《神會和尚禪話錄》，頁 37。
259　《神會和尚禪話錄》，頁 38。《金剛經》則云：「一切有為法，如夢幻泡影，如露亦如電，應作如是觀」，故凡能修自證「無我相、無人相、無眾生相、無壽者相」之四無相境界者，「先世罪業，則為消滅，得阿耨多羅三藐三菩提。」《金剛般若波羅蜜經》，《大正》8，No.235，頁 750 中~752 中。

亦不是讓自己在禮懺儀軌的規則上忐忑不安，而是要讓三世罪業「重者輕受、輕者消滅」，罪滅而悟入清淨的禪境，亦即是見性以成佛。石井本《南陽和尚問答雜徵義》第十八則亦載，魏州乾光法師問受持讀誦《金剛經》可消滅先世罪業之義理，神會答：

> 持經之人，合得一切人恭敬禮拜。今日雖且得經讀誦，為未持經以前所有重罪業障，今日持經威力故，感得世人輕賤，倍復能令持經人所有重罪業障悉皆消滅。以得消滅故，即得阿耨多羅三藐三菩提。[260]

據《金剛經》，此不可思議、不可稱量、無有邊不可思議功德的威德力，即「無我相，無人相，無眾生相，無壽者相」之實相無相般若空慧，這種實相無相之懺悔，神會稱之為不起妄念的無念懺悔。這樣的無念懺悔，並不是唯識學家詮釋阿賴耶識的那種智性的知識，而是「般若直觀」的直接體現。[261]其云：

> 先世罪業，喻前念起妄心；今世人輕賤者，喻後念齊覺，後覺為悔前妄心。若前心既滅，後悔亦滅，二念俱滅，既不存，即是持經功德具足，即是阿耨多羅三藐三菩提。又云：後覺喻輕賤者，為是前念起妄心。若起後覺，亦是起心，雖名作覺，覺亦不離凡夫，故喻世人輕賤也。[262]

神會從《金剛經》中諸佛菩薩的大威德力拉到現實人類的心念上頭，認為人人都可以用他的自性清淨心處理前、後剎那妄念的偏失，只要用實相無相般若空慧去進行懺悔，不論是前念、後念，還是前覺、後覺，或是重罪、輕罪，皆可懺悔消滅，證得無上正等正覺之境。

《金剛經》之外，神會又引《勝天王般若經》云：

> 佛告文殊師利：若四天下悉為微塵，爾許塵數諸佛如來，若有惡人皆悉殺害，文殊師利，於汝意云何？是人得罪多

---

260 《神會和尚禪話錄》，頁 78。
261 鈴木大拙：*Essay in East-West Philosophy：An Attempt at Word Philosophical Synthesis*，（Charles A Moore ed. Honolulu：University of Hawaii Press，1951），PP.17~48。
262 《神會和尚禪話錄》，頁 78。

不？文殊師利白佛言：世尊，此罪不可聞、不可計、不可
思量。佛告文殊師利菩薩：若復有人障礙《金剛般若波羅
蜜經》，毀謗不信，其罪重彼，百分不及一，千分、萬分不
及一，乃至算數譬喻所不能及。[263]

《勝天王般若經》中的對話，本是說「有人謗此修多羅者」，其罪
甚重，是人無有出阿鼻地獄期，在地獄、畜生、餓鬼諸趣中輪迴
不息。[264]神會活引活用，權藉「修多羅」為「《金剛般若波羅蜜經》」，
依於緣起，其理無礙，其義更深。大乘佛教的懺悔滅罪，本是三
世諸佛菩薩聖賢發大誓願、大慈悲心、大菩提心下的精進向上，
亦是禪者自性清淨心中自覺自證即可完成之事；在禪宗而言，可
以藉教悟宗，隨說隨行，隨懺隨滅。但若懷疑不信，即起妄念；
若刻意毀謗，又作意造罪；若障礙經說經義，其罪甚多；這是從
反面以說無念懺悔的。其云：

不念有、無；不念有邊際、無邊際；不念有限量、無限量；
不念菩提，不以菩提為念；不念涅槃，不以涅槃為念；是
為無念。是無念者，即是般若波羅蜜；般若波羅蜜者，即
是一行三昧。[265]

這是將無念懺悔等同於金剛般若的實相無相來看待，亦是將如來
藏的真如佛性與般若空慧、惠能一行三昧禪行渾融為一的懺悔。

自二祖慧可「身與佛無差別」的安心懺悔開始，[266]四祖「一
行三昧」的念佛懺悔，[267]法融「無念即無心」的不執罪福懺悔，[268]
惠能「法身與佛等」的無相懺悔，[269]都可以看出禪宗活用般若空
慧的思路，但神會的無念懺悔，可以說是整全的將禪者的身心與
《楞伽》、《起信論》、《般若經》、《涅槃經》等經的真如佛性作了

---

263 《神會和尚禪話錄》，頁 38。
264 文繁不具，見陳・月婆首那譯《勝天王般若波羅蜜經卷七・勸誡品第十三》，
　　《大正》8，No.231，頁 721 下~722 中。
265 《菩提達摩南宗定是非論》，《神會和尚禪話錄》，頁 39。
266 《大正》50，No.2060，頁 552 中。
267 《大正》85，No. 2837，頁 1286 中~下。
268 《絕觀論》，《禪宗全書・語錄部（一）》，頁 3。
269 《六祖壇經》，頁 56。

無差別的溶融處理，而全緣聚於《金剛般若波羅蜜經》之般若無相空慧上。

（四）無住立知的正見無念

事實言之，神會教人書寫、受持、讀誦、解說《金剛般若波羅蜜經》，亦有可能陷入宗教學上因儀式制度化附屬物所產生的「次級焦慮」（secondary anxiety）之困境，[270]但從當時北宗在政治面上的強勢、南宗頓教未受側目與後來安史之亂的民心安頓諸史實來看，神會的做法是必然需要的，故其無念懺悔之實踐，須是在般若無相上「知心空寂，即是用處」，[271]所謂「知心空寂」之用，即「無住處立知」的正見無念之懺悔。這是惠能「一念心開」、「開佛知見」[272]的後續開展。

當神會到曹溪提「見亦不見」的禪見問題時，惠能以「棒打三下」的點醒及「吾亦見，常見自過患，故云亦見；亦不見者，不見他人過罪，所以亦見亦不見」的自性懺悔引導他，[273]那是離於兩邊，離於生滅，自性無受而脫落身心，[274]以自覺自證、自見自淨的三無禪觀爲緣依的無相懺悔，亦是當下正念的懺悔精進；神會頓時覺悟，悟知宿世罪重，當下「禮拜！再禮拜！」其後，興盛寺本潤爲「禮百餘拜，求謝愆過」；宗寶本更增潤爲「禮拜悔謝」，又說「再禮百餘拜，求謝過愆」，[275]這都表現了神會對當下

270　《人類的宗教》，頁11。
271　《壇語》，《神會和尚禪話錄》，頁9。
272　《六祖壇經》，頁93。
273　《六祖壇經》，頁96~98。
274　《曹溪大師傳》於神會答惠能「豈同木石，雖痛而心性不受」後，惠能云：「節節支解時，不生嗔恨，名之無受；我忘身爲道，踏碓直至胯脫，不以爲苦，名之無受。」楊曾文《敦煌新本六祖壇經》，（上海：古籍，1995年6月），頁118。
275　法海本《壇經》雖有增潤，只是說「禮拜更不言」，唐·法海集《南宗頓教最上大乘摩訶般若波羅蜜經六祖惠能大師於韶州大梵寺施法壇經一卷》，《大正》48，No.2007，頁343上，但日本興盛寺本宋·惠昕改編本《六祖壇經》就載爲：「神會禮百餘拜，求謝過過，請事爲師，不離左右」，其懺悔的意味更濃。這表示惠能與神會都是極重視「常見自過患」，「不見他人過罪」之懺悔思想的。見：興盛寺本《六祖壇經卷下·十、南北二宗見性門》，柳田聖山主編《六祖壇經諸本集成》，頁62。宗寶本《壇經》繼承之，先說「禮拜悔謝」，又說

正見無念的懺悔精進之實踐。

　　但從《神會和尚禪話錄》來觀察，神會不是停留在惠能「常見自過患」的自性懺悔上，而是更進一步的開展成「無住心不離知，之不離無住。知心無住，更無餘知」的「無住處立知」之無念懺悔。[276]神會何以會作如此之主張？宗密曾有說明，其云：「荷澤大師所傳，謂萬法既空，心體本寂；寂即法身，即寂而知；知即真智，亦名菩提涅槃。……言無念爲宗者，既悟此法本寂本知，理須稱本用心，不可遂起妄念；但無妄念，即是修行，故此一門宗於無念。……剋體直指寂知，不約諸像法量。……荷澤深意，本來如此。但爲當時漸教大興，頓宗沉廢，務在對治之說，故唯宗無念」，[277]這充分掌握了神會「無住處立知」的無念禪旨。

　　神會這種「無住處立知」，是「推心到無住處便立知」之「同如來知見」、「同佛廣大」、「同佛深遠」、「本體空寂，從空寂體上起知」的如來知見懺悔，[278]故云：

> 但自知本體寂靜，空無所有，亦無住著，等同虛空，無處
> 不遍，即是諸佛真如身。[279]

這種自知「本體寂靜，空無所有」，是自知《般若》無相與《涅槃》佛性的統合，亦是正知正見下「無所住而其心」的懺悔，不是西洋哲學或玄學家所說的本體。《南陽和尚問答雜徵義》載他回答作本法師「斷煩惱爲本」的疑問，說「以得知見佛性力故，便得無疑」；又回答「修道可以成佛」之疑問，說「恒沙業障，一念消除；性體無生，刹那成道」，這「一念」，即是眾生皆有佛性的懺悔知見。[280]他回答崇遠法師即云：「三十餘年所學功夫，唯在『見』字」，此「見」不是北宗神秀系統那種大量綜引大乘經論、建立大量方

　　「再禮百餘拜，求謝過愆，服勤給侍，不離左右」，並略爲增潤之，見宗寶本《六祖大師法寶壇經》，《大正》48，No.2008，頁359中~下。

276　《壇語》，《神會和尚禪話錄》，頁9。

277　宗密《圓覺經大疏鈔》卷三之下，《卍新續》9，No. 245，頁535上。

278　《神會和尚禪話錄》，頁9。

279　《神會和尚禪話錄》，頁10。

280　倫敦本、巴黎本《南陽和尚問答雜徵義》，《神會和尚禪話錄》，頁58、120、121。

便論疏之看心看淨，而是「般若無知，無事不知；以無不知故，致使得言見」，[281]即是「可以智知，不可以識識」的佛性知見。[282]他認爲「自身中有佛性，未能了了見」，禪者若將菩提、菩薩、解脫「三處俱空，即是本體空寂」的般若正見。神會有意將無兩邊、無中間的空寂佛性「灌入知識身心」中，[283]繼承了僧肇「般若無知論」、「涅槃無名論」的無相思想，教導禪者須建立空寂佛性的般若知見，《頓悟無生般若頌》云：

> 無念是實相真空，知見是無生般若；般若照真達俗，真空理事皆如，此爲宗本也。[284]

其無念懺悔是實相真空的懺悔，實相真空即無生般若之知見；般若知見是用來照真達俗的實相智慧，空寂佛性是理事皆如的實相真空。這是向佛知見的無念懺悔，故云：

> 見念者，六根無染。見無念者，得向佛知見。見無念者，名爲實相。見無念者，中道第一義諦。見無念者，恒沙功德一時等備。見無念者，能生一切法。見無念者，能攝一切法。……我今能了如來性，如來今在我身中；我與如來無差別，如來即我真如海。[285]

此般若知見，知心無住，它與真如、佛性、如來性、實相、中道第一義諦、恒沙功德等無差別，此種懺悔即是即是「知心無住」的般若懺悔。宗密認爲，「荷澤宗者，尤難言述。是釋迦降出，達摩遠來之本意也。……此空寂寂知，是前達摩所傳空寂心也」，眾生若誤解此空寂之心，必定降受於六道輪迴之報，其云：

> 由迷此知，即起我相，計我、我所，愛惡自生。隨愛惡心，即爲善惡。善惡之報，受六道形，世世生生，循環不絕。若得善友開示，頓悟空寂之知，知且無念無形，誰爲我相人相？覺諸相空，真心無念，念起即覺，覺之即無，修行

281　《菩提達摩南宗定是非論》，《神會和尚禪話錄》，頁26。
282　《神會和尚禪話錄》，頁43。
283　《壇語》，《神會和尚禪話錄》，頁12~13。
284　《神會和尚禪話錄》，頁50。
285　《菩提達摩南宗定是非論》，《神會和尚禪話錄》，頁40。

> 妙門，唯在此也。故雖備修萬行，唯以無念為宗。但得無
> 念之心，則愛惡自然淡薄，悲智自然增明，罪業自然斷除，
> 功行自然精進。於解則見諸相非相，於行則名無修之修。
> 煩惱盡時，生死即絕；生滅滅已，寂照現前；應用無窮，
> 名之為佛。[286]

是知，神會的無住處立知，並不是迷執於「我相、人相」、「我、我所」、「愛、惡心」之知識，而是以「覺諸相空，真心無念，念起即覺，覺之即無」的「無念之心」，進行「見諸相非相」的「無修之修」的般若知見之正知正見。

宗密判神會的禪法為「直顯心性宗者」，說「知之一字，眾妙之門」，[287]頗契於神會「無住立知」的般若實相懺悔。洪修平認為，惠能重念念之「行」中「證」，神會則重「空寂之心」之「知」，知既是本寂真性，又是無念知見。[288]這種無念知見，是「無念體上自有智命，本智命即是實相」[289]的徹底實踐。但其目的既是「破清淨禪，立如來禪」、「立知見」、「立言說」、「立見性」，[290]縱使他說「不破言說」，亦是權「立」了一「知見」，這有刻意強調語言、文字、知識而異於禪宗「不立文字」宗通傳統之傾向。蓋佛法本是無常、無我、性空的，禪法亦本不可立，不可言說，惠能之無相懺悔亦是「開佛知見」的直心作用之懺悔，[291]故後世宗寶本《壇經》特別記錄神會向惠能問禪之對話，亦在指示出執於知見者只是箇「知解宗徒」。[292]神會重般若知見的懺悔與惠能「常見自過患」

---

286 《中華傳心地禪門師資承襲圖》，《卍新續》63，No. 1225，頁 33 下~34 上。
287 《禪源諸詮集都序》，《大正》48，No.2015，頁 403 上。
288 《禪宗思想的形成與發展》，頁 329。
289 〈荷澤和尚與拓拔開府書〉，巴黎本《南陽和尚問答雜徵義》，《神會和尚禪話錄》，頁 119。
290 《歷代法寶記》，《大正》51，No. 2075，頁 185 中。
291 《六祖壇經》，頁 93。
292 宗寶本《六祖大師法寶壇經・頓漸第八》，《大正》48，No.2008，頁 359 下。清涼文益亦云：「六祖示眾云：吾有一物，無頭無尾，無名無字，無背無面，諸人還識麼？時荷澤神會出云：是諸法之本源，乃神會之佛性。祖乃打一棒云：這饒舌沙彌，我喚作一物尚不中，豈況本源佛性乎？此子，向後設有把茅蓋頭，也只成得箇知解宗徒。師云：古人受記，人終不錯，如今立知解為宗，即荷澤是也。」郭凝之編《金陵清涼院文益禪師語錄》，《大正》47，No.

的無相懺悔的確已有不同，但這不一定是「惠能禪法的一種倒退」，[293]凡體證神會無念懺悔之禪者，於此仍須特別注意，否則易迷惑爲世俗之知解。

第四節、圭峯宗密的《圓覺經道場修證儀》

一、加入宗密《圓覺懺》的原因

圭峯宗密（780~841），與南泉普願（748~834）、黃蘗希運（？~850）、藥山惟儼（751~834）、雲巖曇晟（782~841）、白居易（772~846）、裴休（797~870）等同時，被尊爲華嚴五祖。

但因爲自稱其禪法是承於荷澤神會法系，[294]一生專事誦經修禪。嘗見禪門之徒互相詆毀，乃著《禪源諸詮集》一百卷，提倡「教禪一致」，對神秀北宗、淨眾宗、保唐宗、洪州宗、牛頭宗、宣什宗、荷澤宗等都有一定的判攝與批判。[295]此外，又著《原人

1991，頁 592 下。

293 楊曾文云：神會過於重視所謂「知見」，又強調讀誦《金剛經》的種種功德部分，是相對於惠能禪法的一種倒退。見氏著《唐五代禪宗史》，頁 214~215。筆者按：從表面而言，神會重般若知見的懺悔似乎是惠能「不以文字」、「直心」禪法的一種倒退，但實質而言，神會的般若知見是一種適應時代變亂的方便，此知見仍是以自性清淨心爲基礎去體證頓悟的。事實上，惠能無相懺悔、無相頌、滅罪頌等概念的提出，本身亦是透過「經義」的會悟與「語言」的說出而進行的的方便。天寶十四年的安史之亂，擾亂了大唐政治社會的原本秩序，社會人心嚴重受創，這時不是再用「不以文字」的「直心」禪法即可滿足人心需要的，故神會基本上仍依循惠能的登「壇」模式，每月在荷澤寺登「壇」說法，而是以《金剛經》爲方便，讓人們有個參考的標準，一方面，整體禪意都與弘忍、惠能相貫；另一方面，對社會人心的撫平有極大的幫助；再一方面，可以彌補南頓、北漸思維間的內在矛盾與空缺。

294 胡適〈跋裴休的唐故圭峯定慧禪師傳法碑〉曾指責宗密「有意錯認祖師」、「捏造歷史，攀龍附鳳」，見《中央研究院歷史語言研究所集刊》卷 34，第一分冊，1962 年，頁 5~26。但冉雲華〈宗密傳法世系的再檢討〉一文認爲胡適的指責「證據不足，不能成立」，並認爲宗密所傳的禪法，應是荷澤一系的傳統，見氏著《宗密》，（台北：東大圖書，1988 年 5 月），頁 287~303

295 董群《融合的佛教－圭峰宗密的佛學思想研究》，（北京：宗教文化，2000 年6 月），頁 108~203。

論》一卷、《盂蘭盆經疏》二卷、《華嚴經綸貫》十五卷、《圓覺經
大疏釋義鈔》十三卷、《金剛般若經疏論纂要》二卷、《起信論疏
注》四卷、《注華嚴法界觀門》一卷、《中華傳心地禪門師資承襲
圖》一卷等三十餘部，均對理解禪宗思想及禪宗懺悔思想有其一
定之貢獻。

再則，《祖堂集》載他為荷澤神會－磁州如禪師－益州惟忠和
尚－遂州圓禪師－草堂和尚（宗密）的法系，著有「禮懺」作品，
[296]且其懺悔思想就表現在《圓覺經道場修證儀》（《圓覺懺》）十八
卷一書，[297]故宗密《圓覺懺》與神會般若知見的無念懺悔有何關
係是耐人尋味的。

國內外學者如鐮田茂雄、池田魯參、臺灣釋天襌與大陸釋聖
凱等對《圓覺懺》雖早有斐然的成就，[298]但筆者基於荷澤神會以
般若知見言無念懺悔之關係，特別再就宗密的《圓覺懺》進行觀
察，略作簡明扼要之評述。

---

296 《祖堂集卷六・草堂和尚》，頁114。但裴休認為是：「荷澤傳磁州如，如傳荊
南張，張傳遂州圓，又傳東京照，圓傳大師（宗密）。」見裴休〈圭峯禪師碑
銘〉，《全唐文》卷七四三，收入《禪宗全書・史傳部（一）・全唐文禪師傳記
集》，頁408~411。

297 《圓覺經道場修證儀》十八卷，見：宗密《圓覺經道場修證儀》，《卍新續》
74，No. 1475，頁375上~511下。據冉雲華之研究，宗密的懺悔著作除了《圓
覺懺》十八卷外，另有六種相關著作：（1）《圓覺禮懺文》四卷，此書可能是
日本學者寶巖興隆《新編諸宗教藏總錄》（《義天錄》）中所載的「《禮懺略本》
四卷」，但此書現已無單行本，後來可能被收入《圓覺懺》之內。（2）《明座
禪修證儀式》，不分卷，不見於其他目錄，應與《圓覺懺》卷十一的坐禪修行
儀有關。（3）《圓覺庶禮文》十八卷，此應即是《圓覺經道場修證儀》的另一
種版本。（4）《普賢行願儀》二卷，收在《卍新續》中。（4）《華嚴經梵行願
疏》一卷、（5）《花嚴經梵行願鈔》一卷、（6）《花嚴經梵行願科文》一卷，（4）、
（5）、（6）三書不見於其他資料，恐怕早已散佚。冉雲華《宗密》，頁46~48。
又，《義天錄》載宗密述有《道場修證儀》十八卷、《禮懺略本》四卷、《道
場六時禮》一卷，見：高麗・義天（1055~1101）《新編諸宗教藏總錄》卷一，
《大正》55，No. 2184，頁1169下。

298 鐮田茂雄《宗密教學の思想史的研究》，（東京：東京大學東洋文化研究所，
1975年）池田魯參〈宗密《圓覺經道場修證儀》の礼忏法〉，《印度學佛教學
研究》v.35n1.，1986年。池田魯參〈《圓覺經道場修證儀》の礼忏法〉，載《中
国の仏教と文化》，（東京：大藏，1988年），頁389~416。釋天襌〈《圓覺經
道場修證儀》與《慈悲道場水懺》關係之初探〉，台北：中華佛學研究所第六
屆研究所學生佛學論文聯合發表會，1995年8月。聖凱〈圓覺經道場修證儀
新探〉，載氏著《中國佛教懺法研究》，（北京：宗教文化，2004年9月），頁
161~219。

二、《圓覺懺》的內容、結構與懺儀

宗密在《圓覺懺》的書前目次與卷一開頭，即列出全書的卷次、內容與結構，大致如下：

表十二：宗密《圓覺經道場修證儀》內容結構表

圓 ⎧（1）卷 1：道場法事七門：1.觀修 2.簡器 3.呵欲 4.棄蓋
　　⎪　　　　　　　　　5.具緣 6.嚴處 7.立志。

覺 ⎨（2）卷 2~16：禮懺法門八門：1.啓請 2.供養 3.讚歎 4.禮敬
　　⎪　　　　　　　　　5.懺悔 6.雜法事 7.旋遶 8.正思。

懺 ⎩（3）卷 17~18 坐禪法八門：1.總標 2.調和 3.近方便 4.辨魔
　　　　　　　　　　　5.治病 6.正修 7.善發 8.證相。[299]

亦即，宗密認為圓覺懺悔須包含三大部分的實踐：（1）道場法事七門；（2）禮懺法門八門；（3）坐禪法八門。他認為，《圓覺懺》屬於「頓教」，若能依法修持，必能獲得四大利益：（1）初、後無二、（2）與佛一體、（3）圓頓大益、（4）三種觀成。[300]他認為，依《圓覺懺》進行懺悔滅罪、佛教義理與禪觀的實踐，於初發心時，便得阿耨菩提；懺者心淨，與諸佛如來眾生三無差別；圓融無礙，頓悟見性；修習圓覺三觀，破一切障。

他認為，修持《圓覺懺》須依嚴格的懺儀順序、觀照功夫與懺悔思想之認識，分三期進行修證，其云：

> 欲得一念中不起滅定徧至十方佛土供養諸佛，於諸佛所見種色身作種種神變放大光明說法普度眾生令入不思議一乘者，欲得破壞四魔淨諸煩惱、破根本無明三毒四倒、除見障業障報障乃至滅一切障道之罪、見身入菩薩正位具一切佛自在功德者，當於空閒寂靜之處，依《圓覺了義經》，

299　《圓覺經道場修證儀》，《卍新續》74，No. 1475，頁 375 上~下。
300　《卍新續》74，No. 1475，頁 376 上~下。

（1）一百二十日中，（2）或百日中，（3）或八十日中，
一心精進，修習圓覺普眼觀門及奢摩他等三種觀門。先於
三七日中，施設毗盧遮那、文殊、普賢形象，目觀心想，
至誠禮拜，懇到懺悔，深發誓願，願滅如上所說罪障，願
得如上所說功德。過三七日，一向攝念，滿所期限，必得
斯益。[301]

可知，宗密的《圓覺懺》乃依《圓覺了義經》而製，以華嚴三聖
「毗盧遮那佛」、「文殊菩薩」、「普賢菩薩」作為懺者懇倒禮
拜的觀想對象，普賢表所起萬行，所證法界，以理寂為心體；文
殊表能起之解，能證大智，以智照為大用。文殊普賢二聖法門，
互為因果，理事圓融，理開體用，智融權實，即體即用，即用顯
體，體用重重互涵，圓融含攝於毗盧遮那如來法身的一心法界的
光明遍照中。[302]整部懺儀的最終目的是要證見「毗盧遮那、文殊
普賢、三聖性相身」、「得六根清淨、入佛境界、通達無礙」，
成就不可思議的「圓通理智」。[303]

　　至於《圓覺懺》的禮懺儀軌部分，從「卷二」至「卷十六」
部分，宗密皆依序以「1.啓請→2.供養→3.讚歎→4.禮敬→5.懺悔
→6.雜法事→7.旋遶→8.正思」八法門進行禮佛、懺悔、發願、迴
向等儀節，每一卷皆為禪觀、禮懺與修證的結合。各卷的懺文都
以歎佛、菩薩與世尊的問答為緣起，中間輔以詩偈的簡攝與唱誦，
最後才是懺悔發願與唱誦無常偈。書中「菩薩與世尊的問答」部
分，依序是文殊菩薩→普賢菩薩→普眼菩薩→金剛藏菩薩→彌勒
菩薩→淨慧菩薩→威德菩薩→辨音菩薩→淨業菩薩→普覺菩薩→
圓覺菩薩→賢善首菩薩等十二位大乘菩薩，即以《華嚴經》為始，
以《圓覺經》收尾，然後終止於歎佛之般涅槃。問答的形式，恍
若《華嚴經‧入法界品》財童子五十三參一般，形式一樣，但修

---

301 《卍新續》74，No. 1475，頁 376 上。

302 唐‧澄觀《三聖圓融觀門》，《大正》45，No. 1882，頁 671 上~672 上。

303 《圓覺經道場修證儀卷一‧道場七門‧一勸修》，《卍新續》74，No. 1475，頁 376 上。

法不同，目的不同，華嚴經是要「入不思議法界」，宗密是以懺願入圓覺悟境而已。至於「唱誦詩偈」部分，從卷三至卷十六，或十四唱四十二偈，或十八唱四十八偈，或二十唱四十五偈，或十四唱三十一偈，或九唱二十二偈，[304]……各卷唱誦不一而足，各隨懺意之內容而有不同之唱誦展現，明顯表現出宗教性的禮懺儀節。

　　當然，「懺悔發願」部分是懺悔滅罪儀軌的主軸，從卷三至卷十六，宗密依序就「懺悔無始劫來無明等罪業」→「懺悔無明顛倒五逆等罪業」→「理懺三障」→「懺悔三毒罪業」→「懺悔身口意十大罪業」→「懺悔三惡道罪業」→「懺悔僧俗罪業及馬頭羅剎」→「華嚴普賢行願懺」→「懺疑慢罪業」→「自述懺悔勸請隨喜迴向發願五門」→「依《金光明經》懺悔發願」→「《金光明經》金鼓懺悔發願勸請隨喜迴向」→「《金光明經‧滅業障品》懺悔」→「《金光明經‧滅業障品》懺悔」→「《金光明經》業報性空懺悔」→「《水懺》、《佛名經》興七種心與百八罪業懺悔」→「《水懺》《佛名經》四種方便與無間罪業懺悔」→「《水懺》《佛名經》殺害等罪業懺悔與《圓覺經》經義」→「《水懺》《佛名經》身三口四等罪業懺悔」→「《水懺》《佛名經》佛法僧間罪業懺悔」→「《水懺》、《佛名經》地獄畜生餓鬼人天當來報障懺悔」→「總懺無始劫來罪業」→「禮佛發願普共懺悔」等進行徹底完密的懺悔實踐。

　　另外，各卷卷尾部分，都以唱誦「無常偈」以作收結，據宗密的小字附記，「無常偈」分別取自《法句經》、《涅槃經》、《阿藍若集禪經》、《大智度論》、《阿含經》、《正法念處經》、《無常經》等經論，其中《法句經》引用了四次，《無常經》就引用了五次，可見「是日已過，命亦隨減，如少水魚，斯有何樂？眾等：當勤

304　《圓覺經道場修證儀》中對詩偈唱誦的次數之記錄僅自卷三至卷九，但卷十至卷十六部分則無記錄。筆者檢核前後懺文之內容與形式，並無不同之處，依禮懺的實際進行狀態，卷十至卷十六部分理應記上詩偈唱誦的次數為是。

精進，如救頭燃，當念無常苦空，謹慎勿放逸」[305]的珍惜有限生命與勇猛精進的懺悔意蘊是極強烈的。

三、《圓覺懺》與惠能、神會懺悔思想之差異

這樣的懺悔實踐，與惠能無相懺悔、神會無念懺悔等不執著於禮懺儀軌的頓悟懺法並不相同，要有三點：

首先，宗密係結合《正法念處經》、《華嚴經》、《圓覺經》、《金光明經》、《佛名經》、《水懺》、《馬頭羅剎經》、《法華三昧懺儀》、《天台小止觀》等經典的禪觀方便、總別罪相、諸佛菩薩與懺悔思想而來，這與歷來大型禮懺法的編撰原則並無不同，但宗密是截取了印度佛教經典及中國懺法中的懺理、懺法與罪相，巧加聯繫，成為自己的創意。這種創意，很明顯的是一種透過「漸修」以契「圓融覺悟」的實踐方法，但從形式而言，它將近十九萬字的懺悔儀軌，已超過近六萬六千字的十卷《梁皇懺》，並與近二十六萬字的四十二卷《大方廣佛華嚴經海印道場十重行願常徧禮懺儀》相互輝映；[306]內容思想上，又不時出現「圓靈」、「自靈真心」、「靈明」、「靈心」、「靈覺」、「真靈」、「覺心」等「圓通理智」之懺意，這與惠能般若空智、神會金剛般若的思想源頭不類。

其二，他對於南北二宗對於頓、漸的執迷，本有自己的見解，其云：

> 欲示真知見，先觀六道迷；失頭呼即覺，捨父勸唯稽；故說三乘異，兼譚一理齊；上根直顯發，下士漸提攜；執妄須除糞，登真豈假梯？

首二句說明了頓悟見性並非偶然，禪者須先正確認識到六道眾生因錯誤的知解而墮入因果輪迴的事實，其修行實踐方具意義；三四句說明了不論頓、漸皆有機要，不能有所偏廢；五六句說明了

305　《圓覺經道場修證儀》，《卍新續》74，No. 1475，頁 385 中。
306　詳《慈悲道場懺法》，《大正》45，No. 1909，頁 922 中~967 下。《海印道場懺儀》，《卍新續》74，No. 1470，頁 139 上~360 中。

三乘的差別都應認識，且在正確認識之後須以圓覺之理賅之；七八句說明了上根可用直顯之法發之，但下根者必須用漸悟之法踐行之；最後兩句說明了任何人只要有所執妄，都必須掃除淨盡，只要能掃除煩惱業障，頓悟就不難了。加上，他傾一生心力爲《圓覺經》廣作注疏，就是強調頓悟見性必須對佛教教義有正確無誤的認識。要言之，頓漸雖兼備，但頓悟之前須漸修，漸修可補頓悟之不足，這與荷澤神會不斷強調禪《金剛經》經義的認識與誦讀滅罪之禪法確實有相似之處，所不同的是，神會之所以重視《金剛經》的般若知見，是承自道信 —— 弘忍 —— 惠能的般若空智禪行，但宗密所強調的則是《圓覺了義經》的圓覺知見。

　　其三，宗密除繼承了華嚴澄觀的「一心」思想外，《禪源諸詮集都序》、《原人論》等書中又倡行「教禪一致」與「三教會通」的思想，[307]這都可在《圓覺懺》兼包《正法念處經》、《華嚴經》、《圓覺經》、《金光明經》、《佛名經》、《水懺》、《馬頭羅刹經》、《法華三昧懺儀》、《天台小止觀》等經典的禪觀方便、總別罪相、諸佛菩薩與懺悔思想看出端倪。是故，他的《圓覺懺》除了作爲華嚴宗教義的實踐法門外，似是有意以更爲圓融的圓覺心法對禪宗「約名說義，隨名生執」[308]而不重懺儀的弊漏提出補足之法，這在《禪源諸詮集都序》中說得更清楚，其云：

> （佛）以修習之門人多放逸，故復廣說欣厭，毀責貪恚，讚歎勤儉，調身調息，麁細次第。後人聞此，又迷「本覺」之用，便一向執相。唯根利志堅者，始終事師，方得悟修之旨。其有性浮淺者，纔聞一意即謂已足，仍恃小慧便為人師，未窮本末，多成偏執。故頓、漸門下，相見如仇讎；南、北宗中，相敵如楚漢，洗足之誨，摸象之喻，驗於此矣。今之所述，豈欲別為一本集而會之，務在伊圓三點，

---

307 宗密的相關事蹟，詳《宋高僧傳》，《大正》50，No. 2061，頁 741 下~743 上。《祖堂集卷六・草堂和尚》，頁 114~116。冉雲華 "Two Problems Concerning Tsung-mi's Compilation of Ch'an-tsang"，*Transaclions of the International Conference of Orientalists in Japan*，v.19，1974，1，PP.37~47。
308 《禪源諸詮集都序》，《大正》48，No.2015，頁 401 下。

　　三點各別，既不成伊；三宗若乖，焉能作佛？故知欲識傳
　　授藥病，須見三宗不乖，須解三種佛教。[309]

明顯的，他對於當時南北二宗對於頓漸之爭執，忽略自性的本覺
作用，忽視各宗的優異教義，執於一端之見，幾至「相見如仇讎，
相敵如楚漢」的地步表示不能苟同，喻之如佛陀時的「洗足之誨，
摸象之喻」。最後的「欲識傳授藥病，須見三宗不乖，須解三種
佛教」三句，說明了禪者都應該不執於頓、漸，不迷於性、相、
禪，兼顧教義知見之正確認識，又攬儒道之精義，而攝之於本覺
真心去踐行十八卷的《圓覺懺》，才是正確的禪修態度。

　　不過，宗密浩浩蕩蕩用將近十九萬字所鋪撰的十八卷《圓覺
懺》，雖然是讓懺者「一一興說勝事，令一一曉會大意，一一領受
因緣」，[310]但很容易陷入語言文字與形式意義的懺悔儀軌之泥沼。
宗密自己亦云：「緣此（十九萬字的）禮懺詞句，一一是觀智之境，
稱性之文；若不通經悟心，則難得文意。但成聲韻，不印自心，
觀行無由成就。」[311]亦即，《圓覺懺》近十九萬字一一發露懺罪
的禮懺詞句，仍須通經悟心，自印本心，否則是難有成就的。華
嚴七祖（一說十祖）宋代淨源（1011~1088）認為宗密《圓覺懺》
的懺悔思想是「沖邃澣漫」，虛深廣遠，其部帙之大，懺儀之備，
懺理之詳，壇場之精，能夠「貫智者（智顗）之遺韻，備述《圓
覺》禮懺禪觀」，[312]極表讚佩肯定之意。但從整本《圓覺懺》以觀，
實有下列七點缺失，其一，他肯定《圓覺懺》是「貫智者（智顗）
之遺韻」，亦即《圓覺懺》是貫通天台宗的懺悔思想，不是華嚴宗
的懺悔思想，不但失卻自己本宗之立場，亦與神會的無念懺悔思
想相去甚遠；其二，不論是長期「一百二十日」、中期「百日」
或短期「八十日」，修懺的時間都很長，實在與佛法在緣起當下
的實踐方式不同；其三，將近十九萬字的浩繁內容，閱讀時均易

309　《大正》48，No.2015，頁402中。
310　《卍新續》74，No. 1475，頁376下。
311　《卍新續》74，No. 1475，頁376中。
312　宋·淨源《圓覺經道場略本修證儀》，《卍新續》74，No. 1476，頁512下。

有疲倦昏憒之失，懺者是否能夠對懺悔義蘊進行正確的認識與實踐，便成為一大問題；其四，依《圓覺懺》之規定，凡進入壇場設內外者，悉有嚴淨之要求，這當然是為了克求懺悔的圓滿成就，但執著於清淨便與佛陀的無染無淨之意不相類；其五，依《圓覺懺》之規定，懺者的前後準備功夫極嚴謹，稍一疏漏即屬非法，這已漸失甚深緣起之本意；其六，難以計數的諸佛菩薩名號與偈語之禮拜懺誦，場場均須晝夜六時，夜以繼日，「不計身命，盡未來際，修行此法，三期限而不懈怠」，[313]這若不是身強體健之人，是難以達成懺悔目標的。其七，全書出現 149 個「神」字，61 個「靈」字，並有「神祇不祐」之語，[314]不自意的帶有一般宗教的神靈傾向，與佛教強調甚深緣起的懺悔滅罪是不同的。當然，此種精進不懈之懺儀禮拜與懺罪精神，是至誠懺罪者所不可或缺的，對堅定心志，斂攝一切五欲外惑的懺悔者而言，《圓覺懺》的內容與儀軌確實具有勇猛堅毅之清淨精進作用，但對於一位身強體壯的寺院比丘來說，想全程禮懺完畢已是一項嚴峻的考驗，更何況是先天體能就較居弱勢的比丘尼或須兼辦世俗事務的優婆夷、優婆塞等？雖然宗密對可能發生疲累的比丘、比丘尼、優婆夷、優婆塞都有不同程度的預防措施，仍易於變成徒勞無功而難以實踐。

　　又，宋初佛教懺法大為流行，尤其天台懺法經過慈雲遵式（964~1032）、四明知禮（960~1028）的調整與倡行之後，對佛教界與社會均造成轟動，[315]故淨源作為中興華嚴宗的祖師，對《圓覺懺》的「文廣義繁，末學不便」亦覺得須作調整，為了讓一般道俗大眾亦能「像法之末，修一席之懺儀，令昏迷有益」，故「略彼廣本以為一卷」，成為「《圓覺經道場略本修證儀》」。[316]淨源攝取了原懺儀之菁華，法類相從，刪裁汰冗之後，儀軌變為簡易的

---

313 《圓覺經道場修證儀卷一・道場七門・一勸修》，《卍新續》74，No. 1475，頁376上。
314 《卍新續》74，No. 1475，頁 376 下。
315 聖凱《中國佛教懺法研究》，頁 193。
316 《圓覺經道場略本修證儀》，《卍新續》74 ，No. 1476，頁 512 下~516 下。

十門：

> 第一總敘緣起
> 第二嚴淨道場
> 第三啟請聖賢
> 第四供養觀門
> 第五正坐思惟
> 第六稱讚如來
> 第七禮敬三寶
> 第八修行五悔
> 第九旋繞念誦
> 第十警策勤修[317]

全文內容剩約「五千字」，文字悉經重新論述，其格調頗堪媲美仙秦老子的《道德經》；原本的懺期變成「以七日為一期限，乃至七七日，隨意堪任」，極具彈性，隨順方便；壇場的布置，不再如宗密般之嚴格要求；三聖尊像之擺設，亦貴在盡其誠，未見嚴峻之規定；所有儀節的進行，亦變得精要而易行，不再如《圓覺懺》一樣須一一發露罪相；理事兼用，體用互賅；華嚴圓融教主毗盧遮那如來法身一心法界的光明遍照懺義依然存在，人人皆可適用。淨源云：

> 觀其辭，雖異於彌天（道安）；唱其聲，似恊於智者（智顗）。後之末學，繼而修之，則圭峯（宗密）劬勞之德，亦報之於萬一也。[318]

亦即，他認為禮拜十門五千字的《圓覺經道場略本修證儀》，五悔儀程雖不同於道安，但從唱誦的聲律觀之，亦可媲美天台智顗的懺儀精神，故勉勵後學，亦可踐行《圓覺經道場略本修證儀》以契應宗密《圓覺懺》的懺意。

　　裴休〈圭峯禪師碑銘〉云：宗密廣著疏鈔及「禮懺修證」等，

---

317 《卍新續》74，No. 1476，頁 512 下。
318 《卍新續》74，No. 1476，頁 513 上。筆者按：「報之於萬一」句，原作「報之之萬一」，依前後文語意觀之，應是「報之於萬一」，故改之。

「皆本一心而貫諸法，顯真體而融事理，超群有於對待，冥物我而獨運」，[319]此可說出宗密《圓覺懺》的禪教一致之特色。但印順認為，圭峯宗密的「禪教一致」，將荷澤宗與華嚴教義合一，失去了南宗頓教的簡易特色。[320]南禪對懺悔思想的實踐中，永嘉玄覺亦用過「大圓覺」懺悔，其云：「放四大、莫把捉，寂滅性中隨飲啄；諸行無常一切空，即是如來大圓覺」，[321]所重視的亦是三業清淨之懺悔，但不必執著在耗時累月的懺悔儀軌上。[322]

本章小結

惠能的「無相懺悔」，以印度大乘佛教的般若無相空智、涅槃佛性、緣起性空、罪性本空的理論為基礎，帶動他那不執頓漸的無相施戒壇法活動，並促成神會直接以《金剛經》為根據所開展的「無念懺悔」。

惠能與神會的懺悔滅罪思想，都顯示著禪宗以當下本心的自知、自覺、自懺、自淨、自證、自悟、自度之滅罪精神，這是從達摩、慧可、僧璨、道信、弘忍等前輩之無相精神繼承下來的，兩人都權攝了大乘佛教《法華》、《華嚴》、《般若》、《楞伽》、《起信論》、《維摩》等經論之禪觀與懺悔菁華，不執於持戒、禮佛、誦經、禪坐、念佛、禪定與瑞相的觀察，不執於多元樣式的儀軌化懺悔，亦不執於《梁皇懺》、《水懺》、《法華懺》等禮懺儀節或玄奧哲思觀行。他們的懺悔滅罪不一定要在寺廟中才能進行，不一定要制定嚴密的禮懺儀軌才能進行，不一定要有既定的人數、時間、日期之下才能進行，不一定要僵固在戒律條規、禪定與觀慧的框架之中，不一定要事事懺之、禪觀瑞相，不一定要建立一

---

319 裴休〈圭峯禪師碑銘〉，《全唐文》卷七四三，收入《禪宗全書·史傳部（一）·全唐文禪師傳記集》，頁 409。
320 印順《中國禪宗史》，頁 319。
321 《證道歌》，《大正》48，No. 2014，頁 395 下。
322 詳本書第五章關於永嘉絕相離言禪法中的懺悔義蘊部分之論述。

個龐大的哲思式系統才算懺悔。亦即,它是佛與眾生原無差別、菩提即煩惱、菩提即煩惱,懺罪即行禪、行禪即懺罪之當下清淨心的真如佛慧之頓教懺悔、自性懺悔。

但兩人的懺悔思想亦各有不同的開展。從敦博本《壇經》來看,惠能的無相懺悔是以般若空智與涅槃佛性為根本基礎,至少具有以「以三無功夫永斷三世罪障」、「以七儀一心融般若禪行」、「以活潑心戒智慧禪定滅罪」、「一切法上念念不住的正念」四層思想義蘊,他唯傳頓教法,但不執於頓漸,側重於「菩提本無樹,明境亦無臺,佛性常清淨,何處有塵埃」—— 即眾生本來皆有清淨自性的無念、無相、無住之自然懺悔,其懺悔核心是「常見自過患」、「不見他人罪」的自覺自懺,自見自悟,是自見懺悔與不動禪觀的一體如如,這樣的「常見自過患」,不是智顗那種止觀的懺儀,而是以如來藏自性清淨心貫串了「淨心念摩訶般若波羅蜜法」→「無相偈」→「說一行三昧」→「說三無法」→「說坐禪法」→「自歸依三身佛」(無相戒)→「發四弘誓願」→「無相懺悔」→「無相三歸依戒」(歸依三寶)→「說摩訶般若波羅法」→「滅罪頌」→「無相頌」等十二層無相空慧之實相懺悔,既不同於弘忍的《金剛五禮》,亦不同於北宗神秀《大乘五方便》、《大乘無生方便》、《秀禪師七禮》那種看心、看淨的無生懺悔,而是在四層義蘊上進行自覺自懺、自念自淨、自修自正、自悟自度的無相禪功。他繼承並超越了達摩至弘忍間的懺悔思想,對神會的懺悔精進與五宗現實心的禪機懺悔之影響力更大,不論在中國佛教懺悔思想史還是禪宗懺悔思想史上,惠能的無相懺悔無疑具有承先啟後繼往開來的薪火相傳意義。

此中,筆者大略觀察了敦博本、敦煌本、惠昕本、高麗本、宗寶本、曹溪原本中無相懺悔進程之衍變,筆者發現,八世紀末至九世紀初,唐代禪宗所傳承的《壇經》大致仍依踐履著惠能在世時所說過的無相懺悔之進程,未作多大的變動。但十世紀後,北宋惠昕本《壇經》已將惠能的不相懺悔重新編排,無相懺悔又與北宗重菩薩戒的懺悔思想相互交涉,雖然它仍是南禪的頓悟見

性禪法，但已非原本樣貌。元、明之後的禪宗，大致都依照惠昕本的無相懺悔進程再作調整。但無論《壇經》版本如何衍變，從敦博本、敦煌本（約 733~804 年）→惠昕本（967 年）→高麗本（1290 年）→宗寶本（1291 年）→曹溪原本（1471 年）……等諸本對惠能無相懺悔的奉行、流傳與弘揚視之，可知唐代→元→明，乃至今日，近一千二百年的時間內，禪宗大師們都重視著無相懺悔之體證。

神會一樣是無相懺悔，但他的無相懺悔是在惠能無相懺悔的基礎上開展出以《金剛經》爲據的「般若知見」之無念懺悔，從敦煌寫本的相關作品來看，其中至少具有「不執罪福的願罪除滅」、「三無漏學的清淨無念」、「實相無相的般若懺悔」、「無住立知的正見無念」四層思想義蘊。這樣的懺悔，明顯具有《金剛經》般若知見的精神，特別是以「無我相、無人相、無眾生相、無壽者相」之四無相境界去開展他那與三無漏學渾融爲一的無念無住之懺悔。他的無念懺悔在無形中運用了近似神秀的清淨三無而別於惠能的自性三無，但他更強烈的批判北宗看心、看淨無生懺悔的非法，認爲北宗的禪法是自縛、法縛的漸悟之法，不能真心無念。真心無念必須是不作意、無妄念、不住念的不修而修的直了性之無念禪法，亦是與弟子、北宗禪師、其他禪師、時人賢達等人的問答中隨機而說的無相知見。他的無相知見，是緣依於「無住處立知」的無念般若，說出了現實人類正知正見下自心自證之般若懺悔，但又企圖建立一個「同如來知見」、「同佛廣大」、「同佛深遠」、「從空寂本體上起知」的般若知見之無念懺悔，這可說是惠能無相懺悔中「萬法念念不住的正念懺悔」義蘊之實踐與開展。

惠能常見自過患的無相懺悔與神會無住處立般若知見的無念懺悔，直接影響了四川保唐無住禪師的無念懺悔。但無住又對神會「無住處立知」的無念懺悔再作修正，專破言說與病障。仔細觀察保唐無住的語錄，雖然他說反對禮懺念佛，其實是重視「捲重雲而朗慧日，業障頓祛」，即不執著於大福、小福，大罪、小罪，

懺儀或咒願，活潑潑的讓自性清淨心自然呈現。至於自稱承自神會禪系的圭峯宗密，雖有《圓覺懺》之實踐，是一種透過「漸修」以契「圓融覺悟」的實踐方法，他將近十九萬字的懺悔儀軌，本就與惠能神會等不重視懺悔儀軌的頓見禪法不同；他強調佛教經義的正確認識是頓悟前的基礎，但他重視的是《圓覺了義經》的圓覺知見，不是神會依於《金剛經》的般若知見；他強調「欲識傳授藥病，須見三宗不乖，須解三種佛教」，和會儒道二教，以教融禪，這與禪宗堅固自信「佛心」爲宗的頓教法更不一樣。由於近十九萬字所鋪撰的十八卷《圓覺懺》確實有實踐上的困難，甚至有一般宗教神靈化的傾向，華嚴七祖宋代淨源遂法類相從，刪裁汰冗，成爲「《圓覺經道場略本修證儀》」，但即使再怎麼凝鍊濃縮，仍是天台「摩訶止觀」式的懺悔儀軌，除了形式儀軌上已不同於禪宗之外，內容思路上亦與惠能、神會直指見心、不重視文字的懺悔思想絕然相異。

　　此中值得注意的是，惠能、神秀、神會、無相、無住禪師都將三無漏學與禪觀結合懺悔滅罪思想的實踐，惠能重「自性心地」，神秀重「清淨」，神會重「知心無妄」，無相重「莫忘」，無住強調「念不起」，以此開展出不同內涵義蘊之懺悔思想。

　　宋·契嵩云：「無相懺者，懺非所懺也」、「善觀過，莫至乎無相懺」、「無相懺，懺之至也」，[323]元·宗寶云：「此經非文字也，達摩單傳直指之指也」，[324]皆可作爲六祖惠能、荷澤神會二人懺悔思想之最佳注腳。

323　宋·契嵩〈六祖大師法寶壇經贊〉，《大正》48，No.2008，頁346下。
324　元·宗寶〈六祖大師法寶壇經跋〉，《大正》48，No.2008，頁364下。

第五章　南宗頓教禪法中的懺悔思想

引　言

從禪史看，將南宗禪法弘傳於後世的是南嶽懷讓（677~744）與青原行思（？~740）兩大法系。[1]五大弟子後，四方學徒輻湊於江西馬祖道一（709~788）與湖南石頭希遷（700~790）二大禪脈，[2]二百五十餘年（713~960）間，臨濟、溈仰、曹洞、雲門、法眼等「五葉」又蘺蘺蔚蔚、果實纍纍。他們將禪悟見性的心法寄寓在隨機乍現的話頭、叫喝、棒打、眼神、動作、暗示、反詰或偈語中，虛實之間，姿態萬千，每每激出「深秘」的絕妙禪機。[3]當然，這種深秘的禪機並不是玄之又玄的形而上哲思，亦不是六朝時那種高遠難企的佛性，而是恢復了初期佛教那種現實人間「平常的聖人」所本具的真實面目。[4]

大陸釋聖凱認為北宗尚有禮懺的形態，南宗都沒有禮懺的實踐。[5]若單從禮懺儀軌角度視之，固有其理論基礎，但從實質的懺悔思想與禪宗頓悟教法的傳承言之，並不盡然。這只要從敦博本、敦煌本（約733~804年）《壇經》的內容觀之，南禪大師們無論禪法如何變化創新，他們都重視無相懺悔之體證。他們的禪法中，縱使妙機無限，無迹可尋，仍都認同惠能定慧不二、常見自過患、

1　楊曾文《唐五代禪宗史》，頁595。
2　《佛祖歷代通載卷十四・唐代》：「大曆中（766~779），江西主大寂，湖南主石頭，往來憧憧，並湊二大士之門。」《大正》49，No.2036，頁609上。
3　印順云：「惠能從高遠引向平實，後人又從平實引向深秘。」見氏著《中國禪宗史》，頁373。Hu Shih, "Ch'an(Zen)Buddhism in China Its History and Method", *Philosophy East and West*，V. 3，No. 1，（January, 1953），P.P. 3~24。
4　《中國禪宗史》，頁372~373。
5　氏著《中國佛教懺法研究》，頁328。

不見他人過罪的自性懺悔，亦即是實相無相不執著於懺悔儀軌的大乘真懺悔。再從北宋惠昕本（967 年）→高麗本（1290 年）→宗寶本（1291 年）→曹溪原本（1471 年）……等諸本《壇經》對惠能無相懺悔的奉行、流傳與弘揚視之，就可證知自唐代→宋→元→明，乃至今日，近一千二百年的時間內，惠能的無相懺悔一直都在禪宗大師們的心中，恆久不變的遵行著！

　　當然，不同禪師自有不的懺悔實踐，惠能以定慧不二的摩訶般若智慧倡行常見自過患的無相懺悔後，神會續以《金剛經》為主倡修般若知見的無念懺悔，南禪各禪師的懺悔亦多融入自家的頓悟見性的禪法中。筆者檢尋《宋高僧傳》、《寶林傳》、《祖堂集》、《景德傳燈錄》、《五燈會元》、《指月錄》、《佛祖統紀》等禪宗史傳語錄中，亦發現禪師們接引學人時有不少關於罪性本空、因緣果報、懺悔滅罪與六道輪迴的討論，如永嘉玄覺（665~713）、馬祖道一（709~788）、大珠慧海（生卒不詳）、百丈懷海（720~814）、臨濟義玄（787~867）、睦州道明（780~877）、石頭希遷（700~790）、玄沙師備（835~908）、雲門文偃（864~949）、法眼文益（885~958）等禪師，都有不少關於罪性本空、因緣果報、懺悔滅罪與六道輪迴的討論，他們之所以如此，並不是在強調迷信的輪迴果報，而是把懺悔滅罪思想與頓悟見性禪法作了戒定慧的當下和合。

　　佛教所說的懺悔，本身就應從懺悔者的心地智慧以言之，不論是依於諸佛菩薩之願力而念佛，依於《般若經》的般若空慧，還是依於《金剛經》的實相無相都不應執著在形式意義的禮懺儀軌上，南禪禪師們在這一點的實踐上是掌握得很清楚的，他們不會因為反對一切形相概念、形式儀軌而忽略了罪性本空、因緣果報、六道輪迴與懺悔滅罪等教義的正確認識，故本章第一節先論永嘉玄覺「絕相離名」禪法的懺悔義蘊，此節又分三小節，一、永嘉禪法與懺悔的關係，二、「淨修三業」的懺悔義蘊，三、「發願文」中的慈悲願力。第二節再論馬祖道一禪系的懺悔思想，此節又分五小節，一、馬祖道一「平常心是道」禪法的懺悔思想，二、大珠慧海「頓悟入道」禪法的懺悔思想，三、百丈懷海「不

作不食」禪法的懺悔思想，四、臨濟義玄「無位真人」禪法的懺悔思想，五、睦州道明「峻烈機鋒」禪法的懺悔思想。第三節再論石頭希遷禪系的懺悔思想，此節又分四小節，一、石頭希遷「即心即佛」禪法的懺悔思想，二、玄沙師備「昭昭靈靈真實人」禪法的懺悔思想，三、雲門文偃「截斷眾流」禪法的懺悔思想，四、法眼文益「調機順物」禪法的懺悔思想。最後，再作一簡要的結語。

第一節　永嘉玄覺「絕相離名」
禪法的懺悔思想

一、永嘉禪法與懺悔的關係

　　人稱「一宿覺」的永嘉玄覺（665~713），在未得惠能心印之前，原本就是一位精於天台止觀法門的禪者，平常與天台左溪玄朗（673~754）交誼甚篤，書信往來頻繁。[6]史傳載，左溪玄朗曾禮拜「天台懺法」而令盲狗（畜生道）雙目裕明。[7]永嘉既精於天台禪法，多少亦會受到天台懺法的影響。

　　據學者之研究，永嘉禪法具四大特色：（1）以心性本質為禪修主體的開展；（2）受天台思想影響；（3）「先須識道，後乃居山」之山居禪觀；（四）具高度實修價值。[8]筆者認為，他的心法可用「絕相離名」概括之。[9]但從《永嘉集》禪悟過程視之，其實涵攝

6　《永嘉集》中有〈婺州浦陽縣佐溪山朗禪師召大師山居書〉、〈大師答朗禪師書〉，兩文皆可看出彼此的深摯情誼，見《大正》48，No.2013，頁 394 上~中。
7　宋・志磐《佛祖統紀卷七・東土九祖紀第三之二》，《大正》49，No. 2035，頁 188 上~中。《宋高僧傳卷二十六・興福篇第九之一・玄朗傳》，《大正》50，No.2061，頁 875 下。
8　李碧純《永嘉永嘉禪法研究》，新竹：玄奘人文社會學院宗教學研究所碩士論文，2004 年 1 月，頁 88~108。
9　《永嘉集》，《大正》48，No.2013，頁 389 中。

著十層證禪心路，依序是：第一「慕道志儀」→第二「戒憍奢意」
→第三「淨修三業」→第四「奢摩他（śamatha，止）頌」→第五
「毘婆舍那（vipáśyana，觀）頌」→第六「優畢叉（upekṣā，平
等、不諍）頌」→第七「三乘漸次」→第八「理事不二」→第九
「勸友人書」→第十「發願文」。[10]為方便論述，製表如下：

表十三：《永嘉集》十層禪證心路表

順序	題綱	心路旨要	目的	屬性	功夫
第一	慕道志儀	敬事師儀，彰乎軌訓	慕道儀式	志儀	懺悔清淨
第二	戒憍奢意	戒慎三業，妄心擾動	禪定基礎	戒律	
第三	淨修三業	檢責三業，懺身口意	麁過不生	懺罪	
第四	奢摩他頌	五種起心，六種料簡	不出定慧	止門	一心三觀
第五	毘婆舍那頌	非戒不禪，非禪不慧	貫成三學	觀門	
第六	優畢叉頌	等於定慧，令不沈動	定慧均等捨於二邊	平等	
第七	三乘漸次	寂而常照，三觀一心	遣疑圓照	智體	體用雙運
第八	事理不二	窮理在事，了事即理	即事用真以祛倒見	禪用	
第九	勸友人書	專心禪行，有情皆修	悲憫遠學虛擲寸陰	勸請	圓儀
第十	發願文	一情猶在，普皆成佛	誓度一切	誓願	

　　首須說明的是，永嘉玄覺這十層禪證心路，是一種權便禪用
之展現，讀者切不可執為既定之標準，將其禪法縛籠於一範疇框
架中。

　　強而說之，十層禪證心路涵蘊著五點重要禪意：其一，縱向

---

10 《景德傳燈錄卷五・溫州永嘉永嘉禪師》，《大正》51，No. 2076，頁 241 中~242
中。

觀之，永嘉禪師的十層心路儀程明顯是由第一「志儀」而引向第二「戒律」，由第二「戒律」而引向第三「懺罪」，由第三「懺罪」而引向第四「止門」，由第四「止門」而引向第五「觀門」，由第五「觀門」而引向第六「平等」，由第六「平等」引向第七「智體」，第七「智體」而引向第八「禪用」，第八「禪用」而引向第九「勸請」，最後由第九「勸請」而回歸第十「誓願」，前後依次承接，全程連綿不絕，是一個周備圓融、漸中顯頓的懺悔禪修儀程，故可謂之為上下一貫的「修證心路」。

其二，橫向觀之，又可約攝為四個懺儀心路：第一至第三項，屬於禪修的基本功夫，旨在清淨煩惱障、業障、果報障三大基本業障，這全為「懺悔思想」之顯現→第四至第六項，是整本《永嘉集》的禪觀核心，亦即是一心三觀的止觀雙運思想→第七第八兩項，是空智與禪觀的雙運體用，為教義、禪觀、理事與心行的統合→第九第十二項，相當於禮懺法的「勸請、發願」。

其三，縱橫交叉互觀之，罪性本空、因緣果報、六道輪迴、懺悔滅罪等教義與永嘉絕相離名的心法是如光照般地縱橫發散於其他題綱與心路，交互影響，交相攝受，互相涵融，彼此提振，以成一圓融玄妙的禪觀。

其四，從整體禪觀而言，每一個題綱與心路，又各自在緣起性空、無常、無我的法印基礎下，依緣而起，以清淨心為體，以十事為相而不執其相，以禪者為體而不執其體，以懺悔為用而不執其用，體相用一體融融，自在無礙。

其五，從教義傳承而言，這十層修證心路儀程，既依於《楞伽》，又用《般若》；既成一心法界，又不廢懺悔滅罪；以清淨自性為體，緣會於萬事萬象；體相用相融相貫，而無所執著；以精進禪意踐履佛道，又在日常生活中簡樸以應世。

這樣的禪證心路，已不同於天台四大懺法的止觀儀軌，亦有別於惠能定慧不二之無相懺悔，而是另開融攝懺悔、戒慧、直觀直證的特殊心法。他強調不思不議的「心行處滅」之禪觀，不執著於人為造作的的語言符號以「妙契寰中」，見性成佛，故云：「悟

心之士，寧執觀而迷旨；達教之人，豈滯言而惑理？理明則言語
道斷，何言之能議？旨會則心行處滅，何觀之能思？心言不能思
議者，可謂妙契寰中」，[11]極強調其絕相離名之心法。

二、「淨修三業」的懺悔義蘊

　　《永嘉集》「淨修三業」的發端部分明顯云：「貪、瞋、邪見，
意業；妄言、綺語、兩舌、惡口，口業；殺、盜、婬，身業。夫
欲志求大道者，必先淨修三業。然後於四威儀中，漸次入道。乃
至六根所對，隨緣了達；境、智雙寂，冥乎妙旨。」[12]可見他是
配合四大威儀、六根造作與禪行實踐所進行的條陳發露，它涵蓋
了佛教各大懺悔法門的主要內容。[13]以下分別就其內容論述「貴
法賤身蠲形軀」、「理事圓口報怨行」、「深心淨意除重障」三項懺
悔義蘊。

（一）貴法賤身蠲形軀

　　以下先列出他所發露的「貴法賤身」之身業內容：

> 云何「淨修身業」？深自思惟：行、住、坐、臥，四威儀
> 中，檢攝三愆，無令漏失。慈悲撫育，不傷物命。水陸空
> 行，一切含識，命無大小，等心愛護。蠢動蝸飛，無令毀
> 損。危難之流，殷勤拔濟。方便救度，皆令解脫。於他財
> 物，不與不取；乃至鬼神，隨有主物；一鍼一草，終無故
> 犯；貧窮乞丐，隨己所有；敬心施與，令彼安隱，不求恩
> 報。作是思惟：過去諸佛，經無量劫，行檀布施，象馬七
> 珍，頭目髓腦，乃至身命，捨而無悋。我今亦爾，隨有施

11　《景德傳燈錄卷五・溫州永嘉永嘉禪師》，《大正》51，No. 2076，頁 241 中~242
　　中。
12　唐・玄覺《永嘉集》，《大正》48，No.2013，頁 388 中。
13　「十惡業」（「身業」→「口業」→「意業」）的發露懺悔部分，加上禮拜佛名
　　與發願，內容甚多，詳見於《慈悲道場懺法》（《梁皇懺》，《大正》45，No. 1909，
　　頁 926 中~949 中。《水懺》，《大正》45，No. 1910，頁 969 上~975 中。至於天
　　台四大懺儀與《摩訶止觀》等書中，亦皆以這「十惡業」的懺悔發露為主軸。

與，歡喜供養，心無悋惜。於諸女色，心無染著。凡夫顛
倒，為慾所醉。耽荒迷亂，不知其過。如捉花莖，不悟毒
蛇。智人觀之，毒蛇之口，熊豹之手，猛火熱鐵，不以為
喻。銅柱鐵床，焦背爛腸，血肉糜潰，痛徹心髓。作如是
觀，唯苦無樂。革囊盛糞，膿血之聚。外假香塗，內唯臭
穢。不淨流溢，蟲蛆住處。鮑肆廁孔，亦所不及。智者觀
之，但見髮毛爪齒，薄皮厚皮，肉血汗淚，涕唾膿脂，筋
脈腦膜，黃痰白痰，肝膽骨髓，肺脾腎胃，心膏膀胱，大
腸小腸，生藏熟藏，屎尿臭處，如是等物，一一非人。識
風鼓擊，妄生言語。詐為親友，其實怨妒。敗德障道，為
過至重。應當遠離，如避怨賊。是故智者觀之，如毒蛇想。
寧近毒蛇，不親女色。何以故？毒蛇殺人，一死一生。女
色繫縛，百千萬劫。種種楚毒，苦痛無窮。諦察深思，難
可附近。是以智者，切檢三衍（愆），改往修來，背惡從善，
不殺、不盜，放生、布施。不行婬穢，常修梵行。日夜精
勤，行道禮拜。歸憑三寶，志求解脫。於身命財，修三堅
法。知身虛幻，無有自性。色即是空，誰是我者。一切諸
法，但有假名，無一定實。是我身者，四大五陰；一一非
我，和合亦無。內外推求，如水聚沫；浮泡陽焰，芭蕉幻
化；鏡像水月，畢竟無人。無明不了，妄執為我。於非實
中，橫生貪著。殺生、偷盜，婬穢、荒迷。竟夜終朝，矻
矻造業。雖非真實，善惡報應，如影隨形。作是觀時，不
以惡求，而養身命。應自觀身，如毒蛇想。為治病故，受
於四事。身著衣服，如裹癰瘡。口湌滋味，如病服藥。節
身儉口，不生奢泰。聞說少欲，深樂修行。故經云：「少欲
頭陀，善知止足，是人能入賢聖之道。」何以故？惡道眾
生，經無量劫，闕衣乏食，叫喚號毒，饑寒切楚，皮骨相
連。我今暫闕，未足為苦。是故智者，貴法賤身，勤求至

　　　道，不顧形命，是名「淨修身業」。[14]
對玄覺而言，教法是主，是淨；身心是客，是染；懺除染汙，主
法即淨。

　　文中所說的「行、住、坐、臥，四威儀中，切檢三愆（愆），
改往修來」，本是大乘佛教《法鏡經》、《三品經》、《郁迦羅越問菩
薩行經》、《菩薩藏經》、《舍利弗悔過經》、《大乘三聚懺悔經》、《佛
名經》、《賢劫經》、《文殊悔過經》等經典的懺悔內容，其理論根
據，皆是從大乘佛教因緣果報業理與本性清淨角度而說的，即依
於「此有故彼有，此無故彼無」、無常、無我、無自性、諸佛菩薩
的大慈心、大悲心、大菩提心、大誓願與三世業報之理，凡改往
修來，真誠發露，懺悔改過，不復覆藏者，皆能滅除罪殃而從地
獄、餓鬼、畜生、鬼神等道脫離出來。

　　整段內容，全是透過身業的懺悔發露，使教義自然呈現，讓
懺者活在禪機之下。但玄覺沒有像天台一樣刻意去截取《法華》、
《華嚴》、《般若》、《涅槃》等經義再另外建構懺悔儀軌，或另外
推出十力、十住、十行、十慧、十意、十心、十信、十八不共法、
三十二相、四十二位等繁複的哲思系統，[15]亦不須如《佛名經》、
《賢劫經》、《文殊悔過經》、《梁皇懺》、《慈悲水懺法》、天台四大
懺儀等依序禮拜千佛、萬佛、鉅細靡遺的陳說懺理或發露大量罪
業諸相，而是提攝了行者最易違犯的身業行為，依次以「不殺生」、
「不偷盜」、「不淫穢」三項內容進行懺悔發露。

　　「不殺生」的原因，他說「水陸空行，一切含識」。懺悔的實
踐之法，他認為要「慈悲撫育，不傷物命，命無大小，等心愛護。
蠢動蜎飛，無令毀損。危難之流，殷勤拔濟。方便救度，皆令解
脫。」[16]這仍與佛陀的悲拔心、大乘菩薩的菩提心、達摩「深信
含生，同一真性」的報怨行懺悔及惠能的無相懺悔是相通的。只
是，達摩權攝於二入四行與報怨行中，惠能則融融於「無念為宗，

14　《永嘉集》，《大正》48，No.2013，頁388中~下。
15　《摩訶止觀》卷七下，《大正》46，No. 1911，頁94上~101下。
16　《永嘉集》，《大正》48，No.2013，頁388中~下。

無相爲體，無住爲本」的無相懺悔中，永嘉則作爲清淨身業的必要條件。

　　「不偸盜」部分，是以無常、無我爲基礎去看待眼前任何財物，他教人「不與不取」、「隨有主物」、「終無故犯」、「隨己所有」、「敬心施與，令彼安隱，不求恩報」，學習「過去諸佛，經無量劫，行檀布施，象馬七珍，頭目髓腦，乃至身命，捨而無恡」，隨有施與，歡喜供養，心無恡惜，表現了大乘佛教的布施、懺悔、精進等方面的思想。

　　「邪淫」部分的陳述較多，這是針對清淨禪觀修行而說的，他說：「凡夫顚倒，爲慾所醉。耽荒迷亂，不知其過」，亦即是衆生計執於無始以來的顚倒煩惱而成的。《雜阿含經》云：「世人顚倒，依於二邊。若有、若無。世人取諸境界，心便計著」，此心遂起「愁、歎、苦、憂、惱等純大苦蘊集」；計著執迷，加上不明所以，遂又反復輪迴，無有終止。[17]此無明煩惱，諸佛、菩薩、入理聖人，種種呵責，視之爲「怨家」、「盜賊」、「瀑河」、「羈鎖」，會讓衆生斷慧命根、漂流於生死大苦海，長繫於生死獄中，六道牽連，四生不絕；惡業無窮，苦果不息。唯能發大慈心、大悲心，晝夜覺察，懺悔精進，方能清淨無漏，不受後有。永嘉結合初期佛教與大乘佛教懺悔思想，將淫欲行爲歸於無明煩惱，喻之爲「賊」、「瀑河」、「毒蛇」、「熊豹」、「猛火」、「熱鐵」、「銅柱」、「鐵床」、「膿血」、「蟲蛆」、「鮑肆」、「廁孔」等，因爲這些淫欲行爲都是令法身不能清淨自在的汙穢邪濁之羈鎖。他甚至教人「寧近毒蛇，不親女色」，意謂禪修者要超越這些心中無明造作幻化而成的羈鎖，讓清淨自在的法身自生死大苦海中解脫出來。其云：

　　　毒蛇殺人，一死一生；女色繫縛，百千萬劫；種種楚毒，
　　　苦痛無窮。[18]

　　此處所說的「女色繫縛，百千萬劫」，懺者不能計執於文字之表層意思、世俗的知識概念或一般的倫理價值，去責備玄覺對女

17　《雜阿含經卷十・262 經》，《大正》2，No.99，頁 66 下~67 上。
18　《永嘉集》，《大正》48，No.2013，頁 388 下。

性的歧視與汙衊，應從禪觀修行與懺悔精進等角度合併觀之，方
得其正解。亦即，任何一位積極精進的禪修者，不論比丘、比丘
尼，不論在家男、女，不論老、少，乃至六道眾生，個個都必須
以正確的因緣果報業論為基礎，不被世俗的美色、欲望、境界所
誘惑，時時以正知正覺的清淨自性去面對眼前的誘惑，在無明緣
起與心識觸受的當下，超越世俗的七情六欲，做出正確的判斷與
取捨，進行明心見性，成佛成道的懺悔修行。永嘉審觀自身的「髮
毛爪齒，筋脈腦膜」等三十六物「一一非人」所有，[19]我身只是
「四大五陰」的暫時和合，甚至連因緣「和合亦無」，故教人：

> 於身命財，修三堅法。知身虛幻，無有自性。色即是空，
> 誰是我者？一切諸法，但有假名，無一定實，是我身者，
> 四大五陰，一一非我，和合亦無。內外推求，如水聚沫、
> 浮泡、陽焰、芭蕉、幻化、鏡像、水月，畢竟無人。[20]

連因緣「和合亦無」，是佛陀緣起、無常、無我等法印之發展。永
嘉認為：「五陰浮雲空去來，三毒水泡虛出沒」、「了了見、無一物，
亦無人、亦無佛」，[21]故四大五蘊都在無我、無人、無常、無自性
與因緣業理的作用中，「我」與宇宙世間一切現象皆如「聚沫」、「浮
泡」、「陽焰」、「芭蕉」、「鏡中像」、「水中月」等物，虛幻不實，
無一為真，不可計執掌握，故禪者宜「觀無常而生恐，念空寂以
求安；患六道之輪迴，惡三界之生死」，[22]以懺悔身業、脫離三界
六道的輪迴生死為第一要務。這種視色欲誘惑如毒蛇猛獸、邪穢
汙濁之物羈鎖心性的禪觀，都見於阿含經典的懺悔教義；[23]所謂
「三堅法」，即「身堅」、「命堅」、「財堅」，亦是禪者用來「遠離

19　《水懺》卷上：「從頭至足，其中但有三十六物：髮、毛、爪、齒、眵、淚、
　　涕、唾、垢、汗、二便、皮、膚、血、肉、筋、脈、骨、髓、肪、膏、腦、膜、
　　脾、腎、心、肺、肝、膽、腸、胃、赤白痰癊、生熟二藏。如是，九孔常流。
　　是故經言：此身眾苦所集，一切皆是不淨。何有智慧者而當樂此身？生死既有
　　如此種種惡法，甚可患厭。」《大正》45，No.1910，頁969中。
20　《永嘉集》，《大正》48，No.2013，頁388下。
21　《證道歌》，《大正》48，No.2014，頁395下、396下。
22　《永嘉集》，《大正》48，No.2013，頁392上。
23　《中阿含經卷五十四·（200）大品阿梨吒經第九》，《大正》1，No.26，頁763
　　下。

一切身、口、意曲，行正直心」的無漏懺悔法；24至於「聚沫」、「浮泡」、「陽焰」、「芭蕉」、「鏡中像」、「水中月」等具體意象，都是佛教常用來說明諸行無常、諸法無我、寂靜涅槃、緣起性空、般若空慧或如來佛性的譬喻；「少欲頭陀，善知止足」，更是佛陀教人淨身精進的基本修行。故禪觀者應「知身虛幻，無有自性」，專志精進，不懈不怠，踐行於實修實證之中。此外，他又發露地獄苦報，教人善用自身，他說：「惡道眾生，經無量劫，闕衣乏食，叫喚號毒，饑寒切楚，皮骨相連」，不明因緣業理者，常因無明顛倒而陷於輪迴報障，苦出無期；禪者應自觀「我今暫闕，未足為苦」，「勤求至道，不顧形命。」25

　　在永嘉心法而言，這是對禪者曾因無明而造作的身業及六趣果報進行發露與懺除，他不執著於二元對立的罪福概念，卻重視罪業的剖析發露並專志於如來藏佛性之禪修練就。26大致而言，這種身業的發露近似於大乘佛教懺法的罪相發露；從禪行而言，又接近於達摩、慧可、僧璨等的頭陀苦行；但「勤求至道，不顧形命」的精進精神，又不僅是凝住壁觀般的頭陀禪觀，而是一種「絕學無為」、「不除妄想不求真」的真如佛性之活潑運用，即依於緣起業理權藉文字以對殺、盜、淫三身罪業進行懺悔、發露與除滅，透過「背惡從善」的懺悔轉向之力，到達「淨無漏失」的身淨狀態，亦即是「貴法賤身」，使自己回復原本清淨的如來藏自性法身，這是更貼近於大乘佛教懺悔滅罪以成佛的教義，故曰：「放四大、莫把捉，寂滅性中隨飲啄；諸行無常一切空，即是如來大圓覺」，27形成超逸於弘忍金剛懺悔、惠能無相懺悔、神會無念懺

24 元魏・菩提留支譯《大薩遮尼乾子所說經卷七・如來無過功德品第八之二》，《大正》9，No. 272，頁348下。
25 《永嘉集》，《大正》48，No.2013，頁388下。又，其〈答朗禪師書〉亦云：「折挫身口，蠲矜怠慢，不顧形骸，專精至道者，可謂澄神方寸歟！」所說之精神是完全相同的。見《永嘉集》，《大正》48，No.2013，頁394上。
26 《證道歌》云：「頓覺了、如來禪，六度萬行體中圓；夢裏明明有六趣，覺後空空無大千。無罪福、無損益，寂滅性中莫問覓；比來塵鏡未曾磨，今日分明須剖析。」《大正》48，No. 2014，頁395下。
27 《大正》48，No. 2014，頁395下。

悔的嶄新禪風。

（二）理事圓口報怨行

據《永嘉集》，他所發露的「淨修口業」內容如下：

> 云何「淨修口業」？深自思惟：口之四過，生死根本，增
> 長眾惡，傾覆萬行，遞相是非。是故智者，欲拔其源，斷
> 除虛妄，修四實語：正直、柔軟、和合、如實。此之四語，
> 智者所行。何以故？正直語者，能除綺語；柔軟語者，能
> 除惡口；和合語者，能除兩舌；如實語者，能除妄語。正
> 直語者有二：一、稱法說，令諸聞者，信解明了。二、稱
> 理說，令諸聞者，除疑遣惑。柔軟語者亦二：一者，安慰
> 語，令諸聞者，歡喜親近。二者，宮商清雅，令諸聞者，
> 愛樂受習。和合語者亦二：一、事和合者，見鬪諍人，諫
> 勸令捨，不自稱譽，卑遜敬物。二、理和合者，見退菩提
> 心人，殷勤勸進，善能分別，菩提煩惱，平等一相。如實
> 語者亦二：一、事實者，有則言有，無則言無，是則言是，
> 非則言非。二、理實者，一切眾生，皆有佛性；如來涅槃，
> 常住不變。是以智者，行四實語。觀彼眾主，曠劫已來，
> 為彼四過之所顛倒，沈淪生死，難可出離。我今欲拔其源，
> 觀彼口業，脣舌牙齒，咽喉臍響，識風鼓擊，音出其中。
> 由心因緣，虛、實兩別；實則利益，虛則損減；實是起善
> 之根，虛是生惡之本。善惡根本，由口言詮。詮善之言，
> 名為四正；詮惡之語，名為四邪；邪則就苦，正則歸樂；
> 善是助道之緣，惡是敗道之本。是故智者要心扶正，實語
> 自立；誦經、念佛，觀語實相。言無所存，語默平等，是
> 名「淨修口業」。[28]

從永嘉禪法而言，這段內容可視為理事圓融、事理無礙的懺悔發
露與禪修精進，表面視之，尚有華嚴理事無礙觀與天台懺悔哲思

28　《永嘉集》，《大正》48，No.2013，頁388中~下。

的痕跡，但永嘉只是活用其方式以進行理與事的互融懺悔，並不是那種近於形而上的十玄門或半行半坐持續九十日不休息的止觀懺悔。

　　永嘉教人深自思惟：綺語、惡口、兩舌、妄語四大口業，是「生死根本，增長眾惡，傾覆萬行，遞相是非」；眾生被無明塵垢所覆，故自「曠劫已來，爲彼四過之所顛倒，沈淪生死，難可出離。」四大口業是再平凡不過的小事，但正因爲平凡不過，更容易讓人忽略，故各種懺悔法門中無不視爲滅除的重要對象，但強調眾生皆有佛性的禪宗大都略而言之，這從達摩、慧可、僧璨、道信、弘忍、惠能、神會以降皆是如此。由於四大口業對己、對人、對事、對物都會產生嚴重的業報，故永嘉特別提出，以正知正覺懺悔發露，「拔其無明之源，斷除虛妄之念」。他的斷除之法，就是修持四種實語，即「正直、柔軟、和合、如實」四語。這四語是佛陀常說的淨身之行，《百論》說爲「口實語、和合語、柔軟語、利益語」等善法；[29]《大方等集經》說遠離四口業可得微妙功德，是淨業成佛之本；[30]《華嚴經卷四十七・入法界品》亦見相關之說法；[31]《水懺》則說「若有所說，應時應根，令彼聽者，即得解悟。超凡入聖，開發慧眼。」[32]名稱與說法容有差異，然其經義與懺旨皆同爲懺悔除業，淨化口業，解脫成佛。但永嘉不是以禮懺儀軌的方式處理，而是加以吸收、銷融、涵攝、提煉，針對現實之人的口業提出簡淺明確又質樸易行的對治禪法。

　　他說，懺除「綺語過」之法，就是真誠的說正直之語；懺除「惡口過」之法，就是真心的說柔軟之語；懺除「兩舌過」之法，

---

29 姚秦・鳩摩羅什譯《百論卷上・捨罪福品第二》，《大正》30，No. 1569，頁168中。

30 其相關內容，詳：高齊・那連提耶舍譯《大方等大集經卷五十・月藏分第十四・諸惡鬼神得敬信品第八之一》，《大正》13，No. 397，頁334上~中。

31 其云：「修習慈心，常說愛語；饒益眾生，除滅妄語；遠離惡口，攝取眾生；遠離兩舌，說和合語；離無義語，說甚深法。悉令眾生，遠離口過。」東晉・佛馱跋陀羅譯《大方廣佛華嚴經卷四十七・入法界品三十之四》，《大正》9，No. 278，頁696上。

32 《水懺》卷中，《大正》45，No. 1910，頁975上。

就是圓融的和合之語；懺除「妄語過」之法，就是如實不偏之語。他又將「正直語」分成二種，一為稱法說，二為稱理說，將教法與教理作一融合；將「柔軟語」分成二種，一為安慰語，二為清雅語，令諸聞者，親近愛樂；將「和合語」略分為二，一為事和合，二為理和合，亦是理事圓融，菩提煩惱，平等一相之語；將「如實語」分成二種，一為事實者，二為理實者，仍在理事圓融思維上，結為「一切眾生，皆有佛性；如來涅槃，常住不變。」這明顯活用了達摩二入四行及《大乘起信論》「一心開二門」的思維，理中兼事，事中含理，針對四大口業之過予以懺悔滅除。

當然，理事無礙的懺悔法，根源問題仍在心識上頭。他認為，眾生之所以有「脣舌牙齒，咽喉臍響」的口業產生，是因為無明的「識風鼓擊」而成，「由心因緣，虛、實兩別；實則利益，虛則損減；實是起善之根，虛是生惡之本」，故「心」可導向善業，亦可導向惡業，如何讓心不至於偏向惡業，端看禪者是否能以正見正言滅罪除障，其云：

> 善、惡根本，由口言詮。詮善之言，名為四正；詮惡之語，名為四邪；邪則就苦，正則歸樂；善是助道之緣，惡是敗道之本。[33]

若依於「苦、空、無常、無我」四種正見，必然緣成真實無相的善根，相續不絕下去，自能成就正知、正覺之言行，而為禪悟解脫的助道之本。反之，若依於妄知、妄覺、妄念、妄行，必然緣成偏邪染執之惡根，相續不絕下去，自然陷溺於四邪執之言行，而為毀損道行之本。[34]凡此，皆在呼應文首所說的「行、住、坐、

---

33 《永嘉集》，《大正》48，No.2013，頁388下。
34 「四正」，應指「苦、空、無常、無我」四種正見。「四邪」，應指「外道四執」，即古印度外道就諸法之一異、常無常、因果有無等問題所持之各種執著。即經論中所見的「十四無記」。《大智度論》中作「十四難」：即「世界及我常？世界及我無常？世界及我亦有常亦無常？世界及我亦非有常亦非無常？世界及我有邊？無邊？亦有邊亦無邊？亦非有邊亦非無邊？死後有神去後世？無神去後世？亦有神去亦無神去？死後亦非有神去亦非無神去後世？是身是神？身異神異？」龍樹造，後秦·鳩摩羅什譯《大智度論卷二·初品總說如是我聞釋論第三》，《大正》25，No.1509，頁74下。又，《雜阿含經卷三十四·(957~969)》，《大正》2，No.99，頁244上~250上。

臥，四威儀中，切檢三衍，改往修來」之懺悔精進意旨，故明代天台幽溪傳燈（生卒不詳）釋云：「既得其心，苟欲拔之，先知功過，改之從之，捨四邪而歸四正，不徒爲生善致樂，亦可以爲助道證真。」[35]是故，永嘉認爲，智者要心扶正，實語自立；誦經、念佛，觀語實相。言無所存，語默平等，這樣是名「淨修口業」。

　　《證道歌》亦云：「若將妄語誑眾生，自招拔舌塵沙劫」，唯有「證實相、無人法」，方能「刹那滅却阿鼻業」。[36]宋代彥琪注云：「此即永嘉大悲願力，發此言也。切恐末世眾生，信根淺薄，向此門中退失道心，設此重誓也。……大師所說親證法門，欲令一切眾生見性成佛，豈有妄言，猶恐信之不及爾。」[37]故知，永嘉所說的誦經、念佛、觀相，是將真如佛性、懺悔、誓願與禪修合一併進行的，依於理事圓融、理事無礙之禪觀，這樣的懺悔口業，它亦可以禮佛拜懺，但不須執著於誦經、念佛、觀實相、禮拜千萬佛菩薩名號，不須執著於禮懺儀軌；它可以誦經、念佛，但非執著於七日、十四日、九十日或長年累月的念誦下去；它是「心性虛通，動靜之源莫二；真如絕慮，緣計之念非殊。惑見紛馳，窮之則唯一寂；靈源不狀，鑒之則以千差。千差不同，法眼之名自立；一寂非異，慧眼之號斯存。理量雙消，佛眼之功圓著。是以三諦一境，法身之理恒清；三智一心，般若之明常照。境、智冥合，解脫之應隨機；非縱非橫，圓伊之道玄會」[38]的頓教禪法。

　　要言之，永嘉的口業懺悔，是「從他謗、任他非，把火燒天徒自疲；我聞恰似飲甘露，銷融頓入不思議。觀惡言、是功德，此即成吾善知識；不因訕謗起冤親，何表無生慈忍力」，[39]直接落實在禪者的現實生活之中，即依於緣起的自然狀態下，三諦一境，三智一心，無計無執，境、智冥合，理中懺事，事中寄理，理事

35　明・傳燈《永嘉禪宗集註》卷上，《卍新續》63，No. 1242，頁 294 上。
36　《證道歌》，《大正》48，No. 2014，頁 395 下。
37　宋・彥琪《證道歌註》，《卍新續》63，No. 1241，頁 262 中。
38　《永嘉集》，《大正》48，No.2013，頁 391 中。
39　《證道歌》，《大正》48，No. 2014，頁 396 上。

圓融，一切無礙，進行著真如佛性、懺悔口業與般若觀照的互蘊冥合，這從某一層面而言，契近於達摩的「報怨行」與傅大士的「怨親平等」懺悔。

（三）深心淨意除重障

依於懺法，一切煩惱，皆從意業而起，因為意業撩起，身業與口業都隨之而動。[40]故《永嘉集》在身業口業之後，將重心放在「淨修意業」上，其云：

> 云何「淨修意業」？深自思惟：善、惡之源，皆從心起。邪念因緣，能生萬惡；正觀因緣，能生萬善。故經云：「三界無別法，惟是一心作。」當知心是萬法之根本也。云何「邪念」？無明不了，妄執為我；我見堅固，貪、瞋、邪見，橫計所有，生諸染著。故經云：「因有我故，便有我所。因我所故，起於斷常。六十二見，見思相續；九十八使，三界生死，輪迴不息。」當知邪念，眾惡之本，是故智者制而不隨。云何「正觀」？彼我無差，色心不二。菩提煩惱，本性非殊。生死涅槃，平等一照。故經云：「離我、我所，觀於平等。我及涅槃，此二皆空。」當知諸法，但有名字，故經云：「乃至涅槃，亦但有名字。」又云：「文字性離，名字亦空。」何以故？法不自名，假名詮法；法既非法，名亦非名；名不當法，法不當名；名法無當，一切空寂。故經云：法無名字，言語斷故。是以，妙相絕名，真名非字。何以故？無為寂滅，至極微妙。絕相離名，心言路絕，當知正觀還源之要也。是故智者正觀因緣，萬感斯遣，境、智雙忘，心源淨矣，是名「淨修意業」。此應四儀，六根所對，隨緣了達入道次第云爾。[41]

前面的貴法賤身、理事圓口，較側重於明顯可察之身三口四之罪業進行的發露懺悔，這部分是深觀照「萬法之根本」——「心」

40　《水懺》卷上，《大正》45，No. 1910，頁 969 下~970 上。
41　《永嘉集》，《大正》48，No.2013，頁 388 中~389 中。

的角度上進行「深心淨意」的發露懺悔。但看似玄理的析述，其
實是權藉「經教」以悟「宗旨」的方法，從事實的角度上懺悔他
的因緣意業，這仍是達摩以下藉教悟宗的另一種懺悔方式。

　　永嘉認為，一切善、惡業的根本源頭，都是從「心」而起。
此心假於因緣，它本身無自性，萬法皆由此而生，其云：

> 一切諸法，悉假因緣。因緣所生，皆無自性。一法既爾，
> 萬法皆然。境、智相從，于何不寂？何以故？因緣之法，
> 性無差別。故今之三界，輪迴六道，昇降淨穢苦樂；凡聖
> 差殊，皆由三業四儀。六根所對，隨情造業，果報不同，善
> 則受樂，惡則受苦。故經云：善、惡為因，苦、樂為果。[42]

依於緣起，此心若泛起一邪念，就會緣生無邊惡業；若能正確觀
照因緣業報，心中必能緣生無量善業。故永嘉藉引《華嚴經》的
「三界唯心」之理云：「三界無別法，惟是一心作」的思路，強調
了闡明「心是萬法之根本」的禪法，這與敦煌本《達摩破相論》
所說的「心是萬法之根本」、「三界業報，唯心所生」之理路是相
通的。[43]這不外乎肯定大乘佛教「眾生皆有佛性」之理，教導禪
者如實觀照自性清淨心的實相，在此實相無相的自性緣起理據
下，正確認識因緣果報之理，自能毫無執著的觀照與處置五陰、
十二入、十八界的各種緣起變化。所謂「眾生皆有佛性」，是運用
本有的如來藏自性清淨心去觀照萬事萬物，而不是用無明染執的
世俗心與世俗我去惹因造業。因此，如果禪者「無明不了，妄執
為我；我見堅固，貪、瞋、邪見，橫計所有，生諸染著」，則一切
心念將變成「邪念」，此心已非清淨之我，而是「貪、瞋、邪見」
造作之我。「貪、瞋、邪見」這些邪念，惠能說為「愚迷、愚痴、
疽疾」，[44]神秀說為「貪欲、瞋恚、邪見」，[45]名稱稍異，實皆含

42　《永嘉集》，《大正》48，No.2013，頁391上。
43　敦煌本《達摩破相論》：「心者萬法之根本，一切諸法唯心所生。若能了心，則
　　萬法俱備。猶如大樹，所有枝條及諸花果，皆悉依根。栽樹者，存根而始生子；
　　伐樹者，去根而必死。若了心脩道，則少力而易成；不了心而修，費功而無益。
　　故知一切善、惡皆由自心，心外別求，終無是處。」《少室六門‧第二門破相
　　論》，《大正》48，No.2009，頁366下。
44　鄧文寬校注《六祖壇經》，頁52。

括一切意業煩惱，佛經中皆視之爲「三毒」、「怨家」，是眾惡之本，是故禪者的觀照功夫便是在深知無常、無我、性空之道，適時適地自然調節，令清淨心不隨風而攀緣造罪。若不能適當調節，便易陷入我、我所、斷見、常見等的生死輪迴中，故云：

> 因有我故，便有我所。因我所故，起於斷常。六十二見，
> 見思相續；九十八使，三界生死，輪迴不息。[46]

「六十二見」（dvāṣaṣṭi dṛṣṭayaḥ），係古印度外道執持有我及常之六十二種錯誤見解，佛陀特別教人不可執之，[47]因爲這六十二種錯誤之身見，是造成煩惱根身連翻造業而導致各種罪報的基源；[48]「九十八使」，是俱舍所立見、思（修）二惑之總數，又稱九十八隨眠、九十八煩惱；[49]這二者都是印度佛教、中國佛教乃至藏傳佛教懺悔滅罪的基本內容，大乘菩薩都是「從大悲根本生，從菩提心因生」以懺罪成佛的。[50]「因有我故，便有我所」二句，出自《維摩詰經》，是依於緣起以說一切不可執之理。[51]《大寶積經》云：「執我、我所故，無常計常，苦計爲樂；不淨計淨，無我計我，生四顛倒。顛倒見故，無明迷惑，不正思惟。隨心染著，不能破壞。有愛繫縛，生死輪迴，相續不斷。」[52]故佛云：「眾生

45　《大乘無生方便門》，《大正》85，No.2834，頁1275下~1276上。
46　《永嘉集》，《大正》48，No.2013，頁389中。
47　《長阿含經卷十四·（21）第三分梵動經第二》，《大正》1，No.1，頁89下~90中。
48　北涼·浮陀跋摩共道泰等譯《阿毗曇毗婆沙論》云：「身見是六十二見，根見是諸煩惱根，煩惱是業根，業是報根，依報生善、不善、無記法。」《阿毗曇毗婆沙論卷二十五·使犍度不善品第一之一》，《大正》28，No. 1546，頁184上。
49　《說一切有部發智阿毗達磨大毗婆沙論卷十八·雜蘊第一中智納息第二之十》《大正》27，No. 1545，頁91中~92中。
50　印度佛教、中國佛教部分，詳見本書第一章部分之論述。藏傳佛教的懺悔思想，參宗喀巴著，法尊法師譯，《菩提道次第廣論卷五·下士道·深信業果》，（台北：福智之聲，1988年3月初版1刷，2007年1月二版8刷），頁142~151。尤其宗喀巴在其書卷十「學菩薩行」部份，亦引《毗盧遮那現證菩提經》云：「一切種智者，從大悲根本生，從菩提心因生，以諸方便而至究竟」，論說蓮花戒大師的懺悔思想。見同書，頁247~253。
51　《維摩詰所說經卷中·入不二法門品第九》，《大正》14，No. 475，頁550下。
52　唐·菩提流志譯《大寶積經卷八十四·無盡伏藏會第二十之二》，《大正》11，No. 310，頁485中。

以我、我所，往來生死」，禪者若能「不雜聲聞、緣覺行，不住
聲聞、緣覺地。無所行而行、無所住而住，入佛性，入如來性、
自然智性、一切智性，速成無上正等正覺」，[53]解脫生死輪迴，
頓悟成佛。

　　相反的，永嘉認爲，若能觀照「彼、我無差，色、心不二；
菩提、煩惱，本性非殊；生死、涅槃，平等一照」，此謂諸法不二
之「正觀」。亦即，從諸行無常、諸法無我、緣起性空、般若空智
諸教義驗之，一切諸法，本來平等不二，毫無差別，眾生本不必
執著自礙的。故禪者「離我、我所，觀於平等。我及涅槃，此二
皆空」，[54]能「正觀因緣，萬感斯遣，境、智雙忘」，心源自然清
淨。這種心源清淨的懺悔觀照，名之爲「淨修意業」。但這樣的「淨
修意業」，仍必須不執心法，即「心法雙忘」，才是契印真如佛性
的懺悔，其云：

> 心是根、法是塵，兩種猶如鏡上痕；痕垢盡除光始現，心
> 法雙忘性即真。嗟末法、惡時世，眾生福薄難調制；去聖
> 遠兮邪見深，魔強法弱多恐害。聞說如來頓教門，恨不滅
> 除令瓦碎。作在心、殃在身，不須冤訴更尤人。欲得不招
> 無間業，莫謗如來正法輪。[55]

根以能生爲義，良由此心能生一切善、不善法，故云「心爲根」；
法雖能軌持萬物，猶如妙藥，病若愈則藥必無用，故云「法是塵」；
此二法皆有窒礙，使人心光不能透漏，如鏡上之痕垢；世人所造
無量無邊之業，皆妄心所作，故云「作在心」；世人所感無量苦果，
即親殃地獄、畜生、餓鬼諸趣之場，受種種苦，故云「殃在身」；
凡此，皆是自作自受，非他人所致，故云「不須冤訴更尤人」。若
能了知因緣果報業理，心、法雙忘，即可痕垢盡除，自然心光透
脫，明見佛性。[56]這都是「色、心不二」、「三界唯心」的「淨修

53　後秦・鳩摩羅什譯《小品般若波羅蜜經卷八・深心求菩提品第二十》，《大正》
　　8，No. 227，頁 571 下。
54　《永嘉集》，《大正》48，No.2013，頁 389 中。
55　《證道歌》，《大正》48，No. 2014，頁 396 中。
56　宋・彥琪《證道歌註》，《卍新續》63，No. 1241，頁 275 上~中。

意業」，是無人無我、不執心不執法的懺悔；是依於緣起、直契如來正法的真如懺悔。故不論是身業、口業、還是意業，不論是禮佛、歸依、弘誓、懺悔、念佛、誦經、禪觀、發願，還是回向，不論事事懺還是理懺，不論如何發露，如何詮說，都是依於如來藏自性清淨心、大悲心、菩提心而發的「真不立、妄本空，有、無俱遣不空空；二十空門元不著，一性如來體自同」之無相懺悔。[57]以此之故，世人針對一切萬法的任何詮說，「但有名字」，無一可以執著，亦無所得，因為，「法不自名，假名詮法；法既非法，名亦非名；名不當法，法不當名；名法無當，一切空寂」。萬法本無名字，言語發而道斷。是以，實相妙相絕於語言，真名真性本非文字。真如佛性，本不須語言文字的贅述，其體無為寂滅，其用至極微妙；體用如如，法爾自然。故「絕相離名，心言路絕」，這是正觀還源之要。

　　玄覺認為，雖然「了即業障本來空」，但「未了應須還夙債」，[58]所謂「了」，即懺者須清楚的認識「彼、我無差，色、心不二；菩提、煩惱，本性非殊；生死、涅槃，平等一照」之「正觀」，這種不二正觀的懺悔，已超越達摩「報怨行」那種「是我宿殃惡業果熟」的楞伽心法，[59]而把般若空智、心證禪法與懺悔滅罪結合成一體。但眾生往往不願體會法王（佛陀）所說的罪性本空與因緣業理，不願意自覺自證，自內心深處自行懺悔滅罪，故云：

> 師子吼、無畏說，深嗟懵懂頑皮靼。祇知犯重障菩提，不見如來開祕訣。有二比丘犯婬殺，波離螢光增罪結。維摩大士頓除疑，猶如赫日銷霜雪。不思議解脫力，妙用恒沙

57　《證道歌》，《大正》48，No. 2014，頁 396 中。宋‧彥琪云：「『二十空門』者，如來破二十種執有之見，因成二十空名。故《大般若經》云：『所謂內空、外空、內外空、空空、大空、勝義空、有為空、無為空、畢竟空、無際空、散空、無變異空、本性空、自相空、共相空、一切法空、不可得空、無性空、自性空、無性自性空。』雖有二十空名，其體即一法也。今明法性之理，不同二十之空。故云『元不著』也。『一性如來體自同』者，迥出外道六十二種異見，即與般若、涅槃妙心冥合，故云『體自同』也。見：宋‧彥琪《證道歌註》，《卍新續》63，No. 1241，頁 274 下~275 上。
58　《證道歌》，《大正》48，No. 2014，頁 396 下。
59　《菩提達摩四行論》，《禪宗全書‧語錄部（一）》，頁 28。

也無極。[60]

「維摩大士頓除疑」，即是《維摩詰經》中那種超越一切相對、差別的「不二無垢」、「隨其心淨，則佛土淨」的實相懺悔，這當然是罪性本空的思想，[61]亦是慧可、僧璨、傅大士、道信、弘忍、惠能諸祖師所共同認可的懺悔理論根據，但歷代祖師絕不會因為「罪性本空」就恣任此無明心性繼續造作惡業，而是深自思惟此心中的「宿殃惡業」，依於緣起之理與懺悔力，予以懺悔滅除，這才是「赫日銷霜雪」的「不思議解脫力」。所謂不思議解脫，即是「無相、無空、無不空，即是如來真實相」；深知業理，深心懺悔以體證佛法，自能「一性圓通一切性，一法遍含一切法」；圓通於一切性法之中，自然「一地具足一切地，非色、非心、非行業；彈指圓成八萬門，剎那滅却三祇劫。」[62]

　　由上說來，永嘉的三業清淨懺悔可說是「藉教悟宗」的另一種體現，身業、口業、意業三業的發露內容，都是經論中常說的事相懺悔，然此事相懺悔的發露，並不是一般禮懺法的罪相懺儀，而是融合於罪性本空與真如佛性之中，他以「一、十互蘊」的禪觀法，貴法賤身、理事圓懺、深心懺悔，將身心大地融入理事圓融無礙的不二境界，由身口意三業之清淨，導發真如佛性的開顯，形成異於祖師大德的特殊懺悔。尤為難得的是，此種懺悔理路清晰，次序明朗，淺白易解，既可做為中下根器者的實踐之用，亦可做為上上根器者的體證之用；[63]既契應於古印度佛教，又連接到中國大乘佛教，亦適合現代人的禪修之用。

60　《證道歌》，《大正》48，No. 2014，頁396下。
61　《維摩詰所說經》，《大正》14，No. 475，頁451中、538下、551下等處。
62　《證道歌》，《大正》48，No. 2014，頁396上~中。
63　如宋・知訥〈蘇州靈岩妙空佛海和尚註證道歌序〉云：「永嘉著歌以證道，慳於二千言，往往乳兒、竈婦亦能鑽仰此道，爭誦遺章斷藁；況在士夫衲子，蟻慕雲駢，不待云後諭。」見：宋・彥琪《證道歌註》，《卍新續》63，No. 1241，頁260上。

三、「發願文」中的慈悲願力

　　除了上述三業清淨的懺悔外，《永嘉集》最後禪證心路的「發願文」更具有豐富的懺悔義蘊。「發願文」全文共 1439 字，分為兩大部分，前半部是「歸依三寶」，為七言句式；後半部是「志心發願」，大多數是四言句式，少部分是五言句式。「歸依三寶」的內容是：

> 稽首圓滿遍知覺，寂靜平等本真源；相好嚴特非有無，慧明普照微塵剎。
>
> 稽首湛然真妙覺，甚深十二修多羅；非文非字非言詮，一音隨類皆明了。
>
> 稽首清淨諸賢聖，十方和合應真僧；執持禁戒無有違，振錫攜瓶利含識。卵生胎生及濕化，有色無色想非想，非有非無想雜類，六道輪迴不暫停。我今稽首歸三寶，普為眾生發道心，群生沈淪苦海中，願因諸佛法僧力。
>
> 慈悲方便拔諸苦，不捨弘願濟含靈，化力自在度無窮，恒沙眾生成正覺。[64]

由「歸依三寶」的內容視之，他歸依的三寶並不是一般禮懺儀中的「佛」、「法」、「僧」，其一，是相好嚴特非有無，慧明普照微塵剎的「圓滿遍知覺，寂靜平等本真源」；其二，是非文非字非言詮，一音隨類皆明了的「湛然真妙覺，甚深十二修多羅」；其三，是執持禁戒無有違，振錫攜瓶利含識的「清淨諸賢聖，十方和合應真僧」。亦即是莊嚴普照之智慧佛、不執語言文字的經論及清淨妙悟濟含識的得道高僧。這種三寶的歸依，可說是更進一步的活用了一切佛教經典與一般懺儀他的三歸依。且他之所以歸依這些三寶，目的是欲藉諸佛、法、僧的弘大誓願力與慈悲方便，拔除沈淪六道苦海的一切眾生，讓「恒沙眾生成正覺」，這與《慈悲道場

64　《永嘉集》，《大正》48，No.2013，頁 394 下。

懺法》、《慈悲水懺法》的慈悲救拔力是同樣的意思。

　　至於「志心發願」的內容是：

> 說此偈已，我復稽首歸依，十方三世一切諸佛法僧前，承
> 三寶力，志心發願：修無上菩提，契從今生，至成正覺，
> 中間決定，勤求不退。未得道前，身無橫病，壽不中夭。
> 正命盡時，不見惡相，無諸恐怖，不生顛倒，身無苦痛，
> 心不散亂，正慧明了。不經中陰，不入地獄、畜生、餓鬼、
> 水陸、空行、天魔、外道、幽冥、鬼神，一切雜形，皆悉
> 不受。長得人身，聰明正直。不生惡國，不值惡王，不生
> 邊地，不受貧苦，奴婢女形，黃門二根，黃髮黑齒，頑愚
> 暗鈍，醜陋殘缺，盲聾瘖瘂，凡是可惡，畢竟不生。出處
> 中國，正信家生，常得男身，六根完具，端正香潔，無諸
> 垢穢。志意和雅，身安心靜；不貪瞋癡，三毒永斷；不造
> 眾惡，恒思諸善；不作王臣，不為使命；不願榮飾；安貧
> 度世，少欲知足；不長畜積，衣食供身；不行偷盜，不殺
> 眾生，不噉魚肉，敬愛含識，如我無異。性行柔軟，不求
> 人過，不稱己善；不與物諍，怨親平等；不起分別，不生
> 憎愛；他物不悕，自財不悋；不樂侵犯，恒懷質直；心不
> 卒暴，常樂謙下；口無惡說，身無惡行；心不諂曲，三業
> 清淨。在處安隱，無諸障難，竊盜劫賊，王法牢獄，枷杖
> 鉤鎖，刀鎗箭槊，猛獸毒蟲，墮峯溺水，火燒風飄，雷驚
> 霹靂，樹折巖頹，堂崩棟朽，摑打怖畏，趁逐圍繞，執捉
> 繫縛，加誣毀謗，橫註鉤牽，凡諸難事，一切不受。惡鬼
> 飛災，天行毒癘，邪魔魍魎，若河若海，崇山穹嶽，居止
> 樹神，凡是靈祇，聞我名者，見我形者，發菩提心，悉相
> 覆護，不相侵惱；晝夜安隱，無諸驚懼。四大康強，六根
> 清淨；不染六塵，心無亂想；不有昏滯，不生斷見；不著
> 空有，遠離諸相；信奉能仁，不執己見；悟解明了，生生
> 修習；正慧堅固，不被魔攝；大命終時，安然快樂；捨身
> 受身，無有怨對；一切眾生，同為善友；所生之處，值佛

聞法；童真出家，為僧和合；身身之服，不離袈裟；食食
之器，不乖盂鉢；道心堅固，不生憍慢；敬重三寶，常修
梵行；親近明師，隨善知識；深信正法，勤行六度；讀誦
大乘，行道禮拜；妙味香花，音聲讚唄；燈燭臺觀，山海
林泉；空中平地，世間所有，微塵已上，悉持供養；合集
功德，迴助菩提；思惟了義，志樂閒靜；清素寂默，不愛
喧擾；不樂群居，常好獨處；一切無求，專心定慧；六通
具足，化度眾生；隨心所願，自在無礙；萬行成就，精妙
無窮；正直圓明，志成佛道。願以此善根，普及十方界，
上窮有頂，下極風輪，天上人間，六道諸身，一切含識，
我所有功德，悉與眾生共。盡於微塵劫，不惟一眾生，隨
我有善根，普皆充薰飾。地獄中苦惱，南無佛法僧，稱佛
法僧名，願皆蒙解脫；餓鬼中苦惱，南無佛法僧，稱佛法
僧名，願皆蒙解脫；畜生中苦惱，南無佛法僧，稱佛法僧
名，願皆蒙解脫；天人阿修羅，恒沙諸含識，八苦相煎迫，
南無佛法僧，因我此善根，普免諸纏縛。南無三世佛，南
無修多羅，菩薩聲聞僧，微塵諸聖眾，不捨本慈悲，攝受
群生類，盡空諸含識，歸依佛法僧，離苦出三塗，疾得超
三界，各發菩提心，晝夜行般若，生生勤精進，常如救頭
然。先得菩提時，誓願相度脫。我行道禮拜，我誦經念佛，
我修戒定慧。南無佛法僧，普願諸眾生，悉皆成佛道。我
等諸含識，堅固求菩提，頂禮佛法僧，願早成正覺。[65]

全文又可分為十個段落，從「說此偈已，我復稽首歸依」至「志
心發願，修無上菩提」為首段，屬於發菩提心之誓願。從「契從
今生，至成正覺」至「一切雜形，皆悉不受」為第二段，屬於猛
志求道的心願，誓不再墮入六道輪迴之作用。從「長得人身，聰
明正直」至「凡是可惡，畢竟不生」為第三段，屬於積極修道，
誓不受頑愚暗鈍、醜陋殘缺諸惡之誓願。從「出處中國，正信家

---

65 《永嘉集》，《大正》48，No.2013，頁394下~395上下。

生」至「敬愛含識，如我無異」為第四段，屬於不貪瞋癡、三毒永斷的正行誓願。從「性行柔軟，不求人過」至「心不諂曲，三業清淨」為第五段，屬於怨親平等，不起分別，清淨三業之誓願。從「在處安隱，無諸障難」至「凡諸難事，一切不受」為第六段，屬於不受世間果報障之懺除誓願。從「惡鬼飛災，天行毒癘」至「晝夜安隱，無諸驚懼」為第七段，屬於不受邪魔魍魎侵害並以菩提心為之懺罪拔苦之誓願。從「四大康強，六根清淨」至「正直圓明，志成佛道」為第八段，屬於所生之處，值佛聞法，定慧六通，化度眾生的誓願。從「願以此善根，普及十方界」至「因我此善根，普免諸纏縛」為第九段，屬於禪者以正知善法慈悲拔除六道眾生苦惱的弘大誓願；從「願以此善根，普及十方界」至「願以此善根，普及十方界」為第十段，返回首段的三歸依，禪者雖絕言離相，自力精進，亦歸依三世十方清淨智慧諸佛法僧，承其慈悲誓願力與菩提心，願六道一切受苦眾生，悉皆成佛道，證成正覺。

　　永嘉「發願文」的十段誓願，不離慈悲心，不離猛志求道的精神，不離對六道含識眾生受苦受難的關懷，不離諸佛菩薩的菩提心與弘大誓願，不離讓六道眾失離苦出三塗、速得超三界，證成正知正覺的禪行。看來似是語言文字與果報罪相的鋪陳，其實與「志儀」、「戒律」、「懺罪」、「止門」、「觀門」、「平等」、「智體」、「禪用」、「勸請」諸門是渾融為一的，皆是絕言離相之懺悔滅罪觀的呈現。

　　清・非家叟認為永嘉心法「掀翻大海，傾竭無餘，真禪關之樞要，別傳之顯訣」，[66]若從懺悔滅罪視之，其於身口意三障的徹底淨除、理事圓融無礙的不二禪觀與發願文慈悲誓願的融合，著實當之無愧。

---

66 其云：「古今得道者眾，要如大海水。阿修羅以及魚龍蝦蟹，恣其所飲，各滿其量而已。若永嘉，可謂掀翻大海，傾竭無餘，真禪關之樞要，別傳之顯訣，傳布西天，共美之曰《證道經》，不誣也。」見氏著，《為霖禪師旅泊菴稿》，《卍新續》72，No. 1442，頁 727 上。

第二節　馬祖道一禪系的懺悔思想

一、馬祖道一「平常心是道」禪法的懺悔思想

馬祖道一（709~788）雖不見懺悔的論述，但其「平常心是道」禪法仍極爲重視罪性本空思想的認識與實踐。

唐玄宗開元年間（713~741），馬祖道一（709~788）在南嶽般若寺傳法院常日坐禪，因懷讓（677~744）「坐禪豈得成佛」之暗示而頓悟自性。[67]後來，他在江西南康龔公山弘法，四方學者，雲集座下，大開「洪州宗」禪法。禪法上，他奉楞伽一心、金剛般若、維摩不二等法爲圭臬，創立「即心即佛」、「平常心是道」與「機鋒施教」之禪法，他結合日常生活中的場景，隨時隨地發揮，當體現成，觸類是道，接引學人無數，影響後世甚鉅。[68]

馬祖道一的「平常心是道」，重視「不用修」的「直會」方式，其云：

> 道不用修，但莫污染。何爲污染？但有生死心，造作趣向，皆是污染。若欲直會其道，平常心是道。謂平常心無造作，無是非，無取捨，無斷常，無凡無聖。[69]

禪者若存有「生死心」，容易執陷於二元對立之邊見中，失卻了正知正見；若有意「造作趣向」，就容易累積身口意諸罪業；罪業既已累積，依於業力理論，勢必再度緣合薰染，在時機成熟時引來惡業果報，故云是「內心的污染」。相對的，禪者若以現實人最直質無邪的直心去行禪去生活，以「無造作，無是非，無取捨，無斷常，無凡無聖」的「平常心」去應接外界萬事萬物，這便是深

67　《祖堂集卷三‧懷讓禪師》，頁72。
68　《祖堂集卷十四‧江西馬祖》，頁260~265。
69　《景德傳燈錄卷二十八‧諸方廣語‧江西大寂道一禪師》，《大正》51，No. 2076，頁440上。

知因果業報與罪性本空的修行實踐，故云：「行、住、坐、臥，應機接物盡是道。」[70]這種禪修的理論基礎，是因「**一切法皆是心法，一切名皆是心名，萬法皆從心生，心為萬法之根本**」，[71]即以「平常心」去應除身口意諸罪業。但這樣的「平常心」，實際上仍是達摩、惠能、神會、永嘉以降所共同奉持的如來藏自性清淨心，只是此心已不再執著於凝住壁觀、清淨禪觀與形式意義的懺悔儀軌，而是與現實社會生活裡的人心一體如如密不可分的平常人之本來之心。

當然，馬祖雖以「心為萬法之根本」，但禪者須透達《梵網經》菩薩戒中盧舍那佛所說的超越三界之外又入於三界之內而不執著於三界之中的不在內不在外不在中間的平常本具之「如來藏自性清淨心」與「罪性本空」之理以懺罪修行，方能徹底產生戒體清淨之效，其云：

> **不取善，不捨惡，淨、穢兩邊俱不依怙。達罪性空，念念不可得，無自性故。**[72]

善、惡、淨、穢、罪性本空等命題，都是懺悔思想的重要範疇，馬祖認為，萬事萬物皆無自性，故不取善，又不捨惡，淨、穢兩邊俱不依怙，又用「念念不可得」的般若空智，便是真正的修道人，其云：

> **但於善、惡事上不滯，喚作修道人；取善、捨惡，觀空、入定，即屬造作。更若向外馳求，轉疏、轉遠。但盡三界心量：一念妄想，即是三界生死根本；但無一念，即除生死根本，即得法王無上珍寶。**[73]

一位禪者若「於善、惡事上不滯」，就沒有善業、惡業，善報、惡報的問題，就不必執著於懺悔滅罪與否了；反之，若是執著於善業、惡業，善報、惡報或「觀空、入定」，他說這樣就是一種罪業

70　《大正》51，No. 2076，頁 440 上。
71　《大正》51，No. 2076，頁 440 上。
72　《祖堂集卷十四・江西馬祖》，頁 260。
73　《馬祖道一禪師廣錄》，《四家語錄》卷一，《卍新續》69，No. 1321，頁 2 下。

的「造作」。如果禪者已不斷造業，又再「向外馳求」，必定離道愈疏愈遠。同理，一位禪者若是「一念妄想，即是三界生死根本」，在六道輪迴受苦；反之，禪者只要「但無一念，即除生死根本」，隨時可以證得「法王無上珍寶」，亦即是明心見性。

　　《祖堂集》載有一則「陳說口業」→「禮拜馬祖」→「乞求拔苦」→「罪業滅除」的公案例證。洪州城大安寺寺主，講經說法四十年，但經常誹謗馬祖，造下不少口業之罪。因緣成熟，地獄鬼使前來索命，寺主在匆忙間向鬼使乞求「一日一夜」之修行以滅除過去所造下的口業諸罪，[74]卻被鬼使諷刺是「臨渴掘井」、「無有是處」，教他要在平常以「自得度」、「自解脫」、「自調伏」、「自寂靜」、「自安穩」、「自離垢」、「自清淨」、「自涅槃」的直心清淨思想修行。[75]並說他「四十年來作口業，不入地獄作什麼？」又云：「汝將妄心，以口乱（亂）說，所以必受罪報。但嘖自嫌，莫怨他人。」[76]其中一位鬼使頗具慈悲心，認爲「彼王（閻羅王）早知如是次第，何妨與他修行？」遂答應放他從事「一日修行」以消業滅罪。有趣的是，大安寺寺主雖獲得「一日修行」的良機，竟不知道如何修行，連夜拔腿奔往開元寺尋找他經常毀謗的馬祖大師拔救。其云：

　　　寺主便去（馬祖）和尚處。

　　　具陳前事後，五體垺（投）地，礼（禮）拜，起云：「生死

74　筆者按：《水懺》對「大命將盡」、「地獄惡相現前」的修行懺悔亦是持反對意見的，其云：「凡夫之人，大命將盡，臨窮之際，地獄惡相皆現在前。當爾之時，悔懼交至，不預修善，臨窮方悔，悔之於後，將何及乎？殃禍異處，宿預嚴待。當獨趣入，遠到他所。但得前行，入於大鑊。身心摧碎，精神痛苦。如此之時，欲求一禮一懺，豈復可得？」《大正》45，No. 1910，頁 976 下。

75　這些方法具見《大方廣佛華嚴經卷二十三·十地品第二十二之一》，《大正》9，No. 278，頁 542 中～543 下。

76　《祖堂集卷十四·江西馬祖》，頁 260。關於「嘖」字，《佛光大藏經》修正爲「責」字，見《佛光大藏經·禪藏·史傳部·祖堂集》，頁 697 注 1。筆者認爲，以「責」代「嘖」，固有語意上的明瞭作用，但「嘖」字本身「從口嘖聲」，爲形聲兼會意之意，它加強了自我「呵責」的作用，這是更符合懺悔是自懺、自責、自進的意味，相對於文中「彼王嗔汝」之「嗔」字，一「嗔」一「嘖」，兩相對照，文意燦然，改爲「責」字便失去原味，故筆者此處仍用原文的「嘖」字！

到來，作摩生？」即是乞和尚慈悲，救某甲殘命。

師教他身邊立地。

天明了，其鬼使來太安寺裏，討主不見。又來開元寺覓不得，轉去也。

師與寺主即見鬼使，鬼使即不見師與寺主也。[77]

這則公案的真假並不重要，大安寺寺主的「一日修行」亦是另一層次的問題，此處可暫擱置，最重要的是，這對話中反映了下列幾點禪機：

其一，馬祖的禪法與歷代祖師大德一樣，都是在強調不立文字、心心相印與頓悟見性，不是靠在寺院住持用語言上的講經說法即可說得清楚的。

其二，不論是講經說法還是誹謗他人，均會涉及到人類情意上的語言文字或知識概念，依緣起性空而言，這容易造下口業，既造下了口業，因果不爽，業力成熟，罪報必定會到來，且一切罪報必然都是自作自受，他人是無法代受的。

其三，因果罪報之所以能夠消失，依靠的不是一般修行法，而是禪者於平常就要踐履「自得度」、「自解脫」、「自調伏」、「自寂靜」、「自安穩」、「自離垢」、「自清淨」、「自涅槃」等直心清淨的禪行。

其四，大安寺寺主自解脫、自調伏的方法，是向馬祖禪師「具陳前事」，即是真誠的發露過去口業之不是，「陳說」發露完畢，再以最誠懇之心「五體投地」，禮拜馬祖，乞和尚已慈悲心救他殘命。

其五，馬祖道一回應大安寺寺主的方式，則是教他「身邊立地」，也就是歸依在馬祖禪師的身邊，讓他一同立定於馬祖的清淨心性境地中。

其六，天明之後，地獄鬼使在大安寺與開元寺都找不到寺主，這代表了馬祖道一是一位具有深秘微妙功力的禪師，讓大安寺寺

77　《祖堂集卷十四・江西馬祖》，頁 261。

主的口業與地獄罪報都在瞬間消除了。

　　整則公案雖然沒有說到懺悔字眼，但其中「具陳前事」所發露的「事」，指的應是大安寺寺主「四十年」中不斷用語言情意「講經說法」的事情，四十年來，不但感受不到什麼福得善報，反而造下口業，必須墮入地獄受報。恭敬的「五體投地，禮拜馬祖」之「禮儀」，指的應是大安寺寺主原本不相信馬祖是個得道頓悟之人，到了生死關頭才相信他，並視之為一尊得道的「佛」、「菩薩」，以最誠懇心態「五體投地」來禮拜他。「乞和尚慈悲，救某甲殘命」之「情」，指的應是大安寺寺主原本不相信馬祖是個得道頓悟之人可以幫他人解除煩惱業障，這時才相信他如同深具慈悲心、菩提心與大誓願心的「佛」、「菩薩」一樣，請他大發慈悲來解救他。《祖堂集》中沒有詳載大安寺寺主「陳說」發露了多久，「陳說」發露了哪些內容，但他能夠放下過去的錯誤認知，相信馬祖道一的禪悟功力，以最誠懇之心態進行「陳說自己的罪業」→「五體投地的禮拜」→「乞求馬祖慈悲相救」→最後的「罪業滅除」→「不受罪報」，這樣的過程，本質而言是一種絕相離名禪法的懺儀，這是惠能無相懺悔的再次創造，表面視之似與一般懺法的儀節軌類，但實質的懺悔義蘊是截然不同的，即馬祖是把因果罪報、滅罪清淨與觸類是道的平常心禪法渾融為一了。

　　馬祖的禪法並不是在主張一般懺法那種形式意義的禮懺儀軌，這從「亮座主」的公案即可看出，其云：

　　師問：見說座主講得六十本經論，是不？

　　對云：不敢。

　　師云：作摩生講？

　　對云：以心講。

　　師云：未解講得經論在？

　　座主云：作摩生？

　　云：「心如工技兒」意如和（何）？技者爭解講得經論在？

　　座主云：心既講不得，將虛空還講得麼？

　　師云：虛空却講得。

座主不在意，便出。纔下堦（階），大悟，迴來礼（禮）謝。

師云：鈍根阿師！礼（禮）拜作什摩？

亮座主起來，霡霂汗流。晝夜六日，在大師身邊侍立。[78]

亮座主講了六十本的經論，理應是功德福德無量了，但在馬祖看來，「講經論道」只是語言上的口業，這不是絕相離言的佛性。亮座主在馬祖的點撥之後仍未會悟，遲疑到走下階梯時，才漸悟出「虛空却講得」的見性禪法。但即使他已頓見佛性，仍執著於一般懺法常進行的「禮謝」、「禮拜」等儀度，故又被馬祖禪師呵責為「鈍根阿師」。宗密曾云：「有不識五欲過患者，數為塵境所惑。欲有五種，謂色、聲、香、味、觸，此五常能誑惑凡夫，令生受者失於道志，故欲禮懺修禪觀者，必須呵責，令心永不繫念。」[79]在馬祖呵責為「鈍根阿師」後，他才「霡霂汗流」，體悟了馬祖不重外在形儀的心法。至於「晝夜六日，在大師身邊侍立」，則表現出他頓悟見性後，專心緊貼於馬祖身邊體驗平常心禪法的實況。後來，他留下一詩偈，其云：

三十年來作餓鬼，如今始得復人身。青山自有孤雲伴，童子從他事別人。[80]

這是說，亮座主已看到自己前三十年的講經說法其實都是執著於語言文字或知識概念下的口業，依於業理，他勢必會因口業而墮入於「餓鬼道」的；以此認識，故能真實的見到「如今始得復人身」的生命價值。這就是平常心禪法的實踐，亦是馬祖道一絕相

78　《祖堂集卷十四・江西馬祖》，頁263。筆者按：「『心如工技兒』意如和（何）？技者爭解講得經論在？」二句，《佛光大藏經》分作三句：「心如工技兒，意如和技者，爭解講得經論在？」標逗方式稍微不同，見：《佛光大藏經・禪藏・史傳部・祖堂集》，頁702。但筆者認為，依前後文意，標逗為三句並不恰當，從前後話頭來看，這當是馬祖據《華嚴經》「心如工技兒」句以以質問座主，令他思考華嚴的原本如來藏心之「經義」與「如工技兒」的「技者」如何會通詮解與實踐體證之問題，故宜標為二句較為恰當。至於「和」字，當為「何」之假借。其後之堦（階）、礼（禮）亦為相同之情形。

79　《圓覺經道場修證儀卷一・道場七門・三呵欲》，《卍新續》74，No. 1475，頁376下。

80　《祖堂集卷十四・江西馬祖》，頁263。

離言禪法的深秘之處。

馬祖道一雖沒有主張懺悔法，卻將懺悔滅罪、因果業報與六道輪迴之理活潑地涵融在日常生活的平常心禪法中。故晚唐宗密《圓覺經大疏鈔》卷三之下以「觸類是道」概括馬祖禪法，其云：「**全體貪、瞋、癡，造善惡、受苦樂故，一一皆性。……貪、瞋煩惱，並是佛性；佛性非一切差別種種，而能作一切差別種種。**」[81]柳田聖山說，馬祖已由《涅槃》的佛性可能轉移到現實人心的活動全是佛性的新路；[82]洪修平認為，馬祖禪更強調從現實人於當下的一舉一動、一言一行中去證悟自己本來是佛，佛就是自然自在的在自身之全體；[83]這皆能符合馬祖絕相離言禪法之真意。

由上說來，馬祖平常心禪法中，可以見到「直會其道，心無造作」、「達罪性空，念念不可得」、「但無一念，即除生死根本」、「但嗔自嫌，莫怨他人」等懺悔義蘊。這樣的懺悔義蘊，似與惠能的無相懺悔相互呼應，但因為他特別強調是「如今始得復人身」的平常本具之如來藏自性清淨心，故可謂又是嶄新的禪風格局。

二、大珠慧海「頓悟入道」禪法的懺悔思想

大珠慧海（生卒不詳），初依越州（浙江紹興）大雲寺道智法師出家，初學經教即有所悟。後因馬祖道一（709~788）「自家寶藏不顧，拋家散走作什麼」的激問，於言下識自本性，遂事馬祖六載。他的《頓悟入道要門論》一卷，除了已自「藉教悟宗」變成「藉教明宗」之外，亦自「真常唯心」變化「般若中觀」，開出自在透達的獨特禪路，馬祖覽閱之後，不但沒有責怪，還稱讚為：「越州有大珠，圓明光透，自在無遮障」，肯定了他的禪悟見地。[84]

81　《卍新續》9，No. 245，頁 534 中~下。
82　柳田聖山《中國禪思想史》，頁 160。
83　洪修平《禪宗思想的形成與發展》，頁 331。
84　《祖堂集卷十四・大珠和尚》，頁 265~267。

　　馬祖道一所強調的「自家寶藏」，其實即是禪宗所說的眾生本具的超越萬法又入於萬法而不執於萬法的如來藏自性清淨心地，這是自己的法身所本有清淨戒體，禪者不必貪心或盲目的向外覓求，這在禪宗語錄中處處可見，只是禪宗大師們，不論北宗南宗，經常都會依於甚深緣起，隨機隨緣予以權宜變化，有時把它說成「寶珠」，有時說成「明珠」，有時說成「牟尼」，有時說成「佛性」，有時說成「真如」，有時說成「自性」，有時什麼都不說，不遮亦不詮，而是透過話頭、叫喝、棒打、眼神、動作、暗示、反詰或偈語讓禪者自悟。故不論是「真常唯心」還是「般若空慧」，大珠慧海那種圓明光透自在無遮障的見性禪法仍是現實中平常人所本具的如來藏自性清淨心的清淨呈現。

　　但大珠那種圓明光透自在無遮障的見性禪法，較馬祖大師更直接的說到懺悔的實踐。《頓悟入道要門論》的篇首，即以「禮佛→懺悔→回向→發願」的懺悔儀節契合「頓悟入道」的禪悟內容，其云：

> 稽首和南十方諸佛、諸大菩薩眾，弟子今作此論，恐不會聖心，願賜懺悔。若會聖理，盡將迴施一切有情，願於來世盡得成佛。[85]

這種敬禮十方諸佛菩薩、懺悔可能造作之惡業、回向一切有情眾生、發願未來成佛，即是大珠慧海懺悔思想的提要，是一切頓悟入道門路的基本歸依處與出發點，亦是自家寶藏的心法之基石。大珠在論前安置這種禮佛、懺悔、回向、發願的話語，表明了懺悔實踐對頓悟禪修的重要性。如果沒有這一番懺悔，無始以來所造諸惡業，將繼續蒙蔽禪者身心，禪者的修行亦難以落實。如此一來，《頓悟入道要門論》中一切入道門路的圓明禪語，恐將成為語言罪業，復因罪業力量的增長，障礙了實際的禪悟修行。當然，大珠此一「禮佛→懺悔→回向→發願」的懺儀，仍須以因緣業理、罪性本空、諸行無常、諸法無我、無我所等法涵和溶融，方能顯

85　《頓悟入道要門論》，《卍新續》63，No. 1223，頁 17 下。

現大珠的自家寶藏。關於懺悔思想，大珠引《佛名經》云：

> 罪從心生，還從心滅，故知善惡一切，皆由自心，所以心
> 為根本也。若求解脫者，先須識根本。若不達此理，虛費
> 功勞；於外相求，無有是處。[86]

《佛名經》的懺悔理論與方法，自南北朝至唐代都盛行不衰，大
珠引入自己的寶藏禪法中，令禪宗懺悔思想的滅罪變得明顯而必
須。事實上，「罪從心生，還從心滅」的懺悔思想，本就是歷來禪
宗大師們繼承《梵網經》大乘菩薩戒戒體清淨精神而又參悟達摩
堅固不移的「凝住壁觀」及會能由高遠佛性境界趨入現實人的「常
見自過患」無相懺悔的熔融提煉與創新再生，亦與《入楞伽經》
「依於煩惱相，諸縛從心生」[87]的思路相似，故禪者都會活用般
若無相空智，將覆蓋於如來藏自性清淨心的無明煩惱予以懺除，
三世中的一切罪業都能洗滌歸淨，有了清淨身心，禪修精進，見
性成佛本是平常之事。

大珠這種「罪從心生，還從心滅」之懺悔思想，是直向深層
內心予以自覺自懺、自淨自度的，其云：「佛是（自）心作，迷人
向文字中求，悟人向心而覺。」[88]《頓悟入道要門論》中，大珠
雖屢用經義以應答弟子時人，其實都是藉經「教」以「明」心宗，
不執著於語言文字的「向心自覺」；[89]故云：「經論是紙墨文字，

---

86 《頓悟入道要門論》，《卍新續》63，No. 1223，頁 17 下。
87 《入楞伽經卷九·總品第十八之一》，《大正》16，No. 671，頁 572 中。
88 《景德傳燈錄卷二十八·諸方廣錄·越州大珠慧海和尚》，《大正》51，No. 2076，
頁 442 下。唐·大珠慧海弟子《諸方門人參問語錄》，《卍新續》63，No. 1224，
頁 27 下。
89 如詮釋禪定，藉用《禪門經》；釋解脫，藉用《菩薩戒經》；釋清淨無心，藉用
《法句經》；釋《涅槃經》義，藉用《般若經》；釋知見無見，藉用《楞嚴經》；
釋無念正念，承自《壇經》；釋六度，藉用《金剛經》的無相實相；釋一具六
法，藉用《思益經》；釋《方廣經》的「五種法身」，藉用《維摩詰經》；釋二
性空，藉諸經的「言語道斷」；釋如如不動，藉用《維摩詰經》；釋法先佛後，
藉用《大涅槃經》；釋無為法，藉用《金剛經》；釋從無念立，藉用《維摩詰經》；
教人努力自度，藉用《維摩詰經》等，無不是「向心而覺」的權。詳見《祖堂
集卷十四·大珠和尚》，頁 265~267。樓宇烈認為，《頓悟入道要門論》以將達
摩「藉教悟宗」的禪教原則權變為「藉教明宗」，且其思想基礎並非如一般人
所說的「真常唯心」，而是堅持般若性空與八不中道之立場的。樓宇烈〈讀慧
海「頓悟入道要門論」隨記〉，《中華佛學學報》n.12，1999 年 7 月，頁 53~68。

紙墨文字者俱空」、「法過語言文字，不用數句中求。」[90]凡此種種，皆是強調自家寶藏──「自心」是自身所內具，不假向外覓求，不假文字知覺的。這樣的「向心而覺」，可說是馬祖「即心即佛」、「平常心是道」禪法的繼續弘揚與發用。

事實上，大珠初至江西參馬祖時，在馬祖大師「我這裏一物也無，求什麼佛法」的激將下，不由自覺的「踊躍禮謝」，[91]這種表現可以視爲「向心而覺」的自覺自懺、自淨自度。當大珠以「本自無縛，不用求解」回答僧問的生死大業問題後，彼僧亦嘆爲「希有，禮謝而去」；法明執著文字經論，大珠以自性作用啓之，「法明禮謝讚歎而退」；印度三藏質問真如變易與否，大珠以「變亦得，不變亦得」答之，三藏云「南宗實不可測」；又，某位大德提出一連串問題後，大珠應以「畢竟是大德，不是畢竟無所有」，該位大德「踊躍，禮謝而去」。[92]華嚴志座主問：「禪師何故不許『青青翠竹盡是法身，欝欝黃華無非般若』？」大珠應以「見性人，道是亦得，道不是亦得；隨用而說，不滯是非。若不見性人，說翠竹著翠竹，說黃華著黃華，說法身滯法身，說般若不識般若，所以皆成爭論。」志座主亦「禮謝而去」。[93]大珠又活用華嚴的「心佛與眾生，是三無差別」云：「身、口、意清淨，名爲佛出世；三業不清淨，名爲佛滅度。」[94]是故，見性之人，身心清淨，不墮三惡道；將心求心，如滑泥洗垢，愈洗業障愈厚。這與六祖惠能以智慧「常見自過患」的定慧不二無相懺悔（見自性懺悔）更爲

但筆者認爲，從《頓悟入道要門論》引用的諸多經典視之，他仍是以《楞伽》爲體，以實相爲相，以《金剛》般若爲用。

90　分見《景德傳燈錄卷六‧懷讓禪師第二世‧馬祖法嗣‧越州大珠海慧禪師》，《大正》51，No. 2076，頁 247 上。《景德傳燈錄卷二十八‧諸方廣錄‧越州大珠慧海和尚》，《大正》51，No. 2076，頁 443 上。

91　《諸方門人參問語錄》，《卍新續》63，No. 1224，頁 24 中。

92　《景德傳燈錄卷六‧懷讓禪師第二世‧馬祖法嗣‧越州大珠慧海禪師》，《大正》51，No. 2076，頁 246 下~248 上。

93　《祖堂集卷十四‧大珠和尚》，頁 267。《景德傳燈錄卷二十八‧諸方廣錄‧越州大珠慧海和尚》，《大正》51，No. 2076，頁 441 中~下。《諸方門人參問語錄》，《卍新續》63，No. 1224，頁 26 中。

94　《景德傳燈錄卷二十八‧越州大珠慧海和尚語》，《大正》51，No.2076，頁 441 上。

直接而無滯。

　　就禪法的實踐而言,這些應對過程中的「歡喜踊躍」、「踊躍禮謝」、「禮謝而去」等舉動,其實只是大珠禪悟見性的表徵。但若將這種禪悟見性與篇首的禮佛、懺悔、迴向、發願及前述《佛名經》「罪從心生,還從心滅」懺罪思想涵融為一,則形成一種「向心而覺」的頓悟懺悔。這樣的頓悟懺悔,是將般若、唯識、涅槃、業論與懺悔融契在心性的禪行實踐上,它雖有禮佛,但僅僅是代表性的「稽首和南十方諸佛、諸大菩薩眾」,並沒有像各大懺法一樣禮拜千名萬名的佛菩薩名號;它雖有懺悔實踐,但僅僅是「願賜懺悔」,並沒有像各大懺法一樣一一針對三業罪相進行懺悔發露;它雖有迴向,但僅僅是「迴施一切有情」,並沒有像各大懺法一樣,一一針對三業罪相進行迴向;它雖有發願,但僅僅是「願於來世盡得成佛」,並沒有像各大懺法一樣一一針對三業罪相進行發願。這完全不同於各大宗派懺悔法門的禮懺儀軌,卻是慧可、僧璨向內覓罪心法及惠能自性自度懺悔的承繼,亦是大乘佛教罪性本空無相懺悔精神的實際踐履。

　　這也可以在《頓悟入道要門論》中看出端倪,其云:

　　　不住一切處者,不住善惡、有無、內、外、中間,不住空,
　　　亦不住不空。不住定,亦不住不定,即是不住一切處。[95]

這無內、外、中間的罪性本空懺悔,本是維摩詰大士無垢不二無相懺悔的精神,亦是僧璨、道信以降禪宗祖師無相懺悔的懺悔基路,大珠再融攝《金剛經》的「應無所住而生其心」而說為「不住一切處」,這同樣是以涅槃佛性為體、般若空智為用的懺悔之實踐。是故,有人問大珠:「有人乘船,船底刺殺螺蜆,為是人受罪,為復船當辜?」師曰:

　　　人、船兩無心,罪正在汝,譬如狂風折樹損命,無作者、
　　　無受者,世界之中,無非眾生受苦處。[96]

「眾生受苦處」在哪裡?阿賴耶識嗎?靈魂主體嗎?都不是的。

95　《頓悟入道要門論》,《卍新續》63,No. 1223,頁18中。
96　《大正》51,No. 2076,頁443上~中。

如來藏自性清淨心是沒有苦、不苦或罪、不罪的問題的，一切緣
起，無常無我無我所，故是罪性本空的。禪者依於緣起，「人、船
兩無心」，若將狂風折樹損命偏視為有一「作者」或「受者」，都
是不了解佛陀所說的「自作自受」之「宿世因果」說。[97]大珠所
說的「罪正在汝」，不是世俗的宿命論，更不是迷信上的罪有應得，
而是體認到因緣業果的可能，故禪者的修行證悟應是向內心而自
懺自覺的，不是從外在形式條件而說的。若執著於有一「作業者」
或是「受果者」，必然會繼續被緣力牽制而迷惑，不如「若問來世
果，今生做者是」，由內心自懺自淨而除罪，除罪清淨，便可禪修
下去。因此，懺悔與心法其實是一體如如的，大珠云：

> 汝心是佛，不用將佛求佛；汝心是法，不用將法求法；佛、
> 法和合為僧躰，喚作一躰三寶。經云：「心、佛及眾生，
> 是三無差別」，身、口、意清淨，名為佛出世；三業不淨，
> 名為佛滅度。[98]

是知，大珠是將即心即佛、心佛眾生、佛法僧三寶、身口意三業
與懺除業障渾融統合為頓悟入道的一心懺悔，故教導禪修者要讓
「一體三寶，常自現前，無可疑慮。莫尋思、莫求覓，心性本來
清淨。」[99]這「莫尋思、莫求覓」，發展成「莫思量一切物，一切
善惡都莫思量。過去事已過去而莫思量，過去心自絕，即名無過
去事；未來事未至，莫願莫求，未來心自絕，即名無未來事；現
在事已現在，於一切事但知無著；無著者，不起憎愛心，即是無
著，現在心自絕，即名無現在事。三世不攝。亦名無三世也」的
自然解脫，[100]這與慧忠「佛與眾生，一時放却，當處解脫」，故「善、
惡都莫思量，自然得見佛性」的禪行懺悔，[101]與宗寶本《壇經》
中「思量即不中用」、「一切善、惡，都莫思量」的心懺頓悟都可

97　詳參本書第二章「達摩報怨行的懺悔義蘊・（二）宿業果熟」部分之論述。
98　《祖堂集卷十四・大珠和尚》，頁 265。
99　《景德傳燈錄卷二十八・越州大珠慧海和尚》，《大正》51，No. 2076，頁 440
　　下。
100　《頓悟入道要門論》，《卍新續》63，No. 1223，頁 19 下。
101　《祖堂集卷三・慧忠國師》，頁 60。

互相闡發。[102]但同樣是「身口意三業」的懺悔清淨，他側重於與即心即佛、心佛眾生、佛法僧三寶的渾融統合，與永嘉「於四威儀中，乃至六根所對」的清淨懺悔又不同。[103]

有人問大珠：若有善男子、善女人受持讀誦此經（《金剛經》）。若爲人輕賤，是人先世罪業應墮惡道。以今世人輕賤故，先世罪業即爲消滅，當得阿耨多羅三藐三菩提。此是何義？其云：

> 只如有人未遇大善知識，唯造惡業，清淨本心被三毒無明所覆，不能顯了。故云「為人輕賤」也。以今世人輕賤者，即是今日發心求佛道，為無明滅盡，三毒不生，即本心明朗，更無亂念，諸惡永滅故。以今世人輕賤也，無明滅盡，亂念不生，自然解脫，故云「當得菩提」。即發心時，名為今世，非隔生也。[104]

在這裡，大珠慧海將三世時間拉到當下實際的生活中，故其「今日發心求佛道」，並不是在讀誦《金剛經》的滅無量無邊罪業上，而是禪修者發菩提心，運四無量心，落實在行住坐臥的當下，讓被貪瞋癡三毒無明所覆、不能顯了的清淨本心自然朗現。神會般若知見的無念懺悔，亦強調讀誦《金剛經》可以懺罪清淨，這樣的朗現，故二者的禪意確實存在著一定的傳承關係。[105]但大珠慧海亦有新的創見，他認爲懺者若「發心求佛道」，可同時「無明滅盡，三毒不生」，「更無亂念，諸惡永滅」的。他認爲，「隨心所造一切惡業，即有地獄；若心無染，自性空故，即無地獄。」[106]故「煞（殺）、盜、婬、妄言、綺語、兩舌、惡口，乃至貪、瞋、邪見，此名十惡。十善者，但不行十惡即是也。」[107]簡單一段話，可見大珠的頓悟心法涵攝著其他各大菩薩戒與禮懺法的基本內

---

102 長口（山島）孝行〈「頓悟要門」と「六祖壇經」の關係について〉，《印度学仏教学研究》v.28 n.1（=n.55），1979 年 12 月，頁 359~361。
103 唐・玄覺《永嘉集》，《大正》48，No.2013，頁 388 中。
104 《卍新續》63，No. 1223，頁 20 中。
105 瀧瀨尚純〈荷澤神会と大珠慧海〉《印度学仏教学研究》v.53 n.1（總號=n. 105），2004 年 12 月，頁 137~139。
106 《卍新續》63，No. 1223，頁 21 下。
107 《卍新續》63，No. 1223，頁 22 中。

容，但他的懺罪清淨並不必執著於禮拜諸佛菩薩，不必依懺儀長久唱誦，更不必執著於三歸依，而是在當下禪修生活中「發心求佛道」以滅除無明的自懺自淨。

另外，他認為眾生皆有佛性，故對於未學不可輕視，其云：

> 勿輕未學，敬學如佛；不高己德，不疾彼能；自察於行，不舉他過。[108]

此處「勿輕」、「敬學」、「不高」、「不疾」、「自察」、「不舉」這六個動作性詞語，既是懺者自我檢點的反省修持，亦可視為禪者的努力精進，他認為禪修者的「法身是萬行之本」、「行、說俱到，名為到到」，[109]口說、心行俱到，方是真正的懺悔實踐。這種「行住坐臥，所造運為；一切時中，常用無間」[110]皆是體道精進的直心直行，又與六祖惠能定慧不二的智慧「常見自過患」、「不見他人過罪」[111]的自性懺悔相契應。

從禪史脈絡視之，大珠慧海闡揚了馬祖道一平常心是道的禪法，故在緣起業論與無常、無我、罪性本空等基本教法上，無執於一切禪修，所謂「無心可用，無道可修」是也；相反地，如果禪者「迷徇六根者，號之為六師；心外求佛名，（號之）為外道；有物可施，不名福田；生心受供，墮三惡道」；故「起心是天魔，不起心是陰魔，或起或不起是煩惱魔」；禪者若是不能自見自性，「將性覓性，萬劫終不見」；反之，若能自見自性者，則能「自察於行，不舉他過」，「一心修道，過去業障，如日照霜雪」[112]；這即是《普賢菩薩行法經》那種「端坐念實相，眾罪如霜露，慧日能消除」的無相懺悔之實踐。[113]至於如何證明罪業可以消融？他

108　《卍新續》63，No. 1223，頁23上。
109　前一句見《大正》51，No. 2076，頁443上；後一句見《卍新續》63，No. 1223，頁21中。
110　《卍新續》63，No. 1223，頁20上。
111　《六祖壇經》，頁97。
112　以上分見《景德傳燈錄卷二十八・諸方廣錄・越州大珠慧海和尚》，《大正》51，No. 2076，頁441中、441下、442上、442中、443上等處。
113　《大正》9，No.277，頁393中。《諸方門人參問語錄》，《卍新續》63，No. 1224，頁28上。

認為，業障如草，隨時覆蓋人心，只要是見性頓悟之人，其心清淨自在，其般若智慧如火，本來就沒有前心、後心、前佛、後佛等的時空障礙與差別，故可以當下就一心懺除的。[114]

要言之，大珠頓悟入道禪法，教導禪者依於般若空智，發心求道，自察於行，不舉他過，一心以修道，但在證道之中，仍須依「禮佛→懺悔→回向→發願」以懺悔清淨。若從內涵言之，至少實包含了「不會聖心，請佛懺悔」、「罪從心生，還從心滅」、「三業清淨，自心是佛」、「發心求道，諸惡永滅」、「自察於行，不舉他過」等懺悔義蘊。

三、百丈懷海「不作不食」禪法的懺悔思想

百丈懷海（720~814），二十歲時，本從西山慧照禪師出家，又從南嶽法朝律師受具足戒，後至四川廬江研讀經藏。適逢馬祖道一，乃傾心依附，後與西堂智藏（生卒不詳）、南泉普願（748~834）同為馬祖門下「三大士」。其後，在江西奉新百丈山自立禪院，制訂清規，率眾修持，實行僧團之農禪生活。其「一日不作，一日不食」的精進精神，是南禪之所以能避過武宗滅佛的重要憑藉，亦是帶領晚唐五代禪宗走向獨立自主生活型態之重要心法。[115]《宋高僧傳》載：百丈「不立佛殿，唯樹法堂，表法超言象也；其諸制度，與毘尼師一倍相翻；天下禪宗，如風偃草；禪門獨行，由海之始也」，[116]即是肯定他超越言象的禪法及制訂清規對中國佛教的貢獻與地位。

從相關資料看，百丈不作不食的農禪精神，與其清規戒律、

---

114 其云：「見性人，猶如積草，等須彌山，只用一星之火，業障如草，智慧似火。」曰：「云何得知業障盡？」師曰：「見前心通前後生事，猶如對見。前佛、後佛，萬法同時。」《諸方門人參問語錄》，《卍新續》63，No. 1224，頁 28 上。
115 《祖堂集卷十四·百丈和尚》，頁 271~276。唐·陳詡〈唐洪州百丈山故懷海禪師塔銘〉，《全唐文》卷 446，收入《禪宗全書·史傳部（一）·全唐文禪師傳記集》，頁 365~366。
116 《宋高僧傳卷十·習禪篇第三之三·唐新吳百丈山懷海傳》，《大正》50，No. 2061，頁 770 下~771 上。

懺悔滅罪是融融不離的。在《百丈清規卷一・報恩章第二》中即有諷誦經典與懺悔滅罪的實踐，不論諷誦的時間、人數、經藏、咒語、次數，都有明白的規定，還說：

> 終日諷誦，必期感應，方可滿散懺謝。[117]

雖不見禮懺儀軌之記錄，但可看出他的禪進精神是將懺悔思想、戒律思想、世俗感應思想與儒家孝敬報恩的倫理思想做了結合的功夫。又，《百丈清規卷五・沙彌得度》中，清楚的規定沙彌受戒剃度的場合、對象、懺悔與儀則，其中云：

> 懺滌愆瑕，如人浣衣，然後加色。汝今至誠隨我懺悔：舉云「我昔所造諸惡業，皆由無始貪嗔癡，從身口意之所生，一切我今皆懺悔。」三舉。眾三和，沙彌三拜，胡跪合掌。戒師云：「善男子，法既淨治身口意業，今當歸依佛法僧寶。」乃舉唱云：「歸依佛，歸依法，歸依僧，歸依佛無上尊，歸依法離欲尊，歸依僧眾中尊。歸依佛竟，歸依法竟，歸依僧竟，如來至真等正覺，是我大師，我今歸依，從今以往，稱佛為師，更不歸依邪魔外道，慈愍故。」沙彌隨聲念，眾皆和。（自「歸依佛」起至「慈愍故」通誦三遍。如慈愍故，次則再疊之，三則三疊之。）每誦一遍，沙彌隨禮一拜；二遍二拜，三遍三拜就，胡跪合掌。[118]

此中的「懺滌愆瑕，如人浣衣，然後加色」，簡明扼要，說盡懺悔滅罪之理。從禪悟立場言，這便是理入之徑。至於「至誠隨我懺悔」→「舉唱懺悔偈」→「淨治身口意業」→「歸依佛法僧三寶」等儀軌的進行，都是靈活結合菩薩戒與懺悔滅罪思想的實踐。亦即，百丈勵行的懺悔是戒禪一體，懺戒不分，儀規不廢，但又不執儀規，在清規之中，規規見心，心淨滅罪，罪滅清淨，淨不放逸。又，《清規》卷六載「病僧念誦」之儀軌云：

> 凡有病僧，鄉人道舊，對病者榻「前排列香燭佛像」，念誦贊佛云：「水澄秋月現，懇禱福田生。惟有佛菩提，是真歸

---

[117]《敕修百丈清規》，《大正》48，No.2025，頁1115上。
[118]《大正》48，No.2025，頁1137下。

依處。今晨則為在病比丘某甲，釋多生之冤對，懺累劫之
愆尤，特運至誠，仰投清眾，稱揚聖號，蕩滌深殃。仰憑
尊眾，念清淨法身毘盧十號」云云。

回向云：「伏願一心清淨，四大輕安，壽命與慧命延長，色
身等法身堅固。再勞尊眾念，十方三世」云云。

如病重為「十念阿彌陀佛」，念時先白贊云：「阿彌陀佛真
金色，相好端嚴無等倫，白毫宛轉五須彌，紺目澄清四大
海，光中化佛無數億，化菩薩眾亦無邊，四十八願度眾生，
九品咸令登彼岸。今晨則為在病比丘某甲，釋多生之冤對，
懺累劫之愆尤，特運至誠，仰投清眾，稱揚聖號，蕩滌深
殃。仰憑尊眾，念南無阿彌陀佛一百聲，觀世音菩薩、大
勢至菩薩、清淨大海眾菩薩各十聲。」

回向云：「伏願在病比丘某甲，諸緣未盡，早遂輕安。大命
難逃，徑生安養，十方三世」云云。當念佛時，眾宜攝心
清淨，不得雜念攀緣。[119]

據此，一般病者與嚴重病患的念誦方式是不同的。生病中的比丘，
《清規》的作法是請鄉人道舊一起為他「念佛懺悔」，俾使清淨，
其儀軌是「排列香燭佛像」→「念誦贊佛」→「懺悔」→「回向」。
至於病情較為嚴重者，念誦的儀軌又不同，是「讚佛功德」→「發
露懺悔」→「念佛菩薩聖號」→「回向」。一般病症者，所賴以念
誦的對象是「清淨法身毘盧遮那如來法身」，次數是「十聲」；病
情較嚴重者，眾人可為他念誦「阿彌陀佛一百聲，觀世音菩薩、
大勢至菩薩、清淨大海眾菩薩」，次數亦是「各十聲」。其目的都
是「釋多生之冤對，懺累劫之愆」，即透過華嚴無盡緣起的圓融思
想與淨土的佛陀大願，讓病者累劫的冤親罪業都能依於至誠的發
露懺悔而蕩滌深殃，身心清淨。

又《清規》卷八《法器章第九‧鼓》末載云：

《金光明經》云：信相菩薩夜夢「金鼓」，其狀姝大其明普

照，喻如日光，光中得見十方諸佛眾寶樹下，坐琉璃座，
百千眷屬圍繞而為說法。一人似婆羅門，以枹擊鼓出大音
聲，其聲演說「懺悔偈頌」。信相菩薩從夢寤已，至於佛所，
以其夢中所見「金鼓」及「懺悔偈」，向如來說。[120]

這表示，《清規》對「鼓」器的教義是肯定《金光明經》中金鼓音
聲與懺悔偈誦的滅罪義，兩者合一，自得懺罪清淨，時時修行，
既有經據，《清規》又有實踐之方向。

從全部《清規》衡之，百丈的重心似乎是放在制式化大乘菩
薩戒儀節之載錄以作為禪者律己修行或寺院佛事之標準，但若沒
有懺悔發露、禪悟、戒律等儀態之配合，恐相形失色。因此，《清
規》雖呈現著一定程度的政治拘束力，[121]但在武宗滅佛（841~845）
後的唐代政治時局中，禪者仍夠清淨修行、不受迫害，這種戒懺
一體的清規懺悔實具甚大影響力。

除清規外，《祖堂集》亦載錄過百丈和弟子們的討論，其云：

師垂語云：「見河能漂香象。」

僧便問師：「見不？」

師云：「見。」

僧云：「見後如何？」

師云：「見見無二。」

僧云：「既言見見無二，不以見見於見；若見更見，為前見？
為後見？」

師云：「見見之時，見非是見；見猶離見，見不能及。」

師垂語云：「古人舉一手、豎一指，是禪是道，此語繫縛人，
無有住時。假饒不說，亦有口過。」

怤上座拈問：「翠嵒既不說，為什麼便有口過？」

翠嵒：「只為不說。」怤上座便攝隔兩日。

翠嵒却問怤上座：「前日與摩祇對，不稱上座意旨，便請上
座不捨慈悲，曲垂方便。既不說，為什麼便有口過？」

120　《大正》48，No.2025，頁1147中。
121　柳田聖山《中國禪思想史》，頁181。

　　上座舉起手。

　　翠嵒五體投地禮拜，出聲啼哭。[122]

這則公案，呈現了百丈師生間關於「頓悟見性」與「口過」間的討論，此與《壇經》中神會以「見亦不見」質問惠能的情形極爲相似，只是惠能是以無相懺悔結合定慧不二的頓見禪法，這裡則是百丈、僧、怤上座、翠嵒四人間對於「口過」（口業果報）的參悟。「見河能漂香象」的「見」，禪觀慧見也；「河」，瀑流也，喻一切煩惱業障；「漂」，漂流也，指六道輪迴；「香象」，喻見性得道之禪者。詳言之，即使是一位得道見性之禪者仍有可能因爲煩惱業障的業力牽引而墮入六道輪迴的果報中。依百丈之意，這種因果業報的認識是如人飲水冷暖自知的，不是語言文字或知識概念的，禪者須於「舉一手、豎一指」中頓悟見性，不可執著在「前見？後見？」的思量忖度，更不可執著在「見河能漂香象」的語言表達上，因爲它們都會讓禪者陷溺於二元對立之範疇牢籠中，繼續自縛縛人。《壇經》中，惠能教導神會的「常見自過患」，是以定慧不二的般若智慧與無相三歸依→無相懺悔→無相戒→四弘大願→滅罪頌等懺悔思想渾融爲一，稍微保留著懺悔儀軌的影子，此處百丈已完全剔除了形式意義的懺悔儀軌，純然從自性處下手，稍微點撥了口業果報，令弟子們參悟。但是，口業本就聯繫著身業、意業，方成三業三障，故有所謂「（瀑）河能漂香象」的喻意，可見百丈所說其實是以小見大，既活用了經典中的煩惱瀑河之喻意，亦上承了惠能的無相懺悔，又有自家的一套禪悟風格。在百丈的指導下，怤上座果真以不假知識概念思索的「舉起手」之直覺反應，翠嵒則以真性情的「五體投地禮拜，出聲啼哭」的具體真情，表達了頓悟見性之境界，這與前面大安寺寺主「五體投地禮拜馬祖」是一模一樣的表現，它都是禪者在無常、無我、性空與因果業論的正確認識下，不執著於「見」、「不見」、「我」、「我所」、「說」、「不說」等差別對立的知識概念造作下以現實人

---

122 《祖堂集卷十四·百丈和尚》，頁273~274。

之直覺身心淨除口業罪過的禪法。

　　百丈禪師與大珠慧海一樣，都肯定《觀普賢菩薩行法經》那種「眾罪如霜露，慧日能消除」的無相懺悔之實踐，[123]禪者若是「心地若空，慧日自現」，便能在當下滅除「俱歇一切攀緣、貪嗔（瞋）、愛取，垢盡情盡」，其云：

> 先歇諸緣，休息万（萬）事；善与（與）不善，世間一切諸法，並皆放却，莫記憶，莫緣念；放捨身心，令其自在。心如木石，口無所辯；心無所行，心地若空，慧日自現，猶如雲開日出相似。俱歇一切攀緣、貪嗔（瞋）、愛取，垢盡情盡。[124]

身、口、心（意）所造作出來的「善」與「不善」皆是三業，三業皆是依因待緣而生，故百丈教導修行人要「心如木石」、「心地若空」，向於道境；要用「歇緣」、「息事」、「放却一切」、「莫憶」、「莫念」、「放捨身」、「放捨心」、「口無」、「心無」、「歇攀緣」、「歇貪」、「歇瞋」、「歇愛取」等心法讓「慧日自現」，以般若空智滅盡「貪瞋、愛取」罪垢，回復原本清淨的自性。又說：「不被見聞覺知所縛」、「不被諸境惑」、「不攝不散」、「不被一切善、惡、垢、淨、有為世間福、智拘繫」、「不自言空」、「不自言色」、「不言是非垢淨」、「無心繫縛人」、「不住繫縛」、「不住解脫」、「無一切有為無為解」、「一切不拘」、「不念名聞衣食」、「不貪一切功德利益」、「不与（與）世法之所滯」、「苦樂不干於懷」、「不為陰界、五欲、八風之所漂溺」、「不為一切有為因果所縛」、「不求佛」、「不求知解」、「不守此無求為是」、「不住盡處」、「不謂地獄縛」、「不愛天堂樂」……等等，[125]這些否定性的詞句，或從身業而發，或從口業而發，或從意業而發，不一而足，皆是以般若空慧超越滅盡貪瞋癡三障的心法，滅盡貪瞋癡三障即是懺法的根本精神，但百丈的理論根據都是「眾罪如霜露，慧日能消除」的無相懺悔。百丈

123　《諸方門人參問語錄》，《卍新續》63，No. 1224，頁28上。
124　《祖堂集卷十四・百丈和尚》，頁274。
125　《祖堂集卷十四・百丈和尚》，頁274~275。

又云：

> 耳聾眼暗，頭白面皮皺，老苦及身，眼中流淚，心中惇惶，
> 未有去處。到与（與）摩時，整理腳手不得，縱有福智多
> 聞，都不相救。為心眼未開，唯緣念諸境，不知返照，復
> 不見道，一生所有惡業現於前，或忻或怖，六道五蘊現前，
> 盡見嚴好舍宅、舟舡車輦，光明現赫。為縱自心貪愛，所
> 見悉變為好境，隨所見重處受生，都無自由分，龍畜良賤，
> 亦總未定。[126]

這段內容，百丈教人要認識生老病死無常苦空之理，在六道五蘊
業報現前之時，禪者應是珍惜有限之人生歲月，一心向禪，滅盡
罪業，勇猛精進，唯此「努力猛作」是自救之法。這種「一心向
禪，滅盡罪業」的禪法，與《水懺》中「未登聖果已還，皆應輪
轉，備經惡趣」的業報懺悔理論是相通的。[127]所不同的是，《水懺》
是加上「歸依三寶」→「禮拜十六尊佛菩薩」→「懺悔儀軌」→
「懺悔方便」→「發露罪相」→「發願」→「回向」等儀節的懺
法，百丈禪師則是將普賢懺悔與勞作禪修結合為一，落實在不作
不食的禪修生活上。

又，《百丈懷海禪師語錄》載有百丈依佛教「喪葬禮儀」處理
野狐之公案，[128]亦與《清規》中為病僧亡僧念誦懺罪的儀規相似。
此則公案中，野狐化身為老人，牠的過去世曾為學人說過：專心
禪行可以「不落因果」之理，此說直接否定了佛教的緣起性空與
因果業報之理，從教義而言，老人是迷昧於禪悟心法，在無知的
情形下造下口業外。這口業的造作，除了自縛縛人之外，亦種下
嚴重的惡因：由於他本是一位住持禪師，地位崇高，故所造下的
口業之障相對嚴重的。是故，因果不爽，老人遂依業理而墮入「畜
生道」中，累劫不能超脫。若依業理，此業力是如影隨形附加在

126　《祖堂集卷十四・百丈和尚》，頁 275。
127　《水懺》，《大正》45，No. 1910，頁 976 中~下。
128　隔天早上，百丈禪師令維那白槌告眾，齋後普請送亡僧。大眾不能詳。師領
　　眾至山後巖下，以杖挑出一死狐，乃依法火葬。《百丈懷海禪師語錄》，《馬祖
　　百丈黃檗臨濟四家錄》（《四家語錄》）卷二，《卍新續》69，No. 1322，頁 6 下。

老人身上而不散失的；如欲清淨，唯有懺悔力，乃能得滅除。雖然公案中沒有出現懺悔字眼，但即使累世以來老人聆聽高僧大德的講經說法，仍無法悟道而脫離畜生道的輪迴之苦。百丈禪師聽後，即知前後因緣，乃以「不『昧』因果」輕輕點化之。老人當下由宿世的「不落」概念轉移成「不昧」空慧，於剎那間察覺過去世的無明與曾犯下的口業，重新在因緣果報業理的正確認識下，滅除了過去所犯下的口業，復得清淨之身，脫離野狐之身。臨死前，並請百丈師徒依佛教懺儀幫他料理後事。唐代佛教受中國喪葬禮儀的影響，在喪葬禮儀中為亡者進行懺悔法的唱誦極為盛行，[129]故百丈活用當時為亡僧送葬的經典諷誦與懺悔儀軌之進行，不無可能。

　　此則公案反映了百丈的五點禪意：其一，一位得道的高僧，會以簡易的方式帶引弟子慧除煩惱業障，頓悟見性；反之，會自縛縛人。其二，禪者是以禪觀慧見當下超越因緣果報與六道輪迴，滅除煩惱業障，回復清淨自性，這不是用語言文字或講經論道就能達到的。其三，百丈的禪法，肯定用莊嚴隆重的佛教懺儀方式為亡者送葬，這與《清規》中為病僧亡僧念誦懺罪的儀規可以相呼應。其四，百丈的禪悟心法是通行於六道眾生的，這是禪宗對眾生平等、眾生皆有佛性的原則之實踐。

　　要言之，百丈不作不食的禪法，是與清規戒律、懺悔滅罪融合為一的。若從實質而言，至少含有「眾罪如霜露，慧日能消除」、「念佛懺悔，身心清淨」、「金鼓懺悔，滅清淨」、「一心向禪，滅盡罪業」等懺悔義蘊。

四、臨濟義玄「無位真人」禪法的懺悔思想

　　臨濟義玄（787~867）是會昌毀佛（841~845）後，在北方「河朔三鎮」（魏博、成德、幽州，包括河北、河南、山東一帶）中成

---

129 參拙文〈「佛說無常經」的傳譯與喪葬禮儀〉第二部分之論述，《中華佛學學報》第二十期，2007年7月，頁65~104。

德鎮所轄的鎮州（今河北正定附近）大力推行馬祖道一（709~788）
即心即佛、黃蘗希運（？~850）直下無心禪法的大將，以單刀直
入、機鋒凌厲、棒喝峻烈的禪風聞名於世，創為四喝、四賓主、
三玄三要、四料簡等重要門庭施設，但他高揚以「人」為主的禪
修，透顯人人本有的「無位真人」。[130]他的「無位」，實即禪宗大
師們一貫心心相傳的實相無相、真如佛性與如來藏自性清淨心地
的創造性詮釋；他的「真人」，除了契應禪宗標舉的「真常心」外，
又銜接了馬祖的「平常心」之「平常人」。他打破了一切的形式主
義，又契接了真人的現實禪修，且有棒喝賓主玄要的禪法，故使
得天下賢達蜂擁而至，一時龍象輩出，枝葉繁榮，至宋代復發展
出黃龍、楊歧二支，成為南禪五門中創立最早，亦是唯一位浸入
北方的宗派，對當代、日、韓及後世影響甚遠。[131]

　　臨濟繼承乃師黃蘗希運「不立義解」的禪風，[132]對於一般人
執著於形式取相的禪定靜坐者，皆以單刀直入之棒打斥喝方式點
醒之，教導禪者不要執著在語言、文字、句義的擬議思量上，不
要刻意去覓佛求佛，而是作一個「餓即喫飯，困即睡眠」之閑暇
無事人，避免修行墮入「三塗地獄」、「五無間業」中。[133]其接引
方式之激烈，幾乎無棒不打，無意不殺，[134]所謂「用金剛王寶劍，
逢凡殺凡，逢聖殺聖，風行草偃，號令八方」，[135]可謂是風霆雷霹、
震爍古今，橫掃天下新禪人。

---

130 北宋・馬防於宋徽宗宣和庚子（1120）年八月十五日撰〈鎮州臨濟慧照禪師語
　　錄序〉，《大正》47，No.1985，頁495上。
131 詳參唐・三聖慧然編集《鎮州臨濟慧照禪師語錄》（又作《臨濟義玄禪師語錄》、
　　《臨濟義玄語錄》、《臨濟錄》），《大正》47，No.1985，頁495上~506下。
132 裴休〈斷際心要序〉，見《大正》48，No.2012A，頁379中。
133 筆者稍作統計，全書重要的關鍵詞如「一般禿子」，出現10次；「文字」，出
　　現7次；「無事」，出現20次；「無位真人」，出現3次；「業」，出現23次；「造
　　業」，出現5次（「造業眾生」、「造業底人」）；「地獄」，出現7次；「地獄業」，
　　出現3次、「三塗地獄」，出現2次；「五無間業」，出現4次；「喫飯」，出現4
　　次；「覓」，出現18次；「棒」，出現14次；「打」，出現58次；「喝」，出現40
　　次；「言」，出現29次；「句」，出現36次。
134 《鎮州臨濟慧照禪師語錄》，《大正》47，No.1985，頁500中。
135 元・郭天賜〈臨濟慧照玄公大宗師語錄序〉，《大正》47，No.1985，頁495
　　中。

　　臨濟這種風霆雷霹的棒喝禪法，一樣重視因緣果報的必然性，如他三問黃蘗三度棒打後，自省的向首座陳說云：

> 幸蒙慈悲，令某甲問訊和尚，三度發問，三度被打。自恨障緣，不領深旨，今且辭去。[136]

能「自恨障緣，不領深旨」，表示他把禪修頓悟和因緣果報的思想是聯繫為一的。後來，他奉黃蘗指示去高安灘頭參問大愚禪師，亦有如下之對話：

> 大愚問：「什麼處來？」
>
> 師云：「黃蘗處來。」
>
> 大愚云：「黃蘗有何言句？」
>
> 師云：「某甲三度問佛法的的大意，三度被打，不知某甲有過、無過？」
>
> 大愚云：「黃蘗與麼老婆為汝得徹困，更來這裏問有過、無過？」
>
> 師於言下大悟，云：「元來黃蘗佛法無多子。」[137]

臨濟義玄與高安灘頭大愚禪師[138]的對話，一樣是不執著於語言文字或知識概念的禪機交流，但臨濟向大愚所發出的「不知某甲有過、無過」之疑問，與上述「自恨障緣，不領深旨」是上下呼應的，都是不能體證到黃蘗所說的「佛法的真實大意」的自省思考。以黃蘗的立場而言，如來藏佛性既不是用語言文字或知識概念可以思量而得，且諸行無常、諸法無我、罪性本空，故禪修者只管直下無心、平常無事的「飢來喫飯，睡來合眼」即可，根本不必再平添「有過、無過」之思忖，故巧用三次的猛「打」來暗示他。在大愚的點撥之下，無明迷霧頓時消失，罪業滌除盡淨，佛性自然揭顯而出，於言下大悟。但當他愉悅地說：「原來黃蘗的佛法

136　《鎮州臨濟慧照禪師語錄・行錄》，《大正》47，No. 1985，頁 504 中~下。
137　《大正》47，No. 1985，頁 504 下。
138　「高安」，在唐代是隸屬洪州的轄縣之一，是筠州的治所，地域相當於現在江西省的高安縣與宜豐縣。「大愚」是山名，地處高安縣城的東門外，山麓有寺名真如寺，又名大愚寺；山寺面臨湍急奔流的錦江，故稱所在地為大愚灘頭。《舊唐書卷四十・志第二十・地理三・江南道・江南西道・洪州上都督府》，頁 1604~1605。

沒有什麼了不起」時，[139]實又起了妄念，大愚禪師便特意揪住他並大聲罵云：「這尿床鬼子，適來道有過、無過，如今却道黃蘗佛法無多子！爾見箇什麼道理？速道！速道！」[140]大愚透過「揪住」「大聲罵」與「激將」之法，逼使他用語言把看到的真理陳說出來。在大愚的逼將之下，臨濟方徹底的撥除語言文字之無明迷障，證會黃蘗三度猛打之意。

　　臨濟激烈的棒喝手法，是不離罪性本空、緣起、無常、無我與因果業報論的，他說：「真正學道人，不求世間過」，[141]反之，學道人應是時刻都得看出自己的煩惱過患，予以懺除，讓自己清淨無染，成為一個「餓即喫飯，困即睡眠」的「閑暇無事人」、「無位真人」。所謂「閑暇無事」，並不是什麼事都不做，亦不是執著在禪定的位階，更不是不用懺悔，而是在因緣業理上進行「心法無形，通貫十方，目前現用」的禪行實踐。[142]在日常生活中，他就常常超越一般形式意義的禮儀，喝除學人對二元對立的知識概念之矛盾認知，讓學人悟見佛性，[143]甚至「閑暇無事」也沒有「好」、「不好」「有過」、「無過」的二元對立問題，其云：

　　　　師云：「莫道無事好。」
　　　　首座侍立次。
　　　　師云：「還有過也無？」
　　　　首座云：「有。」
　　　　師云：「賓家有過，主家有過。」
　　　　首座云：「二俱有過。」

139　「老婆」，是指年老的婦女、老嫗。「老婆心切」，是指老年婦女對對子女的疑問考慮得極為細緻而周到，心情熱切的唯恐出現什麼差錯一樣。「為汝得徹困」，指為你的事已操心到極點了。「多子」，相當於「多少」；「子」，為「些子」的省略；「無多子」，「猶說沒有多少」。參：王鍈《詩詞曲語辭釋例》（增訂本），（北京：中華書局，1986年版），頁76~77。
140　《鎮州臨濟慧照禪師語錄‧行錄》，《大正》47，No. 1985，頁504下。
141　《臨濟義玄語錄》，《大正》47，No. 1985，頁498中。
142　《臨濟義玄語錄》，《大正》47，No. 1985，頁497下、498上。
143　如一老宿參問云：「禮拜即是？不禮拜即是？」臨濟便大「喝」一聲！老宿便禮拜。師云：「好箇草賊！」老宿云：「賊！賊！」便出去。《臨濟義玄語錄》，《大正》47，No. 1985，頁503中。

> 師云：「過在什麼處？」
> 首座便出去。[144]

首座執著於「好」、「不好」「有過」、「無過」上頭，便陷入二元對立之矛盾思維上，臨濟以「過在什麼處」逼問他，他才返回到原本清淨無礙的如來藏佛性上頭。依於懺悔之理，罪性本空，不在內、外、中間；罪業確有因果，但不是在空間、深海之中，亦不是在幽冥的山林之間；依於緣起業論，宿業果熟之時，業果自然成熟而顯的。看來，前面臨濟問大愚「有過、無過」的執著與後來的頓悟見性，在此已心心傳印在首座的「二俱有過」的參問上。

為了避免弟子們陷入二元對立之矛盾思維上，臨濟教導弟子們：「人要自信，莫向外覓」，相信自己原本就有如來藏自性清淨心，向內懺罪清淨而非向外覓佛覓法，這是《起信論》真如緣起與《二入四行論》二祖慧可遍覓全身亦尋不著禪法的通體貫承。因此，他的禪法「秪是覓箇不受人惑底人」，[145]所謂「不受人惑底人」，即是清楚因緣果報、無常、無我、罪性本空教法的自信之人，亦即是不執著於經典律法上的語言文字、知識概念，不執著於罪性本有、禮懺儀軌、禮拜佛菩薩而能主動去自覺、自懺、自證、自悟之人。他曾說到自己的禪悟經驗，其云：

> 往日曾向毘尼中留心，亦曾於經論尋討，後方知是濟世藥表顯之說，遂乃一時拋却，即訪道參禪。後遇大善知識，方乃道眼分明，始識得天下老和尚，知其邪正，不是娘生下便會，還是體究練磨，一朝自省。[146]

這是說，臨濟曾經在戒律、經論、禪坐上都投注過不少功夫，後來發現那些只是經教上的「表顯之說」而非無常無我寂靜的內涵生命，幸好受到黃檗、大愚等善知識的棒打與推却之點醒，才「道眼分明」，證悟因緣業力之必然緣生與作用，回復了本來面目。這

---

144 《臨濟義玄語錄》，《大正》47，No. 1985，頁 503 中~下。
145 《大正》47，No. 1985，頁 499 上、502 上。筆者按：《臨濟錄》中共出現十八次的「覓」字，臨濟主要是教導禪者勿向外覓禪覓佛，而應平常無事的向內蘊生命交互契接而生活，活出真正的如來自性。
146 《臨濟義玄語錄》，《大正》47，No. 1985，頁 500 中。

樣的證悟，不是先天生下來就能體會佛性的，亦不靠著外在的禪定功夫而獲得的，而是一個「正常人」親自經歷過刻骨銘心的實踐、磨練、觀照之下向內涵生命自省、自悟而得的。故云：

> 向外作功夫，總是癡頑漢。爾且隨處作主，立處皆真境，
> 來回換不得。縱有從來習氣、五無間業，自為解脫大海。[147]

修行人若執著在外在的禪定功夫，是一位魔佛不辨、不停造作罪業的癡迷頑漢；[148]若能「隨處作主，立處皆真」，縱使無始以來有無量無邊罪業，亦能滅業清淨，自力解脫，頓悟見性。因此，他反對孤峯獨宿的長期禪坐與六時不歇的禮懺，若不能隨處作主，立處皆真，仍然是在犯過造業，其云：

> 孤峯獨宿，一食卯齋，長坐不臥，六時行道，皆是造業底
> 人；乃至頭目髓腦，國城妻子，象馬七珍，盡皆捨施，如
> 是等見，皆是苦身心故，還招苦果。[149]

學禪本來就是要離苦得樂，如果長期禪坐與六時禮懺仍然「還招苦果」，便是錯誤而無效的方法。但禪者如何讓這個「不受人惑底無位真人」能夠「隨處作主，立處皆真」，見性解脫呢？他提出了「造五無間業，方得解脫」的逆向思考，其云：

> 大德，造五無間業，方得解脫。
> 問：如何是五無間業？
> 師云：殺父、害母、出佛身血、破和合僧、焚燒經像等，
> 此是五無間業。
> 云：如何是父？
> 師云：無明是父。爾一念心求起滅處不得，如響應空，隨
> 處無事，名為殺父。
> 云：如何是母？

147　《大正》47，No. 1985，頁498上。
148　《臨濟義玄語錄》，《大正》47，No. 1985，頁498上。
149　《大正》47，No. 1985，頁502上。《水懺》亦云：「念報佛恩者。如來往昔無量劫中，捨頭目髓腦，支節手足，國城妻子，象馬七珍，爲我等故修諸苦行。此恩此德，實難酬報。是故經言：若以頂戴，兩肩荷負，於恒沙劫亦不能報。我等欲報如是恩者，當於此世勇猛精進，捍勞忍苦不惜身命，建立三寶，弘通大乘。廣化眾生，同入正覺。」《大正》45，No. 1910，頁969下。

師云：貪愛為母。爾一念心入欲界中，求其貪愛。唯見諸法空相，處處無著，名為害母。

云：如何是出佛身血？

師云：爾向清淨法界中，無一念心生解，便處處黑暗，是出佛身血。

云：如何是破和合僧？

師云：爾一念心正，達煩惱結使，如空無所依，是破和合僧。

云：如何是焚燒經像？

師云：見因緣空，心空法空，一念決定斷，迥然無事，便是焚燒經像。[150]

依於教法，凡犯「殺父、害母、出佛身血、破和合僧、焚燒經像等」五無間業（ānantarya-karman）者，必定障礙聖道及加行善根；臨命終時，必隨因緣招感業力而墮入阿鼻地獄受諸苦報。[151]隋・慧遠云：「殺父、殺母，背恩，故逆；餘三，違於福田，故逆；殺阿羅漢、破和合僧，違僧福田；出佛身血，違佛福田。」[152]此五種何故名為無間業？慧遠云：「趣果無間」、「受苦無間」、「壽命無間」、「身形無間」，一切不相障礙，因從果稱，無有終止，故曰無間。[153]

不過，臨濟未說「殺阿羅漢」，而改以「焚燒經像」，或許是禪宗重視的大乘的楞伽「一心」，有意脫略小乘的「阿羅漢」；或許是針對會昌毀佛，點出「佛教經像」的問題而說，此不必執泥

---

150 《鎮州臨濟慧照禪師語錄》，《大正》47，No. 1985，頁 502 上~中。

151 《阿毗達磨俱舍論卷十七・分別業品第四之五》，《大正》29，No. 1558，頁 92 中~下。

152 隋・慧遠《大乘義章卷七・身等三業五門分別》，《大正》44，No. 1851，頁 608 上~下。

153 其云：「釋有四義：一，趣果無間，故曰無間。故成實言：捨此身已，次身即受，故名無間。二，受苦無間，五逆之罪，生阿鼻獄，一劫之中，苦苦相續，無有樂間。因從果目，名無間業。三，壽命無間，五逆之罪，生阿鼻獄，一劫之中，壽命無絕。因從果稱，名為無間。四，身形無間，五逆之罪，生阿鼻獄。阿鼻地獄，縱曠八萬四千由旬；一人入中，身亦遍滿；一切人入，身亦遍滿，不相障礙。因從果號，名曰無間。」《大乘義章卷七・身等三業五門分別》，《大正》44，No. 1851，頁 608 中。

之。重要的是，臨濟作了違逆一般教法的說明，他的「殺父、害母、出佛身血、破和合僧、焚燒經像等」，已不是經論上所說的「父、母、佛、僧、經像」等人事物，而是引申為「無明、貪愛、清淨法界、一念心正、見因緣空」等佛教旨義。臨濟教人要去「造作」五無間業，方得解脫，這不是真的教人去造作五逆惡罪，而是一種逆向式的因緣操作，是不在內不在外不在中間的，不執著一切形式主義又不忽略一切形式主義的，不執著人間萬法而又緣現人間的禪悟心法，他呼應了馬祖、大珠、黃檗、百丈等不執著於語言文字、知識概念或外在形式的超越之如來藏自性清淨心法，讓禪者醒悟到禪修懺悔不是表面上的事懺、理懺、觀相或禮懺儀軌之發露懺悔，而是以本有的清淨佛性與般若智慧觀照內心的「無明」之父、「貪愛」之母、「清淨法界」之血、「一念心正」之僧、「見因緣空」之像，肯定這五無間業都會對本來清淨的無位真人發生作用、產生影響、造成業障，故教導弟子們要勇敢的面對它們，處理它們，運用它們，引導它們，不是刻意去逃避它們，扼殺它們。他的方法，確實較前面各大禪師門的心法還要直接而猛烈。

臨濟義玄這位「餓即喫飯，困即睡眠」之閑暇無位真人，以心為體，以言說為相，以棒喝為用，隨緣消業障，隨心隨懺，隨懺隨淨，不離於世間，將禪法溶入世間的五無間業中，在一個「正常人」的五無間業中進行正觀正行，不被世俗所束縛，超脫於世間之外，這是繼承惠能無相懺悔後的另一層高峯。故臨濟親口說：「山僧無一法與人，秖是治病解縛」，[154] 其一切語錄只是權用為治病解縛之心藥，若不知自覺、自懺、自證與自悟，亦難能解脫。若從實質言之，至少包含著「真正學道人，不求世間過」、「隨處作主，立處皆真」、「造五無間業，方得解脫」等懺悔義蘊。

---

154 臨濟親口說：「山僧無一法與人，秖是治病解縛。」《鎮州臨濟慧照禪師語錄》，《大正》47，No. 1985，頁 500 中。

五、睦州道明「峻烈機鋒」禪法的懺悔思想

　　睦州道明（780~877），嗣黃蘗希運（？~850）的直下無心禪旨，在睦州（浙江）龍興寺弘教。他平生踐履密行，常常製造蒲鞋暗中贈送給人，因此又被稱作「陳蒲鞋」、「陳和尚」。學人來叩問，則隨問隨答，詞語銳不可當。由是四方歸慕，號爲「陳尊宿」。[155]

　　道明的禪風與臨濟義玄不相上下，對於執著經義論疏的人，往往給予峻烈的棒喝，《陳尊宿語錄》載，道明與多位講師座主的問答，他們或講《唯識》、《涅槃》、《金剛》、《楞嚴》、《法華》、《華嚴》、《二十四家書》、《易經》等儒佛經論，道明在棒打手段之下，又評他們是「開口便作屎臭氣」、「喫夜飯保老」、「脫空妄語漢」、「講得椀裏」、「五戒不持」……等等，在機鋒話語的交接下教各大座主們執著於講經論道是會造下「妄語業」的。[156]對於講經論道所造下的「妄語業」，它清淨無染的方式是「懺悔」，如《陳尊宿語錄》載：

　　有座主問：「某甲雖講得經，兼行腳，不會教意時如何？」
　　師云：「灼然實語當懺悔。」
　　進云：「乞師指示。」
　　師云：「你若不問，老僧緘口無言；你既問，老僧不可緘口去也。」
　　進云：「便請道。」
　　師云：「心不負人，面無慚色。」[157]

一位既講說經論又能實際行腳的修行人，照理應是「理行並進」了，但仍然無法證會到禪宗宗旨時，道明認爲這就是「誤執經論

155　相關事蹟見《祖堂集卷十九・陳和尚》，頁 365~367。
156　《古尊宿語錄卷六・睦州和尚語錄（陳尊宿語錄）》，《卍新續》68，No.1315，頁 40 中~41 下。
157　《古尊宿語錄》卷六，《卍新續》68，No.1315，頁 35 中。

義解為實語」的一種「妄語業」。依於懺理，修行若是落於妄語之境，容易造成「意中希求，名譽利養；匿情變詐，昧心厚顏；指有言空，指空言有；見言不見，不見言見；聞言不聞；不聞言聞；知言不知，不知言知；作言不作，不作言作；欺誑賢聖，誑惑世人」等無量無邊的「妄語」罪業，[158]與「惡口」、「綺語」、「兩舌」同屬口業之罪，能令眾生墮於地獄、餓鬼受苦。此時，能夠消除罪業的最有效之法就是「懺悔」、「發露」與日常生活的不放逸。

　　罪業懺除淨盡，自能臻乎「心不負人，面無慚色」之境。「心不負人」者，即是如來藏自性清淨心始終都是清淨無染，不造惡業；「面無慚色」者，即是光明自性散發到外在行住坐臥四威儀時的穩健心態；前者是眾生所本有，不涉於人間的語言文字，但恆接洽於三千大千世界的一切人事物；後者隨清淨自性而散發於自身，由於本來清淨，故無慚色。

　　道明峻烈機鋒的禪法，直下無心，隨問隨答，詞語銳不可當，但禪悟見性的過程中，懺悔滅罪，令身心清淨，是理行並進、證會宗旨的必要方法之一。若從實質言之，其禪法至少含有「不會教意，心當懺悔」、「心不負人，面無慚色」等懺悔義蘊。

第三節　石頭希遷禪系的懺悔思想

一、石頭希遷「即心即佛」禪法的懺悔思想

　　《祖堂集》載，石頭希遷（700~790）還在齠齔（童年）時，隨母親詣佛寺，禮佛訖，瞻望久之，曰：「此蓋人形也，形儀手足與人奚異？」[159]當時就不執著於外在的形相，肯定「佛」、「法」、「僧」、「人」的平等無別，受到時人的注意。

158　《水懺》，《大正》45，No. 1910，頁974下。
159　《祖堂集卷四‧石頭和尚》，頁74。

後來，遵六祖惠能之指示，至清涼山訪青原行思（？~740），當時又以「不用聽律」、「不用念戒」的特異禪行受到行思的注意。行思特別派石頭送信給懷讓，石頭恭敬地禮拜懷讓，兩人便有如下的對話：

> 師問：「不慕諸聖，不重己靈時如何？」
>
> 讓和尚曰：「子問太高生，向後人成闡提去！」
>
> 師對曰：「寧可永劫沉淪，終不求諸聖出離。」[160]

這則對話反映了二大高僧的禪思心路：石頭拋出「不慕諸聖，不重己靈」的命題，表示了他的禪行是「不用聽律」、「不用念戒」的「即心即佛」功夫。但懷讓認為，石頭這種「不慕諸聖，不重己靈」的禪行仍未脫離「諸佛菩薩」與「我」的概念，容易隨因緣而造業，故有可能因業力而墮入「一闡提」道中。但石頭認為，真正的禪修與弘法，是不被一闡提這輪迴之苦所惑的，「寧可永劫沉淪，終不求諸聖出離」。這樣看來，石頭沒有否定因果業報的教義，並積極肯定《涅槃經》「眾生皆有佛性」的教理，同時還呈現了地藏菩薩那種「六道眾生成佛，然後方成正覺」的弘大誓願。[161]這樣的實踐，是進一步深化了惠能「四弘誓願」與「心地常自開佛知見，莫開眾生知見」[162]的禪行能量，亦是石頭所謂「**不論禪定精進，達佛之知見，即心即佛，心、佛、眾生、菩提、煩惱**」一體融融的禪行。[163]由於禪境殊勝，懷讓未給予什麼批評。重回行思處後，行思語云：「祖師預計於汝，汝當保持，善自好去」，承傳了行思的心印。[164]

　　天寶（742~755）初年，石頭在南臺寺東庵坐，心定不亂，如如不動，懷讓又特意派一位侍者前去考驗他：

> 侍者問：「如何是解脫？」

160　《祖堂集卷四·石頭和尚》，頁75。

161　《地藏菩薩本願經卷上·閻浮眾生業感品第四》，《大正》13，No. 412，頁780中~781下。

162　鄧文寬校注《六祖壇經》，頁93。

163　《景德傳燈錄卷十四·南嶽石頭希遷大師》，《大正》51，No. 2076，頁309中。

164　《祖堂集卷四·石頭和尚》，頁76。

> 師曰：「阿誰縛汝？」
>
> （侍者）：「如何是淨土？」
>
> 師曰：「阿誰垢汝？」
>
> （侍者）：「如何是涅槃？」
>
> 師曰：「誰將生死與汝？」[165]

「解脫」、「淨土」、「涅槃」三個命題，是印度初期佛教、部派佛教、大乘佛教及中國佛教各宗的共同目標與理想，但各家各宗都提出自己的龐大理論與方法，乃至於透過判教以提高自家思想的崇高地位。石頭禪師的回應，一貫地表現了他那不願被外在形式教條束縛的特異禪行，「阿誰縛汝」、「阿誰垢汝」、「誰將生死與汝」三句簡要的反問句，即解決了侍者的修行疑難，回應了懷讓的考驗。三句反問句都表示了：如來藏佛性本來就在自己心中，修行即是生死大事，故得道者的身心時時刻刻都是在「解脫」、「淨土」、「涅槃」的境界中，是即心即佛的；既是即心即佛，就不會有束縛者或被束縛者、垢污者或被垢污者、主控生滅者或被操作生滅之變化，這可說是《寶林傳》中僧璨爲道信說「無人縛汝，即是解脫」[166]禪印的進一步實踐。

　　在某次機緣中，石頭禪師與大巔禪師又有如下的對話：

> 石頭云：「除却揚眉動目一切之事外，直將心來。」
>
> 大巔對曰：「無心可將來？」
>
> 石頭曰：「先來有心，何得言無心？有心、無心盡同謾。」
>
> 我（大巔）於此時言下大悟此境，却問：「既令某甲除却揚眉動目一切之事外，和尚意須除之？」
>
> 石頭云：「我除竟！」[167]

從敦煌本《二入四行論》、《寶林傳》、《悟性論》等書籍的記錄，一再表現了「將心求法」、「將法求心」是禪宗嚴格否定的修行方式。因爲，禪師們都認爲，心就在自己身上，禪者心即眾生生心，

165　《祖堂集卷四‧石頭和尚》，頁76。

166　《禪宗全書‧史傳部（一）》，頁324~325。

167　《祖堂集卷五‧大巔和尚》，頁94。

眾生心即佛心，故若執著於「有心」還是「無心」者，都還被語言、文字、存有、虛無等知識概念所束縛，不是自在的如來藏自性清淨心之禪行實踐。尤其《二入四行論》、《寶林傳》、《祖堂集》、《景德傳燈錄》等禪宗資料中，屢屢記載慧可為僧璨「汝將罪來，為汝懺悔」的懺罪淨除之事，[168]這都反映了禪宗打破一切形相，不被一切戒律束縛，卻極為重視懺悔除罪以清淨身心進行禪修的事實。從此則對話來看，大顛有關「有心」、「無心」的思慮疑惑，都是知識概念上尚有執著，都是罪業的造作。石頭禪師以「直將心來」、「有心無心盡同謨」、「我除竟」的禪行示之，其實即是幫大顛和尚進行懺悔除罪的工作。但石頭用的不是一般形式意義的禮懺儀軌，而是將初期禪宗祖師們的懺悔義蘊直接落實在與大顛和尚的對話之當下。

　　這種破除形相儀軌直接落實在對話當下的懺悔除罪，是罪性本空的自覺、自證、自懺、自度，其心自在的禪悅於「解脫」、「淨土」、「涅槃」境地上，又無執於「解脫」、「淨土」、「涅槃」的知識概念中，故無所謂「縛汝」、「垢汝」與「生死」等問題，這是現實之人即可在日常行住坐臥中懺悔除的具體例證。

　　他的《草庵歌》云：

> 住庵人，鎮常在，不屬中間與內外。世人住處我不住，世人愛處我不愛。
>
> ……百年拋却任縱橫，擺手便行且無罪。[169]

「不屬中間與內外」，本是《維摩詰經》罪性本空、不二無垢的思想，亦是慧可、僧璨、道信、傅大士、惠能一脈下來懺悔思想的理論根據之一。

　　要言之，石頭不慕諸聖、不重己靈、不用聽律、不用念戒的

---

168 《寶林傳》，《禪宗全書・史傳部（一）》，頁 319~320、323~324、325。敦煌本《二入四行論》五十九段引見：柳田聖山《達摩の語錄：二入四行論》，頁 220~221。《祖堂集》，頁 40。《景德傳燈錄》卷三，《大正》51，No.2076，頁 220 下。

169 《景德傳燈錄卷三十・銘記箴歌・石頭和尚草庵歌》，《大正》51，No. 2076，頁 461 下。

「即心即佛」禪法中，與初期禪宗《二入四行論》中慧可爲僧璨「汝將罪來，爲汝懺悔」的無相懺悔相通，但石頭更強調讓自己活在現前的真實生命狀態下，不受罪業問題的困縛。故從實質言之，其禪法至少含有「寧可永劫沉淪，終不求諸聖出離」、「無人垢汝，自性懺除」、「揚眉動目，直心除罪」、「百年拋却任縱橫，擺手便行且無罪」等懺悔義蘊。

二、玄沙師備「昭靈真實人」禪法的懺悔思想

玄沙師備（835~908），唐咸通（860~873）初年，年屆三十始脫塵志，投芙蓉山靈訓禪師落髮。受具足戒後，衣唯布納，道在專精，語默有規，不參時倫，雪峰義存稱之爲「備頭陀」。與雪峰義存親近若師徒，同力締構，倡「昭昭靈靈」「真實人」的體證，參學者眾。偶閱《楞嚴經》，發明心地，諸方請益者如水歸海。初住梅谿普應院，不久遷玄沙山，應機接物凡三十餘載，學侶八百餘人。時有閩帥王審知，事以師禮，曲盡殷勤，並奏賜紫衣，號「宗一大師」。五代·智嚴集有《玄沙師備禪師語錄》傳世。[170]

《玄沙師備禪師語錄》載：

> 雪峯問僧：「甚處來？」
> 僧云：「潙山來。」
> 峯云：「潙山有什麼言句？」
> 某曾問：「如何是祖師西來意，潙山默坐。」
> 峯云：「你肯他也無。」
> 云：「某不肯他。」
> 峯云：「潙山古佛，你速去懺悔！」
> 其僧到師（玄沙師備）處，舉前話。
> 師云：「山頭老漢蹉過古人事。」

---

170 相關事蹟見《祖堂集卷十·玄沙和尚》，頁 189~192。《景德傳燈錄卷十八·福州雪峯義存禪師法嗣·福州玄沙師備禪師》，《大正》51，No. 2076，頁 343 下~347 中。

　　云：「未審和尚尊意如何？」

　　師云：「大小潙山被者（這）僧問，直得百雜碎。」[171]

某僧不能認肯潙山禪師的默坐無言禪法，內心貪執於言句，這是執著於語言概念的錯誤禪修，雪峰認為潙山是位頓悟高僧，故要求該僧要為自己的無知與無禮進行懺悔滅罪，這表示懺悔是禪師不能或缺的基本禪行。但某僧又跑去請教玄沙師備，玄沙表面雖說雪峰「蹉過古人事」，而以「直得百雜碎」回答之，但仍未反對雪峰要求懺悔的基本禪修。可以說，雪峰不足處，玄沙補足之；玄沙補足者，與雪峰異狀而質同；二人同樣重視懺悔，同以懺悔行禪。其云：

> 汝諸人見有嶮惡，見有大蟲、刀劍諸事來逼汝身命，便生無限怕怖。恰如世間畫師，自畫作地獄變相，畫大蟲刀劍了，好好地看著，却自生怕怖，亦不是別人與汝為過。汝如今欲免此幻惑麼？但識取金剛眼睛。若識得，不曾教有纖塵可得露現，何處更有虎狼刀劍解嚵嚇得汝？[172]

這並不是在否定懺悔法中的地獄報障，而是正確認識業理與懺進。一般人對於地獄中的刀山劍樹報障所生之「無限怕怖」，玄沙認為是「畫地自陷」的錯誤認識。否定因緣果報而空言心法，是虛妄無用之論；玄沙教導禪者的，即是「識取金剛眼睛」去觀照真正的緣起性空與罪性本空，罪性雖是緣起、無常、無我的，禪者要依於「此有故彼有，此無故彼無」的緣起業論，知道罪業之起「不是別人與汝為過」的，而是自己自心中所造作而出的。找到心中的毒瘡疣頭，以金剛般若覺眼懺除心中自現的纖塵錯誤。懺除之後，心中清淨無染，沒有纖塵錯誤的露現，即是淨身淨心之體，便不是刀山劍樹的地獄果報的形式問題了。故云：

> 三界無安，猶如火宅。且汝未是得安樂底人，汝父母放汝出家，十方施主供汝衣食，土地龍神荷護汝，也須具慚愧知恩始得。莫長連床上排行著，粥飯將養得汝爛冬瓜相似，

171　《玄沙師備禪師語錄》，《卍新續》73，No.1445，頁20上~中。
172　《卍新續》73，No.1445，頁21中。

變將去土裏埋將去。業識忙忙，無本可據，只如大地上蠢
蠢者，我喚作地獄劫住。如今若不了，明朝後日盡變入驢
胎馬腹裏，牽犁拽杷，銜鐵負鞍，大不容易受，大須恐懼。
此煩惱惡業因緣，未是一劫兩劫得休去，直與金剛齊壽。[173]
「三界無安，猶如火宅」，是《妙法蓮華經》上的譬喻，[174]玄沙教
導禪者要珍惜出家因緣，慚愧知恩始得；「業識忙忙，無本可據」，
既是對因緣業理的肯認，亦是無常無我性空三法印的確認；「入驢
胎馬腹裏，牽犁拽杷，銜鐵負鞍」，所說的都是地獄報障與六道輪
迴的教義這些都是「煩惱惡業因緣，不是一劫兩劫就輪迴得盡」
的；相反的，金剛般若智慧亦是無量壽的安心極樂，但須以正確
因緣業論懺悔罪業，珍惜當下生命精進不放逸。故玄沙用南陽慧
忠的「善惡都莫思量」與黃蘗希運的「努力今生須了却，誰能累
劫受餘殃」勉勵弟子，[175]都表示了懺悔與禪悟是不可相離的。這
種以金剛慧懺悔滅罪的思想，是上承五祖弘忍，中接六祖惠能，
下契南陽慧忠、黃蘗希運與雪峰義存而表現出來的。

玄沙在福州時，閩王王審知迎居安國寺，禮重爲師，奏賜紫
衣，號爲「宗一大師」。[176]《玄沙師備禪師語錄》特別記錄了當時
王審知請雪峯與玄沙入內論佛心印錄之對話，其中屢屢提及懺悔
與因果業論，如：

大王問二師：「朕今造寺、脩福、布施、度僧。諸惡莫作，
眾善奉行。如此去，還得成佛否？」
玄沙云：「不得成佛。但是有作之心，皆是輪迴。」
大王云：「得何果報？」
師云：「得生天報，得福壽報。」
王云：「究竟如何？」
師云：「福盡即墮。」

---

173 《玄沙師備禪師語錄》，《卍新續》73，No.1445，頁21下~22上。
174 《妙法蓮華經卷二·譬喻品第三》，《大正》9，No. 262，頁13下~16中。
175 《卍新續》73，No.1445，頁23中~下。
176 《祖堂集卷十·玄沙和尚》，頁189。

　　　王云：「墮於何處？」

　　　師云：「福盡壽報，佛經具載。」

　　　大王少時不言。

　　　二師向大王言：「即心是佛，見性是佛。」

　　　王云：「將何為道？作何修行？」

　　　師云：「經中道：一切業障海，皆從妄想生。若欲懺悔者，

　　　端坐念實相。願大王識取實相，自然成佛。」

　　　大王起禮二師，言：「相救生死事大。」[177]

「造寺、脩福、布施、度僧。諸惡莫作，眾善奉行」之問，與梁武帝問達摩的情形如出一轍，這幾乎是一般佛教徒盡心奉行的修佛證道之方式，其思想根據都是來因緣果報論。看在禪宗眼裏，那些都是「有心之作」的缺漏迷障，仍會陷入輪迴之中，尚非見性成佛之禪行。當年，達摩以「無功德」否定掉梁武帝的有心造作，未得武帝看重；[178]玄沙亦以「福盡即墮」、「福盡壽報」說那是「不得成佛」之舉，他一樣否定掉「眾善奉行」即可成佛的看法，遭遇雖非如梁武帝之對達摩，卻同樣受到閩王「少（稍）時不言」的無言抗議！不過，雪峯與玄沙又以「惠能－百丈」禪法的「即心是佛，見性是佛」補充不足，並以《普賢行願》的「一切業障海，皆從妄想生。若欲懺悔者，端坐念實相」[179]的無相懺悔教導閩王「即心是佛，見性是佛」的無相懺悔禪觀為修行證道之方法，為閩王指出了修禪的方向。這更證明了禪懺不離、懺禪一體的修行原則。但《普賢行願》的無相懺悔禪觀是《華嚴經》的一心法界思想，與石頭希遷「即心是佛」下那種「寧可永劫受沉淪，終不求諸聖出離」[180]的懺悔思想仍有相當大的差異。就此而言，玄沙教導閩王懺悔的，應與達摩藉教悟宗一樣，只是權用

177　《玄沙師備禪師語錄・王大王請雪峯與玄沙入內論佛心印錄》，《卍新續》73，No.1445，頁23下~24上。

178　《祖堂集卷二・第二十八祖菩提達摩和尚》，頁32。

179　《觀普賢菩薩行法經》，《大正》9，No.277，頁393中。

180　《祖堂集卷四・石頭和尚》，頁75。蔡日新《石頭路滑別有徑》，台北：慧炬，2001年10月。

普賢的實相懺悔精神，而活用在現實人身上之禪法，故曰「識取實相，自然成佛」。閩王在雪峯與玄沙師徒二人的普賢懺悔與自然禪觀之引導後，立即「起身」、「禮敬」二師，同時言道：「相救生死事大」，表現了契印禪機之信心與態度。是故，玄沙的普賢懺悔即是在解決無常生死大事，無常生死大事即是修禪證悟大事，修禪證悟大事即是讓「真實人」活潑靈動起來。

玄沙師備還爲閩王整理出活潑靈動的真實人可以契應於真如佛性的十一種名號：「一名佛性，二名真如，三名玄旨，四名清淨法身界，五名靈臺，六名精魂，七名赤子，八名大圓鏡智，九名空宗，十名第一義，十一名白淨識。」由這十一種名號來看，玄沙有意會通唯識、般若、涅槃、天台、華嚴、道家的說法，但從說通而言，他當然是權用《大智度論》「佛十號」在禪法上；從宗通而言，實是教導閩王以本性自足的一心去自懺自度。[181] 玄沙的自懺自度，契應於《大智度論》以佛十力、四無畏、四無礙智、十八不共法去除眾生因身口意惡業而墮入六道輪迴苦報之修行實踐，但後者強調的是踐履摩訶般若波羅蜜的智慧以滅罪悟空，前者強調的則是自然無心的就現實人的生死大事進行懺悔與證道。

經過雪峯與玄沙師徒二人的說明後，閩王當下「大起信心，便立大誓願，志信受持，終無退志。」雪峯與玄沙又以踐行「達摩禪門無形無相」、「自己即是本源自性天真佛」、「莫起善惡思量」、「向無功用道」、「向無功用道」等禪旨可以「速得成佛，滅無量罪」之法示之，[182] 這都可看出玄沙講究的是懺悔與禪進一體無二的禪法之呈現。而閩王的表現是：

> 大王遂禮二師。嘆曰：慚愧！百生、千生，慶幸得逢善知
> 識指示。若不因二師直說，萬劫也不會此空空無相之門，

---

181 詳《大智度論卷二十四・十力論釋第三十九》，《大正》25，No. 1509，頁236上~中。玄沙師備云：「（十一名號）是一心之名目也。三世諸佛、十二部經並在。大王本性自具足，亦不用求。切須自救，無人相爲，山僧救大王不及。」《卍新續》73，No.1445，頁24上。

182 《卍新續》73，No.1445，頁24上~24中。

此去誓不負二師深恩。[183]

玄沙講究的是懺悔與禪進的一體無二，閩王的「禮謝二師」、「慚愧」、「慶幸得逢善知識指示」、悟「萬劫宿業」與證「空空無相之門」，都是懺悔思想的具體表現。

閩王又問玄沙和尚：「此一真心，本無生滅，一切俱無去無來。今此一身，從何而有？」玄沙云：

> 從父母妄緣而生，便即傳命。此一念本來識性，亙今亙古，本源真性，自徧周法界。為妄想故，有一點識性為念，受千般苦，身有輪迴也。古人云：「佛者，覺也。」大王既知覺了，不落惡趣，但請大王頻省妄念，歸真合道。[184]

「為妄想故，有一點識性為念，受千般苦，身有輪迴」，與達摩「二入四行」的「但為客塵妄想所覆，不能顯了」、《起信論》的「真如之體雖明潔，具足功德，而被無邊客塵所染」[185]都是相同的思路；「頻省妄念」，玄沙語錄中又作「省發」、「省」、「省察」、「省心」、「詳察看」、「省我多少心力」、「省得」等，[186]都是如來藏自性清淨心、「報怨行」懺悔與「捨妄歸真」禪觀的結合。[187]

要言之，玄沙「昭昭靈靈」「真實人」的禪法，沒有棄絕普賢無相懺悔的實踐，它教導現實人要「省發」、「省察」、「省心」，進行的懺悔精進，這可說尚契於惠能定慧不二無相懺悔的常見自過患之禪法。實質言之，其禪法至少有「貪於言句，速去懺悔」、「欲免此幻惑麼，但識取金剛眼睛」、「煩惱惡業因緣，未是一劫兩劫得休去」、「若欲懺悔者，端坐念實相」、「頻省妄念，歸真合道」等懺悔義蘊。

---

183 《卍新續》73，No.1445，頁24下。
184 《卍新續》73，No.1445，頁25上。
185 《起信論》卷下，《大正》32，No. 1667，頁589上。
186 分見《卍新續》73，No.1445，頁3上、4上、5上、5下、6中、20中、22中、22下、23上、30上、30中、31下等處。
187 《菩提達摩四行論》，《禪宗全書·語錄部（一）》，頁28~29。

三、雲門文偃「截斷眾流」禪法的懺悔思想

　　雲門文偃（864~949），初參睦州道明（780~877），後謁雪峰
義存（822~908），嗣其心印。道明之宗風峭峻，不容擬議；雪峰
之宗風溫密，可探玄奧；文偃得此二風，更自發揮獨妙之宗致。
在韶州雲門山（廣東省汝源縣）傳法，受到南漢劉陟政權之護持，
大開禪風。其心法「機辨險絕，語句簡要」，如電光石火，而每有
千鈞之重。本宗以「雲門八要」接化學人；以「**函蓋乾坤、目機
銖兩、不涉春緣**」三句，一鏃破三關，契應《起信論》的「一心
門」、「真如門」、「生滅門」，接洽佛陀與諸祖的一切禪機；又用「一
字關」的門庭施設，概括一切禪語與方式。同一時間內，雪峰義
存－玄沙師備－羅漢桂琛－法眼文益的「法眼宗」系統在浙江地
區與本宗對峙，成為五代時的二大禪機中心。[188]
　　平常上堂對機，常活用南泉普願（748~834）的「莫錯用心」，
說修行是必須超越三藏五乘五時八教的經律論之言語概念；一切
言句，都是虛設；若是「聞人說著，便生疑心；問佛問法，問向
上、問向下，求覓解會，轉沒交涉，擬心即差。」[189]不過，禪悟
見性仍須在「自家無量劫來妄想處」下功夫，時時懺悔清淨，其
云：

> 問：「殺父殺母，佛前懺悔；殺佛殺祖，向什麼處懺悔？」
> 師云：「露。」
> 問：「不起一念，還有過也無？」
> 師云：「須彌山。」[190]

---

188 「雲門八要」：（一）玄，接化玄妙。（二）從，從學人之根機以接化之。（三）
　　真要，拈出佛道宗旨。（四）奪，不容學人擬議，截斷其煩惱性。（五）或，
　　不拘言詞，接化自在。（六）過，宗風嚴峻，不許轉身迴避。（七）喪，不執
　　己見。（八）出，接化自由，予學人出身之路。相關資料見《祖堂集卷十一·
　　雲門和尚》，頁 216~221。守堅編，《雲門匡真禪師廣錄》三卷，收於《古尊宿
　　語錄》卷十五至卷十八，《卍新續》68，No.1315，頁 91 中~122 下。
189 《雲門文偃禪師語錄·對機》，《大正》47，No.1988，頁 545 上~中。
190 《大正》47，No.1988，頁 547 中~下。

「殺父殺母」，即殺心殺性，指的是眾生自無始以來由五蘊身心所造作之諸惡業，但這些惡業是可以在佛前發露懺悔以滅罪清淨的；至於「殺佛殺祖」，即殺佛法殺祖法，指的是執著於三藏五乘五時八教的言語概念而滅沒了直下明得的一乘圓頓禪法。[191]雲門的直下明得的一乘圓頓禪法是「露」，這「露」字一語雙關，是典型的「一字關」，它既是清淨自然的露水（心水），亦指禪修者如泉露般的真誠發露；既是發露一切煩惱罪業，同時亦是如來藏自性清淨心的顯露；他不必在佛祖聖像前懺悔發露，不必依靠外力的保障才能進行，只要開啓眾生本有的如來藏自性清淨心即可懺除的。依於教法，縱經千百劫，業力不可脫；但依於緣起性空，自覺自進的真誠懺悔發露仍是可以滅罪的。這種真誠發露，不是儀式意義的禮懺儀軌，亦非事懺、理懺的知識概念之鋪陳，更非止觀禪定的身心不動，而是活生生的人獨立無懼去面對自家無量劫來妄想造作的真誠發露與發心精進，它是「如人飲水，冷暖自知」的箇人懺進之法。因此，僧徒「不起一念，還有過也無？」的發問，便屬多餘的用心、累贅的思量，故云：「直得乾坤大地無纖毫過患，猶是轉句。」[192]雲門文偃以如如不動、法爾如是的「須彌山」回答他，此「須彌山」與前面的「清淨露水」（心水）前後相應，迴互連結，則懺悔可以是山、是水，可以如山、如水，法爾如是，有罪，因心水的發露而滅除；無罪，因心水的無量功德而滋福萬法。這樣的山與水，是禪修者的山於水，其心如山，堅固卓絕；其心如水，滋潤萬方。

對雲門來說，「直得乾坤大地無纖毫過患，猶是轉句」，[193]但仔細檢點日常生活的大過患是不能忽略的，其云：

---

191 雲門云：「教乘之中，各有殊分，律爲戒學，經爲定學，論爲慧學，三藏五乘，五時八教，各有所歸。然一乘圓頓也大難明，直下明得，與衲僧天地懸殊。若向衲僧門下，句裏呈機，徒勞佇思，門庭敲磕，千差萬別。擬欲進步，向前過在，尋他舌頭布路。從上來事合作麼生？向者裏道圓頓得麼？者邊那邊得麼？莫錯會好，莫見與麼道，便向不圓不頓處卜度。」《大正》47，No. 1988，頁 545 上。
192 《大正》47，No. 1988，頁 557 上~中。
193 《大正》47，No. 1988，頁 557 上~中。

上堂，大眾集定。

（雲門）師云：「是大過患，子（仔）細點撿。」

代云：「不用別人。」

問僧：「世間是什麼人罪最重？」

代云：「平出。」

一日云：「古人道：『一句合頭語，萬劫繫驢橛』，作麼生明
得免此過？」

代云：「趙州石橋，嘉州大像。」

或云：「虛空還有長短也無？」

代云：「這箇師僧得與麼肥，這箇師僧得與麼瘦？」

一日云：「常徒之見，過在什麼處？」

代云：「泊作過中會。」[194]

　　雲門認為「大眾集定」，即是「大過患」，禪者必須時時「仔
細點撿」，這與禮懺法中「動身口意，無不是業，無不是罪」的意
思相通，[195]即禪者應是隨時觀照自己的五蘊身心動身口意之造業
情形。他認為，若不知罪性本空，依緣而起，無常無我，隨時懺
罪清淨，則「天堂、地獄、鑊湯、鑪炭，蓋却爾頭」，即使如此，
亦「不可更作野狐精見解」，[196]而是要見性精進，不是拘泥在外在
儀軌上。弟子們知道雲門的提醒，但又興起「世間是什麼人罪最
重」的疑問。依於教理，罪性本空，法法平等，若問罪之輕重，
一樣又陷入差別對待的言句思量中，故雲門答之以「平出」，言人
人平等無二。一段時間後，雲門又以德誠禪師的「一句合頭語，
萬劫繫驢橛」[197]教眾人認識「動身口意，無不是罪」的業障觀念，

---

194 《大正》47，No. 1988，頁 562 上。
195 《佛說佛名經》卷二，《大正》14， No. 441，頁 194 中。
196 《大正》47，No. 1988，頁 564 下~565 上。
197 華亭船子和尚，名德誠，嗣藥山。嘗於華亭吳江汎一小舟，時謂之船子和尚。
　　師嘗謂同參道吾曰：「他後有靈利坐主，指一箇來。」道吾後激勉京口和尚善
　　會參禮師。師問曰：「坐主住甚寺？」會曰：「寺即不住，住即不似。」師曰：
　　「不似似箇什麼？」會曰：「目前無相似。」師曰：「何處學得來？」曰：「非
　　耳目之所到。」師笑曰：「一句合頭語，萬劫繫驢橛。垂絲千尺，意在深潭。
　　離鈎三寸，速道！速道！」會擬開口，師便以篙撞在水中。（善會）因而大悟。
　　師當下棄舟而逝，莫知其終。《景德傳燈錄卷十四・前藥山惟儼禪師法嗣・華

了解修行不是落於言句的思忖上，並以「趙州石橋，嘉州大像」[198] 指示禪者要破除一切形相，直心面對業力而自懺自度、自證自悟。

　　要言之，雲門認為，截斷眾流不能不懺悔清淨，禪者若是停滯在表面的、形式的禮懺儀軌上或二元對立的知識辨析中，那只是不斷的在殺父殺母、殺心殺性，將永遠陷溺在「天堂、地獄、鑊湯、鑪炭」等六道輪迴中而無法解脫。實質言之，其禪法至少含有「發露自家無量劫來妄想」、「大過患須仔細點撿」等懺悔義蘊。

四、法眼文益「調機順物」禪法的懺悔思想

　　法眼文益（885~958）在漳州得羅漢桂琛（867~928）的心印後，又得南唐後主李煜的禮敬，住金陵報恩院，號為「淨慧大師」。後主從之受戒，為建清涼伽藍；高麗、日本等國渡海來學者，相望於途；以「調機順物」的方式接引學人，認為「古德三昧，或呈解請益，皆應病與藥」；與當時廣東韶州雲門宗的「機辨險絕」相對，各顯一片天地。卒謚「大法眼」，為「法眼宗」之開祖，著有《禪教一致論》、《大法眼文益禪師語錄》傳世。[199]

　　法眼文益的《宗門十規論》，旨在評論五代時禪家之流弊，[200]「十規論」中，實亦呈顯出自宗「調機順物」的禪法，尤其第一

亭船子和尚》，《大正》51，No. 2076，頁 315 中。

198 僧問：「久嚮趙州石橋，到來只見掠彴。」（趙州）師云：「汝只見掠彴，不見趙州橋。」僧云：「如何是趙州橋？」師云：「過來。」又有僧同前問，師亦如前答。僧云：「如何是趙州橋？」師云：「度驢度馬。」僧云：「如何是掠彴？」師云：「箇箇度人。」《景德傳燈錄卷十‧池州南泉普願法嗣‧趙州東院從諗禪師》，《大正》51，No. 2076，頁 277 下。

199 相關事蹟見：《宋高僧傳卷十三‧周金陵清涼文益傳》，《大正》50，No. 2061，頁 788 上~中。宋‧祖琇《隆興佛教編年通論》卷二十八，《卍新續》75 ，No. 1512，頁 251 上~中。

200 法眼文益《宗門十規論》，《卍續》63，No. 1226，頁 36 中~39 上。十規是：（1）自己心地未明，妄為人師。（2）黨護門風，不通議論。（3）舉令提綱，不知血脈。（4）對答不觀時節，兼無宗眼。（5）理事相違，不分觸淨。（6）不經淘汰，臆斷古今言句。（7）記持露布，臨時不解妙用。（8）不通教典，亂有引證。（9）不關聲律，不達理道，好作歌頌。（10）護己之短，好爭勝負。

點特具地獄報障的懺悔義蘊，其云：

> 由無始來，一念顛倒；認物為己，貪欲熾盛；流浪生死，
> 覺照昏蒙；無明蓋覆，業輪推轉，不得自由；一失人身，
> 長劫難返。……叢林雖入，懶慕參求；縱成留心，不擇宗
> 匠；邪師過謬，同失指歸；未了根塵，輒有邪解；入他魔
> 界，全喪正因。但知急務住持，濫稱知識；且貴虛名在世，
> 寧論襲惡於身？不惟聲瞽後人，抑亦凋弊風教。登法王高
> 廣之坐，寧臥鐵床？受純陀最後之羞，乍飲銅汁？大須戰
> 慄，無宜自安；謗大乘愆，非小罪報。[201]

開頭「由無始來，一念顛倒；認物為己，貪欲熾盛」四句，
與《華嚴經》「我昔所造諸惡業，皆由無始貪瞋癡，從身語意之所
生，一切我今皆懺悔」的普賢懺悔偈是一樣的意思，[202]但就文益
的角度言，當然是在強調直心見性的明曉頓悟，不是執著在華嚴
的一心法界上。再則，「（往昔）流浪生死，覺照昏蒙；無明蓋覆，
業輪推轉，不得自由；一失人身，長劫難返」一段文字，是對因
緣業報理論與懺悔滅罪思想有深入的了解與認識才說出來的。參
禪證悟雖然是最終目標，但流浪生死而不知懺悔，雖入叢林，亦
與凡夫無異，故「叢林雖入，懶慕參求；縱成留心，不擇宗匠；
邪師過謬，同失指歸；未了根塵，輒有邪解；入他魔界，全喪正
因」一段文字，都是懺者對自己參禪問道與修行把持功夫的體解
與實踐之自我要求。「但知急務住持，濫稱知識；且貴虛名在世，
寧論襲惡於身？不惟聲瞽後人，抑亦凋弊風教。登法王高廣之坐，
寧臥鐵床？受純陀最後之羞，乍飲銅汁」一段文字，則是縱合地
將自己偏執於世俗的知識名言、虛有的名望與未當的教義講說所
造成的地獄報障進行發露，這幾近於是《慈悲水懺法》中那種「鑊
湯爐炭地獄燒煮」、「鐵床銅柱地獄燋燃」、「吞噉鐵丸烊銅灌口地

---

201 《宗門十規論》，《卍續》63，No. 1226，頁37上。
202 《大方廣佛華嚴經卷四十・入不思議解脫境界菩薩行願品》，《大正》10，
　　No.293，頁847上。

獄五內消爛」等罪報之懺悔。[203]所不同的是，文益並沒有像《水懺》、《梁皇懺》種連續不絕的一一禮佛拜懺，而是直契心地以懺悔精進，故云「**大須戰慄，無宜自安；謗大乘愆，非小罪報**」，既肯定輪迴於地獄報障之苦的必然之理，又重視大乘教義的弘願精神，亦要求自己在日常的禪行生活中要如臨深淵如履薄冰般謹言慎行，懺悔精進。

《文益禪師語錄》亦載有「大般若禪的懺悔」。其云：文益禪師久參長慶稜，後却繼嗣地藏。長慶會下，有子昭首座，平昔與師商確古今言句。昭纔聞，心中憤憤，一日特領眾詣撫州，責問於師。師得知，遂舉眾出迎，特加禮待。賓主位上，各掛拂子一枝。

> 師云：「只如萬象之中獨露身，是撥萬象？不撥萬象？」
>
> 昭云：「不撥。」
>
> 師云：「兩箇也。」
>
> 於時，參隨一眾連聲道：「撥萬象。」
>
> 師云：「萬象之中獨露身聻？」
>
> 昭與一眾懡㦬而退。
>
> 師指住云：「首座，殺父殺母，猶通懺悔；謗大般若，誠難懺悔。」[204]

「萬象之中獨露身」是長慶禪師曾經用來教示弟子們契證禪機的話頭，意指宇宙萬象之中都有如來藏自性清淨心或眾生皆有佛性的禪宗宗旨。就此而言，回答者不論是說「撥萬象」還是「不撥萬象」，都會落於兩邊或一元之偏執，失卻如來藏自性清淨心的整體作用。故當文益以「萬象之中獨露身聻（呢）？」激問子昭時，子昭與其弟子們懡㦬（羞赧）而退。最重要的是，當文益禪師手指首座云：「殺父殺母，猶通懺悔；謗大般若，誠難懺悔」－這交代了：明心見性不能不懺悔，懺悔不能失卻般若空慧的運行。亦即，眾生因客塵煩惱而造罪犯業，使心性染汙，這是可以透過懺

203　《水懺》，《大正》45，No. 1910，頁 977 上。
204　《金陵清涼院文益禪師語錄》，《大正》47，No.1991，頁 594 上。

悔力加以懺除清淨的；但此一如來藏自性清淨心與大般若空慧是不相違背的，若偏執於於兩邊或一元之知識概念，等於是會刻意誨謗諸佛菩薩的大般若空慧，這種刻意造作是無法用懺悔予以懺除的。依此而論，文益不是在否定懺悔，而是說般若空慧、懺悔滅罪與明心見性必須是一體無二的；一般的事懺、理懺、相懺等是容易懺除的，只好有心有願，自懺自進，自然容易達成；但是般若空慧、懺悔滅罪與明心見性的密合無間的踐履是禪修者更重要的當下目標。這種精神，上自達摩、慧可等，中至惠能、神修等，下至南禪諸法系，形式樣態雖異，精神上大抵都是一貫不二的。

　　宋‧惠洪《禪林僧寶傳‧贊》云：「文益以仍舊自處，以絕滲漏句爲物，頗事邊幅」[205]，大概亦說明了文益「調機順物」禪法有時尙固著於絕滲漏句的缺弊。但文益本身的禪行是否真的故步自封，執著於邊幅語句，而不知真誠的懺悔精進，恐怕不是從著作上的文字表述即可任意置喙的。

本章小結

　　永嘉玄覺「絕相離名」的禪法中，涵蘊著「貴法賤身蠲形軀」、「理事圓口報怨行」、「深心淨意除重障」三項懺悔義蘊，對禪者身口意可能造作的罪業進行懺悔，讓禪者可以用清淨之身與「志儀」、「戒律」、「止門」、「觀門」、「平等」、「智體」、「禪用」、「勸請」、「發願」諸門是渾融一體，尤其「勸請」、「發願文」慈悲願力的收尾，皆可看出永嘉沒有否定他力懺悔的作用，只是更強調了絕言離相心法中不能沒有懺悔滅罪的實踐。從唐代禪師的懺悔思想觀之，他上承惠能的常見自過患的自性懺悔，吸收到神秀的清淨禪觀之無生懺悔，靈活運用了天台、三論。華嚴與淨土等宗

205　《禪林僧寶傳卷四‧金陵清涼益禪師》，《卍新續》79，No. 1560，頁 501 中。

派的懺罪思想，自己開出一條詳細鋪陳罪相，異於神會的無念懺悔而又絕言離相之清淨懺悔。

馬祖道一言觸類是道，他認爲人心的全體，所有的貪、瞋、癡與造善惡受苦樂，一一皆是佛性的緣現。這種禪法是由《涅槃》的高妙佛性轉移到現實人心的見性新路，故將懺悔滅罪、因果業報與六道輪迴之理活潑地涵融在日常生活的平常心禪法中。從實質言之，至少含有「直會其道，心無造作」、「達罪性空，念念不可得」、「但無一念，即除生死根本」、「但嘖自嫌，莫怨他人」等懺悔義蘊。

大珠慧海的《頓悟入道要門論》，開篇即以「禮佛→懺悔→回向→發願」的懺悔儀節爲始，他認爲禪者的興行，必須先懺除一切罪業，讓身心清淨，方能頓悟入道，明心見性。但他的懺悔儀節，並不是一般懺法的禮懺儀軌，綜合了大乘佛教懺悔經典中罪性本空、般若空智、無相懺悔等思想。從實質言之，至少包含了「不會聖心，請佛懺悔」、「罪從心生，還從心滅」、「三業清淨，自心是佛」、「發心求道，諸惡永滅」、「自察於行，不舉他過」等懺悔義蘊。

百丈懷海倡「不作不食」的農禪精神，在《百丈清規》可見「排列香燭佛像」、「念誦贊佛」、「發露」、「懺悔」、「回向」等懺儀的進行。從實質而言，其禪法至少含有「眾罪如霜露，慧日能消除」、「念佛懺悔，身心清淨」、「金鼓懺悔，滅清淨」、「一心向禪，滅盡罪業」等懺悔義蘊。重要的是，這「不作不食」的禪者，就是面對現實生活、現實飢渴、現實心理情欲的真實之人，他不再凝住壁觀去堅固本心，不須看心看淨去見自本心，亦不僅僅是常見自過患而已而是進一步的爲自己的色身飢渴情欲負責任，在農耕之中「自察於行，不舉他過」，與天地萬物一體戒懺禪淨。

臨濟義玄以機鋒棒喝接引學人，他認爲，修行人若執著在外在的禪定功夫，是一位魔佛不辨、不停造作罪業的癡迷頑漢。因此，他亦反對長期禪坐與六時禮懺，而是在日常生活中隨緣慧觀「無明」之父、「貪愛」之母、「清淨法界」之血、「一念心正」之

僧、「見因緣空」之像，以心為體，佛性為戒，假言說為相，隨緣消業障，隨心隨懺，隨懺隨淨，超越有過無過等二元對立的思維，成為一個閒暇無事的無位真人。故從實質言之，其懺法至少包含著「真正學道人，不求世間過」、「隨處作主，立處皆真」、「造五無間業，方得解脫」等懺悔義蘊。這種不求世間過的閒暇無事之無位真人，仍是常見自己過患的實踐，其棒喝方法即是針對妄念造作而緣出的，態度上似乎比農耕中的百丈懷海優哉了些，但自我作主的自懺自淨精神甚為明顯。

睦州道明的峻烈機峰禪法，更進一步的棒喝那些講經論道之徒都是在造作「妄語業」而已。對於「妄語業」的處理方式，一樣是須要「懺悔」方能清淨。當然，他的懺悔滅罪，是理行並進、證會宗旨，令身心清淨，並不是要依懺悔儀節去禮懺。從實質言之，至少含有「不會教意，心當懺悔」、「心不負人，面無慚色」、「造作妄語，懺悔清淨」等懺悔義蘊。所謂「峻烈機峰」是積極有為的踐行臨濟義玄的棒喝禪力，讓禪者的妄念造作纖毫不起。

石頭「即心即佛」的禪法，不慕諸聖、不重己靈、不用聽律、不用念戒，他「不論禪定精進，達佛之知見，即心即佛，心、佛、眾生、菩提、煩惱」一體融融，讓自己活在現前的真實生命狀態下，不受罪業問題的困縛。從實質言之，他綜用了華嚴、般若、起信及惠能、神會以來的無相懺悔思想，落實在現實修行人的當下本心中，他至少含有「寧可永劫沉淪，終不求諸聖出離」、「無人垢汝，自性懺除」、「揚眉動目，直心除罪」、「百年拋却任縱橫，擺手便行且無罪」等懺悔義蘊。這樣的懺悔滅罪，沒有百丈、臨濟、睦州的嚴肅層面，顯現出自然狀態的甚深緣起之直心懺罪精神。

玄沙師備「昭昭靈靈真實人」的禪法，沒有棄絕普賢無相懺悔的實踐，其禪法至少有「貪於言句，速去懺悔」、「欲免此幻惑麼，但識取金剛眼睛」、「煩惱惡業因緣，未是一劫兩劫得休去」、「若欲懺悔者，端坐念實相」、「頻省妄念，歸真合道」等懺悔義蘊。他綜合運用了法華、華嚴、金剛的懺悔味道，落實在具有靈

明自性的真實人之本心上。

　　雲門文偃認爲，截斷眾流不能不懺悔清淨，禪者若是停滯在表面的、形式的禮懺儀軌上將永遠陷溺在「天堂、地獄、鑊湯、鑪炭」等六道輪迴中而無法解脫。實質言之，至少含有「發露自家無量劫來妄想」、「大過患須仔細點撿」等懺悔義蘊。這種「妄想」與「過患」，即用真實人的自性清淨心去「發露」與「撿點」的。

　　法眼文益《宗門十規論》中「由無始來，一念顚倒；認物爲己，貪欲熾盛」、「（往昔）流浪生死，覺照昏蒙；無明盖覆，業輪推轉，不得自由；一失人身，長劫難返」、「大須戰慄，無宜自安；謗大乘愆，非小罪報」等文字，都認爲菩薩戒、因緣業報、懺悔滅罪與禪悟見性有密切的關係。《金陵清涼院文益禪師語錄》中認爲「殺父殺母，猶通懺悔；謗大般若，誠難懺悔」，說明了他雖然倡言調機順物的禪法，但仍須調和自性清淨心與無始以來所造諸惡業，隨順甚深緣起，以自性清淨心懺悔滅罪，由罪滅而契證般若空慧。

第六章　唐代禪宗懺悔思想的類型、發展分期、實踐原則與實踐特色

引　　言

　　前面各章的研究，只是依序就不同禪師的懺悔思想作分別的論述，縱有提及不同禪師的差異，均未作統合性的歸納、分期發展與差異性的分類。本章在前面各章的基礎上，繼續加以綜合觀察，再就總體內涵分四節論述之。

　　第一節先述「唐代禪宗懺悔思想之類型」，筆者將整理出各大禪師們所踐行的懺悔思想之類型，配合圖表，就「報怨行懺悔」、「無相念佛懺悔」、「心王懺悔」、「金剛懺悔」、「金剛五禮」、「無生懺悔」、「無相懺悔」、「七禮懺悔」、「無念懺悔」、「三業懺悔」、「清規懺悔」、「禪機懺悔」十二小節進行說明。第二節爲「唐代禪宗懺悔思想的發展分期」，將前面各章所論述過的禪師大德之時代、懺悔思想及其特色，依其時代先後加以歸類，分「蘊釀期－自達摩至弘忍」、「成立期－自神秀至神會」、「衍變期－自永嘉至文益」三小節加以論述，以呈現出它的發展過程。第三節爲「唐代禪宗懺悔思想的實踐原則」，就上節所論之十二種思維型態加以觀察，分析出「堅信懺悔可以滅罪以行禪－信的實踐」、「正確理解因果業報說－解的實踐」、「依於如來藏緣起的發露－行的實踐」、「超越內外中間的滅罪證道－證的實踐」四大實踐原則。第四節爲「唐代禪宗懺悔思想的實踐特色」，全面觀察各大禪師懺悔思想的實踐情況，分析出「非佛菩薩力量的自力懺罪」、「非禮懺儀軌化的自性懺悔」、「非罪相鋪陳化的直覺自悟」、「非形上建構

化的慧見自過患」四種特色。

爲了避免所論過於抽象或趨於形而上哲理，筆者會就其內容做簡要的圖示，一以概示其思維的實質，讓讀者易於掌握筆者所說的內容；一以約攝語言論說的不足，呼應禪宗不立文字又契合自性的實踐性思想特色。

第一節　唐代禪宗懺悔思想的類型

一、報怨行懺悔

此指達摩依於四卷《楞伽》凝住壁觀禪法中的「報怨行」懺悔。

達摩的二入四行中的「報怨行」懺悔，承自初期佛教的懺悔發露，又對之進行修正；既綜用唯識種子薰習的業論與中觀的般若性空之智，又從唯識無境與宿世因緣果報之中再開出新路；其新路是將自己的凝住壁觀與四卷《楞伽》超越唯心所現的如來藏自性清淨心相契相印，風格上質樸而簡約，略言之含有「棄末返本」、「宿業果熟」、「甘心忍受」、「體怨進道」四層懺悔義蘊，這在禪宗以心傳心、頓悟見性思想的發展過程中是甚具意義的。其思維結構可圖示如下：

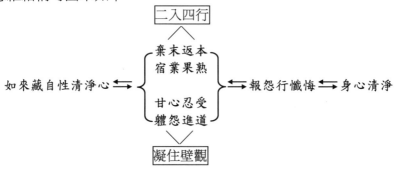

圖二：達摩「報怨行懺悔」的思維結構圖[1]

---

1 筆者按：禪宗大師們並不會去執著於世間法的一切語言文字、知識概念、聲音

　　達摩的「二入四行」雖精簡扼要，但他將「報怨行」置於四行的第一位，其重要性無庸置疑。從四卷《楞伽》與二入四行的內容併觀，它是以如來藏自性清淨心爲根基進行兼融禪觀、戒體清淨、因緣果報與懺悔思想的實踐。自「報怨行」中，可見「隨緣行」的支援；在「隨緣行」中，又顯「無所求行」的豁達；至於「無所求行」中，又串接前後，以應「稱法行」；而「稱法行」裡，又無染無著地綜融其他三行，行行皆交互參用而終契於「理」（自覺聖智境）中。要之，順逆以觀，逆順以行，觀行不離於懺悔，懺悔亦不失於因果，因果不絕乎業論，業論不背於緣起，二入四行乃能契應於凝住壁觀之心法。用現代學者語言譬之，「棄末返本」，相信眾生皆有佛性，勇敢面對業障；「宿業果熟」，即是相信眾生皆有佛性，接受累劫以來的宿世罪業；「甘心忍受」，即是依於懺理，以無生法忍去對治讎怨與怨懟，以正知正見掃除錯誤的知識概念與身心言動；「體怨進道」，即是依於緣起而踐履前三項所理解之道，懺悔滅罪，精進向前，便可豁顯如來藏自性清淨心。這可說正確地繼承了佛陀的懺悔髓要，不失於大乘菩薩戒、超越了道安、慧遠等大師的禪觀與懺悔思想，不同於僧稠（480~560）的「五停四念」小乘禪，隱約地形成一種禪宗特有的行質相貫之活化懺悔思想，更適合於中國人簡易方便的習禪需要。

　　《寶林傳》中，載慧可再參酌《維摩詰經》不二無垢、罪性本空的無相懺悔爲僧璨懺罪淨除之事，亦應是在這種禪法下的繼承與發展。江南傅大士「以虛懷爲本，不著爲宗，妄想爲因，涅槃爲果」、「以治身爲本，治國爲宗，天上人間，果報安樂」、「以護養眾生，勝殘去殺，普令百姓，俱稟六齋」的怨親平等懺悔，明顯與達摩報怨行懺悔相得益彰。後世禪宗大師雖不執著於形式意義的懺悔儀軌，但在頓悟禪法中仍見懺悔思想的實踐，當是以

線條、符號圖表……等等的外在東西，故本書所使用的一切符號圖表或思維結構，都只是爲了自己凝聚文章意旨與說明之方便，讀者意會即可，切不可執之爲標準答案。

達摩報怨行懺悔爲其嚮依的。

二、心王懺悔

此指敦煌本《二入四行論》中「自見心法王」即是懺除十惡罪、五逆罪業、殺盜淫三身業等無量罪業的懺悔思想。

依《二入四行論》，達摩弟子輩皆認爲「自心」即是「法界」，是「大王」，亦是此心之「大安穩處」，只是常人未能自見心王而已，故禪者若能在禪修過程中自己照見心中之法王，則原本因貪瞋癡破戒或造作十惡、五逆等罪業，而須墮入六道輪迴者，便能因「法王廣大，放寂滅赦，即免一切罪」，身心清淨。將其思維結構圖示如下：

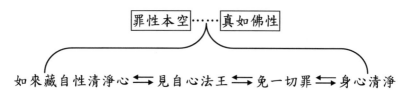

圖三：達摩弟子輩「心王懺悔」的思維結構圖

達摩弟子輩這種「自見心法王」即「免一切罪」而身心清淨的理論，不是透過繁冗龐雜的懺悔儀軌與禮拜諸佛菩薩之進行，而是繼達摩報怨行禪悔後，結合凝住壁觀的禪見功夫、因果罪業、六道輪迴與懺悔思想之一體呈現。一體呈現後的身心，自由自在，無掛無礙，心量廣大，與法界融合爲一，自心即是法王，自心即是大安穩處，故日常禪修生活的一切事處、一切色處、一切諸惡業處，一切發用，皆是一種「佛事」的進行，既是進行「佛事」，則一切皆可契於涅槃大道。進一步言之，依於「自心即是法王」的基礎，禪者是觀一切處即是法處，他不捨一切處、不取一切處、不簡擇一切處，皆能作佛事；如是，他可以即生死而作佛事，亦可即惑業而作佛心。故只要能「自見心法王」，便不須禮懺儀軌，

不須懺悔一切罪相，自可因照見自心法王而懺除罪業，淨身成佛。

達摩弟子這種照見自心法王而懺除罪業、淨身成佛的思想，明顯是達摩依於如來藏自性清淨心「報怨行」懺悔的進一步發揮，與傅大士（497~569）重視「心王」的怨親平等懺悔存在著一定之時代關係。隋唐之後，一些禪師仍踐行著這種見自心法王以懺除一切罪的思想，但已漸漸變化，如敦煌本《法王經》「以金剛慧刀剪諸眾生無明之意」、「以此經清淨法杖，鞭除眾生三毒之垢」、「必定解脫，超生死流，出地獄苦」等，亦是法王懺罪的思想，但《二入四行論》較重視的是如來藏自性清淨心的「法王」，《法王經》則融合了金剛智慧與清淨法性的「法王」。

中唐時的龐居士（？~815），亦主禪修應踐行「心王懺悔」，他認為修行者若不能認識自心法王，縱使依照一般懺悔儀軌進行口說的發露懺悔，亦類似著相求菩提一樣，不免墮在罪業的輪迴之中。若能了知自心法王是如如自的，依於懺理便可自知、自覺、自懺、自淨一切罪業。從他大量強調「無外物」、「無事人」、「一無所得」、「無我無人」、「無相法身」、「於住而無住」、「無相契真常」……等詞語視之，他的心王懺悔當是與《金剛經》般若無相、無住無念思想、南宗禪法等相融為一的。

三、無相念佛懺悔

此指四祖道信（580~651）在慧可、僧璨既有的安心禪法基礎上，活用般若空觀及《觀無量壽經》的淨土思想而言念佛、憶佛之一行三昧無相念佛懺悔。

據本書第二章之論述，道信除了《入道安心要方便法門》外，亦有《菩薩戒法》一本。從道信著《菩薩戒法》來說，他的禪法沒有放棄懺悔滅罪與戒律儀則；從《入道安心要方便門》來說，他不執著於戒律儀軌與禪坐觀相的路徑，而是權用《文殊說般若經》「一行三昧」禪法進行「念佛心是佛」的懺悔。他參考了《大品經》的「無所念」之念法，認為「念佛即是念心」，禪者常憶念

佛,攀緣不起,不必特意去澄心看淨,而是在一行三昧中,將念佛懺悔與頓悟禪法結合為一,安心而入道。從淨覺《楞伽師資記》的載錄觀之,他活用了《菩薩戒》、《華嚴》、《涅槃》、《無量壽》、《金剛》、《普賢》等經的教義,對達摩、慧可、僧璨等二入四行禪法的報怨行懺悔已有了新的權變。

其思維結構可簡示如下:

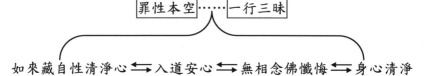

圖四:道信「無相念佛懺悔」的思維結構圖

這種一行三昧之「無相念佛懺悔」,係結合大乘般若空智,無執形相地念佛憶佛而懺罪,→成為「入道安心」的重要憑藉,在此安心禪行之下,直心任運,逐能將達摩的二入四行凝住壁觀繼續發用→成就證道之境界,即「如來藏自性清淨心」的完成;當然,此一「如來藏自性清淨心」的境界,它與禪修者的禪行修練一體無二,在日常生活之中,又隨時因身口意之業障而起變化,故成為與→「入道安心」相互照應的修行過程,此一過程又隨時進行著→「無相念佛懺悔」,這種懺悔不同於淨土宗的念佛,它當然認同了諸佛菩薩的廣大誓願力,但已活潑地運成無執無相的禪悟懺悔;於是,懺悔不離如來藏自性清淨心的完成,如來藏自性清淨心不離懺悔,彼此是順逆緣起的直心任運之隨其來去,前後進程,其間是「泯然無相,平等不二」的,禪者是以般若無相慧心念佛號,以一行三昧為禪行,在念佛的當下,是心是懺,是懺是佛,自然地懺除一切罪業,讓身心運行在活潑的如來藏自性清淨心之狀態中。

在隋末唐初禮懺儀興盛的時代中,道信並沒有執著於禮懺的儀軌,而是專注於直心任運念佛與禪觀的懺悔,他「擇地開居,

營宇立象」，在寺院中踐行一行三昧的無相念佛懺悔，使得大部分禪者不必像慧可、僧璨般繼續混迹世俗，亦參酌般若空智、《起信論》與《維摩詰經》的不二無垢罪性本空思想，將達摩的二入四行融攝為一行三昧的念佛懺悔。當然，後來，弘忍（602~675）、法如（638~689）、大通神秀（651~739）等相繼傳承，「法門大啓，根機不擇，齊速念佛名，令淨心」，[2]敦煌寫本《大乘無生方便門》藉《金剛經》以闡說念佛、看心、淨心的無相禪法，[3]普寂（651~739）駐錫嵩山時，在無量壽殿「禮懺誦念」，[4]這大致都是道信一行三昧無相念佛懺悔的後續發展。惠能一行三昧的無相懺悔，神會依於《金剛經》般若知見的無念懺悔，都與道信的開創有一定關係。

　　四川淨眾寺無相禪師（684~762）「引聲念佛，盡一氣念，絕聲停念訖，云：無憶、無念、莫忘。無憶是戒，無念是定，莫妄是慧」[5]的念而無念之「三無念佛」，不能說沒有根據；又，南山宣什宗據此繼續承轉為「念佛禮懺」的禪法，可說亦是禪、淨、懺悔合一向西南開拓的代表；保唐無住的無念懺悔，更教導禪者依於三無禪法反對一切形式而直接踐行去除認知性區別意念的懺悔；故晚唐五代後的禪淨合一，道信無相念佛懺悔實具有一定的作用與意義。

四、金剛懺悔

　　此指五祖弘忍以金剛般若融入楞伽心法而進行的金剛懺悔。

　　本書第三章已論述過，從《壇經》的記載視之，五祖弘忍在蘄州黃梅所傳授的是打破一切形相的《金剛經》，其禪風曾經傳遞到南方的廣州，當時年少的惠能於市街販售木柴時聽到「應無所

2　《傳法寶紀》，見：柳田聖山《初期禪宗史書の研究》，頁 570。
3　《大乘無生方便門》又云：「如來有入道大方便，一念淨心，頓超佛地，一時念佛，一物不見，一切相總不得取，以《金剛經》云：凡所有相，皆是虛妄。」《大正》85，No.2834，頁 1273 中~1278 上。
4　《全唐文》卷二百六十三，頁 1181~1182。
5　《歷代法寶記》，《大正》51，No.2075，頁 185 上。

住而生其心」即能心開悟解，立志出家。

　　五祖弘忍的金剛懺悔是自四祖道信結合文殊般若空智的一行三昧無相念佛懺悔發展而來的，但道信直須任運的懺悔重視得是般若與念佛之結合的懺悔，最終趨向於楞伽的如來藏自性清淨心，弘忍的金剛懺悔很明顯的將《金剛經》般若空智導入禪法修持與真如佛性之證驗上。弘忍並沒有否定掉戒律懺悔與楞伽心法，甚至還導入《起信論》的止觀思想，將一行三昧提高到止觀中很高的位置，將自己的禪坐理論發展成「但守一心，即心真如門」[6]的禪境。

　　弘忍鍾愛於《金剛經》超越四相 ── 「我相、人相、眾生相、壽者相」的懺悔滅罪思想，這與《維摩詰經》「罪性不在內、外、中間」的無相不二懺悔相應。在敦煌 P.3559 號本《導凡趣聖悟解脫宗修心要論》(《修心要論》)中，他認爲如來所說的一切罪福、一切山河、大地、草木等種種雜物等，只是如來依隨於眾生心門所權說的譬喻，[7]這亦與達摩「深信凡聖含生，同一真性，但爲客塵所染」及法融《絕觀論》「草木無情，本來合道，理無我故。煞者不計，即不論罪與非罪」的「無二無差別」懺悔相近。[8]故禪者是自然無執的面對現前的一切因緣果報，其懺悔方法是「常處地獄，如遊園觀；在餘惡道，如己舍宅」，[9]無論此身輪迴至那一道，皆無掛無礙的甘心忍受，愉心面對，努力精進，懺罪滅業。北宋・蔣之奇說弘忍持《金剛經》傳授禪法，「《金剛》以是盛行於世，而《楞伽》遂無傳焉」，[10]這正可以用來說明弘忍傳授金剛懺悔之事實。其思維結構可圖示如下：

6　《宗鏡錄》卷九十七，《大正》48，No.2016，頁 940 上。
7　《大正》48，No.2011，頁 377 下~378 上。
8　印順《中國禪宗史》，頁 121~122。
9　《大正》48，No.2011，頁 377 下~378 上。
10　《大正》16，No. 670，頁 479 中。

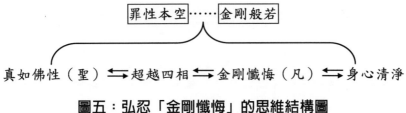

圖五：弘忍「金剛懺悔」的思維結構圖

即以金剛般若為禪行之「金剛懺悔」，取代了楞伽心法的二入四行，→成為「我相、人相、眾生相、壽者相」的懺悔滅罪思想，在此無四相執著的禪行下，遂能繼續→成就證道之境界，即「真如佛性」境界的完成；當然，此一「真如佛性」的境界，它與禪修者的禪行修練一體無二，故在日常生活的禪修之中，形成「真如佛性」（聖）⇌「超越四相」⇌「金剛懺悔」（凡）順逆互進的禪修進程，由身心清淨而證真如佛性是最終的證驗目標，但與四相超越、金剛懺悔互行無礙；金剛懺悔在滅除凡夫之無明業障，隨時讓身心立於無相智慧狀態下而契於真如佛性的境界。

五、《金剛五禮》

弘忍的金剛懺悔將懺悔滅罪與金剛無相結合為一，是一種無執於懺儀形式的心法，它沒有製作任何的懺悔內容與儀軌。可能是弘忍弟子輩們基於修行上的需要，北宗遂流傳了具懺悔儀軌的P.4597等《金剛五禮》下來。

從本書第三章所論，北宗系統的《金剛五禮》都是用詩偈形式來進行禮拜懺悔，五個禮懺次第的詩偈，都是「十一句，每句四言」，每次的儀節都是「禮佛」→「理懺」→「歸依」的進程。整體禮懺儀節精簡、樸實而明要，符合禪宗樸實尚簡的特色，其思維結構圖示如下：

金剛般若
⇕
身心清淨
⇕
第五禮：敬禮如來精舍憶念世尊而歸依金剛般若波羅蜜多甚深法藏
第四禮：敬禮如來金剛智滅罪而歸依金剛般若波羅蜜多
⇕
第三禮：敬禮如來清淨地而歸依化身釋迦牟尼佛
⇕
第二禮：敬禮毗盧遮那而歸依報身釋迦牟尼佛
⇕
第一禮：敬禮真如佛性而歸依法身釋迦牟尼佛
⇕
釋迦牟尼佛

圖六：《金剛五禮》的思維結構圖

　　《金剛五禮》的禮懺過程，是借詩偈的唱誦與禮拜，循序漸進地專禮五種佛教所開展出來的精神代表：真如佛性→毗盧遮那→如來清淨地→如來金剛智→如來精舍；它所歸依的對象則是：法身釋迦牟尼佛→報身釋迦牟尼佛→化身釋迦牟尼佛→金剛般若波羅蜜多→金剛般若波羅蜜多甚深法藏。總的來說，《金剛五禮》是緣起於釋迦牟尼佛的懺悔滅罪精神而歸結於釋迦牟尼佛的金剛般若智慧；在五禮的禮懺過程中，懺悔者須同時順逆緣起的進行一心敬禮清淨真如⇋毗盧遮那⇋如來淨地⇋金剛般若及⇋舍衛城祇陀林如來精舍，在五禮的順逆觀照與禮拜之進程中，五禮一體，一一各仿釋迦牟尼佛的、慈悲心力、無量願力與實踐精神，一一針對凡夫身所造作的無量無邊罪業進行懺除，循序進行交互順逆之涵攝與影響，以契於金剛般若智慧的證得。整體禮懺儀軌的進行類似《佛名經》禮拜諸佛名號的懺儀式味道，但它不是針對千萬諸佛名號而禮拜懺悔，而是精準地仿傚踐行釋迦牟尼佛的懺悔滅罪精神與金剛般若智慧的證得。

　　這是繼承弘忍金剛懺悔與同時代一般禮懺儀的影響而製成的

一種禪宗懺儀，雖具禮懺儀軌，但並不執著於形式意義上。

六、無相懺悔

　　廣義言之，唐代禪宗各大師所說的懺悔，都可視爲無相懺悔；精確言之，是指六祖惠能於廣州大梵寺無相戒壇上所說的無相懺悔。

　　從本書第四章所論，惠能於無相戒壇上所傳授的無相懺悔，可看出即使在不重視儀軌的禪宗教團中，仍然未廢棄最基本的禮懺儀節，即「淨心念摩訶般若波羅蜜法」→「無相偈」→「說一行三昧」→「說三無法」→「說坐禪法」→「自歸依三身佛」（無相戒）→「發四弘誓願」→「無相懺悔」→「無相三歸依戒」（歸依三寶）→「說摩訶般若波羅法」→「滅罪頌」→「無相頌」等十一個懺悔進程；若約攝惠能的戒壇說法內容，至少是涵蓋著：「無相偈」→「自歸依三身佛」（無相戒）→「發四弘大願」→「無相懺悔」→「無相三歸依戒」（歸依三寶）→「滅罪頌」→「無相頌」等七個次第懺悔進程。這七個儀程續續前進，彼此順逆銜接，不可斷離，強而說之，既包括了前面「三唱」的三個儀節；涵攝約之，則爲惠能的般若頓教禪法。

　　筆者統整《壇經》戒壇說法與應機對答之內容以觀，惠能的無相懺悔亦是順逆緣起的進行「以三無功夫永斷三世罪障」⇆「以七儀一心融般若禪行」⇆「以活潑心戒智慧禪定滅罪」⇆「一切法上念念不住之正念」四層思想義蘊，而四層意蘊又可以如來藏自性清淨心統結爲「常見自過患」的如如不動之無相懺悔。其思維結構圖示如下：（見下頁）

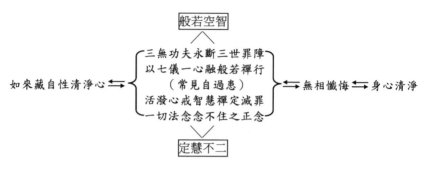

圖七：惠能「無相懺悔」的思維結構圖

　　「如來藏自性清淨心」爲眾生所本有，但「常見自過患」是惠能定慧不二無相懺悔的重要精神。懺悔思想的實踐，本在「見自己過患」而懺除之，不在「見他人之罪」；發露無始以來所造諸罪業，本是禪修者自家的罪業，與他人無關；一心精進，即以懺洗過後的清淨身心不放逸的直心精進；此直心精進的禪者，展現「無念爲宗，無相爲體，無住爲本」的三無功夫，在「定慧不二」禪法的基礎上進行敏銳的觀照，當下一行三昧，行住坐臥緣起緣滅的觀照中，隨機運用般若空智，形成「如來藏自性清淨心 ⇆ 常見自過患 ⇆ 無相懺悔 ⇆ 身心清淨」的正知正念懺悔精進，自在無礙的懺悔滅罪而契證如來藏自性清淨心的自覺聖智境。這種隨機於戒壇中所說出的無相懺悔，不再執著於念佛，亦不是執著於修心或看心，不是去見他人罪過，不是執著在禪定之中，不是繁複禮懺儀軌的製定與長時間的唱誦禮拜，而是直接的，隨時隨地的，將懺悔思想落實在日常生活的「煩惱過患」上頭，隨時將貪瞋癡妄所現起的罪業當下懺除，隨時讓自己身心清淨，活潑的豁顯如來藏自性清淨心。

　　其後，神會每每「登壇說法」，隨機問答之中，強調「無念懺悔」的實踐，即是從此而來。至於南陽慧忠、永嘉玄覺、青原行思與南嶽懷讓等弟子在二百餘年間所開展的南禪心懺，雖未刻意登壇說法，但日常禪修生活的對機問答皆爲惠能無相懺悔的另一層面之實踐。

七、無生懺悔

此指北宗神秀系統《北宗五方便》、《大乘無生方便門》等的無生方便懺悔。

從本書第三章所論，現存敦煌本 S.0735《北宗五方便》與 P. 2058 等《大乘無生方便門》，當是神秀結合菩薩戒儀、禪觀與實際禪機問答的禪法記錄。從《大乘無生方便門》以觀，亦可歸結出「七儀一心」的無相懺悔，依序是：（1）「發四弘誓願」→（2）「請十方諸佛爲和尙」→（3）「請三世諸佛菩薩」→（4）「教受三歸依」→（5）「問五能」→（6）「懺悔十惡罪」→（7）「結跏趺坐」。[11]全書內容以持守佛性爲戒體，以「五方便」爲禪行，配合「問五能」的問答而證菩薩戒意，並配合菩薩「五戒」、「五心香」、「七法」等，統合成具有金剛般若味的無相懺悔。《觀心論》中，神秀亦不執於十善戒與罪業的輕重，而以自性清淨心爲戒，宰制三毒心的爇起，轉成無量無邊善法。[12]《觀心論》的最大特色，如其書名一樣，是重視禪者的「觀」心，即在禪修中觀照眾生本有的真如佛性，它善於方便通經，禪修者「以身爲鑪，以法爲火，智慧爲工匠，三聚淨戒、六波羅蜜以爲畫樣，鎔練身心真如佛性。」[13]這種真如佛性的證得，反對將「修伽藍，鑄形像，燒香，散花，燃長明燈，晝夜六時，遶塔，行道，持齋，禮拜」等種種功德，而是在看心看淨之禪觀與禪機問答中進行懺悔滅罪的。其思維結構圖示如下：

---

11 藍吉富主編《禪宗全書・語錄部（一）》，頁 231。
12 《大正》48，No.2009，頁 366 下~369 下。
13 《觀心論》，《大正》85，No. 2833，頁 1271 下。

慧見淨性
↕
結跏趺坐
↕
懺悔十惡罪
↕
教授菩薩戒
↕
教授三歸依
↕
請十方三世諸佛菩薩
↕
發四弘誓願
↕
緣起無生

圖八：神秀「無生懺悔」思維結構圖

　　神秀是以持心為戒，以佛性為戒，將戒律由外在的戒儀規律轉向內心的護持不起，以內心「如淨瑠璃，內外明徹」的清淨不染為有無犯戒的標準，從修行次第而言，禪者須依大乘菩薩戒之儀節，先以「緣起無生」為立足點，依於緣起，因緣而生，因緣而滅；以此思路，切入大乘佛教的四弘誓願，與諸佛如來菩薩的弘大心願相契；故下一個儀節即是禮請十方三世諸佛菩薩，讓自己身心與諸佛菩薩同同生同滅；在諸佛菩薩心願的證立之下，進行三歸依的禮節，表示與諸佛心相應相行之力；以此相應相行之力，接下大乘菩薩戒的清淨精神的授受；為求徹底，再依菩薩戒所設定的代表性罪業進行發露懺除；懺罪清淨之後，以清淨身心進行結跏趺坐，由禪坐而看心看淨，所謂「清淨無壹物」、「離念是體，見聞覺知是用」、「身心離念是返照，熟看清淨法身」、「依如來平等法身，說名本覺」、「三身同一躰」、「寂是體，照是用」、「常對境界，心無所着」、「身心常不動，是名度眾生」、「無思無不思」、「覺性是淨心躰」、「無去亦無來」、「蕩然無一物」、「身心

寂不動，妙有渾然同」等語，都是以如來藏佛性爲立場來說他「二相平等」的看淨禪觀的。

八、七禮懺悔

此指神秀法系 S.1494、P.2911《大通和尙七禮文》（《秀禪師七禮》）的懺悔。

從本書第三章所論，《秀禪師七禮》是繼承弘忍系的《金剛五禮》之禮懺形式再增益而成的，全文由七個詩偈體聯結而成，禮佛部分都是二句組成，「前五言，後八言」；理懺部分皆爲七言，但或由十句組成，或由十一句組成；發願部分由二句組成，再變爲五言；可謂長短錯綜，富於變化。從禮懺文的內容實質而言，都是依循「禮佛」→「理懺」→「發願」的懺儀進行禮懺。它類似於《金剛五禮》「禮佛」→「理懺」→「歸依」的儀程，但《金剛五禮》是將「歸依」儀節置於後面，由禮拜唱誦釋迦牟尼佛到金剛般若，意在導向真如佛性與金剛般若的結合；《秀禪師七禮》的末尾部分都是「發願」——「願共諸眾生，往生無勝國」，將大乘誓願、華嚴與淨土作了結合。前者直標《金剛經》，強調的是金剛般若智的禪修實踐，可以看得出是「道信——弘忍」禪脈的餘續，保留了大乘佛教三身佛的歸依除罪作用；後者以「本師釋迦牟尼佛」爲至心歸命的懺儀之始，強調的是「向裡澄心」、不須「心外更求名」的內觀禪法，是楞伽心法與真如佛性的禪修實踐，亦向前回溯了初期佛教佛陀的懺悔除罪精神。茲將全文的禮懺次第圖示如下：（見下頁）

往生無勝國
⇅
身心清淨
⇅
第七禮：（缺）
⇅
第六禮：（缺）
⇅
第五禮：禮懺原本不論長短好惡
⇅
第四禮：眾生勿執名相不肯學道
⇅
第三禮：諸佛皆是向心修道滅罪
⇅
第二禮：只因眾生不識真如之體
⇅
第一禮：一切眾生皆有真如佛性
⇅
釋迦牟尼佛的真如佛性

圖九：《秀禪師七禮》的思維結構圖

　　《秀禪師七禮》的禮懺過程，亦是借用詩偈的唱誦與禮拜，專禮釋迦牟尼佛，再循序漸進地開展懺悔滅罪之七禮：（1）一切眾生皆有真如佛性→（2）只因眾生不識真如之體→（3）諸佛皆是向心修道滅罪→（4）眾生勿執名相不肯學道→（5）禮懺原本不論長短好惡→（6）（缺）→（7）（缺）；（6）（7）兩儀節雖缺漏不存，但從前五禮的內容觀之，它的最終目標都是「願共諸眾生往生無勝國」。總的來說，《秀禪師七禮》亦是緣起於釋迦牟尼佛的懺悔滅罪精神，其循序漸進的七禮儀節之禮懺過程，相當於神秀「身是菩提樹，心如明鏡臺，時時勤拂拭，莫使惹塵埃」的時時拂拭懺除，懺悔者須隨時向內澄心，證會真如佛性，順逆緣起的進行一切眾生皆有真如佛性⇆只因眾生不識真如之體⇆諸佛皆是向心修道滅罪⇆眾生勿執名相不肯學道→⇆禮懺原本

不論長短好惡⇆（缺）⇆（缺）的觀照，在七禮的順逆觀照與
禮拜之進程中，七禮一體無二，釋迦牟尼佛、懺悔者一體無二，
一一各依釋迦牟尼佛的無量願力與精進精神，對凡夫身所造作的
無量無邊罪業進行翻心懺除，在身心清淨之時，往生於無勝國之
境。

九、無念懺悔

此指神會（684~758）在惠能戒壇懺悔的基礎下所開展出的
般若知見之無念懺悔。

神會在荷澤寺的「每月作檀（壇）場，為人說法，破清淨禪，
立如來禪」，[14]固定登壇說法，與弟子時賢暢論頓悟禪要，《南陽
和上頓教解脫禪門直了性壇語》（《壇語》）中有「發無上菩提心」
→「禮拜三世十方諸佛菩薩經藏聖賢」→「至心懺悔，令知識三
業清淨」三儀一心的懺悔儀節。但這「三儀一心」與其語錄中一
再強的「般若無念」與「定慧雙修」思想相通，其懺悔思想大致
是從《維摩詰經》、《佛說慧印三昧經》、《持心梵天所問經》、《小
品般若經》、《持世經》、《壇經》等大乘經典的無念禪思繼承下來
的。從整體《神會和尚禪話錄》的語錄來觀察，神會的三儀一心
所呈現的，是一種單刀直入的「直了自性」之般若實相「無念懺
悔」。他的無念懺悔與惠能一樣，屬於大乘佛教的無相懺悔，但又
不同於惠能「常見自過患」的無相懺悔，而是以《金剛經》為據
的「般若知見」之無念懺悔，從敦煌寫本的相關語錄來看，其中
至少順逆緣起的進行著「不執罪福的願罪除滅」⇆「三無漏學
的清淨無念」⇆「實相無相的般若懺悔」⇆「無住立知的正見
無念」四層思想意蘊。這樣的懺悔，明顯具有《金剛經》般若知
見的精神，特別是以「無我相、無人相、無眾生相、無壽者相」
之四無相境界去開展他那與三無漏學渾融為一的無念無住之懺

14　《歷代法寶記》，《大正》51，No. 2075，頁185中。

悔。他的無念懺悔更強烈的批判北宗看心、看淨無生懺悔的非法，在壇法問答中，隨機而說無相知見，即緣依於「無住處立知」的無念般若，這是惠能無相懺悔中「一切法上念念不住的正念」義蘊之實踐與開展。茲將此種壇法無念懺悔的思維結構圖示如下：

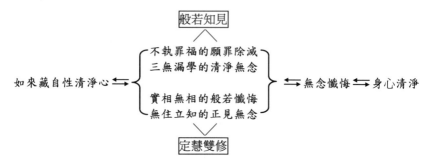

圖十：神會「無念懺悔」的思維結構圖

此處的「般若知見」，是緣依於「無住處立知」的無念般若空慧，是神會無念懺悔的理論基礎。在此般若空慧之引動下，懺者隨時對身心所造作的無量罪業進行無念懺悔，令三業清淨。三業清淨下，配合定慧雙修的功夫，即能→居於「頓悟解脫」的狀態；身心居於居於「頓悟解脫」的狀態，隨時依於《金剛經》的懺悔滅罪思想進行禪修，→自能契證如來藏自性清淨心。但無念懺悔亦不是單一方向的懺進功夫，而是順逆形成「如來藏自性清淨心 ⇆ 煩惱業障 ⇆ 無念懺悔 ⇆ 身心清淨」的互進互依之無念懺悔。

自禪宗懺悔發展的歷程觀之，神會這種「頓教解脫禪門直了性」之「無念懺悔」，是弘忍金剛懺悔與惠能無相懺悔的結合，在某一層次而言，具有修正道信念佛懺悔的作用，讓禪宗懺悔不致與淨土念佛懺悔混淆，且更符合於精簡樸實的精神。

十、三業懺悔

此指永嘉玄覺於《永嘉集》中所呈顯的絕相離言之「三業清淨」懺悔。

《永嘉集》發端部分所說的「貪、瞋、邪見，意業；妄言、綺語、兩舌、惡口，口業；殺、盜、婬，身業。夫欲志求大道者，必先淨修三業。然後於四威儀中，漸次入道。乃至六根所對，隨緣了達；境、智雙寂，冥乎妙旨。」[15]可見他是配合四大威儀、六根造作與禪行實踐所進行的條陳發露，它涵蓋了佛教各大懺悔法門的主要內容，表現出「貴法賤身蠲形軀」、「理事圓口報怨行」、「深心淨意除重障」、「發願文的慈悲力」的懺悔思想。其思維結構可圖示如下：

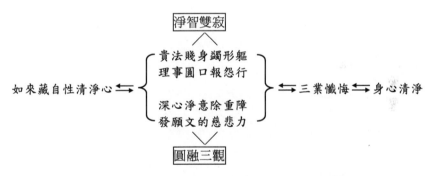

圖十一：《永嘉集》三業懺悔的思維結構圖

永嘉玄覺「三業清淨」的懺悔思想，其實涵攝在《永嘉集》十層證禪心路中的，依序是：第一「慕道志儀」→第二「戒憍奢意」→第三「淨修三業」→第四「奢摩他（śamatha，止）頌」→第五「毗婆舍那（vipáśyana，觀）頌」→第六「優畢叉（upekṣā，

---

15 唐・玄覺《永嘉集》，《大正》48，No.2013，頁388中。

平等、不諍）頌」→第七「三乘漸次」→第八「理事不二」→第
九「勸友人書」→第十「發願文」。從懺悔思想角度言之，「三業
清淨」的懺悔思想部分與最後「發願文」部分，與罪性本空、因
緣果報、六道輪迴、懺悔滅罪等教義縱橫發散於其他心路，交互
影響，交相攝受，互相涵融，彼此提振，以成一圓融玄妙的懺悔
禪觀。在永嘉絕相離言、境智雙寂、圓融三觀的基本心法之引動
下，懺者不是進行禮懺法的儀軌，而是在日常生活的行、住、坐、
臥四威儀中，隨時對身、口、意所造作的無量罪業進行正確的認
識，順逆形成「如來藏自性清淨心」⇆「貴法賤身蠲形軀」⇆
「理事圓口報怨行」⇆「深心淨意除重障」⇆「發願文的慈悲
力」⇆「身心清淨」的互進互依之懺悔。

　　身業懺悔方面，他重視了現實人心造作的罪業之剖析發露，
並在行、住、坐、臥四威儀中專志於如來藏佛性之禪修練就，是
一種「絕學無為」、「不除妄想不求真」的真如佛性之活潑運用。
口業懺悔方面，懺者是踐履了「從他謗、任他非，把火燒天徒自
疲；我聞恰似飲甘露，銷融頓入不思議；觀惡言、是功德，此即
成吾善知識；不因訕謗起冤親，何表無生慈忍力」的禪行，直接
落實在禪者的現實生活之中。意業方面，懺者是「正觀因緣，萬
感斯遣，境、智雙忘」，「心法雙忘」，用般若智慧觀照「彼、我無
差，色、心不二；菩提、煩惱，本性非殊；生死、涅槃，平等一
照」。最後面的「發願文」部分，前半部先「歸依三寶」，後半部
再「志心發願」，強調了懺者不離慈悲心，不離猛志求道的精神，
不離對六道含識眾生受苦受難的關懷，不離諸佛菩薩的菩提心與
弘大誓願，不離讓六道眾失離苦出三塗、速得超三界，證成正知
正覺的禪行。看來似是語言文字與果報罪相的鋪陳，其實與「志
儀」、「戒律」、「懺罪」、「止門」、「觀門」、「平等」、「智體」、「禪
用」、「勸請」諸門是渾融為一的，絕言離相之懺悔滅罪觀的呈現。

　　要言之，永嘉在「貴法賤身蠲形軀」的懺悔實踐中，是交互
迴涵著「理事圓口報怨行」與「深心淨意除重障」的懺悔；在「理
事圓口報怨行」的懺悔實踐中，亦是交互迴涵著「貴法賤身蠲形

軀」與「深心淨意除重障」的懺悔；在「深心淨意除重障」的懺悔實踐中，更仔細的交互迴涵著「理事圓口報怨行」與「貴法賤身蠲形軀」的懺悔；在三業清淨的絕相離言懺悔中，都交互迴涵著弘大慈悲誓願力的實踐。

十一、清規懺悔

此指百丈懷海《百丈清規》中將不作不食叢林生活、諷誦經典及戒律儀則結合為一的懺悔。

《百丈清規卷五・沙彌得度》部分，百丈清楚的規定沙彌受戒剃度的場合、對象、懺悔與儀則，其中就有「至誠隨我懺悔」→「舉唱懺悔偈」→「淨治身口意業」→「歸依佛法僧三寶」等懺悔儀軌的實踐。《清規卷六・病僧念誦》部分，對於生病中的比丘，就有「排列香燭佛像」→「念誦讚佛」→「懺悔」→「回向」等懺悔儀軌之實踐。對於病情較嚴重者，改為「讚佛功德」→「發露懺悔」→「念佛菩薩聖號」→「回向」懺悔儀軌之實踐。一般病症者，所賴以念誦的對象是「清淨法身毗盧遮那如來法身」，次數是「十聲」；病情較嚴重者，為他念誦「阿彌陀佛一百聲，觀世音菩薩、大勢至菩薩、清淨大海眾菩薩」，次數亦是「各十聲」。透過華嚴無盡緣起的圓融思想、西方淨土思想、念佛懺悔與諸佛菩薩的弘大誓願，讓病者累劫的冤親罪業都能依於至誠的發露懺悔而蕩滌深殃，身心清淨。當然，上述之懺儀並不是一般懺法的禮懺儀軌，他仍然是禪宗如來藏自性心、現實人心與頓悟見性禪法渾合後的懺儀，故其思維結構可圖示如下：

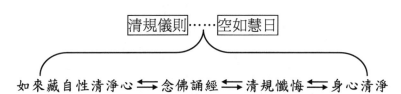

圖十二：百丈清規懺悔的思維結構圖

　　《清規》中由他人爲剃渡者、病者或重病者所進行的懺悔儀軌，其根本思想源頭仍是如來藏自性清淨心，並藉由大乘佛教諸佛菩薩的弘大誓願與慈悲願力而進行的。這樣的懺悔，看似他力懺悔，但對百丈而言，其實是要求禪者要在平常的農禪勞作中就注意戒律護持、頓悟禪行與懺悔滅罪的結合之實踐。故《祖堂集》百丈和弟子們的討論中，百丈亦肯定《觀普賢菩薩行法經》那種「眾罪如霜露，慧日能消除」的無相懺悔之實踐，禪者若是「心地若空，慧日自現」，便能在當下滅除「俱歇一切攀緣、貪嗔（瞋）、愛取，垢盡情盡。」他教人要認識生老病死無常苦空之理，在六道五蘊業報現前之時，禪者應是珍惜有限之人生歲月，一心向禪，滅盡罪業，勇猛精進，唯此「努力猛作」是自救之法。百丈以不昧因果爲野狐老人懺罪頓悟之公案，反映了百丈重視以禪觀慧見當下超越因緣果報與六道輪迴，滅除煩惱業障，回復清淨自性，亦肯定用莊嚴隆重的佛教懺儀方式爲亡者送葬，這與《清規》中爲病僧亡僧念誦懺罪的儀規可以相呼應。

十二、禪機懺悔

　　此指南禪其他禪師們在隨緣乍現的禪機話頭、叫喝、棒打、眼神、動作、暗示、隱喻、反詰或精妙禪偈中，或逗趣，或誇張，或真實，或神虛，因緣和合機動激出的懺悔精進。

　　但他們所踐行的千姿百態之禪機懺悔，不再是惠能戒壇或神會登壇而說的懺悔，他們沒有建構玄之又玄的形而上哲思，不再像六朝禪者一樣強調高遠而難以企及的佛性，不執著於其他宗派的各種禮懺儀軌，不去執著在禮拜佛菩薩聖號上，而是攝取了惠能三打神會那種定慧不二禪觀「常見自過患」的無相懺悔精神而進一步發揮與實踐，他們發揮在日常生活行住坐臥的話頭、叫喝、棒打、動作等禪修上以實踐現實人間自然平常的聖人所本具的真實面目，兼具了報怨行懺悔、念佛懺悔、金剛懺悔、無相懺悔、無生懺悔、無念懺悔、三業懺悔、清規懺悔等精神，而不執著於

各種懺悔的思維形式。任何時機下的形式都可能出現，但旨在懺罪精進而不在懺悔形式；懺悔形式與方法是隨機乍現的，證見佛性是如人飲水冷暖自知的。這是真正的「無形」、「無相」的自性懺悔，它由惠能所提出，但由南禪諸系大師們超越世俗內、外、中間等知識範疇概念下的隨機緣起緣滅的豁顯、證會與契印，他們所證會而契印者，皆是與如來藏自性清淨心緣會一如的。

　　這種千姿百態之禪機懺悔，勉強言之，可用現實人心之，因為是各有各的因緣業障，各有各的境界，各有各的不同實踐，即是「如人飲水，冷暖自知」的，故現實人心的觀照與反省與因果罪業的懺除，都在禪師們的頓悟見性禪法中隨心開展，不一而足。茲將此種禪機懺悔的思維形式圖示如下：

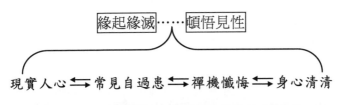

圖十三：南禪諸系禪機懺悔的思維結構圖

　　在緣起緣滅、無常、無我、諸法平等的教法基礎上，禪師們率皆無執於形相，超越內外中間以懺罪，提攝楞伽心法而不執著於楞伽，活用般若而不執住於般若，珍惜有限的形軀身命，在不同因緣際會的接洽中，讓本心自在無礙而精進不懈，隨時進行著多采多姿的任何形式，即→禪機懺悔；在緣緣交會的禪機懺悔中，禪者須是→常見自過患，不見他人非，懺除自身的無量罪業，終而→證得現實人心的活潑作用，即真如佛性。當然，這真如佛性仍是無常、無我的，故所謂懺悔是順逆交互而契證其機的，是「現實人心 ⇆ 常見自過患 ⇆ 禪機懺悔 ⇆ 身心清淨」交互綜合為一的，是四是一，是一是四，是心是懺，是懺是心，是心即身，是身即佛，即佛是心，是心即佛，是佛是心，心心懺罪，身身證悟的，故「現實人心」即是「佛心」，「佛心」就在日常生活的煩惱

過患中，「常見自過患」即是「禪機懺悔」，「禪機懺悔」即能「身心清淨」，「身心清淨」自然明心見性，即在一切超越內外中間等知識範疇概念之中的每一個話頭、叫喝、棒打、眼神、動作、暗示、隱喻、反詰或詩偈，皆是自性懺悔，皆在懺罪洗心，皆是不生、不滅、不常、不斷、不一、不異、不來、不出的脫落身心之懺悔清淨。這是惠能定慧不二無相懺悔更徹底的落實到現實人心的觀照與懺除的進一步頓悟見性禪法的實踐。

　　這種落實於現實人煩惱過患的照見懺悔，由如來藏自性清淨心而發，完全抖落一切的知識概念與形式儀軌，雖偶有懺悔儀軌的迹象可求，求之又不見其迹，因為它是無形無相的頓悟見性禪法之一部分，禪者的頓悟禪法可以不依賴它，但它隨時都在禪者的頓悟禪法之內，用之即顯，安之即隱，顯隱之間，隨緣而現。

　　要言之，禪宗這十二種懺悔思維型態，各具獨特的表現方式，但都不可以形相拘執之，達摩的「報怨行」懺悔是凝住壁觀禪法中的懺罪清淨心法；道信的「念佛懺悔」，是在一行三昧中的「入道安心」法門；弘忍的金剛懺悔，明顯改以《金剛經》代替楞伽心法；神秀的「無生懺悔」，是看心看淨禪法的重要法門；《金剛五禮》的「五禮」儀節，是北宗弘忍弟子們作為禪修方便的心懺儀節，亦是精進禪修的一種方法；《秀禪師七禮》的「七禮」儀節，是神秀弟子們懺悔與禪觀的重要實踐方法；惠能的「無相懺悔」是現實人以定慧不二禪法去「常見自過患」的自性懺悔；神會的「無念懺悔」，是強調無住處立知的頓悟解脫懺悔；永嘉的三業清淨懺悔，是絕相離言、境智雙寂心法的必要功夫；百丈的清規懺悔，又讓唐代禪宗日益趨於放逸的叢林生活步入正確的實踐軌道；南禪其他禪師的「禪機懺悔」，無形無相的展現在對機問答的瞬目棒喝中，眾生本具的如來藏自性清淨心與懺悔清淨是如如一體的。

　　這十二種思維型態又可約攝為二大類，即「五禮」、「無生懺悔」、「七禮」三者可都為一類，筆者謂之為**淨心澄心懺儀**，這是側重於大乘菩薩戒與禮懺儀軌的修持以致身心清淨之境，然其

旨是在懺儀中實踐禪觀與澄心淨心的目的，多少帶有一般佛教徒常進行的懺儀形式，由於其儀節須依次第進行禮懺，不可任意改變，故屬於「定型化懺悔」，是一種直線進行的儀節，這是漸中之悟的懺悔儀節，故筆者在前面的圖示中僅採用上下順逆的雙向「↕」符號表示之，未用到涵攝消融的「⌒」符號，唐代北宗禪法中的懺悔思想，大致都是這類懺悔的實踐。其餘九者，則視為同一類，筆者謂之為「**直心證道懺悔**」，九者上下貫串，心心相印，起於達摩的報怨行懺悔，參酌了慧可僧璨間的懺罪，中間有傳大士怨親平等的懺悔，至惠能的無相懺悔已確立了現實人心的煩惱過患之懺除，到南宗禪師們，無不以各種隨緣可得的方式對身口意三業進行懺悔滅除，由於不執著於任何儀節次第，禪師們多趨向於直心證道與懺悔清淨的平等密契，似有形相可說，實無任何形相可求，故屬於「活潑性懺悔」，它注重的是懺悔與清淨，是一種涵融煩惱罪業與頓悟禪機的實踐，這是頓悟見性的懺悔，故筆者在前面的圖示中不但採用交互雙向的順逆「⇆」符號，亦兼用到涵攝消融的「⌒」及表示左右兩者密契交融的如如關係之「……」二種符號，以表示其順逆緣起與兼融涵括的作用。後九者雖然沒有清楚有序的儀節規定，卻是無為而無不為，相相而無形相，隨緣隨機，活潑多樣，姿態萬千，不僅僅是九種型態所可以束縛的；前三者雖有循序漸進的儀節可以遵行，亦重視相相而無形相的隨緣隨機，但剛而難柔，拘而難變，易因外在因緣條件的置入而失卻禪修方向。

　　當然，十二種不同懺悔思維型態的共同目標，即以精簡扼要的懺悔精進為精神，最終證悟如來藏自性清淨心而通向究竟的見性成佛之路，前三者傾向菩薩戒戒體清淨與看心看淨的漸悟禪觀，故實踐狀態是傾向於「靜態」的禪坐方式，看似繼承了佛教的禪觀發慧之傳統，實則天台、華嚴、法相、淨土等宗無不皆重懺悔中的禪觀發慧，故此種靜態方式未能顯現出禪宗的創意。在後九者幾乎不執著在菩薩戒上，而是側重於自知自覺的常見自過患之無相懺悔與定慧不二頓悟禪法的融合，故實踐狀態是傾向於

「動態」的機行實踐，看似違背了佛教的禪觀發慧之傳統，實則
與天台、華嚴、法相、淨土等宗在懺悔中的禪觀發慧完全不同，
且它面對自己的生命與生活，投入人間社會，避免了隱遁逃世、
長年累月敗懺、任性而不負責、不事經濟生產等方面的譏評，故
此種動態的懺罪方式能夠顯現出禪宗的創意。就某一層次而言，
禪宗懺悔皆可與《起信論》的「一心開二門」相契，前三者所實
踐的，近於「心生滅門」的懺罪；後九者所實踐的，近於「心真
如門」的懺罪，二門合一，是為禪宗懺悔思想的「一心法」，此一
心法是「心、佛、眾生平等無別」的。不論如何，二大類都未脫
離大乘佛教的菩薩戒，但都與傳統佛教界的菩薩戒、「五悔形式」
及各大宗派大部頭「禮懺法」的龐大儀軌形式截然不同，成為唐
代禪宗懺悔思想的特殊實踐方式。以下將唐代禪宗思想的二類十
二型思維概要圖示如下：（見下頁）

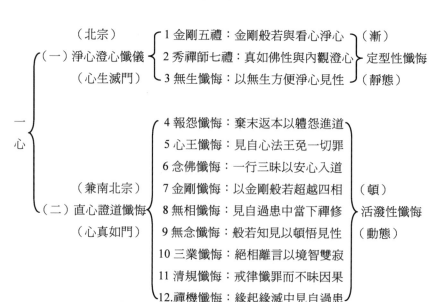

圖十四：唐代禪宗懺悔思想的類型圖

第二節 唐代禪宗懺悔思想的發展分期

如果從時間觀點言之，唐代禪宗懺悔思想的發展，其實可以分成三大時期言其變化軌跡：一、蘊釀期－自達摩至神秀；二、成立期－自惠能至無住；三、衍變期－自馬祖至文益。分述如下：

一、蘊釀期 ── 自達摩至神秀

從禪宗思想發展史的角度視之，初祖菩提達摩（？~535）至東山法門到北宗神秀（605~706）間各禪師大德的懺悔思想之實踐，皆可視爲唐代禪宗懺悔思想的蘊釀形成期。

初祖達摩在他的「二入四行」中，將「報怨行」置於「四行」的第一位，它配合了「隨緣行」、「無所求行」、「稱法行」與「眾生皆有佛性」的理入行入功夫，展現了「棄末返本」、「宿業果熟」、「甘心忍受」、「體怨進道」這四大懺悔義蘊，教導弟子們要勇敢負責的面對業障、接受業障、處理業障、放下業障，蘊釀形成禪宗特有的懺悔思想。

由於達摩的禪法帶有不放逸的頭陀精神，故其報怨行懺悔其實是維持在菩薩戒的戒體清淨精神下漸漸開展「戒－懺－禪－淨」一體如如而傾向如來藏自性清淨心之體證的懺悔滅罪思想，亦即是在「禪不離懺」與「懺中踐禪」的涵合狀態進行懺悔的。達摩報怨行之後，中間歷經弟子輩、傅大士、慧可、道育、曇林、僧璨、道信、法融、弘忍、法如及北宗系統的神秀、普寂等，時間上由南北朝的梁、陳、隋跨越到唐玄宗開元年間，約二百年的歷史過程中，中國政治社會歷經了無數次的重大激盪，各祖師大德們雖各據一方開出一己的特殊禪風，但大致均未拋棄凝住壁觀式的楞伽禪路線之懺悔思想。當然，在前幾位祖師中，他們並沒有創出懺悔思想的著作，亦沒有像《梁皇懺》、《法華懺》、《水懺》、

《圓覺懺》般建立起有節有度的宗教化懺悔儀軌的懺法，沒有脫離大乘佛教懺悔思想，亦沒有捲入南北朝隋唐間大量懺文、懺法的製作浪潮中；盛唐東山法門開展後的幾位大禪師至北宗系統，即使製作了類似禮懺法的《金剛五禮》及《秀禪師七禮》等懺儀，其「戒——懺——禪——淨」而偏向凝注壁觀楞伽禪的懺淨路線仍然很明顯；或許，從南北朝禮懺法角度視之，北宗此二種懺法可以作爲唐代禪宗懺悔思想的主要作品而說他們是禪宗懺悔成立期的代表。但是，從懺儀而言，他們只有簡單樸實的「五禮」、「七禮」形式，這本是一般禮懺法的儀式，故筆者認爲他們仍然不能視爲成立期之代表。當然，從思想內容視之，他們在禮懺儀節中所展現的是幾首簡單樸素的詩偈，這又與達摩以降的禪宗大師之風格相似。至於《秀禪師七禮》，它是兼有北宗菩薩戒傾向的懺儀特色，又含有南禪頓悟見性禪法的些微影子。

縱然各祖師大德們的禪法中又各自發展出「心王懺悔」、「怨親平等懺悔」、「持罪懺悔」、「無相念佛懺悔」、「絕觀懺悔」、「金剛懺悔」、「無生懺悔」、「秀禪師七禮」等多元思維型態的懺悔實踐，但這正反映出禪宗是不執著於懺儀而且是隨機化行的「禪不離懺」與「懺中踐禪」，他們只是在日常禪行中，依於菩薩戒的清淨精神，隨緣懺淨，默默蘊釀，不刻意標顯出懺悔思想的重要性，但懺悔思想的實踐始終未曾放棄。

二、成立期 —— 自惠能至無住

唐代禪宗真正的懺悔，當推六祖惠能（638~713）在《壇經》中所說出的無相懺悔。他不但繼承了達摩至弘忍間「戒——懺——禪——淨」一體如如而偏向凝注壁觀楞伽禪的懺淨路線，亦在《金剛》、《般若》思想的功夫下開出現實人常見自過患的定慧不二頓悟見性禪法的懺悔滅罪，由於有繼承有創新，既合於佛教的了義思想，又完全契入中國人的人心之中，故惠能、惠能弟子輩及蜀地無住（714~774）間這些禪師們對懺悔思想的實踐，可

視之爲唐代禪宗懺悔思想的正式「成立期」。

惠能提出的無相懺悔，不同於神秀「時時勤拂拭，莫使惹塵埃」的無生懺悔，而是透過「見過 ── 懺罪 ── 滅罪 ── 清淨」的懺悔實踐，展現出「以三無功夫永斷三世罪障」、「以七儀一心融般若禪行」、「以活潑心戒智慧禪定滅罪」、「一切法上念念不住的正念」四層懺悔義蘊，成爲「最尊、最上、第一，無住、無去、無來」而屬於實相無相之大乘真懺悔、自性懺悔。

惠能將提出無相懺悔後，永嘉的「三業懺悔」、神會的「無念懺悔」、無相的「三無念佛」、宣什的「念佛懺悔」、無住的「無念懺悔」及惠昕本《壇經》時南禪禪師們所踐行的懺悔，雖然呈現出各種不同思維型態的懺悔實踐，但大抵上都沒有懺悔儀軌的痕跡。他們並未否定菩薩戒，亦未否定懺悔儀軌，但他們從未執著於條規化的菩薩戒與形式化的懺儀，而是直接落實到現實人常見自過患的定慧不二頓悟見性禪法。

三、衍變期 ── 自馬祖至文益

惠能五大弟子後，四方學徒輻湊於江西馬祖道一（709~788）、湖南石頭希遷（700~790）二大禪脈在二百五十餘年間開出的臨濟、溈仰、曹洞、雲門、法眼等大枝五葉的隨緣禪機懺悔，由於他們正確的繼承了惠能「最尊、最上、第一，無住、無去、無來」的實相無相之大乘真懺悔，有千變萬化的在話頭、叫喝、棒打、眼神、動作、暗示、反詰或偈語中實踐「平常的聖人」之當下懺悔，故謂之爲唐代禪宗懺悔思想的「衍變期」。

當然，正因爲臨濟、溈仰、曹洞、雲門、法眼等大枝五葉的隨機懺悔是徹頭徹尾的不立文字、以心證心，故禪法中實在難以獲得懺悔滅罪的文字。勉強可以找到蛛絲馬跡的禪師，如馬組祖道一的「但無一念，除生死根本」，石頭希遷的「揚眉動目，直心除罪」，大珠慧海的「罪從心生，還從心滅」，百丈懷海的「金鼓懺悔，滅罪清淨」，臨濟義玄的「造五無間業，懺悔清淨」，睦州

道明的「不會教意，心當懺悔」，玄沙師備的「頻省妄念，歸真合道」，雲門文偃的「大過患須仔細檢點」，法眼文益的「懺悔與般若空慧合一」等等，及其他甚多不說懺悔而直接落實懺悔滅罪之實踐禪師等，他們一樣沒有忘記大乘菩薩戒的戒體精神，他們一樣知道整個中國佛教界都盛行著天台懺、華嚴懺、三階懺、淨土懺、梁皇懺及水懺等等的大乘禮懺法，但他們從未讓自己定執在宗教式的儀軌框架中，亦不願意讓禪宗懺悔走入形而上的哲學玄思，而是如實了知因果罪業的在「戒 —— 懺 —— 禪 —— 淨」一體如如的實踐中又從無執著於任何「戒 —— 懺 —— 禪 —— 淨」進行著隨機隨懺隨淨隨進的懺悟頓法。

要言之，蘊釀期時的懺悔思想，大抵是「戒 —— 懺 —— 禪 —— 淨」一體如如而偏向凝注壁觀楞伽禪的修證；成立期時的懺悔思想，大抵是「戒－懺－禪－淨」一體如如而導向常見自過患定慧不二頓悟見性禪法的實踐；衍變期時的懺悔思想，大抵是「戒－懺－禪－淨」一體如如而不執著於任何形式意義的「戒－懺－禪－淨」之隨機懺悟。從教義傳承與落實而言，前者是活攝印度大乘佛教三系思想而聚焦於一乘宗式的懺悔，中者是中國大乘佛教直接印證佛陀本心之禪宗式的懺悔，後者是涵融印度大乘佛教、中國大乘佛教、禪宗與中國儒道社會人心的懺悔。從懺悔思想的實質內容言之，前者是粗糙的從戒律清淨精神中言懺悔滅罪的，中者是肯定「緣起 ⇆ 見過 ⇆ 發露 ⇆ 懺罪 ⇆ 滅罪 ⇆ 清淨」實質義蘊的懺悔滅罪，後者是有形亦無形、無形亦有形的現實人的自過患之當下懺悔滅罪。

為了讓這三個時期的發展變化簡要呈現，圖示如下：

```
┌─ 一、蘊釀期 ── 自達摩至神秀：(傾向菩薩戒懺淨)
│                     ↓
│  二、成立期 ── 自惠能至無住：(導向常見自過患)
│                     ↓
└─ 三、衍變期 ── 自馬祖至文益：(徹底的無相懺悔)¹⁶
```

圖十五：唐代禪宗懺悔思想的發展分期圖

第三節　唐代禪宗懺悔思想的實踐原則

從唐代禪宗大師們的懺悔實踐來看，他們明顯的表現出一種信懺→解因→行露→證果的禪進過程，故此節分「堅信懺悔可以滅罪以行禪－信的實踐」、「正確理解因果業報說－解的實踐」、「依如來藏緣起以至心發露－行的實踐」、「超越內外中間的滅罪證道－證的實踐」論述之。

一、堅信懺悔可以滅罪以行禪 ── 信的實踐

禪宗懺悔思想的第一項實踐原則，即是堅信懺悔可以滅罪，以此信心去配合禪行，但絕不是一般宗教上的信仰。

佛教經論都強調「信」之功德或作用，如《十住毗婆沙論》認為，透過「信方便」可以速至不退境地，¹⁷《華嚴經》亦認為「信」為「道元功德母」，¹⁸《大智度論》亦云：「信為能入，智為能度」、「人心中有信清淨，是人能入佛法」。¹⁹《大乘起信論》進一步強調禪者應「修行信心分」，主張禪者應透過布施、持戒、忍辱、精進、止觀五波羅蜜以成正信，正信根本的真如佛性，堅

---

16 關於這三大時期的禪師、時代及其概要，可再參照本書第七章結論中「四、唐代禪宗各禪師懺悔思想的外顯儀式與內涵義蘊之表列」的圖示。
17 《大正》26，No.1521，頁41中。
18 《大正》9，No.278，頁433上。
19 《大正》25，No.1509，頁63上。

信佛、法、僧三寶的無量功德，堅信先世來多有重罪惡業障，只
是被魔邪諸鬼之所惱亂，或被世間事務種種牽纏，或被病苦所惱，
有如是等眾多障礙，是故懺者當禮拜諸佛→誠心懺悔→勸請→隨
喜→迴向菩提，常不休廢。[20]

　　達摩「二入四行」中的「報怨行」是基於「深信含生，同一
真性」[21]而開展的懺悔，其「凝住壁觀」禪法，更是禪者一心精
進所不可欠缺的力量，學者遂認為「二入四行」兼含「信」與「倫
理」之價值。[22]《悟性論》亦云：生「一念信心」，可超越三界。
[23]慧可、僧璨、道信、弘忍等人，無不依此堅定信心而立懺悔；
牛頭法融的信心懺悔，佛窟遺則的「須深信諸佛所行所說」的真
實懺悔，[24]皆以信心言懺悔；惠能言無相懺悔，同樣對自覺自懺
的自性懺悔深具信心；《壇經》編者亦強調「深信佛法，立於大悲」，
[25]教人不要執著於頓悟上。惠能五大弟子的發展，乃至南宗雲門
文偃、法眼文益等的禪機懺悔，上下一貫，都顯現出達摩這種「堅
定不移的自信」之禪行懺悔。

　　這種堅定不移的自信，與印度婆羅門教、基督教等大宗教的
信仰不同：婆羅門教是修行者相信絕對精神實在的大梵天力量，
修行人須修煉至梵我合一才能滅罪，[26]基督教是修行者相信第一
因的無所不知的上帝而由無所不知、無所不能的上帝替犯罪者贖
罪，[27]禪宗則以堅定不移的自信，相信依於眾生自己本具的如來
藏自性清淨心可以覺照自己的「煩惱過患諸罪業」同時進行自懺

---

20 《大正》32，No. 1666，頁581下~582上。
21 《菩提達摩四行論》，《禪宗全書・語錄部（一）》，頁28。
22 賴賢宗〈達摩禪〈二入四行〉所蘊涵的「信」與「倫理」〉，《法光》V.40，（台
　　北：法光雜誌編輯委員會，1993年1月。
23 《少室六門》，《大正》，48，No. 2009，頁370下。
24 宋・延壽《宗鏡錄》，《大正》48，No.2016，頁946上。
25 鄧文寬校注，《六祖壇經》，頁121。
26 趙雅博編《印度哲學思想史》，（台北：國立編譯館，1986年5月），頁198。
27 美・Michael Peterson（麥克・彼得森等）著，孫毅、游斌譯，*Reason & Religious
　　Belief—An Introtion to the Philosophy of Religion*（《理性與宗教信念－宗教哲
　　學導論（第三版）》），（北京：中國人民大學出版社，2005年6月），頁425~433。
　　美・ William James（威廉・詹姆斯）著，尚新建譯，*The Varietise of Religious
　　Experience*（《宗教經驗種種》），（北京：華夏出版社，2005年3月），頁266~267。

而滅罪。對照於中國佛教界，與梁武帝時的梁皇懺、智顗
（538~579）的法華懺、迦才（唐貞觀年間人）的淨土懺、道宣
（596~667）的菩薩戒等懺法的相信佛菩薩的慈悲誓願力量或止
觀實踐是不同的。[28]

　　禪宗大師們確實有些人是根本不言懺悔、不行戒律、不論罪
福的，但他們之所以如此，並不是不信因緣果報與懺罪清淨，而
是側重於一心禪進的層面，不願意在文字上、罪相上、知識上、
懺悔儀節上浪費殊勝難得的修行歲月，這與懺悔清淨及精進向上
的精神並無邏輯上的悖逆之處。

二、正確理解佛教因果業報說 ── 解的實踐

　　唐代禪宗懺悔的第二項實踐原則，即是正確理解佛教的因果
業報說。

　　「因果業報說」，幾乎是世界所有宗教的理論內涵之一，乃至
中國儒家、道家、儒教、道教都必須論述的一種思想規律，但佛
陀所說的是一種不共他宗他教的「宿世因果」說。佛陀認爲：「若
不善業，已作、今作，終不得脫，亦無避處」，[29]這種終不可避脫
的因果業報說，不是指肉體死後靈魂再投入另一個肉體，亦非交
由權威的上帝所宰制，而是指自身前世行爲之影響力產生新生命
的一種創造作用。[30]亦即，一切業力果報之現前，必有其根本原
因；無因不成業，無業必無因；有因必有業，有業必有業因；此
因或爲過去所作，或爲現時所作，皆由自身的貪瞋癡諸無明煩惱
所致。這不是六師外道所辯析的宿命論、無因論、一因論、多因
論、自然論或唯物論，[31]更不同於儒家「太極生兩儀，兩儀生四

28　關於梁皇懺、智顗、迦才、道宣等人的懺法，詳聖凱《中國佛教懺法研究》，
　　頁 29~306。
29　《中阿含經卷三‧業相應品第二‧（14）羅云經第四》，《大正》1，No.26，頁
　　436 下。
30　藍吉富〈佛教的緣起哲學〉，《現代佛教學術叢刊 53‧佛教根本問題研究（一）》，
　　頁 186。
31　這方面的問題，參：楊惠南《印度哲學史》，（台北：東大，1995 年 8 月）。事

象，四象生八卦」的乾元易體論及道家老子「道生一，一生二，
二生三，三生萬物」的自然道體論，32而是依於緣起、離於兩邊
的自作自受說進行禪修精進的。

　　佛陀頓悟宇宙人生的真理後，周遊天下，積極入世的為弟子
時人講經說道，本身即是一種正確理解「宿世因果」的懺悔滅罪
之精進行為。這種懺悔滅罪法，並不是懼怕、逃避現前的因果業
報，反而是以至誠的心態，勇猛的、積極的面對果報，懺除無明
渣滓的清淨心行。佛滅後，初期佛教已出現煩惱業障會連綿「過
去世、未來世、現在世」三世的說法；33大乘佛教《大般涅槃經》
再將「現報、生報、後報」三業連貫在一起，讓因果業報說、懺
悔滅罪與佛性說融合為一；34六世紀時中國大乘佛教的《佛說佛
名經》又進一步將三世因果業報理論整理成：

> 現報業者，現在作善作惡，現身受報；生報業者，此生作
> 善作惡，來生受報；後報業者，或是過去無量生中作善作
> 惡，或於此生中受，或現在未來無量生中方受其報。向者
> 行惡之人，現在見好，此是過去生報後報善業熟故，所以
> 現在有此樂果，豈關現在作諸惡業而得好報？行善之人現
> 在見苦者，是過去生中生報後報惡業熟故，現在善根力弱
> 不能排遣，是故得此苦報，豈關現在作善而招惡報？35

現報、生報、後報的共同原則，是肯定因果業報的必然性，此必
然性不隨時空變化、六道眾生、富貴貧窮而有差別。據此，因果
業報是過去、現在、未來相續不絕的，不論是現在顯報、來生顯
報還是後生顯報，有因必有果，此理之所必然。懺悔者若未能正

實上，歐美學者早在二十世紀初即有詳贍之研究，如 A.Berriedale Keith
（1879~1944），Buddhist Philosophy In India and Ceylon，（India：Munshiram
Manoharlal Publishers Pvt. Ltd，1923）。另參 A.K.Warder，*India Buddhism*，（India：
Motilal Banarsidass，1970）。魏・王弼注《老子》，（台北：藝文，2001 年 5 月），
頁 89。

32　《周易注疏卷七・繫辭上傳》，《十三經注疏》1，頁 15。《老子》42 章，（台北：
　　藝文，2001 年 5 月），頁 89。
33　《雜阿含經卷二十七・715》，《大正》2，No. 99，頁 192 中。
34　《大般涅槃經卷四十・憍陳如品第十三之二》，《大正》12，No. 374，頁 600 上。
35　《佛說佛名經》卷四，《大正》14，No. 441，頁 204 下。

確理解此三世不絕的宿世因果說，一切說戒、自恣、發露、懺悔、懺罪、禮懺、方便、止觀等教行的實踐都是無效的。

初期禪宗所奉持的四卷《楞伽》即認為「謗因果」是拔善根本，壞清淨因，當墮地獄，自陷陷他之惡見。[36]達摩「報怨行」的「今雖無犯，是我宿殃惡業果熟」及「隨緣行」的「是我過去宿因所感」等語，[37]便是極力肯定這種自作自受因果說的說法。《血脈論》云：「有人撥無因果，熾然作惡業，妄言本空，作惡無過。如此之人，墮無間黑暗地獄，永無出期」，[38]教導禪者重視因果業報之必然性。《絕觀論》認為：「眾生根本皆如來藏，但造業即受報。」[39]惠能於廣東法性寺初轉法輪亦云：「惠能來於此地，與諸官僚道俗，亦有累劫之因」，[40]同樣肯定這種宿世因果之說。神會認為，誦持《金剛般若波羅蜜經》，可以「感得世人輕賤，現世輕受；以輕受故，先世重罪業障即為消滅」，[41]懺罪方法不同，思維路徑或異，除去因果卻是同樣的認識。永嘉亦認為：「豁達空、撥因果，莽莽蕩蕩招殃禍；棄有著空病亦然，還如避溺而投火。」[42]淨覺《注般若波羅蜜多心經》亦云：「身雖謝滅，識種猶存；神道遊遊，名為中蘊；七七日已來，隨罪福業報，人、天、六道而受生」，[43]亦以如來藏清淨心含攝六道輪迴的因果業報說。百丈大師心如木石，「不為陰界五欲八風之所漂溺，則生死因斷，去住自由，不為一切有為因果所縛」，[44]即能應病與藥，透一切聲色無有滯礙，以無縛心應一切心，以無縛慧解一切縛，無明業障自然懺除。

---

36 《大正》16，No. 670，頁491上~中。
37 《菩提達摩四行論》，《禪宗全書‧語錄部（一）》，頁28。
38 《少室六門》，《大正》，48，No. 2009，頁374上~中。
39 《禪宗全書‧語錄部（一）》，頁6、18。
40 鄧文寬校注《六祖壇經》，頁32。
41 《神會和尚禪話錄》，頁38。《金剛經》則云：「一切有為法，如夢幻泡影，如露亦如電，應作如是觀」，故凡能修自證「無我相、無人相、無眾生相、無壽者相」之四無相境界者，「先世罪業，則為消滅，得阿耨多羅三藐三菩提。」姚秦‧鳩摩羅什譯《金剛般若波羅蜜經》，《大正》8，No.235，頁750中~752中。
42 《永嘉證道歌》，《大正》48，No. 2014，頁396上。
43 見：柳田聖山《初期禪宗史書の研究》，頁605。
44 《祖堂集卷十四‧百丈和尚》，頁275。

　　佛陀不去回應十四無記哲學辯難，乃因正確理解因果罪業識種纏縛自身之理，故落實於現實生活而親身懺除之；唐代禪宗大師的懺悔對於「繫執因果，探研句義者」多所批評，即是要正確理解因果業報並不執迷地進行懺悔實踐。[45]

三、依如來藏緣起以至心發露 ── 行的實踐

　　唐代禪宗懺悔思想的第三項實踐原則，即是依於如來藏緣起而對障覆自性的煩惱罪業進行至心發露。

　　因果業報說的實質是佛陀所說的緣起法，緣起法的基本公式是「此有故彼有，此生故彼生；此無故彼無，此滅故彼滅。」[46]依於甚深緣起，罪由因緣而生，亦由因緣而滅，懺悔滅罪之理遂能成立，而滅罪之因緣即是懺者自身依於甚深緣起所進行的「發露」。初期佛教的發露近於誦戒，部派佛教的發露近於持戒，大乘佛教的發露仍重大乘菩薩戒的護持，但已漸漸與三世諸佛菩薩的大誓願、大菩提心、禮佛滅罪、罪性本空思想結合為一。但主張「罪有故懺有」時，懺者的發露容易與「諸行無常」、「諸法無我」的教義矛盾，針對這樣的矛盾，緣起法遂呈開放而多元地開展，業感緣起側重於生命之輪的論述，阿賴耶緣起側重於行為起源的探索，如來藏緣起再深入探論賴耶識的起源。[47]如來藏緣起的四卷《楞伽》以超越唯心的自覺聖智對「心、意、意識，自心所現，自性境界，虛妄之想」的生死業因悉以超度，[48]無執於常，無執於有，無執於我，故達摩令道育、慧可等遵行《楞伽》以傳心；《起

45　如杜胐云：「豈夫繫執因果，探研句義者所能入乎？則修多羅所謂宗通者，謂緣自得勝進，遠離言說文字妄想，趣無漏界自覺地自相，遠離一切虛妄覺相，降伏一切外道眾魔緣自覺趣，光明暉發，是名宗通相，是真極之地，非義說能入信矣！」《傳法寶紀并序》，《初期禪宗史書の研究》，頁 561。
46　《雜阿含經卷十·（262）經》，《大正》2，No. 99，頁 67 上。
47　藍吉富〈佛教的緣起哲學〉，《現代佛教學術叢刊·53 佛教根本問題研究（一）》，頁 192。
48　佛云：「諸善知識佛子眷屬，彼心、意、意識，自心所現，自性境界，虛妄之想，生死有海，業愛無知，如是等因，悉以超度。」《楞伽阿跋多羅寶經卷一·一切佛語心品之一》，《大正》16，No.670，頁 484 上~中。

信論》又以絕對平等真如的如來藏自性清淨心來總攝有為、無為、世間、出世間、色、心一切諸法，[49]故道信、法融、弘忍、惠能、神會之後的禪法多依《起信論》靈活踐行禪道。

　　依於如來藏緣起，眾生同樣會因無明而造作業障，亦可能因懺者至誠真心的發露因緣，懺除罪業令自性清淨。達摩認為宿殃惡業「並緣業所傳」、「皆從緣生」，所說的即是如來藏緣起；依於於楞伽「無罪即涅槃」的思維，[50]他可以自覺聖智超越「自、他、凡、聖」的各種差別妄念，超越主體我的設限自縛，對往昔造作的一切苦、樂、勝報、榮譽諸事，在二入四行中發露懺除。唐代禪宗大師們二類十二型的禪觀懺悔，又在心佛眾生無別、菩提即煩惱、煩惱即涅槃的等教義的開展下，自然自在的實踐了罪性本空的思想。

　　但禪宗大師們依於如來藏緣起的至心發露，並不像《梁皇懺》、《水懺》、《法華懺》、《圓覺懺》那種針對遍滿三界，輪迴四生，彌亙六道所造作的三毒、三漏、三苦、四識、四流、四取、五蓋、五慳、五見、六情、六識、六想、七漏、七使、八倒、八垢、八苦、九惱、九結、九緣、十煩惱、十纏、十一遍使、十一入、十六知見、十八界、二十五我、六十一見、九十八使、百八煩惱……等一切罪相進行總相、別相罪障的發露，且大部分禪師都是直接針對自性上的一時蒙蔽進行陳說（發露）簡要的「滅三世罪障」一語以涵概所有罪障，有些禪師根本不是發露罪障而是由至誠真心直接露顯在日常生活中，化成勇猛精進的形式以懺除之。

　　當然，禪宗亦有發露罪相之懺法，如北宗的《金剛五禮》、《秀禪師七禮》及南宗《永嘉集》、《百丈清規》等有類似罪相之發露，但他們的懺悔重點亦不是如一般禮懺法一樣側重於大量總相、別

49　黃懺華〈大乘起信論真如緣起說〉，《現代佛教學術叢刊・53 佛教根本問題研究（一）》，頁 241~270。

50　《楞伽經》卷三云：「非有真實性，如愚夫妄想；云何起欲想，非性為解脫」，視一般佛教徒常說的「真實性」是「愚夫妄想」。《大正》16，No.670，頁 499下。

相的罪相鋪陳上，而是以清淨真如為禮懺對象，懺意都在悟道；
惠能的無相懺悔，亦只是大略發露了過去現在未來三世罪障後，
即進入「無相偈」、「無相戒」、「無相三歸依戒」、「滅罪頌」、「無
相頌」等懺意的綜合理解與禪意之融合；神會的無念懺悔，雖有
四重罪、五逆罪、七逆罪、十惡罪等罪相的發露，亦屬於點綴性
質，懺意都不在罪相的一一陳設，而是在般若知見的當下實踐；
永嘉玄覺雖在三業上有較為明細的發露內容（「貪、瞋、邪見，意
業；妄言、綺語、兩舌、惡口，口業；殺、盜、婬，身業」），其
懺意亦在實踐心佛眾生無別、煩惱即菩提等教義。

　　禪宗依於如來藏緣起所說的懺悔，並不是口頭上、文字上、
儀節上的發露，而是活用如來藏自性清淨心而在日常生活中勇猛
精進的禪行，這就是由臨濟、溈仰、曹洞、雲門、法眼等五宗在
隨緣乍現的話頭、叫喝、棒打、眼神、動作、暗示、隱喻、反詰
或精妙禪偈中因緣和合機動激出的千姿百態的禪機懺悔。

四、超越內外中間以滅罪證道 —— 證的實踐

　　唐代禪宗懺悔思想的第四項實踐原則，即是超越內外中間的
滅罪證道。

　　佛教懺悔的主要對象是「罪」，最初層的目的是罪的滅除清
淨，最終目的是證得涅槃、離苦得樂，在禪宗而言則是成佛悟道。
唐代禪宗汲取了印度大乘佛教超越內外中間的罪性本空思想，活
用了四卷《楞伽》超越心量的自覺聖智境行的心法，抑或是《梵
網經》中超越三界外又涵入三界中而不執於三界萬象的如來藏自
性清淨心地，堅信眾生皆本有此一如來藏自性清淨心地可以覺見
「自過患」諸罪－即色身四大、五蘊、十一處、十八界的無量無
邊諸罪業，[51]但諸罪業亦因超越的心法而得懺除滅盡而證道。

---

51 淨覺《注般若波羅蜜多心經》云：「六根空不在內……六塵空不在外……六識
　　空不在中間……四大、五蘊、十八界，各無自性也。」柳田聖山《初期禪宗史
　　書の研究》，頁603。

　　達摩的報怨行懺悔，本身就是以超越的自覺聖智心法去「體怨進道」；「二入四行論」繼承報怨行懺悔的禪法，隨處可見超越內外中間的罪性本空懺悔；慧可以「汝將罪來，爲僧璨懺罪」的禪機，再以《維摩詰經》「隨其心淨，則佛土淨」的不二無垢無相懺悔；傅大士的怨親平等懺悔，是以心爲法王進行體無體、緣無緣、俗無俗、真無真的滅罪懺悔；道信的一行三昧無相念佛懺悔，是禪者以超越的自覺聖智心法去而證道的新方便；法融的信心懺悔，是兼容維摩罪性本空與華嚴「我心自空，罪福無主」的超級性之惕厲精進；弘忍將金剛般若空智融入無執罪福的實相懺悔中，爲惠能無相懺悔、神會無念懺悔等開出了新路。敦煌《金剛五禮》與《秀禪師七禮》等作品，雖依儀軌而行懺，但懺旨仍是超越的自覺聖智心法之無生懺悔。

　　惠能的無相懺悔，是定慧不二、如如不動的智慧心去常見自身的「煩惱過患」，這是超越的自覺聖智心法與一般如如不動禪觀的緣合體證；神會的無念懺悔，緣依於「無住處立知」的無念般若，直接說出現實人類正知正見下之般若懺悔；兩人都顯示著禪宗以當下超越心量的如來藏自性清淨心以滅罪的精神。四川淨眾寺無相禪師的集眾念佛懺悔，南山宣什宗的「念佛禮懺」，保唐無住「捲重雲而朗慧日，業障頓袪」的無念懺悔，都是不執著於大福、小福，大罪、小罪，懺儀或咒願的不二無垢之無相懺悔。

　　南禪禪師們傳承惠能如如不動的自性懺悔後，又由石頭希遷與馬祖道一二大禪脈開展出重視平常心、現實人的禪機懺悔。馬祖道一言觸類是道，他認爲人心的全體，所有的貪、瞋、癡與造善惡受苦樂，一一皆是佛性的緣現，故佛性平等，沒有任何差別，且能作一切差別現象。大珠慧海的懺悔思想，雖然有「禮佛→懺悔→回向→發願」的懺悔儀節，仍是綜合了《佛名經》、《金剛經》、《普賢菩薩行法經》等經典中罪性本空、般若空智的思想。百丈懷海的清規懺悔，雖是諷誦經典與懺悔滅罪的實踐，卻是「戒－懺－禪－淨」一體如如的重要里程碑。臨濟義玄以機鋒棒喝接引學人，反對長期禪坐與六時禮懺，但卻是用智慧觀照「無明」之

父、「貪愛」之母、「清淨法界」之血、「一念心正」之僧、「見因
緣空」之像，以心為體，假言說為相，隨緣消業障。睦州道明對
於執著經義論疏的人，往往給予峻烈的棒喝，認為講經論道的人
易造作「妄語業」，清淨無染的方式是「懺悔」。石頭不慕諸聖、
不重己靈、不用聽律、不用念戒，他肯認因緣果報，故認為禪者
「寧可永劫沉淪，終不求諸聖出離」。玄沙師備「昭昭靈靈真實人」
的禪法，沒有棄絕普賢無相懺悔的實踐，它教導現實人要「省發」、
「省察」、「省心」，進行的懺悔精進。雲門文偃認為，截斷眾流不
能不懺悔清淨，禪者若是停滯在表面的、形式的禮懺儀軌上或二
元對立的知識辨析中。法眼文益認為「殺父殺母，猶通懺悔；謗
大般若，誠難懺悔」，說明了他的調機順物禪法不能不懺悔，懺悔
不能失卻般若空慧的運行。

　　上列四種懺悔的實踐原則，不論是由「如來藏自性清淨心」
到「般若空智」，還是由「般若空智」到「現實人心」，由高遠到
平實，亦由平實到深妙，由深妙而藝術，都是肯定「眾生皆有佛
性」的基本前提下去進行的，若不知眾生皆有佛性，不能「呈自
本心，不識本心」，不知從現實人心的當下自過患去發露－懺罪－
除罪，是不能滅罪而入其門的，[52] 故唐代禪宗懺悔思想的四大實
踐原則實可圖示如下：

眾生皆有佛性 ｛
一、堅信懺悔可以滅罪以行禪 — 信的實踐

二、正確理解佛教因果業報說 — 解的實踐

三、依如來藏緣起以至心發露 — 行的實踐

四、超越內外中間以滅罪證道 — 證的實踐

圖十六：唐代禪宗懺悔思想的實踐原則圖

52　這是活用弘忍督責神秀再呈頓悟心偈時的對話，詳《六祖壇經》，頁 24~26。

第四節　唐代禪宗懺悔思想的實踐特色

　　唐代禪宗懺悔思想的思維型態雖可假說爲二類十二型，但十二型都是禪者以自身本具的如來藏自性清淨心進行懺罪的，他們的實踐顯現出四種特色：「非佛菩薩力量的自力懺罪」、「非禮懺儀軌化的自性懺悔」、「非罪相鋪陳化的直覺自悟」、「非形上建構化的慧見自過患」，分述如下。

一、非佛菩薩力量的自力懺罪

　　這是從懺悔實踐的主體而言的。大乘佛教的懺悔思想的實踐，基本上都相信且至誠歸依於諸佛菩薩的大誓大願與大菩提心力，懺者藉由歸依、禮拜與諷誦諸佛菩薩名號而滅罪清淨，但這樣的歸依、禮拜與諷誦究竟是屬於自力道還是他力道，[53]便成爲懺悔實踐的重要關鍵。

　　此處所謂的「非佛菩薩力量」，並不是在否定大乘佛教諸佛菩薩所發的大菩提心及無量無邊悲願，而是更強調懺者依於懺法而實踐時，懺者本身即是一個懺罪的主導者，這主導者仍是無常、無我、性空的，但他以超越一切對立矛盾的本具的如來藏自性清淨心進行懺儀的踐履，放下一切我執法執，在「初發心時，便成正覺」，懺罪清淨之後，身心便可繼續精進不懈的自力精神。

　　佛陀的懺悔思想與歷來禪者的懺罪精神都是這種自力精神的實踐。從初期佛教經典看，佛陀不止一次教導弟子們要「恐懷後

---

53 自力道與他力道各有不同的嚴密組織與實踐方法，二者在教理史上都佔有重大之地位與影響，他力道的實踐是深信阿彌陀佛的如來本願之至心念佛，自力道則以禪者自己的初發心爲基礎，將無限的永恆攝受於現在一刹那間，約攝萬行於一行，將雄大的無限悲願把握在眼前具體的一事中。參：佐藤泰順〈自力道與他力道〉，載印海譯《中國佛教思想論》，(U.S.A.，法印寺，1996 年 11 月)，頁 251~300。

滯，就他致謝，即說懺摩之言」，真誠的「對人說悔」，「自責精進」。[54]從中國大乘佛教在漢、魏之間安世高、牟子博、曇柯迦羅、康僧會等人的懺悔實踐來看，當時那種自力懺悔思想中的精進精神是不容置疑的。[55]晉代至梁代間，中國人迅速地將佛教拜諷誦諸佛菩薩名號而滅罪清淨的懺悔理論與中國人期望滅罪消災的現世利益目的融合在一起，[56]這看出佛陀的自力精神已漸漸地趨向於他力信仰。至大唐盛世，佛名懺悔與淨土信仰又大肆發展，自力懺罪與他力懺罪的實踐型態益形模糊，故義淨才會對就時人的誤解提出糾正，勸導佛教徒以「自責精進」的精神進行懺悔。佛教高僧大德將放下一切的「初發心時，便成正覺」及精進不懈的自力懺罪結合爲一，是完全符合初期佛教的實修精神的。

　　從南北朝至唐代間各大宗派盛行的懺法來看，一般皆認爲衆生垢重、能力微薄而傾至誠心力將自身之業障託付於諸佛菩薩名號的弘大誓願上，如梁譯《現在賢劫千佛名經》即直接禮拜「千位佛菩薩名號」以懺悔滅罪。[57]十一卷《佛名經》乃以「一一〇九三」位佛菩薩爲禮拜對象，其後中國人又漸漸增加爲禮拜「一萬三千三百」位佛菩薩名號。[58]隋譯《五千五百佛名神咒除障滅罪經》亦直接依於「五千五百佛名及神咒」以除障滅罪。[59]《高

---

54 《大正》23，No.1442，頁706上。
55 詳本書第二章第一節之論述。
56 塩入良道〈中國佛教における佛名經の性格とその源流〉，《東洋文化研究所紀要》n.42，（東京：東京大學東洋文化研究所，1966年11月），頁221~319。
57 《大正》14，No. 447a，頁376上~383中。
58 事實上，南北朝禮拜佛菩薩名號的經典甚多，除了敦煌的十一卷《佛名經》外，其他如梁‧僧佑（445~518）《出三藏記集卷二‧新集經律論錄第一》中記有西晉‧竺法護（239~316）譯之《賢劫經》七卷、《諸方佛名經》一卷、《十方佛名經》一卷、《百佛名經》一卷、東晉‧竺曇無蘭（381前後）譯之《賢劫千佛名經》一卷、東晉‧鳩摩羅什（344~413）譯之《新賢劫經》七卷、《稱揚諸佛功德經》三卷等；同書卷四《新集續撰失譯雜經錄第一》所記載之《諸經佛名》二卷、《三千佛名經》一卷、《千佛因緣經》一卷、《過去五十三佛名經》一卷、《五十三佛名經》一卷、《賢劫千佛名經》一卷、《南方佛名經》一卷、《現在十方佛名經》一卷、《五千七百佛名經》一卷等皆是。又隋‧法經《衆經目錄卷二‧衆經別生四》，亦舉出《佛名經》一卷、《賢劫千佛名經》一卷、《佛名經》十卷、《十方佛名經》二卷、《百七十佛名》一卷等近三十部。詳拙著《慈悲水懺法研究》，頁77~78。
59 隋‧闍那崛多譯《五千五百佛名神咒除障滅罪經》，《大正》14，No. 443，頁

僧傳》載釋超辯（420~492）日誦《法華》一遍，並以餘力禮拜「千佛」名號。[60]《續高僧傳》亦載釋德美（575~637）每歲行懺，日禮拜「一萬五千佛」名號，精誠所及，多感徵祥。[61]到了唐代三十卷《佛名經》時，已禮拜了「十八億同名實體法式佛，十八億同名日月燈佛，……三十六億十一萬九千五百同名淨王佛」，[62]這些都是以三世十方無量無邊諸佛菩薩爲禮拜懺悔滅罪之對象。此中，儘管《梁皇懺》精選出代表性的三世諸佛菩薩，以彌勒佛、維衛佛、尸棄佛等二十餘尊佛菩薩爲代表，[63]《水懺》精選出以毗盧遮那佛、釋迦牟尼佛、阿彌陀佛等十六尊佛菩薩爲代表，[64]仍容易造成他力懺悔的模糊認識。但到了晚唐宗密的《圓覺懺》，又以《圓覺了義經》、《華嚴經》、《法華懺》、《佛名懺》等爲主，幾乎禮遍佛教經典中無量無邊諸佛菩薩名號，如於一萬五千佛等一切諸佛外，遍禮十方盡虛空界微塵刹土中徹三世長短劫內廣大智願主伴互融不可說佛刹微塵數一切諸佛、十方徧虛空界微塵刹土中盡過去際一切化身諸佛般涅槃者分身舍利及諸靈像浮圖寶塔……乃至於諸大龍王及八部眾并及土地靈祇、圭峯山神王、紫閣山神、護法善神、護伽藍神主、道場神主、方主、地主、火主、風主、水主、山主、空主、藥諸神眾等皆爲禮懺對象，幾乎囊括了印度教、道教及民間宗教的各種神祇。[65]此外，近世尙通行著《萬佛洪名寶懺》，即約「萬佛」爲名，進行禮懺滅罪，消災祈福；[66]至於《大悲懺》、《藥師懺》、《淨土懺》、《地藏懺》等，無不虔

---

318 上~322 下。
60 《大正》50，頁 408 中。
61 《大正》50，頁 697 上。
62 《大正》14，頁 292 下~頁 293 上。
63 《大正》45，No. 1909，頁 922 中~967 下。
64 《大正》45，No. 1910，頁 967 下~978 中。
65 《卍新續》74，No. 1475，頁 375 上~511 下。
66 如河北省河間市千佛寺於 2008 年 2 月舉辦爲期十天的《萬佛洪名寶懺》法會。參網頁：http://big5.fjnet.com/fwzt/t20080122_62290.htm，2008/3/5。臺灣中台禪寺亦常進行《萬佛洪名寶懺》法會，參網 http://ctzen.org/sunnyvale/download/2007_1_3_Dharma_Events_Chinese_V3-2.pdf 。另見 http://www.ctworld.org.tw/108/puyin4/index.htm，2008/3/5。又香港大埔定慧寺亦曾於 2007 年 11 月 26 日至 12 月舉行《萬佛洪名寶懺》法會，迴向世

誠歸依於諸佛菩薩之大誓願力。[67]凡此，皆可看出中國大乘佛教
仰賴諸佛菩薩之懺願以滅罪消災的他力道傾向。

　　這種他力道傾向的懺悔滅罪，固有其大乘佛教教義的理論基
礎與教理的實踐意義，但亦凸顯出四大缺失：其一，是懺悔滅罪
容易變成依賴他力才能滅除，懺者本身原有的力量變得很微弱，
此與初期佛教的自力精進精神不類；其二，是具有多神論的傾向，
既像印度教，又像中國道教或民間的混合宗教，容易偏離佛教緣
起性空、無常、無我之根本教理，從而變成迷信。其三，不論是
古代的封建社會，還今日民主開放的社會中，依賴他力而進行的
懺悔對於那些佛教義理尚未正確認識清楚的初學者而言，容易因
執著於外在佛菩薩之誓願力而產生誤導作用或不合佛法的反效
果。其四，大乘佛教所說的三世十方無量無邊諸佛菩薩，其實就
是懺者自身，故禪宗乃有「心佛眾生一體」、「即心即佛」之說，
故若盲信於外在他力，極容易偏離佛教懺悔的本意。南傳《長部》
中，佛陀即多次強調不要依靠祈禱、禮拜、咒術、聖句、誦經等
儀式來滅罪消災，因為那都是徒勞無功之事。[68]聖凱認為，中國
佛教的懺法雖是自力與他力的結合，但他力的作用，應該說是懺
悔的一種「增上緣」，真正力量來自懺悔者的知罪、發露、發願、
回向，最後由智慧的觀空而達到罪業清淨，[69]亦強調了自力懺悔
的主導作用。

　　唐代禪宗大師們偶亦以三世十方諸佛菩薩摩訶薩為禮懺對
象，但他們不是將懺者的心力擺在歸依、禮拜及諷誦諸佛菩薩名
號上頭，不因廣大誓願力與大菩提心而迷信禮佛拜佛，尤其反對
一切形象、儀式或靈祇神主，而是將自己的本願心力與諸佛菩薩
的懺願心力渾合為一，並直接將懺意密切聯接到自己證悟禪境的
修持功夫上，即以堅定專注的心力契應初期佛教佛陀那種自力懺

界和平，人民安樂，百業俱興，參網頁：
　　http://www.hkbuddhist.org/magazine/571/571_18.html，2008/3/5。
67　林子青〈懺法〉，收入呂澄等《中國佛教人物與制度》，頁 455~461。
68　相關資料甚多，可參南傳《長部》1，《漢譯南傳大藏經》6，頁 78、260 等處。
69　聖凱《中國佛教懺法研究》，頁 401。

罪的精進精神。[70]

　　這種自力懺罪的身心清淨思想，普遍存在於禪宗各大禪師的身上，從達摩的二入四行開始，就強調自力懺悔的能量，根本未提及禮拜諸佛菩薩名號之事，懺者是直接在理行二入兼用的禪進中實踐報怨行懺悔；慧可時已有心佛不二之精神，故與僧璨間的懺罪是懺者自己直接進入超越內外中間的任運懺悔的滅罪活動中；道信的一行三昧無相念佛懺悔雖有淨土宗的痕跡，但懺者自己在念佛的當下，是心是懺，是懺是佛，自然地懺除一切罪業，讓身心運行在活潑的如來藏自性清淨心之狀態中；弘忍的金剛懺悔更是懺者自己以無我相、無人相、無眾生相、無壽者相的精神進行實相無相之懺悔；惠能的無相懺悔，是教導懺者自己不執著於一般人常說的禪定戒律，活用自身本有的如來藏自性清淨心與般若空智直接在自己的過患上懺悔滅罪；後來南宗的禪機懺悔，隨機乍現，如神龍出沒，無跡可求，懺者是直接的面對自己的問題在現實的日常參禪生活中解禪證禪悟禪，針對自己的妄念妄想進行超越與滅除。

　　企圖以禮拜諸佛菩薩的他力懺悔說唐代禪宗懺悔思想，是不合其自力精神的。

二、非禮懺儀軌化的自性懺悔

　　這是針對懺悔的儀式而言的。宗教借助於一定的儀式軌則來推行各種宗教活動，可以更明確地傳達宗教者偉大、崇高、宏博與莊嚴的修行境界，佛教亦然。不過，佛教懺悔更重視運用高明的智慧形式來懺罪，它同樣會在重要宗教活動中進行適切的禮拜儀軌，但高僧大德們都會清楚的說明儀軌目的絕不是在外在形式上而是懺者自身的初發心、大菩提心與無量誓願。禪宗基本上未反對佛教各種禮懺儀節的合法性，只是他們反對過度依賴禮懺儀

70　《四分律卷三十五‧說戒犍度上》，《大正》22，No.1428，頁817下。

軌而喪失了主體自身即可懺悔的滅罪能力，故禪宗自達摩的報怨行即不是儀軌化的懺罪思想之實踐，至惠能開始即明白的說他的無相懺悔是一種自性懺悔、大乘真懺悔。

嚴格言之，戒律不能完全等於懺摩，懺摩不能完全等同於懺儀，懺儀不能完全等同於懺法，懺法不能完全等同於禮懺，禮懺不能完全等同於懺悔，懺悔不能完全等同於懺罪，懺罪不能完全等於懺願，懺願不能完全等同於懺淨。分別說之，戒律是透過戒條的認識與實踐而讓僧團清淨教法永住之本，懺摩是初期佛教佛教徒在說戒儀式前的發露，懺儀是綜合各種懺悔法的儀節總稱，懺法是包含懺儀、懺理、禪觀等的一部書籍，禮懺是虔誠恭敬的禮拜懺悔，懺悔是印度「kṣama」和中國反省過失的「悔」字二字的合譯，懺罪是懺者對自己的錯誤罪業進行懺除之意，懺願是懺悔時的弘大誓願，懺淨是透過懺悔除罪而身心清淨。但中國大乘佛教在實踐之時，幾乎都含糊籠統的把它們等同看待。等同看待的結果，很多人就以為懺悔就是懺儀，懺儀就是懺法，認為沒有佛像、沒有誦經、沒有懺儀、沒有禮佛、沒有事懺、沒有理懺、沒有觀相，懺悔似乎就不成立。事實言之，這只是隨順於一般懺法的懺悔儀軌而妄立的錯誤觀點，初期佛教的佛陀，早就確立了自知自覺的「見過 ⇆ 發露 ⇆ 懺罪 ⇆ 滅罪」之懺悔義蘊，那是戒律、無常、無我清淨心法的實踐，蕭子良的《淨行法》與宋齊梁間君臣高僧們的懺悔文之撰寫，其實都具備佛陀這種懺悔思想的呈現，而達摩至唐代禪宗大師們只是隨緣攝其心法而專志踐行之而已。

南北朝在建立禮懺法門的過程中，大致都遵循著道安（312~385）「懺悔 ── 勸請 ── 隨喜 ── 回向 ── 發願」的五悔儀節。[71]天台智顗（538~597）的《法華三昧懺儀》、《方等三昧懺法》、《請觀音懺法》、《金光明懺法》四大懺法，[72]華嚴一行慧覺

71　宋‧淨源《圓覺經道場略本修證儀第一‧總敘緣起》，《卍新續》129，頁1上~下。
72　詳釋大睿《天台懺法之研究》「第四章智者大師所制四部懺法」，（台北：法鼓，

（531~620）等人編製的四十二卷《華嚴經海印道場十重行願常徧禮懺儀》，[73]宗密十八卷《圓覺懺》，都嚴格規定了嚴淨道場、淨身、三業供養、修三寶、請三寶、讚嘆三寶、禮佛、懺悔、勸請、隨喜、發願、回向、行道、誦經、坐禪……等懺悔儀軌，作爲修行者懺罪清淨的具體實踐方法。《梁皇懺》、《水懺》等懺法，亦在五悔儀軌的基礎上加入各種懺行方便、禪定止觀與滅罪思想。由於這種懺儀的製作皆有佛教經律論上的根據，罪相明白清楚，觀行亦合於教法，極明顯的與印度經律那種側重於反複諷誦的編寫方式不同，[74]避免了舊經律那種重複翻疊說法的繁冗情形，故中國人實踐起來便覺得踏實而受用。中原之外，敦煌地區亦盛行著《法身禮》、《十一光禮》、《七階禮》、《金剛五禮》、《上生禮》等懺法，這些懺法除了依循基本的五悔儀軌進行禮懺外，並記載了密咒、和聲、普誦、說偈等儀軌，增加了甚多的聲情力量，對中國佛教的傳播與深入民間，具有一定的意義。[75]

　　禮佛教懺儀軌是佛教徒用來印證修行境界的必要方式之一，且透過懺悔儀軌以進行諷誦，在一定程度上並不遜於持戒和坐禪二大教法。[76]綜觀《大正》18~21密教部所有的經典，十之八九皆是密咒與念誦儀軌，可見密教是極重視念誦儀軌的修行意義的。但懺法與中國厚葬禮儀合一後，其思想便逐漸異化，如《北史》載：「（國珍）設千僧齋，齋令七人出家；百日設萬人齋，二七人出家。」[77]隋、唐三百餘年間，禮懺法大爲盛行，但社會上舉凡

2000年9月），頁83~244。

73　唐・一行慧覺錄，宋・普瑞注，《華嚴經海印道場十重行願常徧禮懺儀》四十二卷，《卍新續》74，No. 1470，頁139上~360中。

74　除了一般經文的重複翻疊之外，在阿含裡亦常見主角人物把所欲表達的意思重複誦說三次（三啓）或多次的情形，如《雜阿含經卷第二十三・（604）經》，《大正》2，頁162中。又如《雜阿含經卷三十八・（1076）經》，《大正》2，No. 02，頁280中。

75　關於敦煌地區禮懺法的懺儀、聲情與思想，詳汪師《敦煌禮懺文研究》，（台北：法鼓文化，1998年9月）

76　藍吉富〈諷誦在大乘佛教中的意義〉，收入釋恆清編《佛教思想的傳承與發展－印順導師九秩華誕祝壽文集》，（台北：東大，1995年4月），頁445~454。

77　唐・李延壽撰，《北史卷八十・列傳六十八・外戚・胡國珍傳》，頁2688。銑按：「七七齋」的禮俗是由佛教與《七毗婆沙》及《瑜珈論》而來，所謂中陰身七

七七齋、十齋、百日齋、一年齋、三年齋、歸葬……等禮儀佛事已臻於商業化、等級化、制式化。[78]非惟初期佛教那種滅罪清淨、身心安頓、精進不懈的精神已不存在，[79]連儒家那種孝道精神亦已完全質變。[80]元代以後，儘管朝廷禁止厚葬喪儀，對普羅大眾並無勸阻實效。[81]明初之際，朝廷允許寺院依法進行經懺佛事，[82]雖有嚴格約束，亦未收到效果。[83]明・雲棲袾宏（1532~1612）嘗云：「水陸，頭尾相連；經懺，接繁不斷。求經次，汲汲如選官；請經師，忙忙如報喜」，[84]經懺佛事等已氾濫成災。太虛大師嘗說，經懺佛事本是從自己誠實懇切之心念經、拜懺，但世人多以「一二角錢了事」，原來誠心修行之美德盡失。[85]印光法師亦說過，懺者自己應「專一念佛，除打佛七外，概不應一切佛事。」[86]印順亦說過，經懺法事的氾濫，佛教徒的不僧不俗，代表著佛法衰落的現象。[87]

　　從教義實踐而言，隋、唐以來諸禮懺法門所規定的儀軌並非

日轉生，七日不轉生，最遲至七七日必然，是故佛門誦經咒，必以七日為度。參：王貴民《中國禮俗史》，（台北：文津出版社，1993 年 7 月初版一刷），頁 181。

78 徐吉軍《中國喪葬史》，頁 340~415。《新唐書卷二十・志十・禮樂十》，頁 454~456。

79 參拙文〈「佛說無常經」的傳譯與喪葬禮儀〉，《中華佛學學報》第二十期，2007 年 7 月，頁 65~104。

80 《十三經注疏 8・論語注疏卷二・為政》，頁 16。

81 如元朝政府為糾正厚葬劣風，亦頒文規定：「諸為子行孝，輒以割肝、刲股、埋兒之屬為孝者，並禁止之。諸民間喪葬，以紙為屋室，金銀為馬，雜綵衣服帷帳者，悉禁之。」明・宋濂撰，《元史卷一百五・志第五十三・刑法四・禁令》，頁 2682。

82 清・儀潤撰，《百丈叢林清規證義記卷五・住持章第五・念誦》：「凡念誦，或常住自辦，或施主發心，俱當預定：今約施主例，尊官到，知客同住持迎接。若非尊官，客堂接待。預日設壇嚴淨，掛牌。（牌云）本月（某）日（某）職（某）護法，為（某）事，誦（某某）經，頂禮（某）懺，共若干日。諸師挨次輪日，每日幾名，開列於左。（某甲）首座師。（某甲）西堂師（云云）。」見：藏經書院版，《卍續選輯・禪宗部二》，（台北：新文豐，1984 年 3 月再版），頁 663 上。

83 《卍續選輯・禪宗部二》，頁 663 下~664 上。

84 《卍續選輯・禪宗部二》，頁 663 下。

85 太虛《勤儉誠公》，《太虛大師全集》N.35，（北京：宗教文化，2005 年），頁 95。

86 印光《靈巖寺永作十方記》，《印光法師文鈔續編》卷下，頁 148。

87 見：印順《華雨集（四）・中國佛教瑣談》，頁 129~頁 142。。

不好，且可以由諸多懺儀的實踐看出高僧大德們努力學佛修道的精進精神。[88]即使在元初之時，誦經禮懺以積極精進的思想仍然存在。[89]但是，當它與世俗靈魂不滅、因果報應、鬼神顯驗、肉體飛昇、超渡亡魂、功德福報、厚葬亡者、消災植福、金錢利益等觀念同存並行、誤解誤用之後，佛陀教導世人體認生死無常、滅罪清淨的懺悔思想便已失真。事實上，初期佛教時佛陀本身本來就反對「作吟詠聲」、「誦諸經法」，即不贊成依照儀軌諷誦經典，[90]佛陀的本意是要求弟子們專心靜默、淨心學道、精進不懈，勿因俗塵雜事而干擾到無漏境地之修行。雖然後來允許弟子們「讚大師德」及「誦《三啓經》」，其目的仍是期許弟子們學習大師大德之修持功夫，並隨時懺罪清淨，認真去體認生命無常無我性空之理。[91]

相對於懺悔儀軌質變為經懺佛事，唐代禪宗懺悔思想的實踐便顯得涵義充盈，力道十足，與頓悟見性禪法相輝相映。達摩的報怨行懺悔，即以「堅住不移」的定力與「捨妄歸真」的方式直接針對如來藏自性與淨心中的「客塵妄想」進行懺除。到了六祖惠能，更在道信一行三昧無相念佛懺悔與弘忍金剛般若懺悔思想的基礎上，衡量了唐代各大宗派的懺悔法，又攝約了大乘佛教《法華》、《華嚴》、《般若》、《楞伽》、《維摩》、《起信》等經論之無相禪觀與懺悔菁華，提出「以三無功夫永斷三世罪障」、「以七儀一心融般若禪行」、「以活潑心戒智慧禪定滅罪」、「一切法上念念不住的正念」四層意蘊的實相無相之自性懺悔，他不執於持戒、禮佛、誦經、禪坐、念佛、禪定與瑞相的觀察，不執於多元樣式的

---

88 關於此方面之觀點，參拙著：《慈悲水懺法研究》「第二章第一節‧參、關於懺法一詞」，國立臺灣師範大學碩士論文，2003 年 1 月，頁 29~42。
89 《卍續選輯‧禪宗部二》，頁 663 下。
90 據唐‧義淨譯《根本說一切有部毗奈耶雜事卷第四‧第一門第四子攝頌之餘》：「佛云：苾芻不應作吟詠聲，誦諸經法，及以讀經請教白事，皆不應作。然有二事作吟詠聲：一、謂讚大師德，二、謂誦《三啓經》，餘皆不合。」《大正》24，No.1451，頁 223 中。又見《長部》1，《漢譯南傳大藏經》6，頁 118、260
91 參：拙文〈「佛說無常經」的傳譯與喪葬禮儀〉，《中華佛學學報》第二十期，2007 年 7 月，頁 65~104。

儀軌化懺悔。自性懺悔不一定要在寺廟中才能進行，不一定要制定嚴密的禮懺儀軌才能進行，不一定要有既定的人數、時間、日期之下才能進行，不一定要僵固在戒條、禪定與觀慧的框架之中，不一定要事事懺之、禪觀瑞相，不一定要建立一個龐大的系統才算懺悔，而是佛與眾生原無差別、菩提即煩惱、菩提即煩惱，懺罪即行禪、行禪即懺罪之當下清淨心的真如佛慧之自性懺悔。

雖然今本《壇經》亦載有簡單的禮懺儀節，但那是無相戒壇上的基本儀節，無礙於自性懺悔的實踐；神秀、神會、永嘉、百丈及北宗系統的禪師們亦偶見懺悔儀節的進行，但那都只是禪進成佛的輔助過程，至誠真心的自性懺悔並未稍懈；南禪五宗的禪師們，更活潑隨機的在任何時空情境之中進行至心的懺悔，他們珍惜任何一個無常無我的當下，提起自己本有的自性清淨心，面對眼前的宿世業力，無疑無懼，無思無慮，無住無相，接受之處理之懺除之，一切時中，勇猛精進。禪師們大多不會執著於一切形式意義的禮懺儀軌，如果有弟子一味執著於形式意義的禮懺儀軌，必定會讓禪師大為光火，像德山宣鑑（782~865）更徹底的否定形式意義的諸佛菩薩之禮拜儀節，只是「無事於心，無心於事」，以隨機隨緣的棒喝、眼神、動作、暗示等手法讓弟子照見自性，懺悔清淨。

企圖以各大宗派的懺悔儀軌來說唐代禪宗的實相懺悔，亦不合其自性精神。

三、非罪相鋪陳化的直覺自悟

這是針對懺悔發露而言的。懺悔的實踐，懺悔主體必須有至誠真心的發露；依於懺法，懺者的發露即是懺理、方便、觀行與總相別相的罪相之鋪陳。唐代禪宗大師們沒有否定各大宗派所製定的禮懺法，不會一味執著於形式意義的禮懺儀軌，但亦不會把懺悔視為罪相鋪陳化的一一發露。所謂「非罪相鋪陳化」，指的即是不立文字、以心傳心的直覺自悟。

　　唐代各大宗派禮懺法門中之一一發露的罪相懺悔，就實踐角度來說具有八重特殊效益：其一，從淬煉佛教經律論中的懺悔內容角度而言，具有青出於藍而勝於藍的殊勝意義與價值；其二，以特殊的罪相陳設作為自宗修行精進的禮懺要法，可以成為與他宗別具苗頭的自家特色；其三，對於那些無法在經律論中汲取適切養分以利於一己修行的懺者而言，自家禮懺法中一一的罪相陳設具有導引懺者滅罪向善而易於入道的無上價值；其四，各大宗派禮懺法門的禮懺內容，有時是鉅細彌遺的將三世罪業之總相、別相一一鋪陳開來，這在現代社會看來，是頗具有科學性的知識價值的；其五，由於一一發露的大小罪相具有科學性的知識價值，故能為懺悔滅罪是否徹底作為有效的保證；其六，那些懺法在一一發露的大小罪相之前後，又加入懺罪因緣、三十七道品、本生故事、因果業報、六道輪迴等教理，可讓懺者同時認識佛法，而不是單純的在懺悔滅罪而已；其七，可以透過禮懺法中一一大小罪相的細細發露與長時間之禮拜，達成收斂寺院僧眾行為與提醒僧眾再度認識佛教義理的作用；其八，在進行大小罪相的一一發露時，配合佛像的瞻仰、肢體的禮拜、梵唄的聲音、團體的普誦與詩偈的唱誦等儀節，可以讓懺者的憂煩情緒達到無形的醫療效果。

　　不過，各大宗派自經律論中所淬取的罪相懺悔內容，很多部分都是初期佛教、部派佛教及大乘佛教時，高僧大德們為持戒修行而說出的，或為與外道邪說進行辨析論證而說的，或為行大乘菩薩戒等而說出的，這些六根造作而淪入六道輪迴中的十大惡業罪相，它們當然與佛陀所說的懺悔思想可以相契，但刻意一一地陳設無量無邊的罪相或戒律條規，容易成為僵硬呆滯的知識文字；基於緣起與罪性本空，本不需如《圓覺懺》般一一發露到近十九萬字，更不需如《華嚴海印道場懺儀》一樣禮懺到約二十六萬字的內容；再者，懺悔乃由懺者自心的見過而發露，若再經過後人的編輯整理，便只是一套必須經過他人解釋說明或記憶學習方能認知的範疇概念，這不但與佛陀親身實踐的自覺自悟之懺悔

精進不同，更與禪宗不立文字、以心傳心的直覺自悟自懺自淨之自性懺悔不同。

　　禪宗不立文字，即不執著於知識概念；以心傳心，即是以眾生本有的如來藏自性清淨心去觀罪性空，直覺宿世殃業的覆蔽，在直覺的當下自悟往昔的煩惱造作而懺除之，加上堅定禪觀與理入二行，其精進不懈之精神與佛陀本心是千古輝映的。《寶林傳》載僧璨在「覓罪不見」的當下，實已直覺罪性本空之理，後又云：「今日始知罪性不在內、外、中閒，如其心然，佛、法無二」之語，即直覺過去五蘊十二處十八界等身心妄念之錯誤，故得慧可之心印。[92]這種直覺自悟的懺罪特色，完全是非知識概念的一一發露，而是《楞伽》那種超越心量的自覺聖智之精神，亦兼有《金剛經》「過去心不可得，現在心不可得，未來心不可得」的無相空智，《祖堂集》、《景德傳燈錄》、《傳法正宗記》以下的禪宗傳記都詳加載錄，所要呈現的即是禪者直心直覺自懺自悟的精進禪行。獨孤及（725~777）〈鏡智禪師碑銘〉說僧璨「以一相不在內、外，不在其中間，故足言不以文字」，[93]所說的亦是這種道理。

　　惠能在「佛性常清淨」的基礎下，又以高度的般若智慧言無相懺悔，更明顯的呈現出直心直覺與自懺自悟的實修特色，如其云：「自性自淨，自修自作；自性法身，自行佛行；自作自成佛道」、「於一切時中，行、住、坐、臥，常行直心」、「直心是道場，真心是淨土」、「但行直心，於一切法上無所執著」、「除妄不起心」、「眾生各於自身，自性自度」、「自心除虛妄」、「當下心行，恭敬一切，遠離迷執」、「自心歸依覺」、「自心歸依正」、「自心歸依淨」、「智者心行」、「一切萬法，盡在自身心中」、「自性心地，以智惠觀照」等說法，[94]皆是直心直覺的懺悟。崛多三藏甚至認爲神秀的觀心、看靜（淨）近於印度外道的禪法，那是一種「大誤人」

92　見《禪宗全書・史傳部（一）》，頁 319~320、323~324、325。又見：柳田聖山《達摩の語錄：二入四行論》，頁 220~221。

93　《全唐文新編卷三九〇・獨孤及》，頁 4480。

94　以上分見《六祖壇經》，頁 35、43、51、55、65、67 等處。

之事，只有以「直心」自看、自靜（淨）才是正確的禪法。[95]懺者以「直心」自看、自靜（淨），便能以正念行事，故惠能教導弟子們「前念、後念及今念，念念不被愚迷（愚癡）（疸疾）染，從前惡行一時除，自性若除即是懺」，[96]念念自覺，念念自悟，自覺自性，自心自悟，即不被愚迷所染，不生煩惱業障，身心自然清淨無礙，此即所謂「菩提本無樹，明境亦無臺，佛性常清淨，何處有塵埃」是也。[97]佛性既是本然清淨，故連「無念亦不立」，懺者自己不必自尋煩惱的去「思量一切惡事」或「思量一切善事」，[98]因為善、惡亦是一種差別對立的知識概念，故「不思量，性即空寂；思量，即是自化；思量惡法，化為地獄；思量善法，化為天堂；思量毒害，化為畜生；思量慈悲，化為菩薩；思量智惠，化為上界；思量愚癡，化為下方。」[99]只要懺者於一切時中，念念自淨其心，於一切境上不染，於自念上離境，不於法上念生，自然無造罪業。這種「念念自淨其心」，「無念亦不立」的正念精進，即是懺者直覺自悟的懺悔。

　　南禪大師們的禪機懺悔，都是在惠能直覺自悟的無相懺悔之氛圍下進行禪觀生活的具體實踐，他們很少在總相別相的一一罪相上另行發露。即使永嘉教導弟子們遠離一切身、口、意，略見罪相鋪陳，所用的方法仍是「行正直心」；[100]石頭希遷更以「直將心來」、「有心無心盡懺除」落實在禪師與弟子對話間當下心心交會的禪印上；[101]馬祖道一亦云：「直會其道，平常心是道」[102]，更

95 崛多三藏至大原定襄縣曆村，見神秀弟子「獨坐觀心」，師問：「作什麼？」神秀弟子對曰：「看靜！」師曰：「何不自看！何不自靜！……西天下外道所習之法，此土以為禪宗也，大誤人！」《祖堂集卷三·崛多三藏》，頁 65。
96 《六祖壇經》，頁 53~54。
97 《六祖壇經》，頁 27。
98 《六祖壇經》，頁 45。
99 《六祖壇經》，頁 45~46。
100 元魏·菩提留支譯《大薩遮尼乾子所說經》，《大正》9，No. 0272
101 石頭云：「除却揚眉動目一切之事外，直將心來。」大顛對曰：「無心可將來？」石頭曰：「先來有心，何得言無心？有心、無心盡同讚。」我（大顛）於此時言下大悟此境，却問：「既令某甲除却揚眉動目一切之事外，和尚意須除之？」石頭云：「我除竟！」《祖堂集卷五·大顛和尚》，頁 94。
102 《景德傳燈錄卷二十八·諸方廣語·江西大寂道一禪師》，《大正》51，No. 2076，

教人以平常人的直會本具的如來藏自性清淨心，不必執著在各種罪相的唱誦禮拜。永嘉的「三業清淨」，強調的即是絕相離明與境智雙寂；黃蘗的「一心精進」、馬祖的「不作不食」、百丈的清規懺悔後的進一步「努力猛作」，所謂：「光陰可惜，剎那不測。今生空過，來世窒塞」的自我鞭策之滅罪精進。[103]是故，他們截斷眾流，無念亦不立，在日常生活之中懺罪清淨，於一切時的行住坐臥中，皆以高度的直覺真心自懺自悟，與三法印、四聖諦、八正道、因緣業報、明心見性、頓悟成佛一體如如，禪悟不礙懺悔，懺悔不礙禪悟，禪悟因懺悔而得落實，懺悔因禪證而發揮效力。——罪相的鋪陳禮拜與諷誦，對直覺自悟的禪宗而言，便顯得多餘而累贅。

　　企圖以各大宗派的罪相鋪陳來說唐代禪宗懺悔思想，更不合其直覺精神。

四、非形上建構的慧見自過患

　　這是針對懺悔的思想實質而言的。唐代禪宗懺悔思想既不是依賴「諸佛菩薩的力量的自力懺罪」，亦不執著於「禮懺儀軌化的自性懺悔」，更不是「罪相鋪陳化的自覺自悟」，則其思想實質明顯是禪者主動的從知識概念的鋪陳堆砌中蟬蛻出來，切入懺悔主體本身在行住坐臥的當下因無明所產生的各種煩惱過患諸罪業上，具體的掌握住懺者最迫切要解決的焦點，而不是再墮入於世俗的知識或哲理角度建構出新的形而上體系。

　　此處所謂「各種煩惱過患諸罪業」，指的現實人因無常、無我、緣起性空、無明而造作的罪業，在因緣條件的聚合下，逐漸累積成毒瘡、洪水、猛獸，隨時侵蝕啃噬本來清淨的真如佛性，故它不是一般哲學從存有論立場所說的心靈主體之行為，亦不是從心理學而說的情緒與人格，尤非一般宗教所說的因果輪迴與罪報。

　　頁440上。
103　《卍新續》63，No. 1239，頁230中。

西哲如亞里斯多德（Aristotle，384~322B.C.），曾建構過各種形式邏輯、道德哲學、自然科學等的形上體系，[104]他重視因果問題的論述，卻僅止於形式邏輯的推理與證成，並不是去探討一個現實人因無明造作的惑業苦報，當然亦非懺者自作自受的因果罪業之懺除。又如十八世紀的康德（Kant，1724~1804），提出《純粹理性批判》、《實踐理性批判》和《判斷力批判》三大哲學論著，建立起獨特的批判哲學體系，[105]他也承認因果規律，但未能把洞見予以充分說明與證成，並把人類可能本有的「智的直覺」（intellectual intuition）推給至高無上的上帝，使得很多真理都變成闇暗。[106]海德格爾（Heidegger，1889~1976）雖否定了康德的上帝創造說，[107]從人的存在（此在，Dasein）基礎上重建存在論，但一生都圍繞在「語言與存在」主題的思辨上，[108]亦不是如佛教一樣就無明造作的惑業苦報提出解決之法。

　　隋代智顗以「一心三觀」、「四種三昧」與「三諦圓融」思想建構了天台宗的圓融無礙妙旨，透過「五時八教」的判教證成自家的圓教體系。[109]他特別製出《法華三昧懺儀》、《方等三昧懺法》、《請觀音懺法》、《金光明懺法》四大懺法，並將四大懺法納入「四種三昧」中，而「四種三昧又是「十境十乘觀」的外緣，從事相升到理法，再佐以「一心三觀」，最後契入中道實相。[110]他亦主張觀實相的無生懺悔，但諸多儀軌之踐行、諸多罪相之唱誦，雖成就了大教之禮儀，卻有溺於形式意義之缺失；《法華玄義》、《維摩

---

104 D.J.Óconnor（奧康諾），洪漢鼎譯，《批評的西方哲學史》（上），（台北：桂冠，2004年2月），頁161。
105 《批評的西方哲學史》（中），頁799~852。
106 牟宗三《現象與物自身》，（台北：學生書局，1996年4月5刷），頁6、16。筆者按：牟氏所謂「智的直覺」，雖縱指儒釋道三家所共有的人的先天本能智慧，但最終仍傾向於儒家的道德形上學，這與佛家無常、無我、緣起性空的如來藏自性清淨心之智慧觀照依然不同。
107 牟宗三《智的直覺與中國哲學》，（台北：學生書局，1971年3月），頁43。
108 孫周興〈在思想的林中路上〉，氏編《海德格爾選集》，（上海：三聯書店，1996年12月），頁4~5。
109 隋・智顗《妙法蓮華經玄義》卷一、卷十，《大正》33，頁681下~692下、頁800上~814上。隋・智顗《法華經文句》卷六下，《大正》34，頁82上~90中。
110 聖凱〈天台懺法的形成及其思想〉，收入氏著《中國佛教懺法研究》，頁79~113。

詰經玄疏》、《摩訶止觀》[111]等著作的思維體系雖有龐大深邃而嚴密的邏輯形式可尋，但一般懺者若未就邏輯形式進行認識與辨析，中道實相亦難證成，且嚴密的邏輯形式本就是被佛陀默然否定的思想。

初唐杜順（557~640）《法界觀門》一書建構起華嚴「真空觀」、「理事無礙觀」、「周徧含容觀」三重觀門哲學系統。[112]法藏（643~712）、澄觀（738~839）或宗密（780~841）諸祖再推衍十玄門，由十玄門而六相圓融，論成多重義理的思維系統。[113]方東美認爲，華嚴宗的法界三觀爲機體統一之哲學，可以解決一切哲學上主客空有對立難解諸問題。[114]但一行慧覺（531~620）等人依於《大方廣佛華嚴經》所編撰的《華嚴經海印道場十重行願常徧禮懺儀》，浩浩四十二卷近二十六萬字的禮懺儀軌所呈現的「十重行願常徧」之深奧哲理，非惟一般華嚴僧徒難以透過禮懺收到立竿見影之效，世俗人等更是望而卻步。[115]宗密依《圓覺了義經》所製作的十八卷《圓覺懺》，以「道場法事七門」、「禮懺法門八門」、「坐禪法八門」踐證「毗盧遮那、文殊普賢、三聖性相身」的「圓通理智」。[116]但強調哲理的現象與天台懺法不相上下，且要求懺者要在「一百二十日」、「百日」或「八十日」的期限內完成；將近十九萬字的浩繁內容，懺誦時易有疲倦昏憒之失；壇場設內外，悉有嚴淨之要求，與佛陀的隨處清淨意並不相類；懺者的前後準

111 《妙法蓮華經玄義》，《大正》33，No.1716，頁 681 下~814 上、《維摩詰經玄疏》，《大正》38，No.1777，頁 519 上~562 中。《摩訶止觀》，《大正》46，No.1911，頁 1 上~140 下。
112 除了《法界三觀》外，學界認爲《華嚴五教止觀》（《五教止觀》）亦是杜順之作品，然稍一留意，即知爲後人僞托之作。參：持松（1894~1972）《華嚴宗教義始末記》，（台北：華嚴蓮社，2002 年 10 月版），頁 26。
113 陳英善〈就華嚴法界觀門論華嚴思想之演變〉，《中華佛學學報》第八期，1995 年 7 月，頁 373~396。
114 方東美《華嚴宗哲學》，（台北：黎明文化，1981 年 7 月初版，1992 年 11 月 5 版），頁 1~70。
115 唐·一行慧覺錄，宋·普瑞注，《華嚴經海印道場十重行願常徧禮懺儀》四十一卷，《卍新續》74，No. 1470，頁 139 上~360 中。
116 《圓覺經道場修證儀卷一·道場七門·一勸修》，《卍新續》74，No. 1475，頁 376 上。

備功夫極嚴謹，稍一疏漏即屬非法；加上難以計數的諸佛菩薩名號與偈語之禮拜懺誦，場場均須晝夜六時，夜以繼日，「不計身命，盡未來際，修行此法，三期限而不懈怠。」[117]此種冗長繁富的懺儀禮拜與懺罪精神，固可幫助懺者體證華嚴哲學之深奧玄義，亦因徒具形式意義而無助於世人懺罪清淨之用。

　　唐代禪師多教導懺者以定慧不二或戒定慧一體的如如不動智慧觀照行住坐臥的當下身口意的煩惱過患之現起，任何一個人都可在現起的當下懺悔除罪清淨，繼續時時進行的禪觀精進，這本就是初期佛教佛陀懺悔精神的思想實質，亦是直接從印度佛教懺悔思想的了義處、勝義諦加以落實到懺悔滅罪的具體實踐。從達摩二入四行的報怨行開始，懺悔就是眾生自己針對「受苦時」的因果罪業之認識而「甘心忍受，都無怨懟」，「與理相應，體怨進道」，[118]這不是形上哲學之建構，而是眾生的自知自覺的觀照與實踐。中間慧可僧璨罪性本空的認識，亦是在當下慧見妄想而懺罪清淨，傳遞禪宗心印。道信的一行三昧無相念佛懺悔，所用的是緣起性空的般若空智，並不是高深玄奧的形上哲思系統。惠能以定慧不二禪的無相懺悔，一樣有「無相偈」→「自歸依三身佛」（無相戒）→「發四弘大願」→「無相懺悔」→「無相三歸依戒」（歸依三寶）→「滅罪頌」→「無相頌」七個懺悔進程，但他的無相懺悔是懺者在如如不動的定慧不二禪觀下照見自身的煩惱過患，雖然可以整理出「以三無功夫永斷三世罪障」、「以七儀一心融般若禪行」、「以活潑心戒智慧禪定滅罪」、「一切法上念念不住的正念」四層思想義蘊，並不是在建構形上哲學，而是在教導懺者於逼切時中見過懺淨。

　　神會在惠能無相懺悔的基礎上開展出以《金剛經》為據的「般若知見」之無念懺悔，從敦煌寫本的相關作品來看，其中至少具有「不執罪福的願罪除滅」、「三無漏學的清淨無念」、「實相無相的般若懺悔」、「無住立知的正見無念」四層思想義蘊。但這他是

---

117 《卍新續》74，No. 1475，頁 376 上。
118 此據《菩提達摩四行論》，《禪宗全書・語錄部（一）》，頁 28。

以《金剛經》「無我相、無人相、無眾生相、無壽者相」之四無相
境界去開展他那與三無漏學渾融為一的無念無住之懺悔，是一種
教導現實之人依於正知正見進行自見自懺自證的懺悔。南禪禪師
們頓悟見性的禪法中，每每於話頭、叫喝、棒打、眼神、動作、
暗示、反詰或偈語中呈現出懺悔思想，他們大多絕相離言，故縱
有懺悔儀軌的實踐，亦與達摩－惠能－神會的精神一樣，在千姿
百態的禪行實踐中，如如不動智慧觀照行住坐臥的當下身口意的
煩惱過患之現起，在現起的當下懺悔除罪清淨，繼續時時存在的
禪行精進。

　　企圖以形而上哲學建構來說唐代禪宗懺悔思想，是無法契合
禪宗大師們「見自過患」之懺罪精神的。

　　上列四種懺悔的實踐特色，不論是由「自力懺罪」到「自性
懺悔」，還是由眾生的「直覺自悟」到現實人心的「慧見自過患」，
都是肯定《涅槃》、《楞伽》、《起信》等所說的「眾生皆有佛性」、
「罪性本空」等義涵下去進行的，眾生在自知自覺自己的自性可
以有懺罪－滅罪－清淨的能力下，一行直心，常見自身過患，不
賴任何形式戒條、形式懺儀、形式禪定，自能自懺自淨，故唐代
禪宗懺悔思想的四大實踐特色可圖示如下：

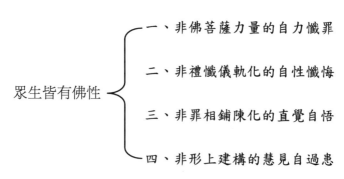

一、非佛菩薩力量的自力懺罪

二、非禮懺儀軌化的自性懺悔

眾生皆有佛性

三、非罪相鋪陳化的直覺自悟

四、非形上建構的慧見自過患

圖十七：唐代禪宗懺悔思想的實踐特色圖

本章小結

　　筆者整理了唐代各大禪師們所踐行的懺悔思想，發現其思維型態至少有二類十二型，即達摩的「報怨行懺悔」、達摩弟子的「心王懺悔」、道信的「無相念佛懺悔」、弘忍的「金剛懺悔」、北宗的「金剛五禮」、惠能的「無相懺悔」、神秀系統的「七禮懺悔」、神會的「無念懺悔」、永嘉的「三業懺悔」、百丈的「清規懺悔」，以及不可以懺儀視之的南禪諸師之「禪機懺悔」。這十二種思維型態又可約攝爲二大類，即「五禮」、「七禮」、「無生懺悔」可都爲一類，筆者謂之爲「淨心澄心懺儀」，屬於「剛性懺悔」，爲漸悟禪法，側重於菩薩戒的懺罪清淨。其餘九者，則視爲同一類，筆者謂之爲「直心證道懺悔」，屬於「柔性懺悔」，爲頓悟禪法，側重的是自知、自覺、自懺、自淨的懺悔。

　　若從時間觀點言之，唐代禪宗懺悔思想的發展，其實可以分成三大時期言其變化軌跡：一、蘊釀期－自達摩至神秀；二、成立期－自惠能至無住；三、衍變期－自馬祖至文益。蘊釀期的懺悔思想偏向大乘菩薩戒的懺淨精神，成立期的懺悔思想導向常見自過患的懺悔清淨，衍變期的懺悔思想是在日常生活的禪機應對實踐中徹底的顯現無相懺悔。

　　再全面檢視唐代各大禪師們所踐行的懺悔思想，發現其實踐原則有四，即：（一）「堅信懺悔可以滅罪以行禪」，屬「信」的實踐；（二）「正確理解因果業報說」，屬「解」的實踐；（三）依於如來藏緣起的發露」，屬「行」的實踐；（四）「超越內外中間的滅罪證道」，屬「證」的實踐。禪宗各大師們的懺悔思想，即以信－解－行－證的實踐路線，在行住坐臥四威儀中，隨緣懺除懺者當下身口意的煩惱過患。

　　最後，筆者再全面觀察各大禪師懺悔思想的實踐情況，發現其實踐特色有四，即（一）「非佛菩薩力量的自力懺罪」，在不否

定他力懺悔的基礎上，肯認自力懺悔的根本特色；（二）「非禮懺儀軌化的自性懺悔」，在不否定懺悔儀軌的基礎上，強調了自性煩惱的懺除；（三）「非罪相鋪陳化的直覺自悟」，在不否定罪相鋪陳的基礎上，強調了自知自覺自懺自悟的特色；（四）「非形上建構化的慧見自過患」，在不否定佛教教義思想的基礎上，否定了形上哲理的建構，強調了禪師們更重視的是用定慧不二的智慧觀照現實之人的無明煩惱之懺除。

第七章　結　論

　　透過前六章的探究與析論，筆者解決了唐代禪宗不立文字、明心見性思想中的六大懺悔問題：其一，唐代禪宗沒有因為不拘執形式戒律而忽略懺悔實踐；其二，唐代禪師的戒懺禪淨與見性成佛理論之內在關聯性；其三，唐代禪宗大師們積極的展現著多元樣態的懺悔思想；其四，活用當時懺法的禮懺儀節又不執著懺儀以滅罪清淨；其五，由教義的三世罪障落實到照見現實人的當下諸罪業；其六，唐代禪宗各禪師懺悔思想的外顯儀式與內涵義蘊。略述如下：

一、唐代禪宗沒有因為不拘執
形式戒律而忽略懺悔實踐

　　這是針對筆者在第一章緒論「研究動機」中的第一個質疑而說的。

　　或許有人會認為，禪宗宗旨本在不立文字、以心傳心與頓悟見性的修行實踐，所有的禪師們都在打破形式意義的戒律教條與禮懺儀軌，根本不需要談論有為、無常又生滅不已的「懺悔思想」。從前六章的研究看來，從達摩開始至法眼文益為止，禪宗大師們都甚為重視佛陀的甚深緣起、因果業報、罪性本空與《梵網經》中超越三界又入於三界而不執於三界的如來藏自性清淨心的戒體清淨思想，禪宗大師們都活用此心地於禪觀與懺悔滅罪之實踐活動中。

　　初期禪宗大師們，由於不強調戒律的念誦與持守，故韜光隱晦的神秘性或為隨入市井的蓬頭垢面的頭陀禪行曾受到當時保守

持律主義者的排擠與迫害，但即使他們處在被被迫害的過程中，仍堅固著眾生本有的如來藏自性清淨心－佛語心，甘心忍受一切的怨報，不是怨天尤人，而是隨行隨懺，隨懺隨滅，在內心底層進行著「見過－發露－懺悔－滅罪」及「戒－懺－禪－淨」一體如如的實踐。自道信之後，至北宗、南宗的頓漸分路，乃至南宗五家的分枝發展，不論是登壇說法、舌辯群雄、棒打毀佛還是揚眉瞬目等禪機，禪宗大師們都是心心相印、戒體清淨而踐行懺悔滅罪的，從上上等慧根的六祖惠能都甚為重視無相懺悔的實踐來看，更是不用質疑的。

對禪宗大師而言，都掌握著眾生本有的如來藏自性清淨心，不違於甚深緣起與戒體清淨精神，則菩薩戒即是心戒，心戒即是佛性戒，佛性戒即是真如戒，真如戒又通向無明煩惱，故一切修行方法皆無所拘執，無論什麼狀況下的什麼方法都是禪者見性成佛的殊勝機緣，故有為法正以顯無為法，無為法正在有為之中，有為不一定是有為，無為不一定是無為，有為無為都在甚深緣起之中，有無本末都是禪旨，草木石頭都是有情，不是講講見性成佛就忘了因果業論，亦不是說說真如佛性就不管大乘菩薩的心地戒、佛性戒，當然不是持守菩薩戒就不進行懺悔滅罪。

二、唐代禪師的戒懺禪淨與見性成佛理論之內在關聯性

這是針對緒論中所說的禪宗見性成佛是否需要懺悔思想的質疑而說的。

不論初期禪宗、東山法門、牛頭、蜀地、北宗還是南宗，皆以異於數息禪觀、天台摩訶止觀、華嚴法界三觀的楞伽心法與眾生皆有佛性為修行實踐的重要原則，禪師們大致都是「戒－懺－禪－淨」與「見性成佛」密切銜接在一起的。

在甚深緣起、大乘菩薩戒、如來藏自性清淨心、罪性本空及《起信論》「一心二門」思路的引導下，禪宗大師們所進行的自知

自覺自懺自淨之懺悔滅罪與「見性成佛」理論是看似衝突，實際上卻是彼此對襯蘊涵、互依互成、貫穿透入而機體融和的。如果純粹從如來藏自性清淨心或見性成佛而言，緣起而有為的懺悔滅罪對禪宗而言似乎是不必要的東西。但從本書的研究來看並非如此，禪宗大師們常常活攝大乘三系的思想菁華，同時運用表詮遮詮而又不執遮表的方法去處理因機契緣的當下身心，當下身心是緣起無常如幻如化的，但他們又都藉著緣起而有為的行住坐臥之當下身心狀態滌除三世重罪而見性成佛。

如達摩雖強調超越心量的自覺聖智，仍重視「宿殃惡業果熟」的「報怨行」，即是在正確認識大乘菩薩戒、因果業理、罪性本空的思維下實踐「二入四行」的方便，藉二歸一，融四為一，同歸於本有的一心－如來藏自性清淨心；達摩弟子們的「自見己之法王（心），即得解脫」，本是講究見自心法王的，但他們仍藉菩薩戒、五逆十惡及六道輪迴等理論進行罪業消解與身心的精進；慧可與僧璨的持罪懺悔，強調的是「見心」即「滅罪」的，但他們漸漸重視「將你罪來」的自我反省，即藉「見過－發露－懺罪－滅罪」的有為法後以證見本心；北宗的看心看淨雖有漸有階，但他們把真如佛性與菩薩戒合一，即「以佛性為戒」，認為「性心瞥起，即違佛性」，強調防止瞥起之妄心而造業障覆清淨自心；惠能「定慧不二」的「自性不動」，更進一步的「常見自己過患，不見他人過罪」的「佛性常清淨」，這是在無相懺悔的懺罪清淨之當下而見性成佛的，它不是看心看淨的清淨禪觀而已；神會雖然用甚多心力講說「本體空寂」的自性，但特別強調誦持《金剛般若波羅蜜經》、藉修學般若波羅蜜以滅罪清淨，同時又在無住處立與佛等同的般若知見；永嘉認為「無明實性即佛性」、「本源自性是天真佛」，但禪者須觀照自心現起的「五陰浮雲」與「三毒水泡」，在淨除三業罪障的當下即見真如佛性；馬祖道一以現實的「平常心」修道，但修道者是人，人都有「貪、瞋、癡」，他把因果罪報、滅罪清淨與觸類是道的平常心禪法渾融為一，認為「佛性非一切差別種種，卻能作一切差別種種」；大珠慧海認為「六度皆見性

處」，但他在《頓悟入道》的篇首，即以「禮佛→懺悔→回向→發願」的儀節進行懺悔滅罪。

凡此種種，皆見唐代禪宗大師們的懺悔思想，與見性成佛禪法並不相悖，它不是「天下惑於報應」的神秘式因果報應說，而是在日常生活中自知自覺的進行「緣起 —— 見過 —— 發露 —— 懺罪 —— 除罪」之精進禪修，禪師們都很準確的完成這個懺悔意義的實踐。

三、唐代禪宗大師們積極的展現著 多元樣態的懺悔思想

從上面六章的討論來看，禪宗大師們常常在頓悟見性、識性成佛禪法中隨緣活用著活潑而多樣的懺悔思想，可見他們是以積極的態度與自度度他的大乘精神進行內涵生命的完成。

筆者所謂的「多元樣態」，不是指六師外道依於唯一梵天的多元創造哲學，而是指各大禪師們依於如來藏緣起所開展出的「至少」二類十二型的活潑多樣之懺悔思想。第一類是指北宗由漸而悟的「淨心澄心懺儀」，如弘忍系的《金剛五禮》，以五禮為儀節，但思想核心是金剛般若與看心淨心禪法；神秀的「無生懺悔」，以無生方便進行懺悔，但禪法是在澄心見性；神秀系的《秀禪師七禮》，以七禮為儀節，但思想核心是真如佛性與內觀澄心之禪法。第二類是指南宗頓悟見性禪法的「直心證道懺悔」，如達摩的「報怨行懺悔」，教導弟子們在凝住壁觀中要棄末返本以體怨進道；達摩弟子的「心王懺悔」，以禪觀見自心法王，依於罪性本空與法王懺悔力懺罪清淨。道信的「念佛懺悔」，兼行菩薩行與罪性本空的念佛懺悔，融入為一行三昧以安心入道；弘忍的「金剛懺悔」，純以金剛般若智慧超越一切形相，令禪法進入實相無相的般若慧中；惠能的「無相懺悔」，乃於定慧不二禪法中踐行正知正覺的「見自過患」懺悔；神會的「無念懺悔」，乃以般若知見懺罪清淨；永嘉的「三業懺悔」，雖有懺悔三業與發願之實踐，其實仍在絕相離

言以入於境智雙寂心法中；百丈的「清規懺悔」，兼眾懺罪戒律而不昧因果，將寺院清規、頓悟禪法與懺悔思想結合為一；其餘的各大禪師們在指顧棒喝中的「禪機懺悔」，都是隨機在緣起緣滅中見自過患以懺罪清淨的。

　　所謂「積極的態度與自度度他的大乘精神」，譬如，達摩的《二入四行》「報怨行」中「今雖無犯，是我宿殃惡業果熟」；「稱法行」中「但為去垢，攝化眾生，而無取相」；「隨緣行」中「苦樂齊受，皆從緣生」；「無所求行」中「功德黑闇，常相隨逐」；敦煌卷子《二入四行論》中「共業果報，無有分別」、「自見己之法王，即免一切罪」……等；這些思想的呈現，都可說是禪師們對因緣果報、業力自受、六道輪迴的正確認識與理解，他們的目標，都是依經典中「唯有懺悔力，乃能得除滅」的教義在進行的。達摩的《二入四行》雖在強調「捨妄歸真，凝住壁觀」之堅定禪觀，但「報怨行」其實含有「棄末返本」、「宿業果熟」、「甘心忍受」、「體怨進道」四層懺悔義蘊。其後，弟子輩的《二入四行論》「此為自行，復能利他，亦能莊嚴菩提之道。檀度既爾，餘五亦然。為除妄想，修行六度」的自度度他之懺悔滅罪行。

　　南禪禪師中，如馬祖道一言觸類是道，亦將懺悔滅罪、因果業報與六道輪迴之理活潑地涵融在平常心的禪法中。大珠慧海《頓悟入道要門論》開篇即以懺悔儀節為始，結合《佛名經》、《金剛經》、《普賢菩薩行法經》等經典中的懺悔義蘊。百丈懷海倡「不作不食」的農禪精神，但《百丈清規》中必然要有諷誦經典與懺悔滅罪的實踐。臨濟義玄以機鋒棒喝接引學人，雖反對六時禮懺的儀式，卻教人隨緣消業障，隨心隨懺，隨懺隨淨，成為一個閒暇無事的無位真人。睦州道明認為，講經論道者所造下的「妄語業」，必須用「懺悔」的方式懺罪清淨。石頭不慕諸聖、不重己靈、不用聽律、不用念戒，亦肯認因緣果報，教導禪者「寧可永劫沉淪，終不求諸聖出離」。玄沙師備「昭昭靈靈真實人」的禪法，沒有棄絕普賢無相懺悔的實踐，它教導現實人要「省發」、「省察」、「省心」，進行的懺悔清淨。雲門文偃認為，若不能懺悔清淨，是

無法踐行截斷眾流禪法的。法眼文益的調機順物禪法中，認為「殺父殺母，猶通懺悔；謗大般若，誠難懺悔」，都是在禪法中運作懺悔思想之實例。

　　從這些實例來看，唐代禪宗禪師們的禪觀修行中，很多人都重視著懺悔思想的實踐。不同禪師，在不同時空環境之下，各自都以活潑自在的方式踐行著各種不同型態、多元義蘊的懺悔滅罪思想，姿態萬千，繽紛多采，對滅罪清淨、以心傳心與頓悟見性而言，他們的意義與價值是不亞於一般懺法的。

四、活用當時懺法的禮懺儀節 又不執著懺儀以滅罪清淨

　　從懺悔儀式而言，唐代禪宗禪師們的實踐方式並不同於當時一般懺法中懺悔儀節之進行，而是活用當時懺法的禮懺儀節又不執著懺儀以滅罪清淨的，這在佛教懺悔思想史上是甚具指標意義與殊勝價值的。

　　一般懺法雖呈現了懺悔儀軌，但大乘經典上是說「懺悔力」可以滅罪，並不是說「菩薩戒」可以滅罪，亦不是說「懺悔儀軌」可以滅罪，因為菩薩戒是側重於防非止惡的清淨法，不是為滅罪而說的方法；即使是一位禪師以自己的懺悔力懺罪了，亦只能是他自己的自知自覺之自懺自淨，別人是不可能知之的；況且，一般懺法的懺悔儀軌是一種形式意義的儀節，它當然深具原始宗教那種淨化心靈焦慮的神聖意義，但僵固於形式或其他教義便立即失去滅罪的原本目的，它本身仍不能完全等同於滅罪意義的懺悔思想。禪宗所說的懺悔思想，是懺者在正確的認識因緣果報的思想基礎上，以智慧觀照熟現的罪業，以真誠之心發露此業報，發露之當下，依於罪性本空之理，身心回復清淨；簡言之，懺悔思想即是懺者懺罪使身心清淨的思想。懺者懺罪使身心清淨，是獨立自主之自知自覺自見自懺自淨自證自悟的，是內涵生命的真實智慧之張揚與實踐，是甚深緣合而起的，是隨處可用的，是毫無

時空對象之限制的。如果一定要有懺悔儀式，則它的儀式就是由眾生本具的如來藏自性清淨心兼般若空慧所運作的「真心發露」與「觀照」之力，而不是一般懺法中所編製的「懺悔儀軌」。

　　隋唐佛教禮懺法盛行之後，依於各宗祖師所編製的懺法之懺悔儀軌進行懺罪幾乎被中國佛教界公認爲是標準的懺悔實踐方式，但禪宗懺悔思想並不如此。對於懺悔滅罪，同時代各宗所編製的各種懺法固有其需要性與合法性，但若執意認爲進行禮懺法的懺悔儀軌之實踐才叫做懺悔的話，不但不合乎眾生皆有佛性、一闡提亦可成佛、無情有性等基本原則，更失去了「緣起⇆見過⇆發露⇆懺罪⇆滅罪⇆清淨」的實踐義蘊，佛陀所說的很多滅罪清淨的義理亦無法獲得正確理解。是故，不論北宗，還是南宗，禪宗大師們幾乎一致反對進行既定的、條規式的、僵硬式的懺悔儀軌，北宗的《金剛五禮》、《秀禪師七禮》，雖有懺悔儀軌，只是形式意義的實踐，其真正的實質義蘊仍在透過懺悔清淨以與看心看淨、澄心禪定的精神契接；即使後來百丈提出了清規，亦不能以一般的懺悔儀軌局限之。當然，這並不是說禪宗懺悔是隨便而無儀式的，亦不是說懺法中的懺悔儀軌是錯誤的，更不是說禪師們都不讚成懺悔儀軌的。雖然禪宗不少禪師跳出來反對形式意義的懺悔儀軌之進行，但多數禪師對於懺悔儀軌、懺悔滅罪、滅罪清淨、清淨精進等都表現著極爲敬重之態度。就禪宗而言，禪者若不能在如來藏自性清淨心中見過患以滅罪，或者頓見自性煩惱，不能主動自知自覺的真心發露，不依緣起性空之理予以懺除，則不能使身心清淨，不能算是一位參禪證道的禪者。身心若不能清淨，則一切禪觀、理觀與教法皆不得其正。如馬祖道一，以超乎常人的毅力默坐看禪，懷讓以「磨磚」方式暗示他：執著於枯坐禪觀如同緣木以求魚，是不可能頓悟成佛的。他的「執著於枯坐禪觀」，即是被禪觀概念所束縛，既有束縛，即不得正法；不得正法的造作，即是一種煩惱業障；有煩惱業障，則身心何能清淨？不能清淨，還坐什麼禪？「磨磚」的暗示並不是懺悔儀軌，但能讓馬祖道一慧見自性，袪除煩惱業障，讓身心清淨，卻是頓

悟見性的重要關鍵。這樣的袪除煩惱業障，不見得是一般懺法那種懺悔儀軌的進行，亦不見得是一般菩薩戒法之誦持，而是依於如來藏自性清淨心或般若空慧所運作的自知自覺之「真心發露」與「智慧觀照」，此種「真心發露」與「智慧觀照」，即是唐代禪宗懺悔思想的實踐儀式。

　　學界大多針對敦煌發現的寫本進行研究，肯定北宗有懺悔思想，但懺悔思想多是作為禪法的輔助之用；至於南禪，不少學者都認為是沒有懺悔的。若單純從禮懺法的「禮懺儀軌」來設定為「懺悔」的定義的話，學者們的說法固無不可；但若按照筆者再第一章緒論中對大乘佛教所說的八種義蘊來看，學者們對禪宗懺悔思想的看法不但不能成立，而且顯得僵固難通；再從南宗世代相傳的《壇經》而言，更發現事實並非如此。從唐代的敦博本一直至二〇〇八年的今天，歷代諸本《壇經》皆詳載著「無相懺悔」一節，即可確知南宗極為重視無相懺悔，為說南宗沒有懺悔思想的認識與實踐？本書所論述的二類十二型懺悔的思維型態，都是禪宗大師們關於因果業報、大乘菩薩戒、六道輪迴與懺悔滅罪之實踐，南宗禪師們或在登壇說法之前，先進行懺悔清淨；或在傳授無相戒之前，先進行懺悔清淨；或在清規之中懺悔，讓禪者身心清淨；或為病亡者誦經拜懺，讓亡病之人懺悔滅罪；或在隨機乍現的話頭、叫喝、棒打、眼神、動作、暗示、反詰或偈語中進行了滅罪清淨的懺悔實踐，不論他們的懺罪清淨是何種思維型態，都與他們的頓悟見性禪法不可分離，密契無間，這些都是禪師們以如來藏自性清淨心或般若空慧進行「真心發露」與「觀照」的懺悔實踐。懺悔儀式是簡要的、質樸的、不明顯的、不成一套具體規模的，但他們的懺悔實踐是無庸置疑的，是認真的，是與頓悟禪法一體如如的。就惠能而言，他將自己的無相懺悔之實踐稱為自性懺悔，又稱為大乘真懺悔。稱為大乘真懺悔，是因為懺悔不是被形式意義的宗教儀軌所束縛，而是懺者由內心深處作至殷至誠的發露；謂之為自性懺悔，是因為懺者乃以智慧照見自性熟現的罪業並即刻懺悔除滅之。禪宗活用涅槃的「眾生皆有佛性」

及華嚴的「心、佛、眾生，三無差別」的平等法爲懺悔前提，這樣的發露而懺除，本來就是在自家如來藏自性清淨心之中就可以發露的、觀照的、懺除的，若是依賴一套規模完整的禮拜儀軌，已經是枝微末節之事，緩不濟急了。

是故，如果從一般懺法那種懺悔儀軌來看禪宗的懺悔，則唐代禪宗所有的懺悔都不是合法的懺悔。但這明顯是不可成立的。因爲唐代禪宗的禪師們，不論是有具體懺儀的踐履，還是沒有懺儀的實踐，禪師們都是「堅信懺悔可以滅罪以行禪」，都會「正確理解因果業報說」，都會「依於如來藏緣起而發露」，都知道罪性本空而「超越內外中間以懺罪證道」。故他們的心中，時時刻刻都在懺悔，行住坐臥都依於如來藏緣起進行著自知、自覺、自見過患、自懺、自淨的禪行，慧見自己的煩惱過患是自家之事，常常以智慧觀照，照見之當下即發露懺除之，讓身心滅罪清淨，繼續禪修下去。

五、由教義的三世罪障落實到 照見現實人的當下諸罪業

從懺悔對象而言，唐代禪宗懺悔思想的另一個最具意義與價值的東西，就是其懺悔除滅的對象，已從佛教經典裡頭那種佛陀所說過的三世罪障落實到照見現實之人自身的當下煩惱罪業。

一般懺法都是針對佛教經典裡頭佛陀所說過的那些遍滿三界，輪迴四生，彌亙六道的三毒、三漏、三苦、四識、四流、四取、五蓋、五慳、五見、六情、六識、六想、七漏、七使、八倒、八垢、八苦、九惱、九結、九緣、十煩惱、十纏、十一遍使、十一入、十六知見、十八界、二十五我、六十一見、九十八使、百八煩惱……等一切罪業進行總相、別相罪業的發露。就教義的傳承與懺法的編撰而言，這些三界、三世、四生、六道的一切罪業的鋪陳，確實有它的懺悔意義與價值。但依於無常、無我、緣起性空之理，這些罪業亦是無常、無我、緣起性空的；既是無常、

無我、緣起性空的，則不同人在不同時、空中所造作而成的罪業，其實亦是無常、無我、緣起性空的。所以，當懺者依照懺法裡頭的罪業名相進行懺悔發露時，所發露的其實並不是懺者在無常、無我、緣起性空的狀態下由自己眼、耳、鼻、舌、身、意六根所現起的罪業，而是該位高僧個人曾經體證到障覆於自性清淨心上的罪業。即使依照罪相可以觀想自己的一切罪業，亦會因無常、無我、緣起性空而變化。進一步說，初期佛教、部派佛教、大乘佛教、中國佛教，不同時空、不同人物的狀態下，縱然懺者發露了同一個「罪業名相」，因為無常、無我、緣起性空之關係，若非懺者在行住坐臥的當下依於正知正覺正念下所感知的過患罪業，該罪業名相其實是失真的。

　　這並不是說經典裡頭那種佛陀所說過的罪相是錯誤的，亦不是說按照一般懺法的罪相進行發露是錯誤的，更不是說高僧大德所編撰的一切罪相是錯誤的，相反的，一般懺法中高僧大德所編撰的一切罪相仍是佛說的，是正確的，是必需的，依於教義所編撰的懺法亦是有效的。只是，實質而言，懺悔的本意是懺者自己針對「自己的罪業」而發露，不是別人幫我們撰好罪相或別人幫我們懺悔而滅罪；縱使別人幫我們指正、糾舉，當事人亦必須有無瞋、無恚、無掛、無礙、清楚正確的認識，若不能如實了知，正知正覺的認識到那些熟報的罪業，徒然針對三毒、四識、五蓋、六識、七漏、七使、八倒、九惱、十煩惱、十一遍使、十六知見、十八界、二十五我、六十一見、九十八使、百八煩惱……等一切罪業進行發露，仍等於是一種盲目的懺悔。是故，初期佛教時佛陀就特別強調：懺悔是「自知有犯者，即應自懺悔」，「欲求清淨者，應自懺悔，懺悔得安樂」，「恐懷後滯，就他致謝，即說懺摩之言」，自己要真誠的「發露陳罪」，「對人說悔」，「自責精進」，而不是按照別人編撰好的罪相一一發露懺悔。再者，任何一個人的罪業既是無常、無我、緣起性空的，則其三世罪障必是因無常、無我、緣起性空而如恆河沙般無量無邊不可思議、不可計數、不可言說，既是無量無邊不可思議、不可計數、不可言說，則罪業

又焉是一般懺法中那些可以思議、可以計數、可以言說的總相別相之罪相呢？

　　禪宗祖師大德們都如實清楚的認識到這一點，故在平常的菩薩戒中、剃度中、懺悔中、誦經中、禮佛時、念佛聲中、耕作中、禪行中、佛事中所進行的懺罪實踐，幾乎都簡要的以「三世罪障」或「過去、未來及現在身口意業」等話語代替而已，至於他們所說的「三世罪障」，到底是那些罪相？那種狀況？什麼性質？總相？還是別相？如何區別？禪宗大師們都很少透過語言文字去涉獵、說明、鋪陳，也不必去涉獵、說明、鋪陳，因爲若與其他宗派禮懺法一樣對恆河沙般無量無邊不可思議、不可計數的罪相進行涉獵、說明、鋪陳，便又進入一般知識範疇的層次－沒完沒了，又成爲另一番無明造作了，這種知識範疇的罪相，便不是如來藏自性清淨心的超越意義所欲懺除的。

　　唐代禪宗大師中，即使記載罪相名稱最多最詳細的永嘉玄覺，他在《永嘉集》中所踐行的仍是「絕相離言」的自性清淨心法，是繼承惠能的無相懺悔、自性懺悔之精神而說的，其罪相之鋪敍仍是爲了教懺者要清楚認識甚深緣起的四威儀下曾經障覆自性的過患罪業。故從初祖達摩到弘忍之間，禪師們所懺除的對象雖是障覆了「高深而不可思議」的如來藏自性清淨心的罪業，實已涉及到「現實人」的認識層次；六祖惠能及其弟子之間，禪師們雖然都說懺除「三世罪障」或「過去、未來及現在身口意業」，已進一步將「現實人」的「當下自心」與如來藏自性清淨心作了整合；至南禪大師們的懺悔，更是在教導弟子時人以智慧觀照現實生活上，「平常之人」「真實之人」不要去妄起念頭，而在該「人」的行住坐臥四威儀中隨時熟現的障覆心性之罪業。展現層次由「高遠」而「中庸」而「平凡」，影響對象由「少量」而「多量」而「無量」，體現境界由「微妙」而「當妙」而「自妙」。

六、唐代禪宗各禪師懺悔思想的 外顯儀式與內涵義蘊表

本書雖將唐代禪宗懺悔思想歸納爲二類十二型，但這只是作爲學術論文的權便論述，真正的禪宗是不會被這二類十二型所拘限的。真正的禪宗懺悔思想，就是當下見性的懺罪清淨，隨不同時空、不同因緣狀態下的不同禪師與不同需要自有不同的懺悔型態出現，以下僅將本書提及的禪師之懺悔名稱、懺悔儀式與懺悔義蘊略顯如下：

表十四：唐代禪師懺悔思想的外顯儀式與內涵義蘊表

	禪師	懺悔名稱	外顯儀式	內涵義蘊	頓漸
蘊釀期	初祖達摩（？~535）二入四行論	報怨行懺悔	1 報怨行 2 隨緣行 3 無所求行 4 稱法行	1 棄末返本 2 宿業果熟 3 甘心忍受 4 體怨進道	頓悟
	心王經（龐居士）	心王懺悔	無	見自心法王，即免一切罪	頓悟
	二祖慧可（487~593）三祖僧璨（？~606）	持罪懺悔	無	罪性本空，不二無垢	頓悟
	傅大士（497~569）	怨親平等懺悔	1 禮懺法會 2 捨身供養 3 懺願文	1 慈悲懺願，眾生平等 2 罪性本空，般若慧觀	頓悟
	四祖道信（519~651）	無相念佛懺悔	無	1 一行三昧，般若空智 2 念佛懺罪，不二無垢	頓悟
	牛頭法融（？~652）	絕觀懺悔	無	罪性本空，不執罪福	頓悟
	五祖弘忍（602~675）	金剛懺悔	無	1 常處地獄，如遊園觀 2 在餘惡道，如己舍宅 3 罪性本空，金剛無相	頓悟
	北宗禪系	金剛五禮	1 禮真如佛性 2 禮毗盧遮那佛 3 禮如來佛 4 禮如來金剛智 5 禮如來金剛般若	1 真如佛性 2 一心法界 3 金剛般若	漸中頓

	北宗神秀 （605~706）	無生懺悔	1 發四弘誓願 2 請十方諸佛 3 請三世諸佛菩薩 4 教受三歸依 5 問五能 6 懺悔十惡罪 7 結跏趺坐	1 懺罪清淨 2 澄心見性	漸中頓
	神秀禪系	秀禪師七禮	1 一切眾生皆有佛性 2 眾生不識真如之體 3 諸佛皆向心滅罪 4 眾生勿執名相 5 禮懺不論長短好惡 6（缺） 7（缺）	1 懺罪清淨 2 觀心澄心	漸中頓
成 立 期	六祖惠能 （638~713）	無相懺悔	1 無相偈 2 自歸依三身佛發 3 四弘大願 4 無相懺悔 5 無相三歸依戒 6 滅罪頌 7 無相頌	1 三無功夫永斷三世罪障 2 以七儀一心融般若禪行 3 活潑心戒智慧禪定滅罪 4 一切法念念不住的正念	頓悟
	永嘉玄覺 （665~713）	三業懺悔	1 身業發露 2 口業發露 3 意業發露 4 發願回向	1 貴法賤身躅形軀 2 理事圓口報怨行 3 深心淨意除重障 4 發願文的慈悲力	頓悟
	荷澤神會 （684~758）	無念懺悔	1 發無上菩提心 2 禮拜三世諸佛菩薩 3 至心懺悔	1 不執罪福的願罪除滅 2 三無漏學的清淨無念 3 實相無相的般若懺悔 4 無住立知的正見無念	頓悟
	淨眾無相 （684~762）	三無懺悔	1 念佛 2 開示 3 坐禪	1 無憶 2 無念 3 莫妄	頓悟
	南山宣什 （不詳）	念佛禮懺	1 傳香為資師之信 2 一字念佛	1 專志念佛 2 心戒禪懺合一	頓悟

	保唐無住 （714~774）	無念懺悔	無	1 朗豁慧日，業障頓袪 2 一向無念，得即滅罪 3 心生即種種法生，心滅即種種法滅 4 口意不量他，三業自然淨	頓悟
	惠昕本 《壇經》	無相懺悔	1 自性五分法身香 2 無相懺悔 3 發四弘誓願 4 無相三歸依戒 5 一體三身自性佛 6 無相頌（滅罪頌）	1 自性五分法身香 ＋ 2 惠能無相懺悔	頓悟
衍 變 期	馬祖道一 （709~788）	禪機懺悔	無	1 直會其道，心無造作 2 達罪性空，念念不可得 3 但無一念，除生死根本 4 但嘖自嫌，莫怨他人	頓悟
	石頭希遷 （700~790）	禪機懺悔	無	1 寧可永劫沉淪，終不求諸聖出離 2 無人垢汝，自性懺除 3 揚眉動目，直心除罪 4 百年拋却任縱橫，擺手便行且無罪	頓悟
	大珠慧海 （約800）	禪機懺悔	1 禮佛 2 懺悔 3 回向 4 發願	1 不會聖心，請佛懺悔 2 罪從心生，還從心滅 3 三業清淨，自心是佛 4 發心求道，諸惡永滅 5 自察於行，不舉他過	頓悟
	百丈懷海 （720~814）	清規懺悔	1 排列香燭佛像 2 念誦讚佛 3 發露 4 懺悔 5 回向	1 眾罪如霜露，慧日能消除 2 念佛懺悔，身心清淨 3 金鼓懺悔，滅罪清淨 4 一心向禪，滅盡罪業	頓悟
	臨濟義玄 （787~867）	禪機懺悔	無	1 真正學道人，不求世間過 2 隨處作主，立處皆真 3 造五無間業，方得解脫	頓悟
	睦州道明 （780~877）	禪機懺悔	無	1 不會教意，心當懺悔 2 心不負人，面無慚色 3 造作妄語，懺悔清淨	頓悟

玄沙師備 （835~908）	禪機懺悔	無	1 貪於言句，速去懺悔 2 欲免此幻惑麼，但識取金剛眼睛 3 煩惱惡業因緣，未是一劫兩劫得休去 4 若欲懺悔者，端坐念實相 5 頻省妄念，歸真合道	頓悟
雲門文偃 （864~949）	禪機懺悔	無	1 發露自家無量劫來妄想 2 大過患須仔細點撿	頓悟
法眼文益 （885~958）	禪機懺悔	無	1 一失人身，長劫難返 2 懺悔與般若空慧合一	頓悟

透過上表二十六種懺悔之陳列，筆者再整理出如下四點意蘊並作最後補充：

其一，唐代禪宗大師們的懺悔義蘊，都與各人的見性禪法密切渾成一體；有些懺悔義蘊具有多項內容之開展，但這些內涵義蘊的開展是不能執著的；有些義蘊則簡明易曉，在簡明易曉中都與不可言說的見性成佛理論相應。

其二，唐代禪宗大師們在懺悔思想上的實踐，一樣具有懺悔儀軌的進行，但他們的懺悔儀軌並不是隋唐間其他宗派那種成套成節的懺悔儀軌，而是樸實簡要的儀節而已，有些是活潑性的方便行法，有些似是定型化的懺悔儀軌，兩者又各自有不同的開展。定型化的懺悔，可以稱作禮懺儀，但它的禮懺儀軌是傾向於清淨禪觀的懺儀，即與禪法一體如如的儀軌；活潑化的懺悔，依於因緣而生，隨於因緣而滅，是禪是懺，又非禪非懺，而又當下禪當下懺，幾乎是無迹可求的。

其三，很多禪師都沒有懺悔儀軌的記錄，所以表格中多以「無」字填入，但此一「無」字並不是什麼多沒有，而是不可思議、不可言說而賴自覺自證之懺，它夾雜在前後大禪師的懺悔儀軌之間，便顯得甚為特殊。如心王懺悔，呈現出達摩弟子輩以自性清淨心為王的頭陀禪法，可發現他們的精進不放逸精神；持罪懺悔亦無懺儀，但慧可與僧璨間的對話與懺罪，成為一種殊妙的公案；

這二者是達摩二入四行的餘續發展，但又不僅僅是二入四行而已，而是見心禪法的全新發展；道信的無相念佛懺悔與保唐無住的無念懺悔，雖無懺儀，卻可看到禪淨一如與般若空智合一的痕跡；尤其南禪禪師們的禪機懺悔，根本不執著於任何懺悔儀節，但人人心中有懺儀，心中的儀節是無形無相而契通於自性清淨心的，他們是徹底的不再像北宗一樣去製造出定型化的懺儀來懺悔，亦不執著於菩薩戒的懺悔滅罪或清規中的懺罪清淨，純然回歸到初期佛教時「戒－懺－禪－淨」一體如如的本來修行要領。

其四，唐代禪宗這些懺悔思想，是同時可以進行團體懺悔與個別懺悔的，是可以同時面對大眾又可面對自己懺悔的實踐。禪宗不必像同時代其他宗派禮懺法一樣那麼嚴肅，不論在何種狀況，禪宗大師們的都以心領神會為主，自性清淨心與真如佛性、因果罪業、罪性本空與六道輪迴思想是密契無間的，在任何時間、任何地點、任何因緣之下，自己都可以開放、多元、隨機、不執於戒律、佛像、儀軌、觀相、梵唄與法會形式，進行「戒－懺－禪－淨」的實踐，這不但更適用於僧眾、上層地位人士、中層知識分子與下層販夫走卒等對象，亦可以落實佛陀諸法平等、眾生平等之理。

最後，筆者必須附加說明的是，本書的論述核心是側重在懺悔義蘊的理解與禪師禪法的實踐，並沒有要否定大乘佛教所建立的各種形式儀軌之意思，亦不是在否定世界宗教上各種神聖性的宗教儀式。

事實上，大乘佛教各種形式儀軌的編製與實踐，不僅可以和世界宗教各種莊嚴肅穆的禮拜儀軌一樣含有深層的神秘意蘊與價值，更與瑞士卡爾·古斯塔夫·榮格（Carl Gustav Jung，1875~1961）所說的那種「集體無意識」（collective unconscious）的「原型」（archetype）中「人」與客觀世界「物」所存在的神秘交互感應亦有一定程度的相似性。榮格曾把「原型」視為「領悟（apprehension）的基本模式」，是構成集體無意識的最重要內容，「集體無意識」是一切「神秘參與」（participation mystique）的

功能基礎。1榮格認為，原始人們所進行的原始祭式，是阻擋「靈魂的危險」（perilsof the soul）的牆垣，故他們的儀式包含著驅鬼、除咒、犧牲、淨化等程序，以及通過交感神經的魔力產生出有力的事件。[2]又云：「儀式行為的美是不可免的工具，如果人沒有在美中服事神，就不算是真正的服事。」[3]程金城亦云：「原始宗教儀式是原型的載體之一，儀式逐漸演變為藝術形式，所以它又是藝術原型。」[4]馮川認為，榮格的「集體無意識」理論與佛教的「阿賴耶識」極其相應，「原型」觀念和唯識「種子義」相應。[5]從這些觀點看來，榮格「集體無意識」的「原型」中所說的原始宗教儀式之內涵意蘊與佛教懺悔儀軌的滅罪清淨作用是可以相應的。

但據美國約翰、戴微（John B. Noss、David S. Noss）之研究，人類原始宗教所進行的各種念誦咒語（spell）、祈禱（prayer）、巫術（magic）等儀式，雖有淨化初民內心深層處的原始焦慮（primary anxiety）而達到心靈療治的作用，但當配合人類其他價值觀與欲求之後，教儀式的制度化更會帶給人們新的次級焦慮（secondary anxiety），[6]這種焦慮的產生，便不能等同禪宗依於甚深緣起與如來藏自性清淨心而反對「他力懺罪」及「向外覓求佛性」的自覺自證之自性懺悔了。

又據王信宜之研究，榮格的「集體無意識」、「原型」、「個性化過程」、「神秘合體」等理論雖與佛教的懺悔儀式相應，但榮格不認同「離苦得樂」、「去除我執」的佛教教義，亦不能契應於禪宗的轉識成智，[7]且他的理論是依於上帝與心理等層面進行推演

---

1 引見：Jung（榮格）著，鴻鈞譯，*Analytical Psychology*（《分析心理學》），（台北：結構群，1990 年 9 月），頁 5~6、47~48。

2 引見：《分析心理學》，頁 51。

3 Jung 著，林宏壽譯，*Menschenbild und Gottesbild*（《人的形象和神的形象》），（台北：桂冠，2006 年 12 月），頁 175。

4 程金城《原型批判與重釋》，（北京：東方出版社，1998 年 12 月），頁 118~119。

5 馮川《重返精神家園－關於榮格》，（台北：笙易，2001 年 9 月），152~157。

6 詳：美·John B. Noss、David S. Noss（約翰·B.諾斯、戴微·S.諾斯），*Man's Religions*（《人類的宗教》七版），江熙泰、劉泰興等譯，（成都：四川人民出版社，2005 年 5 月），頁 12~41。尤其是「頁 11」。

7 王信宜〈榮格心理學與佛教相應觀念之研究〉，中山大學中文研究所碩士論文，

的，這點不但與佛教的甚深緣起相去甚遠，亦與禪宗「戒－懺－禪－淨」一體如如的精神及「心－佛－眾生」平等無別的見性成佛思想不能相契。

2002 年 1 月，頁 120~127。

參 考 書 目

壹、佛教經論（依卷冊順序排列）

一、《大正藏》

大藏經刊行會主編，《大正新修大藏經》（《大正》），台北：新文豐，
　　1998 年 12 月修訂版 1 版 6 刷
姚秦・佛陀耶舍共竺佛念譯《長阿含經》，《大正》1，No.01
宋・法天譯《毗婆尸佛經》，《大正》1，No.03
宋・法賢譯《佛說人仙經》，《大正》1，No.09
宋・法賢譯《佛說信佛功德經》，《大正》1，No.18
東晉・僧伽提婆譯《中阿含經》，《大正》1，No. 26
姚秦・鳩摩羅什譯《佛說海八德經》，《大正》1，No.35
隋・法智譯《佛為首迦長者說業報差別經》，《大正》1，No.79
隋・法智譯《佛為首迦長者說業報差別經》，《大正》1，No.80
劉宋・求那跋陀羅譯《雜阿含經》，《大正》2，No.99
唐・玄奘譯《緣起經》，《大正》2，No.124
東晉・僧伽提婆譯《增壹阿含經》，《大正》2，No.125
唐・般若譯《大乘本生心地觀經》，《大正》3，No.159
北涼・曇無讖譯《悲華經》，《大正》3，No.175
劉宋・求那跋陀羅譯《過去現在因果經》，《大正》3，No.189
姚秦・鳩摩羅什譯《大莊嚴論經》，《大正》4，No. 201
吳・維祇難等譯《法句經》，《大正》4，No. 210
姚秦・竺佛念譯《出曜經》，《大正》4，No. 212

唐・玄奘譯《大般若波羅蜜多經》,《大正》5,No. 220

姚秦・鳩摩羅什譯《小品般若波羅蜜經》,《大正》8,No. 227

陳・月婆首那譯《勝天王般若波羅蜜經》,《大正》8,No. 231

梁・曼陀羅仙譯《文殊師利所說摩訶般若波羅蜜經》,《大正》8,No. 232

姚秦・鳩摩羅什譯《金剛般若波羅蜜經》,《大正》8,No. 235

唐・般若譯《大乘理趣六波羅蜜多經》,《大正》8,No. 261

姚秦・鳩摩羅什譯《妙法蓮華經》,《大正》9,No. 262

劉宋・求那跋陀羅譯《大法鼓經》,《大正》9,No. 270

元魏・菩提留支譯《大薩遮尼乾子所說經》,《大正》9,No. 272

北涼・佚名《金剛三昧經》,《大正》9,No. 273

齊・曇摩伽陀耶舍譯《無量義經》,《大正》9,No. 276

劉宋・曇無蜜多譯《觀普賢菩薩行法經》,《大正》9,No. 277

東晉・佛馱跋陀羅譯《大方廣佛華嚴經》(六十《華嚴》),《大正》9,No. 278

唐・實叉難陀譯《大方廣佛華嚴經》(八十《華嚴》),《大正》10,No.279

姚秦・竺佛念譯《最勝問菩薩十住除垢斷結經》,《大正》10,No.309

唐・菩提流志譯《大寶積經》,《大正》11,No.310

東漢・安玄譯《法鏡經》,《大正》12,No. 322

唐・不空譯《佛說三十五佛名禮懺文》,《大正》12,No.326

劉宋・求那跋陀羅譯《勝鬘師子吼一乘大方便方廣經》,《大正》12,No.353

元魏・曇摩流志譯《如來莊嚴智慧光明入一切佛境界經》,《大正》12,No. 357

曹魏・康僧鎧譯《佛說無量壽經》,《大正》12,No. 360

吳・支謙譯《佛說阿彌陀三耶三佛薩樓佛檀過度人道經》,《大正》12,No.362

劉宋・王日休校輯《佛說大阿彌陀經》,《大正》12,No.364

劉宋・畺良耶舍譯《佛說觀無量壽經》,《大正》12,No. 365

姚秦·鳩摩羅什譯《佛說阿彌陀經》,《大正》12,No.366

北涼·曇無讖譯《大般涅槃經》,《大正》12,No.374

宋·慧嚴等譯《大般涅槃經》,《大正》12,No. 375

高齊·那連提耶舍譯《大方等大集經》,《大正》13,No. 397

佚名《地藏菩薩本願經》,《大正》13,No. 412

劉宋·功德直譯《菩薩念佛三昧經》,《大正》13,No.414

隋·達摩笈多譯《大方等大集菩薩念佛三昧分》,《大正》13,No.415

隋·闍那崛多譯《大方等大集經賢護分》,《大正》13,No.416

後漢·支婁迦讖譯《般舟三昧經》,《大正》13,No.417

佚名《拔陂菩薩經》,《大正》13,No.419

晉·竺法護譯《賢劫經》,《大正》14,No.425

北魏·菩提流支譯《佛說佛名經》,《大正》14,No.440

佚名《佛說佛名經》,《大正》14,No.441

隋·闍那崛多譯《五千五百佛名神咒除障滅罪經》,《大正》14,No. 443

佚名《現在賢劫千佛名經》,《大正》14,No.447

唐·義淨譯《藥師琉璃光七佛本願功德經》,《大正》14,No.451

晉·竺法護譯《佛說彌勒下生經》,《大正》14,No.453

姚秦·鳩摩羅什譯《佛說彌勒下生成佛經》,《大正》14,No.454

梁·僧伽婆羅譯《文殊師利問經》,《大正》14,No.468

姚秦·鳩摩羅什譯《維摩詰所說經》,《大正》14 ,No. 475

西晉·竺法護譯《佛說須真天子經》,《大正》15,No. 588

姚秦·鳩摩羅什譯《禪祕要法經》,《大正》15,No. 613

姚秦·鳩摩羅什譯《坐禪三昧經》,《大正》15, No. 614

東晉·佛陀跋陀羅譯《觀佛三昧海經》,《大正》15,No.643

姚秦·竺佛念譯《菩薩瓔珞經》,《大正》16,No.656

北涼·曇無讖譯《金光明經》,《大正》16,No.663

隋·寶貴、梁真諦譯《合部金光明經》,《大正》16,No.664

東晉·佛陀跋陀羅譯《大方等如來藏經》,《大正》16,No.666

元魏・菩提流支譯《佛說不增不減經》，《大正》16，No.668

梁・真諦譯《佛說無上依經》，《大正》16，No.669

劉宋・求那跋陀羅所譯《楞伽阿跋多羅寶經》，《大正》16，No.670

唐・玄奘譯《解深密經》，《大正》16，No.676

西晉・竺法護譯，《佛說四不可得經》，《大正》17，No.770

後漢・迦葉摩騰共竺法蘭譯《四十二章經》，《大正》17，No. 784

隋・菩提燈譯《占察善惡業報經》，《大正》17，No. 839

唐・輸婆迦譯《蘇婆呼童子請問經》，《大正》18，No.895

唐・般剌蜜帝譯《楞嚴經》，《大正》19，No.945

劉宋・畺良耶舍譯《觀藥王藥上二菩薩經》，《大正》20，No.1161

唐・愛同錄《彌沙塞羯磨本》，《大正》22，No.1424

東晉・佛馱跋陀羅共法顯譯《摩訶僧祇律》，《大正》22，No. 1425

東晉・佛陀跋陀羅譯《摩訶僧祇律大比丘戒本》，《大正》22，No.
　　1426

東晉・法顯共覺賢譯《摩訶僧祇律比丘尼戒本》，《大正》22，No.
　　1427

姚秦・佛陀耶舍共竺佛念等譯《四分律》，《大正》22，No.1428

姚秦・佛陀耶舍譯《四分律比丘戒本》，《大正》22，No. 1429

姚秦・佛陀耶舍譯《四分僧戒本》，《大正》22，No. 1430

姚秦・佛陀耶舍譯《四分比丘尼戒本》，《大正》22，No. 1431

曹魏・康僧鎧譯《曇無德律部雜羯磨》，《大正》22，No. 1432

曹魏・曇諦譯《羯磨》，《大正》22，No. 1433

姚秦・佛若多羅共羅什譯《十誦律》，《大正》23，No. 1435

姚秦・鳩摩羅什譯《十誦比丘波羅提木叉戒本》，《大正》23，No.
　　1436

唐・義淨譯《根本說一切毗奈耶》，《大正》23，No.1442

姚秦・佚名《薩婆多毗尼毗婆沙》，《大正》23，No.1440

唐・義淨譯《有部苾芻尼毗奈耶》，《大正》23，No.1443

唐・義淨譯《根本說一切有部毗奈耶雜事》，《大正》24，No.1451

後漢・安世高譯《佛說犯戒罪報輕重經》，《大正》24，No.1467

後漢・安世高譯《大比丘三千威儀》,《大正》24,No.1470

姚秦・鳩摩羅什譯《梵網經盧舍那佛說菩薩心地戒品》,《大正》24,No. 1484

姚秦・竺佛念譯《菩薩瓔珞本業經》,《大正》24,No.1485

後漢・佚名《受十善戒經》,《大正》24,No. 1486

後漢・安世高譯《佛說舍利弗悔過經》,《大正》24,No.1492

佚名《菩薩五法懺悔文》,《大正》24,No.1504

佚名《分別功德論》卷二,《大正》25,No.1507

姚秦・鳩摩羅什譯《大智度論》,《大正》25,No.1509

唐・義淨譯《能斷金剛般若波羅蜜多經論釋》,《大正》25,No.1513

姚秦・鳩摩羅什譯《十住毗婆沙論》,《大正》26,No.1521

唐・玄奘譯,《說一切有部發智阿毗達磨大毗婆沙論》,《大正》27,No. 1545

北涼・浮陀跋摩共道泰等譯《阿毗曇毗婆沙論》,《大正》28,No.1546

唐・玄奘譯《阿毗達磨俱舍論》,《大正》29,No. 1558

唐・玄奘譯《阿毗達磨順正理論》,《大正》29,No.1562

姚秦・鳩摩羅什譯,《中論》,《大正》30,No.1564

唐・波羅頗蜜多羅譯《般若燈論釋》,《大正》30,No. 1566

姚秦・鳩摩羅什譯《百論》,《大正》30,No.1569

唐玄奘譯《瑜伽師地論》,《大正》30,No.1579

唐・玄奘譯《成唯識論,《大正》31,No.1585

唐・玄奘譯《唯識二十論》,《大正》31,No.1590

後魏・佛陀扇多譯《攝大乘論》,《大正》31,No.1592

陳・真諦譯《攝大乘論》,《大正》31,No. 1593

唐・玄奘譯《攝大乘論本》,《大正》31,No.1594

唐・玄奘譯《辯中邊論》,《大正》31,No.1600

唐・玄奘譯《顯揚聖教論》,《大正》31,No. 1602

後魏・勒那摩提譯《究竟一乘寶性論》31,No. 1611

唐・地婆訶羅譯《大乘廣五蘊論》,《大正》31,No. 1613

姚秦・鳩摩羅什譯《成實論》,《大正》32,No.1646

梁・真諦譯《大乘起信論》,《大正》32,No.1666

隋・智顗《法華玄義》,《大正》33,No.1716

隋・智顗《妙法蓮華經文句》,《大正》34,No. 1718

唐・澄觀《大方廣佛華嚴經疏》,《大正》35,No. 1735

唐・澄觀《大方廣佛華嚴經隨疏演義鈔》,《大正》36,No.1736

隋・吉藏《勝鬘寶窟》,《大正》37,No.1744

隋・吉藏《無量壽經義疏》,《大正》37,No. 1746

隋・慧遠《觀無量壽經義疏》,《大正》37,No. 1749

隋・智顗《觀無量壽經義疏》,《大正》37,No. 1750

唐・善導《觀無量壽佛經疏》,《大正》37,No. 1753

隋・智顗《阿彌陀經義記》,《大正》37,No.1756

隋・慧遠《大般涅槃經義記》,《大正》37,No.1764

晉・僧肇《注維摩詰經》,《大正》38,No.1775

隋・智顗《維摩詰經玄疏》,《大正》38,No.1777

隋・智顗《維摩經略疏》,《大正》38,No.1778

隋・吉藏《淨名玄論》,《大正》38,No.1780

隋・吉藏《維摩經義疏》,《大正》38,No.1781

隋・智顗《金光明經文句》,《大正》39,No.1785

唐・慧沼《金光明最勝王經疏》,《大正》39,No.1788

唐・道宣《四分律刪繁補闕行事鈔》,《大正》40,No.1804

宋・元照《四分律行事資持記》,《大正》40,No.1805

隋・智顗《菩薩戒義疏》,《大正》40,No.1811

唐・法藏《梵網經菩薩戒本疏》,《大正》40,No.1813

隋・吉藏《中觀論疏》,《大正》42,No.1824

隋・吉藏《中論疏》,《大正》42,No.1824

唐・窺基《成唯識論述記》,《大正》43,No.1830

唐・窺基《成唯識論掌中樞要》,《大正》43,No.1831

唐・智周《成唯識論演祕》,《大正》43 ,No. 1833

唐・玄奘譯,窺基注《大乘百法明門論解》,《大正》44,No.1836

隋・慧遠《大乘義章》,《大正》44,No.1851

隋・吉藏《大乘玄論》,《大正》45,No.1853

唐・窺基《大乘法苑義林章》,《大正》45,No.1861

唐・法藏《華嚴遊心法界記》,《大正》45,No. 1877

唐・澄觀《三聖圓融觀門》,《大正》45,No. 1882

唐・道宣《關中創立戒壇圖經》,《大正》45,No.1892

唐・道宣《釋門歸敬儀》,《大正》45,No.1896,頁 865 下

梁・慧式等《慈悲道場懺法》,《大正》45,No. 1909

佚名《慈悲水懺法》,《大正》45,No.1910

隋・智顗《摩訶止觀》,《大正》46,No.1911

唐・荊溪《止觀輔行傳弘決》,《大正》46,No.1912

隋・智顗《修習止觀坐禪法要》,《大正》46,No.1915

隋・智顗《釋禪波羅蜜次第法門》,《大正》46,No.1916

陳・慧思《法華經安樂行義》,《大正》46,No.1926

陳・慧思《立誓願文》,《大正》46,No.1933

隋・智顗《方等三昧行法》,《大正》46,No.1940

隋・智顗《法華三昧懺儀》,《大正》46,No.1941

宋・遵式《金光明懺法補助儀》,《大正》46,No.1945

宋・知禮《金光明最勝儀》,《大正》46,No.1946

宋・仁岳《釋迦如來涅槃禮讚文》,《大正》46,No.1947

宋・遵式《請觀音菩薩消伏毒害陀羅尼三昧儀》,《大正》46,No.1949

唐・善導《轉經行道願往生淨土法事讚》,《大正》47,No.1979

唐・智昇《集諸經禮懺儀》,《大正》47,No.1982

唐・慧然集《鎮州臨濟慧照禪師語錄》,《大正》47,No.1985

明・語風圓信、郭凝之集《金陵清涼院文益禪師語錄》,《大正》
　　47,No.1991

唐・法海《六祖壇經》,《大正》48,No.2007

元・宗寶《六祖壇經》,《大正》48,No.2008

佚名《少室六門》,《大正》48,No.2009

唐・法融《信心銘》,《大正》48,No.2010

唐・弘忍《最上乘論》,《大正》48,No. 2011

唐・裴休集《黃檗山斷際禪師傳心法要》，《大正》48，No.2012A

唐・永嘉《永嘉集》，《大正》48，No.2013

唐・永嘉《證道歌》，《大正》48，No.2014

唐・宗密《禪源諸詮集都序》，《大正》48，No. 2015

宋・延壽《宗鏡錄》，《大正》48，No.2016

明・如巹《緇門警訓》，《大正》48，No.2023

元・德輝重編《敕修百丈清規》，《大正》48，No.2025

唐・玄奘譯《異部宗輪論》，《大正》49，No. 2031

隋・費長房《歷代三寶紀》，《大正》49，No.2034

南宋・志磐《佛祖統紀》，《大正》49，No.2035

元・念常集《佛祖歷代通載》，《大正》49，No.2036

元魏・吉迦夜共曇曜譯《付法藏因緣傳》，《大正》50，No.2058

唐・道宣《續高僧傳》，《大正》50，No.2060

宋・贊寧等《宋高僧傳》，《大正》50，No.2061

唐・慧詳《弘贊法華傳》，《大正》51，No.2067

佚名《歷代法寶記》，《大正》51，No.2075

宋・道原《景德傳燈錄》，《大正》51，No.2076

宋・契嵩《傳法正宗記》，《大正》51，No.2078

梁・僧祐《弘明集》，《大正》52，No.2102

唐・道宣《廣弘明集》，《大正》52，No.2103

唐・智昇《續古今佛道論衡》，《大正》52，No.2105

唐・道宣《道宣律師感通錄》，《大正》52，No.2107

唐・慧琳《辯正論》，《大正》52，No. 2110

唐・道世《法苑珠林》，《大正》53，No.2122

唐・義淨《南海寄歸內法傳》，《大正》54，No.2125

唐・慧琳《一切經音義》，《大正》54，No.2128

宋・法雲《翻譯名義集》，《大正》54，No.2131

梁・僧祐《出三藏記集》，《大正》55，No.2145

釋隋・法經《眾經目錄》，《大正》55，No.2146

唐・道宣《大唐內典錄》，《大正》55，No.2149

唐・明佺等《大周刊定眾經目錄》,《大正》55,No.2153

唐・智昇《開元釋教錄》,《大正》55,No.2154

唐・圓照《大唐貞元續開元釋教錄》,《大正》55,No. 2156

日・最澄《傳教大師將來越州錄》,《大正》55,No. 2160

日・圓仁《入唐新求聖教目錄》,《大正》55,No. 2167

日・惠運《惠運禪師將來教法目錄》,《大正》55,No. 2168A

日・圓珍《福州溫州台州求得經律論疏記外書等目錄》,《大正》55,No.2170

日・圓珍《圓珍入唐求法總目錄》,《大正》55,No.2173

日・永超《東域傳燈目錄》,《大正》55,No.2183

高麗・義天《新編諸宗教藏總錄》,《大正》55,No.2184

唐・安然《普通授菩薩戒儀廣釋》,《大正》74,No.2381

唐・慧日《略諸經論念佛法門往生淨土集》,《大正》85,No.2826

唐・法照《淨土五會念佛誦經觀行儀》(P.2066),《大正》85,No.2827

佚名《大乘淨土讚》(S.382),《大正》85,No.2828

佚名《持齋念佛懺悔禮文》(S.2143),《大正》85,No.2829

唐・神秀《觀心論》,《大正》85,No.2833

唐・神秀《大乘無生方便門》,《大正》85,No.2834

唐・慧光集釋《大乘開心顯性頓悟真宗論》,《大正》85,No.2835

佚名《大乘北宗論》,《大正》85,No.2836

唐・淨覺《楞伽師資記》,《大正》85,No.2837

神秀《大乘無生方便門》,《大正》85,No.2834

神秀《觀心論》,《大正》85,No.2833

佚名《大通方廣懺悔滅罪莊嚴成佛經》,《大正》85,No. 2871

佚名《法王經》,《大正》85,No.2883

佚名《佛為心王菩薩說投陀經》卷上,《大正》85,No.2886

二、《卍新續》

《新編卍新續藏經》(《卍新續》),中華電子佛典協會,CBETA 電

子佛典集成 Feb.2007

唐・宗密《圓覺經大疏鈔》,《卍新續》9,No. 245

明・袾宏《梵網菩薩戒經義疏發隱》,《卍新續》38,No. 679

明・弘贊《梵網經菩薩戒略疏》,《卍新續》38,No. 695

明・智旭《重治毗尼事義集要》,《卍新續》40,No. 719

唐・道宣疏,宋・元照述《四分律刪補隨機羯磨疏濟緣記》,《卍新續》41,No. 728

梁・達摩《菩提達磨大師略辨大乘入道四行觀》,《卍新續》63,No.1217

唐・慧海《頓悟入道要門論》,《卍新續》63,No.1223

唐・慧海《諸方門人參問語錄》,《卍新續》63,No.1224

唐・宗密《中華傳心地禪門師資承襲圖》,《卍新續》63,No. 1225

五代・法眼文益《宗門十規論》,《卍續》63,No. 1226

宋・彥琪《證道歌註》,《卍新續》63,No. 1241

五代・文益《宗門十規論》,《卍新續》63,No.1226

明・傳燈《永嘉禪宗集註》,《卍新續》63,No.1242

清・儀潤《百丈叢林清規證義記》,《卍新續》63,No.1244

宋・賾藏主集,靈谷寺淨戒重校,《古尊宿語錄》,《卍新續》68,No.1315

唐・道一《馬祖道一禪師廣錄》,《四家語錄》,《卍新續》69,No.1321

唐・懷海《百丈懷海禪師語錄》,《四家語錄》,《卍新續》69,No. 1322

唐・樓頴錄《善慧大士錄》,《卍新續》69,No.1335

唐・于頔《龐居士語錄》,《卍新續》69,No. 1336

明・無異元來《無異元來禪師廣錄》,《卍新續》72,No.1435

清・非家叟《爲霖禪師旅泊菴稿》,《卍新續》72,No.1442

唐・師備《玄沙師備禪師語錄》,《卍新續》73,No.1445

宋・延壽述《中峯三時繫念儀範》,《卍新續》74,No.1465

唐・一行慧覺錄,宋・普瑞注,明・讀徹參閱,明・木增訂正,《大

方廣佛華嚴經海印道場十重行願常徧禮懺儀》,《卍新續》74,
　　No.1470

佚名《華嚴道場起止大略》《卍新續》74,No. 1474

唐・宗密《圓覺經道場修證儀》,《卍新續》74,No. 1475

宋・淨源《圓覺經道場略本修證儀》,《卍新續》74,No. 1476

宋・祖琇《隆興佛教編年通論》,《卍新續》75,No.1512

宋・李遵勗《天聖廣燈錄》,《卍新續》78,No.1553

宋・慧洪《禪林僧寶傳》,《卍新續》79,No. 1560

宋・智覺《心性因緣罪福集》,《卍新續》88,No. 1640

《禪藏》,《佛光大藏經》電子版,台北:佛光文化,2005 年

三、《漢譯南傳大藏經》

《律部》1,《漢譯南傳大藏經》1,高雄:元亨寺,1998 年 11 月

《律部》2,《漢譯南傳大藏經》2

《律部》3,《漢譯南傳大藏經》3

《律部》4,《漢譯南傳大藏經》4

《長部》1,《漢譯南傳大藏經》6

《增支部》1,《漢譯南傳大藏經》19

四、敦煌文獻

唐・智炬《雙峯曹侯溪寶林傳》,藍吉富編《禪宗全書・史傳部
　　(一)》,頁 175~329

唐・神會《南陽和上頓教解脫禪門直了性壇語》,楊曾文編《神會
　　和尚禪話錄》,北京:中華書局,2004 年 11 月,頁 3~14

唐・獨孤沛《菩提達摩南宗定是非論》,《神會和尚禪話錄》,頁
　　15~48

唐・神會《頓悟無生般若頌》,《神會和尚禪話錄》,頁 49~51

唐・劉澄集《南陽和尚問答雜徵義》,《神會和尚禪話錄》,頁 54~123

唐・神會《洛京荷澤神會大師語》,《神會和尙禪話錄》,頁 124~125

唐・法融《絕觀論》,藍吉富編《禪宗全書・語錄部（一）》,台北：文殊文化，1988 年 8 月，頁 2~18

唐・法融《無心論》,藍吉富主編《禪宗全書・語錄部（一）》,頁 40~60

唐・法融《無心論》,鈴木大拙《鈴木大拙全集》卷二,東京：岩波書店,昭和 43~46 年,頁 216~219

唐・神秀《觀心論》,鈴木大拙《鈴木大拙全集》別卷一,東京：岩波書店,昭和 43~46 年

唐・杜朏《傳法寶紀》,柳田聖山《初期禪宗史書の研究》,頁 560~572

唐・淨覺《注般若波羅蜜多心經》,柳田聖山《初期禪宗史書の研究》,頁 596~610

日・柳田聖山《達摩の語錄：二入四行論》,東京：筑摩書房,昭和 44 年（1969）),頁 220~221

《北宗五方便》,鈴木大拙著,《鈴木大拙全集》卷三,東京：岩波書店,昭和 43~46 年

《菩提達摩四行論》,《禪宗全書・語錄部（一）》,台北：文殊文化,1988 年 8 月

《二入四行論長卷子》,田中良昭《敦煌禪宗文献の研究》,東京：大東出版社,1983 年,頁 176~179；182

《南天竺國達摩禪師觀門》,田中良昭《敦煌禪宗文献の研究》,東京：大東出版社,1983 年,頁 214~217

《第七祖大照和尙寂滅日齋讚文》,田中良昭《敦煌禪宗文献の研究》,東京：大東出版社,1983 年,頁 555

《七祖法寶記》,方廣錩《藏外佛教文獻》第二輯,北京：宗教文化,1995 年,頁 134~165

《佛爲心王菩薩說頭陀經》,方廣錩主編《藏外佛教文獻》第一輯,北京：宗教文化,1995 年 12 月,頁 253~318

《天竺國菩提達摩禪師論》,方廣錩主編《藏外佛教文獻》第二輯,

　　　北京：宗教文化，1996 年 8 月，頁 166~174

柳田聖山《六祖壇經諸本集成》，京都：中文出版社，1976 年 7月

日本花園大學圖書館藏高麗藏覆刻本影印本，南唐泉州招慶寺
　　　靜、筠二禪師，《祖堂集》，台北：廣文書局，1979 年 4 月

潘重規《敦煌壇經新書》，台北：財團法人佛陀教育基金會，2001
　　　年 6 月

月稱著，法尊譯講《入中論講記》，台北：慧炬，2002 年 9 月

鄧文寬校注，敦博本 077 號《六祖壇經》，瀋陽：遼寧教育出版社，
　　　2005 年 1 月

黃連忠《敦博本六祖壇經校釋》，台北：萬卷樓，2006 年 5 月初
　　　版

貳、其他古籍（按經史子集順序排列）

清・阮元編《十三經注疏 1・周易注疏》，台北：藝文，1997 年 8月

清・阮元編《十三經注疏 5・禮記注疏》

清・阮元編《十三經注疏 8・論語注疏》

清・阮元編《十三經注疏 8・孟子注疏》

劉宋・范曄著，唐・李賢等注，《後漢書》，北京：中華書局，1999
　　　年 3 月

唐・姚思廉《梁書》，北京：中華書局，1997 年 11 月

唐・李延壽《南史》，北京：中華書局，1997 年 11 月

唐・李延壽《北史》，北京：中華書局，1997 年 1 月

宋・歐陽脩《新唐書》，北京：中華書局，1997 年 1 月

宋・司馬光《資治通鑑》，台北：明倫出版社，1977 年

明・宋濂《元史》，北京：中華書局，1997 年 1 月

魏・王弼注《老子》，台北：藝文，2001 年 5 月

清・郭慶藩編，王孝魚整理《莊子集釋》，台北：萬卷樓，1993年 3 月

宋・洪興祖《楚辭章句補注》，台北：天工書局，1989 年 9 月

宋・錢易《南部新書》，《叢書集成初編》，北京：中華書局，1998年 11 月

周紹良主編《全唐文新編》，長春：吉林文史出版社，2000 年 12月

參、近人專著（按出版年月先後順利排列）

一、中　文

牟宗三《智的直覺與中國哲學》，台北：學生書局，1971 年 3 月

李圓淨《梵網經菩薩戒本彙解》，台北：總持寺，1977 年 6 月

演培《唯識法相及其思想演變》，台北：天華出版事業，1980 年 2月

周叔迦《法苑談叢》，台北：文津，1980 年 6 月

傅偉勳《從傳統到現代——佛教倫理與現代社會》，台北：東大，1980 年 10 月

方東美《華嚴宗哲學》，台北：黎明文化，1981 年 7 月

李世傑《印度大乘佛教哲學史》，台北：新文豐，1982 年 4 月

王重民《伯希和劫餘錄》，《敦煌遺書總目索引》，北京：中華書局，1983 年 6 月

黃永武《形聲多兼會意考》，台北：文史哲，1984 年 4 月。

王鍈《詩詞曲語辭釋例》，北京：中華書局，1986 年版

趙雅博編《印度哲學思想史》，台北：國立編譯館，1986 年 5 月

冉雲華《宗密》，台北：東大圖書，1988 年 5 月

慧廣《懺悔的理論與方法》，高雄：法喜出版社，1989 年 6 月

印光《印光法師文鈔續編》，台北：佛教書局，1991 年

冉雲華《中國禪學研究論集》，台北：東初，1991 年 7 月

印順《如來藏之研究》，台北：正聞，1992 年 5 月

梁漱溟《中國宗教倫理與現代化》，台北：臺灣商務，1992 年 7 月

湯用彤校注《高僧傳》，北京：中華書局，1992 年 10 月

印順《印度佛教思想史》，台北：正聞，1993 年 4 月

陳榮捷《中國哲學文獻選編》，台北：巨流，1993 年 6 月

王貴民《中國禮俗史》，台北：文津，1993 年 7 月

楊曾文《敦煌新本六祖壇經》，上海：古籍出版社，1993 年 10 月

印順《原始佛教聖典之集成》，台北：正聞，1994 年 1 月

吳汝鈞《印度佛學的現代詮釋》，台北：學生書局，1994 年 6 月

楊惠南《禪史與禪思》，台北：東大，1995 年 4 月

楊惠南《印度哲學史》，（台北：東大，1995 年 8 月

任繼愈、杜繼文《佛教史》，台北：曉園，1995 年 1 月

杜繼文、魏道儒《中國禪宗通史》，南京：江蘇古籍出版社，1995 年 2 月

恆清編《佛教思想的傳承與發展 —— 印順導師九秩華誕祝壽文集》，台北：東大，1995 年 4 月

黃連忠《宗密的禪學思想》，台北：新文豐，1995 年 4 月

楊曾文《唐五代禪宗史》，北京：中國社科社，1995 年 5 月

佛使比丘《生活中的緣起》，嘉義：書鄉出版社，1995 年 8 月

演培《異部宗輪論語體釋》，《諦觀全集》，台北：天華出版，1996 年 1 月

牟宗三《現象與物自身》，台北：學生書局，1996 年 4 月

禪叡《敦煌寶藏遺書索引》，台北：法鼓文化，1996 年 9 月

南懷瑾《中國道教發展史略》，上海：復旦大學出版社，1996 年 8 月

孫周興編《海德格爾選集》，上海：三聯書店，1996 年 12 月

釋恆清《佛性思想》，台北：東大，1997 年 2 月

牟宗三《四因說演講錄》，台北：鵝湖出版社，1997 年 3 月

牟宗三《佛性與般若》，台北：學生書局，1997 年 5 月

陳英善《天台緣起中道實相論》，台北：法鼓文化，1997 年 5 月

呂澄《中國佛教源流略講》，台北：里仁，1998 年 1 月

印順《中國禪宗史》，台北：正聞，1998 年 1 月

印順《唯識學探源》，台北：正聞，1998 年 1 月

印順《淨土與禪》，《妙雲集》下篇之四，台北：正聞，1998 年 1
　　月

印順《無諍之辯》，《妙雲集》下篇之七，台北：正聞，1998 年 1
　　月

印順《佛教史地考論》，《妙雲集》下篇之九，台北：正聞，1998
　　年 1 月

印順《佛法是救世之光》，《妙雲集》下編之十一，台北：正聞，
　　1998 年 1 月

徐吉軍《中國喪葬史》，南昌：江西高校出版社，1998 年 1 月

聖嚴《菩薩戒指要》，台北：法鼓文化，1998 年 2 月

湯用彤《漢魏兩晉南北朝佛教史》，台北：臺灣商務，1998 年 7
　　月

汪娟《敦煌禮懺文研究》，台北：法鼓文化，1998 年 9 月初版

印順《辨法法性論講記》，《華雨集》（一），台北：正聞，1998
　　年 12 月

印順《方便之道》，《華雨集》（二），台北：正聞，1998 年 12 月

印順《中國佛教瑣談》，《華雨集》（四），台北：正聞，1998 年 12
　　月

程金城《原型批判與重釋》，北京：東方出版社，1998 年 12 月

張勇《傅大士研究》，台北：法鼓文化，1999 年 1 月初版

勞政武《佛律與國法 —— 戒律學原理》，台北：老古文化，1999
　　年 1 月

楊郁文《長阿含遊行經註解》，台北：甘露道，1999 年 4 月

聖嚴《戒律學綱要》，台北：法鼓文化，1999 年 5 月

牟宗三《中國哲學十九講》，台北：學生書局，1999 年 9 月

洪修平《禪宗思想的形成與發展》，南京：江西古籍出版社，2000
　　年 1 月

董群《禪宗倫理》，杭州：浙江人民出版社，2000 年 5 月

董群《融合的佛教 ── 圭峰宗密的佛學思想研究》，北京：宗教文
　　化，2000 年 6 月

葛兆光《中國禪思想史 ── 從 6 世紀到 9 世紀》，北京：北京大學，
　　2000 年 6 月

釋大睿《天台懺法之研究》，台北：法鼓，2000 年 9 月

印順《淨土與禪》，台北：正聞，2000 年 10 月

蔡日新《漢魏六朝佛教概觀》，台北：文津，2001 年 8 月

馮川《重返精神家園－關於榮格》，台北：笙易，2001 年 9 月

楊曾文《新版敦煌新本六祖壇經》，北京：宗教文化，2002 年 6
　　月

譚偉《龐居士研究》，成都：四川民族，2002 年 7 月

黃連忠《禪宗公案體相用思想之研究》，台北：學生書局，2002
　　年 9 月

持松《華嚴宗教義始末記》，台北：華嚴蓮社，2002 年 10 月

吳言生《禪宗思想淵源》，北京：中華書局，2002 年 10 月

如禪編《六祖壇經研究》，北京：中國大百科全書，2003 年 4 月

楊寬《西周史》，上海：人民出版社，2003 年 4 月

汪娟編《冉雲華先生八秩華誕壽慶論文集》，台北：法光出版社，
　　2003 年 7 月

張國一《唐代禪宗心性思想》，台北：法鼓文化，2004 年 4 月

聖凱《中國佛教懺法研究》，北京：宗教文化，2004 年 9 月

楊曾文《神會和尚禪話錄》，北京：中華書局，2004 年 11 月

蔣維喬《中國佛教史》，北京：團結出版社，2005 年 3 月

太虛《太虛大師全書》，北京：宗教文化，2005 年版

陳平坤《慧能禪法之般若與佛性》，台北：大千，2005 年 12 月

高明道《算沙夢影》，台北：三慧講堂印經會，2006 年 12 月

汪娟《唐宋古逸佛教懺儀研究》，台北：文津，2008 年 2 月

二、日文（包含翻譯）

日・境野黃洋《支那佛學講話》，東京：共立，1929

日・矢吹慶輝《鳴沙餘韻解說》第 I 部，東京：岩波書店，1933
年 4 月

日・常盤大定《後漢とり宋齊に至る譯經總錄》，東京：國書刊行
會，1937 年

日・大野法道《大乘戒經の研究》，東京：理想社，1953 年

日・鎌田茂雄《宗密教學の思想史的研究》，東京：東京大學東洋
文化研究所，1975 年

日・平野宗淨《禪の語錄》，東京：竺摩，1978 年

日・中村元等著，余萬居譯，《中國佛教發展史》，台北：天華，
1984 年 5 月

日・鈴木哲雄《唐五代禪宗史》，東京：山喜房佛書林，1985 年

日・關口真大撰；李世傑譯，《佛教思想 ── 在中國的開展》，台
北：幼獅文化，1987 年 1 月

日・阿部正雄著，王雷泉、張汝倫譯，《禪與西方思想》，台北：
桂冠，1992 年 5 月

日・柳田聖山著，吳汝鈞譯《中國禪思想史》，台北：商務，1995
年 12 月

日・阿部肇一著，關世謙譯，《中國禪宗史》，台北：東大，1999
年 2 月

日・忽滑谷快天著，郭敏俊譯，《禪學思想史》，台北：大千出版
社，2003 年 12 月

日・佐佐木現順著，周柔含譯，《業の思想》，台北：東大圖書，
2003 年 2 月

日・竹村牧男著，蔡伯郎譯《覺與空 ── 印度佛交的展開》，台北：
東大，2003 年 5 月

日・平川彰著，釋顯如、李鳳媚譯《印度佛教史》，嘉義：法雨道場，2003 年 5 月

日・平川彰著，莊崑木譯《印度佛教史》，台北：商周，2004 年 12 月

三、其他外文（包含翻譯）

A.Berriedale Keith，*Buddhist Philosophy In India and Ceylon*，India：Munshiram Manoharlal Publishers Pvt. Ltd，1923

鈴木大拙，*Essay in East-West Philosophy：An Attempt at Word Philosophical Synthesis*，Charles A Moore ed. Honolulu：University of Hawaii Press，1951

É. Lamotte，*L'Enseignement de Vimalakīrti*，Louvain，1962

R.H.Robinson，*Early Mādhyamika in India and China*，Milwaukee & London，1967

K. Venkata Ramanan，*Nāgārjuna' Philosophy as presented in the Mahāprajñāpāramitāśāstra*，Varnasi，1971

A.K.Warder，*India Buddhism*，India：Motilal Banarsidass，1970

Raimon Panikkar，*The Trinity and World Religious*，Madras，India：Christian Literature Society，1970

Lambert Schmithausen：*On the Origin and the Early Development of a Central Concept of Yogaacaara Philosophy*，Tokyo： The International Institute for Buddhist Studies，1987

Jung（榮格）著，鴻鈞譯《分析心理學 —— 集體無意識》，台北：結構群，1990 年 9 月

R.Panikkar，*A Dwelling Place for Wisdom*，Westminster：John Knox，1993

Jean-Francois Revel & Maattien Richard 著，陸元昶譯，*Le Moine Et Le Philosophe*（《和尚與哲學家》），南京：江蘇人民出版社，2000 年 1 月

Martin Buber（馬丁・布伯）著，陳維剛譯，*I and Thou*（《我與你》），
　　台北：桂冠，2002 年 6 月

D.J.Óconnor（奧康諾）著，洪漢鼎譯，*A Critical History of Western
　　Philosophy*（《批評的西方哲學史》），台北：桂冠，2004 年 2 月

William James（威廉・詹姆斯）著，尚新建譯，*The Varietise of
　　Religious Experience*（《宗教經驗種種》），（北京：華夏出版
　　社，2005 年 3 月

John B. Noss、David S. Noss（約翰・B.諾斯、戴微・S.諾斯），
　　Man's Religions（《人類的宗教》七版），江熙泰、劉泰興等譯，
　　成都：四川人民出版社，2005 年 5 月

Wilfred Cantwell Smith（史密斯）著，董江陽譯，*The Meaning And
　　End of Religion*（《宗教的意義與終結》），北京：中國人民大
　　學出版社，2005 年 6 月

Michael Peterson（麥克・彼得森等）著，孫毅、游斌譯，*Reason
　　&Religious Belief-An Introdution to the Philosophy of Religion*
　　（《理性與宗教信念 —— 宗教哲學導論》），（北京：中國人民
　　大學出版社，2005 年 6 月

Raimon Panikkar（雷蒙・潘尼卡）著，王志成、思竹譯，*Invisible
　　Harmony-Essays on Contemplation & Responsibility*（《看不見
　　的和諧 —— 默觀與責任文集》），北京：宗教文化，2005 年 8
　　月

Jung（榮格）著，林宏壽譯，*Menschenbild und Gottesbild*（《人的
　　形象和神的形象》），台北：桂冠，2006 年 12 月

肆、期刊論文（按出版年月先後順序排列）

一、中　文

胡適〈跋裴休的唐故圭峯定慧禪師傳法碑〉，《中央研究院歷史語

言研究所集刊》卷 34，第一分冊，1962 年，頁 5~26

陳祚龍〈唐代山西兩大北宗禪法國師義福及普寂的生平研究資料〉，《山西文獻》v.4，台北：山西文獻社，1974 年 7 月，頁 11~20

太虛〈中國佛學特質在禪〉，張曼濤主編《現代佛教學術叢刊 2・禪學論文集》，台北：大乘文化，1976 年 10 月，頁 1~111

鑒安〈禪宗的思想與風範〉，《現代佛教學術叢刊 2・禪學論文集》，台北：大乘文化，1976 年 10 月，頁 157~178

藍吉富〈佛教的緣起哲學〉，《現代佛教學術叢刊・53 佛教根本問題研究（一）》，台北：大乘文化，1978 年 9 月，頁 179~193

黃懺華〈大乘起信論真如緣起說〉，《現代佛教學術叢刊・53 佛教根本問題研究（一）》，台北：大乘文化，1978 年 9 月，頁 241~270

霍韜晦〈如來藏與阿賴耶識（上） —— 從思想史上考察〉，《鵝湖月刊》n.44，1979 年 2 月，頁 20~25

印順〈宋譯《楞伽》與達摩禪〉，《現代佛教學術叢刊》n.12，台北：大乘文化，1980 年 10 月，頁 17~28

印順〈宋譯《楞伽》與達摩禪〉，《現代佛教學術叢刊》n.12，台北：大乘文化，1980 年 10 月，頁 17~28

李志夫〈泛論佛陀及中論緣起理事觀與邏輯理事觀〉，《華岡佛學學報》n.4，1980 年 10 月，頁 200~223

無礙〈達摩大師的「二入四行觀」與「安心法門」〉，《現代佛教學術叢刊》n.12，台北：大乘文化，1980 年 10 月，頁 1~16

黃懺華〈禪宗初祖菩提達摩考〉，《現代佛教學術叢刊》n.12，台北：大乘文化，1980 年 10 月，頁 125~140

游祥洲〈論中國佛教懺悔理論的形成其其理念蘊涵〉，傅偉勳主編，《從傳統到現代－佛教倫理與現代社會》，台北：東大圖書，1980 年 10 月，頁 128~133

溫玉成〈記新出土的荷澤大師神會塔銘〉，《世界宗教研究》，1984 年第 2 期，頁 78~79

王師開府〈對動機、結果及行為倫理判斷之分析〉，收入高明等《文史哲的時代使命》，台北：國立臺灣師大研究室，1987 年 4 月，頁 245~264

林子青〈懺法〉，載呂澄等著《中國佛教人物與制度》，台北：彙文堂，1987 年 6 月，頁 455~461

冉雲華〈宗密傳法世系的再檢討〉，《宗密》，台北：東大圖書，1988 年 5 月，頁 287~303

秋田光兆〈湛然の真如觀〉，《天台學報》n.32，東京：大正大學內天台學會，1990 年 10 月，頁 81~85

冉雲華〈敦煌文獻中的無念思想〉，《中國禪學研究論集》，台北：東初，1990 年 7 月，頁 138~159

劉貴傑〈東晉道安思想析論〉，《中華佛學學報》4 期，台北：中華佛研所，1991 年 7 月，頁 235~285

冉雲華〈敦煌文獻與僧稠的禪法〉，《中國禪學研究論集》，台北：東初，1991 年 7 月，頁 54~89

企愚〈「不昧因果」與「無相懺悔」〉，《上海佛教》，1992 年 2 月

吳汝鈞〈達摩及早期的禪法（上）（中）（下）〉，《獅子吼》v.31 n.7、v.31 n.8、v.31 n.9，台北：獅子吼雜誌社，1992 年 7 月~9 月，頁 4~9、頁 34~38、38~43

夢澤〈「二入四行」與如來禪的修正〉，《南洋佛教》n.275，1992 年 3 月），頁 5~8

賴賢宗〈達摩禪〈二入四行〉所蘊涵的「信」與「倫理」〉，《法光》V.40，（台北：法光雜誌編輯委員會，1993 年 1 月

刑東風〈略論早期禪宗 —— 南宗禪的背景問題探討〉，《世界宗教研究》n.1，北京：中國社會科學院世界宗教研究所，1993 年 3 月，頁 63~70

楊曾文〈淨覺及其《注般若波羅蜜多心經》與其校本〉，《中華佛學學報》第六期，1993 年 7 月，頁 237~261

楊曾文〈《壇經》敦博本的學術價值探討〉，氏編《敦煌新本六祖壇經》，上海：古籍出版社，1993 年 10 月，頁 183~329

宋玉嫩〈不可思議之不二、解脫、方便 —— 一個《維摩詰經》異
　　名之探討〉,《諦觀》n.76,台北:諦觀雜誌社, 1994 年 1
　　月,頁 153~171

楊惠南〈禪宗公案中的矛盾與不可說〉,《禪史與禪思》,台北:東
　　大,1995 年 4 月,頁 261~292

楊惠南〈《壇經》中之「自性」的意含〉,《禪史與禪思》,台北:
　　東大,1995 年 4 月,頁 209~229

冉雲華〈論唐代禪宗的「見性」思想〉,釋恆清編《佛教思想的傳
　　承與發展》,台北:東大,1995 年 4 月,頁 367~392

楊曾文〈牛頭法融及其禪法〉,釋恆清編《佛教思想的傳承與發
　　展》,台北:東大,1995 年 4 月,頁 423~444

藍吉富〈諷誦在大乘佛教中的意義〉,恆清編《佛教思想的傳承與
　　發展 —— 印順導師九秩華誕祝壽文集》,台北:東大,1995
　　年 4 月,頁 445~454

陳英善〈就華嚴法界觀門論華嚴思想之演變〉,《中華佛學學報》
　　n.8,1995 年 7 月,頁 373~396

釋天禪〈《圓覺經道場修證儀》與《慈悲道場水懺》關係之初探〉,
　　台北:中華佛學研究所第六屆研究所學生佛學論文聯合發表
　　會,1995 年 8 月

胡適〈與周叔迦論牟子書〉,《胡適集》,北京:中國社會科學,1995
　　年 12 月,頁 109~111

胡適〈四十二章經考〉,《胡適集》,北京:中國社會科學,1995
　　年 12 月,頁 143~159

釋恆清〈「金剛錍」的無情有性說與深層生態學〉,《佛性思想》,
　　台北:東大,1997 年 2 月,頁 253~284

湛如〈簡論六祖壇經的無相懺悔 —— 兼談唐代禪宗懺法體系的形
　　成〉,《法音》v.1997 n.3,1997 年 3 月,頁 13~20

徐立強〈「梁皇懺」初探〉,《中華佛學研究》n.2,台北:中華佛
　　學研究所,1998 年 3 月,頁 178~206

釋大睿〈中國佛教早期懺罪思想之形成與發展〉,《中華佛學研究》

n.2，台北：中華佛研所，1998 年 3 月），頁 313~337

呂凱文〈佛使比丘對於緣起思想的反省及其意義〉，《法光雜誌》v.109，1998 年 10 月

釋惠空〈懺悔析義〉，《佛學與人生學術研討會論文集》，台中：逢甲大學人文社會學院佛學與人生學術研討會，1999 年 1 月，頁 25~36

道昱〈經導對中國佛教禮懺的影響 —— 以梁《高僧傳》爲中心的探討〉，《圓光佛學學報》n.3，1999 年 2 月，頁 73~100

樓宇烈〈讀慧海「頓悟入道要門論」隨記〉，《中華佛學學報》n.12，1999 年 7 月，頁 53~68

陳一標〈關於阿賴耶識語義的變遷〉，《圓光佛學學報》n.4，中壢：圓光佛學研究所，1999 年 12 月，頁 75~106

徐文明〈智詵與淨眾禪系〉，《敦煌學輯刊》n.1，蘭州：《敦煌學輯刊》，2000 年 1 月

陳后玲〈中國書法的抽象之美〉，《歷史文物》十卷四期，2000 年 4 月

劉嘉誠〈佛教倫理學探究〉，《輔仁宗教研究》v.1（創），台北：輔仁大學法學院宗教學系，2000 年 5 月，頁 129~158

楊富學〈敦煌本「歷代法寶記·弘忍傳」考論〉，《佛學研究中心學報》v.6，2001 年，頁 139~149

楊維中〈論中國佛教心性本體論的特質〉，《普門學報》n.6，台北：佛光山文教基金會，2001 年 11 月，頁 47~82

杜保瑞《「金剛經」的無相境界》，華梵大學《第六次儒佛會通學術研討會論文集》上冊，台北：華梵大學哲學系 2002 年 7 月，頁 269~289

楊維中〈從南宗與北宗心性思想的差別看禪宗的正式形成〉，《中國禪學》2002 年第 1 卷，頁 115~116

林妙貞〈試略「摩訶止觀·十乘觀法」中之「四誓願」與「六祖壇經·懺悔品」中「四弘誓願」之比較〉，台北：《海潮音》第 83 卷第 2 期，2002 年 2 月，頁 8~13

聖凱〈論禪宗無相戒之源流〉，妙峰主編《曹溪禪研究》，北京：
　　中國社科社，2002 年 9 月），頁 422~442

濟群〈壇經的般若思想〉，如禪編《六祖壇經研究》（三），北京：
　　中國大百科全書，2003 年 4 月，頁 147~157

湛如〈簡論六祖壇經的無相懺悔 —— 兼談唐代禪宗懺法體系的形
　　成〉，如禪編《六祖壇經研究》（三），北京：中國大百科全書，
　　2003 年 4 月，頁 327~345

陳平坤〈《壇經》宗旨「直指人心，見性成佛」—— 依「一心二門」
　　與性空思想〉，《妙林》v.15，2003 年 4 月，頁 46 ~ 52

楊富學、王書慶〈東山法門及其對敦煌禪修的影響〉，《中國禪學》
　　第 2 卷，北京：中華書局，2003 年 5 月，頁 67~76

王俊傑〈老子保生思想研究〉，《興大中文研究生論文集》n.8，2003
　　年 5 月，頁 149~163

刑東風〈慧能禪宗思想的三個問題〉，台北：華梵大學哲學系，《華
　　梵大學第七次儒佛會通學術研討論文集》，2003 年 9 月，頁
　　454~466

黃俊傑〈儒家論述中的歷史敘述與普通理則〉，收入：黃俊傑《東
　　亞儒學史的新視野》，台北：台大出版中心，2004 年，頁 73~104

楊曾文〈神會及其禪法理論〉，《神會和尚禪話錄》，北京：中華書
　　局，2004 年 11 月，頁 157~233

聖凱〈圓覺經道場修證儀新探〉，《中國佛教懺法研究》，北京：宗
　　教文化，2004 年 9 月，頁 161~219

張先堂〈觀相念佛：盛唐至北宋一度流行的淨土教行儀 —— 敦煌
　　寫本《佛說相好經》新探〉，《敦煌研究》，2005 年第 5 期（總
　　第 93 期），頁 32~42

王惠雯〈理想的生命實踐－以菩薩戒的自律精神為基礎之探討〉，
　　載氏著《大乘佛教教育理論與實踐論文集》，中壢：圓光佛學
　　研究所，2006 年 2 月，頁 33~49

邱敏捷〈《壇經》的作者與版本 —— 印順與胡適及日本學者相關研
　　究觀點之比較〉，《第六屆「印順導師思想之理論與實踐」

—— 印順導師與人菩薩行會議論文集》（十六），台北：財團法人弘誓文教基金會，2006 年 5 月，頁 1~38

白金銑〈杜順三重觀門哲學的創化意涵與反省〉，台北：輔仁大學、東海大學主辦，2007 年「創化與歷程：中西對話」國際學術研討會，2007 年 3 月 28 日

白金銑〈「佛說無常經」的傳譯與喪葬禮儀〉，《中華佛學學報》n.20，2007 年 7 月，頁 65~104

廖明活〈南北朝時代的佛性學說〉，《中華佛學學報》n.20，2007 年 7 月，頁 105~137

方廣錩〈試論佛教發展中的文化匯流 —— 從《劉師禮文》談起〉，《法音論壇》，2007 年第 3 期（總第 271 期），頁 8~20

汪娟〈金剛五禮〉，式著《敦煌禮懺文研究》，台北：法鼓文化，1998 年 9 月初版，頁 201~233

汪娟〈「秀禪師七禮」與禪宗禮懺〉，氏著《唐宋古逸佛教懺儀研究》，台北：文津，2008 年 2 月），頁 61~112

白金銑〈達摩「報怨行」的懺悔義蘊〉，《大專學生佛學論文集》（十八），台北：華嚴蓮社，2008 年 8 月），頁 102~169。

二、日　文

日・矢吹慶輝《鳴沙餘韻解說》第 I 部，東京：岩波書店，1933 年 4 月，頁 178~204 日・矢吹慶輝《鳴沙餘韻解說》第 II 部，頁 230~237

日・鈴木大拙〈達摩觀心論（破相論）四本對校（上）（下）〉，《大谷學報》v.15 n.4（＝n.56）、v.16 n.2（＝n.58），京都：大谷大學大谷學會，1934 年 12 月、1935 年 6 月），頁 1~17、1~44

日・鈴木大拙〈龍谷大學付屬圖書館藏敦煌本菩提達摩觀門法大乘法論殊に其中の宗修信要論に就きて〉，《佛教研究》v.16 n.1（＝n.57），京都：大谷大學大谷學會，1935 年 3 月，頁 17~51

日・鈴木大拙〈禪宗初祖としての達摩の禪法楞伽系と般若系の對抗〉,《日華佛教研究會年報》v.1,京都:日華佛教研究會,1936 年 8 月,頁 196~224

日・舟橋一哉〈後漢より宋齊に至る譯經總錄(常盤大定)〉,《佛教研究》v.19 n.3(=n.71),京都:大谷大學大谷學會,1938年 7 月,頁 177~178

日・伊吹敦〈再び「心王經」の成立を論ず〉,《東洋學論叢・文學部紀要・印度哲學科篇》,第五十集,頁 82~95

日・津田左右吉〈禪宗についての疑問の二三(上)(下)〉,《東洋思想研究》v.5、v.6,東京:岩波書店,1954 年 7 月、1955年 12 月,頁 1~41、1~46

日・水野弘元〈菩提達摩の二入四行說と金剛三昧經〉,《印度学仏教学研究》v.3 n.2(=n.6),1955 年 3 月,頁 239~244

日・紀野一義〈インド佛教における罪の問題について〉,《印度學佛教學研究》v.6 n.1(=n.11),1958 年 1 月,頁 67~72

日・關口真大〈新資料「達摩禪師論」(敦煌出土)について〉,《印度學佛教學研究》v.6 n.2(=n.12), 1958 年 3 月,頁 106~107

日・土橋秀高〈敦煌本受菩薩戒儀考〉,《印度學佛教學研究》v.8 n.1,1960 年 1 月,頁 33~42

日・中川孝〈燉煌出土達摩禪師論に就いて〉,《印度學佛教學研究》v.8 n.1,1960 年 1 月,頁 264~267

日・關口真大〈授菩薩戒儀「達摩本」について〉,《印度學佛教學研究》v.9n.2(=n.18),1961 年 3 月,頁 465~470

日・中川孝〈四行論長卷子を中心として見たる初期禪思想史の問題點〉,《印度學佛教學研究》v.10 n.2(=n.20),1962 年 3月,頁 164~168

日・柳田聖山〈傳法寶紀とその作者 — ペリオ三五五九號文書をめぐる北宗禪研究資料の札記、その一〉《禪學研究》n.53,京都:荻須純道,1963 年 7 月,頁 45~71

日‧遠藤祐純〈瑜伽師地論菩薩戒品における〉《智山學報》n.18，頁 1~15

日‧菅尙英〈「楞伽經」における唯心〉，《印度學佛教學研究》v.29 n.1，頁 283~285

日‧伊吹敦〈菩提達磨の「楞伽経疏」について〉（下），《東洋學論叢‧印度哲學科篇》n.24，（《東洋大學文學部紀要》n.52），頁 12~16

日‧田中良昭〈四行論長卷子と菩提達摩論〉，《印度學佛教學研究》v.14 n.1（＝n.27），1965 年 12 月，頁 217~220

日‧塩入良道〈中國佛教における佛名經の性格とその源流〉，《東洋文化研究所紀要》n.42，東京：東京大學東洋文化研究所，1966 年 11 月，頁 221~319

日‧柳田聖山〈菩提達摩二入四行論の資料價值〉，《印度學佛教學研究》v.15 n.1（＝n.29），1966 年 12 月，頁 320~323

日‧福井靜志〈瑜伽論（戒品）における罪と懺悔〉，《佛教文化研究所紀要》v.6，1967 年 5 月），頁 68~72

日‧田中良昭〈大照禪師普寂について〉，《印度學佛教學研究》v.16 n.1（＝n.31），1967 年 12 月，頁 331~334

日‧椎名宏雄〈傅大士と『心王銘』〉，《印度學佛教學研究》v.16 n.2（＝n.32），1968 年 3 月，頁 130~131

日‧釋舍幸紀〈懺悔に關する一考察〉，《佛教文化研究所紀要》v.8，1969 年 6 月，頁 10~15

日‧山口益〈懺悔について〉，《佛教學セミナー》v.9，1969 年 5 月，頁 1~14

日‧釋舍幸紀〈懺悔について－懺悔經と佛名經を中心として〉，《佛教文化研究所紀要》v.9，1970 年 6 月），頁 85~89

日‧武田忠〈大乘五方便の諸本の成立について〉，《印度學佛教學研究》v.19 n.1，東京：日本印度學佛教學會，1971 年 1 月，頁 262~266

日‧武田忠〈大乘五方便の諸本の成立について〉，《印度學佛教

學研究》v.19 n.1， 1971 年 1 月，頁 262~266

日‧柳田聖山〈北宗禪の一資料〉,《印度學佛教學研究》v.19 n.2
　　（=n.38），1971 年 3 月，頁 127~135

日‧椎名宏雄的〈唐代禪宗の礼忏について〉,《印度學佛教學研
　　究》v.20 n.2（=n.40）， 1971 年 12 月，頁 269~274

日‧椎名宏雄〈論唐代禪宗の礼忏について〉，東京:《印度學佛
　　教學研究》v.20n.2（總 40 號），1971 年 12 月，頁 269~274

日‧釋舍幸紀〈大乘經典に見られる懺悔滅罪〉,《印度學佛教學
　　研究》v.23 n.2（=n.46），1975 年 3 月，頁 266~270

日‧柳田聖山編,《六祖壇經諸本集成》,京都:中文出版社,1976
　　年 7 月

日‧須山長治〈梁唐宋高僧傳の一考察その —— 習禪者と達摩系
　　禪僧〉,《印度學佛教學研究》v.26 n.2(=n.52),1978 年 3 月,
　　頁 188~189

日‧鎌田茂雄〈シンガポールの佛教儀禮〉,《印度學佛教學研究》
　　v.27 n.2（=n.54），1979 年 3 月，頁 102~107

日‧福井靜志〈佛教に於ける懺悔滅罪の一考察〉,《龍谷教學》
　　v.14，1979 年 6 月，頁 90~100

日‧長口山島孝行〈「頓悟要門」と「六祖壇經」の關係について〉,
　　《印度學佛教學研究》v.28 n.1（=n.55），1979 年 12 月,頁
　　359~361

日‧關口真大撰,通妙譯,〈禪宗與天台宗之關係〉,《現代佛教學
　　術叢刊》n.70，1980 年 10 月,頁 259~305

日‧川崎ミチユ發表〈礼贊文‧塔文〉,日‧篠原壽雄、田中良昭
　　主編《講座敦煌 8‧敦煌佛典と禪》,1980 年 11 月,頁 307~316

日‧廣川堯敏〈禮讚〉,《講座敦煌 7‧敦煌と中國佛教》,牧田諦
　　亮、福井文雅編,東京:大東出版社,1984 年 12 月,頁 425~470

日‧山口惠照〈「發菩提心」とその背景 —— 方法論的考察〉,《菩
　　薩觀》,京都:平樂寺書店,1986 年 11 月,頁 1~14

日‧關口真大撰;李世傑譯,〈初期的禪思想〉,《佛教思想－在中

國的開展》，台北：幼獅文化，1987 年 1 月，頁 193~215

日‧池田魯參〈宗密《圓覺經道場修證儀》の礼忏法〉，《印度學佛教學研究》v.35n1.，1986 年

日‧池田魯參〈《圓覺經道場修證儀》の礼忏法〉，《中国の仏教と文化》，東京：大藏，1988 年，頁 389~416

日‧水野弘元撰，弘音譯，〈心識論與唯識說的發展〉，《國際佛學譯粹》第 2 輯，台北：靈鷲山，1992 年 5 月，頁 1~47

日‧椎名宏雄〈天順本《菩提達摩四行論》〉，《駒澤大學佛教學部研究紀要》n.54，1996 年 3 月，頁 198~214

日‧佐藤泰順撰，印海譯，〈自力道與他力道〉，載《中國佛教思想論》，紐約：法印寺，1996 年 11 月，頁 251~300

日‧佐藤泰順〈自力道與他力道〉，印海譯《中國佛教思想論》，（U.S.A.，法印寺，1996 年 11 月，頁 251~300

日‧小島岱山〈菩提達摩石碑碑文並參考資料〉，《世界宗教研究》v.2001 n.1（＝n.83），頁 127~134

日‧松岡由香子〈中国禅宗スタイルの創始者〉，《禅文化研究所紀要》，東京：禅文化研究所，2002 年 12 月，頁 483~548

日‧佐久間賢祐〈禅戒体論〉，《印度學佛教學研究》v.51 n.1（總號=n. 101），2002 年 12 月，頁 79~82

日‧小島岱山〈六祖壇經與華嚴思想--敦煌本壇經的無相戒與妄盡還源觀〉，《普門學報》n.14，2003 年 3 月，頁 27~54

日‧瀧瀬尚純〈荷澤神会と大珠慧海〉，《印度學佛教學研究》v.53 n.1（總號=n. 105），2004 年 12 月，頁 137～139

日‧伊吹敦〈『二入四行論』の成立について〉，《印度學佛教學研究》v.55 n.1（總號=n. 110），2006 年 12 月，頁 127~134

三、英　文

E. Obermiller，"The Sublime Science of the Great Vehicle to Salvation Being a Manual of Buddhist Monism"，*Acta*

Orientalia IX，Copenhogen：Denmark，1931

Hu Shih， "Ch'an（Zen）Buddhism in China Its History and Method"，*Philosophy East and West*，V. 3，No. 1 ，（January, 1953），PP. 3~24

冉雲華， "Two Problems Concerning Tsung-mi's Compilation of Ch'an-tsang"，*Transaclions of the International Conference of Orientalists in Japan*，v.19，1974，1，PP.37~47

Zeuschner Robert B.， "The understanding of mind in the Northern line of Ch'an（Zan） "，*Philosophy East and West* 28，no.1，1978，1，PP.69~79

Raimon Panikkar， "The Myth of Pluralism: The Tower Babel-A Medition on Non-violence" ，*Cross Current*，29，（summer，1979），P.206

R.Panikkar， "Der Mensch-ein trinitarisches Mysterium" ，*Die Verantwortung des Menschen für eine bewohnbare Welt im Christentum，Hinduismus und Buddhismus*，ed. R.Paniikkar and W.Strolz（Freiburg：Herder，1985），PP.147~190

Lambert Schmithausen：*On the Origin and the Early Development of a Central Concept of Yogaacaara Philosophy*，Tokyo： The International Institute for Buddhist Studies，1987, PP.3~6

Swain, C.W.， "The Emergence of Ch'an Buddhism-A revisionist perspective"，《中華佛學學報》n.2，1988 年 10 月，頁 389~399

四、學位論文

賴姿蓉《「菩薩戒義疏」之研究》，台北：中華佛學研究所碩士論文，1993 年 6 月

吳藝苑《慈悲水懺與中國佛教懺悔思想》，台北：國立政治大學中國文學研究所碩士論文，1994 年 6 月

陳平坤《論慧能會通般若與佛性的頓教禪法 ── 《壇經》禪教思

想探義》,台北:華梵大學東方人文思想研究所碩士論文,1998年6月

白金銑《慈悲水懺法研究》,台北:國立臺灣師範大學國文所碩士論文,2003年1月

李碧純《永嘉玄覺禪法研究》,新竹:玄奘人文社會學院宗教學研究所碩士論文,2004年1月

釋自容《中國佛教懺悔思想之研究 —— 以慈悲道場水懺法為中心》,台北:中國文化大學哲學研究所碩士論文,2005 年 6月

高毓婷《禪宗心識思想研究 —— 以唐代為中心》,國立臺灣師範大學國文所博士論文,2006年6月